लेखक इस किताब से प्राप्त पूरी आय का १००% गौतम बुद्ध की शिक्षाओं को बाँटने के लिए दानशील कार्यों में लगा रहे हैं।

आप इस किताब को निशुल्क बाँट सकते हैं।

कृपया इन शिक्षाओं को निरंतर बाँटने में सहयोग के लिए दान करने पर विचार करें।

सीखने के लिए दान

गौतम बुद्ध की शिक्षाओं को सीखें जो एक संतुलित, निश्चल, और शांत मन की ओर ले जाती हैं। एक ज्यादा शांत और प्रेम भरी दुनिया जहाँ सब प्राणियों को एक-दूसरे के लिए परवाह और करुणा है।

इस सीखने के मौके को समर्थन देकर, आप सीखेंगे की निर्वाण के पथ पर आगे कैसे प्रगति की जाती है और दूसरों को इन शिक्षाओं को ऑनलाइन और व्यक्तिगत शिक्षा के रूप से पेश करने में मदद करेंगे। इन शिक्षाओं के द्वारा दुनिया कृपालू, ज्यादा शांत, और प्रेम भरा समाज बन जाएगी।

₹१००, ₹२००, ₹३०० या कोई भी रकम दान करने का विचार करें जो आप चाहते हैं हमें आपको और दुनिया में और लोगों को इन शिक्षाओं को पेश करने में मदद करे।

आप अपनी और दूसरों की मदद के लिए इन शिक्षाओं के विकास और निर्माण के लिए इस लिंक पर दान दे सकते हैं।

https://www.buddhadailywisdom.com/supportbuddha

अतिरिक्त शिक्षण

BuddhaDailyWisdom.com पर जाएँ जहाँ आप कई सारे पाठ्यक्रमों, रिट्रीट, और ऑनलाइन शिक्षण संसाधनों के बारे में जान सकते हैं जो आपकी निर्वाण के पथ पर चलने में मदद करेंगे।

बुद्ध के शब्द

निर्वाण का पथ

उजागर करता है वह जो छुपा हुआ है

मुफ्त डाउनलोड, छपी किताब, किंडल

https://www.buddhadailywisdom.com/freebuddhabooks

जीवन अभ्यास का विकास: पथ जो ले जाता है निर्वाण की ओर (खंड १)

बुद्ध के शब्दों के ज़रिए उनकी पहली शिक्षा से लेकर मृत्यु से पहले उनके "आख़िरी शब्दों" तक की यात्रा।

"जीवन अभ्यास का विकास: पथ जो ले जाता है निर्वाण की ओर" नामक किताब, निर्वाण के पथ पर एक जरूरी मार्गदर्शिका है जो आपको गौतम बुद्ध की शिक्षाओं को समझने और उनका अभ्यास करने में सीखने और प्रगति करने में मदद करेगी। यह किताब आपको बुद्ध की शिक्षाओं को समझने और उनका अभ्यास करने के लिए एक रूपरेखा देने के लिए बनायी गई है ताकि आप निर्वाण की प्राप्ति की दिशा में प्रगति कर सकें - आनंद के साथ एक शांत, निश्चल, निर्मल और संतुष्ट मन जो नित्य है।

इसमें बुद्ध की चुनिंदा शिक्षाएँ शामिल हैं, और एक समर्पित अभ्यासकर्ता और शिक्षक द्वारा विस्तृत व्याख्याएँ दी गई हैं, जो आपको चरण-दर-चरण मार्गदर्शन देंगी कि आप अपनी सीख की पुष्टि के लिए किताबें, वीडियो, पॉडकास्ट और प्रश्नोत्तरी के ज़रिए जीवन अभ्यास को कैसे विकसित करें।

यह किताब श्रृंखला बुद्ध की चुनिंदा शिक्षाओं पर आधारित है, जो निर्वाण के पथ पर बुद्ध की शिक्षाओं के सबसे बड़े और सबसे पूर्ण संग्रह - पाली कैनन से संकलित है।

पाली कैनन, या पाली पाठ, में पैंतालीस (४५) बड़ी किताबें शामिल हैं, जिनमें बुद्ध के जीवनकाल के शिष्यों ने उनकी शिक्षाओं को संकलित किया है। पाली कैनन में बुद्ध के प्रवचन, उनके अपने शब्दों में बुद्ध की शिक्षाओं का हमारे पास उपलब्ध सबसे बड़ा और सबसे संपूर्ण संग्रह हैं। बुद्ध की शिक्षाएँ पाली कैनन में पुस्तकों के कई खंडों में बिखरी हुई हैं, जिससे एक आम अभ्यासकर्ता के लिए उनकी शिक्षाओं का लाभ उठाना मुश्किल हो जाता है।

बुद्ध के शब्द किताब श्रृंखला, ने अपनी शिक्षाओं को विशिष्ट विषयों पर आधारित किताबों की एक श्रृंखला में संगठित और व्यवस्थित किया है, जिसमें एक समर्पित अभ्यासकर्ता और शिक्षक द्वारा दी गई शिक्षाओं की व्याख्या भी शामिल है।

आपको साँस की माइंडफुलनेस का ध्यान (खंड ७) जैसी किताबें मिलेंगी जो बुद्ध के शब्दों में ध्यान से संबंधित शिक्षाओं का संगठित संग्रह हैं। कम्मा का प्राकृतिक नियम (खंड ६) कम्मा के जरूरी विषय से संबंधित सीधे बुद्ध से शिक्षाएँ प्रदान करती है। "सर्वोपरि गृहस्थ" (खंड ८) विशेष रूप से उन गृहस्थ अभ्यासकर्ताओं के लिए शिक्षाएँ बाँटती है जो निर्वाण के पथ पर चल रहे हैं जहाँ मन नित्य रूप से आनंद के साथ शांत, निश्चल, निर्मल और संतुष्ट रहता है।

बुद्ध के शब्द किताब श्रृंखला आपके जीवन अभ्यास को विकसित करने और किताब श्रृंखला के लेखक से मार्गदर्शन प्राप्त करने की क्षमता विकसित करने के लिए विस्तृत शिक्षाओं के साथ शुरू, मध्य और अंत प्रदान करेगी। बुद्ध की शिक्षाओं को, उनके अपने शब्दों में, एक शिक्षक के मार्गदर्शन में, सीखें, चिंतन करें और उनका अभ्यास करें - जो "सभी प्राणियों" के लिए खुले तौर पर और स्वतंत्र रूप से प्रदान की गई हैं।

BuddhaDailyWisdom.com

प्रस्तावना

गौतम बुद्ध की शिक्षाएँ जीवन अभ्यास हैं

यह किताब "आपको" और मन के दुख या "असंतुष्टि" के पूरे तरीके से निष्कासित करने, उसका विनाश करने और उसके समाप्ति को समर्पित है। इस तरीके से, यह किताब पूरे विश्व में असंतुष्टि और उसके कारण उत्पन्न होने वाले दुख के निष्कासन के लिए समर्पित है।

इस किताब श्रृंखला की शिक्षाएँ, और आपके थोड़े से प्रयत्न से, आपको अनंत शांति की ओर ले जाएँगी - एक शांत मन और एक शांतिपूर्ण जीवन। ये आपका व्यक्तिगत चुनाव हैं, और ये शिक्षाएँ एक मार्गदर्शक के रूप में काम करेंगी, जो आपको ये परिणाम दिलाएँगी।

हम सब अंधकार की ओर या उजाले की ओर चल रहे हैं। आप किस दिशा में चलें, यह पूरी तरह से आपका चुनाव है।

यह किताब और शिक्षाएँ एक प्रारंभिक पाठ हैं जो आपको गौतम बुद्ध की शिक्षाओं - निर्वाण - को अंत में सीखने, चिंतन करने, अभ्यास करने और उसके परिणाम प्राप्त करने के लिए समझ की रूपरेखा स्थापित करने में मदद करेंगी।

गौतम बुद्ध की शिक्षाएँ "विश्वास" पर आधारित नहीं हैं। उनकी शिक्षाएँ अभ्यास के लिए हैं ताकि आप स्वतंत्र रूप से सत्य को खुद देख सकें और प्रज्ञा प्राप्त कर सकें। एक बुद्ध ने पहले ही यह पता लगाने का कठिन परिश्रम कर लिया है कि निर्वाण कैसे प्राप्त किया जाए। आपको बस अपने मन और जीवन की स्थिति को बेहतर बनाने के लिए उनकी शिक्षाओं को सीखने और उनका अभ्यास करने की जरूरत है।

एक स्वतंत्र, सक्रिय शिष्य कैसे बनें, यह समझना और साथ ही यह जानना कि कब और कैसे मार्गदर्शन प्राप्त करना है, निर्वाण के पथ पर सफल होने के लिए मन का एक जरूरी गुण है। आपको एक शिक्षक के मार्गदर्शन की जरूरत होगी।

जब आप इन शिक्षाओं को सीखेंगे और फिर उनका अभ्यास करेंगे, तो आपको "प्रज्ञा" प्राप्त होगी। आप बिना किसी "विश्वास" के खुद "सच" को देख पाएँगे। इस प्रकार, आप उन शिक्षाओं से अपने

मन को मुक्त कर पाएँगे जो आपको "प्रज्ञा" प्राप्त करने में सहायक होंगी। वही प्रज्ञा जिसे गौतम बुद्ध ने अपने जीवनकाल में समझी थी और जो निर्वाण की ओर ले जाती है।

नई अर्जित प्रज्ञा से *धीरे-धीरे* आप मन के ज़रिए दुनिया को कैसे देखते हैं और दुनिया में कैसे बातचीत करते हैं, इसमें सुधार होगा।

यह जरूरी है कि आप इस किताब श्रृंखला की किसी भी बात पर विश्वास न करें, बल्कि शिक्षकों के मार्गदर्शन में, खुद सत्य जानने के लिए इन शिक्षाओं का अभ्यास करें। विश्वास से मन मुक्त नहीं होगा, बल्कि इन शिक्षाओं में सत्य को देख कर प्रज्ञा प्राप्त करने से मन मुक्त होगा। आपके द्वारा अर्जित प्रज्ञा आपको इन शिक्षाओं के समर्पित और अच्छी तरह से विकसित अभ्यास से मिले सत्यों के ज़रिए जीवन में काम करने के काबिल बनाएगी।

आजकल, कई लोग गौतम बुद्ध की शिक्षाओं को धर्म मानते हैं। जबकि वास्तव में, उनकी शिक्षाएँ कोई धर्म नहीं हैं। गौतम बुद्ध किसी भी प्रकार के रीति, रिवाज, रस्म या पूजा-पाठ वाले धर्म की स्थापना का प्रयत्न नहीं कर रहे थे। उनकी मूल शिक्षाओं में कोई भी रीति, रिवाज, रस्म या पूजा-पाठ शामिल नहीं है। गौतम बुद्ध ने मन को प्रशिक्षित करके खुद और दूसरों के साथ शांतिपूर्ण तरीके से साथ रहने का एक बेहतर मार्ग पेश किया। उनकी शिक्षाएँ, जब सीखी और अभ्यास में लाई जाएँगी, तो आपको अस्तित्व के प्राकृतिक नियमों को समझकर खुद और दूसरों के साथ शांतिपूर्वक रहना सिखाएँगी। निर्वाण का पथ मन की असंतुष्टि की भावना को पूरी तरह से निष्कासित करने और एक बेहतर इंसान बनने का पथ है।

"मन" मस्तिष्क नहीं है। मस्तिष्क "मन" नहीं है। मस्तिष्क वह अंग है जो "शरीर" के कार्यों को नियंत्रित करता है। मन ठोस नहीं है क्योंकि यह भौतिक प्रकृति का नहीं है। मन हमारी चेतना है जहाँ वाणी और कार्य के सभी उद्देश्य, हमारी सोच, विचार, भावनाएँ और जज़्बात उत्पन्न होते हैं, अनुभव किए जाते हैं और फिर विद्यमान नहीं रहते।

गौतम बुद्ध ने जिस समस्या की खोज की और फिर उसे सिखाया, वह थी लोगों को "मन" की निरंतर तृष्णा और लालसाओं को निष्कासित करने में मदद करना। मानव मन की सबसे गंभीर समस्याओं में से एक है हमारी निरंतर तृष्णा, लालसा और चिपकाव। तृष्णा, लालसा या चिपकाव "किसी चीज़ के लिए तीव्र उत्सुकता के साथ मानसिक तमन्ना" है। गौतम बुद्ध की शिक्षाएँ हमें मन को प्रशिक्षित करने

में मदद करती हैं ताकि हम अपनी तृष्णा, लालसा और चिपकाव को निष्कासित कर सकें और पूर्ण अंदरूनी शांति प्राप्त कर सकें।

किसी चीज़ के लिए मन की तीव्र उत्सुकता (यानि तृष्णा/लालसा/चिपकाव) के कारण, मन उदासी, क्रोध, निराशा, चिड़चिड़ापन, झुंझलाहट, अपराधबोध, लज्जा, डर, ऊब, अकेलापन, शर्म, ईर्ष्या, रोष, तनाव, चिंता और कई अन्य भावनाओं से ग्रस्त हो जाता है जो हमारे जीवन में जटिलताएँ और कठिनाइयाँ पैदा करती हैं। अनिर्वाणी मन दैनिक जीवन में असंतुष्टि का अनुभव करते हुए निरंतर संघर्ष करता रहता है।

असंतुष्टि मानव मन को ग्रसित करती है और अधिकांश लोग यह नहीं जानते कि इन भावनाओं को मानव मन से १००% निष्कासित किया जा सकता है।

मनुष्य को उदासी, क्रोध, अपराधबोध, लज्जा, डर आदि के साथ जीने की जरूरत नहीं है। मन को इन असंतुष्टि की भावनाओं को पूरी तरह से निष्कासित करने के लिए प्रशिक्षित किया जा सकता है।

चूँकि अधिकांश मनुष्य यह नहीं समझते कि कोई समस्या है, इसलिए उन्हें यह भी नहीं पता कि उसका कोई समाधान भी है। गौतम बुद्ध की शिक्षाओं को सीखने, उन पर चिंतन करने और उनका अभ्यास करने से एक आनंद के साथ शांत, निश्चल, निर्मल और संतुष्ट मन प्राप्त होता है, जो नित्य होता है, जहाँ व्यक्ति को कभी भी उदासी, क्रोध, निराशा, चिड़चिड़ापन, झुंझलाहट, अपराधबोध, लज्जा, डर, ऊब, अकेलापन, शर्म, ईर्ष्या, रोष, तनाव, चिंता और कई अन्य असंतुष्टि की भावनाओं का जरा भी अनुभव नहीं होता।

इस किताब को पढ़ने से पहले शायद आपको यह पता न रहा हो कि ये भावनाएँ एक समस्या हैं और आपको असंतुष्ट मन के साथ जीने की जरूरत नहीं है। लेकिन अब आप जानते हैं कि ये एक समस्या हैं, इन्हें निष्कासित किया जा सकता है, और मन की असंतुष्टि को पूरी तरह से निष्कासित करने का एक उपाय भी है। अब जब आप जानते हैं कि एक समस्या है और उसका एक समाधान भी है, क्या करेंगे आप?

इन शिक्षाओं का लक्ष्य उच्च चेतना, निब्बाना, निर्वाण, जिसे अंग्रेजी में "एनलाइटेनमेंट" कहा जाता है, प्राप्त करना है, जहाँ मन नित्य रूप से आनंद के साथ शांत, निश्चल, निर्मल और संतुष्ट रहता है।

इन शिक्षाओं और शिक्षकों व मार्गदर्शकों की सहायता से, आप मन के असंतुष्टि और उससे उत्पन्न होने वाले दुखों को १००% निष्कासित कर सकते हैं। ऐसा करने के लिए, आपको एक ठोस "जीवन अभ्यास" स्थापित करना होगा।

ध्यान इन अभ्यासों का आधार है जो मन को प्रशिक्षित करता है और दैनिक जीवन में इन शिक्षाओं का अभ्यास करने के काबिल बनाता है। आपके लिए शिक्षक और मार्गदर्शक खोजना जरूरी है क्योंकि उनके बिना, कोई भी निर्वाण प्राप्त नहीं कर सकता। निर्वाण और मार्गदर्शक की सहायता के बिना आप निर्वाण प्राप्त नहीं कर पाएँगे।

इस मार्ग पर प्रगति करने के लिए आपको नियमित रूप से रोज ध्यान अभ्यास करना होगा। नियमित ध्यान अभ्यास के बिना, आपको इस पथ पर और रोज के जीवन में प्रगति करना बहुत कठिन लगेगा। रोज अभ्यास स्थापित करने के लिए कृपया "ध्यान: अपने अभ्यास का विकास" चैप्टर देखें। आप प्रज्ञा इस्तेमाल करके पहले उस चैप्टर को देख सकते हैं ताकि आप एक ऐसा ध्यान अभ्यास विकसित कर सकें जो इस किताब में दी गई शिक्षाओं को सीखने और उन्हें लागू करने में आपकी सहायता करे।

गौतम बुद्ध की शिक्षाएँ कोई धर्म नहीं हैं, बल्कि एक "जीवन अभ्यास" है जो व्यक्ति को उदासी, क्रोध, अकेलापन, डर, बेदीली, तनाव और चिंता के साथ-साथ अन्य सभी अनचाही भावनाओं को निष्कासित करने के मार्ग पर मार्गदर्शन करती है।

निर्वाण ही आखिरी लक्ष्य है, यानि एक ऐसा मन जो आनंद के साथ शांत, निश्चल, निर्मल और संतुष्ट रहे - नित्य रूप से। इन शिक्षाओं का अभ्यास एक ऐसा पथ है जो बेहतर जीवन की ओर ले जाता है।

यह किताब और किताब श्रृंखला सभी प्राणियों की सहायता के लिए प्रेमभरी-कृपा और करुणा से भरी एक पेशकश है।

इस किताब और किताब श्रृंखला का लक्ष्य गौतम बुद्ध की शिक्षाओं को इस प्रकार स्पष्ट करना है कि शिक्षकों और मार्गदर्शकों की सहायता से आप निर्वाण प्राप्त कर सकें और इस प्रकार अपनी उच्चतर चेतना का प्राप्त कर सकें। आप निर्वाण प्राप्त कर सकते हैं।

इस किताब के कुछ भागों में, गौतम बुद्ध के शब्दों को आपके सीखने और चिंतन के लिए शामिल किया गया है। इस किताब श्रृंखला में आगे उपलब्ध किताबें गौतम बुद्ध के स्पष्ट, संक्षिप्त और सीधे

उपदेशों के साथ आपके सीखने के अनुभव को धनी बनाने में मदद करने के लिए उनके जीवनकाल में बाँटे गए "बुद्ध के शब्दों" को बाँटने पर केंद्रित हैं। लेकिन, आपको पहले इस किताब से सीखना होगा ताकि आप अपने जीवन अभ्यास को विकसित कर सकें और समझ का एक ढाँचा बना सकें।

गौतम बुद्ध की शिक्षाएँ अनंत हैं और आज भी उतनी ही उपयुक्त हैं जितनी २५०० साल पहले थीं, जब उन्होंने पहली बार मन को मुक्त करने का तरीका सिखाना शुरू किया था। २५०० सालों में मानव मन नहीं बदला है और यही कारण है कि उनकी शिक्षाएँ आज भी उतनी ही उपयुक्त हैं जितनी उस समय थीं।

कई अभ्यासकर्ता इस तरह की किताब श्रृंखला का स्वागत करेंगे, जिससे उन्हें गौतम बुद्ध की शिक्षाओं की गहरी समझ प्राप्त होगी। यह आपको प्रधान शिक्षक गौतम बुद्ध - "बुद्ध" की शिक्षाओं की अच्छी तरह से समझ और अभ्यास विकसित करने में मदद करेगी।

यह किताब श्रृंखला इस किताब, "जीवन अभ्यास का विकास: पथ जो ले जाता है निर्वाण की ओर" से शुरू होती है जो आपको अपने जीवन साधना को स्थापित करने में सहायता करेगी। इसके बाद, अतिरिक्त किताबों में, आप "बुद्ध के शब्दों" के ज़रिए शिक्षाओं की व्याख्याओं के साथ सीधे सीखेंगे।

गौतम बुद्ध के जीवनकाल में, उनकी सभी शिक्षाएँ मुँह से बोल कर प्रसारित की गईं। उनकी मृत्यु के बाद तक कुछ भी लिखा नहीं गया। पैंतालीस (४५) वर्षों के शिक्षण काल में, गौतम बुद्ध के शिष्यों ने उनकी शिक्षाओं का एक-एक शब्द याद रखा। निर्वाण प्राप्त मन में उच्च स्तर का फोकस, एकाग्रता, मन की स्पष्टता और याददाश्त होती है। गौतम बुद्ध की मृत्यु के बाद, निर्वाण प्राप्त लोगों का समुदाय इकट्ठा हुआ और उनकी शिक्षाओं को लिखित रूप में प्रस्तुत किया, जिसे आज हम "पाली कैनन" या "पाली पाठ" कहते हैं।

ये पैंतालीस (४५) बड़ी किताबें हैं जिनका अंग्रेजी भाषा में अनुवाद करने में सत्ताईस (२७) साल से ज्यादा का समय लगा। आज का आम व्यक्ति पाली भाषा नहीं समझता और हमें पाली भाषा समझने की जरूरत नहीं है। बेहतर होगा कि हम सभी इन शिक्षाओं को अंग्रेजी में सीखें, उन पर चिंतन करें और उनका अभ्यास करें ताकि हमारे पास अभ्यासकर्ताओं का एक अंतरराष्ट्रीय समुदाय हो जो इन शिक्षाओं पर चर्चा कर सके और एक आम भाषा में समर्थन और मार्गदर्शन प्राप्त कर सके जो आज अच्छी तरह से समझी जाती है।

गौतम बुद्ध ने भी अपने जीवनकाल में यही किया था। राजपरिवार की भाषा बोलने के बजाय, जिसके वे कभी सदस्य थे, उन्होंने एक ऐसी आम भाषा का इस्तेमाल करना चुना जिसकी ज्यादा से ज्यादा लोगों को जानकारी हो। इससे गौतम बुद्ध को अपने जीवनकाल में अपनी शिक्षाओं को ज्यादा से ज्यादा लोगों तक पहुँचाने में मदद मिली ताकि शिष्य एक निर्वाण प्राप्त मन के परिणामों का अनुभव कर सकें। अगर गौतम बुद्ध आज जीवित होते, तो इसमें कोई संदेह नहीं कि वे ज्यादा से ज्यादा लोगों तक पहुँचने के लिए अंग्रेज़ी भाषा में शिक्षा देते ताकि वे एक बेहतर मन और बेहतर जीवन के जीवन बदलने वाले परिणामों का अनुभव कर सकें।

गौतम बुद्ध के लिए अपने जीवनकाल में अपनी शिक्षाओं को दुनिया भर में बाँटना संभव नहीं था। दुनिया भर में कोई आम भाषा नहीं थी और दुनिया भर में यात्रा सीमित थी। लेकिन, आज हमारे सामने ये बाधाएँ नहीं हैं और इन शिक्षाओं को अंग्रेजी में बाँट करके, हम अपने जीवन में अधिक शांति और सद्भाव पैदा कर पा रहे हैं और इस प्रकार, पूरे विश्व में अधिक शांति और सद्भाव का अनुभव कर पा रहे हैं।

आज, कई संसाधन उपलब्ध हैं जो बौद्ध या बुद्ध से उत्पन्न शिक्षाएँ बताई जाती हैं। लेकिन जब कोई अभ्यासकर्ता "बुद्ध के शब्दों" की जाँच-पड़ताल सीधे मूल स्रोत, पाली कैनन से करता है, तभी वह बुद्ध की वास्तविक शिक्षाओं का सत्य समझ पाएगा और निर्वाण के परिणामों का अनुभव करने के लिए इन शिक्षाओं को अपने दैनिक जीवन में लागू कर पाएगा।

गौतम बुद्ध की शिक्षाओं को सीखने और अभ्यास करने के ज़रिए, उनके अपने शब्दों में, पूर्ण निर्वाण प्राप्त व्यक्ति का प्रज्ञा मन में प्रवेश कर सकती है और आप निर्वाण प्राप्त मन को साकार करने की सफलता का अनुभव कर सकते हैं।

मेरे मन में प्रधान शिक्षक गौतम बुद्ध के लिए गहरा आभार, मान, प्रशंसा और सम्मान है क्योंकि उनकी शिक्षाएँ ठीक उसी दिशा में ले जाती हैं जहाँ उन्होंने कहा था। एक नियमित, निश्चल, निर्मल और अविचल मन की ओर, जिसे निर्वाण कहा जाता है।

इस किताब श्रृंखला में इन शिक्षाओं को आप तक पहुँचाने के लिए अनगिनत अज्ञात और अनाम व्यक्ति जिम्मेदार हैं। ये शिक्षाएँ पिछले २५०० वर्षों के इतिहास में, नियुक्त और गृहस्थ अभ्यासकर्ताओं के अथक प्रयत्नों से संरक्षित की गई हैं। ये शिक्षाएँ इसलिए संरक्षित और एक पीढ़ी से दूसरी पीढ़ी तक बाँटी जाती रही हैं क्योंकि ये काम करती हैं।

अब यह हम पर निर्भर है कि हम निर्वाण प्राप्त मन का अनुभव करने के लिए इन शिक्षाओं को सीखें, उन पर चिंतन करें और उनका अभ्यास करें, ताकि हम एक बेहतर अस्तित्व से लाभ ले सकें और साथ ही इन शिक्षाओं को अपने हृदय और मस्तिष्क में आगे आने वाली पीढ़ियों के लिए संरक्षित रख सकें।

हालांकि किताबें शिक्षाओं को संग्रहित करने और उन्हें दुनिया में बाँटने का एक बढ़िया साधन हैं, फिर भी विश्व में बड़ी संख्या में निर्वाण प्राप्त व्यक्तियों का होना इससे अधिक जरूरी और कुछ नहीं है कि वे इन शिक्षाओं को उन लोगों के साथ सीधे बाँट सकें जो निर्वाण के पथ पर अपने जीवन अभ्यास को विकसित करने के लिए मार्गदर्शन प्राप्त करना चाहते हैं। हममें से हर व्यक्ति व्यक्तिगत और सामूहिक रूप से, २५०० वर्षों से भी अधिक समय से चली आ रही अभ्यासकर्ताओं और शिक्षकों की एक लंबी श्रृंखला की एक कड़ी मात्र है।

इस समय और स्थान पर हम जो कुछ भी करने का चुनाव करते हैं, वही तय करेगा कि ये शिक्षाएँ आने वाली पीढ़ियों के लिए कितनी जीवंत और कायम होंगी। अपने खुद के निर्वाण की खोज में हमारा काम और प्रयत्न ही है कि हम अपने मन के लिए परिणाम अनुभव करें और हमारे बाद आने वाले अनगिनत प्राणियों के लिए उसी मन की स्वतंत्रता का अनुभव करने का आधार तैयार करें जिसे आप अभी प्राप्त करना चाहते हैं।

बहुत से लोग दुनिया को बेहतर बनाने में दिलचस्पी रखते हैं, लेकिन उन्हें यह नहीं पता कि कैसे। जब हम अपनी प्रज्ञा, नैतिक आचरण और मानसिक अनुशासन को बेहतर बनाने के लिए समर्पित होंगे, तभी हम दुनिया को बेहतर बना पाएँगे। "बुद्ध के शब्दों" को सीखकर अपने जीवन व्यवहार को बेहतर बनाकर, हम सामूहिक रूप से दुनिया को बेहतर बना पाएँगे। लेकिन, इसके लिए हमें दूसरों को बदलने की कोशिश करने के बजाय अपने जीवन अभ्यास को विकसित करने पर ध्यान केंद्रित करना होगा।

अनिर्वाणी मन जिस समस्या का अनुभव कर रहा है, वह बाहरी दुनिया नहीं, बल्कि अंदरूनी दुनिया है। मन और अंदरूनी दुनिया को प्रशिक्षित करना ही एक शांतिपूर्ण अस्तित्व का निर्माण करता है। आप दूसरे लोगों और उनके कार्यों को नियंत्रित नहीं कर सकते। आप केवल अपने मन को प्रशिक्षित करने का निर्णय ले सकते हैं ताकि दूसरों के कार्यों से प्रभावित न हों। लक्ष्य दूसरों को या दुनिया को बदलना नहीं है, बल्कि अस्तित्व के प्राकृतिक नियमों के ज़रिए दुनिया कैसे काम करती है, यह समझ

कर, एक व्यक्ति सभी प्राणियों के साथ शांति और सद्भाव में रहने का चुनाव करते हुए, अच्छे परिणामों की ओर ले जाने वाले कुशल विकल्प चुन सकता है।

एक ऐसे संसार में अस्तित्व बनाए रखना एक तगड़ा संघर्ष है जिसे मन समझ नहीं पाता। "बुद्ध के शब्द" ही हैं जो अस्तित्व के प्राकृतिक नियमों की व्याख्या करते हैं और मन को गहरी प्रज्ञा प्राप्त करने, शुद्ध मन के ज़रिए बेहतर स्वतंत्र निर्णय लेने और उत्तम परिणामों की ओर ले जाने का मार्गदर्शन करते हैं।

अन्य पुस्तकों को पढ़ने से पहले इस किताब की शिक्षाओं को पढ़ना और उनका अभ्यास करना जरूरी है। यह किताब आपको इस किताब श्रृंखला की शेष पुस्तकों को आगे पढ़ने के लिए एक ठोस आधार प्रदान करेगी। कई शिष्य हर चैप्टर के अंत में दिए गए "आगे की छानबीन के लिए शिक्षण संसाधन" का उपयोग करते हुए, इन शिक्षाओं की अपनी समझ और अभ्यास को गहरा करने के लिए इस किताब को कई बार पढ़ना पसंद करते हैं।

अक्सर हम सीखने और पढ़ने के तरीके खोजते हैं, लेकिन महसूस करते हैं कि हमारे पास कुछ नया करने के लिए समय नहीं है। गौतम बुद्ध ने हमें सिखाया कि मन को प्रशिक्षित करना सबसे अच्छा है। *धीरे-धीरे* प्रगति अनुभव करने के लिए *धीरे-धीरे* प्रशिक्षण और *धीरे-धीरे* अभ्यास। मैंने खुद देखा है, यह वास्तव में सबसे अच्छा काम करता है।

आप सुबह, दोपहर या शाम को १०-१५ मिनट के लिए ये किताबें पढ़ सकते हैं, फिर थोड़ा ध्यान कर सकते हैं और अंत में, एक अच्छे दिन का आनंद ले सकते हैं या सो सकते हैं। मैंने पाया है कि इससे मन को आराम और सुकून मिलता है, जिससे रात में अच्छी नींद आती है और फिर मैं तरोताज़ा, निश्चल और शांत महसूस करता हूँ। इससे आपको शिक्षाओं को समझने, उन पर चिंतन करने और उन्हें व्यवहार में लाने का समय मिलता है ताकि आप इन जीवन बदलने वाली शिक्षाओं के परिणाम देख सकें। मन को *धीरे-धीरे* प्रशिक्षण चाहिए।

कई शिष्य इस किताब का सप्ताह में केवल एक चैप्टर पढ़ते हैं ताकि उन्हें चिंतन करने और शिक्षाओं को सत्य के रूप में स्वतंत्र रूप से देखने का समय मिल सके। इससे दैनिक ध्यान अभ्यास को विकसित करने का भी समय मिलता है। लक्ष्य केवल किताब और किताब श्रृंखला को पूरा पढ़ने के लिए नहीं, बल्कि *धीरे-धीरे* शिक्षाओं को मन में भिगोएँ ताकि आप उन्हें समझ सकें, उन पर चिंतन

कर सकें, और फिर शिक्षाओं के परिणामों का अनुभव करने के लिए उनका अभ्यास कर सकें। शिक्षाओं के अभ्यास से ही मन की स्थिति में *धीरे-धीरे* सुधार होता है।

सत्य को देखने और शिक्षाओं की प्रज्ञा प्राप्त करने के लिए आपको शिक्षाओं को पढ़ना और अभ्यास करना होगा। इन शिक्षाओं के अभ्यास से, आप एक अधिक आनंद के साथ शांत, निश्चल, निर्मल और संतुष्ट मन के परिणाम प्राप्त करेंगे। इन शिक्षाओं के अभ्यास से, आप आनंद के साथ एक शांत, निश्चल, निर्मल और संतुष्ट जीवन का निर्माण करेंगे और अन्य सभी प्राणियों के साथ शांतिपूर्वक तरीके से साथ रहेंगे।

मेरा सुझाव है कि आप इस किताब को कई बार पढ़ें और दोबारा पढ़ें, जैसे-जैसे आप शिक्षाओं को सीखते, चिंतन करते, उनका अभ्यास करते और परिणामों को देखते हैं। जैसे-जैसे आप किताब को पढ़ते हुए आगे बढ़ेंगे, शिक्षाओं को सीखते और लागू करते रहेंगे, आपको निरंतर सीखने, विकास और समर्थन की जरूरत होगी। यह कोई उपन्यास या कहानी की किताब की तरह एक बार पढ़कर छोड़ देने वाली किताब नहीं है। यह किताब आपको ऐसी शिक्षाएँ प्रदान करेगी जो निर्वाण की खोज में आपके जीवन का मार्गदर्शन करेंगी। जैसे-जैसे आप पूरी किताब श्रृंखला में इन शिक्षाओं को पढ़ेंगे और दोबारा पढ़ेंगे, आप शिक्षाओं के विभिन्न पहलुओं को लागू करना शुरू कर देंगे जो प्रज्ञा प्राप्ति की ओर ले जाते हैं। जैसे-जैसे आप ध्यान सहित शिक्षाओं को सीखेंगे, चिंतन करेंगे और उनका अभ्यास करेंगे, आप परिणाम देखेंगे। शिक्षाओं के अभ्यास से आप जो प्रज्ञा प्राप्त करेंगे, वह प्रज्ञा द्वारा मन की मुक्ति की ओर ले जाएगी।

इन शिक्षाओं का एक बहुत जरूरी पहलू यह है कि हम दुनिया में हर व्यक्ति और हर चीज़ के काम करने के तरीके को नहीं बदल सकते। हम अपने मन को बदल सकते हैं ताकि हम परिस्थितियों और घटनाओं पर "प्रतिक्रिया" न करें, बल्कि अपने आस-पास की दुनिया पर "सोच समझ कर जवाब" दें। हम शांत, कृपालु, प्रेम भरे और स्नेही बनना चुन सकते हैं। हम सभी लोगों के साथ कुशल व्यवहार का चुनाव कर सकते हैं। हम प्रेम, कृपा, करुणा, उदारता और अन्य गुणों के साथ मन के स्वस्थ गुणों को विकसित कर सकते हैं जो एक शांत और संतुष्ट मन का निर्माण करेंगे। यह संभव है और आप यहीं, अभी शुरुआत कर सकते हैं।

भौतिक शरीर भारी मात्रा में दर्द, पीड़ा और सदमे सहन कर सकता है। उचित खाने और पानी के साथ, यह अपेक्षाकृत कम समय में खुद को ठीक कर सकता है।

<u>मानव मन बिल्कुल वैसा ही है।</u>

मानव मन भारी मात्रा में पीड़ा, कष्ट और सदमे सह सकता है। उचित शिक्षाओं, शिक्षकों, समर्पण और वचनबद्धता से मन खुद को सुधार सकता है, लेकिन आपको सीखने और विकास के लिए प्रयत्न करते रहना होगा।

निर्वाण का पथ मन को स्वस्थ करके पूर्ण शांति और निर्मलता प्राप्त करना है। ये शिक्षाएँ और अभ्यास उन संघर्षों का समाधान हैं जिनका हमने जीवन भर अनुभव किया है।

निर्वाण का पथ उन चुनौतियों का समाधान है जिनका हम संसार में अनुभव करते हैं, और उन चीज़ों से उबरने का उपाय है जो हमें चोट पहुंचाती हैं, ताकि हमें फिर कभी चोट न पहुंचे।

पहाड़ हमेशा ऊँचा तब लगता है जब आप नीचे खड़े होते हैं। जब तक आप ऊपर नहीं चढ़ जाते या शिखर पर नहीं पहुँच जाते, तब तक आपको एहसास नहीं होता कि पहाड़ इतना ऊँचा नहीं था। आपको एक ही दिन में पहाड़ पर चढ़ने की जरूरत नहीं है। इसमें समय लगता है। रास्ते में आपको सहारा मिलता है।

किसी भी अच्छी चीज में समय लगता है।

यदि निर्वाण का पथ आसान होता, तो सभी लोग पहले ही निर्वाण प्राप्त कर चुके होते। लेकिन यह मुश्किल भी नहीं है। कभी-कभी ऐसे संघर्ष होते हैं जिनके परिणाम सार्थक होते हैं, और कभी-कभी ऐसे भी होते हैं जब यह काफी आनंददायक होता है। यह सभी संघर्षों का आखिरी संघर्ष है। एक बार जब मन निर्वाण प्राप्त करने के लिए प्रशिक्षित होकर चुनौतियों का सामना करता है, तो बाकी सभी संघर्ष निष्कासित हो जाते हैं।

गौतम बुद्ध ने कहा था, "संघर्ष से पीछे न हटें"।

चुनौतियों से निपटने में आपकी मदद के लिए मार्गदर्शन लेने के लिए आपका स्वागत है। इसके अलावा और कोई रास्ता नहीं है, क्योंकि अकेले यह संभव नहीं है। मैं आपका और उन सभी का समर्थन करने के लिए यहाँ हूँ जो इन शिक्षाओं को सीखने, उन पर चिंतन करने और उनका अभ्यास करने का निर्णय लेते हैं।

शिक्षाएँ और शिक्षक आपके लिए यहीं उपलब्ध हैं। आपको बस मार्गदर्शन प्राप्त करते हुए शिक्षाओं को सीखने और उनका अभ्यास करने के लिए समर्पण और वचनबद्धता दिखाने की जरूरत है।

आप शांत रहें, सुरक्षित रहें, अच्छे रहें, सभी असंतुष्टि और उससे होने वाले दुखों से मुक्त रहें। आप निर्वाण प्राप्त मन की स्वतंत्रता और शांतचित्तता को समझ सकें।

एक शांत और संतुष्ट मन की यात्रा का आनंद लें... और एक शांत और संतुष्ट जीवन का।

प्रधान शिक्षक गौतम बुद्ध (तथागत)

हर चैप्टर के अंत में "आगे की छानबीन के लिए शिक्षण संसाधन" होंगे। आप हर चैप्टर में पढ़ी गई सामग्री की अपनी समझ को गहरा करने के लिए ऑडियोबुक, वीडियो, पॉडकास्ट और प्रश्नोत्तरी देख सकेंगे। इन संसाधनों के बारे में अधिक जानकारी के लिए कृपया ई-बुक देखें।

यदि आपके कोई सवाल हैं या इन शिक्षाओं के बारे में स्पष्टीकरण चाहिए, तो आप उन्हें "दैनिक प्रज्ञा - चलना पथ पर बुद्ध के साथ" फेसबुक समूह में पोस्ट कर सकते हैं या गहन अध्ययन के लिए लेखक से निजी तौर पर संपर्क कर सकते हैं।

दैनिक प्रज्ञा - चलना पथ पर बुद्ध के साथ

https://www.facebook.com/groups/DailyWisdom999/

ऑडियोबुक: ये इस किताब की रिकॉर्डिंग हैं। आप यूट्यूब (पढ़िए और सुनिए) संस्करण का उपयोग कर सकते हैं, जिसमें शुद्ध ऑडियो है और किताब का हर पृष्ठ आपको पढ़ते हुए दिखाया जाता है, या फिर शुद्ध ऑडियो वाला पॉडकास्ट संस्करण। दोनों संस्करण आपको इन शिक्षाओं को सीखने, उन पर चिंतन करने और उनका अभ्यास करने में मदद करने के लिए संसाधन हैं।

यूट्यूब वीडियो: यूट्यूब वीडियो, दृश्य सहायता से युक्त ऑनलाइन कक्षाएँ हैं जो आपको इस किताब पर आधारित "निर्वाण का पथ" सीखने में मदद करेंगी।

पॉडकास्ट: पॉडकास्ट में दृश्य सहायता रहित यूट्यूब वीडियो जैसी ही सामग्री है, लेकिन इस किताब पर आधारित "निर्वाण का पथ" सीखने में आपकी मदद करने के लिए सबसे स्पष्ट ऑडियो है।

ये सभी संसाधन आपको सीखने में मदद करने के लिए उपलब्ध हैं और किसी भी परिस्थिति में आपके द्वारा सबसे अधिक उपयोगी समझे जाने वाले संसाधन के आधार पर इनका उपयोग किया जा सकता है। कुछ शिष्य दृश्य सहायता वाले यूट्यूब वीडियो पसंद करते हैं जबकि अन्य पॉडकास्ट चुन सकते हैं। जैसे-जैसे आप हर चैप्टर के साथ आगे बढ़ेंगे, आप तय कर सकते हैं कि आपके पसंदीदा शिक्षण पद्धति के लिए कौन सा तरीका सबसे अच्छा है और उस समय जब आप सीखने के लिए तैयार हैं, आपके पास क्या उपलब्ध है।

ज्यादातर शिष्यों को इन सभी संसाधनों का संयोजन सबसे अधिक लाभदायक लगेगा क्योंकि आप इन शिक्षाओं के अपने सीखने और अभ्यास में प्रगति करते हैं।

आपको इस लिंक का उपयोग करके उपलब्ध लाइव ऑनलाइन कक्षाओं में शामिल होने के लिए भी आमंत्रित और स्वागत किया जाता है, जहाँ आप इस किताब के लेखक से मार्गदर्शन प्राप्त करने के लिए सवाल पूछ सकेंगे।

http://bit.ly/GroupLearningProgram

आपको इस लिंक के माध्यम से व्यक्तिगत कक्षाओं में शामिल होने के लिए भी आमंत्रित किया जाता है, जहाँ आप थाईलैंड या दुनिया भर के अन्य स्थानों पर गहन प्रशिक्षण के माध्यम से इस किताब के लेखक से मार्गदर्शन प्राप्त कर सकेंगे।

https://www.buddhadailywisdom.com/

इस फेसबुक ग्रुप से जुड़ने के लिए कुछ समय निकालें ताकि आपको इन शिक्षाओं को सीखने और उन पर अमल करने में मदद मिल सके। आप स्पष्टीकरण के लिए सवाल पोस्ट कर सकते हैं और इस किताब के लेखक से मार्गदर्शन प्राप्त कर सकते हैं, या आप व्यक्तिगत मार्गदर्शन के लिए इस किताब के लेखक को निजी तौर पर संदेश भेज सकते हैं। खुली चर्चा के लिए अपने सवाल पोस्ट करना बहुत अच्छा है क्योंकि इससे अन्य लोग भी चर्चा में शामिल हो सकते हैं और आपके सवालों से सीख सकते हैं।

"बुद्ध के शब्द - निर्वाण का पथ - उजागर करता है जो छुपा हुआ है" किताब श्रृंखला को पढ़ते और समझते रहें, जो हम सभी के लिए एक बेहतर जीवन शैली प्राप्त करने हेतु तैयार की गई है।

आप फेसबुक ग्रुप के माध्यम से चर्चा, बाँटने और सीखने के लिए एक सहायक वातावरण में लोगों के समूह से जुड़ सकते हैं।

दैनिक प्रज्ञा - चलना पथ पर बुद्ध के साथ

https://www.facebook.com/groups/DailyWisdom999/

सभी सदस्यों को बिना किसी निर्णय के स्वीकार किया जाता है। यह बातचीत, चर्चा, सीखने और विकास के लिए एक स्वस्थ स्थान है। निर्वाण के इस पथ पर आगे बढ़ने में आपकी सहायता के लिए संसाधन उपलब्ध हैं, जो एक समूह शिक्षण कार्यक्रम के माध्यम से ऑनलाइन उपलब्ध हैं।

समूहिक शिक्षण कार्यक्रम: आपके लिए लाइव इंटरैक्टिव ऑनलाइन कक्षाएं, किताबें, ऑडियोबुक, वीडियो, पॉडकास्ट और व्यक्तिगत मार्गदर्शन उपलब्ध हैं।

आगे छानबीन के लिए सीखने के संसाधन

ऑडियोबुक

(ऑडियोबुक) - (खंड १ - परिचय एवं प्रस्तावना) - गौतम बुद्ध की शिक्षाएँ जीवन अभ्यास हैं (पढ़िए और सुनिए)
https://youtu.be/KMUhFeu-TaI

एप. ५०० - (ऑडियोबुक) - (खंड १ - परिचय एवं प्रस्तावना) - गौतम बुद्ध की शिक्षाएँ जीवन अभ्यास हैं
https://podcasters.spotify.com/pod/show/buddhadailywisdom/episodes/Ep--500---Audiobook---Volume-1---Introduction--Preface---Gotama-Buddhas-Teachings-Are-a-Life-Practice-e272s9d

यूट्यूब वीडियो

(छोटा-पाठ #१) - निर्वाण के पथ का परिचय
https://youtu.be/t6bayxzrwsc

(सामूहिक शिक्षण प्रोग्राम) - सामूहिक शिक्षण कार्यक्रम की "नई शुरुआत"
https://youtube.com/live/PDVGIi7KTxA

(सामूहिक शिक्षण प्रोग्राम) - सीखें साँस की माइंडफुलनेस का ध्यान (४ का भाग १)
https://youtube.com/live/et5VVFDDxdw

(सामूहिक शिक्षण प्रोग्राम) - अष्टांग पथ - प्रज्ञा (३ का भाग १)
https://youtube.com/live/tLt9pradDog

(सामूहिक शिक्षण प्रोग्राम) - सीखें साँस की माइंडफुलनेस का ध्यान (४ का भाग २)
https://youtube.com/live/Us1gNt58yQ4

(सामूहिक शिक्षण प्रोग्राम) - अष्टांग पथ - नैतिक आचरण (३ का भाग २)
https://youtube.com/live/y_mQJRvdXFU

(सामूहिक शिक्षण प्रोग्राम) - सीखें साँस की माइंडफुलनेस का ध्यान (चार का भाग ३)
https://youtube.com/live/CtYRuNMCx7U

(सामूहिक शिक्षण प्रोग्राम) - अष्टांग पथ - मानसिक अनुशासन (३ का भाग ३)
https://youtube.com/live/ksqBG0LzHcI

(सामूहिक शिक्षण प्रोग्राम) - सीखें साँस की माइंडफुलनेस का ध्यान (४ का भाग ४)
https://youtube.com/live/e0_750QyKfI

(सामूहिक शिक्षण प्रोग्राम) - निर्वाण की चार स्थितियां और दस बेड़ियाँ
https://youtube.com/live/QQ5fBkblVZE

आगे छानबीन के लिए सीखने के संसाधन

पॉडकास्ट

एप. ४०८ - (सामूहिक शिक्षण प्रोग्राम) - सामूहिक शिक्षा कार्यक्रम की "नई शुरुआत"
https://podcasters.spotify.com/pod/show/buddhadailywisdom/episodes/Ep--408---Group-Learning-Program---New-Start-of-The-Group-Learning-Program-e1t8pif/a-a95cpgk

एप. ४०९ - (सामूहिक शिक्षण प्रोग्राम) - सीखें साँस की माइंडफुलनेस का ध्यान (४ का भाग १)
https://podcasters.spotify.com/pod/show/buddhadailywisdom/episodes/Ep--409---Group-Learning-Program---LEARN-Breathing-Mindfulness-Meditation-Part-1-of-4-e1td01f/a-a95s1qn

एप. ४११ - (सामूहिक शिक्षण प्रोग्राम) - अष्टांग पथ - प्रज्ञा (३ का भाग १)
https://podcasters.spotify.com/pod/show/buddhadailywisdom/episodes/Ep--411---Group-Learning-Program---The-Eight-Fold-Path---Wisdom-Part-1-of-3-e1thtoi/a-a96d8rb

एप. ४१२ - (सामूहिक शिक्षण प्रोग्राम) - सीखें साँस की माइंडफुलनेस का ध्यान (४ का भाग २)
https://podcasters.spotify.com/pod/show/buddhadailywisdom/episodes/Ep--412---Group-Learning-Program---LEARN-Breathing-Mindfulness-Meditation-Part-2-of-4-e1tmlnp/a-a96so1b

एप. ४१४ - (सामूहिक शिक्षण प्रोग्राम) - अष्टांग पथ - नैतिक आचरण (३ का भाग २)
https://podcasters.spotify.com/pod/show/buddhadailywisdom/episodes/Ep--414---Group-Learning-Program---The-Eight-Fold-Path---Moral-Conduct-Part-2-of-3-e1tskbd/a-a97i1g7

एप. ४१५ - (सामूहिक शिक्षण प्रोग्राम) - सीखें साँस की माइंडफुलनेस का ध्यान (४ का भाग ३)
https://podcasters.spotify.com/pod/show/buddhadailywisdom/episodes/Ep--415---Group-Learning-Program---LEARN-Breathing-Mindfulness-Meditation-Part-3-of-4-e1u09k8/a-a97umgl

एप. ४१७ - (सामूहिक शिक्षण प्रोग्राम) - अष्टांग पथ - मानसिक अनुशासन (३ का भाग ३)
https://podcasters.spotify.com/pod/show/buddhadailywisdom/episodes/Ep--417---Group-Learning-Program---The-Eight-Fold-Path---Mental-Discipline-Part-3-of-3-e1u6sr7/a-a98mik9

एप. ४१८ - (सामूहिक शिक्षण प्रोग्राम) - सीखें साँस की माइंडफुलनेस का ध्यान (४ का भाग ४)
https://podcasters.spotify.com/pod/show/buddhadailywisdom/episodes/Ep--418---Group-Learning-Program---LEARN-Breathing-Mindfulness-Meditation-Part-4-of-4-e1ual0l/a-a993ae7

एप. ४२० - (सामूहिक शिक्षण प्रोग्राम) - निर्वाण के चार चरण और दस बेड़ियाँ
https://podcasters.spotify.com/pod/show/buddhadailywisdom/episodes/Ep--420---Group-Learning-Program---The-Four-Stages-of-Enlightenment--The-Ten-Fetters-e1ujstv/a-a9a25ah

चैप्टर १

सार्वभौमिक शिक्षाएँ: प्रेम, कोई हानि नहीं, अच्छी नैतिकता

इन शिक्षाओं को तीन मुख्य अवधारणाओं के आधार पर विकसित किया गया है जो सीधे तौर पर इन शिक्षाओं से संबंधित हैं और कई अन्य परंपराओं की शिक्षाओं में भी सार्वभौमिक बताई हैं।

इन शिक्षाओं की कई परंपराएं उभरी हैं जो वर्षों से अभ्यास की गई हैं। इन परंपराओं को अक्सर "धर्म" का नाम दिया जाता है। हालांकि, इनमें से हर परंपरा के मूल शिक्षकों ने कभी यह दावा नहीं किया कि वे एक संगठित धर्म शुरू कर रहे थे। गौतम बुद्ध, जीसस क्राइस्ट, पैगंबर मोहम्मद और अन्य ऐसे शिक्षक इस दुनिया में आए और उन्होंने हमें बेहतर अस्तित्व बनाने और बेहतर जीवन जीने के तरीका को सिखाने की कोशिश की; एक निर्वाण प्राप्त तरीका।

उनकी मृत्यु के बाद अन्य लोगों ने इन शिक्षाओं को इकट्ठा किया, उन्हें धर्म के रूप में लेबल किया, और रीति, रिवाज, रस्म और/या पूजा-पाठ बताया जिनका अभ्यास करना जरूरी था। आजकल की हर परंपरा की अपनी अनूठी शिक्षाएँ और अभ्यास हैं जिन्हें सिखाया और/या जिनका अभ्यास किया जाता है।

अब, अलग-अलग समूह बन गए हैं, और कभी-कभी इस बात पर लड़ते हैं कि कौन सही है या कौन गलत है।

आपस में झगड़ों, धार्मिक दायित्वों और एक परंपरा के भीतर चुनिंदा "धार्मिक नेताओं" के कार्यों के कारण, कुछ लोगों के लिए "धर्म" शब्द दुखद और हानिकारक भावनाएँ पैदा करता है। ये भावनाएँ मानवीय कार्यों के कारण हैं, इसलिए नहीं कि ये शिक्षा खुद मानव लोक के लिए मददगार नहीं है।

यदि हमने बौद्ध धर्म, ईसाई धर्म, इस्लाम, हिंदू धर्म और अन्य सभी "धार्मिक" लेबल को हटा दिया, तो हम आसानी से देख सकते हैं कि मूल "शिक्षकों" द्वारा सिखाई गई इन प्राथमिक "शिक्षाओं" को इन तीन मूल और बुनियादी शिक्षाओं में समेटा जा सकता है।

१.) सभी प्राणियों के लिए सार्वभौमिक प्रेम
२.) कोई हानि न पहुँचाएँ
३.) एक अच्छे नैतिक व्यक्ति बनें

सभी सांसारिक परंपराओं की समीक्षा में, दुनिया की परंपराओं के मूल शिक्षकों, और उन परंपराओं का जिनका कोई जाना हुआ संस्थापक नहीं है, उनके शिक्षकों ने ऐसी शिक्षाओं की सलाह दी, प्रोत्साहित किया और सिखाया है जो मानवता को इन तीन लक्ष्यों की ओर ले जाती हैं।

शिक्षाओं की हर परंपरा जो चली आ रही है, और जो आज भी मौजूद है, ज्यादातर मनुष्यों को बेहतर इंसान बनने के लिए प्रेरित और प्रोत्साहित करती रही है। जबकि हर परंपरा के पास अपनी शिक्षाओं को समझाने और बांटने का अपना अनूठा तरीका है कि हम हमारी आस-पास की दुनिया को कैसे देख सकते हैं, हर परंपरा और मूल शिक्षक इन सार्वभौमिक शिक्षाओं के अभ्यास के द्वारा लोगों को एक बेहतर इंसान बनने में मदद करना चाहते थे।

हर परंपरा अपनी शिक्षाओं को समझाती है, और उनकी शिक्षाओं कितनी स्पष्ट हैं, यह एक परंपरा से दूसरी परंपरा में अलग होती है। कुछ शिक्षाओं को समझने की जरूरत होती है जो एक व्यक्ति से दूसरे व्यक्ति के लिए अलग हो सकती है, जिससे हमारे लिए एक संगठित समझ प्राप्त करना या मूल शिक्षक की शिक्षाओं के संपर्क में रहना मुश्किल हो जाता है।

मूल शिक्षकों की मृत्यु के बाद से, हर परंपरा की शिक्षाओं को "अनित्य होने" ने प्रभावित किया है। सही बात यह है कि इन मूल शिक्षकों के जीवनकाल के दौरान शिक्षाएँ जैसे समझाई गईं, वह अब वैसी नहीं रहीं। दुनिया में जो कुछ भी मौजूद है वह लगातार बदलता रहता है और कभी भी नित्य नहीं रहता है। अनित्यता ने सभी मूल शिक्षकों की शिक्षाओं और आज मौजूद सभी परंपराओं को खराब कर दिया है और परिणामस्वरूप, हमारी विश्वव्यापी सभ्यता भी काफी खराब हो गई है।

इसी प्रकार मानव मन और पृथ्वी की स्थिति भी खराब हो गई है। हमारे उपलब्ध संसाधन, और एक-दूसरे के साथ मेलजोल भी मानवता में व्याप्त तृष्णा, क्रोध और अज्ञानता (सच्ची वास्तविकता से अनजान होना) के कारण खराब हो गए हैं। मनुष्य को यह एहसास होने लगा है कि हमारे मानव अस्तित्व ने पर्यावरण को काफी प्रभावित किया है और हमने पृथ्वी पर जो जीवन बनाया है वह काफी दुखित हो गया है। भले ही हम हर रोज अपने जीवन के सीधे और सकारात्मक पक्ष को देखने का प्रयत्न करते हैं, एक प्रज्ञापूर्ण और चौकस व्यक्ति दुनिया भर में व्याप्त तृष्णा, क्रोध और अज्ञानता

(सच्ची वास्तविकता से अनजान होना) को स्पष्ट रूप से देख सकता है। तृष्णा, क्रोध और अज्ञानता को तीन जहर, तीन अकुशल जड़ों, या तीन अग्नि के रूप में जाना जाता है और इसे "तीन विषों का रूप बदलाव: तृष्णा, क्रोध और अज्ञानता" शीर्षक वाले चैप्टर में विस्तार से बाँटा जाएगा (चैप्टर ८)।

यह मनुष्य ही है जिसने गौतम बुद्ध, ईसा मसीह और अन्य की शिक्षाओं को अपनाया और उन्हें एक धर्म का नाम दिया। धर्म हमें अलग-अलग समूहों में बाँटता है और हमें यह महसूस कराता है कि हमें एक-दूसरे के साथ रहना या सहमत नहीं होना चाहिए। लेकिन मैं जानता हूं कि हम इस बात पर सहमत हो सकते हैं कि "सभी प्राणियों के लिए सार्वभौमिक प्रेम", "कोई हानि न पहुँचाएँ" और "एक अच्छा नैतिक व्यक्ति बनें" जरूरी है। हमें यहाँ एक साथ, अच्छे तरीके से और सभी प्राणियों के साथ शांतिपूर्ण तरीके से रहना है। सभी प्राणियों के साथ स्वस्थ और संतुष्ट रहना ही इस धरती पर शांतिपूर्ण जीवन पाने का एकमात्र तरीका है।

एक आदर्श जीवन की आशा करते हुए हम अपनी पृथ्वी को नष्ट नहीं कर सकते, अकुशल रिश्ते नहीं रख सकते, दूसरों के साथ खराब व्यवहार नहीं कर सकते, तृष्णा, क्रोध और अज्ञानता (सच्ची वास्तविकता से अनजान होना) एवं अहं नहीं रख सकते। हमें सबसे पहले शांति, संतुष्टि और सभी प्राणियों के लिए प्रेम रखना सीखना चाहिए।

समय आ गया है कि मनुष्य इस बात का एहसास करे कि कोई भी हमें बचाने नहीं आ रहा है, और यदि हम एक बेहतर, अधिक शांतिपूर्ण जीवन चाहते हैं, तो हमें इसे खुद ही बनाना पड़ेगा।

एक प्रजाति के रूप में, हमें उच्च चेतना की ओर विकसित होने की जरूरत है। मानव मन और संपूर्ण मानव लोक आज दुनिया में मौजूद तृष्णा, क्रोध और अज्ञानता की विशाल मात्रा को बरकरार नहीं रख सकते हैं। यह टिकाऊ नहीं है!

अतीत में युद्ध, लड़ाई और विनाश हुआ है और वह आज भी जारी है और, हम भविष्य में भी ऐसी ही उम्मीद कर सकते हैं, यदि हम हर मानव मन के भीतर मौजूद अंदरूनी संघर्ष को हल करने पर ध्यान नहीं देते हैं। हर व्यक्ति को निर्वाण प्राप्त करने और अपने मन के अंदर से ग्रह को तृष्णा, क्रोध और अज्ञानता से मुक्त करने के लिए प्रयत्न और ऊर्जा लगाने की जरूरत है।

वह समय आ गया है जिससे हमारी वर्तमान जीवनशैली से आगे हमारी प्रजाति का विकास निर्वाण की खोज के द्वारा हो, जिसके परिणामस्वरूप सभी मनुष्यों के लिए एक उच्च चेतना उत्पन्न होगी। इस ग्रह पर जीवन को बनाए रखने के लिए, हम सभी को उच्च चेतना की ओर विकसित होना चाहिए और तृष्णा, क्रोध और अज्ञानता को निष्कासित करना चाहिए। इसका समय अभी है।

यह किताब और किताब श्रृंखला आपको ऐसी शिक्षाएँ प्रदान करेगी जो आपको और आपके आस-पास के लोगों को बेहतर जीवन की ओर ले जाएँगी। एक ऐसा जीवन जहाँ लोगों में प्रेम, एक-दूसरे की परवाह, करुणा और उदारता हो सकती है। हमें शांतिपूर्ण, निश्चल और संतुष्ट मन से दूसरों की सफलता से खुश होना सीखना चाहिए।

सभी व्यक्तियों और हमारे सारे समाज की अकुशल नीयत, वाणी और कार्यों के कारण हमारी पूरे विश्व की सभ्यता आत्म-विनाश की प्रक्रिया में है।

हमारे यहाँ भारी मात्रा में युद्ध, आतंकवाद, बीमारी, अकाल, सामूहिक गोलीबारी, नशीली दवाओं की लत, यौन शोषण, स्वच्छंद यौन संबंध, बलात्कार, हत्या, वचनबद्ध रिश्तों के बाहर गर्भावस्था, खराब काम की स्थितियां, मोटापा, पृथ्वी और उसके संसाधनों का विनाश, आत्महत्या, जानवरों को नुकसान, मानव तस्करी, अनाथ बच्चे, बचपन में मृत्यु, आर्थिक दुर्घटनाएँ, भ्रष्ट राजनीति वगैरह हो रही हैं।

हम प्रभावी रूप से पृथ्वी पर "नरक" बना रहे हैं।

यह अनगिनत पीढ़ियों के अकुशल निर्णयों के परिणाम हैं। हम अपने व्यक्तिगत और सामूहिक निर्णयों के परिणामों का अनुभव कर रहे हैं। यह कम्मा है, हमारे निर्णयों का परिणाम है। (इस किताब में बाद में "कम्मा" पर अधिक जानकारी दी गई है।)

हमारी वर्तमान सभ्यता का जन्म अहंकार को रखना या बढ़ाना और अहं की रक्षा करते हुए "मन" की निरंतर और कभी न खत्म होने वाली तृष्णा के ज़रिए तृष्णा, क्रोध और अज्ञानता (सच्ची वास्तविकता से अनजान होने) की वजह से हुआ है। यह किताब आपको ऐसी शिक्षाएँ प्रदान करती है जिन्हें आप खुद सत्य को देखने के लिए सीख सकते हैं और अभ्यास कर सकते हैं। आप प्रज्ञा प्राप्त कर सकते हैं

कि कैसे इच्छाओं को निष्कासित करते हुए, अहं को भंग करते हुए और अन-आत्म का अनुभव करते हुए, तृष्णा, क्रोध और अज्ञानता को त्यागा जाए।

यह किताब श्रृंखला आपको एक "जीवन अभ्यास" की शिक्षा देती है, किसी धर्म की नहीं, जिसे लागू करने पर यह आपको उच्च चेतना, निर्वाण की ओर ले जाएगी।

यह किताब आपको एक जीवन अभ्यास की ओर ले जाएगी जिससे नीचे लिखी गई तीन मुख्य शिक्षाओं को आप प्राप्त कर पाएँगे और जहाँ आप एक बेहतर जीवन एवं बेहतर जीवन शैली का अनुभव करेंगे

१.) सभी प्राणियों के लिए सार्वभौमिक प्रेम
२.) कोई हानि न पहुँचाएँ
३.) एक अच्छे नैतिक व्यक्ति बनें

आपको अपने, अपने करीबी लोगों और सभी इंसानों के लिए एक बेहतर अस्तित्व के परिणाम प्राप्त करने के लिए इन शिक्षाओं को सीखने और अभ्यास करने की जरूरत होगी। आपको "पथ" पर सहायता के लिए शिक्षकों और मार्गदर्शकों की जरूरत होगी।

आपका मौजूदा विश्वास और/या अभ्यास जो भी हो, ये शिक्षाएँ आपको अपनी वर्तमान आस्था परंपरा के सबसे जरूरी पहलुओं का अभ्यास करने में मदद करेंगी, वह शिक्षाएँ जो सभी "मूल शिक्षकों" और आजकल की सभी कुशल परंपराएँ सिखाना चाहती हैं।

एक बेहतर व्यक्ति बनने के लिए आप जिस पथ पर चल रहे हैं, गौतम बुद्ध की शिक्षाओं को सीखना और उनका अभ्यास करना उस "जीवन पथ" को और स्पष्टता प्रदान करता है, चाहे आप किसी भी शिक्षा की परंपरा में बड़े हुए हों, या आपके पास किसी भी परंपरा की कोई शिक्षा नहीं है।

इन शिक्षाओं का अभ्यास किसी भी धार्मिक परंपरा में रह कर या बिना किसी धर्म के किया जा सकता है। इनमें ईश्वर में विश्वास की जरूरत नहीं है और यह आपकी प्रगति में बाधा नहीं बनेगा।

इन शिक्षाओं के अभ्यास में किसी की पूजा या प्रशंसा करने की जरूरत नहीं है। इन शिक्षाओं के साथ कोई "रीति, रिवाज, रस्म या पूजा-पाठ" जुड़ा नहीं है। ऐसा कोई केंद्रीकृत संगठन नहीं है जो एक व्यक्ति के रूप में आपसे उम्मीदें रखता हो।

आप देखेंगे कि इस किताब में दी गई शिक्षाएँ कई मामलों में उन परंपराओं को उभारती हैं जो आपको पहले सिखाई गई होंगी, या वह बुनियादी शिक्षाएँ हैं जो आपके प्राथमिक देखभाल करने वालों ने बचपन से युवा जीवन में कदम रखते वक्त आपको सिखायी होंगी। लेकिन, जितना अधिक आप इन शिक्षाओं को सीखेंगे और अभ्यास करेंगे, आप मन को तैयार करने के लिए गौतम बुद्ध की शिक्षाओं के लिए स्पष्टता और संक्षिप्त तरीका देखेंगे। गौतम बुद्ध की शिक्षाएँ "जीवन के बेहतर तरीके" का मार्ग प्रदान करती हैं जो मन और आपके जीवन के गुणों में सुधार लाने में सीधा पर गहरा असर डालता है।

इन शिक्षाओं को परिवार के सदस्यों के साथ बाँटा जा सकता है, और समाज के भीतर आपकी सभी विभिन्न भूमिकाओं में गहरे रिश्ते बनाने में ये आपकी सहायता कर सकती हैं।

यह "जीवन अभ्यास का विकास: वह पथ जो ले जाता है निर्वाण की ओर" है।

यह एक बेहतर जीवन है, आपके आस-पास की दुनिया से जुड़ने का एक बेहतर तरीका है, और एक ऐसा तरीका है जिससे समाज में हर कोई स्वीकार करने वाला, देखभाल करने वाला, कृपालु, भरोसेमंद और बिना किसी डर या अन्य नकारात्मक जज़्बातों के साथ रहना सीख सकता है।

यह एक ऐसा तरीका है जिससे हम अपनी, एक-दूसरे की और इस पृथ्वी की बेहतर देखभाल कर सकते हैं।

आगे छानबीन के लिए सीखने के संसाधन

ऑडियोबुक

(ऑडियोबुक) - (खंड १ - चैप्टर १) - सार्वभौमिक शिक्षाएँ: प्रेम, कोई हानि नहीं, अच्छी नैतिकता (पढ़िए और सुनिए)
https://youtu.be/tNV3uLb0bZE

प्रकार ५०१ - (ऑडियोबुक) - (खंड १ - चैप्टर १) - सार्वभौमिक शिक्षाएँ: प्रेम, कोई हानि नहीं, अच्छी नैतिकता
https://podcasters.spotify.com/pod/show/buddhadailywisdom/episodes/Ep--501---Audiobook---Volume-1---Chapter-1---Universal-Teachings-Love--No-Harm--Good-Morals-e272sgd

यूट्यूब वीडियो

(सामूहिक शिक्षण प्रोग्राम) - चैप्टर १ - सार्वभौमिक शिक्षाएँ: प्रेम, कोई हानि नहीं, अच्छी नैतिकता
https://youtube.com/live/eMWz9FxDCMQ

गौतम बुद्ध की शिक्षाओं का ईसा मसीह की शिक्षाओं से तुलना सहित परिचय
https://youtu.be/-qwhQg0EOjw

(सामूहिक शिक्षण प्रोग्राम) - सीखें प्रेमभरी-कृपा का ध्यान (४ का भाग १)
https://youtube.com/live/IW1ncFscecM

(सामूहिक शिक्षण प्रोग्राम) - सीखें प्रेमभरी-कृपा का ध्यान (४ का भाग २)
https://youtube.com/live/mgaPYtkvVJE

आगे छानबीन के लिए सीखने के संसाधन

पॉडकास्ट

एप. ४२३ - (सामूहिक शिक्षण प्रोग्राम) - चैप्टर १ - सार्वभौमिक शिक्षाएँ: प्रेम, कोई हानि नहीं, अच्छी नैतिकता
https://podcasters.spotify.com/pod/show/buddhadailywisdom/episodes/Ep--423---Group-Learning-Program---Chapter-1---Universal-Teachings-Love--No-Harm--Good-Morals-e1urom1/a-a9asicp

एप. ३१ - गौतम बुद्ध की शिक्षाओं का ईसा मसीह की शिक्षाओं से तुलना सहित परिचय
https://podcasters.spotify.com/pod/show/buddhadailywisdom/episodes/Ep--31---An-Introduction-to-Gotama-Buddhas-Teachings-with-Contrasts-to-Jesus-Christs-Teachings-eecgqt/a-a28qm11

एप. ४२१ - (सामूहिक शिक्षण प्रोग्राम) - सीखें प्रेमभरी-कृपा का ध्यान (४ का भाग १)
https://podcasters.spotify.com/pod/show/buddhadailywisdom/episodes/Ep--421---Group-Learning-Program---LEARN-Loving-kindness-Meditation-Part-1-of-4-e1unep3/a-a9ae0fj

एप. ४२४ - (सामूहिक शिक्षण प्रोग्राम) - सीखें प्रेमभरी-कृपा का ध्यान (४ का भाग २)
https://podcasters.spotify.com/pod/show/buddhadailywisdom/episodes/Ep--424---Group-Learning-Program---LEARN-Loving-kindness-Meditation-Part-2-of-4-e1v2hvs/a-a9bifsn

चैप्टर २

गौतम बुद्ध की शिक्षाओं को क्यों पढ़ें?

जो भी निर्वाण प्राप्त करने के लिए गौतम बुद्ध की शिक्षाओं को पढ़ने पर विचार कर सकता है, उसके लिए मूल आधार ये है...

जीवन असंतोषजनक है और जीवन में हम सभी "असंतुष्टि या दुख" का अनुभव करते हैं। गौतम बुद्ध की शिक्षाओं को पढ़ने और अभ्यास करने के लिए प्रेरित होने और इस पर बहुत सारा समय और प्रयत्न डालने के लिए, हमें दुनिया को "हिला देना" होगा जिससे हम इस आराम में न रहें कि दुनिया "ऐसे ही है", बल्कि देख सकें कि वह "भविष्य क्या होगा जिसमें अधिक से अधिक प्राणियों ने निर्वाण प्राप्त कर लिया हो"।

यदि सभी मनुष्य दुनिया को एक खुशहाल, हर्षजनक और जीवन व्यतीत करने के लिए एक आरामदायक जगह के रूप में देखते हैं, तो किसी को अपने जीवन को बेहतर बनाने की कोई प्रेरणा नहीं मिलेगी।

इसीलिए, गौतम बुद्ध की शिक्षाओं को पढ़ने, सीखने, लागू करने और उसके परिणाम प्राप्त करने के लिए प्रेरित होने के लिए किसी को अपने जीवन के साथ बहुत असुविधाजनक महसूस करना चाहिए। इसका परिणाम होगा एक मुक्त मन और एक शुद्ध मन, निर्वाण।

आपने अपने जीवन में खुशियाँ और उत्साह का अनुभव किया होगा लेकिन आपने बहुत सारा दर्द और दुख का भी अनुभव किया है जिसे आप दोहराना नहीं चाहेंगे।

गौतम बुद्ध का लक्ष्य ऐसी शिक्षाएँ प्रदान करना था जो मन को ऐसी जगह दें जहाँ वह नित्य रूप से आनंद के साथ शांत, निश्चल, निर्मल और संतुष्ट रह सके। निर्वाण की मानसिक स्थिति हर इंसान के मन से असंतुष्टि को पूरी तरह निष्कासित कर देगी। निर्वाण प्राप्त कर चुके एक अभ्यासकर्ता के मस्तिष्क में एकाग्रता, स्पष्टता और याद रखने की बढ़ी हुई क्षमता होगी जो दैनिक जीवन में उपयोगी साबित होगी।

गौतम बुद्ध समझ गए थे कि निर्वाण की मानसिक स्थिति नित्य है जबकि दुनिया में बाकी सब कुछ अनित्य है। अपनी हर चीज को नित्य रखने की तृष्णा, लालसा, चिपकाव, और चिपटाव के कारण हम मन में अपनी ही असंतुष्टि का कारण बनते हैं। कोई भी हमारी असंतुष्टि का कारण नहीं बन सकता बल्कि, हम खुद ही इसका कारण बनते हैं।

आप इन शिक्षाओं में सीखेंगे कि क्रोध, उदासी, ऊब, अकेलापन, तनाव, चिंता आदि से जुड़ी सभी असंतोषजनक भावनाओं का कारण आप हैं। और, आप सीखेंगे कि क्रोध, उदासी, ऊब, अकेलापन, तनाव, चिंता या अन्य असंतुष्टि की भावनाओं को कैसे निष्कासित किया जाए जिससे आपको कभी भी असंतुष्ट मन का अनुभव न हो।

किसी ने कभी नहीं कहा कि जीवन "आसान" होगा, लेकिन यह "कठिन" भी नहीं होना चाहिए। गौतम बुद्ध की शिक्षाओं को सीखना "आसान" नहीं है, लेकिन बुद्ध की शिक्षाओं को सीखना और उनका अभ्यास करना यह सुनिश्चित करेगा कि "जीवन कठिन नहीं है"।

गौतम बुद्ध की शिक्षाएँ किसी व्यक्ति को नियंत्रित करने के लिए नहीं हैं और न ही यह निर्देशित करने के लिए हैं कि उन्हें क्या करना चाहिए या क्या नहीं करना चाहिए। इसके बजाय, ये मार्गदर्शन प्रदान करती हैं कि अगर अभ्यास करें तो इनसे निर्वाण, एक शांतिपूर्ण, संतुष्ट और मुक्त मन प्राप्त होगा, और इसलिए एक शांतिपूर्ण और संतुष्ट जीवन। इस अभ्यास में सब कुछ व्यक्तिगत चुनाव के द्वारा प्राप्त किया जाता है।

एक असंतुष्ट मन - कोई जल्द समाधान नहीं है

एक इंसान के रूप में जीना सबसे अच्छे समय में भी चुनौतीपूर्ण और कठिन हो सकता है। मानव मन को संपूर्ण मानवता में बहुत गलत तरीके से समझा गया है।

गौतम बुद्ध की शिक्षाएँ विश्वास पर आधारित नहीं हैं। हर अभ्यासकर्ता के लिए शिक्षाओं को सीखना और शिक्षाओं का अभ्यास करना जरूरी है ताकि आप खुद शिक्षाओं में सत्य को देख सकें।

शिक्षाओं में सत्य को समझने और रोज इन सत्यों को देखने की वजह से आप मन को मुक्त करने के लिए प्रज्ञा प्राप्त करेंगे।

ये शिक्षाएँ आपको एक आनंद के साथ शांत, निश्चल, निर्मल और संतुष्ट मन को विकसित करने में सहायता करने के लिए हैं जहाँ आप दैनिक चुनौतियों से अप्रभावित रहते हैं जो उदासी, परेशानी, क्रोध, तनाव, चिंता और अन्य असंतुष्टि की भावनाएँ पैदा करती हैं।

बहुत से लोगों को लगता है कि जीवन का लक्ष्य खुश रहना है, लेकिन खुशी अनित्य है और इसे हमेशा के लिए नहीं रखा जा सकता। जब मन खुश नहीं रहेगा, और दुखी हो जाएगा, तो वह उदासी, क्रोध या उससे भी बदतर स्थिति में चला जाएगा।

इसलिए, यदि हम खुशी पर ध्यान केंद्रित करते हैं और इसे जीवन लक्ष्य के रूप में अपनाते हैं, तो खुशी की तृष्णा और लालसा एक असंतोषजनक मन को जन्म देगी क्योंकि मन हमेशा के लिए खुशी को बरकरार नहीं रख सकता है। खुशी भी अनित्य है और वह लक्ष्य नहीं है जो निर्वाण या नित्य शांतिपूर्ण मन की ओर ले जाए।

खुशी अनित्य है और खुशी की निरंतर तृष्णा ही वह कारण है जिसकी वजह से आप अपने जीवन में नित्य खुशी प्राप्त नहीं कर सकते हैं।

गौतम बुद्ध ने ऐसी शिक्षाएँ दीं जो मन को रहने के लिए एक नित्य जगह प्रदान करेंगी। ये शिक्षाएँ एक ऐसे मन की ओर ले जाती हैं जो आनंद के साथ शांत, निश्चल, निर्मल और संतुष्ट है और जिसमें पूरी तरह से उदारता, प्रेमभरी-कृपा, करुणा एवं दूसरे कुशल गुण विकसित हैं। ये शिक्षाएँ आपको एक ऐसे मन को विकसित करने में मार्गदर्शन देंगी जो दूसरों को सफल होते देखने में आनंद लेता है और तृष्णा, क्रोध और अज्ञानता (असली वास्तविकता से अनजान होना) से रहित है और अहं से मुक्त है, जिससे हम अन-आत्म का एहसास कर सकते हैं। यह निर्वाण है।

जब आप निर्वाण प्राप्त कर लेंगे, आपने अपने मन की असंतुष्टि या कष्ट निष्कासित कर दिया होगा। हर मनुष्य के निर्वाण प्राप्त करने से संपूर्ण विश्व कृपालु, शांतिपूर्ण और प्रेम भरा हो जाएगा।

यह संभव है।

लेकिन निर्वाण प्राप्त करने के लिए आपको शिक्षाओं को सीखने का प्रयत्न करना पड़ेगा ताकि आप परिणाम प्राप्त कर सकें। कोई भी व्यक्ति या संस्था आपको निर्वाण "दे" नहीं सकती। आपको इन शिक्षाओं को सीखने और लागू करके *धीरे-धीरे* प्रगति करनी होगी।

निर्वाण कोई जल्द समाधान या तत्काल परिणाम नहीं है। अंग्रेजी में "एनलाइटेनमेंट" शब्द का उपयोग होता है लेकिन निर्वाण प्राप्त करना "बत्ती के स्विच" को चालू करने जैसा नहीं है। शिक्षकों के मार्गदर्शन के साथ इस किताब और किताब श्रृंखला में बाँटी गई शिक्षाओं को सीखने और अभ्यास करने के लिए मस्तिष्क को *धीरे-धीरे* प्रशिक्षण की जरूरत होगी।

निर्वाण एक नित्य मानसिक स्थिति है जिसे आप प्रज्ञा के इस्तमाल कर मन को मुक्त करने से प्राप्त कर सकते हैं।

यह एक कारण है कि निर्वाण नित्य है।

एक बार जब आप वह प्रज्ञा प्राप्त कर लेते हैं जो आपको निर्वाण की ओर ले जाती है, तो आप उस प्रज्ञा को "अनसीखा" नहीं करेंगे और मन नित्य रूप से आनंद के साथ शांत, निश्चल, निर्मल एवं संतुष्ट रहेगा। जीवन स्थितियों और दैनिक जिंदगी में होने वाली हर चीज से मन "अचल" और "अप्रभावित" रहेगा। मन को निर्वाण की दिशा में *धीरे-धीरे* प्रशिक्षण की जरूरत होगी। सीखने और प्रगति करने के लिए आपका समर्पण और वचनबद्ध होना जरूरी है। निर्वाण पाने के लिए दृढ़ता, समर्पण और मेहनत जरूरी है।

मैं क्या सीखूंगा?

इस किताब और किताब श्रृंखला की शिक्षाएँ वह शिक्षाएँ हैं जो आखिरकार गौतम बुद्ध से आई हैं, एक शिक्षक और एक ऐसे व्यक्ति जो कभी नहीं चाहते थे कि उनकी मूर्ति बने, कोई उनकी पूजा करे, या उनके चित्र को किसी मूर्ति में डाला जाए। यह कोई धर्म नहीं है। यह जीवन का एक तरीका है। ये शिक्षाएँ और प्रथाएँ एक "बेहतर जीवन के तरीके" की ओर ले जाती हैं।

गौतम बुद्ध ने कहा, "जो शिक्षाओं को देखता है वह मुझे देखता है, जो मुझे देखता है वह शिक्षाओं को देखता है"। मतलब यह कि वह अपनी शिक्षाओं के चलते-फिरते, जीते-जागते, सांस लेते हुए उदाहरण थे और यदि आप उनकी शिक्षाओं को गहराई से समझेंगे और अभ्यास करेंगे, तो आप वास्तविक जीवन में अपने आस-पास हर जगह उनकी शिक्षाओं को देखेंगे। उन्हें मानव रूप में देखने या उनके विद्यमान होने की कोई जरूरत नहीं है, क्योंकि हम संसार में उनकी शिक्षाओं को देख सकते हैं, हमें उनके शारीरिक रूप को देखने की जरूरत नहीं है।

गौतम बुद्ध कोई भगवान या पूजा करने वाले या प्रशंसा करने वाले व्यक्ति नहीं हैं। वह कुछ नहीं माँगते। वह केवल एक विनम्र शिक्षक थे जिन्होंने अपनी शिक्षाओं के बदले में ना कुछ मांगा और न कुछ पाने की उम्मीद की। उन्होंने अहंकार, अभिमान या दंभ के बिना शिक्षा दी।

गौतम बुद्ध की शिक्षाएँ काफी लुप्त हो गई हैं और इस पृथ्वी से लगभग गायब हैं। हालाँकि हमारे पास मंदिर, पुरुष नियुक्त अभ्यासकर्ता, महिला नियुक्त अभ्यासकर्ता और गौतम बुद्ध की शिक्षाओं के अन्य निशान हैं, जो लोग उनकी शिक्षाओं का बारीकी से अभ्यास करते हैं, जो लोग वास्तव में उनकी शिक्षाओं को समझते हैं और उनकी शिक्षाओं के ज़रिए निर्वाण प्राप्त करते हैं, उन लोगों की संख्या आजकल न्यूनतम है, लेकिन अब आगे बढ़ेंगी। गौतम बुद्ध की शिक्षाएँ भी अनित्यता से प्रभावित हैं।

इस किताब श्रृंखला की शिक्षाएँ उन शिक्षाओं को प्रस्तुत करती हैं जो उस निर्वाण की ओर ले जाती हैं जैसे गौतम बुद्ध के जीवनकाल के दौरान मौजूद थीं।

जबकि दुनिया में लगभग ५० करोड़ लोगों को गौतम बुद्ध की शिक्षाओं के अभ्यासकर्ताओं के रूप में पहचाना जाता है, विभिन्न शिक्षाओं और प्रथाओं के साथ जुड़ी हुई काफी परंपराएँ हैं। इस किताब श्रृंखला में वह शिक्षाएँ हैं जो गौतम बुद्ध की शिक्षाओं की थेरवाद परंपरा से जुड़ी हैं, जो उनकी मृत्यु के सबसे करीब समय पर मौजूद थीं। थेरवाद का मतलब है "बड़ों की शिक्षा"। थेरवाद परंपरा पाली कैनन को गौतम बुद्ध द्वारा सिखाई गई बातों का मूल स्रोत पाठ मानती है। हम पाली कैनन पर केवल विश्वास ही नहीं करते हैं, बल्कि हम सीखने, चिंतन और अभ्यास करने के लिए इन शिक्षाओं की जाँच करते हैं जिससे हम इनका स्वतंत्र रूप से सत्य को प्रज्ञा प्राप्ति के लिए देख सकें। इस प्रकार, जैसे-जैसे मन की स्थिति में *धीरे-धीरे* सुधार होता है, असंतुष्टि कम होती है और फिर निष्कासित हो जाती है, हम यह देख सकते हैं कि हम जो सीख रहे हैं वह सत्य है।

यदि सारी दुनिया गौतम बुद्ध की शिक्षाओं का अभ्यास करती, तो हमारे यहाँ इतना युद्ध, आतंकवाद, देशों की लड़ाई, अकुशल पृथ्वी, बड़े पैमाने पर तूफान, गरीबी में मरने वाले लोग, माता-पिता के बिना बच्चे, अकुशल दवाएं/पदार्थ, हत्याएँ, बलात्कार, आत्महत्या, लाइलाज रोग या बीमारियाँ, शिक्षा की कमी और दुनिया के अनगिनत अन्य पहलू नहीं होते जिनकी वजह से लगता है कि मानव सभ्यता और इस ग्रह का "आत्म-विनाश" हो रहा है।

मनुष्य दुनिया में इन सभी समस्याओं का कारण बन रहा है, जिसका मतलब है कि हम दुनिया में इन सभी समस्याओं को उन शिक्षाओं को सीखने और अभ्यास करके निष्कासित कर सकते हैं जो बेहतर जीवन जीने के तरीके की ओर ले जाती हैं।

मनुष्य में अपना जीवन जीते हुए उदारता, प्रेमभरी-कृपा, करुणा, दूसरों की सफलता से प्रसन्नता, स्वभाव का संतुलन विशेषकर कठिन परिस्थितियों में, सभी लोगों के साथ उचित व्यवहार, तृष्णा, क्रोध और अज्ञानता (असली वास्तविकता से अनजान होना) के निष्कासन की क्षमता भी हो सकती है, और साथ में जहाँ अन्य प्राणियों या हमारे ग्रह को कोई नुकसान न हो। उच्च चेतना या निर्वाण की ओर ले जाने वाली शिक्षाओं को समझने और उनका अभ्यास करने के ज़रिए यह जीवन जीने का एक बेहतर तरीका है।

यह दुनिया कब इतनी स्तम्भित हो जाएगी कि इस हकीकत से जाग उठेगी कि हमें बचाने कोई नहीं आएगा? हमें खुद को उन समस्याओं से बचाना चाहिए जो हमने पैदा की हैं।

दुनिया की सभी समस्याएँ इंसानों द्वारा पैदा की गई हैं और इस प्रकार इंसान ही उसके द्वारा पैदा की गई समस्याओं का समाधान कर सकता है।

दुनिया में हर व्यक्ति को "अपना निर्वाण अर्जित करने" की जरूरत होगी।

क्या आप दुख या असंतुष्टि के बिना जीवन का अनुभव करने के लिए तैयार हैं? क्या आप फोकस, एकाग्रता, मन की स्पष्टता और बेहतर याददाश्त चाहते हैं? क्या आप सीखना चाहेंगे कि नित्य अंदरूनी तृप्ति का अनुभव करते हुए आनंद के साथ शांत, निश्चल, निर्मल और संतुष्ट मन के साथ सभी प्राणियों के लिए करुणा कैसे रखें? क्या आप नित्य अंदरूनी शांति बनाना और अपने रिश्तों में सद्भाव बनाना चाहेंगे?

आप सीखेंगे कि शांत, निश्चल, निर्मल और स्थिर मन कैसे विकसित किया जाए जो अचल हो, जिसे फिर कभी असंतुष्टि का अनुभव न हो।

एक दुर्लभ मानव जीवन

ध्यान लगाओ, भिक्षुओं, बेपरवाह मत बनो, ऐसा न हो कि तुम्हें बाद में पछताना पड़े।

यह मेरा तुम्हें निर्देश है।

(गौतम बुद्ध)

(संदर्भ: संयुत्त निकाय ४३.१)

गौतम बुद्ध ने बताया कि मानव लोक में हमारा अस्तित्व बहुत दुर्लभ और अनोखा है। उनकी उपमा ने दिखाया कि एक मानव के रूप में यह अस्तित्व वास्तव में कितना दुर्लभ है और हमें इस मानव अवस्था में निर्वाण की प्राप्ति क्यों करनी चाहिए, अन्यथा हमें बाद में पछताना पड़ेगा।

दुर्लभ है कि कोई मानव अवस्था प्राप्त करे

भिक्षुओं, मान लीजिए कि यह महान पृथ्वी पानी का एक ढेर बन गई थी, और एक आदमी उस पर एक छेद वाली एक अंगूठी फेंक देता है। पूर्वी हवा इसे पश्चिम की ओर ले जाएगी; पश्चिमी हवा इसे पूर्व की ओर ले जाएगी; उत्तरी हवा इसे दक्षिण की ओर ले जाएगी; दक्षिणी हवा इसे उत्तर की ओर ले जाएगी। एक अंधा कछुआ था जो हर सौ साल में एक बार सतह पर आता था। भिक्षुओं, आप क्या सोचते हैं, क्या वह अंधा कछुआ, हर सौ साल में एक बार सतह पर आकर, अपनी गर्दन उस एक छेद वाली अंगूठी में डालेगा?

'यह दुर्लभ होगा, आदरणीय महोदय, कि हर सौ साल में एक बार सतह पर आने वाला अंधा कछुआ, अपनी गर्दन उस एक छेद वाली अंगूठी में डालेगा।'

इसी तरह, भिक्षुओं, यह दुर्लभ है कि कोई व्यक्ति मानव अवस्था प्राप्त कर सके; दुर्लभ है कि संसार में एक तथागत, एक अर्हंत, एक संपूर्णतः निर्वाण प्राप्त व्यक्ति उदय हुआ है; यह दुर्लभ है कि तथागत द्वारा घोषित शिक्षाएँ और अनुशासन दुनिया में चमकते हैं।

भिक्षुओं, तुमने वह मानवीय अवस्था प्राप्त कर ली है; संसार में एक तथागत, एक अर्हंत, एक संपूर्णतः निर्वाण प्राप्त व्यक्ति उदय हुआ है; तथागत द्वारा घोषित शिक्षा और अनुशासन इस दुनिया में चमकता है।

इसलिए, भिक्षुओं, यह समझने का प्रयत्न किया जाना चाहिए: 'यह असंतुष्टि है'; यह समझने का प्रयत्न किया जाना चाहिए: 'यह कारण है असंतुष्टि का'; यह समझने का प्रयत्न किया जाना चाहिए: 'यह निष्कासन है असंतुष्टि का'; यह समझने का प्रयत्न किया जाना चाहिए: 'यह मार्ग है जो ले जाता है असंतुष्टि के निष्कासन की ओर।'

(गौतम बुद्ध)

(संदर्भ: संयुत्त निकाय ५६.४८)

आपके पास मानव अवस्था में रहते हुए मन को विकसित करने, शुद्ध मन विकसित करने और पुनर्जन्म के चक्र से बचने के लिए यह दुर्लभ मानव जीवन है। इन शिक्षाओं को सीखने और अभ्यास करने को प्रेरित होने के लिए मानव जीवन उत्तम है, क्योंकि अनिर्वाणी मन एक सुखद भावना, एक दुखद भावना और भावनाएँ जो हैं न दुखद-न-सुखद का अनुभव करता है, और मनुष्य के पास मन को विकसित करने की क्षमता है। मानव जीवन में, हम मन के तीनों प्रकार की असंतुष्टि का अनुभव करते हैं और इसलिए, मन को विकसित करके और पुनर्जन्म के चक्र से बचकर हम इस पर काबू पाने में दिलचस्पी रखते हैं।

एक नये अभ्यासकर्ता के लिए जो इस पथ पर नया है या अभी शुरुआत कर रहा है, मेरा सुझाव है कि आप पुनर्जन्म के चक्र पर शिक्षाओं को तब तक अलग रखें जब तक कि मूल और केंद्रीय शिक्षाओं की अच्छी तरह से समझ और अभ्यास न हो जाए। मुख्य शिक्षाएँ तीन सार्वभौमिक सत्य, चार आर्य सत्य, अष्टांग पथ, पाँच सिद्धांत एवं एक अच्छे तरह से विकसित ध्यान अभ्यास हैं। इन शिक्षाओं को आप इस किताब श्रृंखला के ज़रिए और मार्गदर्शन प्राप्त करने के लिए एक शिक्षक से जुड़कर और बहुत कुछ सीखेंगे।

अतीत में जो हुआ वह अतीत में है। भविष्य में क्या होगा या क्या नहीं होगा यह भविष्य में है। जरूरी बात यह है कि अभी आप एक असंतुष्ट मन का अनुभव कर रहे हैं और मूल शिक्षाओं पर ध्यान केंद्रित करने से आप मन की बेहतर स्थिति के परिणामों का अनुभव कर सकेंगे। जब आप तैयार हों, तो इस किताब के अंत में पुनर्जन्म के चक्र पर शिक्षाएँ हैं और आप पुनर्जन्म के चक्र को समझने में मार्गदर्शन के लिए प्राप्त कर सकते हैं। लेकिन अभी के लिए, सुझाव यह है कि आप मूल और केंद्रीय शिक्षाओं का एक अच्छी तरह से विकसित अभ्यास स्थापित करने पर ध्यान केंद्रित करें।

इस मानव जीवन को बर्बाद ना करें। निर्वाण प्राप्त करने वाले आखिरी व्यक्ति न बनें। प्रज्ञा द्वारा मन की मुक्ति की तलाश करें। समझें कि क्रोध, उदासी, अकेलापन और अन्य सभी अनचाही भावनाओं को निष्कासित किया जा सकता है। बेपरवाही की हर बूंद को मिटा दें। गौतम बुद्ध की शिक्षाओं को सीखें और उनका अभ्यास करें जो आपको उस अंधकार से पूरी तरह मुक्त कर देगी जो अनिर्वाणी मन पर हावी है।

आप इन शिक्षाओं को पढ़ कर, सीख कर, आगे बढ़ कर, विकसित हो कर और अमल कर निर्वाण की दिशा में "इस पथ" पर जारी रहने का निर्णय ले सकते हैं। निर्वाण की प्राप्ति के लिए शिक्षक का होना सहायक और जरूरी है। इन शिक्षाओं का अभ्यास एक धर्म के रूप में नहीं किया जाता है, बल्कि जीवन या जीवनशैली के रूप में किया जाता है और आपके लिए किसी ऐसे व्यक्ति से मार्गदर्शन लेना जरूरी होगा जो समझता है कि इन शिक्षाओं को सीखने और अपने जीवन में लागू करने में आपका मार्गदर्शन कैसे किया जाए।

मन का एक प्रमुख गुण जिसे आपको निर्वाण और उससे आगे की खोज में बनाए रखना चाहिए, वह है सीखने में दिलचस्पी और जीवन जो भी सीख दे उसके लिए खुला होना।

एक खुला मस्तिष्क जो हर स्थिति से सीखता है लेकिन शिक्षाओं में सच्चाई और प्रज्ञा खोजने के लिए शिक्षाओं का अभ्यास करता है, उसे निर्वाण प्राप्त करने की सबसे अधिक संभावना है। आपको सत्य और प्रज्ञा प्राप्त होगी जो मन को मुक्त करते हैं।

एक बंद मन जो सभी लोगों से सीखने के लिए खुला रहने में दिलचस्पी नहीं रखता, वह भटकेगा और आखिरी ज्ञान और मन की मुक्ति की ओर अपना रास्ता लंबा कर लेगा। पुनर्जन्म के चक्र से बचने के लिए कई और जन्मों की जरूरत होगी, जिसमें जोखिम यह होगा की उसका जन्म अस्तित्व के निचले लोकों, पीड़ित प्रेतात्माओं के लोक, पशु लोक, या नरक लोक में से किसी एक में हो।

एक बंद मस्तिष्क कभी भी मुक्त नहीं हो सकता क्योंकि वह निर्वाण की ओर ले जाने वाली शिक्षाओं को सीखने के लिए खुला नहीं है।

गौतम बुद्ध की शिक्षाओं का अलग मतलब नहीं निकालना चाहिए, बल्कि उनका अभ्यास किया जाना चाहिए ताकि व्यक्ति "सत्य" को जान सके और प्रज्ञा प्राप्त कर सके जिससे मन की मुक्ति हो सके।

आप अभ्यास करके ही निर्वाण की प्राप्ति और सत्य को जानते हैं, और प्रज्ञा के ज़रिए मन मुक्त हो सकता है।

इसलिए, यदि कभी कोई आपको कोई शिक्षा देता है, तो यह निर्धारित करने के लिए कि वह शिक्षा सत्य है कि नहीं, उसका अभ्यास करना होगा। इस तरह, आप शिक्षाओं को सीख कर, चिंतन कर, और अभ्यास करके आप यह निर्धारित कर सकते हैं कि वास्तव में सत्य क्या है और क्या वह निर्वाण की ओर ले जाता है।

इस तरह, गौतम बुद्ध की शिक्षाओं का गलत मतलब नहीं लगाया जा सकता क्योंकि आपको अपने अभ्यास में "सच्चाई" दिखती हैं। यदि कोई शिक्षाओं का गलत मतलब निकालता है, तो आपको शिक्षाओं का अभ्यास करने से पता चलेगा कि वे सही है या गलत।

जीवन में हर किसी का पहला लक्ष्य निर्वाण प्राप्त करना होना चाहिए, इस प्रकार सभी प्राणियों के लिए प्रेमभरा, कृपालु और करुणामय होना चाहिए। निर्वाण का पथ सीखना और इन शिक्षाओं को अपने जीवन में लागू करना बेहतर अस्तित्व के मार्ग पर चलने जैसा है।

हमें अपने मन से उस नकारात्मकता को खाली करना चाहिए जिस पर वह अक्सर हावी रहती है, एक शांत, निश्चल, निर्मल और आनंद से संतुष्ट मन विकसित करना चाहिए जिसने तृष्णा, क्रोध और अज्ञानता (सच्ची वास्तविकता से अनजान होना) के साथ अहं को त्याग दिया है और अन-आत्म पा लिया है। यह दुनिया का भविष्य है जहाँ हम सभी प्राणियों के लिए एक आरामदायक जीवन बना सकेंगे, जहाँ हम एक-दूसरे और धरती माँ का सम्मान कर सकेंगे।

गौतम बुद्ध ने हमें ऐसी शिक्षाएँ दी जो कि हमें बेहतर जीवन जीने का मार्ग की ओर बढ़ाती हैं।

शांति, संतोष, संतुलित मन के साथ उदारता, सभी प्राणियों के लिए प्रेमभरी-कृपा, करुणा, दूसरों की सफलता के लिए खुश होना और निश्छलता जीवन का एक बेहतर तरीका है जिसमें हम पृथ्वी पर शांति का अनुभव करते हैं।

उनकी मृत्यु के काफी समय बाद, लोगों ने "बेहतर जीवन जीने की शिक्षाएँ" एकत्र कीं और उन्हें "धर्म" बना लिया। गौतम बुद्ध बौद्ध नहीं थे और ना ही उनकी धर्म बनाने की कोई योजना थी। "बौद्ध" शब्द उनकी मृत्यु के काफी समय बाद बनाया गया था। वह एक शिक्षक थे जिन्होंने हमें जीवन जीने का बेहतर तरीका सिखाया।

अंत में मूर्तियाँ बनाई गईं और, रीतियों और रिवाजों के साथ-साथ कई अन्य पहलुओं को जोड़ा गया, जिसने शिक्षाओं को उस चीज़ में बदल दिया जिससे कुछ लोग धर्म मानते हैं।

गौतम बुद्ध की शिक्षाओं को पढ़ना और उनका अभ्यास किया जाना चाहिए ताकि हम एक शांतिपूर्ण, प्रेम भरे, करुणा भरे और उदार समाज के परिणाम प्राप्त कर सकें।

उनकी मूल शिक्षाओं में "विश्वास" या "पूजा" नहीं है। आपको शिक्षाओं पर न ही विश्वास करना चाहिए न गौतम बुद्ध की पूजा करनी चाहिए, क्योंकि जब आप उनकी शिक्षाओं का अभ्यास करते हैं, तो आप प्रज्ञा प्राप्त करने के लिए सत्य का पालन करने का परिणाम देखते हैं। आप सत्य की खोज करते हैं और आप उनकी शिक्षाओं की सराहना करते हैं लेकिन उनकी पूजा नहीं करते हैं। *धीरे-धीरे* उनकी शिक्षाओं का अभ्यास करना सीखें जब तक कि वे आपके लिए स्वाभाविक न हो जाएं।

जब आप शिक्षाओं का अभ्यास करते हैं, तो आप देखते हैं कि मन अधिक नियमित, निश्चल और शांत हो जाता है। यही कारण है कि गौतम बुद्ध की शिक्षाओं का पालन करने वाले लोगों का समाज व्यापक रूप से शांतिपूर्ण और प्रेम भरा है, जिसमें बहुत मुस्कुराहट है और दूसरों की परवाह है।

अभ्यासकर्ताओं के समुदाय में दोस्ताना चर्चाओं और मित्रता के ज़रिए निर्वाण के पथ पर दूसरों की मदद करने और दूसरों का समर्थन करने के तरीकों की तलाश करें।

एक सफल राष्ट्र और सफल समाज की जाँच इससे नहीं है कि लोगों के पास कितना पैसा है, कितनी जमीन है और कितनी भौतिक संपत्ति है।

एक सफल राष्ट्र और एक सफल समाज की जाँच यह है कि लोग एक-दूसरे के बीच कितने निश्चल और शांत हैं। क्या लोग वास्तव में शांतिपूर्ण, विचारशील, प्रेम भरे, स्नेही, कृपालु और सभी प्राणियों की मदद करने के लिए खुले हैं? क्या लोग स्नेही व प्रेम भरे समाज बनाने के लिए एक-दूसरे की मदद करने के लिए मिलकर काम करते हैं? क्या वहाँ लड़ाई, नस्लवाद, घृणा, दुर्भावना, लालच, घृणा समूह, सामूहिक गोलीबारी, परिवार के लिए समय नहीं, हमेशा काम और शांतिपूर्ण सह-अस्तित्व के लिए समय नहीं है? यह सफलता नहीं है; यह आजादी नहीं है।

यदि आप "वास्तव में सफल और शांतिपूर्ण" समाज का मॉडल बनाना चाहते हैं, तो थाईलैंड को देखें। ये लोग गौतम बुद्ध की शिक्षाओं के अभ्यासकर्ता हैं और इन लोगों ने यह पता लगा लिया है कि कई शताब्दियों तक शांतिपूर्वक सह-अस्तित्व कैसे रखा जाए। हालाँकि थाईलैंड दोषहीन नहीं है, फिर भी थाई समाज की कई कुशल विशेषताएं हैं जिनका श्रेय उनकी संस्कृति को बुद्ध की शिक्षाओं पर आधारित होने के कारण दिया जा सकता है।

यह कोई प्रयोग नहीं है - यह सिद्ध सत्य है क्योंकि हम थाईलैंड में रहने वाले कई लोगों के बीच विनम्र, कृपालु, दोस्ताना और सम्मानजनक शांति देख सकते हैं।

गौतम बुद्ध के जीवन काल में लोगों ने कैसे सीखा?

गौतम बुद्ध ने निर्वाण के स्वतंत्र एहसास के ज़रिए पूर्णतः संपूर्ण निर्वाण प्राप्त किया। स्वतंत्र रूप से प्राप्त निर्वाण की खोज में, एक व्यक्ति बिना किसी शिक्षक के खुद निर्वाण प्राप्त करने के लिए भरपूर मात्रा में प्रज्ञा प्राप्त करता है।

गौतम बुद्ध के पास इतना ज्ञान था जो इस पृथ्वी की सारी मिट्टी के बराबर है, लेकिन उन्होंने अपने जीवनकाल के दौरान जो उन्होंने सिखाया, जो निर्वाण की ओर ले जाता है, वह केवल उनकी उंगली के नाखून के नीचे मौजूद मिट्टी के बराबर था।

गौतम बुद्ध के जीवनकाल के दौरान, प्रज्ञा के कई खोजी थे।

गौतम बुद्ध के उच्च स्तर के निर्वाण को पूर्णतः संपूर्ण निर्वाण प्राप्त बुद्ध के रूप में पहचानते हुए, मनुष्यों ने उनसे प्रश्न पूछे और शिक्षाएँ प्राप्त कीं। यह तरीका है जिससे लोगों ने सीखा।

एक पूर्णतः संपूर्ण निर्वाण प्राप्त बुद्ध के रूप में, उनके पास इतना ज्ञान था जितनी इस पृथ्वी पर मिट्टी है।

गौतम बुद्ध ने केवल वही शिक्षाएँ बाँटी जो निर्वाण प्राप्त करने से मन को मुक्त करती हैं, और वह केवल वही सिखाते थे जो लोग पूछते थे और जो लोगों को निर्वाण की ओर ले जाने में मदद करता था। उन्होंने अपनी शिक्षाओं को दूसरों पर ना थोपा ना ज़ोर दिया, बल्कि केवल उन लोगों को सिखाया जो प्रश्न पूछकर उनसे मार्गदर्शन प्राप्त कर रहे थे। लेकिन, उन्होंने उनसे पूछे गए सभी प्रश्नों का उत्तर नहीं दिया क्योंकि उत्तर लाभदायक नहीं थे और निर्वाण की ओर नहीं ले जाते थे।

लोगों द्वारा पूछे गए प्रश्नों के ज़रिए, गौतम बुद्ध को समझ आया कि लोगों को क्या जानने की जरूरत है ताकि वह उन्हें निर्वाण की ओर मार्गदर्शन कर सकें। गौतम बुद्ध के पास अपने जीवनकाल में "वह सब कुछ" सिखाने के लिए पर्याप्त समय नहीं था जिसे वह एक पूर्णतः संपूर्ण निर्वाण प्राप्त बुद्ध के रूप में जानते थे। वह बहुत कठिन और लंबा होगा।

तो, यह शिष्यों के प्रश्न ही हैं जिन्होंने गौतम बुद्ध को लोगों को अपने मन को मुक्त करने के लिए जरूरी शिक्षाएँ प्रदान करने की प्रेरणा दी। आपको इस अभ्यास को एक स्वतंत्र यात्रा के रूप में भी देखना चाहिए, जिसमें, आप शिक्षकों से मार्गदर्शन चाहते हैं लेकिन आप यह सुनिश्चित करते हैं कि आप अपने शिक्षकों से अधिक से अधिक ज्ञान प्राप्त करने के लिए प्रश्न पूछ रहे हैं। केवल एक सच्चा बुद्ध ही किसी शिक्षक के मार्गदर्शन के बिना निर्वाण प्राप्त करने के काबिल होगा। क्योंकि आप बुद्ध नहीं हैं, इसलिए आपको एक शिक्षक के मार्गदर्शन की जरूरत होगी।

आज, ऐसा लगता है कि बहुत से लोग पढ़ने की "चाहत" और "तृष्णा" रखते हैं पर कुछ ही सीखने के लिए दृढ़ता, समर्पण और मेहनत लागू करने के इच्छुक हैं।

अपनी प्रज्ञा दिखाने की व्यापक मात्रा में तृष्णा और बढ़ती हुई अहं (यानी अहंकार) के कारण, लोगों के लिए अपनी जानकारी बाँटना बहुत आम है और लोगों द्वारा दूसरों से सीखने के लिए प्रश्न पूछना दुर्लभ है।

बहुत से लोग पढ़ाना चाहते हैं लेकिन सीखने में दिलचस्पी कम ही लोगों को होती है।

यदि मानवता को अपने अस्तित्व की वर्तमान स्थिति से आगे बढ़ना है, तो खुले मस्तिष्क वाले लोगों की जरूरत होगी जो सीखने, प्रश्न पूछने और इस ग्रह पर अरबों मनुष्यों के मस्तिष्क को मुक्त करने के लिए जरूरी शिक्षाओं को प्राप्त करने में दिलचस्पी रखते हों।

जब आप किसी ऐसे व्यक्ति को जानते हैं जिसके पास प्रज्ञा है जिसे आप प्राप्त करना चाहेंगे, तो उनसे प्रश्न पूछें और उत्तरों को ध्यान से सुनें। फिर, उनसे और भी अधिक प्रश्न पूछें।

ज्ञान प्राप्त करने के लिए सुनना और सीखना शुरू करें। शिक्षक को बताएँ कि आपके पास क्या प्रश्न हैं, ताकि वे इन शिक्षाओं को अपने अभ्यास के ज़रिए प्रज्ञा द्वारा मन को मुक्त करने में आपका मार्गदर्शन कर सकें।

शिक्षाओं का एक ठोस अभ्यास स्थापित करना

इन शिक्षाओं को सीखना और अभ्यास शुरू करने के लिए, यह जरूरी है कि आप मन को प्रशिक्षित करने के लिए एक अनुरूप ध्यान अभ्यास विकसित करें जिसमें शिक्षकों का मार्गदर्शन शामिल है। चैप्टर "ध्यान: अपने अभ्यास का विकास" (चैप्टर ११) आपको एक समर्पित ध्यान अभ्यास स्थापित करने में मार्गदर्शन करेगा।

आपको सीखने और निर्वाण प्राप्त करने की दिशा में बढ़ने के लिए शिक्षाओं, शिक्षकों, समर्पण और दृढ़ता की जरूरत होगी।

गौतम बुद्ध की शिक्षाओं की दुनिया में, जानकारी और शिक्षाओं के कई स्रोत हैं।

यह जरूरी है कि आप इन शिक्षाओं को एक विश्वसनीय स्रोत से प्राप्त करें जो पाली कैनन के सटीक अनुवाद के लिए समर्पित है। पैंतालीस (४५) खंडों में संकलित, पाली कैनन या पाली पाठ गौतम बुद्ध की शिक्षाओं का मूल स्रोत है।

इस किताब और किताब श्रृंखला में गौतम बुद्ध की शिक्षाओं का विश्वसनीय अनुवाद और एक समर्पित अभ्यासकर्ता और शिक्षक के अनुभव हैं, जो आपको शिक्षाओं को सीखने और अभ्यास करने में मार्गदर्शन करते हैं।

विकिपीडिया और अन्य ऐसे इंटरनेट स्रोतों को इन शिक्षाओं का विश्वसनीय स्रोत नहीं माना जाता है। जब आपको ऐसे शिक्षक मिलेंगे जिन्होंने निर्वाण प्राप्त कर लिया है, तो उनके पास शिक्षाओं का एक विश्वसनीय स्रोत होगा। (निर्वाण प्राप्त करने वाले शिक्षकों को कैसे ढूँढें, इसके बारे में इस किताब में बाद में बताया गया है।)

इन शिक्षाओं का अध्ययन करें और शिक्षाओं का अभ्यास करें ताकि आप शिक्षकों की मदद से स्वतंत्र रूप से सत्य को देख सकें। इस किताब श्रृंखला की शिक्षाओं सहित, शिक्षाओं की इस परंपरा में आप जो कुछ भी सीखते हैं उस पर विश्वास न करें। विश्वास प्रज्ञा के ज़रिए मन को मुक्त नहीं करेगा। यह केवल तभी होगा जब आप शिक्षाओं में सत्य को देख पाते हैं, जो फिर आपकी प्रज्ञा बन जाती है, और तभी आप वास्तविकता की सच्चाई को समझ पाएँगे ताकि मन को निर्वाण प्राप्त करने के लिए मुक्त किया जा सके।

पाली कैनन, जो गौतम बुद्ध की शिक्षाओं का स्रोत है, उसमें वह सब कुछ नहीं है जो आपको निर्वाण प्राप्त करने के लिए चाहिए। यही कारण है कि इस किताब श्रृंखला और उन शिक्षकों का होना, जिन्होंने निर्वाण प्राप्त कर लिया है और जो अपना अनुभव बाँटते हैं, आपके लिए एक मार्गदर्शक प्रकाश के रूप में जरूरी है।

यही कारण है कि गौतम बुद्ध ने हमें शिक्षाओं को सीखने और उनका अभ्यास करने के लिए प्रोत्साहित किया। वह हमें शिक्षाओं के अभ्यास के द्वारा और शिक्षकों के मार्गदर्शन से अपने लिए सत्य का निर्धारण करने के लिए प्रोत्साहित कर रहे थे, जिससे हमारा विकास हो।

यदि आप इन शिक्षाओं का अभ्यास करते हैं और वे परिणाम उत्पन्न करते हैं जो मन को मुक्त करते हैं तो आपको पता चल जाएगा कि शिक्षाएँ सत्य हैं। जैसे-जैसे आप शिक्षाओं को पढ़ते और उनका अभ्यास करते हैं, आपको ध्यान देना चाहिए कि मन *धीरे-धीरे* अधिक आनंद के साथ शांत, निश्चल, निर्मल और संतुष्ट हो जाता है।

आपको अपने अभ्यास में सत्य को देखना चाहिए और ध्यान देना चाहिए कि जो शिक्षाएँ आप पढ़ते हैं और जो अभ्यास आप विकसित करते हैं, वे आपको पथ पर आगे बढ़ा रहे हैं। तब आपको निश्चित रूप से पता चल जाएगा कि जिन शिक्षाओं और शिक्षकों से आप सीख रहे हैं वे सटीक हैं और सहायक हैं।

यदि मन क्रोध, घृणा, आकलन, दुर्भावना जैसे जज़्बातों का त्याग कर रहा है और यदि आप उदारता, प्रेमभरी-कृपा, करुणा और समभाव जैसे गुणों का विकास कर रहे हैं तो आप जो शिक्षाएँ पढ़ रहे हैं और जो अभ्यास आपने स्थापित किया है वह आपको सही रास्ते पर ले जा रहा है। मन के कई गुण हैं जिनको आप निष्कासित करेंगे और विकास करेंगे। इन शिक्षाओं को जब आप सीखेंगे और अभ्यास करेंगे, जैसे-जैसे आप निर्वाण के करीब और करीब आते हैं, आपको अपने मस्तिष्क में *धीरे-धीरे* सुधार दिखना चाहिए।

यह शिक्षाओं का आपका अभ्यास है जो उस अनित्यता को सुलझाता है जो सभी चीज़ों को प्रभावित करती है, जिसमें वह अनित्यता भी शामिल है जो गौतम बुद्ध की शिक्षाओं को प्रभावित करती है। यह आपकी शिक्षाओं का अभ्यास है जहाँ आप मन को मुक्त करने के लिए सत्य की खोज करते हैं।

जैसे-जैसे आप अपने सीखने और अभ्यास में प्रगति करते हैं, शिक्षाओं के अभ्यास के ज़रिए शिक्षाओं पर चिंतन करें, ताकि आप खुद सत्य का निर्धारण कर सकें।

इस तरह, आप गुमराह नहीं होंगे क्योंकि आप जो सीखते हैं और अभ्यास करते हैं उसके लाभ स्वतंत्र रूप से देखे जा सकते हैं। ये शिक्षाएँ और प्रथाएँ सत्य की खोज में आपका मार्गदर्शन करने पर आधारित हैं न कि विश्वास पर।

इस किताब की शिक्षाएँ और प्रथाएँ आपको निर्वाण की यात्रा में सहायता करेंगी।

इन शिक्षाओं और प्रथाओं के ज़रिए आपको प्राप्त होने वाले सभी लाभ उन शिक्षाओं को सीखने और अभ्यास करने कि आपकी व्यक्तिगत पसंद पर आधारित हैं जो निर्वाण उत्पन्न करने के लिए जानी जाती हैं।

एक प्रज्ञापूर्ण व्यक्ति मन की जागृति के लिए आशा, स्वप्न या इच्छा नहीं रखेगा, बल्कि मन की निर्वाण प्राप्ति के लिए अनुकूल एवं सोचे-समझे कदम उठाएगा।

वर्जित क्रियाओं या मार्गदर्शन के नियम जो निर्वाण की ओर ले जाते हैं

अक्सर गौतम बुद्ध की शिक्षाओं को "वर्जित क्रियाओं के नियम" के रूप में सोचा या चर्चा की जाती है। कुछ लोग उनकी शिक्षाओं का अनुवाद "प्रशिक्षण नियम" के रूप में भी करेंगे।

मेरी राय में, यदि कोई अभ्यासकर्ता इस तरह से निर्वाण के पथ को अपनाता है, तो यह गौतम बुद्ध की शिक्षाओं को गहराई से समझने में हानिकारक है और उसे निर्वाण के उद्देश्य को प्राप्त करने से रोक सकता है।

गौतम बुद्ध ने ऐसी शिक्षाएँ बाँटी जिनके बारे में उन्हें पता था कि वे मन को निर्वाण की ओर ले जाएँगी।

निर्वाण एक आनंद के साथ शांत, निश्चल, निर्मल और संतुष्ट मन की स्थिति है जो नित्य है। मन ने उदासी, क्रोध, निराशा, चिड़चिड़ापन, झुंझलाहट, अपराधबोध, लज्जा, डर, ऊब, अकेलापन, शर्म, ईर्ष्या, रोष, तनाव, चिंता आदि जैसी सभी असंतोषजनक भावनाओं का निष्कासन कर दिया है।

मन से सभी असंतोषजनक भावनाओं को १००% निष्कासित कर दिया गया है, मन पूरी तरह से मध्य में रहता है - आनंद के साथ शांत, निश्चल, निर्मल और संतुष्ट।

निर्वाण की मानसिक स्थिति प्राप्त करने के लिए, एक अभ्यासकर्ता को मार्गदर्शन के साथ शिक्षाओं को सीखना होगा, और इन शिक्षाओं का अभ्यास करना होगा जिससे कि वह प्रज्ञा प्राप्त करते हुए स्वतंत्र रूप से "सत्य" को देख सके।

अभ्यास करते हुए शिक्षाओं का पालन करने से ही व्यक्ति को प्रज्ञा प्राप्त होती है। फिर मन इस नए पाए गए ज्ञान के ज़रिए कार्य करता है, और शिक्षाओं की प्रज्ञा के आधार पर कुशल निर्णय लेता है।

निर्वाण के पथ पर सभी प्रगति "स्वतंत्र इच्छा" से लिये गए कुशल व्यक्तिगत चुनाव और कुशल व्यक्तिगत निर्णय से प्राप्त होती है।

"वर्जित गतिविधि के नियमों" का पालन करने से अभ्यासकर्ता शिक्षाओं को सीखने और अभ्यास करने से प्राप्त प्रज्ञा के आधार पर कुशल चुनाव नहीं कर पाएँगे।

अगर गौतम बुद्ध चाहते कि उनकी शिक्षाओं को "नियम" बनाया जाए, तो उन्होंने उन नियमों को इकट्ठा करने, बाँटने और उन नियमों के मत को लागू करने के लिए एक संगठन बनाया होता।

गौतम बुद्ध ने ऐसा नहीं किया।

उन्होंने ऐसी शिक्षाएँ दी जिनसे वह जानते थे कि निर्वाण की मानसिक स्थिति बनती है, जो आनंद के साथ एक शांत, निश्चल, निर्मल और संतुष्ट मन जो नित्य है, और एक अभ्यासकर्ता द्वारा बुद्धिमानी से निर्णय लेने से मिलता है। बुद्धि के आधार पर प्रज्ञापूर्ण निर्णय लेने से मन मुक्त होता है।

शिष्य जब इन शिक्षाओं को सीखते और अभ्यास करते हैं, एक अभ्यासकर्ता अपने खुद के सीखने और अभ्यास करने से देख सकता है कि मन की स्थिति में सुधार होता है।

मन में क्रोध और निराशा *धीरे-धीरे* कम हो जाते हैं और अंत में पूरी तरह निष्कासित हो जाते हैं - अन्य सभी असंतोषजनक भावनाओं के साथ। हर एक अभ्यासकर्ता खुद देख सकता है कि बाँटी गई शिक्षाओं और प्रथाओं ने मन के प्रशिक्षण के ज़रिए मन की स्थिति में सुधार किया है।

गौतम बुद्ध द्वारा सिखाई गई कोई भी बात विश्वास पर आधारित नहीं है बल्कि, शिक्षाओं को मार्गदर्शन के साथ बाँटा जाता है जिसे सीखने और अभ्यास करने पर प्रज्ञा प्राप्त करने के लिए सत्य के रूप में देखा जा सकता है।

गौतम बुद्ध की शिक्षाओं को सीखना और उनका अभ्यास करना किसी के लिए स्वतंत्र इच्छा निर्णय पर आधारित एक व्यक्तिगत चुनाव है।

निर्वाण प्राप्त करने का मतलब "वर्जित क्रियाओं के नियमों का पालन करना" नहीं है, बल्कि "शिक्षक से मार्गदर्शन के साथ शिक्षाओं को सीखना और अभ्यास करना" है।

गौतम बुद्ध ने लागू करने के लिए सेट नियम स्थापित नहीं किए, बल्कि उन्होंने मार्गदर्शन के साथ शिक्षाओं को बाँटा, जो आपके खुद के कुशल व्यक्तिगत चुनावों के ज़रिए मन को निर्वाण की ओर ले जाएगा - यदि आप एक शिक्षक के मार्गदर्शन के साथ सीखना और अभ्यास करना चुनते हैं।

ऐसे कोई नियम, वर्जित क्रियाएँ या चीज़ें नहीं हैं जिनकी गौतम बुद्ध ने जरूरी रूप से अनुमति दी या अनुमति नहीं दी।

उनकी शिक्षाएँ एक मार्गदर्शन हैं, और आप चुन सकते है कि उन्हें आप सीखें और अभ्यास करे या नहीं।

यदि उनकी शिक्षाएँ वर्जित क्रियाओं के नियम हैं, तो उन नियमों को लागू करने कौन आ रहा है?

निश्चित रूप से गौतम बुद्ध या कोई और नहीं।

मार्गदर्शन के रूप में शिक्षाओं को सीखने और अभ्यास करने की वजह से एक अभ्यासकर्ता अनगिनत कुशल निर्णय ले पायेगा, नियमों के कारण या नियमों को लागू करने के कारण नहीं, बल्कि इसलिए क्योंकि अभ्यासकर्ता अनुभव के ज़रिए सीखता है, फिर प्रज्ञापूर्ण कुशल निर्णय लेने का चयन करता है जिससे कुशल परिणाम प्राप्त होते हैं - एक निर्वाण प्राप्त मन।

निर्वाण एक आनंद के साथ शांत, निश्चल, निर्मल और संतुष्ट मन है जो नित्य है और जो एक शिक्षक के मार्गदर्शन के साथ गौतम बुद्ध की शिक्षाओं को सीखने और अभ्यास करने के व्यक्तिगत चुनाव पर आधारित है।

गौतम बुद्ध की शिक्षाएँ व्यक्तिगत चुनाव के ज़रिए सीखने और अभ्यास करने के लिए मार्गदर्शन हैं। नियम नहीं। अस्तित्व के प्राकृतिक नियमों (यानी बुद्ध की शिक्षाओं) से प्रज्ञा प्राप्त करने पर मन निर्वाण के लिए जागृत हो जाएगा और प्रज्ञापूर्ण निर्णय लेने के आधार पर जीवन अभ्यास विकसित करने का निर्णय लेगा।

समस्या - निर्वाण की प्रज्ञा खो गई है

गौतम बुद्ध २५०० साल पहले निर्वाण की ओर ले जाने वाली शिक्षाओं को बाँटा करते थे।

उनके जीवनकाल के दौरान, जो उनके साथ उनके शिक्षक के रूप में सीख, चिंतन और अभ्यास कर रहे थे, उन लोगों को अच्छी तरह से पता था कि वास्तव में निर्वाण क्या है और इसे कैसे प्राप्त किया जाए।

यह प्रज्ञा बुद्ध की मृत्यु के बाद ५०० वर्ष तक बनी रही। लेकिन उसके बाद, यह प्रज्ञा *धीरे-धीरे* कम होती गई और २५०० साल बाद उस जगह पर पहुंच गई जहाँ हम आज हैं। गौतम बुद्ध ने भविष्यवाणी की थी कि ऐसा होगा।

विश्व का ज्यादातर बहुमत यह नहीं समझता कि निर्वाण क्या है और इसे कैसे प्राप्त किया जाए।

निर्वाण का पथ, जबकि एक समय बुद्ध के जीवनकाल के दौरान मजबूत और जीवंत था, लगभग गायब हो गया है।

आज बहुत कम प्राणी जीवित हैं जो समझते हैं कि निर्वाण क्या है और इसे कैसे प्राप्त किया जाए।

अनित्यता के सार्वभौमिक सत्य ने निर्वाण के पथ के बारे में मानवता की समझ को काफी प्रभावित किया है।

यह बुद्ध की शिक्षाओं को सम्भाल कर रखने के लिए ध्यान और परिश्रम की कमी के कारण हुआ, जो उनके जीवनकाल के दौरान काफी जोश से किया जाता था। लोगों ने *धीरे-धीरे* विभिन्न परंपराओं और विचारों को बुद्ध की शिक्षाओं में मिलाया और मिश्रित किया, जिसका उद्देश्य शायद अच्छा था, लेकिन इसने केवल मानवता की निर्वाण के पथ की समझ को कमजोर करने का काम किया है, और इस प्रकार, अनगिनत प्राणियों के लिए निर्वाण का अनुभव करना बहुत कठिन बना दिया है।

निर्वाण एक आनंद के साथ शांत, निश्चल, निर्मल और संतुष्ट मन की नित्य अवस्था है। निर्वाण प्राप्त मन अब किसी भी असंतोष की भावना का अनुभव नहीं करता है। निर्वाण प्राप्त मन से उदासी, क्रोध,

निराशा, चिड़चिड़ापन, झुंझलाहट, अपराधबोध, लज्जा, डर, ऊब, अकेलापन, शर्म, ईर्ष्या, रोष, तनाव, चिंता आदि जैसी सभी असंतोषजनक भावनाएँ पूरी तरह से निष्कासित हो जाती हैं।

गौतम बुद्ध का उद्देश्य उनकी शिक्षाओं को दुनिया भर में बाँटना है ताकि सभी प्राणी निर्वाण की मानसिक स्थिति का अनुभव कर सकें। लेकिन, उनके जीवनकाल के दौरान, उनकी शिक्षाओं को दुनिया भर में बाँटना असंभव था। अब हमारे पास उनकी शिक्षाओं को सक्रिय रूप से सीखने, चिंतन करने और अभ्यास करने का समय आ गया है, ताकि उनको दुनिया में हम वापस से स्थापित कर सकें और चमका सकें ताकि अनगिनत व्यक्ति आज और आने वाली कई पीढ़ियों में प्रज्ञा प्राप्त कर सकें।

लेकिन, इस लक्ष्य को पूरा करने के लिए, हमें बुद्ध की शिक्षाओं को, जो उन्होंने २५०० साल पहले बाँटी थी, सीखने, चिंतन करने और अभ्यास करने के लिए दृढ़, समर्पित और मेहनती रहने की जरूरत होगी। हमें यह सुनिश्चित करने के लिए मेहनती होने की जरूरत होगी कि हम अलग-अलग परंपराओं और प्रथाओं को मिलाकर उनकी शिक्षाओं को कमजोर नहीं कर रहे हैं जो निर्वाण के पथ का हिस्सा नहीं हैं।

<u>हर अभ्यासकर्ता को यह निर्णय लेने की जरूरत होगी कि क्या वे समस्या का हिस्सा बनने में दिलचस्पी रखते हैं या समाधान का हिस्सा बनने में।</u>

इस समाधान में समय, प्रयत्न, ऊर्जा और संसाधनों की जरूरत होगी, जिन्हें बुद्ध की शिक्षाओं को मानवता में वापस स्थापित करने के लिए पर्याप्त रूप से समर्पित किया जा सके, जो आज और भविष्य में अनगिनत व्यक्तियों के लिए बहुत फायदेमंद है।

समस्या में भाग लेने के लिए किसी समय, प्रयत्न, ऊर्जा या संसाधनों की जरूरत नहीं है। इसके लिए केवल "बुद्ध के शब्दों" को सक्रिय रूप से सीखने, चिंतन करने और अभ्यास करने की तरफ निरंतर बेपरवाही और ध्यान की कमी की जरूरत होती है। मेरा सुझाव है कि समस्या का हिस्सा बने रहना अप्रज्ञापूर्ण होगा क्योंकि व्यक्ति असंतुष्टि और उससे होने वाले दुख का अनुभव करता रहेगा।

समाधान - बुद्ध की शिक्षाओं को मानवता में वापस स्थापित करना

यदि आप समाधान का हिस्सा बनना चाहते हैं, तो मैं आपको बुद्ध की शिक्षाओं को सक्रिय रूप से सीखने, चिंतन करने और अभ्यास करने के लिए प्रोत्साहित करना चाहूंगा, इस तरह से, जिसमें उनकी शिक्षाओं को अन्य परंपराओं के साथ कमजोर करना या मिश्रण करना शामिल नहीं है। यह बुद्ध की शिक्षाएँ हैं जो निर्वाण की ओर ले जाती हैं, न कि मिश्रित और मिली हुई शिक्षाएँ जो उन लोगों के लिए निर्वाण के पथ को कमजोर करने का काम करती हैं जो निर्वाण का अनुभव करने की इच्छा रखते हैं।

प्राथमिक बाधा या रुकावट जो अभ्यासकर्ताओं को निर्वाण प्राप्त करने से रोकती है वह अज्ञानता (सच्ची वास्तविकता से अनजान होना) है। यह मन का एक कलंक/प्रदूषण है जहाँ अभ्यासकर्ता के पास निर्वाण के सच्चे मार्ग को समझने के लिए प्रज्ञा की कमी है। सच्ची वास्तविकता से अनजान होना एक बाधा या रुकावट पैदा करता है जो मन को अनिर्वाणी अवस्था में फंसाए रखती है और निरंतर असंतुष्टि और उससे होने वाले दुख का अनुभव करती रहती है। इस अड़चन को दूर करने का एकमात्र तरीका बुद्ध के शब्दों का उपयोग करके बुद्ध की सच्ची शिक्षाओं में एक शिक्षक से मार्गदर्शन प्राप्त करना है। यह बुद्ध की शिक्षाएँ हैं जो प्रज्ञा प्राप्त करने के लिए उनकी शिक्षाओं के खुद की जाँच पड़ताल द्वारा मन को निर्वाण के लिए जागृत करेंगी, जिससे निर्वाण में आने वाली रुकावट दूर हो जाएगी।

बुद्ध के शब्दों का उपयोग करते हुए प्रज्ञा प्राप्त करने के ज़रिए अपने जीवन अभ्यास में बुद्ध की शिक्षाओं को समर्पण से पुनर्स्थापित करके, आप वर्तमान और भविष्य में मौजूद अनगिनत प्राणियों के लाभ के लिए उनकी शिक्षाओं को मानवता में वापस लाने में अपना योगदान दे रहे हैं। संपूर्ण मानवता विकसित हो सकती है ताकि हर कोई निर्वाण प्राप्त कर सके और सबसे शांतिपूर्ण दुनिया का निर्माण कर सके जिसकी हमने कभी कल्पना की थी। यह "पृथ्वी पर स्वर्ग" जैसा होगा।

आपको केवल "बुद्ध के शब्दों" को सीखने और अभ्यास करने के लिए इस समुदाय में शामिल होने के लिए आमंत्रित किया जाता है, जिससे आपको निर्वाण प्राप्त होता है और बुद्ध की शिक्षाओं की वापस स्थापना होती है ताकि आप और अनगिनत प्राणी शांति, मन की मुक्ति और असंतुष्टि और उससे होने वाले दुख का पूर्ण निष्कासन का अनुभव कर सकें, जिसे निर्वाण के रूप में जाना जाता है।

बुद्ध किताब श्रृंखला के शब्द

https://www.buddhadailywisdom.com/freebuddhabooks

बुद्ध की शिक्षाओं को सीखने और अभ्यास करने के लिए
"धन्यवाद"

"बुद्ध के शब्दों" पर आधारित अपनी जिंदगी उभारने से
आप इस दुनिया को एक बेहतर जगह बना रहे हैं

आगे छानबीन के लिए सीखने के संसाधन

ऑडियोबुक

(ऑडियोबुक) - (खंड १ - चैप्टर २) - गौतम बुद्ध की शिक्षाएँ क्यों पढ़ें (पढ़ें और सुनें)
https://youtu.be/3nPs6z273aQ

एप. ५०२ - (ऑडियोबुक) - (खंड १ - चैप्टर २) - गौतम बुद्ध की शिक्षाएँ क्यों पढ़ें
https://podcasters.spotify.com/pod/show/buddhadailywisdom/episodes/Ep--502---Audiobook---Volume-1---Chapter-2---Why-Study-Gotama-Buddhas-Teachings-e272sh1

यूट्यूब वीडियो

(सामूहिक शिक्षण कार्यक्रम) - चैप्टर २ - गौतम बुद्ध की शिक्षाएँ क्यों पढ़ें
https://youtube.com/live/E5yhvAgmcK0

(सामूहिक शिक्षण कार्यक्रम) - प्रेमभरी-कृपा का ध्यान सीखें (४ में भाग ३)
https://youtube.com/live/VIDex-4T6rQ

पॉडकास्ट

(सामूहिक शिक्षण कार्यक्रम) - चैप्टर २ - गौतम बुद्ध की शिक्षाएँ क्यों पढ़ें
https://podcasters.spotify.com/pod/show/buddhadailywisdom/episodes/Ep--426---Group-Learning-Program---Chapter-2---Why-Study-Gotama-Buddhas-Teachings-e1v86ji/a-a9c5i19

एप. ४२७ - (सामूहिक शिक्षण कार्यक्रम) - प्रेमभरी-कृपा का ध्यान सीखें (४ में भाग ३)

https://podcasters.spotify.com/pod/show/buddhadailywisdom/episodes/Ep--427---Group-Learning-Program---LEARN-Loving-kindness-Meditation-Part-3-of-4-e1vcdc0/a-a9cjld8

चैप्टर ३

निर्वाण:
निर्वाण क्या है?

कुछ लोगों में "एनलाइटेनमेंट", "निब्बाना", "निर्वाण", "निप्पॉन", "आध्यात्मिक जागृति", "उच्च मन", "उच्च चेतना" आदि पर चर्चा करने में काफी झिझक होती है। एक व्यक्ति जिसने निर्वाण प्राप्त कर लिया है, वह आपको कभी नहीं बताएगा कि वे निर्वाण का अनुभव कर रहे हैं, और यदि वह ऐसा करते हैं, तो क्या आप उन पर विश्वास करेंगे?

निर्वाण एक आनंद के साथ शांत, निश्चल, निर्मल और संतुष्ट मन है जो नित्य है। निर्वाण तृष्णा, क्रोध और अज्ञानता का निष्कासन, अहं का घुलना और अन-आत्म की प्राप्ति है। एक निर्वाण प्राप्त मन ने उदासी, क्रोध, निराशा, चिड़चिड़ापन, झुंझलाहट, अपराधबोध, लज्जा, डर, ऊब, अकेलापन, शर्म, ईर्ष्या, रोष, तनाव, चिंता इत्यादि जैसी सभी असंतोषजनक भावनाओं को १००% निष्कासित कर दिया है। आपको इन नापसंद और असंतोषजनक भावनाओं के निरंतर संघर्ष और बोझ के साथ रहने की जरूरत नहीं है। निर्वाण के पथ से आप इन भावनाओं का निष्कासन कर सकते हैं।

तृष्णा, क्रोध और अज्ञानता (सच्ची वास्तविकता से अनजान होना) को निष्कासित करने के लिए मन को *धीरे-धीरे* प्रशिक्षित करने की जरूरत है, और यह निर्वाण के पथ की शिक्षाएँ हैं जो आपको यह सीखने में मदद करेंगी कि इस लक्ष्य को कैसे पूरा किया जाए।

निर्वाण का पथ प्रज्ञा या ज्ञान प्राप्त करके बढ़ने, सीखने और विकसित होने की एक यात्रा है जो मन को "जीवन अभ्यास" में प्रशिक्षित करके एक शुद्ध मन विकसित करता है। इसमें *धीरे-धीरे* प्रशिक्षण और *धीरे-धीरे* अभ्यास होता है जिसकी वजह से *धीरे-धीरे* प्रगति होती है।

इस मन और अपने जीवन की स्थिति को बेहतर बनाने के लिए शिक्षाओं को सीखने, चिंतन करने और अभ्यास करने का यह जरूरी काम केवल आप ही कर सकते हैं। सब कुछ मन के ज़रिए अनुभव किया जाता है, इसलिए इस तरह से मन को प्रशिक्षित करने से, व्यक्ति अपने जीवन को बेहतर बनाने के लिए अपनी स्वतंत्र इच्छा से प्रज्ञापूर्ण निर्णय लेने के काबिल होता है। इस लक्ष्य को पूरा करने पर, एक अभ्यासकर्ता का मन नित्य रूप से आनंद के साथ शांत, निश्चल, निर्मल और संतुष्ट रहेगा।

निर्वाण के पथ के ज़रिए, आप एक स्थिर, शांत और अचल मन प्राप्त करेंगे। आप हमेशा के लिए एक अंदरूनी तृप्ति और संतुष्ट मन विकसित करेंगे।

गौतम बुद्ध की शिक्षाओं को सीखने और उनका अभ्यास करने से समय के साथ-साथ *धीरे-धीरे* निर्वाण प्राप्त होता है ताकि आप सत्य को देख सकें, जो आपको प्रज्ञा प्राप्त करने में मदद करेगा। गौतम बुद्ध की शिक्षा - जीने के वास्तविक नियम को सीखने और अभ्यास करने से मन प्रज्ञा प्राप्त करता है और जीवन की असली सच्चाई जान कर *धीरे-धीरे* निर्वाण प्राप्ति के लिए मुक्त हो जाता है।

एक अनिर्वाणी मन "असली वास्तविकता" को नहीं समझता, और दुनिया कैसे चलती है, उसकी गलत धारणाओं को लेकर, वह अप्रज्ञापूर्ण निर्णय लेता है जो अकुशल परिणाम देता है जिसमें असंतुष्ट भावनाएँ भी शामिल है।

जीने के प्राकृतिक नियम दुनिया के वह पहलू हैं जो हमें समझाते हैं कि दुनिया में जो हो रहा है उसका स्वतंत्र रूप से प्रमाण देखा जा सकता है। एक अप्रशिक्षित और अप्रज्ञापूर्ण मन यह सच्चाई स्पष्ट रूप से नहीं देख सकता।

उदाहरण के तौर पर, कम्मा का प्राकृतिक नियम जीने का एक प्राकृतिक नियम है।

बुद्ध की शिक्षाएँ इन प्राकृतिक नियमों को समझाती हैं ताकि इस बौद्धिक शिक्षा को सीख कर आप चिंतन और अभ्यास का प्रयत्न करते हुए अस्तित्व के प्राकृतिक नियमों की प्रज्ञा प्राप्त करके अपने लिए सत्य का देख सकें। हम जो कुछ भी अनुभव करते हैं वह इन प्राकृतिक नियमों पर आधारित है। क्योंकि ये प्राकृतिक नियम पूरी दुनिया में मौजूद हैं और दुनिया इन प्राकृतिक नियमों के आधार पर काम करती है, एक बार जब आप उन्हें सीख लेते हैं और उन पर चिंतन करते हैं, तो आप उस सच्चाई को देख सकते हैं जो बुद्ध अपनी शिक्षाओं के अभ्यास के ज़रिए समझा रहे हैं।

बुद्ध ने अपनी शिक्षाओं, जैसे कि तीन सार्वभौमिक सत्य, चार आर्य सत्य, अष्टांग पथ, पाँच सिद्धांत, कम्मा का प्राकृतिक नियम, इत्यादि, में समझाया है कि दुनिया इन प्राकृतिक नियमों के ज़रिए कैसे काम करती है और उस प्रज्ञा के साथ एक अभ्यासकर्ता प्रज्ञापूर्ण निर्णय ले सकता है, और उसे फिर इन प्राकृतिक कानूनों से अनजान कठिनाइयों से संघर्ष नहीं करना पड़ता। और, यही कारण है कि शिक्षाओं पर विश्वास नहीं करना बल्कि सीखना, चिंतन करना और अभ्यास करना जरूरी है ताकि

आप खुद सच्चाई देख सकें कि ये प्राकृतिक नियम क्या हैं और वे कैसे काम करते हैं ताकि आप इन प्राकृतिक नियमों के ज़रिए बेहतर संचालन करने के लिए गहरी और गहन प्रज्ञा प्राप्त कर सकें और प्रज्ञापूर्ण निर्णय लेकर कुशल परिणाम प्राप्त कर सकें।

इस किताब श्रृंखला में बुद्ध की शिक्षाएँ इन प्राकृतिक नियमों को इस तरह से समझाएंगी कि आप इन प्राकृतिक नियमों का निर्वाण प्राप्त करने के लिए सीख सकते हैं, चिंतन कर सकते हैं और अभ्यास कर सकते हैं, जिससे आप प्रज्ञापूर्ण निर्णय ले सकेंगे जिसके परिणामस्वरूप आपके जीवन के लिए कुशल परिणाम प्राप्त होंगे।

ऐसी दुनिया में जीना जिसे मन नहीं समझता एक वास्तविक संघर्ष है। यह "बुद्ध के शब्द" हैं जो जीवन के प्राकृतिक नियमों को समझाते हैं और मन को गहरी प्रज्ञा प्राप्त करने के लिए मार्गदर्शन करते हैं, जिससे कि हम शुद्ध मन से बेहतर स्वतंत्र इच्छापूर्ण निर्णय ले सकें।

"मन" मस्तिष्क नहीं है। मस्तिष्क "मन" नहीं है। मस्तिष्क वह अंग है जो "शरीर" के कार्यों का नियंत्रण करता है। मन स्वाभाविक तौर पर शारीरिक नहीं है, वह ठोस नहीं है और उसे छुआ नहीं जा सकता। लेकिन मन को प्रशिक्षित किया जा सकता है।

मन हमारी चेतना है, जहाँ हमारी वाणी और कार्यों की नीयत उत्पन्न होती है और हमारे सोच, विचार, जज्बात, भावनाएँ और धारणाएँ प्रकट होती हैं, हमें उनका अनुभव होता है, और वह विद्यमान नहीं रहतीं। यह अस्थिर और कुछ समय के लिए ही रहती हैं।

निर्वाण प्राप्ति संभव है। इससे हमें संकोच नहीं करना चाहिए ना ही केवल उन मित्रों को बताना चाहिए जो आपको शर्मिंदा न करें।

कुछ लोग समझते हैं कि निर्वाण प्राप्ति असंभव है, या केवल नियुक्त अभ्यासकर्ता या बड़े धार्मिक लोग ही इसको प्राप्त कर सकते हैं। मैं आपको यहाँ ये बताने आया हूँ कि यह सत्य नहीं है।

बौद्ध, ईसाई, मुसलमान, यहूदी, हिंदू, किसी धर्म को न मानने वाले अभ्यासकर्ता, और जितने भी रूप या लेबल डाले जा सकते हैं, वे इंसान निर्वाण की प्राप्ति कर सकते हैं और एक ऐसी जिंदगी का अनुभव कर सकते हैं जहाँ दुख या असंतुष्टि नहीं हैं। केवल ऐसा सोचिए की सब लोग बिना लेबल के

इंसान हैं। यही सबसे बढ़िया है। हम सब इंसान हैं हमारे जीने का बेहतर तरीका निर्वाण प्राप्ति है। ये "पृथ्वी पर स्वर्ग" के समान है।

आप निर्वाण इसी जीवन या अपनी मृत्यु पर प्राप्त कर सकते हैं। अगर आपने इस जीवन या मृत्यु पर निर्वाण प्राप्त नहीं किया, तो आपका एक नए अस्तित्व में पुनर्जन्म होगा। "यह पुनर्जन्म का चक्र" चलता रहेगा और आपका मनुष्य लोक में जन्म लेने का मौका काफी दुर्लभ होगा। जो प्राणी मनुष्य या स्वर्ग लोक में जन्म लेते हैं वही निर्वाण प्राप्त कर सकते हैं।

बौद्ध धर्म एक ऐसा धर्म जो इंसानों ने बनाया है। गौतम बुद्ध ने शिक्षाएँ एक शिक्षक के रूप में भेंट कीं, दूसरों ने इसे धर्म का नाम दिया। जो निर्वाण का पथ उन्होंने बताया, उसमें धर्म शामिल नहीं है।

अगर आप देखते हैं कि आपको किसी संगठित धर्म के "रीति, रिवाज, रस्म और पूजा-पाठ" के अभ्यास में दिलचस्पी नहीं है, ये आपके लिए एक संकेत हो सकता है कि आप निर्वाण के पथ पर काफी बढ़ चुके हैं। जो निर्वाण के पथ पर है, वह काफी बार संगठित धर्म से अलग हो जाता है, जब उसको समझ आता है कि एक बेहतर जिंदगी जीने के लिए रीति, रिवाज, रस्म और पूजा-पाठ जरूरी नहीं हैं।

आप एक अच्छे नैतिक जीवन का अभ्यास कर सकते हैं जहाँ आप सार्वभौमिक प्रेम और करुणा को बाँटते हुए किसी को हानि न पहुँचाएँ, क्योंकि आपको "पता" है कि यह जीवन के लिए "सही" है, न कि इसलिए कि किसी संगठित धर्म ने आपको यह बताया है कि सही क्या है और गलत क्या है।

आप आम इंसान की तरह घर पर रहते हुए निर्वाण प्राप्त कर सकते हैं। निर्वाण न ही आकलन करता है न ही भेदभाव करता है। निर्वाण किसी खास किस्म के लोगों के लिए सुरक्षित नहीं है। निर्वाण सब लोगों के लिए है।

निर्वाण प्राप्त करना मुश्किल है और इसके लिए बहुत मेहनत लगती है, लेकिन यह प्राप्त हो सकता है। आज की दुनिया में भी ऐसे लोग हैं जिन्होंने आम और लाभदायक जिंदगी जीते हुए निर्वाण का अनुभव किया है।

चलिए निर्वाण के बारे में बात करने का कलंक हटाएँ और मानें कि यह मन की स्थिति प्राप्त करना हर इंसान का लक्ष्य होना चाहिए। एक बार जब आप निर्वाण का अनुभव कर रहे होते हैं और आपको

उसके पथ की जानकारी हो जाती है, तो आप इसको दूसरे के साथ बांट सकते हैं और उनकी मदद कर सकते हैं। अगर आप चाहें, आप अभी इस पथ को सीख सकते हैं।

निर्वाण अपने अहं को उठाने या अपने आप को किसी से ऊँचा दिखाने का तरीका नहीं है। जिसके पास निर्वाण है वह कोई खास इंसान या खास वर्ग का इंसान नहीं है। बल्कि, अगर कोई ऐसी सोच व्यक्त करे या ऐसे सोचे, तो आप पक्का जान सकते हैं कि उसने निर्वाण का अनुभव नहीं किया है।

चलिए अब समझते हैं कि: **निर्वाण क्या है?**

निर्वाण एक ऐसा मन है जो तृष्णा/लालसा/चिपकाव, क्रोध/नफरत/दुर्भावना, और अज्ञानता/भ्रम/असली वास्तविकता से अनजान होने से मुक्त है, और जिसने अन-आत्म की अनुभूति कर अहं को घुला दिया है। (इन बातों पर इस किताब और किताब श्रृंखला में आगे और भी है)

निर्वाण एक आनंद के साथ शांत, निश्चल, निर्मल और संतुष्ट मन की स्थिति है जो नित्य है। निर्वाण तृष्णा, क्रोध, और अज्ञानता (असली वास्तविकता से अनजान होना) का निष्कासन है, अहं को घुलाना और अन-आत्म का एहसास है।

एक निर्वाण प्राप्त प्राणी यह मन की स्थिति जिंदगी भर अनुभव करता है।

शांत: हंगामे से मुक्त, शांतचित्त
निश्चल: ऐसा मन जिसमें घबराहट, बेचैनी या उत्तेजना ना हो
निर्मल: निश्चल, शांत और परेशानी मुक्त; शांतचित्त
संतुष्ट: चैन की स्थिति

आनंद: खुशी और हर्ष जो किसी चीज़ से जुड़ी नहीं है; असशर्त प्रसन्नता, अभ्यासकर्ता जिसे तृष्णा/लालसा/चिपकाव से नहीं पा रहा।

यह व्याख्या समझाती है कि जब मन निर्वाण प्राप्त कर लेता है तो वह "हर समय" क्या महसूस करता है। यह एक निर्वाण प्राप्त मन के नित्य मानसिक गुण हैं क्योंकि वह किसी अनित्य अवस्था पर आधारित नहीं हैं।

ये मानसिक गुण उत्पन्न नहीं होते, बदलते नहीं हैं, और न ही धुँधलाते हैं। ये असशर्त हैं।

एक निर्वाण प्राप्त मन ने असंतोषजनक भावनाएँ जैसे उदासी, क्रोध, निराशा, चिड़चिड़ापन, अपराधबोध, लज्जा, डर, ऊब, अकेलापन, शर्म, ईर्ष्या, रोष, तनाव, चिंता, इत्यादि को १००% निष्कासित कर दिया है। मन को ऊँचे स्तर का फोकस, ध्यान, याददाश्त और मन की स्पष्टता मिलेगी। आपको इन अनचाही और असंतोषजनक भावनाओं की वजह से हमेशा संघर्ष और बोझ के साथ नहीं रहना पड़ेगा। आप इनको निर्वाण के पथ के ज़रिए निष्कासित कर सकते हैं।

निर्वाण का पथ मन की शुद्धि का पथ है। निर्वाण को पा कर, मन नित्य तौर पर १००% असंतुष्टि को मिटा कर शुद्ध और आनंद के साथ शांत, निश्चल, निर्मल और संतुष्ट हो जाएगा।

एक इंसान जिसने निर्वाण प्राप्त कर लिया हो, वह दस बेड़ियों से मुक्त हो चुका है। इनको "कलंक" या "मन का प्रदूषण" भी कहा जाता है। निर्वाण के अनुभव को समझने का एक आसान तरीका है कि, एक निर्वाण प्राप्त प्राणी, जिसने १००% असंतुष्टि को मिटा दिया है, हमेशा अच्छे मिज़ाज में रहेगा। ऐसा वक्त कभी नहीं आयेगा जब एक निर्वाण प्राप्त व्यक्ति खराब मिज़ाज का अनुभव करेगा। यह अच्छा मिज़ाज नित्य है क्योंकि मन के प्रदूषण और बुरे मिज़ाज के कारणों को मिटाने में मन को प्रशिक्षित किया जा चुका है।

आपको दान करने और बाँटने में दिलचस्पी होगी, जिसे उदारता कहते हैं। मन को सब प्राणियों के अच्छे रहने में वास्तविक दिलचस्पी होगी, जिसे प्रेमभरी-कृपा कहते हैं। मन को दूसरों की खराब किस्मत में परवाह होगी जिसे करुणा कहते हैं। आपको दूसरों की जीत में आनंद मिलेगा जबकि इसमें आपको कोई योगदान नहीं था, जिसे सहानुभूतिपूर्ण आनंद कहते हैं। मन के स्वभाव में संतुलन होगा, विशेष रूप से मुश्किल परिस्थितियों में, जिसे समभाव कहते हैं। आप सभी प्राणियों के साथ एक सा व्यवहार कर पाएँगे। निर्वाण प्राप्ति करके मन ने इस बात का गहरी प्रज्ञा प्राप्त की होगी कि इन और अन्य गुणों का अभ्यास कैसे किया जाए।

आप तृष्णा और लालसा के पीछे नहीं पड़ेंगे, बल्कि वही पाने की कोशिश करेंगे जो आपकी "जरूरत" हो, न की जो आपको "चाहिए"।

आपको सब प्राणियों में विश्वास होगा। आप जो परेशानियों का सामना कर रहे हैं उसके लिए दूसरों पर दोष नहीं डालेंगे।

एक मन जो निर्वाण का अनुभव कर रहा है उसमें अचल निश्चलता, स्थिरता होगी और वह बिना असंतोष के "संतुष्ट" और "जैसा है उसमें तृप्त" रहेगा।

जब आप निर्वाण प्राप्त कर लेते हैं, आप अकुशल विचारों को हटा देते हैं, और अतीत या भविष्य से चिपके नहीं रहते। मन स्पष्टता से वर्तमान क्षण में रह सकता है जहाँ वह शांत है। आपके पास प्रज्ञा से अपना जीवन चलाने और स्वेच्छा से जीवन के निर्णय लेने के लिए एक शुद्ध मन होगा, जिससे कुशल नतीजे निकलेंगे।

निर्वाण हर मनुष्य प्राप्त कर सकता है। गौतम बुद्ध के जीवनकाल में ७ साल की छोटी उम्र के बच्चों के निर्वाण प्राप्ति की जानकारी है।

जितना ज्यादा इंसान जानता वह समझता है कि निर्वाण क्या है और क्या नहीं, उतना संभव है कि वह इस मनोस्थिति को प्राप्त कर पाएगा। यह चैप्टर आपका लक्ष्य समझने में मदद करेगा जिससे आप अपने नतीजों की ओर बढ़ पाएँ और आप जान सकें की मन वह पहुँच चुका है।

जैसे आप निर्वाण के पीछे चलते हैं, आप अपनी तृष्णा और लतों का निष्कासन कर पाएँगे। आप खुले मन से दूसरों पर विश्वास कर पाएँगे और उनको दुश्मन के रूप में नहीं देखेंगे। आप दूसरों के साथ भेदभाव या उनका आकलन नहीं करेंगे। आपको हमेशा "सही होने" और बहस करने की जरूरत नहीं पड़ेगी। अगर आपके मन में ये है, तो निर्वाण प्राप्त मन को पूरी तरह जगाने के लिए आपको अभी और विकास और अंदरूनी उन्नति की जरूरत है। निर्वाण प्राप्ति की तलाश *धीरे-धीरे* होती है, एक बेहतर जिंदगी की ओर पथ। यह एक बिना दुख और बिना असंतोष भरे मन की जिंदगी भी है। यह चेतना की एक उच्च स्थिति है जो आपको अपना जीवन सरल और सहज तरीके से चलाने देती है। आप अंधकार के बादलों को हटा देते हैं, जो भेदभाव, आकलन, अहंकार और बाकी मन के अकुशल गुणों को बनाती हैं।

गौतम बुद्ध ने बताया था कि जिन्होंने निर्वाण प्राप्त किया है उन्होंने "बोझ उतार दिया है" या "तनाव छोड़ दिया है"। इसका संदर्भ जीवन के बोझ या तनाव से है, और मन के द्वारा बनाई गई अप्रिय

जज़्बातों और भावनाओं से है, जो मन की तीव्र उत्सुकता के साथ मानसिक तमन्ना (तृष्णा/लालसा/चिपकाव) की वजह से पैदा करती हैं, जिसकी वजह से वह असंतुष्टि महसूस होती है।

चूँकि निर्वाण प्राप्ति का एक अंग कोई भी और सारी तृष्णा को मिटाना है (तीव्र उत्सुकता के साथ मानसिक तमन्ना), आपको निर्वाण प्राप्ति की तृष्णा और लालसा भी नहीं होनी चाहिए। जहाँ तृष्णा होगी, वहाँ निर्वाण प्राप्ति नहीं हो सकती। इसलिए हम निर्वाण पाने की कोशिश एक दिलचस्पी, लक्ष्य या उद्देश्य के रूप में बिना तृष्णा और लालसा के करते हैं। तृष्णा, लालसा, चिपकाव का मतलब है "किसी चीज़ की तीव्र उत्सुकता के साथ मानसिक तमन्ना"।

निर्वाण खुशी नहीं है क्योंकि खुशी एक अनित्य भावना है जिसे आप स्थाई रूप से बना कर नहीं रख सकते। गौतम बुद्ध की शिक्षाएँ मन को निर्वाण प्राप्ति का पथ देती हैं, एक स्थाई मन की स्थिति जो आनन्द के साथ शांत, निश्चल, निर्मल और संतुष्ट है।

बहुत लोग सोचते हैं जीवन का लक्ष्य खुश रहना है मगर यह संभव नहीं है। नित्य खुशी एक अवास्तविक लक्ष्य है जो असंतुष्टि की ओर ले जाएगा क्योंकि मन लंबे समय तक खुशी की भावना को बना कर रख नहीं पाएगा। अगर मन खुश नहीं है, तो वह उदासी, क्रोध, या और खराब भावनाओं की ओर जाएगा। खुशी एक सुखद भावना है और असंतोषजनक मानी जाती है क्योंकि वह अनित्य है। क्योंकि मन नित्य रूप से खुश नहीं रह सकता, यह नाकाफी है। जब मन सशर्त सुखद भावनाओं का अनुभव करता है तो वह हिल जाता है, और जब वह सुखद भावनाएँ चली जाती हैं, इंसान दुखद भावनाएँ, जैसे, उदासी, क्रोध, निराशा, चिड़चिड़ापन, इत्यादि के साथ रह जाता है।

सुख एक भावना है जो असंतुष्ट मन के तीन पहलुओं का भाग है। एक असंतुष्ट मन अनित्य कारण से सुखद भावनाओं, दुखद भावनाओं, और न दुखद-न-सुखद भावनाओं का अनुभव करेगा, जबकि वह आनंद के साथ अंदरूनी शांति, निश्छलता, निर्मलता और संतुष्टि में रह सकता है जो किसी शर्त पर निर्भर नहीं है यानि सशर्त नहीं है। एक निर्वाण प्राप्त मन असशर्त आनंद के साथ शांति, निश्छलता, निर्मलता और संतुष्टि का अनुभव करता है, वह नित्य हैं क्योंकि ये मानसिक गुण किसी अनित्य शर्त पर आधारित नहीं हैं।

सशर्त खुशी थोड़े वक्त के लिए है और वो हमेशा के लिए नहीं रहेगी। जब मन खुश नहीं होगा, वो किसी और भावना की ओर बढ़ जाएगा और, इसलिए, एक अनिर्वाणी मन सभी अनित्य भावनाओं में

घूमता रहता है और असंतुष्ट रहता है, क्योंकि वह अपनी अंदरूनी भावनाओं को अनित्य शर्तों पर आधारित कर रहा है।

खुशी कुछ शर्तों पर आधारित है जिनकी वजह से मन खुश रहता है। जब उन शर्तों को हम हटा देते हैं, तो खुशी कुछ समय के लिए रहती है और फिर किसी दूसरी भावना की ओर बढ़ जाती है। खुशी की भावना अनित्य है क्योंकि वह कुछ शर्तों पर आधारित है जिनका मन में खुशी की भावना को पैदा करना के लिये होना जरूरी है।

जिसने निर्वाण प्राप्त कर लिया हो उसका मन आनंद की नित्य स्थिति में होगा। निर्वाण प्राप्त करके, आनंद का अनुभव बिना किसी कारण, और किसी अनित्य परिस्थिति, चीज़, या अनुभव पर आधारित नहीं है, इसलिए वह नित्य है।

कोई भी आनंद की मानसिक स्थिति के बिना भी खुश हो सकता है। आनन्दमय होना एक मानसिक स्थिति है, न की कुछ समय के लिए रहने वाली खुशी जैसी भावना। खुशी दुर्भावना और घृणा के साथ भी हो सकती है, जबकि निर्वाण की आनन्दमय मानसिक स्थिति में दुर्भावना और घृणा शामिल नहीं हैं। एक व्यक्ति जिसने निर्वाण प्राप्त कर लिया है उसमें दुर्भावना और घृणा नहीं होगी।

निर्वाण प्राप्त करके मन आनंद के साथ शांत, निश्चल, निर्मल और संतुष्ट रहेगा। यह एक नित्य मानसिक स्थिति है जिसमें मन रह सकता है। जैसे आप निर्वाण प्राप्त करते हैं, आपका मन आनंद के साथ शांत, निश्चल, निर्मल और संतुष्ट होगा।

आप हँसेंगे, मजाक और मस्ती करेंगे मगर आप मन को इन सशर्त खुशी में रहने नहीं देंगे क्योंकि मन को पता है कि यह अनित्य है। बल्कि, मन को बिना कारण आनंद मिलने का अभ्यास हो गया जो नित्य है क्योंकि अंदरूनी आनंद पैदा करने के लिए मन उन अनित्य शर्तों को पकड़ के नहीं बैठा।

आप हँसेंगे, मजाक और मस्ती करेंगे लेकिन आप आसानी से मन को मध्य में ला पायेंगे जहाँ मन आनंद के साथ शांत, निश्चल, निर्मल और संतुष्ट रहेगा।

अगर मन अनित्य सशर्त खुशी को छोड़ने में असमर्थ है, तो वह कभी निर्वाण प्राप्त मन के नित्य असशर्त आनन्द का अनुभव नहीं कर सकता।

आपके मन की मौजूदा स्थिति के कारण, आप शायद ये सोचते होंगे कि संतुलित, निश्चल, और स्थिर मन को पाना नामुमकिन है। मगर, आप अगर ये मानें कि यह पाना मुमकिन है, अपने जीवन में यह जरूरी बदलाव केवल सीखने, अमल करने, और अनुभव करने की बात है। आप निर्वाण की ओर इस जीवन में बढ़ सकते हैं और उसका पहला कदम यह है कि आप ये फैसला लें कि आप इसकी तरफ जरूर बढ़ेंगे।

आप जैसे इन शिक्षाओं को सीखना और अमल करना शुरू करेंगे, जो इस किताब श्रृंखला में हर जगह मिलेंगी, आपको सकारात्मक परिणाम मिलेंगे। *धीरे-धीरे* कुछ समय के बाद, जैसे आप इन शिक्षाओं को सीखेंगे और उन पर अमल करेंगे, आपके मन और जीवन में सुधार होगा। आपको इसमें विश्वास की जरूरत नहीं है, जब आप सत्य को देखने के लिए इन शिक्षाओं को अमल करेंगे और प्रज्ञा प्राप्त करके इसके परिणाम देखेंगे।

इसमें ईश्वर में विश्वास की जरूरत नहीं है और ये आपके निर्वाण प्राप्त करने के रास्ते में बाधा नहीं बनेगा। बस इन शिक्षाओं को सीखिए और इन पर अमल करिए क्योंकि आप जानते हैं कि ये आपकी और आपके आसपास के लोगों के लिए एक बेहतर जिंदगी बनाने में मदद कर रही हैं।

निर्वाण रहस्यमय या जादू भरा अस्तित्व या एक प्राणी का दूसरे प्राणी से ऊँचा औधा नहीं है। बल्कि, यह उसके बिल्कुल उल्टा है। ये सिखाता है कि प्रदूषण भरा मन जीवन को दुख और असंतुष्टि की ओर ले जाता है।

हर इंसान का पहला लक्ष्य निर्वाण प्राप्त करना होना चाहिए।

निर्वाण प्राप्त करके कुछ भी मुमकिन है। चाहें आप अच्छे जीवनसाथी, माता-पिता, दोस्त, शिष्य, कर्मचारी, बॉस, भाई-बहन, इत्यादि बनना चाहें, अपने निर्वाण प्राप्त करने का तरीका इन सभी, या और कोई भी भूमिकाओं को ऊँचे स्तर की मन की स्पष्टता से पूरा करने के काबिल करेगा।

निर्वाण प्राप्त हो सकता है। आप कर सकते हैं। आप निर्वाण प्राप्त करने की प्रक्रिया में जिंदगी को और ज्यादा आनंद से जी सकते हैं।

निर्वाण प्राप्त करने के क्या फायदे हैं?

निर्वाण प्राप्ति की खोज में एक प्राणी को काफी फायदे अनुभव करने को मिलेंगे।

- बढ़ा हुआ और ऊँचे स्तर का फोकस
- बढ़ी हुई और ऊँचे स्तर की एकाग्रता
- बेहतर और ऊँचे स्तर की याददाश्त
- सोच और मन की स्पष्टता

एक निर्वाण प्राप्त प्राणी कभी भी असंतोषजनक भावनाओं जैसे उदासी, क्रोध, निराशा, चिढ़चिड़ापन, झुंझलाहट, अपराधबोध, लज्जा, डर, ऊब, अकेलापन, शर्म, ईर्ष्या, रोष, तनाव, चिंता, इत्यादि का अनुभव नहीं करेगा।

एक निर्वाण प्राप्त मन के पास जिंदगी जीने की गहरी प्रज्ञा होगा। वह बहस, झगड़ा, नहीं करते न ही उनमें बैर का भाव होता है।

वह लोग विनम्र, कृपालु, दोस्ताना, सम्मानजनक, निश्चल, ध्यान रखने वाले, इत्यादि होते हैं। उन्हें गहरी समझ है कि वह क्या है जो दुनिया में हानि पहुँचता है, और फिर, अपनी नीयत, वाणी, और कार्य से कोई हानि नहीं पहुंचाते जिससे उन्हें खुद कोई हानि नहीं पहुँचे।

एक निर्वाण प्राप्त प्राणी कुशल निजी और व्यावसायिक रिश्ते आराम से बना सकता है।

इन और दूसरे फायदों के कारण, उनका मन और जीवन बाकी बची ज़िन्दगी के लिए, उनकी आखिरी ज़िन्दगी के लिए, आनंद के साथ शांत, निश्चल, निर्मल और संतुष्ट रहता है।

निर्वाण एक नित्य मानसिक स्थिति है।

निर्वाण पाने की कोशिश क्यों करें?

१.) मन और जीवन की पूर्ण और अनंत शांति प्राप्त करने के लिए जहाँ मन नित्य तरीके से आनंद के साथ शांत, निश्चल, निर्मल और संतुष्ट रहे, और १००% असंतोषजनक भावनाओं को मिटा दे। उच्च स्तर का फोकस, एकाग्रता, बेहतर याददाश्त, और मन की स्पष्टता।

२.) औरों के साथ बाटें की मन की अनंत शांति और शांत जिंदगी कैसे पायें जहाँ उनका मन नित्य रूप से आनंद के साथ शांत, निश्चल, निर्मल और संतुष्ट रहे। उच्च स्तर का फोकस, एकाग्रता, बेहतर याददाश्त, और मन की स्पष्टता पाने में औरों की मदद करें।

३.) इंसानियत को आपके अपने मन से प्रदूषण हटाने से लाभ हो। आप सब अकुशल भावनाओं को अपने निर्णय से मिटा कर प्रज्ञापूर्ण निर्णय ले सकते हैं, जिससे, हम अपने अकुशल आचरण को साफ करके एक ज्यादा शांत इंसानियत बना सकें और हमें एक शांत मन प्राप्त होगा।

४.) गौतम बुद्ध की शिक्षाओं का आदर करने के लिए। एक शिक्षक का आदर करने का सबसे अच्छा तरीका है कि उनकी शिक्षाओं को सीखें और उनका अभ्यास करें।

५.) इन शिक्षाओं को अपने परिवार, दोस्त, अपने करीबी लोग, और अपने देश में बांटे, जिससे की अपने करीबी लोग और सारी इंसानियत को एक शांत जिंदगी बनाने में मदद कर सकें।

६.) अगर आप नियुक्त अभ्यासकर्ता हैं, तो निर्वाण के रास्ते पर आपकी मदद करने के लिए गृहस्थ अभ्यासकर्ता का सम्मान करें। गृहस्थ अभ्यासकर्ता आपका साथ देते हैं, और आपको एक निष्ठापूर्ण अभ्यास के द्वारा उनकी मदद करनी चाहिए जहाँ आप उनको अपनी जिंदगी बेहतर बनाने के लिए ये शिक्षाएँ लौटा सकें। ये कम्मा है!

आपको और कोई वजह चाहिए?

निर्वाण कैसे प्राप्त करें?

निर्वाण प्राप्त करने के लिए, आपको ये सारी शिक्षाएँ सीखनी और लागू करनी होंगी -

क.) तीन सार्वभौमिक सत्य
ख.) चार आर्य सत्य
ग.) अष्टांग पथ
घ.) पाँच सिद्धांत
ङ.) ब्रह्म-विहार
च.) दस बेड़ियाँ
छ.) निर्वाण के सात तत्व
ज.) बहुत सारा ध्यान अभ्यास

और भी बहुत सारी शिक्षाएँ हैं और आप इनकी छानबीन कर सकते हैं। लेकिन, ये कुछ मुख्य शिक्षाएँ हैं जो आपके अपने जीवन अभ्यास में निर्वाण की ओर बढ़ने के लिए एक पक्की नींव बनाती हैं। एक प्रज्ञापूर्ण अभ्यासकर्ता चाहे तो शुरू करने के लिए केवल तीन सार्वभौमिक सत्य, चार आर्य सत्य, अष्टांग पथ, पाँच सिद्धांत, और ध्यान अभ्यास के विकास पर ध्यान दे सकता है। बाद में जब इनके परिणामों का अनुभव होने लगे, तो अपना अभ्यास बढ़ाएं जिससे की बाकी शिक्षाओं में अभ्यास और गहरा हो। आपको जीवन अभ्यास के विकास के लक्ष्य को पूरा करने के लिए मार्गदर्शन और सहायता की जरूरत पड़ेगी।

निर्वाण के पथ पर सहायता के लिए शिक्षक और मार्गदर्शक होना बहुत जरूरी और इससे आपको बहुत लाभ होगा। आप इस मार्ग पर अकेले आगे नहीं बढ़ पाएँगे। जैसे आप शिक्षकों को ढूँढे, ये ध्यान रखें कि आप एक ऐसे शिक्षक को ढूँढें जो तृष्णा, क्रोध, और अज्ञानता (सच्ची वास्तविकता से अनजान होना) से मुक्त और बिना अहं के हो। निर्वाण इन चीज़ों के बिलकुल उल्टा है। अगर आपको इस पथ पर मदद की जरूरत है, तो यह जरूरी है कि आप ऐसे किसी को ढूँढे जो मन के इन पहलुओं को साकार नहीं करता। आपको उन शिक्षकों और मार्गदर्शकों में दिलचस्पी होनी चाहिए जिनमे सभी प्राणियों के लिए प्रेमभरी-कृपा और करुणा हो, और वह सभी प्राणियों की बिना पैसे की उम्मीद करते हुए मदद करने के लिए खुले हों।

अतीत में चाहे जो भी हुआ आप निर्वाण प्राप्त करने की कोशिश कर सकते हैं। न जाने आपके पहले क्या नीयत, वाणी, कार्य रहे हों या जो कुछ भी किया हो, निर्वाण की कोशिश और उसकी प्राप्ति हो सकती है। निर्वाण के पथ पर जो जरूरी है वह यह है कि आप सीखें, चिंतन करें, अभ्यास करें, और परिणामों को वर्तमान क्षण में देखें। सीखने और आगे बढ़ने का समर्पण और वचनबद्धता ये आपको सुनिश्चित करेगा कि आप अपने मन को निर्वाण की ओर बढ़ा रहे हैं।

इस पथ पर अंदरूनी विकास और उन्नति की जरूरत है क्योंकि इस पथ की कोशिश में कोई बाहरी चीज़ की जरूरत नहीं है।

गौतम बुद्ध की शिक्षाएँ किसी व्यक्ति को कंट्रोल करने या हुक्म चलाने के लिए नहीं हैं कि वह क्या करें और क्या नहीं। इसके बजाय, वह मार्गदर्शन करती हैं कि जब उनका अभ्यास होगा तो वह निर्वाण की ओर ले जाएँगी, मन की मुक्ति, एक शांत और संतुष्ट मन, और, एक शांत और संतुष्ट जिंदगी। इस अभ्यास में हर चीज़ आपकी अपने चुनाव के आधार पर मिलती है।

यह जरूरी है कि निर्वाण की प्राप्ति की कोशिश बिना किसी तृष्णा या चाहत के साथ की जाए, और उसे एक लक्ष्य, दिलचस्पी, या एक उद्देश्य के रूप में देखा जाए।

अगर तृष्णा है, निर्वाण के लिए भी तृष्णा, आप अरहंत की तरह पूरे निर्वाण को प्राप्त नहीं कर पाएँगे। और अगर मृत्यु के समय तृष्णा रहेगी, तो पुनर्जन्म भी होगा।

निर्वाण प्राप्त करने की कोई आखिरी रेखा नहीं है। एक बार मन निर्वाण की चौथी स्थिति में पहुँच जाता है, मन निर्वाण के ऊँचे स्तरों पर चढ़ सकता है। एक अभ्यासकर्ता को अपने आगे के एक (१) कदम पर एकाग्रता रखनी चाहिए जिससे उनका निर्वाण के पथ पर आगे विकास हो। अगर मन उस काल्पनिक आखिरी रेखा पर एकाग्र रहेगा, तो निर्वाण की तृष्णा उसे निर्वाण का अनुभव करने से रोकेगी और उसमें बाधा डालेगी।

इसके बजाय, एक अभ्यासकर्ता को दिलचस्पी होगी कि वह अपने आप को निर्वाण प्राप्त ही समझे, वह केवल अपने मन के प्रदूषण को हटाने का काम कर रहा है जो उसको निर्वाण का अनुभव करने से रोक रहे हैं। इस तरह, मन किसी चीज़ को प्राप्त करने की कोशिश नहीं कर रहा, इसके बजाय, मन पहले से ही निर्वाण प्राप्त है, और एक अभ्यासकर्ता का जीवन अभ्यास इस मन को शुद्ध कर, उस प्रदूषण को हटाना है जो उसे निर्वाण की चमक और तेज का अनुभव करने से रोक रहा है।

आपको कैसे पता चले कि आप निर्वाण के पथ पर चल रहे हैं?

आप देखेंगे, जैसे-जैसे आप इन शिक्षाओं को सीखते और अमल करते हैं, कि आपका मन बार-बार और भी स्पष्ट हो रहा है। इसमें वक्त लगता है, बहुत सारा वक्त, लेकिन इन शिक्षाओं को सीखने और अमल करने के परिणाम, जैसे-जैसे आप सीखते और आगे बढ़ते हैं, और भी गंभीर हो जाते हैं। निर्वाण को विश्वास की जरूरत नहीं है क्योंकि आप उसके परिणाम खुद देखेंगे। आप ध्यान के बढ़े हुए स्तर और मन की स्पष्टता का अनुभव करेंगे। आप देखेंगे कि बातचीत करना, काम पूरे करना, और रोजमर्रा की जिंदगी काटना आसान हो जाएगा। तीव्र भावनाएँ और जज़्बात, जो आपके रिश्तों में संघर्ष और मुश्किलें देती हैं, *धीरे-धीरे* कम हो जाएंगे।

अतीत में जो हालात क्रोध और निराशा पैदा करते थे, आप अब कभी भी उन भावनाओं के साथ प्रतिक्रिया नहीं करेंगे, पर उसके बजाए, आप स्वभाव का संतुलन और समभाव का अनुभव करेंगे। आप मुश्किल स्थितियों में सोच के उत्तर देंगे न की प्रतिक्रिया दिखाएँगे।

निर्वाण के सात तत्व क्या हैं?

निर्वाण के सात तत्व यह तय करने के लिए नहीं है कि कोई निर्वाण प्राप्त कर चुका है कि नहीं, बल्कि, इनको आपके मन को बारीकी से तान में लाना है - "मध्य में"। अगर एक अभ्यासकर्ता यह महसूस करता है कि मन "मध्य में" नहीं है, जैसा चैप्टर जिसका शीर्षक "मध्य पथ: मध्य पथ पर चलना" (चैप्टर ६), उसको निर्वाण से संबंधित तत्व को इस्तेमाल करके मन को मध्य मार्ग का अभ्यास करने की ओर लाना चाहिए।

जब मन लापरवाह, सुस्त, निद्रालु, नीरस और आलसी हो जाता है, वह वक्त निर्वाण के जाँच, ऊर्जा, और आनंद के तत्वों को अभ्यास करने का है।

जब मन उत्तेजित, उल्लसित, अति-उल्लसित, आनंदातिरेक, या अति-उत्तेजित हो, वह समय निर्वाण के शांतचित्त, ध्यान, और समभाव के तत्वों के अभ्यास का है।

निर्वाण का माइंडफुलनेस तत्व हमेशा लाभदायक होता है और हर क्षण उसका अभ्यास करना चाहिए। माइंडफुलनेस को मन के प्रशिक्षण द्वारा अष्टांग पथ (चैप्टर ५) और सांस की माइंडफुलनेस का ध्यान (चैप्टर ११) के द्वारा सिलसिलेवार और जारी तरीके से बेहतर करना होगा।

१.) माइंडफुलनेस: (मन की सावधानी, जैसे अष्टांग पथ में "सही माइंडफुलनेस" की तरह व्याख्या की गई है)
२.) जाँच: (समर्पित परीक्षण, छानबीन, अनुसंधान, पढ़ाई, और शिक्षाओं को सीखने के लिए सवाल करना)
३.) ऊर्जा: (प्रयत्न, दृढ़ता, महत्वाकांक्षा, पहल, प्रेरणा, जोश, और उत्साह, कुछ करने की तत्परता)
४.) आनंद: (खुशी और हर्ष जो किसी एक चीज़ से जुड़ी नहीं है; स्वाभाविक प्रसन्नता; अभ्यासकर्ता इसे तृष्णा/लालसा/चिपकाव से प्राप्त नहीं कर रहा)
५.) शांतचित्तपन: (निश्चिंत, नियमित होना, संतुलित होना, शांति, और मन की स्थिरता)
६.) ध्यान: (मानसिक सजगता, चौकसी, किसी एक चीज़ या काम पर अपनी सोच को चौकस करने की काबिलियत। "मन का एकाकीपन" जिसे अष्टांग पाथ में "सही एकाग्रता" बताया गया है)
७.) समभाव : (मानसिक निश्छलता, धैर्य, और स्वभाव का संतुलन, खासकर मुश्किल हालात में, सबके साथ निष्पक्ष व्यवहार करना)

> ऐसा है, भिक्षुओं, जब निर्वाण के सातों तत्व जब इस तरीके से विकसित किए और बढ़ाये जाते हैं तो फिर यह सच्ची प्रज्ञा और मुक्ति को पूरी करते हैं।
>
> (गौतम बुद्ध)
>
> (संदर्भ : संयुत्त निकाय ४६.६)

निर्वाण के चार चरण क्या हैं?

निर्वाण की प्राप्ति में चार (४) चरण हैं, लेकिन, ये आपके अपने विकास के लिए ही हैं। आपको दूसरे से बराबरी या उनको ये नहीं बताना चाहिए कि आपके हिसाब से आपने निर्वाण का कौन सा चरण प्राप्त कर लिया है। खुद की स्थापित की हुई प्राप्ति से कोई लाभदायक उद्देश्य नहीं है और काफी बार यह अहंकार और अभिमान, अपने अहं से आता है, और गलतियों से लदा हुआ और भरा हुआ रहता है।

इन शिक्षाओं का एक लक्ष्य है कि आप अहंकार और अभिमान, अपने अहं, का निष्कासन करें, ताकि, अगर एक अभ्यासकर्ता निर्वाण के खुद स्थापित चरण को घोषित कर रहा है, तो उसमें अभी भी अहंकार और अभिमान है। एक अभ्यासकर्ता जब दूसरों से ये बाँटता है कि उसने क्या प्राप्त किया है, तो उसका मन अभी निर्वाण प्राप्त नहीं है।

एक निर्वाण प्राप्त प्राणी को यह कोई चाह नहीं होगी कि वह दूसरे को बताए की उसकी सोच में उसने क्या प्राप्त किया है। एक निर्वाण प्राप्त मन इतना आनंद के साथ शांत, निश्चल, निर्मल और संतुष्ट होता है और एक निर्वाण प्राप्त प्राणी केवल जिंदगी के मज़े ले रहा होगा, न की दूसरों को राज़ी करने या डींग हांकने में लगा होगा की उसकी सोच में उसने क्या प्राप्त किया है।

खुद स्थापना करना कि आपने निर्वाण के किस चरण की प्राप्ति की है गलतियों से लदा और भरा हुआ है।

जबकि हरेक को इन शिक्षाओं को हमेशा सीखने, चिंतन करने और अभ्यास करने का प्रयत्न करना चाहिए जिसमें निर्वाण के चारों चरण शामिल हैं, यह आपके अपने मार्गदर्शन के लिए है जिससे आप अपने पथ पर ऊँचे से ऊँचा स्तर प्राप्त कर सकें, उसकी डींग हांकने या अपनी प्रगति दिखाने के लिए नहीं कि आपकी समझ में आपने क्या प्राप्त किया है। मन को ये राज़ी कराना की उसने निर्वाण के किसी भी चरण को प्राप्त कर लिया है उसके लिए बहुत खतरनाक है।

आपका अहं हमेशा मन को राजी करना में दिलचस्पी रखेगा कि आपने निर्वाण वास्तविकता से ज्यादा प्राप्त कर लिया है। आपका अहं एक "खराब किरायेदार" की तरह है जो कभी किराया नहीं देता और आपका घर भी नहीं छोड़ता। उस खराब किरायेदार, आपका अहं, को बहार निकालने की जरूरत है, क्योंकि अहं कभी आपको छोड़ना नहीं चाहता। यह खराब किरायेदार हमेशा रहने की चाहत रखता है लेकिन कोई लाभ प्रदान नहीं करता, और मन को हमेशा राजी करने की कोशिश करता है कि यह खराब किरायेदार, आपका अहं, आसपास चिपका रहे।

आपको अहं को बहार निकालने की जरूरत है, और जब तक मन ये मानता रहेगा कि वह ऊँचे से ऊँचे स्तर की प्राप्ति कर रहा है, इस बात का हमेशा खतरा रहेगा कि अहंकार और घमंड पैदा हो जाएगा, और आगे की प्रगति को रोकेगा। अभिमान और घमंड (यानि अहं) के साथ, मन चाहेगा कि वह दूसरे के साथ नापे और तोले की उसने क्या प्राप्त किया है। इससे अकुशल निर्णय पैदा होंगे, न

की दोस्ताना अभ्यास्कर्ताओं और "सब प्राणियों" के बीच सद्भाव। मन दूसरों का आकलन करेगा और उन्हें नीचा दिखाएगा, न कि प्रेमभरी-कृपा और करुणा के साथ सब प्राणियों की निर्वाण प्राप्ति में दिलचस्पी रखेगा।

आपको कभी विश्वास नहीं करना चाहिए कि आपने निर्वाण प्राप्त कर लिया है और जिंदगी भर इस पथ के पीछे लगे रहना चाहिए। आपको कभी ये सोचना नहीं चाहिए कि आपने निर्वाण प्राप्त कर लिया है और आपका काम "खत्म" हो गया है, मन "सुस्त और बेपरवाह" हो सकता है, और आपकी पथ पर प्रगति रोक सकता है।

अगर कोई प्रगति करते हुए निर्वाण के चार चरणों में लीन, मग्न या मोहित होता है तो अहंकार और घमंड पैदा हो सकता है। जैसे ही अहंकार, घमंड या अहं पैदा हो, इसका मतलब मन को निर्वाण का अनुभव नहीं हो रहा है।

अगर इनमें से कुछ भी आपके मन में चल रहा है, मन निर्वाण प्राप्त नहीं है और वह दरअसल अभ्यासकर्ता को प्रगति अनुभव करने में नाकाम कर रहा है। मन को कभी ये राजी न होने दे कि वह निर्वाण प्राप्त है, सारी असंतुष्टि निष्कासित हो चुकी हो तब भी, फिर, मन अहंकार और घमंड (यानि अहं) के पैदा होने की संभावना से बच कर रह सकता है, और ज्यादा से ज्यादा निर्वाण प्राप्ति के बढ़े हुए लाभ का अनुभव कर सकता है।

हालाँकि हम निर्वाण शब्द का इस्तेमाल करते हैं, यह मानसिक स्थिति वह लक्ष्य नहीं है जहाँ अगर हम पहुँच गए तो सब कुछ पूरा हो गया। बल्कि, मन असंतुष्टि को निष्कासित करके निर्वाण के पास पहुँचता है, एक अभ्यासकर्ता निर्वाण प्राप्त मन के बढ़े हुए लाभ का अनुभव कर सकता है जैसे-जैसे उसकी प्रतिभा और चमक और ज्यादा निकल के दिखती है। अगर कोई अपने आप को मना ले की उसने निर्वाण प्राप्त कर लिया और उसका काम "खत्म" हो चुका है, तो उन्हें और ऊँचे स्तर की निर्वाण प्राप्ति के बढ़े हुए लाभ को अनुभव नहीं होगा।

जैसे आप अभ्यास करते और विकास होता है तो आपको कभी कभी निर्वाण की झलक दिखेगी, चाहें ध्यान के वक्त, या रोज के कामों में, या फिर बहुत सारे मिनट, घंटे, हफ्ते, महीने, इत्यादि। ये झलक एक टिमटिमाते बल्ब की तरह है जो जोर से चमकने के लिए अटल और जारी तौर पर संघर्ष कर रही है। निर्वाण की ये झलक एक अभ्यासकर्ता को उन संभावनाओं को देखने का मौका देती है कि वो किस तरफ बढ़ रहा है और क्या वह सही दिशा में बढ़ रहा है। लेकिन मन को इन क्षणिक या लंबे और

अनित्य अनुभवों से अप्रभावित रहना चाहिए। मन को मन की बेहतर स्थिति से अप्रभावित रहना चाहिए जिससे कि वह मन की और भी जागरूकता को अनुभव कर सके।

मन कई मिनट, घंटों, हफ्तों, महीनों, इत्यादि तक संतुष्टि का अनुभव कर सकता है, और असंतुष्टि किसी भी क्षण वापस आ सकती है। एक प्रज्ञापूर्ण अभ्यासकर्ता को हमेशा दृढ़, समर्पित और मेहनती रहना चाहिए, जिससे कि वह चेष्टा कर के अपने मन को माइंडफुलनेस और सावधानी से देख सके। अगर मन माइंडफुलनेस की रक्षा के बिना आगे बढ़ता है, तो तृष्णा/लालसा/चिपकाव मन के कोनों से उभर सकती हैं और असंतुष्टि पैदा हो सकती है।

जैसे मन का विकास होते हुए टिमटिमाहट और निर्वाण की झलक का अनुभव होगा, मन को तृष्णा/लालसा/चिपकाव और असंतुष्टि के टिमटिमाते हुए खात्मे का अनुभव भी होगा।

जैसे असंतुष्टि *धीरे-धीरे* बुझेगी, निर्वाण प्राप्त मन के गुण बढ़ते रहेंगे। इस समय, अभ्यासकर्ता को ऐसे अनुभव होंगे जो मन को पता भी नहीं था वह हो सकते हैं, और मन काफी आनन्दमय और उल्लसित हो सकता है। यह बहुत जरूरी है कि आप इन अनुभवों से अप्रभावित रहें, और मन को वापस मध्य में ले आएँ। अगर मन जो अनुभव करता है उसमें उसे बहुत खुशी मिलती है, यह खतरनाक और जोखिम भरा है, क्योंकि मन को इन खुशी की भावनाओं की तृष्णा है और इससे प्रगति रुकती है।

एक शिक्षक से मार्गदर्शन लेने का यह एक और जरूरी कारण है। मन जैसे जैसे ध्यान की इन शुरुआती चरणों से गुजरता और निकलता है, एक अभ्यासकर्ता को ऐसे व्यक्ति के सहारे की जरूरत होगी जिसने वह सब अनुभव किया होगा जो आप अनुभव कर रहे हैं। इससे अभ्यासकर्ता इन शिक्षाओं को मन की बेहतरी के मार्गदर्शन प्राप्ति के द्वारा गहरी तरह समझ पाएगा जिससे वह आगे और प्रगति कर सके।

दस बेड़ियाँ मन के दस (१०) वह व्यक्तिगत पहलू हैं जिन्हें निर्वाण प्राप्ति के लिए निष्कासित करना जरूरी है। इस शब्द "बेड़ी" का मतलब है: "चेन या कड़ियाँ जो कैदियों को बांधने के लिए इस्तेमाल की जाती थीं, ज्यादातर टखने के ऊपर"। ये दस बेड़ियाँ एक प्राणी को पुनर्जन्म के चक्र में जकड़े हुई हैं, जिसमें वह बार-बार पुनर्जन्म के न खत्म होने वाले चक्र में बंधा हुआ अनगिनत जन्मों तक असंतुष्टि का अनुभव करता है।

जब तक कोई इन दस बेड़ियों को निष्कासित नहीं कर देता, उसका मन असंतुष्टि और पुनर्जन्म के चक्र से मुक्त नहीं हो सकता। एक बेड़ी को हम मन का कलंक या प्रदूषण भी मान सकते हैं। कलंक मन का अशुद्ध गुण है और इसी वजह से निर्वाण प्राप्ति के लिए इसका निष्कासन जरूरी है। ये दस बेड़ियाँ मन को प्रदूषित करती हैं, और निर्वाण प्राप्त मन को चमक और उजाले का अनुभव करने से रोकती हैं।

ये "दस बेड़ियाँ" हैं। ये वो बेड़ियाँ हैं जो हमें पुनर्जन्म के चक्र में बाँधे रखती हैं, और हमें अनेक जिंदगियों तक असंतुष्टि का अनुभव कराती हैं। आपको इन्हें निष्कासित करना होगा और निर्वाण प्राप्ति के लिये निर्वाण के सात तत्वों का अभ्यास करना होगा - अष्टांग पथ की बाकी और शिक्षाओं के साथ।

दस बेड़ियाँ

निम्नतर बेड़ियाँ

१.) व्यक्तिगत अस्तित्व की दृष्टि (नित्य आत्म की अवधारणा का निष्कासन। अन-आत्म के सार्वभौमिक सत्य की अनुभूति।)

२.) संदेह (शिक्षाओं और उनकि आपको निर्वाण प्राप्त करने की मार्गदर्शन की क्षमता के बारे में संदेह का निष्कासन। बुद्ध, इन शिक्षाओं, संघ, अपने शिक्षक, और खुद की निर्वाण प्राप्त करने की क्षमता में विश्वास।)

३.) गलत व्यवहार और पालन (मन के इस विश्वास का निष्कासन कि रीति, रिवाज, रस्म, और पूजा-पाठ से एक अभ्यासकर्ता को निर्वाण प्राप्त करने में मदद करेंगी। अष्टांग पथ का सुविकसित अभ्यास।)

४.) इंद्रिय लालसा (छह इंद्रियों का आधार - आँख, कान, नाक, जीभ, शरीर, और मन के सुख की लालसा का निष्कासन)

५.) दुर्भावना (बैर, नफरत, क्रोध, आक्रामकता, रोष, निराशा, चिड़चिड़ापन, झुंझलाहट, इत्यादि का निष्कासन।)

उच्चतर बेड़ियाँ

६.) रूप की लालसा (रूप लोकों में अस्तित्व की लालसा का निष्कासन; पशु या इंसान। मृत्यु होने के डर का निष्कासन।)

७.) अरूप की लालसा (अरूप लोकों में अस्तित्व की लालसा का निष्कासन; नर्क, पीड़ित प्रेतात्मा और स्वर्ग)

८.) दंभ (अहंकार, गर्व, आकलन करने, अपने आप को दूसरों के साथ ऊँचे या नीचे निगाह से नापने तौलने का निष्कासन। अहं बिल्कुल घुल जाना।)

९.) बेचैनी (उलझन में होना, विचलित होने, चिंता करने, व्याकुल, बेचैन मन की स्थिति का निष्कासन; "मन के एकाकीपन" से उल्टे होने का निष्कासन।)

१०.) अज्ञानता (प्रज्ञा प्राप्त करके सच्ची वास्तविकता से अनजान होने का निष्कासन। बुद्ध की शिक्षाओं को सीखना, चिंतन करना और अभ्यास करना, जैसे तीन सार्वभौमिक सत्य, चार आर्य सत्य, अष्टांग पथ, पाँच सिद्धांत, तीन कुशल / अकुशल जड़, कम्मा का प्राकृतिक नियम, पुनर्जन्म का चक्र, इत्यादि, जो आगे इस किताब और किताब श्रृंखला में बारीकी से समझाये गए हैं।)

धारा-प्रवेशी (मनुष्य लोक में ज्यादा से ज्यादा ७ बार वापस आना वाला):

इनसे मुक्त है:

१. व्यक्तिगत अस्तित्व की दृष्टि

२. संदेह

३. गलत व्यवहार और पालन

एकबार-लौटनेवाला (मनुष्य लोक में ज्यादा से ज्यादा १ बार वापस आने वाला):

इनसे मुक्त है:

१. व्यक्तिगत अस्तित्व की दृष्टि

२. संदेह

३. गलत व्यवहार और पालन

बहुत हल्की:

४. इंद्रिय लालसा

५. दुर्भावना

न-लौटनेवाला (मनुष्य लोक में कभी ना वापस आने वाला):

इनसे मुक्त है:

१. व्यक्तिगत अस्तित्व की दृष्टि

२. संदेह

३. गलत व्यवहार और पालन

४. इंद्रिय लालसा

५. दुर्भावना

अरहंत पाँचों निम्नतर और पाँचों उच्चतर बेड़ियों से मुक्त है :

१. व्यक्तिगत अस्तित्व की दृष्टि

२. संदेह

३. गलत व्यवहार और पालन

४. इंद्रिय लालसा

५. दुर्भावना

६. रूप की लालसा

७. अरूप की लालसा

८. दंभ

९. बेचैनी

१०. अज्ञानता

एक अभ्यासकर्ता जो अरहंत के चरण और परिणाम प्राप्त कर चुका है, वह निर्वाण प्राप्त है। निर्वाण के पहले तीन (३) चरणों में, मन ने अभी निर्वाण नहीं प्राप्त किया है और अभी भी असंतुष्टि का अनुभव कर रहा है। जैसे जैसे मन निर्वाण के हर चरण में उठता चला जाता है मन की असंतुष्टि *धीरे-धीरे* कम होगी, लेकिन अरहंत के चरण में पहुंच कर ही जब मन ने वास्तव में निर्वाण प्राप्त कर लिया है, असंतुष्टि का पूरी तरह निष्कासन हो जाता है और पुनर्जन्म का चक्र बाकी नहीं रहता।

एक बुद्ध क्या है?

एक "बुद्ध" निर्वाण का चरण नहीं है, बल्कि एक विशेष निर्वाण प्राप्त प्राणी है। एक बुद्ध एक अरहंत है जिसने निर्वाण बस अपनी मेहनत, दुनिया को अपना शिक्षक या शायद पिछले जागरूक बुद्ध की शिक्षाओं का इस्तेमाल करके, बिना किसी शिक्षक की सहायता के प्राप्त किया है।

बुद्ध को बुद्ध बनने के लिए तीन मूल मानदंड हैं।

१.) एक बुद्ध ने निर्वाण की जागृति अपनी खुद की यात्रा से प्राप्त की है, बिना किसी शिक्षकों की सहायता के और खुद ही उन शिक्षाओं की खोज करते हुए जो निर्वाण की दिशा में ले जाती हैं।

एक बुद्ध ने अरहंत बनकर निर्वाण प्राप्ति के लिए खुद का रास्ता अपना कर, बिना किसी शिक्षक की सहायता से और निर्वाण प्राप्ति के लिए जरूरी गहरी प्रज्ञा को विकसित करते हुए दसों बेड़ियों को निष्कासित कर दिया होता है।

२.) एक बुद्ध अपनी खुद से खोजी हुई शिक्षाओं को बाँट कर, जिनसे उसने अपना खुद का रास्ता अपना कर निर्वाण प्राप्त किया है, अनगिनत लोगों का उनके जीवन में निर्वाण प्राप्त करने में मार्गदर्शन करता है।

एक बुद्ध के पास अनगिनत लोगों का अपने जीवन काल और मृत्यु के बाद मार्गदर्शन करने की काबिलियत है। एक बुद्ध अपने जीवन का बाकी समय इन शिक्षाओं को बाँटने और अनगिनत लोगों का निर्वाण की ओर मार्गदर्शन करने में समर्पित कर देगा।

३.) एक बुद्ध की मृत्यु पर, वह अपनी शिक्षाएँ एक ऐसी अवस्था में छोड़ जाएगा जो की अनगिनत और प्राणियों के साथ बाँटी जा सके जिससे की उन्हें अपनी मृत्यु के बाद निर्वाण प्राप्ति में मदद मिले।

एक बुद्ध की मृत्यु के बाद, उनकी शिक्षाएँ और उनके शिष्य अनगिनत और लोगों को निर्वाण प्राप्त करने का मार्गदर्शन करते रहेंगे। एक बुद्ध ने निर्वाण प्राप्त करने का तरीका समझने का कठिन काम कर लिया है। आपको बस इन शिक्षाओं को सीख कर और अभ्यास करके अपने मन और जीवन की अवस्था को बेहतर बनाना है।

एक बुद्ध को पूर्णतः संपूर्ण निर्वाण प्राप्त बुद्ध, एक संपूर्णतः निर्वाण प्राप्त, या तथागत माना जाता है। वह एक इंसान, एक शिक्षक हैं, जिनके पास दुनिया के सब प्राणियों के लिए गहरी करुणा है। एक बुद्ध के पास दुनिया को मदद करने की गहरी प्रज्ञा है, और वह इस लक्ष्य को उन व्यक्तियों के द्वारा पा सकते हैं, जो निर्वाण प्राप्त करने के लिए उनकी शिक्षाओं को सीखने और अभ्यास करने के लिए तैयार हैं।

उनको संपूर्णतः निर्वाण प्राप्त माना जाता है क्योंकि उनकी जागरूकता में कोई बाहरी असर नहीं है, इसलिए उन्हें "संपूर्ण निर्वाण" प्राप्त है जहाँ उनका मन किसी भी उन शिक्षाओं से अप्रभावित है जो उनकी अपनी खुद की खोजी हुई शिक्षाओं, जिससे वह जागरूक हुए हैं, के बाहर हैं।

एक बुद्ध की याददाश्त उत्तम होगी, और वह अपनी अनगिनत पिछली घटनाओं और परिस्थितियों को सत्यता से याद कर पाएँगे। दूसरे मनुष्यों से अलग, उनकी याददाश्त कम नहीं होती और उसको मिटाकर उसके ऊपर वापस नहीं लिखा जा सकता।

एक बुद्ध को पिछले बुद्ध की शिक्षाओं के बीच अपनी राह बनानी पड़ेगी क्योंकि जैसे सब चीज़ें अनित्यता से प्रभावित हैं, इसी प्रकार, एक पिछले बुद्ध की शिक्षाएँ भी शुद्ध स्थिति में नहीं होंगी।

एक बुद्ध दूसरे व्यक्ति की मानसिक स्थिति आसानी से समझ सकता है, और फिर उनकी इन शिक्षाओं के द्वारा मन के अकुशल गुणों को निष्कासित करने और कुशल गुणों को बढ़ाने में मदद कर सकता है। एक बुद्ध दूसरों के मन की स्थिति देख सकता है, लेकिन वह केवल इसलिए ऐसा करता है जिससे कि वह उनके अकुशल गुणों को निष्कासित करने और कुशल गुणों को बढ़ाने में और उनको निर्वाण प्राप्त करने में मदद कर सके।

एक बुद्ध का उनकी अपनी शिक्षाओं का गहरा अभ्यास होगा, और वह इन शिक्षाओं का जीता-जागता, चलता-फिरता, सांस लेता हुआ सबसे आगे चलता हुआ मिसाल होगा।

एक बुद्ध अपनी शिक्षाओं के द्वारा दुनिया की अतीत की घटनाओं और आज की स्थिति को समझते हुए भविष्यवाणी कर पाएगा और दुनिया के भविष्य की प्रगति को पूरी तरह समझा पाएगा।

एक बुद्ध ये जानता है कि उसका किसी भी अस्तित्व के लोक में पुनर्जन्म नहीं होगा और यह उसकी आखिरी जिंदगी है। उसको अपने अतीत की जिंदगियों की जानकारी होगी, और इन अतीत की

जिंदगियों में उनके अस्तित्व का ज्ञान होगा। उसका एक ही लक्ष्य होगा कि वह बहुत सारे लोगों को निर्वाण प्राप्त करने का जिम्मा ले सके, और एक मजबूत निर्वाण प्राप्त संप्रदाय की स्थापना कर सके, जो दूसरों की निर्वाण प्राप्ति में मदद कर सके, और मजबूत शिक्षाओं को छोड़ सके जो बुद्ध की मृत्यु के बाद अनिर्वाणी व्यक्तियों की निर्वाण प्राप्त करने में मदद कर सके।

जब एक बुद्ध दुनिया में उदय होता है, यह निर्वाण प्राप्ति का सबसे बढ़िया मौका है। एक बुद्ध ने खुद से निर्वाण प्राप्त किया होगा और वह "संपूर्ण निर्वाण" का अनुभव कर रहा होगा। एक बुद्ध के पास अपने खुद के निर्वाण प्राप्त करने की वजह से निर्वाण प्राप्ति का गहरा ज्ञान, गहरी समझ, और गहरी प्रज्ञा होगी।

एक बुद्ध उन सब इंसानों को, जो सीखना चाहते हैं, निर्वाण का रास्ता सीखा पाएगा और उनका मार्गदर्शन कर पाएगा।

एक बुद्ध का दुनिया में उत्पन्न होना एक बहुत ही दुर्लभ है। गौतम बुद्ध, जो आखिरी बुद्ध रहे हैं जिनके बारे में दुनिया को जानकारी है, उनकी मृत्यु २५०० साल पहले हो चुकी है।

दुनिया में बुद्ध क्यों प्रकट होता है?

बुद्ध दुनिया में तब प्रकट होता है जब उसकी जरूरत होती है।

जब इंसानीयत उस क्षण में पहुँच जाती है जहाँ वह बहुत उलझी हुई हो, टकराव हो, और दुनिया में बहुत दुख हो, तब एक बुद्ध उत्पन्न होता है।

एक बुद्ध को अपनी खुद की शिक्षाओं की समझ के द्वारा पूरी इंसानियत को एक बेहतर अस्तित्व की समझ उजागर करने में मदद करने की काबिलियत है।

एक बुद्ध ने अनगिनत जन्मों में निर्वाण प्राप्त करने के लिए संघर्ष किया होगा। उनकी निर्वाण प्राप्ति का रास्ता अनकहे अनगिनत पुनर्जन्मों से गुजरता हुआ लंबा और मुश्किल रहा होगा, लेकिन उन्होंने पूर्ण और संपूर्ण निर्वाण का पीछा करना कभी छोड़ा नहीं होगा। वह मरते दम तक कभी इंसानियत के साथ अपनी शिक्षाओं को बाँटना नहीं छोड़ेंगे।

एक बुद्ध में हर प्राणी के लिए गहरी करुणा होगी - चाहे वह अतीत में, वर्तमान में या भविष्य में हो।

एक बुद्ध को यह पता होगा की उन्होंने पूर्ण और संपूर्णतः निर्वाण प्राप्त कर लिया है और वह सारी इंसानियत को दूर भविष्य तक मदद कर पाएँगे। लेकिन, सारी इंसानियत बुद्ध के जीते जी भी कभी भी इस पथ को सीखने, इसमें आगे बढ़ने, और प्रगति करने की इच्छा नहीं रखेगी। सारे अनिर्वाणी प्राणी अभी भी बेइंतहा अंदरूनी संघर्ष का अनुभव कर रहे हैं, इसलिए वह इन शिक्षाओं को, जो उन्हें पूर्ण मुक्ति की ओर ले जाएँगी, उन्हें पास से समझने और अभ्यास करने में संघर्ष का अनुभव करेंगे। ज्यादातर लोग यह भी जान नहीं पाएँगे कि उनके संघर्ष का उपाय है, क्योंकि उनका मन ये समझ नहीं पा रहा है कि कोई समस्या भी है।

बेपरवाही आजकल का कायदा है और मन के लिए सबसे हानिकारक गुण है।

इंसानियत को वह संघर्ष और मुद्दे शायद दिखें या ना दिखें जो एक बुद्ध को प्रत्यक्ष और स्पष्ट हैं। इंसानियत का बड़ा बहुमत को तो यह भी पता नहीं होगा की बुद्ध प्रकट हो चुका है क्योंकि वह यह नहीं तय कर पाएँगे की कौन निर्वाण प्राप्त है और कौन नहीं, और इसलिए, यह तय नहीं कर पाएँगे कि कौन बुद्ध है और कौन नहीं। मनुष्य लोक काफी हद तक असली वास्तविकता से और प्राणियों की अनगिनत मुश्किलों से "अनजान" है। बड़ी तौर पर लोग एक अनिर्वाणी मन की मुश्किलों को नहीं समझते, और इसलिए एक अनिर्वाणी मन की मुश्किलों के हल से वह वाकिफ नहीं हैं।

एक बुद्ध को सारी मुश्किलें दिखती हैं, और उनके पास वो सारे हल हैं जो एक प्राणी का निर्वाण प्राप्ति करने के रास्ता का मार्गदर्शन कर सकें, जिससे की एक ज्यादा निर्वाण प्राप्त इंसानियत अपनी मुश्किलें हल करने के लिए एक साथ काम कर सके।

एक बुद्ध की जिम्मेदारी अपने लिए नहीं है, क्योंकि वह किसी भी स्वार्थी लक्ष्य या यश और संपत्ति की इच्छा से बहुत आगे बढ़ चुका है। एक बुद्ध ने अपने प्रकट होने की बात और शिक्षाओं को लोगों का निर्वाण प्राप्त करने में मार्गदर्शन के द्वारा करने का निर्णय लिया है, बिना किसी के ये जाने कि वह बुद्ध है। एक बुद्ध ज्यादा असरदार हो सकता है बिना किसी के जाने कि वह बुद्ध है, क्योंकि वह एक अभ्यासकर्ता के मन की स्थिति का बारीकी से समझ सकते है। अगर बुद्ध के आगमन की दुनिया भर में घोषणा होगी, कुछ लोग ऐसे होंगे जो बुद्ध के पास मार्गदर्शन के लिए आने में राजी होंगे, और कुछ ऐसे होंगे जो बुद्ध के जीवित होने की बात को नहीं मानेंगे।

जो लोग बुद्ध के जीवित होने की बात को ठुकराते हैं वह निर्वाण के पथ का मार्गदर्शन पाने की कोशिश नहीं करेंगे, और जो मार्गदर्शन पाने की कोशिश करेंगे वह अपने "उच्चतम व्यवहार" पर रहेंगे, और उनके मन का असली स्वभाव छुपा रहेगा। ये बुद्ध की एक शिष्य के मन की स्थिति को समझने में बाधक बनेगा, और इसलिए, बुद्ध उन शिष्यों की निर्वाण प्राप्ति की प्रगति में मदद में सीमित करेगा।

एक बुद्ध अपनी जागरूकता की दुनिया भर में घोषणा में दिलचस्पी नहीं रखेगा क्योंकि यह उसके लिए उल्टा पड़ेगा, और वह बल्कि वह विनम्रता और शांति से अपनी शिक्षाओं उन लोगों से बाँटेगा जो सीखने का चुनाव करते हैं। एक बुद्ध लोगों को निर्वाण प्राप्ति में प्रगति करने के लिए प्रोत्साहित करेगा, और जो भी निर्वाण प्राप्त करना चाहे उसका मार्गदर्शन करेगा।

एक बुद्ध का लक्ष्य दुनिया में भरपूर दुख का निष्कासन करना है, जो हर तरफ फैला हुआ है और बुद्ध के प्रकट होने का मूल कारण है।

एक बुद्ध जो आज के समाज में प्रकट होता है, उसे रचनात्मक तरीके से समझना होगा कि वह शिक्षाओं को "अनजान" और मगन श्रोताओं के लिए कैसे पेश करें। ऐसे श्रोतागण जो बेपरवाही से या तो अनजाने में बेखबर है या जानभूजकर अपने दुख को अनदेखा कर रहे हैं।

जैसा भी हो, एक बुद्ध के प्रकट होने पर, एक बुद्ध को ज्यादा सोच और जोर इस बात में लगाना पड़ेगा की लोगों समझे कि कोई समस्या भी है, न की सोच और जोर इन शिक्षाओं को बांटने में।

बेपरवाही का निष्कासन आसानी से नहीं किया जा सकता, और दुनिया की ज्यादातर बहुमत बेपरवाह है, असली संघर्ष और इस संघर्ष के हलों से अनजान।

एक बार इंसान ये निर्णय ले लेता है कि उसको मार्गदर्शन की जरूरत है और अपनी जिम्मेदारी मानकर सीखता और अभ्यास करता है, एक बुद्ध उसको वह शिक्षा देने के लिए पूरी तरह तैयार है जो उसके मन में बस जाए।

कोई भी ऐसी चीज़ नहीं है जो बुद्ध की उस प्रज्ञा को मिटा सके, जो उसने खुद के निर्वाण प्राप्ति के द्वारा इकट्ठा किया है।

एक बुद्ध के बुद्ध होने की पहचान के कोई खास शारीरिक लक्षण नहीं होते। कौन बुद्ध है ये आप उनके अनगिनत अभ्यासकर्ताओं और शिक्षकों के संगठन बनाने एवं अनगिनत अभ्यासकर्ताओं को निर्वाण प्राप्त करने की मदद करने के काम से पहचानेंगे। आप बुद्ध के काम के द्वारा देख पाएँगे की उन्होंने अपनी शिक्षाओं को दुनिया में ऐसे बाँटा है जिससे की अनगिनत प्राणी उनके जीवनकाल के दौरान और उनकी मृत्यु के बाद निर्वाण प्राप्त कर सकें, और उन्होंने शिक्षाएँ और संगठन इन शिक्षाओं को बांटने के लिए पीछे छोड़े हैं। और अगर, ये आप जानते ही की इस व्यक्ति का कोई शिक्षक नहीं है मगर उन्होंने अनगिनत लोगों की उनके जीवनकाल के दौरान और उनकी मृत्यु के बाद निर्वाण प्राप्ति में मदद की है, और उनकी शिक्षाओं अनगिनत और लोगों को निर्वाण प्राप्ति में मदद करती रही है, तब इस व्यक्ति को बुद्ध माना जा सकता है।

क्या हम ऐसे कोई शारीरिक या भावनात्मक लक्षण का अनुभव कर रहे हैं जिसका मेडिकल से ताल्लुक नहीं है मगर वे मन का निर्वाण प्राप्ति की ओर जागरूक होने की वजह से हों?

जैसे आप निर्वाण को पाने की कोशिश करते हैं, आप अलग-अलग शारीरिक और भावनात्मक लक्षण देखेंगे जिनका संबंध आपके निर्वाण प्राप्ति में आगे बढ़ने से है। ये एक छोटी सी लिस्ट है। आप इन लक्षणों से चिपकाव मत रखिए या सोचिए की निर्वाण प्राप्ति करीब है। केवल ये जानिए कि यह लक्षण आम हैं और सीखते रहिए, आगे बढ़ते रहिए, और इन शिक्षाओं का अभ्यास करते रहिए जिससे कि आप निर्वाण प्राप्त करने की कोशिश करते रहें।

ये जरूरी नहीं हैं कि ये लक्षण निर्वाण प्राप्त करने की कोशिश की वजह से हुए हों, लेकिन इसलिए की मन जागरूक हो रहा है और जैसे जैसे मन अनुकूल तरीके से काम करेगा शरीर को काफी बार अलग-अलग अहसास और अनुभवों का अनुभव होगा। ये लक्षण नित्य नहीं हैं और आप उन्हें महसूस करें न करें, या फिर हो सकता है कि यह आपको हो भी नहीं।

ये लिस्ट आपके साथ इसलिए बाँटी गई है जिससे की अगर आप इन लक्षणों का अनुभव कर रहे या कर चुके हैं, तो आप समझ जाएँगे कि ये आम है।

अभ्यासकर्ताओं को यह समझना जरूरी है कि अगर उन्हें इन लक्षणों का अनुभव हो रहा है तो इसका यह मतलब ये नहीं है कि ये मन या शारीरिक बदन के साथ कुछ "गलत" हो रहा है, ये आम लक्षण हैं जो निर्वाण के पथ पर आप अनुभव करें या न करें। अगर ये आपके लिए चिंता का कारण है, तो

मेडिकल सलाह लीजिए की इसकी पीछे कोई बीमारी ना छुपी हो, लेकिन अगर कुछ मिले ना तो हैरान न हों।

बल्कि, कुछ लक्षण इस बात का संकेत हैं कि मन की हालत में सुधार है और जैसे ये लक्षण कम होते हैं, शरीर और मन और अनुकूल तरीके काम करेंगे।

शारीरिक:

१.) कान में दबाव या गूंज।

२.) वजन में बदलाव।

३.) बाल या नाखूनों का जल्द बढ़ना।

४.) दिल की घबराहट।

५.) जवान दिखना और महसूस करना।

६.) शरीर में एकदम ऊर्जा बढ़ना या एकदम से गर्मी का एहसास होना।

७.) कुछ समय के लिए आलस और थकान या आनंदातिरेक और प्रफुल्लित महसूस करना।

८.) त्वचा पर चकत्ते, फुंसी, मुहाँसों, पित्ती, दाद का फूटना।

९.) सिरदर्द या सिर में कहीं भी दर्द।

१०.) पीठ में दर्द, गर्दन में दर्द, बुखार के लक्षण (इसको कंपन बुखार कहते हैं), पाचन में मुश्किलें, मांस में ऐंठन या अकड़न, तेज दिल की धड़कन, या छाती में दर्द।

११.) शरीर में कई जगह सुन्न होना, झुनझुनी होना, खुजली मचना।

१२.) ५ शारीरिक इंद्रियों (देखने, सुनने, सूंघने, चखने, और छूने) का, जैसे आप निर्वाण प्राप्त करने की कोशिश करते हैं, कई बार तीव्र या कम होना। कुछ समय के लिए धुंधला दिखना आम हैं।

१३.) चक्कर आना, सिर हल्का लगना, उल्टी आना, उलझन, तात्कालिक और अल्पकालिक याददाश्त का नहीं होना।

१४.) घटनाएँ जो आपकी जिंदगी बदल सकती हैं - मृत्यु, तलाक, काम की हालत में बदलाव, घर का घाटा होना, बीमारी, और/या दूसरी तबाही - कभी कभी बहुत सारी एक साथ।

१५.) आँख की पुतली बड़ी हो सकती है, और उजाले में भी छोटी नहीं होती। इस स्थिति को "बुद्धि नेत्र" या खिचड़ी भाषा में "अंडे की जर्दी" कहा जाता है। इसका महत्व है कि आप दुनिया को और ज्यादा देख रहे हैं और अंधकार से उजाले की ओर बढ़ रहे हैं। आपकी आँखें अब दुनिया के ऊपर "पूरी खुली" हैं। ज्यादातर ये तब होता है जब आपने अष्टांग पथ को काफी हद तक सफलतापूर्वक अमल कर लिया है और आप झाना में जा रहे हैं।

भावनात्मक:

१.) कोई डर नहीं होना, न हार का न मृत्यु का।

२.) अकेला रहना आरामदेह है।

३.) यौन दिलचस्पी में बदलाव।

४.) नींद नहीं आना या नींद की अनियमित योजना।

५.) आपको शायद चिंता, बेदिली, सोने में मुश्किल, जल्दी उठने, या नींद की योजना में और कोई अड़ंगो का अनुभव हो सकता है, जैसे जैसे आप पुराने सदमे, अनुभव, दुख या भविष्य की उम्मीद छोड़ते जाते हैं।

६.) समय का अहसास खोना या ऐसा लगना कि आप समय की असत्यता में हैं।

७.) आप ये देखेंगे कि आपको अब सपने नहीं आते या आपको अपने सपने याद नहीं हैं। ये आपको ज्यादा दिखेगा जब आप पुराने ख्यालों से चिपटना छोड़ देंगे और भविष्य की चिंता करना छोड़ देंगे। इस समय पर, आप वर्तमान क्षण में रह रहे हैं।

हो सकता है एक अभ्यासकर्ता ये सब महसूस करे ना करे, या हो सकता है कि वह ये लक्षण निर्वाण के पथ पर शुरुआत करने से पहले ही महसूस कर रहा हो।

ये लिस्ट आपको इसलिए दी गई है कि आपके मन को आराम मिले कि आप अगर किसी भी लक्षणों को महसूस कर रहे हैं, ये अनित्य हैं और आपके पास ये जवाब हो कि ये किसी नित्य मेडिकल स्थिति की वजह से नहीं हैं। निर्वाण का रास्ता आपके लिए बहुत लाभदायक है और आपके जीवन में कोई हानिकारक लक्षण या परेशानियाँ नहीं लाएगा। निर्वाण के पथ पर सीखने और बढ़ने के केवल कुशल परिणाम होंगे, जो आपके संबंधों में शांति और सद्भाव पैदा करेगा।

पथ पर मार्गदर्शन

बिना सही मार्गदर्शन के या उन लोगों के साथ जो इसे समझते हैं निर्वाण के अनुभव की कोशिश डरावनी हो सकता हैं और उसको पाना नामुमकिन है - एक सच्चे बुद्ध के अलावा। क्योंकि आप एक बुद्ध नहीं हैं, आपको मार्गदर्शन की जरूरत पड़ेगी। अफसोस, आपके आसपास ज्यादातर लोग निर्वाण प्राप्ति के तरीके से शायद अनजान हैं और आपको मानसिक स्वास्थ्य सेवा लेने की सलाह देंगे। ये आपको ज्यादातर मानसिक बीमारी का लेबल और दवाइयाँ पकड़ा देगा जो आपको निर्वाण की ओर बढ़ने से रोकेंगी।

निर्वाण एक मजेदार खोज है लेकिन काफी बार चुनौतीपूर्ण भी हो सकता है। आपको अपने पास उन लोगों का साथ रखना चाहिए जो निर्वाण की प्रगति को समझते हैं क्योंकि कभी-कभी ये असुविधाजनक भी हो सकता है जब आप अपनी गहरी भावनाओं और पुराने सदमों को छोड़ रहे होते हैं। इस सहायता के बिना आप इन दरारों को तोड़ कर मन की मुक्ति का आखिरी लक्ष्य नहीं पा सकेंगे। आपके साथ अनगिनत ऐसे शारीरिक और भावनात्मक लक्षण रह जाएँगे जो उन लोगों को, जिनको इन लक्षणों की समझ नहीं है, ऊपरी तौर पर ऐसा लगेगा कि आपको शारीरिक/भावनात्मक बीमारियाँ या स्थितियाँ हैं।

ऐसे कुछ समय पर जहाँ आप निर्वाण की राह पर चल रहे हैं, ऐसा हो सकता है कि आपको जिंदगी में सबसे ज्यादा शारीरिक या भावनात्मक तकलीफ महसूस हो। जब मन निर्वाण के पथ पर संघर्ष कर रहा हो, वह उस समय सबसे ज्यादा काम कर रहा है, और यह प्रगति का सबसे अच्छा मौका है जब आप एक शिक्षक से मार्गदर्शन और सहायता ले सकते हैं। आपको परवाह करने वाले और समझने वाले लोगों की जरूरत पड़ेगी जो आपको उच्चतर चेतना की ओर प्रगति करने में मदद कर सकें।

आपका इस किताब के लेखक से ऊपर बताए गए तरीकों में मार्गदर्शन लेने के लिए स्वागत है। अगर आप किसी और शिक्षक से मार्गदर्शन प्राप्त करना चाहते हैं, नीचे के प्रश्न आपको एक ऐसा शिक्षक ढूँढने में मदद करेंगे जिसने अपना खुद का जीवन अभ्यास अच्छी तरह से तैयार किया है जिससे वह आपको सीखने और आगे बढ़ने में मदद कर सके।

कैसे निर्धारित करें कि एक संभावित शिक्षक ने निर्वाण प्राप्त कर लिया है या नहीं

निर्वाण प्राप्त करने के लिए, आपको शिक्षकों और मार्गदर्शकों की सहायता की जरूरत होगी।

गौतम बुद्ध के जीवनकाल से दी गई लिखित शिक्षाओं में वह सब कुछ शामिल नहीं है जो आपको निर्वाण प्राप्त करने के लिए जानना जरूरी है। निर्वाण के पथ को समझने वाले शिक्षकों और मार्गदर्शकों की सहायता के बिना केवल लिखित पाठ को पढ़ने से आपको निर्वाण प्राप्त नहीं होगा।

आपको निर्वाण प्राप्ति के पथ पर चलने की सहायता के लिए उन शिक्षकों के मार्गदर्शन की जरूरत होगी जिन्होंने निर्वाण प्राप्त कर लिया है।

यदि आप गौतम बुद्ध की उन शिक्षाएँ को सीखने जा रहे हैं जो निर्वाण की ओर ले जाती हैं, तो ऐसे शिक्षक को ढूंढना जरूरी है जो पहले ही निर्वाण प्राप्त कर चुका हो। कोई दूसरे व्यक्ति को निर्वाण प्राप्त करने के लिए कैसे प्रेरित कर सकता है यदि उन्होंने खुद अभी तक निर्वाण प्राप्त नहीं किया है? यह किसी ऐसे व्यक्ति से गाड़ी चलाना सीखने का प्रयत्न करने जैसा होगा जिसने कभी गाड़ी नहीं चलाई हो। यह शायद सबसे प्रज्ञापूर्ण निर्णय नहीं होगा।

इस पथ के शिक्षक को दूसरों को गौतम बुद्ध की शिक्षाओं को समझने और उनका अभ्यास करने के लिए मजबूर नहीं करना चाहिए। निर्वाण प्राप्त करना उस तरह से काम नहीं करता है और उस तरह से काम नहीं करेगा।

इस पथ के एक शिक्षक को शिक्षाओं को विनम्रता, कृपापूर्वक और सम्मानपूर्वक दूसरों के साथ बाँटनी चाहिए, जब वे मार्गदर्शन माँगते हैं या अनुरोध करते हैं, जो पथ को प्रकाशयुक्त करता है ताकि अभ्यासकर्ता की अपनी व्यक्तिगत पसंद से, वे निर्वाण प्राप्त करने के लिए शिक्षाओं को सीख और अभ्यास कर सकें।

एक शिक्षक के मार्गदर्शन के साथ शिक्षाओं को सीखने और अभ्यास करने से, एक अभ्यासकर्ता प्रज्ञा प्राप्त करने के लिए स्वतंत्र रूप से सत्य को देख सकता है। जो प्रज्ञा एक व्यक्ति प्राप्त करता है वह मन को निर्वाण प्राप्त करने के लिए मुक्त कर देगा।

एक अभ्यासकर्ता अपनी व्यक्तिगत पसंद से *धीरे-धीरे* एक निर्वाण प्राप्त मन का परिणाम प्राप्त करने के लिए शिक्षाओं को सीखेगा और अभ्यास करेगा।

निर्वाण के लिए गौतम बुद्ध द्वारा सिखाए गए सत्य को सीखने और समझने के लिए समर्पण, वचनबद्धता और सच्ची मेहनत की जरूरत होती है, ताकि आप जान सकें कि शिक्षाएँ १००% सत्य हैं। एक अभ्यासकर्ता इसे केवल तभी पूरा कर सकता है जब वह उस दुनिया के बारे में, जो वह आज समझता है और जो मन को अनिर्वाणी अवस्था में रखता है, उसे अलग करने के लिए समय लेता है। इन शिक्षाओं के द्वारा, एक अभ्यासकर्ता को जो आज प्रज्ञा है, उससे आगे बढ़ने की जरूरत है।

शिक्षाओं को "असली जीवन" में लागू करने के ज़रिए एक समर्पित अभ्यासकर्ता *धीरे-धीरे* निर्वाण प्राप्त करने के लिए खुद सत्य देख सकता है।

वास्तव में, एक शिक्षक की तलाश और उसे स्वीकार करना इस बात की पुष्टि है कि किसी का मस्तिष्क मार्गदर्शन प्राप्त करने के लिए खुला है, जो अंत में निर्वाण के पथ पर उनकी प्रगति की ओर ले जाएगा। अहंकार (यानी अहं) को कम करने और निष्कासित करने के लिए शिक्षक का मार्गदर्शन लेना भी बहुत सहायक होता है। खुद के सामने यह स्वीकार करना कि वे यह सब नहीं जानते, अहं को कम करने में सहायक होता है।

चाहे वह एबीसी, १२३ सीखना, पढ़ना, लिखना, या कोई अन्य लंबे समय तक सीखने का लक्ष्य हो जिसे आपने अपनाया है, इसमें हमेशा एक शिक्षक से मार्गदर्शन प्राप्त करना शामिल होता है। निर्वाण का पथ बिल्कुल वैसा ही है। आपको शिक्षकों की जरूरत होगी।

निर्वाण सीखने और प्राप्त करने के लिए काफी समय, प्रयत्न, समर्पण और वचनबद्धता की जरूरत होगी। इसलिए, यदि आप निर्वाण प्राप्त करने के लिए समय, प्रयत्न, समर्पण और वचनबद्धता का निवेश करने जा रहे हैं, तो यह जरूरी है कि आप किसी ऐसे व्यक्ति को खोजें जो पहले से ही निर्वाण की मानसिक स्थिति प्राप्त कर चुका हो।

अनिर्वाणी अवस्था में, आप अंधकार में हैं। निर्वाण प्राप्त शिक्षक आपको शिक्षाओं को बाँटने से अंधेरे से दूर और प्रकाश की ओर मार्गदर्शन करने के लिए प्रकाश साथ लेकर चलेगा। निर्वाण प्राप्त कर चुके शिक्षक के बिना, आप बिना किसी प्रकाश के अकेले पथ पर चलते हैं। आप देखेंगे कि बिना प्रकाश के अंधेरे में अकेले चलकर यात्रा पूरी करना असंभव है।

यदि आप किसी से पूछें कि क्या उन्होंने निर्वाण प्राप्त कर लिया है, तो इस मन की स्थिति को प्राप्त करने वाला व्यक्ति यह स्वीकार नहीं करेगा कि "हाँ, मैंने निर्वाण प्राप्त कर लिया है"।

अधिकांश लोगों का मानना है कि यदि आप कहते हैं कि आपने निर्वाण प्राप्त कर लिया है तो आप अहंकार और अभिमान (यानि अहं) के साथ ऐसा करते हैं, खुद को दूसरे व्यक्ति से ऊपर रखते हैं। निर्वाण प्राप्त करने का एक पहलू यह है कि आप अपने अहं और दूसरों के आकलन को घुला देते हैं। यदि कोई दावा करता है कि उसने निर्वाण प्राप्त कर लिया है, तो यह माना जाता है कि उसने ऐसा अहं के कारण किया है और इसलिए, उसे निर्वाण प्राप्त ही नहीं हुआ है।

एक व्यक्ति जिसने निर्वाण प्राप्त कर लिया है, वह अपने निर्वाण की प्राप्ति पर चर्चा करने की बजाय आपको निर्वाण प्राप्त करने में मदद करने में अधिक दिलचस्पी रखेगा। यदि आप निर्वाण प्राप्त करने

के मार्ग पर मार्गदर्शन चाह रहे हैं, तो वे शायद अपने निर्वाण की प्राप्ति के बजाय मुख्य रूप से "निर्वाण क्या है और आप इसे कैसे प्राप्त कर सकते हैं" की चर्चा पर केंद्रित करेंगे।

आप किसी संभावित शिक्षक से ये सारे प्रश्न पूछने पर विचार कर सकते हैं ताकि आपको यह पता करने में मदद मिल सके कि आप उनके साथ सीखना चाहेंगे या नहीं।

१.) किसी संभावित शिक्षक से पूछें "क्या आपने निर्वाण प्राप्त कर लिया है?"

यदि वे "हाँ" में उत्तर देने के लिए उत्सुक हैं और चर्चा को खुद पर केंद्रित करते हुए निर्वाण प्राप्ति के अपने वर्तमान चरण पर चर्चा करने के लिए उत्सुक हैं, तो आपको इसे ध्यान में रखना चाहिए। आप यह निष्कर्ष निकाल सकते हैं कि शायद उनका अहंकार और गर्व (यानी अहं) निर्वाण के पथ पर आपकी शिक्षा को बाधित करेगा। जिस व्यक्ति ने वास्तव में निर्वाण प्राप्त कर लिया है उसमें अहंकार या अभिमान नहीं होगा क्योंकि उनका अहं निष्कासित हो चुका है।

२.) किसी संभावित शिक्षक से पूछें "निर्वाण क्या है?"

जिस व्यक्ति ने निर्वाण प्राप्त कर लिया है उसे इस बात का काफी ज्ञान होगा कि निर्वाण क्या है और क्या नहीं है। इस किताब में इस बात का विवरण है कि निर्वाण क्या है और क्या नहीं है। इससे आपको संभावित शिक्षक द्वारा दिए गए उत्तर पर बेहतर ढंग से चिंतन करने में मदद मिलेगी।

३.) किसी संभावित शिक्षक से पूछें "निर्वाण कैसे प्राप्त करें?"

जिस व्यक्ति ने निर्वाण प्राप्त कर लिया है, उसके पास निर्वाण प्राप्त करने के बारे में काफी प्रज्ञा होगी। गौतम बुद्ध की शिक्षाओं के साथ निर्वाण कैसे प्राप्त करें, इस बारे में उनके उत्तर में निम्नलिखित शामिल हो सकते हैं:

- गौतम बुद्ध द्वारा बताई गई शिक्षाओं की अच्छे तरीके से विकसित अभ्यास को सीखें, चिंतन करें, अभ्यास करें और उनके परिणामों को देखें। निर्वाण की खोज एक स्वतंत्र यात्रा है जिसमें शिक्षक और मार्गदर्शक आपकी सहायता करेंगे। हालाँकि, आपको सारा काम खुद ही करना होगा, क्योंकि आपका संभावित शिक्षक केवल आपका मार्गदर्शन कर सकता है।

- निर्वाण प्राप्त करने के लिए जरूरी शिक्षाओं का एक छोटा सा नमूना है:

    क.) तीन सार्वभौमिक सत्य
    ख.) चार आर्य सत्य
    ग.) अष्टांग पथ
    घ.) पाँच सिद्धांत
    ङ.) ब्रह्म-विहार
    च.) दस बेड़ियाँ
    छ.) निर्वाण के सात तत्व
    ज.) व्यापक ध्यान प्रशिक्षण

४.) एक संभावित शिक्षक से पूछें "निर्वाण प्राप्त करने के लिए कौन से रीति, रिवाज, रस्म और पूजा-पाठ की जरूरत है?"

निर्वाण प्राप्त करने के लिए किसी रीति, रिवाज, रस्म और पूजा-पाठ की जरूरत नहीं है।

यदि कोई कुछ मंत्रों के बारे में बताता है जिन्हें दोहराने की जरूरत है, कुछ मुद्राएं जिन्हें प्राप्त करने के लिए शरीर को प्रशिक्षित करने की जरूरत होती है, या आपको कोई बाहरी उपकरण बेचता/प्रदान करता है जिसमें घंटियाँ, तार, कपड़े, माला, संगीत, मूर्तियाँ, विशेष पेय या खाना आदि शामिल हैं, तो इस व्यक्ति ने निर्वाण प्राप्त नहीं किया है।

इस मानसिक स्थिति को प्राप्त करने के लिए निर्वाण को किसी विशेष जप या बाहरी उपकरणों की जरूरत नहीं होती है। यदि कोई दावा करता है कि उसके पास निर्वाण प्राप्त करने के लिए विशेष मंत्र या बाहरी उपकरण हैं और केवल उनके पास ही यह रहस्य हैं, तो उन्होंने निर्वाण प्राप्त नहीं किया है। निर्वाण प्राप्त करने के लिए किसी बाहरी चीज़ की जरूरत नहीं है और यदि वे गर्व के साथ विशेष स्थिति का दावा करते हैं, तो आप निश्चिंत हो सकते हैं कि इस व्यक्ति ने निर्वाण प्राप्त नहीं किया है।

निर्वाण शरीर को एक विशिष्ट शारीरिक स्थिति प्राप्त करने के लिए प्रशिक्षित करने के बारे में नहीं है। निर्वाण मन को प्रशिक्षित करने के बारे में है। यदि कोई अपनी शिक्षाओं को शरीर के प्रशिक्षण पर केंद्रित करता है, तो उसे निर्वाण प्राप्त नहीं हुआ है।

गौतम बुद्ध की शिक्षाएँ कई लोगों को ज्ञात हैं, केवल एक (१) विशेष व्यक्ति नहीं है जो निर्वाण प्राप्त करने के सभी रहस्यों को जानता है, और निर्वाण प्राप्त करने के लिए किसी विशेष बाहरी उपकरण की जरूरत नहीं है।

निर्वाण प्राप्त करने का सारा काम और क्षमता पहले से ही आपके अंदर है।

आपको निर्वाण प्राप्त करने में मार्गदर्शन के लिए एक सुविकसित शिक्षक की जरूरत है जो मन की शुद्धि पर ध्यान केंद्रित करता हो। निर्वाण प्राप्त करने के लिए आपको शिक्षाओं, शिक्षकों, समर्पण और वचनबद्धता की जरूरत होगी।

शिक्षक आपको सिखाने के लिए शिक्षाएँ प्रदान करेगा। आपको शिक्षाओं को सीखने और अभ्यास करने के लिए समर्पण और वचनबद्धता प्रदान करने की जरूरत होगी।

५.) किसी संभावित शिक्षक से पूछें "मेरे लिए आपसे प्रशिक्षण प्राप्त करने की क्या दाम या कीमत है?"

एक व्यक्ति जिसने निर्वाण प्राप्त कर लिया है, उसमें "सभी प्राणियों" की मदद करने की दिलचस्पी के साथ सभी प्राणियों के लिए गहरी प्रेमभरी-कृपा और करुणा होगी।

इसलिए, संभावित शिक्षक को धन या धन अर्जित करने में कोई दिलचस्पी नहीं होगी। उन्हें संभावित रूप से अपने जीवन का समर्थन करने के लिए धन की जरूरत होगी, लेकिन वे आपको किसी कीमत या विशेष दाम में निर्वाण प्राप्त करने के लिए सिखाने में दिलचस्पी नहीं लेंगे। निर्वाण प्राप्त करने के लिए उनके पास कोई निर्धारित दाम या विकल्पों का मेनू नहीं होगा। हालाँकि, वे अपने जीवन में और अन्य शिष्यों को पढ़ाने में सहायता के लिए दान स्वीकार करेंगे।

शिष्यों के लिए अपने शिक्षकों को शिक्षाओं और मार्गदर्शन की सराहना के रूप में आर्थिक सहायता या उपहार देना आम बात है, लेकिन निर्वाण प्राप्त व्यक्ति के लिए, आपको पढ़ाने के बदले में धन या उपहार प्राप्त करने की कोई उम्मीद नहीं होगी। निर्वाण प्राप्त एक संभावित शिक्षक आपसे पैसे या उपहार नहीं मांगेगा।

उनके द्वारा दी जाने वाली शिक्षाएँ धन, संपत्ति या प्रसिद्धि के इकट्ठा होने से जुड़ी नहीं होनी चाहिए। एक संभावित शिक्षक की एकमात्र दिलचस्पी व्यक्तिगत लाभ में दिलचस्पी के बिना "सभी प्राणियों" की मदद करना और लाभ पहुंचाना है।

६.) किसी संभावित शिक्षक से पूछें "आप किस प्रकार के शिष्यों को स्वीकार करते हैं और किस प्रकार के शिष्यों को अस्वीकार कर देते हैं?"

एक व्यक्ति जिसने निर्वाण प्राप्त कर लिया है, उसमें खुलापन होगा, मित्रता होगी और वह उन सभी लोगों को स्वीकार करेगा जो गौतम बुद्ध की शिक्षाओं को सीखने और उनमें आगे बढ़ने में दिलचस्पी रखते हैं, जब तक कि शिष्य के मन में शिक्षाओं और शिक्षक के लिए सम्मान है।

संभावित शिक्षक की बातों और कार्यों को समझना और यह सुनिश्चित करना कि वे "सही वाणी" और "सही कार्य" का अभ्यास कर रहे हैं, जरूरी है। संभावित शिक्षक के साथ सीखने से पहले संबंध बनाकर उन्हें जानने में समय व्यतीत करना सहायक हो सकता है। जिसने भी निर्वाण प्राप्त कर लिया है वह व्यवहार में इन शिक्षाओं का एक आदर्श उदाहरण होगा।

यहाँ दिए गए प्रश्नों का उत्तर देना सहायक है, लेकिन बिना किसी आकलन के किसी संभावित शिक्षक के शिक्षण अभ्यास को समझना आपको सबसे अधिक जानकारी प्रदान कर सकता है। इससे आपको यह पता लगाने में मदद मिलेगी कि क्या वे इन शिक्षाओं के आदर्श हैं और क्या वे आपके सीखने और विकास को लाभ दे पाएँगे या नहीं।

एक संभावित शिक्षक को हर समय विनम्र, कृपालु, दोस्ताना और सम्मानजनक होना चाहिए। आपको यह देखना चाहिए कि वे कभी भी किसी भी कारण से क्रोधित, निराश, चिड़चिड़े न हों या उन्हें झुंझलाहट न हो। उन्हें उन सभी शिष्यों की सहायता करने के लिए धैर्य रखना चाहिए जो मार्गदर्शन लेना चाहते हैं।

यदि कोई शिष्य खुले तौर पर और स्वतंत्र रूप से किसी शिष्य को शिक्षा देने के प्रयत्न में शिक्षक के लिए बार-बार अनादर दिखाता है, तो शिक्षक के लिए उस शिष्य को शिक्षा नहीं देना असामान्य नहीं होगा।

यदि आप किसी शिक्षक का बार-बार अनादर करते हैं या लगन से अध्ययन करने में असफल होते हैं, तो यह आपके निर्णयों (यानि आपके कम्मा) का परिणाम है जिसे दूर कर दिया जाएगा या संभावित रूप से वापस न आने के लिए कहा जाएगा।

शिष्य-से-शिक्षक के बीच उचित संबंध स्थापित करने के लिए शिष्य की ओर से शिक्षक के लिए कृतज्ञता, सम्मान और विनम्रता की जरूरत होती है। सम्मान और विनम्रता दोनों दिशाओं में होनी चाहिए। शिष्य से शिक्षक और शिक्षक से शिष्य।

आपको यह देखना चाहिए कि संभावित शिक्षक शिक्षण को उदाहरण के तौर पर प्रस्तुत कर रहा है। इसमें अपनी वाणी और कार्यों के ज़रिए विनम्र, कृपालु, दोस्ताना, सम्मानजनक और धैर्यवान होना और "सभी प्राणियों" के लिए खुला होना शामिल है।

७.) किसी संभावित शिक्षक से पूछें "कौन निर्वाण प्राप्त कर सकता है?"

वे सभी मनुष्य जिनमें सीखने और बढ़ने के लिए समर्पण और वचनबद्धता है, निर्वाण प्राप्त कर सकते हैं। निर्वाण प्राप्त करने के लिए, आपको नियुक्त होने या अन्यथा अपने गृहस्थ जीवन को त्यागने की जरूरत नहीं है, हालाँकि, यह एक विकल्प है जिसे कुछ लोग एक नियुक्त अभ्यासकर्ता बनकर अपनाना चुनते हैं।

गृहस्थ जीवन जीते हुए भी आपके पास जीवन साथी, बच्चे, व्यवसाय और संपत्ति हो सकती है और फिर भी आप एक अरहंत के रूप में निर्वाण प्राप्त करने की राह पर हैं, जो कि निर्वाण की उच्चतम अवस्था है।

सभी मनुष्य निर्वाण प्राप्त कर सकते हैं, चाहे आपकी जाति, लिंग, यौन रुझान, वर्तमान आस्था अभ्यास, या कोई अन्य लेबल जो लोग किसी इंसान को देते हों। निर्वाण प्राप्त करने की एकमात्र सीमा आप खुद हैं। आपको "आत्म" को रास्ते से हटाने और सभी बेपरवाही को निष्कासित करते हुए मन की वृद्धि और विकास पर ध्यान केंद्रित करने की जरूरत है। सीखने और विकास के लिए दृढ़ संकल्प, समर्पण और मेहनत की जरूरत है।

सभी मनुष्य निर्वाण प्राप्त कर सकते हैं यदि उनके पास उचित शिक्षाएँ, निर्वाण प्राप्त शिक्षक, समर्पण और वचनबद्धता हो।

८.) किसी संभावित शिक्षक से पूछें "क्या उदासी, क्रोध, निराशा, चिड़चिड़ापन, झुंझलाहट, अपराधबोध, लज्जा, डर, ऊब, अकेलापन, शर्म, ईर्ष्या, रोष, तनाव, चिंता और अहं को निष्कासित करना संभव है?"

निर्वाण प्राप्त करने का एक प्राथमिक पहलू उदासी, क्रोध, निराशा, चिड़चिड़ापन, झुंझलाहट, अपराधबोध, लज्जा, डर, ऊब, अकेलापन, शर्म, ईर्ष्या, रोष, तनाव, चिंता और अहं को निष्कासित करना है। यदि एक संभावित शिक्षक ने निर्वाण प्राप्त कर लिया है, तो उन्हें इनमें से किसी भी भावना का अनुभव नहीं होगा और उन्हें पता होगा कि निर्वाण प्राप्त करने के लिए अहं को घुलाने की जरूरत है।

इन प्रश्नों और आपके द्वारा विकसित किए जा सकने वाले अन्य प्रश्नों पर चर्चा के ज़रिए, आपको यह निर्णय लेने की जरूरत होगी कि क्या आपको लगता है कि आप एक संभावित शिक्षक का सम्मान कर सकते हैं और उसके साथ सीख सकते हैं।

आपको पथ पर कई शिक्षकों और मार्गदर्शकों का अनुभव करने की जरूरत हो सकती है। केवल एक शिक्षक से जुड़े रहने से सर्वोत्तम परिणाम शायद नहीं मिलें।

हालाँकि, शिक्षण की एक ठोस नींव और अभ्यास स्थापित करने के लिए आपका प्रारंभिक प्रशिक्षण एक शिक्षक के साथ होना चाहिए। आपको अपेक्षाकृत कम समय में दिखना चाहिए कि बाँटी गई शिक्षाएँ स्पष्ट, संक्षिप्त और प्रत्यक्ष हैं और आप स्वतंत्र रूप से शिक्षाओं में सत्य की पुष्टि करने के काबिल हैं जिसके परिणामस्वरूप मन की स्थिति में *धीरे-धीरे* सुधार होता है।

पथ पर अनगिनत लोगों से मिलने और सीखने की यात्रा का आनंद लें जिनका एकमात्र लक्ष्य आपकी मदद करना होना चाहिए। जीवन में आपका हर अनुभव, चाहे आप इसे कैसे भी समझें, सीखने और विकास का एक मौका है।

शिक्षाओं, शिक्षकों, समर्पण और वचनबद्धता के साथ आप निर्वाण प्राप्त कर सकते हैं और गौतम बुद्ध की शिक्षाओं के ज़रिए जीवन की बेहतर गुणवत्ता का अनुभव कर सकते हैं।

वह जो आपको खजाना दिखाए

आनंद, मैं तुम्हारे वैसा व्यवहार नहीं करूँगा जैसा कुम्हार कच्ची गीली मिट्टी के साथ करता है। बार बार रोकते हुए, मैं तुमसे बात करूँगा, आनंद। बार बार मार्गदर्शन करूँगा कि क्या न करो, मैं तुमसे बात करूँगा, आनंद। केवल सत्य में समर्पित ही [इस परीक्षा में] सफल होंगे।

उसको एक खजाना दिखाना वाला मानो, वह प्रज्ञापूर्ण इंसान जो तुम्हारी गलतियों को देखकर ये बताए कि क्या नहीं करना। ऐसे शिक्षक के साथ हमेशा रहो।

क्योंकि जो इस प्रकार के शिक्षक के साथ रहता है, उसके लिए चीज़ें बेहतर ही होती हैं, खराब नहीं।

(गौतम बुद्ध)

(मज्झिम निकाय १२२ और धम्मपद ७६-७७)

लेखक के विचार: निर्वाण की ओर ले जाने वाली उन शिक्षाओं को बांटने के लिए, एक बुद्ध या अन्य शिक्षक को अकुशल गुणों को मन और उनके जीवन अभ्यास में प्रकाश डालने में, और साथ ही शिष्यों की कुशल गुणों को बढ़ाने की ओर इशारा करने में मदद करनी पड़ेगी। एक शिष्य को, अपने शिक्षक पर भरोसा रखते हुए उन बेहतरी के क्षेत्रों की जाँच पड़ताल करनी होगी जो उसके शिक्षक ने पहचाने हैं और शिष्य के साथ बाँटे हैं।

उन बेहतरी के क्षेत्रों को पहचानने के लिए एक शिष्य को अपने शिक्षक के मार्गदर्शन को माँगना और उसको मानना पड़ेगा, और फिर अपने जीवन को बेहतर बनाने के लिए शिक्षाओं को सीखना, चिंतन करना और अभ्यास करना पड़ेगा। अगर एक शिष्य शिक्षक के "खजाना दिखाने" के लिए नाराजगी दिखाएगा और अपने अहं को शिक्षक के मार्गदर्शन को रोकने देगा, तो वह शिक्षक के निर्वाण प्राप्ति के मार्गदर्शन लेने की "परीक्षा में सफल" नहीं हो पाएगा।

एक शिक्षक को एक शिष्य को निर्वाण प्राप्ति के मार्गदर्शन में काफी समय, प्रयत्न, ऊर्जा, और साधन डालने पड़ेंगे। एक शिक्षक को अपने शिष्यों से कोई लाभ नहीं माँगना चाहिए, इसके बजाए, भेंट का इंतज़ार करना चाहिए। एक शिक्षक का एकमात्र लक्ष्य शिष्य को निर्वाण प्राप्ति में मार्गदर्शन का होना चाहिए न कि अपने किसी व्यक्तिगत लाभ के लिए।

इसलिए, एक शिक्षक जो अपना समय, प्रयत्न, ऊर्जा, और साधन का इस्तेमाल "खजाना दिखाने" में करता है, उसे एक "प्रज्ञापूर्ण इंसान" मानना चाहिए "जो आपकी गलतियों को देखकर" आपको निर्वाण प्राप्त कराने के लिए शिक्षाओं को सीखने, चिंतन करने और अभ्यास करने में मदद करेगा।

बुद्ध की सलाह है कि आप "इस तरह के शिक्षक के साथ रहें" क्योंकि चीज़ें "बेहतर ही होंगी, खराब नहीं"। जैसे जैसे जब एक शिष्य एक प्रज्ञापूर्ण शिक्षक के मार्गदर्शन को समझने के लिए खुला होता है, जो कृपापूर्वक और धैर्यपूर्वक आपसे बेहतरी के रास्ते बाँटता है और आपसे कोई अपेक्षा नहीं रखता - उनका एकमात्र लक्ष्य आपकी मदद करना है, उसके मन की स्थिति और जीवन "बेहतर ही होती है, खराब नहीं"।

आगे छानबीन के लिए सीखने के संसाधन

ऑडियोबुक

(ऑडियोबुक) - (खंड १ - चैप्टर ३) - निर्वाण: निर्वाण क्या है? (पढ़िए और सुनिए)
https://youtu.be/h-FzczcvCJc

एप. ५०३ - (ऑडियोबुक) - (खंड १ - चैप्टर ३) - निर्वाण: निर्वाण क्या है?
https://podcasters.spotify.com/pod/show/buddhadailywisdom/episodes/Ep--503---Audiobook---Volume-1---Chapter-3---Enlightenment-What-is-Enlightenment-e272sij

यूट्यूब वीडियो

(छोटा-पाठ #2) - निर्वाण क्या है?
https://youtu.be/WzjX5fqeJdQ

(सामूहिक शिक्षण प्रोग्राम) - चैप्टर ३ - निर्वाण: निर्वाण क्या है?
https://youtube.com/live/sCo66eRBHgQ

(सामूहिक शिक्षण प्रोग्राम) - सीखें प्रेमभरी-कृपा का ध्यान (४ का भाग ४)
https://youtube.com/live/yqOFNhU0CJA

पॉडकास्ट

एप. ४२९ - (सामूहिक शिक्षण प्रोग्राम) - चैप्टर ३ - निर्वाण: निर्वाण क्या है??
https://podcasters.spotify.com/pod/show/buddhadailywisdom/episodes/Ep--429---Group-Learning-Program---Chapter-3---Enlightenment-What-is-Enlightenment-e1vj52b/a-a9dct6b

एप. ४३१ - (सामूहिक शिक्षण प्रोग्राम) - सीखें प्रेमभरी-कृपा का ध्यान (भाग ४ का ४)
https://podcasters.spotify.com/pod/show/buddhadailywisdom/episodes/Ep--430---Group-Learning-Program---LEARN-Loving-kindness-Meditation-Part-4-of-4-e1vmr28/a-a9dr5g1

प्रश्नोत्तरी

निर्वाण: निर्वाण क्या है?
https://forms.gle/nBYxTCJzgcWTUt5EA

(इस चैप्टर की समझ इस ऑनलाइन प्रश्नोत्तरी को पूरा करके पक्का करें। इस प्रश्नोत्तरी का परिणाम केवल आप ही देख सकते हैं।)

चैप्टर ४

चार आर्य सत्य:
सही दृष्टि की स्थापना

अगर किसी को निर्वाण के पथ को जाँचने या पढ़ने में दिलचस्पी है, उसे चार आर्य सत्यों की गहरी समझ से शुरू करना बहुत जरूरी है।

गौतम बुद्ध ने चार आर्य सत्यों को अपनी प्रथम शिक्षा के रूप में पूर्णतः संपूर्ण बुद्ध के रूप में निर्वाण प्राप्त करने के बाद प्रस्तुत किया था।

आप उनकी निर्वाण के लिए प्रगति और समर्पण को उस कहानी के द्वारा समझ सकते हैं जो, उन्हें वहाँ ले कर गई। ये चैप्टर आपको उनकी असली पहली शिक्षा का सारा विवरण देगा जब वह एक पूर्णतः संपूर्ण बुद्ध बने, और आगे के चैप्टर आपको उनके जीवन की कहानी के कुछ भाग समझने में मदद करेंगे।

चार आर्य सत्य "सही दृष्टि" रखने के लिए मूल समझ हैं। सही दृष्टि अभ्यासकर्ता के मन को वह सही आधार प्रदान करती है जिनके ऊपर गौतम बुद्ध की सिखाई गईं सारी शिक्षाएँ और अभ्यास लागू होते हैं। एक अभ्यासकर्ता में तब तक निर्वाण प्राप्त करने की काबिलियत नहीं आएगी जब तक उन्होंने चार आर्य सत्यों को "सही दृष्टि" रखने के लिए न सिखा, चिंतन और अभ्यास न किया हो।

चार आर्य सत्य प्रज्ञा असंतुष्टि की, प्रज्ञा असंतुष्टि के कारण की, प्रज्ञा असंतुष्टि के निष्कासन की, और प्रज्ञा उस अभ्यास के पथ की जो ले जाती है असंतुष्टि के निष्कासन की ओर, उन्हें समझाते हैं।

गौतम बुद्ध इन चार (४) आसान वाक्यों में एक अनिर्वाणी मन की मुश्किल, मुश्किल का कारण, मुश्किल का निष्कासन, और वह पथ जो ले जाता है इस मुश्किल के पूरे निष्कासन की ओर, समझाते हैं।

हम बुद्ध के शब्दों में चार आर्य सत्य की छानबीन करें उससे पहले, मैं पहले इस चैप्टर की समीक्षा आपके साथ बाँटूँगा जिससे कि आपको चार आर्य सत्यों और उससे जुड़ी हुई शिक्षाओं की ऊपरी समझ हासिल करें जिससे कि आपका मन इन शिक्षाओं की गहरी छानबीन के लिए तैयार हो सके।

आगे दिखाई गई टेबल आपको चार आर्य सत्य और उनसे जुड़ी हुई शिक्षाओं के बारे में आपको बुनियादी समझ बनाने में मदद करेगी।

"चार आर्य सत्यों" की समझ और उसका अभ्यास निर्वाण के पथ, निब्बाना, और उच्चतर चेतना का पहला कदम है।

"चार आर्य सत्य" "अष्टांग पथ" का पहला कदम, "सही दृष्टि" है। अष्टांग पथ निर्वाण का पथ है, और गौतम बुद्ध की बाकी शिक्षाएँ इस पथ के साथ जुड़ती हैं।

अनित्यता: सब कुछ हमेशा बदल रहा है और कोई नित्य स्थिति नहीं है। सांसारिक चीज़ें/सम्पत्ति, सोच, विचार, मन की स्थितियां, दुनिया में सब कुछ बदल रहा है। सारी सशर्त भावनाएँ विद्यमान नहीं रहेंगी। जो भी उत्पन्न होता है वह विद्यमान नहीं रहेगा। निर्वाण के अलावा कोई नियमित, निरंतर, निश्चित मन की स्थिति नहीं है।

असंतुष्टि: अपने स्वभाव से अनित्य कारणों पर आधारित होने के कारण गौतम बुद्ध ने तीन भावनाओं को असंतुष्टि या "दुख" बताया है। इन शिक्षाओं का लक्ष्य मन की असंतुष्टि का निष्कासन करना है, जिससे की मन को निर्वाण में रहने की एक नित्य जगह मिल सके।

- एक सुखद भावना (खुशी, उत्तेजना, उल्लास, रोमांच, प्रफुल्लता, आनंदातिरेक, इत्यादि)
- एक दुखद भावना (उदासी, क्रोध, निराशा, चिड़चिड़ापन, झुंझलाहट, अपराधबोध, लज्जा, डर, तनाव, इत्यादि)
- एक भावना जो है न दुखद-न-सुखद (ऊब, अकेलापन, शर्म, अप्रसन्न, असुविधाजनक, असंतोषजनक)

तृष्णा/लालसा/चिपकाव/चाहतें/उम्मीदें/अपेक्षाएँ/पकड़ना/जकड़ना/चिपटाव : मन की किसी चीज़ के लिए तीव्र उत्सुकता के साथ मानसिक तमन्ना। जिस चीज़ से प्रेम है मन का उस ओर खिंचना।

चार आर्य सत्य → "सही दृष्टि"

१.) पहला आर्य सत्य: सब अनिर्वाणी लोग असंतुष्टि का अनुभव करेंगे।

२.) दूसरा आर्य सत्य: असंतुष्टि हमारी तृष्णा/लालसा/चिपकाव की वजह से उत्पन्न होती है क्योंकि मन चाहता कि सब कुछ नित्य रहे जबकि दुनिया अनित्य है।

३.) तीसरा आर्य सत्य: असंतुष्टि का निष्कासन तृष्णा/लालसा/चिपकाव के निष्कासन के द्वारा हो सकता है।

४.) चौथा आर्य सत्य: असंतुष्टि के निष्कासन का पथ अष्टांग पथ है।

जिंदगी का मकसद खुश रहना नहीं है, क्योंकि वह एक अनित्य भावना है। जब मन खुश नहीं है, तो वह दुख, क्रोध, या और भी खराब भावना की तरफ बढ़ जाएगा।

जिंदगी का मकसद आनंद के साथ एक शांत, निर्मल, निश्चल, और संतुष्ट मन को बनाना है जो तृष्णा/लालसा/चिपकाव से मुक्त है, जो "जैसा है उससे संतुष्ट है" - एक निर्वाण प्राप्त मन। निर्वाण प्राप्त मन की अंदरूनी भावनाएँ अनित्य शर्तों पर आधारित नहीं करेगा इसलिए यह एक नित्य मन की स्थिति है। एक निर्वाण प्राप्त मन के पीछे कोई कारण नहीं (असशर्त) है।

लेखक के विचार: चार आर्य सत्य को इस तरीके से संक्षिप्त किया और समझा जा सकता है।

आपको अपने असंतुष्ट मन, और भावनाएँ जो आप महसूस करते हैं, उनकी जिम्मेदारी खुद लेनी पड़ेगी। सुखद भावनाओं, दुखद भावनाओं, और भावनाएँ जो हैं न दुखद-न-सुखद का दोष किसी और या किसी बाहरी चीज़ पर डालने की बजाय, सत्य को देखें कि आप अपने मन की असंतुष्टि का कारण हैं। इस सत्य को देखें कि आपका मन ही इन अनचाही भावनाओं को उत्पन्न कर अनुभव कर रहा है। इस सत्य को देखने से, कि आप समस्या का कारण हैं, अगला कदम ये है कि आप के पास समस्या को हल करने की काबिलियता है।

अपने असंतुष्ट मन की जिम्मेदारी लेने से, आपके पास मन की असंतुष्टि को इन शिक्षाओं को समझने और अभ्यास के द्वारा मिटाने की १००% काबिलियता है। क्योंकि अगर आप इस असंतुष्ट मन का कारण हैं, इसका मतलब आपके पास असंतुष्ट मन को मिटाने और हल ढूंढने की काबिलियता है। आपके पास इन शिक्षाओं को सीखने और अभ्यास करने से संतुष्ट मन प्राप्त करने की १००% काबिलियता है।

इस मन की असंतुष्टि के पूरे निष्कासन और एक आनंद के साथ शांत, निश्चल, निर्मल और संतुष्ट मन की तरफ जाने वाले रास्ता "अष्टांग पथ" है। निर्वाण प्राप्त मन सचेत और सतर्क होते हुए शांत और निश्चिंत रहेगा। मन एकाग्र, स्थिर और अचल रहेगा।

चार आर्य सत्यों की समझ संतुष्ट और शांत मन और जिंदगी पाने का पहला कदम है। सही दृष्टि अष्टांग पथ का पहला कदम है। असंतुष्ट मन की जिम्मेदारी लिए बिना आप असंतुष्ट मन को ठीक करने के कदम नहीं उठा पाएँगे क्योंकि मन में "गलत दृष्टि" है कि कोई चीज़ या कोई और हमारे मन की असंतुष्ट भावनाओं का कारण है, जिसका मतलब है कि आपके पास संतुष्ट मन प्राप्त करने की कोई काबिलियता नहीं है। अगर दूसरे लोग आपको असंतुष्ट महसूस करा रहे हैं, तो आपको सारी दुनिया को आपके तरीके से काम करने का प्रशिक्षण देना पड़ेगा।

आप सारी दुनिया को अपने तरीके से काम करने का प्रशिक्षण नहीं दे सकते।

इसलिए, "गलत दृष्टि" के साथ आप हमेशा सुखद भावनाओं, दुखद भावनाओं, और भावनाएँ जो हैं न दुखद-न-सुखद के रूप में असंतुष्टि का अनुभव करेंगे। आप शायद देखेंगे कि आप अपने मन को अस्तित्व के प्राकृतिक नियमों को समझने के लिए प्रशिक्षित करने के बजाय दूसरों को अपने तरीके से काम करने का प्रशिक्षण देने की कोशिश कर रहें।

लेकिन, क्योंकि सारी दुनिया को प्रशिक्षण देना असंभव है, जिससे कि वे आपके तरीके से प्रतिक्रिया करें और प्रत्युत्तर दें, आपको अपने मन को प्रशिक्षण देना जरूरी है जिससे कि वह आनंद के साथ शांत, निश्चल, निर्मल और संतुष्ट हो और किसी भी स्थिति में असंतुष्टि न महसूस करे। आपके पास अपने मन को प्रशिक्षण के द्वारा बदलने की काबिलियता है जबकि आपके पास दूसरे व्यक्ति के मन को बदलने की कोई काबिलियता नहीं है।

बहार की दुनिया समस्या नहीं हैं, समस्या अंदर की दुनिया है। मन(अंदर की दुनिया) के प्रशिक्षण से ही एक शांतिपूर्ण जीवन बनता है।

लेखक के विचार (जारी):

आप अपनी उदासी, गुस्सा, निराशा, चिड़चिड़ापन, झुंझलाहट, अपराधबोध, लज्जा, डर, ऊब, अकेलापन, शर्म, ईर्ष्या, रोष, तनाव, चिंता और बाकी असंतुष्ट भावनाओं का करण खुद ही हैं। क्योंकि आप खुद इन असंतुष्ट भावनाओं कारण हैं, इसका मतलब है कि आप इन शिक्षाओं समझ कर और अभ्यास करके इन असंतुष्ट भावनाओं को मिटा सकते हैं।

ये शिक्षाएँ उन शिक्षाओं को समझने और अभ्यास करने का जीवन अभ्यास हैं जो मन की असंतुष्टि को १००% मिटाता है। पहला कदम इन शिक्षाओं को दिमागी तौर पर समझना है, उनके बारे में चिंतन करना है, और इन शिक्षाओं को रोज व्यवहार में देखना है जिससे कि आप इन शिक्षाओं की प्रज्ञा और सत्य को प्राप्त कर सकें।

अब जब आपको चार आर्य सत्यों की शुरुआती जानकारी मिल चुकी है, मैं आपको बारीकी से समझाता हूँ।

आइए पहले तीन सार्वभौमिक सत्य के बारे में बात करते हैं क्योंकि ये चार आर्य सत्य समझने के लिए बुनियादी शिक्षाएँ हैं जिन्हें किसी को भी सीखना, चिंतन, और अभ्यास करना पड़ेगा।

हम इन शिक्षाओं को तीन सार्वभौमिक सत्य और चार आर्य सत्य के रूप में पहचानते हैं। गौतम बुद्ध को पता था कि ये सत्य हैं और निर्वाण प्राप्त व्यक्तियों को पता है कि ये सत्य हैं, लेकिन निर्वाण प्राप्त करने के लिए आपको एक शिक्षक के मार्गदर्शन के साथ प्रज्ञा प्राप्त करने के लिए सत्य को देखते हुए सीखने, चिंतन करने, और अभ्यास करने के ज़रिए जानना पड़ेगा की ये सत्य हैं।

जैसे जैसे मन इस तरीके से और प्रज्ञा प्राप्त करेगा, मन *धीरे-धीरे* "सच्ची वास्तविकता" की ओर जागरूक होगा, और दुनिया को और दुनिया में क्या हो रहा है उसको समझने के लिए संघर्ष नहीं करेगा। मन अस्तित्व के उन प्राकृतिक नियमों की प्रज्ञा की ओर जागरूक होगा जिन्हें गौतम बुद्ध ने समझाया था।

ये "तीन सार्वभौमिक सत्य" हैं जो समझने जरूरी हैं।

१.) अनित्यता (पाली : अनिच्चा)
२.) असंतुष्टि (ज्यादातर दुख के रूप में ट्रांसलेट किया जाता है) (पाली: दुख)
३.) अन-आत्म (पाली : अन्नता)

१.) अनित्यता का सार्वभौमिक सत्य समझने वाली बहुत जरूरी शिक्षा है, क्योंकि यह गौतम बुद्ध द्वारा बताई गई संसार की शिक्षाओं को समझने से संबंधित है और फिर उसमें आगे बढ़ने का एक मार्ग दिखाता है।

अनित्यता ये समझ है कि सब चीज़ें हमेशा बदल रही हैं।

दुनिया में अस्तित्व के प्राकृतिक नियम और निर्वाण की मानसिक स्थिति के अलावा कुछ भी नित्य नहीं है। सांसारिक चीज़ें/संपत्ति, रिश्ते, सोच, विचार, भावनाएँ, मन की स्थितियाँ, दुनिया में सब कुछ हमेशा बदल रहा है। सब सशर्त भावनाएँ विद्यमान नहीं रहेंगी। जो भी उत्पन्न होगा वह विद्यमान नहीं रहेगा। निर्वाण के अलावा कोई भी नियमित, निरंतर, या तय मानसिक स्थिति नहीं है।

अगर आप अपने मन और आसपास की दुनिया की छानबीन करने और समझने के लिये कुछ क्षण ले, तो आप देख सकेंगे कि ये वाकई में एक सार्वभौमिक "सच" है। आपके पास अलग-अलग नौकरियां, रिश्ते, अनगिनत कपड़े और संपत्ति रही हैं। आपके बाल निरंतर बढ़ते हैं, और आप उन्हें हमेशा के लिए नहीं रख सकते, यह शरीर को हर क्षण छोड़ता है।

आपकी जिंदगी में ऐसा कुछ भी नहीं है जो आपके साथ हमेशा रहा हो, और यह हमेशा बदल रहा है, जिसमें आपका शारीरिक बदन भी शामिल है। ये शरीर पैदा होने से अब तक निरंतर बदलता रहा है और जिंदगी भर बदलता रहेगा। आपको इस शरीर को कभी ना कभी छोड़ना पड़ेगा। ऐसा कुछ भी नहीं है जो हकीकत में आपका है, क्योंकि आप हर चीज़ को कुछ समय के लिए इस्तेमाल कर रहे हैं, और हर चीज़ हमें किसी दिन छोड़ देगी क्योंकि वह अनित्य है। आप नित्य तौर पर कुछ भी अपने पास नहीं रख सकते - सांसारिक चीज़ें/संपत्ति, रिश्ते, सोच, विचार, या भावनाएँ।

आपकी भावनाएँ और मानसिक स्थितियाँ भी अनित्य हैं। मन आपके जीवन के दौरान और अक्सर आपके दिन के दौरान, सुखद भावनाओं से, दुखद भावनाओं में, और ऐसी भावनाओं में से भावनाएँ

जो हैं न दुखद-न-सुखद में बदलता रहेगा। ऐसी कोई भावना या मन की स्थिति नहीं है जो नित्य है - केवल निर्वाण नित्य है।

निर्वाण ही एक ऐसी मानसिक स्थिति है जो नित्य है। यह मन के रहने की नित्य मानसिक स्थिति है क्योंकि मन प्रज्ञा के कारण मुक्त हो चुका है। एक बार आप अस्तित्व के प्राकृतिक नियमों को सीख लेंगे और उन्हें गहराई से समझ लेंगे, आप इस प्रज्ञा को भुला नहीं पाएँगे। इसलिए गौतम बुद्ध ने हमें वह शिक्षाएँ दीं जो मन को आनंद के साथ शांत, निश्चल, निर्मल और संतुष्ट रहने की एक नित्य जगह देती हैं - जिंदगी के उतार-चढ़ाव से पूरी तरह सुरक्षित, जहाँ एक अभ्यासकर्ता जीवन का और पूरी तरह मजे ले सके।

दुनिया में अनित्यता को आप कैसे देख सकते हैं, इसके और उदाहरण हैं - ऐसा कभी समय नहीं आएगा जब १००% लोग समझेंगे कि आप प्रेम भरे और कृपालु इंसान हैं जिसका एकमात्र मकसद शांति से रहना है। ये नित्यता होगी और ये संभव नहीं है। काफी बार, मन चाहता है कि हर कोई आपको समझे और दूसरों को किसी चीज़ के बारे में मनाने का प्रयास करता है। ये पाना मुमकिन नहीं है क्योंकि हर कोई आपको नहीं समझेगा क्योंकि वह नित्यता होगी।

हर कोई आपकी राय और दृष्टि से सहमत नहीं होगा। कुछ लोग ऐसे होंगे जो आप से सहमत होंगे और कुछ जो आपसे सहमत नहीं होंगे। ऐसा कभी समय नहीं आएगा कि जब आपसे १००% लोग सहमत होंगे क्योंकि ये अनित्यता का सार्वभौमिक सत्य है। इसलिए, क्या ये सही बात है कि आप जिद में किसी के साथ बहस करें जिससे कि वह आपके साथ सहमत हों जब आप जानते हैं कि ये मुमकिन नहीं है? या, बल्कि, अगर दूसरे इसमें दिलचस्पी दिखाते हैं तो आप अपनी राय बांटने के लिए शांतिपूर्वक बातचीत कर सकते हैं, ये ध्यान देकर की हर कोई न समझेगा न सहमत होगा।

मन को अनित्यता का सार्वभौमिक सत्य गहराई से समझना होगा और इस दुनिया में प्रज्ञा प्राप्त करने के लिए देखना होगा। इसलिए, अपने आसपास देखिए और खुद जानिए की क्या कोई चीज़ नित्य है।

क्या कोई फुटपाथ नित्य है? क्या जहाँ आप रहते हैं उसे पूरे शहर में वह उसी रंग, आकार, या बनावट का है? क्या फुटपाथ ठोस है या उसमें दरारें हैं? यही अनित्यता है।

क्या मौसम नित्य है? क्या हम रोज वही तापमान, हवा की परिस्थिति, या बारिश का अनुभव करते हैं? यह अनित्यता है।

क्या एक पेड़ नित्य है? क्या पत्ते एक ही रंग, आकार, या बनावट के हैं? क्या यह पेड़ इसी आकार का हमेशा रहता है या वह हमेशा बदलता रहता है? यही अनित्यता है।

अनित्यता एक सार्वभौमिक सत्य है, और जितना आप दुनिया में हर जगह देखेंगे, उतना ही आप इस सत्य को समझेंगे और प्रज्ञा प्राप्त करेंगे।

यह एक बुनियादी शिक्षा है जो आपको चार आर्य सत्यों और अनिर्वाणी मन की मुश्किलों को समझने में मदद करेगी, और यह समझने में मदद करेगी कि आपने अब तक नित्य तौर पर खुशी क्यों नहीं महसूस की। खुशी अनित्य है।

२.) असंतुष्टि का सार्वभौमिक सत्य यह है कि कैसे एक अनिर्वाणी मन में अनित्य परिस्थितियों की वजह से सशर्त भावनाएँ उत्पन्न होती हैं। एक अनिर्वाणी मन अपनी अंदरूनी भावनाओं को इन अनित्य कारणों पर आधारित करेगा जो उसे सशर्त सुखद भावनाओं, दुखद भावनाओं, और भावनाएँ जो हैं न दुखद-न-सुखद की ओर ले जाएगा।

गौतम बुद्ध की शिक्षाओं के बारे में जिन किताबों और लेखन में "दुख" या "(अंग्रेज़ी: सफरिंग)" शब्द का इस्तेमाल किया गया है, असंतुष्ट, या असंतुष्टि उस शब्द के पूरे भाव और मतलब को पकड़ने के काबिल होते हैं। जहाँ आप "दुख" का इस्तेमाल देखें, उसकी जगह "असंतुष्टि" का इस्तेमाल करें।

गौतम बुद्ध की शिक्षाएँ, जो निर्वाण की ओर ले जाती हैं, आपको एक संतुष्ट मन की स्थिति प्राप्त करने के लिए हैं जो आपको मध्य में रखेगा, जिससे की मन अनित्यता से प्रभावित न हो और असंतुष्ट (जिसे काफी बार "दुख" बताया जाता है) न हो जाए।

अंग्रेज़ी शब्द **"सफरिंग"**, ज्यादातर **"दुख"** शब्द से अनुवाद किया गया है, जो गौतम बुद्ध इस्तेमाल करते थे, जो आप देखेंगे अगर आप गौतम बुद्ध की शिक्षाएँ पाली भाषा में पढ़ रहे हैं, अगर आप नियुक्त अभ्यासकताओं से बात कर रहे हैं, या गौतम बुद्ध की शिक्षाओं के साथ अपनी यात्रा में दूसरी जगहों पर।

ज्यादातर शब्द "सफरिंग" अंग्रेज़ी भाषा में गौतम बुद्ध द्वारा पाली भाषा में चर्चित विषय "दुख" का प्रतिनिधित्व करने में इस्तेमाल किया जाता है। लेकिन, मेरी समझ में "असंतुष्टि" समझने और

इस्तेमाल करने के लिए काफी बेहतर शब्द है। यह शब्द दुख से ज्यादा भावनाओं का प्रतिनिधित्व करता है।

"दुख" एक व्यक्ति के मन में केवल शारीरिक और मानसिक "दर्द" का भाव देता है। यह मन की मौजूद भावनाओं के पूरे रेंज को पकड़ नहीं पाता, जो एक व्यक्ति अपने रोज के जीवन में अनुभव करता है। "दुख" एक अभ्यासकर्ता के मन को गौतम बुद्ध द्वारा बताई गयी शिक्षाओं को पूरी तरह समझने में मदद करने में असमर्थ है। दुख शब्द एक अभ्यासकर्ता के मन को सही दृष्टि, जैसा गौतम बुद्ध ने वर्णन किया था, बनाने में मदद नहीं करेगा। इसलिए, "असंतुष्टि" शब्द का इस्तेमाल करके एक अभ्यासकर्ता को अंतर्दृष्टि बढ़ाने में मदद मिलेगी, और उस बुनियाद को मजबूत करेगी जिससे वह आगे पढ़ सके और निर्वाण प्राप्त कर सके।

असंतुष्टि उस मन की स्थिति का वर्णन करती है जब मन नाखुश, अनिश्चल, या अशांत हो। मन हिला हुआ, अनियमित, और असंतुलित होता है।

असंतुष्टि अनित्य है लेकिन वह बार-बार आती है क्योंकि जिन कारणों से वह होती है वह एक अनिर्वाणी मन में हमेशा रहती हैं। निर्वाण का पथ इस मन को शिक्षाओं को दृढ़ता पूर्वक सीखना, चिंतन करना और समझने के द्वारा अभ्यास करना है जिससे उन कारणों का निष्कासन हो जो असंतुष्टि की वजह हैं।

असंतुष्टि एक मानसिक स्थिति है जो शारीरिक या भावनात्मक दर्द से लेकर हल्की सी दुर्गंध या किसी के हल्के से छूने से पैदा हो सकती है जब अप्रिय भावनाएँ पैदा होती हैं। यह उस मानसिक स्थिति को दिखाती है जो चरम शारीरिक परेशानी से लेकर सुई की हल्की सी नोक, भावनात्मक परेशानी या बड़े सदमे और मन के प्रभावों से पैदा हो सकती है। असंतुष्टि मन की उस स्थिति का भी वर्णन करती है जब मन में खुशी, उत्साह, उल्लास, रोमांच, ज़िंदादिली, आनंदातिरेक, ऊब, अकेलापन, शर्म, अप्रसन्न, असुविधाजनक, असंतोषजनक, वगैरह जैसी भावनाएँ हों।

असंतुष्टि एक होने की स्थिति है, कोई भावना नहीं।

जब मन उत्साहित और प्रफुल्लित होता है, मन अनिश्चल होता और उसमें एकाग्रता नहीं होती।

निर्वाण प्राप्त मन सुख और दर्द से काफी आगे है, जहाँ सशर्त खुशी, उत्तेजना और उत्साह, जो अनित्य शर्तों पर आधारित है, उसे महसूस करने की बजाए वह नित्य आनंद को महसूस करेगा, और अपनी अंदरूनी भावनाओं को किसी अनित्य कारणों से नहीं जोड़ेगा।

गौतम बुद्ध ने तीन भावनाओं को असंतुष्ट बताया है। इसको असंतुष्टि का सार्वभौमिक सत्य कहते हैं।

इन शिक्षाओं का लक्ष्य मन से असंतुष्टि का निष्कासन करना है, जिससे मन को निर्वाण प्राप्त की मानसिक स्थिति में रहने की एक स्थाई जगह मिल सके।

- एक सुखद भावना (खुशी, उत्साह, उल्लास, रोमांच, प्रफुल्लता, आनंदातिरेक, इत्यादि)
- एक दुखद भावना (उदासी, क्रोध, निराशा, चिड़चिड़ापन, झुंझलाहट, अपराधबोध, लज्जा, डर, तनाव, इत्यादि)
- एक भावना जो है न दुखद-न-सुखद (ऊब, अकेलापन, शर्म, अप्रसन्न, असुविधाजनक, असंतोषजनक, इत्यादि)

खुशी को भी असंतुष्टि के रूप में देखा जा सकता है क्योंकि हमें पता है कि भावनाएँ और सुख हमेशा नहीं रहेगा - ये अनित्य हैं। एक बार सुखद भावनाएँ विद्यमान नहीं रहतीं, मन अक्सर उदासी, क्रोध, या और खराब दुखद भावनाओं की तरफ मुड़ जाता है। मन सुखद भावनाओं के पीछे भागने के चक्रव्यूह में घूमता रहता है, और फिर दुखद भावनाएँ और भावनाएँ जो हैं न दुखद-न-सुखद, और जिंदगी भर असंतुष्टि का अनुभव करता है और संघर्ष करता है।

ये तीनों भावनाएँ एक अनिर्वाणी मन में अनुभव की जा सकती हैं जिसको असंतुष्टि माना जा सकता है। अगर आज "दुख" शब्द का इस्तेमाल करें, जो पहले इस्तेमाल किया जा चुका है, ये गौतम बुद्ध के समय में समझाए गए "दुख" का केवल १/३ मतलब ही रखता है। आज का "दुख" केवल दुखद भावनाओं का मतलब रखता है, लेकिन वह बाकी दो (२) प्रकार के "दुख" का मतलब नहीं रखता जो गौतम बुद्ध ने सिखाए थे। आज का "दुख" शब्द गौतम बुद्ध के "दुख" से ६६.६% कम मतलब रखता है, जिसको गौतम बुद्ध ने मन से मिटाने को बताया, और इसलिए एक अभ्यासकर्ता के लिए निर्वाण का अनुभव करना काफी मुश्किल हो जाता है।

असंतुष्टि को छह इंद्रियों के आधार के द्वारा अनुभव किया जाता है। आँख, कान, नाक, जीभ, शरीर, और मन। ये छह अंदरूनी इंद्रिय आधार हैं या छह अंदरूनी इंद्रिय विभाग। आप देखेंगे की अलग-

अलग लोग गौतम बुद्ध की शिक्षाओं को समझाने के लिए अलग-अलग भाषा का इस्तेमाल करते हैं क्योंकि लोग जिस तरह शिक्षाओं को समझाते हैं वह भी अनित्य है। वह नियमित, तय, या निरंतर रहने वाले नहीं हैं क्योंकि लोग अलग-अलग भाषा का इस्तेमाल करते हैं।

ये छह अंदरूनी इंद्रिय आधार रूप, ध्वनि, गंध, स्वाद, भौतिक चीज़, या मानसिक चीज़, जो छह बाहरी इंद्रिय आधार हैं, उनका अनुभव करते हैं।

मन के छह अंदरूनी इंद्रिय आधारों को छह बाहरी इंद्रिय आधारों के ज़रिए सुखद भावनाओं की तमन्ना एक अनिर्वाणी मन की सबसे बड़ी मुश्किलों में से एक है, और इसे "इंद्रिय लालसा" की बेड़ी में समझाया जाता है। मन इन छह इंद्रिय आधारों के द्वारा सुखद भावनाओं के पीछे पड़ा रहता है, यह चाहते हुए की उसको अनित्य परिस्थितियों में जिस चीज़ की लालसा है वह पूरी हो जाए।

मन छह (६) इंद्रिय आधारों द्वारा उत्पन्न इंद्रिय सुख की तमन्ना के ज़रिए असंतुष्टि का अनुभव करता है।

छह इंद्रिय आधार

अंदरूनी इंद्रिय आधार	**बाहरी इंद्रिय आधार**
आँखें	रूप
कान	ध्वनि
नाक	गंध
जीभ	स्वाद
शरीर	भौतिक चीज़ें
मन	मानसिक चीज़ें

जब हम आँखों से मनचाहा रूप देखते हैं, हम सुखद भावनाओं का अनुभव करते हैं। जब हम आंखों से अनचाहा रूप देखते हैं, हम दुखद भावनाओं का अनुभव करते हैं। मन असंतुष्ट हो जाता है।

जब हम कानों से मनचाही ध्वनि सुनते हैं, हम सुखद भावनाओं का अनुभव करते हैं। जब हम कानों से अनचाही ध्वनि सुनते हैं, हम दुखद भावनाओं का अनुभव करते हैं। मन असंतुष्ट हो जाता है।

जब हम नाक से मनचाही गंध सूंघते हैं, हम सुखद भावनाओं का अनुभव करते हैं। जब हम नाक से अनचाही गंध सूंघते हैं, हम दुखद भावनाओं का अनुभव करते हैं। मन असंतुष्ट हो जाता है।

जब हम जीभ से मनचाहा स्वाद चखते हैं, हम सुखद भावनाओं का अनुभव करते हैं। जब हम जीभ से अनचाहा स्वाद चखते हैं, हम दुखद भावनाओं का अनुभव करते हैं। मन असंतुष्ट हो जाता है।

जब हम शरीर से मनचाही भौतिक चीज़ छूते हैं, हम सुखद भावनाओं का अनुभव करते हैं। जब हम शरीर से अनचाही भौतिक चीज़ छूते हैं, हम दुखद भावनाओं का अनुभव करते हैं। मन असंतुष्ट हो जाता है।

जब हम मन से मनचाही मानसिक चीज़ छूते हैं, हम सुखद भावनाओं का अनुभव करते हैं। जब हम मन से अनचाही मानसिक चीज़ छूते हैं, हम दुखद भावनाओं का अनुभव करते हैं। मन असंतुष्ट हो जाता है।

मानसिक चीज़ें मानसिक स्थितियाँ हैं। मानसिक स्थिति एक मानसिक गुण है जिसमें मन के गुण निरंतर रहते हैं, चाहे स्थिति बदलती रहे।

छहों (६) इंद्रिय आधार या असंतुष्टि के छह द्वार के द्वारा मन सुखद भावनाओं, दुखद भावनाओं, और भावनाएँ जो हैं न दुखद-न-सुखद का अनुभव करता है। जब सुखद भावनाओं, दुखद भावनाओं, और भावनाएँ जो हैं न दुखद-न-सुखद का अनुभव होता है, मन असंतुष्ट हो जाता है। इस विषय की और बारीक शिक्षाएँ इस किताब श्रृंखला की "छह इंद्रिय आधार" नामक किताब (खंड ९) में हैं।

जैसे मन सुखद भावनाओं के पीछे भागता है, इन भावनाओं के अनित्य होने के कारण, मन दुखद भावनाएँ, और/या भावनाएँ जो हैं न दुखद-न-सुखद को आमंत्रण दे रहा है, क्योंकि मन को सुखद भावनाओं की अनित्य परिस्थितियों को पैदा करने की तमन्ना के साथ तीव्र उत्सुकता है। इसके बजाय, मन को अंदरूनी शांति और निश्चलता रखने में प्रशिक्षण दिया जा सकता है, जिससे कि वह अनित्य शर्तों पर आधारित सुखद भावनाओं की लालसा न रखे।

अगर मन अनित्य सशर्त खुशियों को छोड़ना नहीं चाहेगा, तो वह कभी भी नित्य असशर्त निर्वाण का आनंद का अनुभव नहीं कर पाएगा।

निर्वाण को प्राप्त करने के लिए, आपको असंतुष्टि के द्वारों की "रक्षा" और "संतुष्टि को बचा" कर रखना सीखना पड़ेगा। यह आपको गैर-तृष्णा, गैर-लालसा, गैर-मोह, गैर-चिपटाव के जीवन अभ्यास का विकास करना होगा। हम खुद ही "मन की संतुष्टि की रक्षा करने और बचाने" के लिए जिम्मेदार हैं, हमारे लिए ये और कोई नहीं कर सकता।

क्योंकि मन इन तीन (३) भावनाओं में नित्य रूप से नहीं बैठा, और क्योंकि अंदरूनी भावनाएँ अनित्य परिस्थितियों पर आधारित हैं, मन असंतुष्टि का अनुभव कर रहा है।

गौतम बुद्ध की शिक्षाओं और निर्वाण प्राप्त करने का लक्ष्य मन की संतुष्टि है, जो एक नित्य जगह है जहाँ मन मुक्त रह सकता है। मन अपनी अंदरूनी भावनाओं को अनित्य परिस्थितियों पर आधारित करने से मुक्ति पा लेगा और हमेशा आनंद के साथ शांत, निश्चल, निर्मल और संतुष्ट रहेगा। इसको पाने के लिए, हरेक को गौतम बुद्ध की शिक्षाओं के सत्य को देख कर, और इन शिक्षाओं के अपने अभ्यास से प्रज्ञा प्राप्त कर, मन को गहरा प्रशिक्षण देना पड़ेगा।

हम प्रज्ञा शिक्षाओं को सीखने और अभ्यास करने से प्राप्त करते हैं, और उन्हीं "सचों" को देखते हैं जो गौतम बुद्ध ने देखे थे। इस बुद्धिमता का संग्रह मन को बेहतर तरीके से सोच की शुद्धता के साथ इष्टतम काम करने की ओर ले जाता है और निर्वाण पाने के लिए जागरूक करता है।

निर्वाण मन के रहने के लिए नित्य जगह है क्योंकि एक बार आप कुछ सीख लेते हैं फिर आप उसे "अनसीखा" नहीं कर सकते। आप शिक्षाओं का अभ्यास के द्वारा इन शिक्षाओं अनुभव कर और उनको देखकर सीखते हैं। इन शिक्षाओं और प्रथाओं में कोई विश्वास की जरूरत नहीं है, इसमें अनुभव के साथ सीखना है जहाँ आप इन शिक्षाओं में सत्य को देखते हैं, जो प्रज्ञा बन जाती है। प्रज्ञा (यानि निर्वाण) के द्वारा मन की मुक्ति ही ऐसी मानसिक स्थिति है जो नित्य है। निर्वाण की स्थिति एक ऐसी स्थिति है जहाँ मन आनंद के साथ शांत, निश्चल, निर्मल और संतुष्ट है।

अब हम दुख की बजाय इस किताब में असंतोष या असंतुष्टि का इस्तेमाल करेंगे।

३.) अन-आत्म का सार्वभौमिक सत्य की शिक्षा मन में ये एहसास जगाने के लिए जरूरी है कि कोई "नित्य आत्म नहीं" है। इन शिक्षाओं को सीख कर, चिंतन कर, और अभ्यास करके मन कि यह गलतफहमी मिट जाती है कोई नित्य आत्म है।

अनिर्वाणी मन शरीर या/और मन को गलती से "आत्म" मानने लगता है। मन एक आत्म छवि और आत्म पहचान को दिखाने और उसकी रक्षा करना चाहता है। मन की सोच की गलतफहमी कि एक नित्य आत्म है, उसको निरंतर आत्म छवि और आत्म पहचान की रक्षा करने की चाह रहती है, जिसकी वजह से आत्म छवि और आत्म पहचान से जुड़ा उसे जब भी उसे कोई अनचाहा अनुभव होता है, वह शांत और निश्चल रहने में असमर्थ होता है।

जैसे की, अगर किसी ने आत्म छवि और आत्म पहचान के बारे में कोई बात की जो मन को पसंद है, मन सुखद भावनाओं का अनुभव कर सकता है। लेकिन, अगर किसी ने आत्म छवि और आत्म पहचान के बारे में कोई बात की जो मन को नापसंद है, मन दुखद भावनाओं का अनुभव कर सकता है।

मन गलती से अपने शारीरिक बदन और उसके रूप को "आप कौन है" से संबंधित कर सकता है। मन सोचता है कि ये शरीर और मन "आप" हैं, और इसलिए जब कोई नापसंद अनुभव होते हैं तो अपने आप की रक्षा करने के लिए काफी मेहनत करता है।

जब मन नित्य आत्म को पकड़े रखता है, मन काफी बार स्वार्थी, खुदगर्ज, आत्मलीन रहता है और अपनी स्वार्थी लालसाओं को पूरा करने की कोशिश करता है। यह एक इंसान को जीवन बदल देने वाली प्रज्ञा को प्राप्त करने से रोकता है, कि हम सब जुड़े हुए हैं, और हम इस दुनिया में रहते हुए जैसे काम करते हैं उसे एक-दूसरे को दान करने और बांटने, और सद्भाव के साथ रहकर बेहतर बनाने की जरूरत है।

जब तक अनिर्वाणी मन शारीरिक बदन और/या मन को गलती से आत्म छवि और आत्म पहचान और/या आत्म मानता है, "आप" कौन हैं, ये सोचते हुए की शरीर या मन "आप" हैं, तब तक मन आनंद के साथ शांत, निश्चल, निर्मल और संतुष्ट नहीं रह सकता, क्योंकि मन इस नित्य आत्म से डरा रहेगा और इसकी रक्षा करना चाहेगा। मन क्रोधित, निराश या कुछ और खराब रहेगा जैसे-जैसे वह आत्म छवि और आत्म पहचान से संबंधित नापसंद स्थितियों का अनुभव करेगा।

लेकिन यह अनिर्वाणी मन की नासमझी है और जब तक यह मन इस गलत सोच को पकड़ के बैठा रहेगा की एक नित्य आत्म है, मन शांत और निश्चल नहीं रह सकता, वह हमेशा डर के रहेगा और कथित दुश्मनों और नापसंद अनुभवों से रक्षा करने के तरीकों को ढूंढता रहेगा।

एक जानवर को नित्य मन की अवधारणा रखनी पड़ती है क्योंकि जंगल में अपनी रक्षा करने और ज़िंदा रहने का उसका यही तरीका है। लेकिन इंसान होने के नाते हम इस मानव अस्तित्व में शांति के साथ रह सकते हैं ये समझ कर कि हमें नित्य आत्म की अवधारणा या विश्वास को पकड़ के नहीं रखना चाहिए, और यह हमें बहुत सारा डर, अकुशल रक्षक आदतों, और असंतुष्टि को त्यागने में मदद करेगा जिससे कि हम "अन-आत्म" का एहसास कर सकें।

असलियत ये है कि शारीरिक बदन और मन इस अनोखे अस्तित्व के लिए साथ जुड़े हैं। जन्म के समय, हमें एक नाम दिया गया, जो एक लेबल है, जिससे बाकी लोगों को इस अनूठे शरीर और मन के जोड़ का ज़िक्र करने में आसानी हो। ये दिए गए नाम दूसरे को बताता हैं कि "हम कौन हैं" जिससे कि हम दैनिक कामों को और आसानी से कर सकें जब हम इस पृथ्वी पर घूम और भ्रमण कर रहे हों।

लेकिन फिर, अनिर्वाणी मन उस नाम के ऊपर, जो इस की शारीरिक बदन और मन का लेबल है, आत्म छवि और आत्म पहचान बनाने लगता है। मन एक गलत धारणा बनाने लगता है कि ये मन आप हैं और ये शरीर आप हैं। ये मन भावनाओं का अनुभव करता है और सोचता है कि ये आप हैं। मन इस गलतफहमी में उलझ जाता है कि एक आत्म है, क्योंकि उसे इस प्रज्ञा को साफ देखने का अभाव है कि कोई आत्म नहीं है।

काफी बार लोग अपनी जिंदगी के किसी मुकाम पर बहुत उलझ जाते हैं और बोलने लगते हैं कि उन्हें "अपने आप को ढूंढने" की जरूरत है, या वह "अपने असली आप को खोजने" की कोशिश करेंगे। कोई यह भी कह सकता है "उनको यह नहीं पता कि अब वह कौन हैं"।

यह उन्हें उस रास्ते पर ले जा सकता है जहाँ उन्हें लगे कि वह समाज से अलग हो जाएँ और पढ़ाई, यात्रा, या अन्य अनुभवों के द्वारा समझने की कोशिश करें कि वह कौन हैं क्योंकि वह अपने "सही आत्म" को नहीं पहचान पा रहे। कोई इंसान इस बात से काफी सालों तक जूझ सकता है कि वह क्या बन रहा है, और उसे ऊब, अकेलापन और दूसरी असंतुष्ट भावनाओं का अनुभव होता रहता है, क्योंकि वह "आत्म" को ढूँढ और समझ नहीं पाता। मन "आत्म" को पाने के लिए ढूँढता और तरसता रहता है, लेकिन वह कभी ढूँढ नहीं पाता और लगातार उसको पाने और समझने की कोशिश

करता है, क्योंकि कोई "आत्म" है ही नहीं। कोई आत्म नहीं है फिर मन कि यह गलतफहमी की आत्म है, मन और जूझता और संघर्ष करता रहता है।

यह इंसान के जीवन को नीचे गिरा सकता है क्योंकि वह आत्म को ढूँढ रहे हैं लेकिन कोई आत्म विद्यमान है ही नहीं। वह उस कभी ना होने वाली यात्रा पर हैं जहाँ वह उस चीज को ढूँढ रहे है जो है ही नहीं।

इस निरंतर संघर्ष से निकलने का जो एक ही रास्ता है "अन-आत्म" को अन-आत्म का सार्वभौमिक सत्य के द्वारा गहरे तरीके से समझना, और इस बात को ज्ञात करना की मन आनंद के साथ शांत, निश्चल, निर्मल और संतुष्ट रह सकता है जब वह शारीरिक बदन और मन को गलती से एक नित्य आत्म नहीं समझ रहा।

क्या यह शरीर नित्य है या अनित्य?

क्या यह मन नित्य है या अनित्य?

तो, अगर ये शरीर अनित्य है और मन अनित्य है, वह नित्य आत्म कहाँ है जिसे मन "पकड़ के" बैठना चाहता है?

इस बात का उत्तर यह है, कि कोई नित्य आत्म नहीं है लेकिन अनिर्वाणी मन सोचता है कि यह है, और यह मन की गलतफहमी है, और डर, अकुशल रक्षक आदतों, और काफी बार एक-दूसरे के साथ बांटने की बजाय स्वार्थी बन कर अपने आसपास की चीज़ों को अपना बना कर यह दुनिया में मुश्किलें पैदा करता है। ये गलतफहमी और अज्ञानता (असली वास्तविकता से अनजान होना) जो एक अनिर्वाणी मन को अन-आत्म के सार्वभौमिक सत्य और बाकी शिक्षाओं के बारे में है, उसको मन को सुखद भावनाओं से पूरा या खुश करने के चक्रव्यूह में डाल देता है, लेकिन मन बार-बार असंतुष्टि में चला जाता है।

यह सब ठीक हो सकता है इन शिक्षाओं को सीखने, चिंतन करने और अभ्यास करने से जिससे इस गलतफहमी, गलत धारणा, और गलत आस्था का निष्कासन होता है कि कोई नित्य आत्म है।

यह शिक्षक के मार्गदर्शन के साथ निरंतर सीखने और अभ्यास करने से आता है। एक अभ्यासकर्ता को पहले अष्टांग पथ का जीवन अभ्यास अच्छी तरह विकसित करना होगा जिसमें ध्यान शामिल है। ये मुख्य और केंद्रीय शिक्षाएँ मन को तैयार करने में मदद करता है उस जगह पहुँचाने के लिए जहाँ वह और स्पष्टता से देख सके कि "कोई आत्म नहीं है" और नित्य आत्म की गलतफहमी को "छोड़ देने" के लिए तैयार रहता है।

अक्सर जब कोई अन-आत्म का सार्वभौमिक सत्य सीख रहा होता है अभ्यासकर्ता को एकदम से समझ नहीं आता, और अगर आता भी है, तो उसे काफी विकसित अभ्यास और बाकी शिक्षाओं की जरूरत पड़ेगी उस जगह पहुँचने के लिए जहाँ मन "आत्म" को छोड़ कर अन-आत्म को महसूस करने के लिए तैयार हो, जो उस बेड़ी को तोड़ने के लिए है जो दस बेड़ियों में "व्यक्तिगत अस्तित्व कि पहचान" के नाम से जानी जाती है।

अन-आत्म को पाने के लिए "व्यक्तिगत अस्तित्व कि पहचान" को मिटाना की आगे और भी चर्चा की जाएगी चैप्टर में जिसका शीर्षक है "अहं को घुलाना: अहं कोई उद्देश्य पूरा नहीं करता" (चैप्टर १६)।

अब, चार आर्य सत्य की ओर बढ़ते हैं।

चार आर्य सत्य गौतम बुद्ध की शिक्षाओं में कई रूपों में बताए गए हैं। अनित्यता के कारण किसी भी शब्दों के अनुवाद का किसी भी दो स्रोतों में एक सा होना काफी दुर्लभ है।

आगे बताए गए चार आर्य सत्यों का अनुवाद पाली कैनन से किया गया है, गौतम बुद्ध की शिक्षाओं का मूल और सबसे पूरा स्रोत।

चार आर्य सत्य

भिक्षुओं, ये चार आर्य सत्य हैं।

कौन से चार?

आर्य सत्य असंतुष्टि का,
आर्य सत्य असंतुष्टि के कारण का,
आर्य सत्य असंतुष्टि के निष्कासन का,
आर्य सत्य उस पथ का जो ले जाता है असंतुष्टि के निष्कासन की ओर।

और क्या, भिक्षुओं, है आर्य सत्य असंतुष्टि का?

ये कहा जाना चाहिए: पाँच संग्रह जो चिपटने के अधीन हैं, मतलब, रूप संग्रह जो चिपटने के अधीन है, भावना संग्रह जो चिपटने के अधीन है, धारणा संग्रह जो चिपटने के अधीन है, इच्छाशक्ति निर्माण संग्रह जो चिपटने के अधीन है, मन संग्रह जो चिपटने के अधीन है। इसे कहते हैं आर्य सत्य असंतुष्टि का।

और क्या, भिक्षुओं, है आर्य सत्य असंतुष्टि के कारण का?

यह तृष्णा है जो नये अस्तित्व की ओर ले जाती है, लालसा और उत्तेजना के साथ, यहाँ वहाँ उत्तेजना को ढूँढती हुई; जो है इंद्रिय सुख की तृष्णा, अस्तित्व की तृष्णा, मृत्यु की तृष्णा। इसे कहते हैं आर्य सत्य असंतुष्टि के कारण का।

और क्या, भिक्षुओं, है आर्य सत्य असंतुष्टि के निष्कासन का?

यह उसी तृष्णा का शेष रहित धुंधला होना और निष्कासन है, उसको छोड़ना और जाने देना, उससे मुक्ति, उसपर निर्भर न होना। इसे कहते हैं आर्य सत्य असंतुष्टि के निष्कासन का।

और क्या, भिक्षुओं, है आर्य सत्य उस पथ का जो ले जाता है असंतुष्टि के निष्कासन की ओर?

यह आर्य अष्टांग पथ है, जो है, सही दृष्टि, सही नीयत, सही वाणी, सही कार्य, सही रोजगार, सही प्रयत्न, सही माइंडफुलनेस, सही एकाग्रता। इसे कहते हैं आर्य सत्य उस पथ का जो ले जाता है असंतुष्टि के निष्कासन की ओर।

ये, भिक्षुओं, चार आर्य सत्य हैं।

इसीलिए, भिक्षुओं, ये समझने की कोशिश करनी चाहिए: 'यह है असंतुष्टि।', ये समझने की कोशिश करनी चाहिए: 'यह कारण हा असंतुष्टि का।', ये समझने की कोशिश करनी चाहिए: 'यह निष्कासन है असंतुष्टि का।', ये समझने की कोशिश करनी चाहिए: 'यह मार्ग है जो ले जाता है असंतुष्टि के निष्कासन की ओर।'

(गौतम बुद्ध)
(संयुत्त निकाय ५६.१३)

आगे आने वाले चार आर्य सत्यों के बारे में शब्द एक शिक्षक द्वारा अभ्यासकर्ता को सीखने में मदद करने के लिए लिखे गए हैं, न की गौतम बुद्ध के शब्दों के सीधे अनुवाद के लिए।

इस चैप्टर का बाकी भाग आपको चार आर्य सत्यों को समझाने के लिए समर्पित है, जो आपको इस जरूरी शिक्षा को समझने, चिंतन करने और अभ्यास करने में मदद करेगा, जिससे कि आप सही दृष्टि को स्थापित कर सकें।

पहला आर्य सत्य: हर प्राणी जो अनिर्वाणी है वह असंतुष्टि का अनुभव करेगा। (आर्य सत्य असंतुष्टि का)।

पहले आर्य सत्य में गौतम बुद्ध ने असंतुष्टि को समझाया है। मन में निर्वाण के अलावा कोई आनंद के साथ शांत, निश्चल, निर्मल और संतुष्ट नित्य स्थिति नहीं है।

सब प्राणी जिन्होंने निर्वाण प्राप्त नहीं किया असंतुष्टि का अनुभव करेंगे। अगर आप असंतुष्टि का अनुभव कर रहे हैं, जो एक सुखद भावना, एक दुखद भावना, या न दुखद-न-सुखद भावना है, तो आप जान गए हैं कि आपको निर्वाण प्राप्त नहीं हुआ।

अगर मन इनका अनुभव करता है:

- एक सुखद भावना (खुशी, उत्तेजना, उल्लास, रोमांच, प्रफुल्लता, आनंदातिरेक, इत्यादि)
- एक दुखद भावना (उदासी, क्रोध, निराशा, चिड़चिड़ापन, झुंझलाहट, अपराधबोध, लज्जा, डर, तनाव, चिंता इत्यादि)
- एक भावना जो है न दुखद-न-सुखद (ऊब, अकेलापन, शर्म, अप्रसन्न, असुविधाजनक, असंतोषजनक)

... तो आपको पता है कि मन असंतुष्ट है और उसने निर्वाण प्राप्त नहीं किया है।

इस दुनिया में बहुत लोग हैं जो अनिर्वाणी हैं और इसलिए हम दैनिक जीवन में इतने संघर्ष का अनुभव करते हैं। निर्वाण का पथ आपके लिए मन में असंतुष्टि के निष्कासन के लिए है जिससे कि वह आनंद के साथ शांत, निश्चल, निर्मल और संतुष्ट रहे - नित्य तौर पर।

इन शिक्षाओं को परस्पर सीखने, चिंतन करने, और अभ्यास करने से यह मन निर्वाण के पास आता चला जाएगा।

इन तीनों भावनाओं के अनुभव की व्याख्या इस तरह की जा सकती है कि मन असंतुष्ट है या असंतुष्टि का अनुभव कर रहा है।

खुशी (यानि सुखद भावनाएँ) अनित्य शर्त पर आधारित है, इसलिए वह अनित्य है - वह असंतोषजनक और नाखुश करने वाली है। अगर कोई सशर्त खुशी (यानि सुखद भावनाएँ) है, यह केवल समय की बात है जब मन दुखद भावना या न दुखद-न-सुखद भावना का अनुभव करेगा। मन असंतुष्टि का अनुभव तब तक करता रहेगा जब तक उसको सुखद भावनाओं के लिये तृष्णा/लालसा/चिपकाव रहेगा। दुखद भावनाएँ या भावनाएँ जो हैं न दुखद-न-सुखद मन में घुसने के लिए बिलकुल मोड़ पर खड़ी हैं।

एक निर्वाण प्राप्त मन आनंद का वो अनुभव करेगा जो सुख और दुख के पार है। यह आनंद किसी अनित्य चीज़ के कारण पर निर्भर नहीं रहेगा, इसलिए, वह नित्य रहेगा। एक निर्वाण प्राप्त प्राणी आनंद के साथ उठता है, दिन भर आनंदित रहता है, और आनंद के साथ सोता है। एक निर्वाण प्राप्त प्राणी जीवन के काफी और मजे ले सकता है, क्योंकि मन कभी असंतुष्ट नहीं होता, उसे अपनी अंदरूनी भावनाओं को किसी अनित्य शर्त पर निर्भर न करने का गहरा अभ्यास हो चुका है।

एक निर्वाण प्राप्त मन में असंतुष्टि उत्पन्न नहीं होती।

सब प्राणी जो निर्वाण की स्थिति में नहीं है, उन्हें सुखद भावनाओं, दुखद भावनाओं या भावनाएँ जो हैं न दुखद-न-सुखद के द्वारा असंतुष्टि का अनुभव होगा।

इसको एक निराशावादी दृष्टि के तरीके से देखा जा सकता है लेकिन, अगर संतुष्टि पानी है, एक अभ्यासकर्ता को पहले मन की असंतुष्टि को समझना होगा, जिससे की इस सही दृष्टि से, एक अभ्यासकर्ता अपने मन की असंतुष्ट स्थिति को साफ कर सके।

अगर मन को, और फिर दुनिया को सही, स्वस्थ, और सुखी जगह देखें, एक अभ्यासकर्ता को अपने मन की स्थिति को बदलने या ठीक करने की कोई वजह नहीं मिलेगी। मन को देखने के द्वारा और यह

देखते हुए कि मनुष्य ने इस दुनिया में जो बनाया है वह अप्रिय है, तब ही मन को इस समझ पर ला सकते हैं कि हमें बदलाव लाना होगा।

हमें जरूर मजे और सुख की भावना होती है, और हमें जिंदगी में काफी सुखद अनुभव हुए हैं। लेकिन, हमें बहुत गहरा या हल्का दुख भी हुआ है, जो अगर आपके पास विकल्प होता, तो आप दोहराना नहीं चाहते। निर्वाण प्राप्त करने का उद्देश्य असंतुष्टि का निष्कासन करना है जिससे हम ये पक्का कर दें कि इस दुनिया में नये अस्तित्व के कष्ट का अनुभव करने लिए कोई पुनर्जन्म न हो। इस तरीके से हम आनंद के साथ शांत, निश्चल, निर्मल और संतुष्ट मन का अनुभव कर सकते हैं, और इसलिए, एक शांतिपूर्ण जीवन। हम पुनर्जन्म के चक्र से निकल कर निर्वाण प्राप्त करने की कोशिश करके एक बेहतर जीवन का अनुभव कर सकते हैं।

एक निर्वाण प्राप्त मन अपनी शेष जिंदगी के मजे मन की पूरी शांति और निश्छलता से लेगा।

ये देखिए कि आपके मन में अभी इसी क्षण में क्या है उन अतीत और भविष्य के विचारों के साथ जो आपको आ रहे हैं। आपको क्या दिखता है? अगर आप अपने आप से ईमानदार हैं, तो आपको असंतुष्टि, दुख, जिंदगी भर का समेटी हुई असंतुष्टि दिखेगी। यह बिल्कुल आम है और यह मन की स्थिति है निर्वाण को खोजने से पहले और उसके लिए जो हल से वाकिफ नहीं है। आपकी असंतुष्टि निरंतर बनी रहती है बिना उसको समझने या ठीक करने की काबिलियत के जब तक आपने गौतम बुद्ध की शिक्षाओं को सीखा और उनका अभ्यास नहीं किया होता।

और, अगर आप अपने आसपास की दुनिया को ध्यान से देखें, एक अच्छी सीखी हुई आँख को अपने आसपास की असंतुष्टि को देखना शुरू कर देना चाहिए। केवल आपकी जिंदगी में ही नहीं, आपके आसपास के काफी लोगों में भी। आपको दिखना चाहिए कि आप जिन भी लोगों को जानते हैं, चाहें जितना भी खुशी का मुँह दिखाएँ, उनमें किसी न किसी प्रकार की असंतुष्टि है, या फिर उन्होंने निर्वाण प्राप्त कर लिया है। सब लोग जिन्होंने निर्वाण प्राप्त नहीं किया उन्हें मन की असंतुष्टि का अनुभव होगा, लेकिन ये समझने सबसे जरूरी है कि आपको अपने मन पर ध्यान देना होगा। आप अपने मन की असंतुष्टि को ठीक कर सकते हैं लेकिन किसी और के मन की असंतुष्टि को ठीक नहीं कर सकते, केवल वही कर सकते हैं।

जब हम दुनिया को एक जीने के लिए नापसंद जगह के रूप में देखते हैं, हम प्राकृतिक तौर पर एक उच्च चेतना की स्थिति में शरण और रक्षा ढूंढना चाहेंगे - और, निर्वाण प्राप्त की कोशिश करेंगे - जो गौतम बुद्ध की शिक्षाओं का अंतिम लक्ष्य है।

हम इस दुनिया से या हमारे मन में जो भरा हुआ है उससे भाग नहीं सकते, तो उसका इकलौता उत्तर है निर्वाण के पथ पर अपने मन को खाली करने के आगे विकास के लिए इन शिक्षाओं को ढूँढना, समझना, और इनकी रक्षा करना। आप काफी बार ऐसे वाक्य देखेंगे "धर्म में शरण ढूँढो"। "धर्म" या पाली में "धम्म" गौतम बुद्ध की शिक्षाएँ हैं।

शरण को ढूँढ कर, आप समझ, अंतर्दृष्टि, ज्ञान, प्रज्ञा को ढूँढ रहे हैं, और अंत में जैसे-जैसे आप निर्वाण की ओर बढ़ते हैं आपके पास शिक्षाओं और आपने जो प्रज्ञा अर्जित की है, उनकी रक्षा के द्वारा मन सुरक्षित रहेगा। गौतम बुद्ध की शिक्षाएँ असंतुष्टि से रक्षा कर मन की रक्षा करेंगी। मन प्रज्ञा प्राप्त कर मुक्त हो जाएगा। मन को तीव्र भावनाओं का धुँधलाना और इन तीव्र भावनाओं से अंत में मुक्ति मिल जाएगी, जैसे-जैसे वह उन मुश्किलों से मुक्त होता है जो उसके मन के प्रदूषण द्वारा लिए हुए निर्णय लेने के कारण सामने आती हैं।

सीखने और मन को खाली करने के ज़रिए, आपको एक ज्यादा शीतल मन, और फिर, एक ज्यादा संतुलित, संतुष्ट और शांत जीवन प्राप्त होगा। मन से बेड़ी/कलंक/प्रदूषण साफ हो जाएंगे, और फिर, असंतुष्टि का निष्कासन हो सकता है, लेकिन यह समझना चाहिए की असंतुष्टि का कारण क्या है और इसका निष्कासन कैसे करें, जिसकी चार आर्य सत्यों के बाकी भागों में छानबीन की गई है।

आइए, अब हम देखते हैं कि दुनिया में हर चीज की अनित्य प्रकृति से असंतुष्टि क्यों पैदा होती है।

दूसरा आर्य सत्य: असंतुष्टि हमारी अपनी तृष्णा/लालसा/चिपकाव के कारण पैदा होती है क्योंकि मन चाहता है कि सब कुछ नित्य हो जबकि दुनिया में हर चीज़ अनित्य है (आर्य सत्य असंतुष्टि के कारण का)।

इस समझ के साथ कि एक मन जिसने निर्वाण प्राप्त नहीं किया है वह असंतुष्टि से भरा हुआ है, अब हम दूसरे आर्य सत्य की छानबीन कर सकते हैं जो असंतुष्टि के कारणों की बारीकी दिखाता है।

हमारी असंतुष्टि का कारण है कि एक मन जिसने निर्वाण प्राप्त नहीं किया है, उसमें तृष्णा/लालसा/चिपकाव, तीव्र उत्सुकता के साथ मानसिक तमन्ना, चाहना की हर चीज़ नित्य हो जब निर्वाण और अस्तित्व के प्राकृतिक नियमों के अलावा हर चीज़ अनित्य है। मन अपनी चाहत की चीज़ों की ओर इसी वजह से खिंचता है।

मन में "चीज़ों" के लिए तृष्णा/लालसा/चिपकाव है जिसमें अतीत और भविष्य, दोनों की "चीज़ें" शामिल हैं। हम चाहते हैं चीज़ें नित्य हों और जब वह नही होतीं, असंतुष्टि होती है। जब मन में मानसिक तृष्णा/लालसा/चिपकाव, तमन्ना के साथ तीव्र उत्सुकता होती है उन चीज़ों के लिए जो अनित्य हैं जब हम चाहते हैं कि वह नित्य हों, मन अपने आपको असंतुष्ट कर लेगा क्योंकि वह नित्यता "चाहता" है।

इसलिए जब कोई रिश्ता टूटता है, मन को उदासी, क्रोध, निराशा, चिड़चिड़ापन, ऊब, अकेलापन और दूसरी असंतुष्ट भावनाओं का अनुभव होता है। मन चाहता है कि वह रिश्ता नित्य हो और जब वह नहीं होता, मन को दुखद भावनाओं के रूप में असंतुष्टि का अनुभव होता है।

जब भी कोई रिश्ता झगड़े, एक-दूसरे से अलग होने से, मृत्यु, या किसी और कारण से खत्म होता है, एक मन जिसने निर्वाण प्राप्त नहीं किया है चाहता था कि वह रिश्ता नित्य हो और जब वह नहीं होता, मन को असंतुष्टि का अनुभव होता है। एक मन जिसने निर्वाण प्राप्त नहीं किया है वह अनित्यता नहीं समझता और अनित्यता में आराम से रहने में प्रशिक्षित नहीं है, इसलिए, अपने आप को असंतुष्ट रखता है।

अगर एक मन जिसने निर्वाण प्राप्त नहीं किया है एक बिल्कुल नई चमकीली स्पोर्ट गाड़ी को खरीदता है और उसको किसी दुकान पर लेकर जाता है, उसको वहाँ खड़ा करता है, दुकान में जाता है और वापस आकर उसपर खरोंच देखता है, उस इंसान को गुस्सा आ सकता है और वह क्रोधित हो सकता

है, और दूसरों को अपने क्रोध की वजह के लिए जिम्मेदार ठहराता है, और चाहता है कि यह बात लड़ाई झगड़े से खत्म हो। या, एक इंसान दुकान से बाहर आकर गाड़ी पर उस खरोंच को देखकर अनित्यता को समझते हुए इस बात से धन्यवादी हो सकता है कि उसके पास बीमा है या वह गाड़ी को ठीक करा सकता है - निश्चल, नियमित और संतुलित रहते हुए और समझते हुए की गाड़ी अनित्य है और ये नामुमकिन है कि वह हमेशा एक चमकीली नई स्पोर्ट गाड़ी रहेगी।

इन दोनों परिस्थितियों में, खरोंच एक ही है लेकिन एक में इंसान ने उस परिस्थिति में अनित्यता की अज्ञानता (असली वास्तविकता से अनजान होना) के साथ प्रतिक्रिया की और मन अपने आप को तृष्णा/लालसा/चिपकाव की वजह से असंतुष्ट कर रहा है, जबकि दूसरा इंसान ने अनित्यता को समझ कर उत्तर दिया और उसने गाड़ी को ठीक कराने का प्रज्ञापूर्ण विकल्प लिया। इसलिए असंतुष्टि का कारण वह खरोंच या वो इंसान जिसने खरोंच किया नहीं था, क्योंकि फिर दोनों इंसानों के अनुभव एक से होते।

एक अनिर्वाणी मन की असंतुष्टि का कारण तृष्णा/लालसा/चिपकाव है, चीज़ों को नित्य रखने की चाहत, और जब उसका अनित्यता के साथ सामना होता है, मन असंतुष्ट हो जाता है।

मन अपने आप को तीव्र उत्सुकता के साथ मानसिक तमन्ना की वजह से असंतुष्ट कर रहा है, चीज़ों को एक तरीके से रखने के लिए जिसे तृष्णा/लालसा/चिपकाव भी कहते हैं।

वह समय कभी नहीं आयेगा जब एक रिश्ता नित्य रहेगा या किसी की चीज़ें नित्य रूप से से बढ़िया स्थिति में रहेंगी। इसलिए, जब तक मन अनित्यता के सार्वभौमिक सत्य और चार आर्य सत्यों से अनजान है, और इन शिक्षाओं का मन को प्रशिक्षण देने के लिए अभ्यास नहीं करता, एक मन जिसने निर्वाण प्राप्त नहीं किया है निरंतर संघर्ष करता रहेगा और भारी मात्र में असंतुष्टि का जीवन भर अनुभव करता रहेगा।

तृष्णा/लालसा/चिपकाव/चाहतें/अपेक्षाएँ/पकड़ना/जकड़ना/चिपटना वे सारे शब्द हैं जो हम मन किसी चीज़ को तीव्र उत्सुकता के साथ तरसता है या उसकी तमन्ना रखता है। एक अनिर्वाणी मन यह सोचता है कि अगर मन केवल उस चीज़ को पा ले जो उसे अच्छी लगती है तो उसे वह मिल जाए जिसकी उसको जरूरत है, उसको अंदरूनी पूर्ति मिल जाएगी, और वह आराम कर सकता है।

लेकिन, सुखद भावनाओं की चाह के कारण मन निरंतर उन चीज़ों के पीछे भागता रहता है जो उसे अच्छी लगती हैं। जो चीज़ें उसे अच्छी लगती हैं उन्हें पाने के बाद या जिनके पीछे वह ग्रस्त रहता है, मन को सुखद भावनाएँ होती हैं (खुशी, उत्तेजना, उल्लास, रोमांच, ज़िंदादिली, आनंदातिरेक, इत्यादि)। क्योंकि ये भावनाएँ अनित्य (कुछ क्षण के लिए) हैं, मन प्रेम की अगली चीज़ के द्वारा इन सुखद भावनाओं के पीछे भागता रहता है, और मन की गहराई में तृष्णा/लालसा/चिपकाव के बोझ का अनुभव करता है, जिससे उससे सिरदर्द, थकान, या भारीपन, इत्यादि का अनुभव होता है, जैसे-जैसे वह तृष्णा/लालसा/चिपकाव का बोझ वह दिन भर लादकर चलता है।

सुखद भावनाओं की तृष्णा और लालसा से मन अपनी चाहत की अगली चीज़ को ढूँढ लेता है और उसके पीछे भागता रहता है, उसे कभी आराम का मौका नहीं मिलता क्योंकि उसे लगता है कि अगली चमकीली चीज़ अगले नुक्कड़ पर है और उसकी पूर्ति होगी, और वो उसके पीछे भागता रहता है लेकिन उसे कभी हमेशा रहने वाली अंदरूनी पूर्ति का अनुभव नहीं होता क्योंकि वह अपनी अंदरूनी भावनाओं की अनित्य परिस्थितियों पर आधारित कर रहा है।

अगर मन को वो नहीं मिलता जो वह चाहता है, तो उसे दुखद भावनाओं का अनुभव होता है (उदासी, क्रोध, निराशा, चिड़चिड़ापन, झुंझलाहट, अपराधबोध, शर्म, डर, तनाव, चिंता, इत्यादि)। मन इन दुखद भावनाओं से असुविधा में रहता है तो वह उनको दूर भगाने की कोशिश करता है यह सोचकर कि यह बाहरी "चीज़ों" की वजह से हो रही हैं, तो वह उन लोगों, स्थितियों और परिस्थितियों को दूर भगाने की कोशिश करता है जिनको वो मानता है कि वह इन भावनाओं का कारण हैं। लेकिन फिर भी यह चक्र चलता रहता है क्योंकि असलियत में ये बाहरी "चीज़ें" असंतुष्टि नहीं पैदा कर रहीं, ये मन की तृष्णा/लालसा/चिपकाव है जो उसे असंतुष्टि का अनुभव करा रही है।

मन की मानसिक तृष्णा/लालसा/चिपकाव के द्वारा ही हम अपनी असंतुष्टि पैदा करते हैं।

ये बिल्कुल संभव है कि हम बिना चिपकाव के, जो हमें असंतुष्ट रखती है, प्यार कर सकते हैं, रिश्ते और संपत्ति रख सकते हैं।

हमारे जीवन में जो लोग हैं उनको अपने तरीके से बिना व्यवहार और निर्णय का दबाव डाल कर पथ पर चलने देना गैर-तृष्णा/गैर-लालसा/गैर-चिपकाव या गैर-चिपटने का अभ्यास करना है। हम दूसरों पर दबाव अपने मन की तृष्णा/लालसा/चिपकाव की वजह से ही डालते हैं और यह लोगों को हमसे दूर भगा देगा और निर्वाण प्राप्त करने में बाधा डालेगा। दूसरे इंसान के बारे में परवाह करना और ये

पक्का करना कि उनको जो चाहिए वह उनके पास हो प्रेमभरी-कृपा और करुणा का अभ्यास है, तृष्णा/लालसा/चिपकाव का नहीं।

तृष्णा/लालसा/चिपकाव का मतलब मानसिक चिपकाव या मानसिक चिपटना है, जिस तरह मन अपनी चाहत की चीज़ की ओर तमन्ना और तड़प से खिंचता है - एक तीव्र उत्सुकता से। केवल कोई चीज़ अपने पास रखना तृष्णा/लालसा/चिपकाव नहीं है। अगर आपके कोई सम्पत्ति, चीज़, रिश्ता नहीं है तो क्या मन असंतुष्ट है? तीव्र उत्सुकता मानसिक तमन्ना के साथ क्या तृष्णा, लालसा और चिपकाव है? अगर ऐसा हो, तो यह तृष्णा/लालसा/चिपकाव है।

यह रिश्ते और संपत्ति नहीं जो हमारी असंतुष्टि पैदा कर रहे हैं, लेकिन जिस तरीके से मन में तमन्ना होती है कि चीज़ें एक तरीके से हों और जब वह वैसी नहीं होतीं, मन असंतुष्ट हो जाता है। यह समझना की सारी संपत्ति और रिश्ते अनित्य हैं, और, एक दिन हमें छोड़ जाएंगे, हमें गैर-चिपकाव का अभ्यास कर मन को प्रशिक्षित करना पड़ेगा कि वह चीज़ों को ज़ोर से पकड़ के ना रखे।

हम जैसे इंसान जो अनिर्वाणी है, हम ज्यादातर अपना ध्यान अपनी "चाहतों" पर ज्यादा लगते हैं न कि "जरूरतों" पर। हमारी "चाहतें" हमारे मन को और असंतुष्टि की ओर ले जाएँगी क्योंकि हम अपनी "चाहतें" कभी पूरी नहीं कर सकते, और इसलिए वह असंतुष्टि बन जाती है जहाँ मन शांति और संतुष्टि की बजाय निरंतर "चाहतों" का पीछा करता रहता है। मन में निरंतर "तृष्णा और लालसा" या "चाहत" रहती है।

इसलिए हमारी असंतुष्टि हमने खुद ही अपने ऊपर ली है, चीज़ों के लिए तृष्णा/लालसा/चिपकाव को पैदा, बड़ा और बना कर रखने से, ये चाहते हुए कि वह एक अनित्य दुनिया में नित्य रहें। मन के चीज़ों के नित्य होने की चाह से जबकि दुनिया सब कुछ निरंतर बदल रहा है, मन की नित्यता चाहने की गलतफहमी मन को बार-बार असंतुष्ट बनाता है जब तक वह एक व्यापक "जीवन अभ्यास" को बढ़ाकर गहरे प्रशिक्षण से नहीं सीखता है।

चीज़ें हमेशा बदलती रहेंगी और अगर हम उनसे चिपटे रहेंगे ये चाहते हुए कि वह कभी न बदलें, हम अपने आपको असंतुष्टि की ओर खींच रहे हैं। इसलिए प्रज्ञा प्राप्ति और एक शांत जीवन के लिए, हमें चीज़ों को नित्य होने की तृष्णा/लालसा/चिपकाव नहीं होना चाहिए।

अपनी जिंदगी को और उन "चीज़ों" को देखिए जिनसे आप चिपके हुए हैं। वो क्या हैं? भौतिक संपत्ति, रिश्ते, एक निश्चल वातावरण या "चीज़ें" जो अगर चली जाए तो आप असंतुष्ट हो जाएंगे।

अगर आपने अपना पर्स, मोबाइल फोन, चाभियाँ, अपना घर, अपनी गाड़ी, अपना सबसे बढ़िया दोस्त, अपना सहभागी, अपने माँ-बाप/परिवार के लोग/अपना टाइटल, या अपना काम खो दिया, आपको कितनी असंतुष्टि का अनुभव होगा? ये सब उन चीज़ों के उदाहरण हैं जो अगर आपने उन्हें खो दिया या वह टूट गईं तो आप उनके लिए किसी न किसी मात्रा में असंतुष्टि का अनुभव करेंगे।

जब आपने निर्वाण प्राप्त कर लिया होगा, न ये न दूसरी चीज़ें आपको मन को असंतुष्ट करेंगी, और आप इन अनित्य स्थितियों और परिस्थितियों का हल ढूँढेंगे।

हम दूसरों को अपने नाखुश और अस्थिर मन की स्थिति के लिए जिम्मेदार नहीं ठहरा सकते। केवल हम ही अपने आप को असंतुष्ट कर सकते हैं, और केवल हम ही हैं जो जीवन अभ्यास का विकास कर इन शिक्षाओं को समझ और इनका अभ्यास कर सकते हैं, और मन और जीवन की संतुष्टि प्राप्त कर सकते हैं।

एक इंसान अपनी व्यक्तिगत और अपने व्यापारिक रिश्तों के साथ संघर्ष करेगा और उसे पूरे शांत मन का अनुभव करने में मुश्किल होगी, क्योंकि मन अपनी सारी मुश्किलें और संघर्ष का जिम्मेदार दूसरे लोगों, स्थितियों, और परिस्थितियों को ठहराता है, जो उसको लगता है उसके कंट्रोल करने की क्षमता के बाहर है। एक मन जिसने निर्वाण नहीं प्राप्त किया है अपनी मुश्किलों और संघर्ष का दोष निरंतर दूसरों पर डालेगा, न कि अपने निर्णय जो उसे असंतुष्टि की ओर ले जा रहे हैं, उनकी जिम्मेदारी मानेगा। यह "गलत दृष्टि" है।

फिर भी, अनिर्वाणी मन लोगों, स्थितियों और परिस्थितियों को कंट्रोल करने की कोशिश करता है कि वह उसके तरीके से काम करें, उसमें शांति ढूंढते हुए कि सब लोग उसके तरीके से काम करेंगे। लेकिन यह काम अधूरा रहेगा क्योंकि दुनिया में हर किसी को अपने तरीके से नित्य रूप से काम कराना नामुमकिन है।

इसकी बजाय, मन अस्तित्व के प्राकृतिक नियमों को सीख सकता है और जो दुनिया उसे नहीं समझ आती उसे समझने के लिए गहरी प्रज्ञा प्राप्त कर सकता है जिससे कि वह अपने रोज के भतेरे इंटरैक्शन और निर्णयों के साथ संघर्ष न करे। गौतम बुद्ध की शिक्षाओं के द्वारा अस्तित्व के प्राकृतिक

नियमों की प्रज्ञा प्राप्त करके, मन असंतुष्टि के निष्कासन की ओर ध्यान लगा सकता है, न कि एक बोझ के साथ रहकर निरंतर उस मन का अनुभव करता है जो रोज की घटनाओं से हिल जाता है जो उसकी अपनी तृष्णा/लालसा/चिपकाव/चाहतें/अपेक्षाएँ/पकड़ने/जकड़ने/चिपटने की वजह से हुई हैं।

तीसरा आर्य सत्य: असंतुष्टि का निष्कासन तृष्णा/लालसा/चिपकाव के निष्कासन से हो सकता है। (आर्य सत्य असंतुष्टि के निष्कासन का)

गौतम बुद्ध का तीसरा आर्य सत्य समझता है कि चाहे असंतुष्टि कितनी भी छोटी या बड़ी हो उसका निष्कासन कैसे किया जा सकता है। दूसरे आर्य सत्य से हम यह जानते हैं कि हमारी असंतुष्टि का कारण "चीज़ों" से तृष्णा/लालसा/चिपकाव/चाहत/अपेक्षा/पकड़ने/जकड़ने/चिपटने की वजह से है।

इसलिए, असंतुष्टि का निष्कासन केवल हमारी सोच, भावनाओं, संपत्ति, लोग, स्थितियों, इत्यादि से तृष्णा/लालसा/चिपकाव के निष्कासन के साथ हो सकता है। मन को तीव्र उत्सुकता के साथ मानसिक तमन्ना को निष्कासित करने की जरूरत है, हमारी जिंदगी से संपत्ति, लोग, स्थितियों की नहीं। एक अभ्यासकर्ता को जरूरत है कि मन को अपने प्रेम की चीज़ों की ओर खिंचने और उन्हें नित्य रहने की चाहत को निष्कासित करे।

असंतुष्टि का निष्कासन तृष्णा/लालसा/चिपकाव के निष्कासन से हो सकता है। इसका मतलब है, हम जानते हैं कि हम असंतुष्टि का अनुभव अपनी तृष्णा/लालसा/चिपकाव की वजह से करेंगे, और इसलिए, हमें अपने मन को गौतम बुद्ध द्वारा बताए गए हल के द्वारा प्रशिक्षण देना चाहिए जिससे कि हम मन की "चीज़ों" को पकड़े रहने की निरंतर तमन्ना के साथ तीव्र उत्सुकता को सुलझा सकें।

इसका जो साधारण प्रशिक्षण दिया जाता है वह है सांस की माइंडफुलनेस का ध्यान और रोज की जिंदगी में उदारता। ये दोनों चीज़ें मन को "छोड़ देने" में प्रशिक्षण दे रही हैं। इन नुस्खों की व्याख्या इस किताब और किताब श्रृंखला में बारीकी से की गई है। एक प्रज्ञापूर्ण अभ्यासकर्ता साँस की माइंडफुलनेस के ध्यान को मिलाकर एक सिलसिलेवार दैनिक ध्यान अभ्यास विकसित करेगा। एक शिक्षक के मार्गदर्शन से आपको इस अभ्यास को पक्का करने में मदद मिलेगी ये सुनिश्चित करने के लिए कि आपके मन में सबसे ज्यादा लाभ विकसित हों। वह चैप्टर जिसका शीर्षक है "तृष्णा की पहचान: गैर-तृष्णा का विकास और मन का विश्लेषण" (चैप्टर १३) तृष्णा/लालसा/चिपकाव को निष्कासित करने के लिए कुछ अन्य तरीकों के बारे में बात करेगा।

हम अपने आपको केवल अपनी "जरूरत" की चीज़ों को प्राप्त करने का प्रशिक्षण दे सकते हैं न कि उन चीज़ों को जो हम "चाहते" हैं। तृष्णा/लालसा/चिपकाव का त्याग करने का मतलब ये नहीं है हमें अपने रिश्ते या संपत्ति त्यागनी होगी। इसका मतलब है कि हमें गैर-तृष्णा, गैर-लालसा, गैर-चिपकाव को सीखना होगा और मन को प्रशिक्षण देना पड़ेगा की जब हमारे पास वह "चीज़े" न हों तो मन असंतुष्ट न हो, क्योंकि इन सब "चीज़ों" की प्रकृति अनित्य है। हमें मानसिक तृष्णा, लालसा और चिपकाव को मन के सक्रिय प्रशिक्षण से निष्कासित करना होगा।

हमें एक बड़े घर और महँगी गाड़ी की "चाहत" हो सकती है लेकिन इस "चाहत" को पाने के लिए मन में भारी असंतुष्टि हो सकती है। ये हो सकता है कि इन "चाहतों" को पाने के लिए आपको लालच या दूसरी अकुशल तृष्णा की जरूरत पड़े। लेकिन हम केवल अपनी "जरूरतों" की तरफ ध्यान दें तो हमारी जिंदगी काफी संतुलित और स्वस्थ हो सकती है।

यह एक कारण है कि नियुक्त अभ्यासकर्ता सीधे साधे कपड़े पहनते हैं, अपने बाल काट लेते हैं, जो उनको दिया जाता है वह खा लेते हैं, जहाँ रहना पड़े रह लेते हैं, और केवल एकदम जरूरी चीज़ों का इस्तेमाल करते हैं, इत्यादि। यह जीने का एक न्यूनतमवादी तरीका है जो निर्वाण के पथ पर चलने के लिए सबसे बढ़िया मौका देता है।

एक गृहस्थ जीवन से इंसान निर्वाण प्राप्त कर सकता है, ये केवल थोड़ा मुश्किल है और इसमें अपनी तृष्णा और लालसा की ओर पूरी तरह ध्यान देना पड़ेगा, जिससे कि आप एक अनुशासित तरीके से मानसिक तृष्णा/लालसा/चिपकाव का निष्कासन कर सकें, जबकि नियुक्त अभ्यासकर्ता एक बताए हुए तरीके से चलते हैं।

ये जरूरी नहीं है कि आप अपने सहयोगी, दोस्त, बच्चों/परिवार के साथ रिश्ता तोड़ दें, या गाड़ी, काम और कपड़ों का त्याग कर दें। जरूरी सिर्फ यह है कि आप जिंदगी में उसको ढूँढ़े जिसकि आपको जरूरत हो जिससे आप मन को "चाहतों" की तरफ नहीं चला रहे जो ऐसा लक्ष्य है जो कभी प्राप्त नहीं हो सकता जब आप इन शिक्षाओं से मन को प्रशिक्षण दे रहे हैं। जैसे ही आपको वो मिलेगा जो आप चाह रहे हैं, आपकी चाहत बदल जाएगी और मन कभी न खत्म होने वाली और चीज़ों को पाने वाली यात्रा पर चलता रहेगा।

आपको निर्वाण प्राप्त करने के लिए सब कुछ छोड़ कर मठवासी जिंदगी जीने की जरूरत नहीं है। आप ऐसा कर सकते हैं और यह भी एक रास्ता है जो लोगों को पसंद है क्योंकि ये निर्वाण प्राप्त करने की परिस्थिति बनाने के लिए अच्छा है लेकिन यह जरूरी नहीं है।

मठवासी जीवन में तृष्णा/लालसा/चिपकाव को निष्कासित करने की स्थितियों में काफी सुधार हुआ है। मठवासी जीवन जीने का मतलब यह नहीं है कि आप निश्चित रूप से निर्वाण प्राप्त कर लेंगे। आपको अभी भी अपना निर्वाण अर्जित करना होगा, ठीक वैसे ही जैसे हर किसी को करना होता है, बस मंदिर के माहौल में धार्मिक जीवन जीने से आपको दिशा-निर्देशों का एक सेट मिलता है जो सहायक अभ्यासकर्ताओं के समुदाय से घिरे होने के दौरान आपके चिपकने या चिपटने की क्षमता को काफी कम कर देता है।

गृहस्थ जीवन या गृहस्थ वातावरण अधिक चुनौतीपूर्ण होता है, क्योंकि व्यक्ति को पहले निर्वाण प्राप्ति के लिए जरूरी गहरा ज्ञान प्राप्त करना होता है, समय समर्पित करना होता है, अपने लिए अनुशासन बनाना होता है, शिक्षाओं के लिए प्रशिक्षण और सहायता प्राप्त करनी होती है, और फिर उन्हें अपने दैनिक जीवन में लागू करना होता है।

यदि किसी घरेलू अभ्यासकर्ता के पास पूरा घर या सहायता प्रणाली है जो निर्वाण के समान लक्ष्यों को प्राप्त करने का प्रयत्न कर रही है, तो यह लक्ष्य प्राप्त करना अधिक संभव है। हालाँकि, यदि घर में केवल एक व्यक्ति दूसरों के बीच अकेले काम कर रहा है, तो शिक्षाओं को सीखना और लागू करना अधिक चुनौतीपूर्ण हो सकता है। ऐसे मित्र, परिवार और समुदाय होना जो सीख रहे हों, काम कर रहे हों, प्रगति कर रहे हों और एक-दूसरे का समर्थन कर रहे हों, सबसे अच्छे परिणाम देगा।

मठ ऐसे लोगों का समुदाय है जो सभी एक ही लक्ष्य की ओर काम कर रहे हैं, हालाँकि, दुनिया भर में ऐसे लोगों के समुदाय हैं जो गौतम बुद्ध की मूल शिक्षाओं का उपयोग करके अपने जीवन से असंतुष्टि को निष्कासित करना चाहते हैं।

कुछ समुदाय इसे गौतम बुद्ध की शिक्षाओं के रूप में समझाते हैं और अन्य नहीं, हालाँकि, सभी शिक्षाएँ एक ही स्रोत, गौतम बुद्ध से उत्पन्न होती हैं।

गौतम बुद्ध निर्वाण, निब्बाना, और उच्चतर चेतना के मार्ग के जनक और खोजकर्ता हैं।

गौतम बुद्ध ने अपने आस-पास के लोगों और दुनिया को बिना किसी अहं या प्रसिद्धि या धन की इच्छा के अपनी शिक्षाएँ दीं। वह सिखाना भी नहीं चाहते थे क्योंकि उन्हें लगता था कि दूसरों को सिखाना बहुत संघर्षपूर्ण होगा। लेकिन उन्होंने दृढ़ता से काम लिया और आगे बढ़ते रहे और अंत में यह निर्णय लिया कि वे उन सभी को सिखाएँगे जो सीखने में दिलचस्पी रखते हैं और सीखना चाहते हैं।

उन्होंने महिलाओं को निर्वाण प्राप्त करने के लिए एक निर्धारित मार्ग प्रदान करने के लिए उन्हें नियुक्त किया।

गौतम बुद्ध को इस बात में दिलचस्पी नहीं थी कि लोग उनसे चिपक जाएँ और उन्होंने किसी से नहीं कहा कि उनकी छवि, मूर्ति बने। लेकिन लोग और हमारी "चाहतों" ने तृष्णा/लालसा/चिपकाव की वजह से यह तय किया कि ये "चीज़ें" बनायी जाएँ, और इंसान तृष्णा/लालसा/चिपकाव का विशेषज्ञ है।

एक गृहस्थी वाले अभ्यासकर्ता को शारीरिक, इलेक्ट्रॉनिक या किसी और तरीके से इन शिक्षाओं को अपने जीवन में पाने की कोशिश करनी पड़ेगी। ये किताब श्रृंखला और सारे संबंधित संसाधन व्यक्तिगत मार्गदर्शन सहित आपके लिए उपलब्ध है जिससे कि आपको निर्वाण के पथ को सीखने, समझने और अभ्यास करने में मदद मिले और आप अपने मन की असंतुष्टि का निष्कासन कर सकें।

चौथा आर्य सत्य: असंतुष्टि के निष्कासन का पथ अष्टांग पथ है। (आर्य सत्य उस पथ का जो ले जाता है असंतुष्टि के निष्कासन की ओर।)

गौतम बुद्ध चार आर्य सत्यों में सत्य और असलियत दिखाते हैं। वह असंतुष्ट मन की व्याख्या और उसका हल केवल तीन आसान वाक्यों में करते हैं।

वह मुश्किल को समझाते हैं (पहला आर्य सत्य), मुश्किल का कारण (दूसरा आर्य सत्य), और यह कि मुश्किल का अंत संभव है, और असंतुष्टि के निष्कासन का हल "क्या है" (तीसरा आर्य सत्य)।

फिर, वह चौथे और आखिरी आर्य सत्य में हमें असंतुष्टि के निष्कासन का आगे का "पथ" बताते हैं।

चौथे और आखिरी आर्य सत्य में गौतम बुद्ध आगे का पथ बतलाते हैं और कैसे हम सब निर्वाण प्राप्त कर सकते हैं। वह हमें असंतुष्टि की मुश्किल को हल करने का सटीक फार्मूला बताते हैं। वह हमें अपनी असंतुष्टि को हल करने का रास्ता बताते हैं। और फिर, वह **अष्टांग पथ** पेश करते हैं।

यह अष्टांग पथ ही है जो मन की असंतुष्टि के निष्कासन का पूरा रास्ता है। अष्टांग पथ को सीख कर, चिंतन कर, और अभ्यास कर, एक अभ्यासकर्ता अपने मन को प्रशिक्षित कर सारी असंतुष्टि को १००% निष्कासित कर सकता है।

सही दृष्टि: सही दृष्टि चार आर्य सत्यों को समझना और उनका अभ्यास करना है, सही दृष्टि या समझ को स्थापित करके, जैसे हम अपनी आगे की यात्रा पर निकलते हैं।

सही नीयत, सही वाणी, सही कार्य, सही रोजगार, सही प्रयत्न, सही माइंडफुलनेस, सही एकाग्रता।

अष्टांग पथ को पढ़ और अभ्यास करके, हम आगे जिंदगी के बहुत सारे जरूरी सबक सीखते हैं। यह हमें असंतुष्ट मन के बिना जीवन जीने की पूरी और उत्तम योजना बताता है।

निर्वाण प्राप्त मन का परिणाम प्राप्त करने के लिए आगे पथ की गहरी पढ़ाई और समझ जरूरी है। जैसे जैसे आप अपने जीवन अभ्यास को विकसित कर उसे अष्टांग पथ के आदर्श अभ्यास के पास लाएंगे, आप अपने जीवन में और परिणाम देखेंगे। और भी ज्यादा असंतुष्टि मन से हटेगी, कम होगी, और फिर अपनी तृष्णा/लालसा/चिपकाव से पैदा की गई असंतुष्टि का निष्कासन होगा।

अष्टांग पथ का अभ्यास करने के लिए आपको अपनी निर्वाण प्राप्ति में दिलचस्पी रखनी पड़ेगी। अष्टांग पथ की बारीक व्याख्या अगले चैप्टर में बाँटी जाएगी।

आगे छानबीन के लिए सीखने के संसाधन

ऑडियोबुक

(ऑडियोबुक) - (खंड १ - चैप्टर ४) - चार आर्य सत्य: सही दृष्टि की स्थापना (पढ़िए और सुनिए)
https://youtu.be/Na0UEtc_zQc

एप. ५०४ - (ऑडियोबुक) - (खंड १ - चैप्टर ४) - चार आर्य सत्य: सही दृष्टि की स्थापना
https://podcasters.spotify.com/pod/show/buddhadailywisdom/episodes/Ep--504---Audiobook---Volume-1---Chapter-4---The-Four-Noble-Truths-Establishing-Right-View-e272sq7

यूट्यूब वीडियो

(छोटा-पाठ #३) - अनित्यता का सार्वभौमिक सच
https://youtu.be/qHjCVwEEes4

(छोटा-पाठ #५) - असंतुष्टि का सार्वभौमिक सच
https://youtu.be/-i1VYPagSTQ

(छोटा-पाठ #५) - अन-आत्म का सार्वभौमिक सच
https://youtu.be/FjujEBw6veo

आगे छानबीन के लिए सीखने के संसाधन

यूट्यूब वीडियो

(छोटा-पाठ #६) - चार आर्य सत्य - पहला आर्य सत्य
https://youtu.be/5Q8aIMjzBws

(छोटा-पाठ #७) - चार आर्य सत्य - दूसरा आर्य सत्य
https://youtu.be/S54XV6agTuQ

(छोटा-पाठ #९) - चार आर्य सत्य - तीसरा आर्य सत्य
https://youtu.be/-2ooC_YrNUY

(छोटा-पाठ #९) - चार आर्य सत्य - चौथा आर्य सत्य
https://youtu.be/tAuN7wX-I6g

(सामूहिक शिक्षण प्रोग्राम) - चैप्टर ४ - चार आर्य सत्य: सही दृष्टि की स्थापना
https://youtube.com/live/RPAlOqHYx_0

(सामूहिक शिक्षण प्रोग्राम) - बौद्ध मंत्र सीखिये (भाग ४ का १)
https://youtube.com/live/ff9Vz57-z3I

पॉडकास्ट

एप. ४३२ - (सामूहिक शिक्षण प्रोग्राम) - चैप्टर ४ - चार आर्य सत्य: सही दृष्टि की स्थापना
https://podcasters.spotify.com/pod/show/buddhadailywisdom/episodes/Ep--432---Group-Learning-Program---Chapter-4---The-Four-Noble-Truths-Establishing-Right-View-e1vu5t9/a-a9elj7l

एप. ४३३ - (सामूहिक शिक्षण प्रोग्राम) - बौद्ध मंत्र सीखिये (भाग ४ का १)
https://podcasters.spotify.com/pod/show/buddhadailywisdom/episodes/Ep--433---Group-Learning-Program---LEARN-Buddhist-Chanting-Part-1-of-4-e2046ne/a-a9fa0pl

प्रश्नोत्तरी

चार आर्य सत्य: सही दृष्टि की स्थापना
https://forms.gle/nAvYVxtyzBfnJk9E8

(इस ऑनलाइन प्रश्नोत्तरी को पूरा करके इस चैप्टर की अपनी समझ की पुष्टि करें। आप ही एकमात्र व्यक्ति हैं जो प्रश्नोत्तरी के परिणाम देखेंगे।)

चैप्टर ५

अष्टांग पथ:
सब इंसानों के लिए निर्वाण का पथ

चार आर्य सत्यों की समझ के साथ, आप अब अपने मन और जीवन से असंतुष्टि के निष्कासन के पथ को पढ़ और उसका अभ्यास कर सकते हैं। निर्वाण प्राप्त करने के लिए आपको अष्टांग पथ की बारीक और संपूर्ण जानकारी चाहिए होगी।

गौतम बुद्ध ने आगे बढ़ने का "पथ" बताया जिससे कि हम अपने निर्वाण को प्राप्त करने की कोशिश कर सकें। उनके अष्टांग पथ के वर्णन में, हम सीखते हैं कि जीवन अभ्यास या बेहतर जीवन के ज़रिए हम निर्वाण सही तरीके से कैसे प्राप्त करें।

आपको अष्टांग पथ बारीकी से समझना पड़ेगा, और समय के साथ, अपने मन को इन शिक्षाओं से भिगोना होगा। एक अभ्यासकर्ता को इन शिक्षाओं की जाँच करने के लिए अलग-अलग मौकों पर समय देना होगा और कोशिश करनी होगी जिससे कि वह जीवन अभ्यास को पूरी तरह विकसित कर सकें। अष्टांग पथ आपका "जीवन अभ्यास" और निर्वाण का पथ है।

अष्टांग पथ तीन (३) भागों में बाँटा गया है, प्रज्ञा, नैतिक आचरण, और मानसिक अनुशासन। अष्टांग पथ को प्रज्ञा, नैतिक आचरण, और मानसिक अनुशासन बोलना बिना हर कदम का अलग से वर्णन करके अष्टांग पथ के बारे में उसके हर भाग के बारे में बात करने का आसान तरीका है।

आगे दिखाई गई टेबल आपको अष्टांग पथ के तीन (३) भागों और उनके हर कदम के लक्ष्य के बारे में समझने में मदद करेगी।

उदाहरण के तौर पर सही दृष्टि और सही नीयत को सीखने, उसका चिंतन करने से, और अभ्यास करने से "प्रज्ञा" का विकास होता है। सही वाणी, सही कार्य, और सही रोजगार को सीखने, उसका चिंतन करने से, और अभ्यास करने से "नैतिक आचरण" का विकास होता है। और सही प्रयत्न, सही

माइंडफुलनेस, सही एकाग्रता को सीखने, उसका चिंतन करने से, और अभ्यास करने से "मानसिक अनुशासन" का विकास होता है।

८.) सही एकाग्रता	मानसिक अनुशासन
७.) सही माइंडफुलनेस	
६.) सही प्रयत्न	
५.) सही रोजगार	नैतिक आचरण
४.) सही कार्य	
३.) सही वाणी	
२.) सही नीयत	प्रज्ञा
१.) सही दृष्टि	

आपको पूरे अष्टांग पथ को रोजमर्रा की जिंदगी में समय के साथ अभ्यास में डालना होगा, जैसा आप सीखते और आगे बढ़ते हैं।

आप कुछ दिनों, हफ्तों, और महीनों में इसमें पूरी तरह निपुणता नहीं ला सकते। इसकी बजाय, आपको अष्टांग पथ के सारे कदमों को सीखना, अमल करना, और उसके परिणामों को देखना पड़ेगा और निरंतर उनको दृढ़ता से अपनी जिंदगी में ढालने का काम करना होगा। *धीरे-धीरे* प्रशिक्षण और *धीरे-धीरे* अभ्यास से, मन को *धीरे-धीरे* और ज्यादा शांति और निश्चलता के विकास का अनुभव होगा।

अगले कदम पर बढ़ने से पहले आपको हर कदम में पूरी तरह दक्ष नहीं होना चाहिए।

इसके बजाय, पूरा अष्टांग पथ को पढ़िए और उसको जिंदगी जीने के तरीके के रूप में अमल कीजिए, एक "जीवन अभ्यास"। अपने निर्वाण की प्राप्ति जिंदगी को बेहतर बनाने के कदम हैं। जैसे आप पढ़ते और निर्वाण के लक्ष्य की ओर बढ़ते है, मार्गदर्शन और शिक्षक का होना आपके लिए लाभदायक होगा।

अष्टांग पथ असंतुष्टि के निष्कासन का और निर्वाण प्राप्ति की ओर ले जाने वाला मार्ग है। अष्टांग पथ का अभ्यास करके, हम सब दूसरे प्राणियों को हानि न पहुँचा कर अपने अकुशल निर्णयों के द्वारा पैदा किए गए अकुशल परिणामों और नतीजों का निष्कासन कर सकते हैं। इसको कुशल कम्मा का उत्पादन करके अकुशल कम्मा का निष्कासन कहते हैं। ये हमारा प्रज्ञा प्राप्ति के लिए कुशल और प्रज्ञापूर्ण निर्णय लेना, नैतिक आचरण को बेहतर बनाना, और अपने मानसिक अनुशासन को बेहतर बनाना है, जिसकी वजह से हम अपने मन और जीवन की स्थिति में बेहतर परिणामों का अनुभव करेंगे।

अपनी नीयत, वाणी, कार्य, या रोजगार से अगर हम दूसरे प्राणियों को हानि पहुंचाते हैं, तो हम "कम्मा का प्राकृतिक नियम" के द्वारा अपने आप को हानि पहुंचाते हैं। कम्मा का प्राकृतिक नियम कारण और असर, कार्य और परिणाम, वास्तव में हमारे निर्णयों का परिणाम है। अगर आप अकुशल निर्णय लेते हैं, उसके अकुशल नतीजे होंगे। हमारी तृष्णा, क्रोध और अज्ञानता (असली वास्तविकता से अनजान होना) की वजह से एक अनिर्वाणी मन वह नहीं समझता जो वह नहीं समझता, और इसलिए, अकुशल निर्णय लेता है जिससे दुनिया को हानि पहुँचती है। फिर वह हानि आपके पास दूसरों की नीयत, वाणी, और कार्यों के ज़रिए वापस आती है। कम्मा पर और भी बातें "कम्मा क्या है और वह हमें कैसे प्रभावित करता है" (चैप्टर ९) शीर्षक वाले चैप्टर में हैं।

ये शिक्षा और अभ्यास दूसरे प्राणियों के लिए गैर-हानि या हानिहीनता की हैं जिससे आप अकुशल परिणाम न पैदा करें (यानि अकुशल कम्मा), जो आपके पास वापस लौटेगा।

अष्टांग पथ का करीबी से अभ्यास करके, आप हानिहीनता का अभ्यास करते हुए ये सुनिश्चित करेंगे कि दूसरे प्राणियों को कोई हानि न पहुँचे, और फिर, आप अंदरूनी शांति, निर्वाण या निब्बाना को, एक भाग में, अकुशल कम्मा का निष्कासन करके और उसको बुझा कर प्राप्त कर सकते हैं।

आर्य अष्टांग पथ - अभ्यास का मार्ग जो ले जाता है असंतुष्टि के निष्कासन की ओर

और क्या, भिक्षुओं, है आर्य सत्य उस अभ्यास के मार्ग का जो ले जाता है असंतुष्टि के निष्कासन की ओर?

ये यही है आर्य अष्टांग पथ, जिसका नाम है: सही दृष्टि; सही नीयत; सही वाणी; सही कार्य; सही रोजगार; सही प्रयत्न; सही माइंडफुलनेस; सही एकाग्रता।

और क्या, भिक्षुओं, है सही दृष्टि?

ये है, भिक्षुओं, प्रज्ञा असंतुष्टि की, प्रज्ञा असंतुष्टि के कारण की, प्रज्ञा असंतुष्टि के निष्कासन की, और प्रज्ञा उस अभ्यास के मार्ग की जो ले जाता है असंतुष्टि के निष्कासन की ओर। इसे कहते हैं सही दृष्टि।

और क्या, भिक्षुओं, है सही नीयत?

नीयत त्यागने की, नीयत गैर-दुर्भावना की, नीयत हानिहीनता की। इसे, भिक्षुओं, कहते हैं सही नीयत।

और क्या, भिक्षुओं, है सही वाणी?

परहेज करना झूठ बोलने से, परहेज करना बदनामी करने से, परहेज करना कठोर वाणी से, परहेज करना छिछोरी वाणी से। इसको कहते हैं सही वाणी।

और क्या, भिक्षुओं, है सही कार्य?

परहेज करना जान लेने से, परहेज करना जो नहीं दिया गया उसे लेने से, परहेज करना यौन दुराचार से। इसे कहते हैं सही कार्य।

और क्या, भिक्षुओं, है सही रोजगार?

यहाँ, भिक्षुओं, एक आर्य शिष्य, जिसने गलत रोजगार छोड़ दिया है, अपने आप को रखता है सही रोजगार में।

और क्या, भिक्षुओं, है सही प्रयत्न?

यहाँ, भिक्षुओं, एक भिक्षु अपनी नीयत को जगाता है, प्रयत्न करता है, ऊर्जा को हिलाता हैं, अपना मन लगाता है और उभरने से रोकने की कोशिश करता है न-उभरी हुई दुष्ट अकुशल मानसिक स्थितियों को। वह अपनी नीयत को जागता है, प्रयत्न करता है, ऊर्जा को हिलाता हैं, अपना मन लगाता है और काबू पाने की कोशिश करता है उन दुष्ट अकुशल मानसिक स्थितियों पर जो उभर चुकी हैं। वह अपनी नीयत को जागता है, प्रयत्न करता है, ऊर्जा को हिलाता हैं, अपना मन लगाता है और पैदा करने की कोशिश करता है उन कुशल स्थितियों को जो उभर चुकी हैं; उनको धुँधली नहीं होने देता, उनको और ज्यादा विकास की ओर बढ़ाता है, पूरे उत्तम विकास के लिए। इसे कहते हैं सही प्रयत्न।

आर्य अष्टांग पथ - अभ्यास का पथ जो ले जाता है असंतुष्टि के निष्कासन की ओर (जारी)

और क्या, भिक्षुओं, है सही माइंडफुलनेस?

यहाँ, भिक्षुओं, एक भिक्षु चिंतन में रहता है शरीर को शरीर के जैसे देखते हुए, समर्पित, स्पष्ट जागरूकता के साथ और सावधान, दुनिया के बारे में तृष्णा और चिंता को अलग रख कर; वह चिंतन में रहता है भावना को भावना के जैसे देखते हुए, समर्पित, स्पष्ट जागरूकता के साथ और सावधान, दुनिया के बारे में तृष्णा और चिंता को अलग रख कर; वह चिंतन में रहता है मन को मन के जैसे देखते हुए, समर्पित, स्पष्ट जागरूकता के साथ और सावधान, दुनिया के बारे में तृष्णा और चिंता को अलग रख कर; वह चिंतन में रहता है मानसिक चीज़ों को मानसिक चीज़ों के जैसे देखते हुए, समर्पित, स्पष्ट जागरूकता के साथ और सावधान, दुनिया के बारे में तृष्णा और चिंता को अलग रख कर। इसे कहते हैं सही माइंडफुलनेस।

और क्या, भिक्षुओं, है सही एकाग्रता?

यहाँ, एक भिक्षु, इंद्रिय-लालसाओं से दूर, अकुशल मानसिक स्थितियों से दूर, वह प्रवेश करता है और रहता है पहले झाना में, जो सोच और विचारमग्नता के साथ है, एकांत पर आधारित, उत्तेजना और आनंद से भरा हुआ। और फिर सोच और विचारमग्नता के कम होने से, अंदरूनी शांतचित्तता बढ़ा कर और मन की एकता के साथ, वह प्रवेश करता है और रहता है दूसरे झाना में, जो सोच और विचार के साथ है, एकाग्रता पर आधारित, उत्तेजना और आनंद से भरा हुआ। और उत्तेजना के धुँधलाने के साथ, अविचलित रहते हुए (परेशान या उत्तेजित होने में असमर्थ; निश्चल; निर्मल) सावधान और स्पष्टता के साथ जागरूक, उसको उस आनंद का अनुभव होता है जिसके बारे में आर्य लोग कहते हैं:

'शांत है वह जो रहता है समभाव और माइंडफुलनेस के साथ', वह प्रवेश करता है तीसरे झाना में। और फिर, प्रसन्नता और दर्द को छोड़ कर, और पुराने हर्ष और उदासी के धुँधलाने पर, वह प्रवेश करता है चौथे झाना में, जो प्रसन्नता और दर्द के परे है, और समभाव और माइंडफुलनेस से शुद्ध किया गया है। इसे कहते हैं सही एकाग्रता।

और उसको, भिक्षुओं, कहते हैं अभ्यास का मार्ग जो ले जाता है असंतुष्टि के निष्कासन की ओर।

(गौतम बुद्ध)

(संदर्भ: दीघ निकाय २२)

१.) सही दृष्टि: "सही दृष्टि" रखना चार आर्य सत्यों की स्पष्ट जानकारी रखना है, और इस शिक्षा का अभ्यास करें जिससे आपको पता चले कि यह सत्य है।

आपको समझना होगा की चार आर्य सत्य व्याख्या करते हैं प्रज्ञा असंतुष्टि की, प्रज्ञा असंतुष्टि के कारण की, प्रज्ञा असंतुष्टि के निष्कासन की, और प्रज्ञा उस अभ्यास के रास्ते की जो ले जाती है असंतुष्टि के निष्कासन की ओर।

अष्टांग पथ मन की असंतुष्टि के निष्कासन के आगे के पथ की व्याख्या करता है। आपको अपनी नीयत, वाणी और कार्यों की जिम्मेदारी लेनी पड़ेगी, ये एहसास कर कि आप मन को असंतुष्ट करते हैं, कोई और या कोई बाहरी चीज़ नहीं। केवल आप ही मन की असंतुष्टि का कारण हैं और केवल आप ही अष्टांग पथ को सीखने और उसके अभ्यास के द्वारा मन की असंतुष्टि का निष्कासन कर सकते हैं। इसको "सही दृष्टि" का अभ्यास कहते हैं।

अगर आप किसी और को अपनी सुखद भावनाओं, दुखद भावनाओं, और भावनाओं जो हैं न दुखद-न-सुखद (असंतुष्टि) के लिए दोषी ठहराते हैं, तो आप सही दृष्टि नहीं बल्कि "गलत दृष्टि" का अभ्यास कर रहे हैं।

आपको इस प्रज्ञा को समझना और पहचानना होगा कि कोई और या कोई चीज़ मन को असंतुष्ट बना नहीं सकती, ये आप केवल खुद ही कर सकते हैं। अगर आप अपने मन की जिम्मेदारी नहीं लेंगे और दूसरों को अपनी असंतुष्टि के लिए दोषी ठहराएंगे, तब आप देखेंगे कि मन की असंतुष्टि का निष्कासन करना असंभव है।

गलत दृष्टि का मतलब है मन में असंतुष्टि किसी और या किसी चीज़ की वजह से हुई है, और इसलिए आपके पास उसका निष्कासन करने की कोई काबिलियता नहीं है।

सही दृष्टि किसी और या किसी चीज़ पर बिना दोष डाले हुए यह मानना और देखना है कि मन की असंतुष्टि के निष्कासन की जिम्मेदारी आपकी है। आप अपनी असंतुष्ट भावनाओं के लिए १००% जिम्मेदार हैं। इसका मतलब आप अपने मन से असंतुष्टि का १००% निष्कासन कर सकते हैं। इस जिम्मेदारी को मानना शांत मन की ओर बढ़ने का और मन की असंतुष्टि का १००% निष्कासन करने का सबसे पहला कदम है।

२.) सही नीयत: सही नीयत, या "सही विचार", या "सही सोच", मन में दुर्भावना और हानि के न होने के साथ त्याग (छोड़ देने) में दिलचस्पी से बनती है। आपको गैर-दुर्भावना और हानिहीनता का अभ्यास करते हुए अकुशलता को छोड़ने की नीयत का अभ्यास करना पड़ेगा।

सद्भावना, हानिहीनता, और सभी प्राणियों के लिए कुशल नीयत जरूरी है। दुर्भावना, हानि, तृष्णा, क्रोध, और अज्ञानता (असली वास्तविकता से अनजान होना), अहं, या दूसरी अकुशल मानसिक स्थितियों पर आधारित नीयत अकुशल वाणी या कार्य को पैदा करेगी जिसके अकुशल परिणाम होंगे (यानि अकुशल कम्मा)।

आपके पास हमेशा "सही" या "अच्छी" नीयत, विचार और सोच होनी चाहिए जो दूसरे प्राणियों के लिए सकारात्मक और लाभदायक हो जिससे आपकी अच्छाई के लिए सबसे अच्छे नतीजे उत्पन्न हों।

सही नीयत के तीन अंग हैं:

त्याग: मन को "त्याग" या "संन्यास" का, अकुशलता और वास्तविकता के बारे में मन की गलत आस्थाओं और धारणाओं को "छोड़ देने" और उनके "जाने देने" में दिलचस्पी एवं स्वेच्छा का अभ्यास करना होगा। असंतुष्टि का कारण मन की तृष्णा/लालसा/चिपकाव (तीव्र उत्सुकता के साथ मानसिक तमन्ना) है, जो असंतुष्ट भावनाओं का स्रोत है।

जब तक मन "पकड़ कर" बैठा है, वह असंतुष्टि का अनुभव करता रहेगा।

जब तक वह "छोड़ देने" और "मध्य में" रहने का प्रशिक्षण नहीं कर लेता, मन निरंतर असंतुष्टि का अनुभव करता रहेगा। छोड़ देने की नीयत, या संन्यास के साथ, मन अपनी हानिकारक आदतों को त्यागने के लिए और कुशल नैतिक आचरण और मानसिक अनुशासन को अष्टांग पथ के बाकी कदमों के द्वारा विकसित करने के लिए तैयार रहता है, साथ में वास्तविकता के बारे में गलत आस्थाओं और धारणाओं का निष्कासन करता है।

गैर-दुर्भावना: मन को प्रेमभरी-कृपा की नीयत और अभ्यास को विकसित करना होगा, जो दुर्भावना का बिल्कुल उल्टा है, यानी "गैर-दुर्भावना"। प्रेमभरी-कृपा हर प्राणी के लिए बिना आकलन के सक्रिय सद्भाव है। सब प्राणियों के अच्छे रहने में गहरी दिलचस्पी। सब प्राणियों, खुद को मिलाकर, के अच्छे रहने की नीयत का विकास के द्वारा मन में प्रेमभरी-कृपा भर जाती है और उसने दुर्भावना का

निष्कासन कर दिया होता है। मन फिर दूसरों को हानि पहुँचाने में दिलचस्पी नहीं रखता और अष्टांग पथ के दूसरे भागों को एक अच्छी तरह विकसित जीवन अभ्यास की तरह विकास करने का रास्ता ढूंढ लेता है।

हानिहीनता: मन को "सही" या "अच्छी" सोच, विचार, नीयत होना जरूरी है जिससे कि वह दूसरे प्राणियों को हानि न पहुँचाए। कोई भी हानि हम किसी प्राणी को अगर पहुँचाते हैं, वह केवल हमें वापस ही मिलेगी और हमारी अपने को हानि पहुँचाने का स्रोत होगा। दूसरे प्राणियों को हानि पहुँचाने का मतलब है रेत को लात मारकर उसे अपनी आँखों में वापस झोंकना।

ये जानकर कि अगर कोई भी हानि आपने पहुँचाई वह आपके पास वापस आएगी, मन दूसरों को बार-बार हानि पहुँचाने का चुनाव क्यों करना चाहेगा? हानिहीनता की नीयत का अभ्यास ये सुनिश्चित करेगा कि मन दूसरों को हानि पहुँचाने की दिलचस्पी और प्रेरणा नहीं रखेगा, और अष्टांग पथ को बढ़ाने के बाकी निर्णय लेने और शिक्षाओं को रोजमर्रा की जिंदगी में अभ्यास करने में आसानी होगी।

सही नीयत मन में छोड़ देने की प्रज्ञा की नींव रखने में मदद करता है, जिससे दूसरे प्राणियों के अच्छे रहने में असली दिलचस्पी रहती है, और हानिहीनता का अभ्यास होता है, जिससे निर्वाण के पथ के बाकी तत्वों का विकास और अभ्यास अष्टांग पथ के द्वारा होता है।

३.) सही वाणी: सही वाणी ये सुनिश्चित करती है कि हम अपने संचार से और प्राणियों को हानि न पहुँचाएँ। गौतम बुद्ध के जीवनकाल में संचार केवल "जबानी वाणी से" किया जाता था। आजकल हम एक-दूसरे से जबानी वाणी, टेक्स्ट/चैट संदेश, ईमेल, सोशल मीडिया पोस्ट, और अलग-अलग प्रकार के लिखित संचार से बातचीत करते हैं। सारी बातचीत या तो "हानिहीन और कुशल" या "हानिकारक और अकुशल" हो सकती है। लेकिन हानिहीन संचार को सीखने और अभ्यास करने के चुनाव से, या सही वाणी से, आप फिर सुनिश्चित कर रहे हैं कि जैसे आप एक-दूसरे से मिलजुल रहे हैं उससे हानि न हो, और आपको हानि वापस न पहुँचे।

सही वाणी के अभ्यास, या सही संचार के लिए, एक अभ्यासकर्ता को अच्छी बोली वाणी के पाँच तत्वों को सभी बातचीत में मन को *धीरे-धीरे* प्रशिक्षित करके, पूरी तरह विकसित करना और उसका अभ्यास करना होगा। इसमें सभी संचार में विनम्र, कृपालु, दोस्ताना, सम्मानजनक, और कुशल वाणी शामिल हैं।

अच्छी बोली गई वाणी के पाँच तत्व

भिक्षुओं, जिसमें यह पाँच तत्व हैं, वाणी अच्छी बोली गई है, खराब बोली गई नहीं, यह है दोषहीन और प्रज्ञापूर्ण के तिरस्कार (अस्वीकृति) के परे।

कौन से पाँच?

(१) यह बोली गई **सही समय** पर;
(२) जो बोला वह **सत्य** हो;
(३) यह बोली गई **कोमलता** से;
(४) जो बोला वह **लाभदायक** हो;
(५) यह बोली गई **मन में प्रेमभरी-कृपा** से;

जिसमें यह पाँच तत्व हैं, वाणी अच्छी बोली गई है, खराब बोली गई नहीं, यह है **दोषहीन** और प्रज्ञापूर्ण के तिरस्कार (अस्वीकृति) के परे।

(गौतम बुद्ध)

(संदर्भ: अंगुत्तर निकाय ५.१९८)

सही समय: एक अभ्यासकर्ता के लिए सुनिश्चित करना जरूरी है कि वह बोलने के लिए सही समय का चुनाव कर रहा है। इसमें शामिल है जब दूसरे बोल रहे हों तो उन्हें टोकना नहीं, धैर्य को चुनना और सही समय पर बोलना। इसमें सुनिश्चित करना कि मन बोलने के लिए तैयार है और बोलने को चुनना उस समय पर जब मन स्पष्ट और एकाग्र है न कि जिस बारे में बात करनी है उसके बारे में क्रोधित या फिर उलझा हुआ हो। अगर मन क्रोधित और अकेंद्रित है वह वो बातचीत करेगा जो दूसरों के लिए हानिकारक है, और उन्हें हमारी असंतुष्ट भावनाओं और अकेंद्रित या असंगठित विचारों को छाँटना होगा।

अगर मन असंतुष्ट है, तो यह बोलने का गलत वक्त है। बातचीत को स्थगित करना मन अपनी निश्चलता, माइंडफुलनेस, और एकाग्रता को वापस लाने में मदद कर सकता है, और फिर ये सुनिश्चित कर सकता है कि आप सही वक्त पर प्रज्ञा के साथ बात करें। अगर मन में सही नीयत, सही माइंडफुलनेस और सही एकाग्रता की कमी है तो यह बातचीत करने का सही समय नहीं है। मन को

इन मन के गुणों को वापस लाने का मौका दीजिए और फिर सही वक्त पर बातचीत कीजिए जब आप हानिहीनता का अभ्यास मन की पूरी जागरूकता और एकाग्रता या मन की एकता के साथ कर सकते हैं।

ये भी जरूरी है कि आप ये ध्यान दें और ये सोचें कि क्या ये दूसरे व्यक्ति से बातचीत करने का सही वक्त है कि नहीं। अगर वह क्रोधित हैं, निराश हैं, या चिड़चिड़े हैं, ये ज्यादातर बात करने का सही वक्त नहीं है। आप बातचीत के विषय के बारे में विचार कर सकते हैं और सुनिश्चित कर सकते हैं कि इस विषय पर बात करने का या सही वक्त है। जब लोग पहले घर आते हैं या अभी अपनी मंजिल से आए हैं, काफी बार ये बेहतर होगा कि ज्यादातर विषयों के बारे में बातचीत करने से पहले आप उनके मन को जहाँ वो आए हैं वहाँ के नए वातावरण के साथ घुलने-मिलने का मौका दीजिए, खासकर उन विषयों के बारे में जो भारी प्रकृति के हैं। विषय जो जरूरी हैं, नाटकीय हैं, या जिनकी वजह से जिंदगी में काफी बदलाव आ सकता है, उनकी बातचीत का सही वक्त वो है जब आपका मन, और, जो भागीदार हैं उनका मन, उस विषय के बारे बातचीत करने के लिए तैयार हैं। यह प्रज्ञापूर्ण होगा कि वह गहरी बातचीत शुरू करने से पहले आप दूसरे व्यक्ति से पूछें कि उसके लिए किसी विषय के बारे में बात करने का अच्छा वक्त है कि नहीं, जिससे किसी की जिंदगी में काफी असर पड़ सकता है। एक प्रज्ञापूर्ण अभ्यासकर्ता होने के नाते, आपके दूसरे व्यक्ति के मन को बड़ी बातचीत करने के पहले सवाल करने के द्वारा तैयार करना पड़ सकता है, कि यह अच्छा समय है कि नहीं, बजाय इसके कि आप पूरी तरह से बातचीत शुरू कर दें।

किसी से बात करने का सही वक्त क्या है परीक्षण और भूल विधि से विकसित करना होगा और उसकी सही समझ वर्तमान क्षण में विषय के अनूठेपन और उस बातचीत से जुड़े हुए लोगों की मानसिक स्थिति पर निर्भर है।

सत्य: सत्य बात ये सुनिश्चित करती है कि आप सत्य-बोलनेवाले हो, जिस पर निर्भर किया जा सकता है, भरोसेमंद, विश्वसनीय, दुनिया को बेवकूफ बनाने वाला नहीं। एक अभ्यासकर्ता जो हमेशा सत्य बोलता है मददगार होने की काबिलियत विकसित करता है और दूसरे उसका आदर करते हैं क्योंकि लोग आपके सत्य बोलने के आदी हो जाते हैं। आपके समुदाय में सबको जानकारी हो जाएगी कि जब आप बोलते हैं, आप केवल सत्य बोलते हैं, इसलिए, आपको दूसरों की मदद करने में ज्यादा आसानी होगी और सभी परियोजनाओं और कार्यों में, जिनमें आप शामिल हैं, आपको उनको बेहतर करने के लिए प्रोत्साहन देने में आसानी होगी।

सत्य बोलने के द्वारा, आप बन जाते हैं "वह जिसकी लोग सुनते हैं", जिसका दुनिया में आदर होता है, न कि दुनिया को बेवकूफ बनाने वाला।

आप देखेंगे कि आपके पास दुनिया में लाभदायक परिणामों के साथ आगे बढ़ने के मौके और आसानी से आयेंगे क्योंकि आपकी निजी और व्यापारिक जिंदगी में लोग जानेंगे कि आप झूठे नहीं और भरोसेमंद एवं विश्वसनीय हैं। अगर आप असत्य बोलते हैं, लोग चिंता करेंगे कि आप और किस के बारे में झूठ बोल रहे हैं और इससे आपकी प्रतिष्ठा काफी कम हो जाएगी जिससे आपकी जिंदगी में सफलता प्राप्त करने में काफी बाधाएँ आएँगी।

सत्य बोलना न ही केवल प्रज्ञापूर्ण है, एक जानबूझ के बोले गए झूठ की तुलना में, लेकिन ये भी जरूरी है कि आप जो आप अपनी बातचीत के द्वारा कह रहे हैं आप उसकी सत्यता को स्थापित करें कि वह १००% सत्य है। चाहे आप बोल, लिख या किसी और तरह से संचार कर रहे हैं, ये सुनिश्चित करना कि आप जो दूसरे के साथ बाँट रहे हैं उसके सत्य को आपने खुद स्थापित किया है, ये सुनिश्चित करेगा कि सबसे बढ़िया परिणाम निकलेंगे और आपका मन इस आराम में रहेगा कि आपने जो बाँटा है वह सही और सत्य है। असत्य को आगे बढ़ाना, षड्यंत्र थ्योरी, या कोई और निराधार विषय दुनिया में हानि ही पहुँचाएगा, और इसलिए, आपके लिए अकुशल परिणाम उत्पन्न हो सकते हैं। जहाँ आप अपने सीधे अनुभव से बात कर सकते हैं, ये सुनिश्चित करेगा कि आप सत्य बोल रहे हैं, न केवल जान-बूझकर झूठ न बोलने की वजह से, लेकिन यह भी सुनिश्चित करने से की जो भी बातचीत हुई वह सत्य है और प्रज्ञा पर आधारित है।

हमेशा सत्य बोलने से मन में आराम रहता है और मन का बोझ उतरता है। अगर कोई हमेशा सत्य बोलता है, तो उन्हें वर्तमान क्षण में बातचीत करने के लिए अतीत में की गई अलग-अलग बातों और बयानों में जाने की जरूरत नहीं है। एक अभ्यासकर्ता केवल हमेशा सत्य को देख सकता है, सत्य बोल सकता है, और मन आराम से रह सकता है ये जानते हुए कि आप हमेशा सत्य ही बोल रहे हैं। इससे बातचीत होने में आसानी होती है, बिना रुकावट के, और कम मेहनत लगती है जिससे मन का बोझ उतरता है। मन आराम कर और आराम से रह सकता है यह जानते हुए कि आप हमेशा केवल सत्य बोल रहे हैं।

कोमलता से बोली गई: कोमलता से बोलने के लिए, एक इंसान को अपने संचार में कोमल लहजा, गति, और शब्द के चुनाव के प्रशिक्षण और अभ्यास पर करीबी से ध्यान देना चाहिए। ये देखकर कि उन व्यक्तियों के बीच में जिनसे आप बातचीत कर रहे हैं, क्या काम कर रहा है और क्या नहीं, आप काफी जल्दी बातचीत को बेहतर बना सकते हैं, और इसलिए, कैसे हम एक-दूसरे से बातचीत करते हैं। आप ये देख सकते हैं और इस बात से जागरूक हो सकते हैं कैसे निश्चल और कोमल शब्द आपके लक्ष्य को पाने के लिए जल्द और कठोर शब्द से ज्यादा आसानी से काम करते हैं। आपको अभ्यास, देखना और अपनी बातचीत के ढंग को तब तक ठीक करना पड़ेगा जब तक मन हर संचार में बिना मेहनत के और कोमलता से बात करने में लहजे, गति, और शब्द की तरफ पास से ध्यान देते हुए बारीकी से सुर में नहीं आ जाता।

जब आप कोमलता से बात नहीं करते, देखिए वह कैसे दूसरों को हानि पहुँचाता है, और इसलिए आपके रिश्तों को हानि पहुँचाता है। अपनी बातचीत को कोमलता से हर परिस्थिति में बात करने की तरफ लाने में आपको मुश्किलें आएँगी। *धीरे-धीरे* आप जैसे अपने जीवन अभ्यास का विकास करते हैं, लेकिन कोमलता से बात नहीं कर पाते, आप क्षमा माँग सकते हैं, बेहतरी की कोशिश कर सकते हैं, फिर मेहनत कर हर बातचीत में बेहतरी की ओर बढ़ सकते हैं।

लाभदायक: एक अभ्यासकर्ता जो लाभदायक तरीके से बात कर रहा है ये सुनिश्चित करेगा कि उसका संचार स्पष्ट, संक्षिप्त, और अच्छी तरह बोला गया है, ये सुनिश्चित करते हुए कि वाणी उद्देश्यपूर्ण है और दूसरों को मदद करने की दिलचस्पी के साथ है। अगर किसी ने अस्पष्ट, संक्षिप्तता के अभाव में बोला और खराब तरीके के साथ संचारित किया गया होगा तो वह दूसरों को हानि पहुँचाएगा और उन्हें आपकी अस्पष्ट बातचीत को छाँटना होगा ये पता लगाने के लिए कि आप क्या कहना चाह रहे हैं।

एक अच्छी तरह एकाग्र मन के द्वारा, जो दूसरों को हानि पहुँचाने में दिलचस्पी नहीं रखता, आप अपने मन को प्रशिक्षण देना तय कर सकते हैं, अपने मन के विचारों को समेट कर स्पष्ट, संक्षिप्त, और अच्छी तरह बोलना का तरीका, जो यह सुनिश्चित करता है कि बात को सुनने वाले को आपकी बात समझने के लिए बहुत मेहनत न करनी पड़े। बातचीत उद्देश्यपूर्ण और सटीक होनी चाहिए बिना तुच्छ वाणी या बिना मतलब के लंबी बातों के।

अगर आप लोगों को अपनी बात समझने के लिए मेहनत करायेंगे, लोग आपसे बातचीत करने कम से कम दिलचस्पी दिखाएँगे। लोग सुनना बंद कर देंगे और "आपकी अनसुनी कर देंगे"। इससे आपको निराशा होगी और आपको अपनी जिंदगी में अपना लक्ष्य प्राप्त करने में मुश्किल होगी।

अपने संचार में प्रभावशीलता विकसित करने के लिए, आपकी वाणी उद्देश्यपूर्ण बातचीत के द्वारा दूसरे के लिए लाभदायक होनी चाहिए, जो अपने आप को खुश करने के लिए या अपनी स्वार्थी लालसाओं से न उभरी हों। इसके बजाय दूसरों की मदद करने के तरीके ढूँढिये, जो स्पष्ट, संक्षिप्त, और अच्छी तरह बोलने के तरीके से ध्यान करे लोगों को सद्भाव में साथ लाने के लिए न कि विवादपूर्ण हितहीन बातचीत के लिए।

प्रेमभरी-कृपा वाले मन के साथ: सही नीयत के अभ्यास के अच्छे विकास के साथ, एक अभ्यासकर्ता को सब प्राणियों के लिए प्रेमभरी-कृपा होनी चाहिए। प्रेमभरी-कृपा दूसरे प्राणियों के लिए बिना आकलन के सक्रिय सद्भाव है। दूसरे प्राणियों को अच्छा देखने में असली दिलचस्पी।

सही नीयत, सही विचार, या सही सोच को सही वाणी में लाकर सद्भाव के साथ शब्द बोलने में और दूसरे प्राणियों को अच्छा देखने में असली दिलचस्पी रखने में मन अच्छी तरह तैयार हो जाता है। अगर आपकी बातचीत में कोई दुर्भावना घुस जाती है, यह दूसरों को हानि पहुँचायेगी, और इसलिए, आपको हानि पहुँचायेगी।

हालाँकि सतह पर ताना हँसी मजाक और हानिहीन लगता है, सच्चाई में ताने के पीछे का इरादा ज्यादातर दुर्भावना भरा और गलत नीयत के साथ होता है। हो सकता है वह सही समय, कोमल, और लाभदायक सोचा जा सकता है, अगर ताने में गलत नीयत है दूसरे का मजाक बनाकर या खिल्ली उड़ाकर, तो वाणी प्रेमभरी-कृपा के साथ नहीं बोली जा रही।

इसलिए, कोई भी वाणी जिसमें ताना भी शामिल है उसमें अगर दुर्भावना है तो वह हानिकारक है और वह केवल आपके पास वापस आकर आपको हानि पहुँचाएगी। लोग आपसे वैसे ही बात करेंगे जैसे आप दूसरों के साथ करते हैं। वह ताने के साथ गलत नीयत के साथ बोली गई वाणी, दूसरों का मजाक बनाना और खिल्ली उड़ाना, केवल आपको वापस ही मिलेगी क्योंकि आप यह वाणी दूसरों पर इस्तेमाल करने का चुनाव कर रहे हैं। इसके बजाय, अगर आप प्रेमभरी-कृपा के मन के साथ बोलते हैं, लोग आपसे इस तरह बात करने का चुनाव करेंगे। समय के साथ, ज्यादा से ज्यादा लोग आपके

लाभदायक नैतिक आचरण को देखेंगे और आपके साथ उस तरह का बर्ताव करना का चुनाव करेंगे जैसा आप दूसरों के साथ करते हैं।

दोषहीन: कोई भी किसी चीज़ के लिए दोषी ठहराना या किसी बात के लिए गलत लगना पसंद नहीं करता। जबकि यह हो सकता है कि किसी ने गलती करी है, यह एक गलती या दुर्घटना भी हो सकती है, और अगर आप अपने संचार में दोष डालने की कोशिश करेंगे, उससे केवल दीवारें ही खड़ी होंगीं। और, अगर उस व्यक्ति ने सच में कोई गलती नहीं की है और उस पर गलत इल्जाम लगाया जा रहा है, इससे केवल दूरियां बढ़ेंगी और बहस होगी - दोषभरी वाणी हानिकारक वाणी है।

अगर हम दूसरों को दोषी ठहराने का चुनाव करते हैं, और उन्हें अपनी गलती के लिए अपने लिए अपराधबोध की भावना को महसूस कराते हैं, तो लोग आपसे परिवार का सदस्य, दोस्त, या सहयोगी की तरह बातचीत करना नहीं चाहेंगे। दोष देने की तरफ ध्यान देने की बजाय, एक अच्छी तरह प्रशिक्षित मन इस लालसा को छोड़ कर गलती का हल ढूँढने की ओर ध्यान दे सकता है। इसकी कोई जरूरत नहीं है कि किसी पर दोष लेने का दबाव डाला जाए, इसकी बजाय, असली चुनौती यह है कि इस अनित्य परिस्थिति से आगे कैसे बढ़ाया जाए जिसमें शांति और सद्भाव हो और सब लोग पूरा महसूस करें।

दूसरों पर दोष डालने से केवल दूसरे के लिए, उनकी कोशिश को नीचा दिखाने के द्वारा हानि उत्पन्न होगी, इसलिए यह आपके निजी और व्यावसायिक रिश्तों को हानि पहुँचाएँगी। गलती और दुर्घटना "गलती और दुर्घटना" हैं, तो उनके लिए दूसरों को दोषभरी वाणी से सबक सिखाना दूसरों को आपसे दूर ही भगायेगा जहाँ आपके पास आपके सामने लक्ष्य और उद्देश्य को पाने के लिए सहायता नहीं मिलेगी। अतीत में जो परिस्थितियाँ थीं उनका किसी पर दोष का दबाव डालने की बजाय, वर्तमान क्षण पर ध्यान करें और यह देखें कि इस परिस्थिति का हल सब जुड़े हुए लोगों के लिए सबसे अच्छे परिणामों के साथ कैसे निकले। इसके लिए सबसे बढ़िया होगा कि आप हौंसले, सहायता, और प्रेरणा भरे शब्दों को ढूँढ सकें जिससे की किसी लक्ष्य या उद्देश्य को पूरा करने के लिए सब सहभागी अपना उत्साह और साथ काम करने की दिलचस्पी को बना कर रख सकें। जो वाणी दोषहीन है वह वाणी हानिहीन है।

अपने संचार में कोई हानि न पहुँचाने के द्वारा, आप देखेंगे कि आपके रिश्ते काफी खुशगवार रहेंगे और आप अपनी जिंदगी में अनगिनत लोगों के लिए प्रेरणा का स्रोत बनेंगे।

आप अच्छी बोली गई वाणी के पाँच तत्वों और दोषहीन बातचीत की जरूरत के ऊपर विचार कर सकते हैं और देख सकते हैं कि आपने जब ऐसे नहीं बोला, तो आपकी बातचीत और रिश्ते या तो खत्म हो गए या उन पर बुरा असर पड़ा होगा। इसके विपरीत, आप देख सकते हैं कि ऐसा बोलने से, सब भागीदारों ने सीखा होगा, समझा होगा और कुछ लक्ष्य प्राप्त करने के समय सद्भाव बनाए रखा होगा।

जब आप देखें कि मन इन पाँच (५) तत्वों का अभ्यास नहीं कर रहा, अपने नैतिक आचरण को ऊर्जा और मन के सक्रिय प्रशिक्षण से बेहतर बनाने की कोशिश कीजिए और बार बार कोशिश कीजिए। अपनी वाणी को इन पाँच (५) तत्वों के और पास लाने की कोशिश कीजिए, और देखिए कि आपके निजी और व्यापारिक रिश्ते कितने प्रभावशील तरीके से बेहतर होते हैं, जैसे जैसे आप अपनी सही वाणी या सही संचार के जीवन अभ्यास को बेहतर बनाने की ओर ध्यान देते हैं।

अगर आप इन पाँच (५) तत्वों का पूरी तरह अभ्यास नहीं करने का चुनाव करते हैं, तो आप "गलत वाणी" या "गलत संचार" का अभ्यास करने से संबंधित संघर्ष और चुनौतियों को देखेंगे। व्यक्तिगत और व्यापारिक रिश्तों में संघर्ष और मुश्किलों की वजह से और चुनौतियां आएँगी, जिससे लक्ष्य और उद्देश्य को प्राप्त करने में और मेहनत लगेगी। मन से ऊर्जा निकल जाएगी क्योंकि वह विनम्र, कृपालु, दोस्ताना और सम्मानजनक रिश्तों के लिए निरंतर संघर्ष करना पड़ेगा।

अगर आपका किसी बातचीत में कोई एक (१) तत्व नहीं है, आपकी बातचीत की विवादपूर्ण बनने की या मुश्किल जगह पर जाने की संभावना है, जो आप चाहेंगे कि कभी न हो। मन को प्रशिक्षण दे कर इन पाँच (५) तत्वों के करीब से करीब लाने से आपको अपनी जिंदगी में बेहतर नतीजे लाने में मदद मिलेगी। ये बोलने का तरीका "एक बेहतर जिंदगी का तरीका" है जो दूसरों के लिए फायदेमंद है, इसलिए, ये आपके लिए फायदेमंद होगा। जैसे जैसे आपका अभ्यास और लाभदायक होगा, आपको और भी लाभ वापस मिलेगा।

हमें बेकार बकवास या उद्देश्यहीन बातों में लगना नहीं चाहिए जिसमें गप्पें, कठोर भाषा, झूठ के साथ गलत वाणी, छल, या बदनामी शामिल हैं।

बदनामी (गप्पें) : वाणी या संचार जो किसी इंसान/कंपनी/संगठन/देश/जन समूह, इत्यादि, की प्रतिष्ठा को हानि पहुँचाता है, चाहें सत्य हो या झूठ।

छिछोरी वाणी (बेकार बकवास): का वर्णन "लाभहीन" या "उद्देश्यहीन" बातों के रूप में किया जाता है। यह ज्यादातर मन की तृष्णा/लालसा/चिपकाव के द्वारा होता है जहाँ एक व्यक्ति बिना कारण के भटकती हुई बातें करता है जिसमें कोई असली उद्देश्य या बोलने की जरूरत नहीं होती, बस एक बात करने की तृष्णा/लालसा/चिपकाव। उस वाणी का उद्देश्य या लाभ नहीं है। कुछ परिस्थितियों में हो सकता है कि बिना आपसी बातचीत की काबिलियत के आप जल्दी और निरंतर बोले जा रहे हैं। स्पष्ट, अच्छी तरह सोची हुई, उद्देश्यपूर्ण और लाभदायक वाणी जरूरी है। आपकी वाणी बिना दोष के या "दोषहीन" होनी चाहिए।

सही वाणी सही नीयत से उत्पन्न होती है। हानिहीनता के अभ्यास की लाभदायक नीयत से, लाभदायक और उद्देश्यपूर्ण वाणी का जन्म होगा, जो बिना अहं के है और तृष्णा, क्रोध और अज्ञानता (असली वास्तविकता से अनजान होना) से मुक्त है।

एक अच्छा अभ्यास है, "अगर आपके पास कहने के लिए कुछ अच्छा नहीं है तो आप कुछ मत कहिये"। निर्वाण प्राप्त करने के लिए आपको अच्छी बोली गई वाणी के पाँच तत्वों का अभ्यास करके "सही वाणी" सीखनी होगी।

ये नियम नहीं है जो आपको निभाने पड़ेंगे, यह आपके सब प्राणियों के साथ आपके संचार में सबसे बढ़िया नतीजों निकलें, यह सुनिश्चित करने का सबसे बढ़िया तरीका है। अपनी वाणी से दूसरों को हानि न पहुँचे, जैसे जैसे आपके व्यक्तिगत और व्यापारिक रिश्ते खिलते हैं आपकी जिंदगी आसान और ज्यादा सुखद हो जाएगी।

जब आप सही वाणी का अभ्यास नहीं करते, देखिए कि ये दूसरों को हानि कैसे पहुँचाता है, और कैसे आपके रिश्तों को हानि पहुँचाता है। आपको अपने बातचीत के तरीके को सब संचार में सही वाणी के साथ बोलने की तरफ लाने में मुश्किलें आएँगी। *धीरे-धीरे* आप जैसे अपने जीवन अभ्यास को विकसित करते हैं लेकिन सही वाणी के अभ्यास से बात नहीं कर पाते, आप क्षमा माँग सकते हैं, बेहतर बनने की कोशिश कर सकते हैं, और फिर सही प्रयत्न लगाकर हर बातचीत को बेहतर बना सकते हैं।

४.) सही कार्य: हमारे शारीरिक कार्य सही नीयत से पैदा होते हैं। प्रेमभरी-कृपा और सही नीयत के बाकी तत्वों का अभ्यास करते हुए किसी प्राणी को हानि पहुँचाने में दिलचस्पी न रखते हुए, मन उन शारीरिक कार्यों को उत्पन्न कर सकता है जिनसे हानि न हो।

आपको सही कार्यों को उत्पन्न करना होगा ये सुनिश्चित करने के लिए कि आप अपने शरीर की चाल से किसी प्राणी को हानि नहीं पहुँचा रहे। ये कार्य तृष्णा, क्रोध और अज्ञानता (असली वास्तविकता से अनजान होना) और अहं से भी मुक्त होना चाहिए। हमारे शारीरिक कार्य बिना हानि के या "हानिहीन" होने चाहिए।

सबसे ज्यादा हानिकारक शारीरिक कार्यों में जो माने गए हैं वह नीचे शामिल हैं और इनमें से किसी को भी करने के अकुशल निर्णय को लेने से, अकुशल परिणाम (यानि अकुशल कम्मा) होंगे।

एक अभ्यासकर्ता को इनके लिए अपने जीवन अभ्यास का विकास करना चाहिए:

- परहेज़ करें हत्या से
- परहेज़ करें चोरी से
- परहेज़ करें यौन आचरण के दुरुपयोग से जिससे हानि पहुँचे।
- परहेज़ करें उन पदार्थों से जो आपको असावधान (अमाइंडफुल) बनाते हैं।
- परहेज़ करें जुए से

ये कार्य बड़े तौर पर पाँच सिद्धांतों का हिस्सा हैं जो सब लोगों द्वारा अभ्यास किए जाने चाहियें। इन पाँच सिद्धांतों और अष्टांग पथ का अभ्यास करते हुए, हम एक अच्छी नैतिक जिंदगी जी सकते हैं।

हालांकि गौतम बुद्ध ने कभी ये स्पष्ट रूप से नहीं कहा, कि सही कार्य करते हुए "किसी को चेहरे पर मुक्का नहीं मारें", हम जानते हैं कि अगर हम अपने शारीरिक कार्यों से हानि पहुँचायेंगे इससे हमें हानि होगी। अगर आप किसी को मारेंगे, या वह दोस्त या कोई और व्यक्ति जिससे आप जानते नहीं हैं, आपने जो हानि पहुँचाई है वह आपके पास वापस आएगी। वह आपको मार सकते हैं, उनके दोस्त आप पर हमला बोल सकते हैं, आप जेल जा सकते हैं, या आपका कत्ल भी हो सकता है। कोई भी शारीरिक कार्य जो हानिकारक हैं दूसरों को हानि पहुँचायेंगे और फिर हानि आपको वापस दी जाएगी।

अपने शारीरिक कार्यों को शुद्ध करना जरूरी है ये सुनिश्चित करने के लिए कि आप इस तरीके से अभ्यास कर रहे हैं उससे आपके शारीरिक कार्यों के द्वारा कोई हानि उत्पन्न नहीं हो रही जिससे आपको कोई हानि न पहुँचे। हम दूसरों का आकलन नहीं करते, भेदभाव, या दूसरे हानिकारक शारीरिक कार्य नहीं बनाते। ये धर्मादेश नहीं परंतु दूसरों के साथ सद्भाव से रहने का सबसे बेहतरीन तरीका है।

५.) सही रोजगार: रोजगार वह होता है जहाँ आपकी जीविका रोज़मर्रा की जिंदगी में चलती है और आप अपना जीवन चलाते हैं किसी पेशे, नौकरी, या जीवनशैली से। हमारा रोजगार वह काम या गतिविधियाँ हैं जो हम अपना जीवन चलाने के लिए रोज करते हैं जैसे कारोबार या जीवनशैली (जैसे घर पर रहने वाले माता-पिता, स्वयंसेवक, सेवानिवृत्त व्यक्ति, धार्मिक जीवन, प्रशासनिक समर्थन, कचरा हटाना, सफाई सेवा, डॉक्टर, नेता, उद्योगपति, इत्यादि)। जीवन को चलाने वाले रोजगार से दूसरे प्राणियों को हानि नहीं पहुँचनी चाहिए। अगर हम अपना जीवन चलाने के लिए दूसरे प्राणियों को हानि पहुँचायेंगे, तो इससे हमारे जीवन में हानि उत्पन्न होगी।

उदाहरण के तौर पर, क्या आप डॉक्टर, नर्स, गाड़ी मैकेनिक, रास्ता सफाई इंजीनियर, खाना सर्वर, कचरा हटाने वाले मिस्त्री, इत्यादि हैं? क्या आप ऐसा रोजगार चला रहे हैं जो समाज और इंसानियत के लिए कुशल और लाभदायक है? "हाँ"? यह सही रोजगार है। आपको अपने रोजगार से कोई हानि नहीं पहुँचानी चाहिए।

हर व्यक्ति का एक रोजगार होता है जिसका लक्ष्य होता है या तो आर्थिक समर्थन इकट्ठा करना या नहीं करना। एक रोजगार पेशा, नौकरी, या जीवनशैली होता है जो कोई चुनता है। कुछ मामलों में, एक व्यक्ति आर्थिक लक्ष्य या पेशे की जगह व्यक्तिगत दिलचस्पी और कौशल को पाने की कोशिश कर सकता है। घर पे रहने वाले माता-पिता भी एक रोज़गार है क्योंकि यह समाज और इंसानियत के लिए योगदान है जो सीधा जीवन चलाने की गतिविधियों का समर्थन करता है लेकिन उनकी रोज़ की जिम्मेदारियों से कोई सीधा वेतन नहीं जुड़ा हुआ।

एक रोजगार केवल पैसे कमाने के लिया या धन अर्जित करने के लिए नहीं होता, पर यह दिखाता है कि हम अपना वक्त, मेहनत और ऊर्जा अपनी और अपने परिवार की जिंदगी समर्थन की गतिविधियों के लिए कैसे योगदान देते हैं। जिंदगी समर्थन की गतिविधियों को ढूँढना, एक रोजगार, जो हमें अपनी जिंदगी चलाने के लिए दूसरों की मदद करके या केवल जिंदगी समर्थन की गतिविधियां प्रदान करना

समाज में हमारी भूमिका बनके आमदनी उत्पन्न करने में मदद करती हैं, ही हमारा रोजगार है। एक रोजगार ढूँढें जो आप पसंद करते हैं और साथ में वह जिंदगी समर्थन की जरूरतों के लिए आमदनी भी प्रदान करे, यह आपके लिए निश्चित सफल रोजगार प्रदान करेगा।

जिनके लिए उनका रोजगार जरूरी आमदनी नहीं उत्पन्न करता, ऐसा कोई काम ढूँढने पर ध्यान दें जो आपको पसंद हो और जो आपको आर्थिक समर्थन भी दे। यह आपके लिए रोज़ की जिंदगी के लिए सबसे बढ़िया परिणाम और उत्साह सुनिश्चित करेगा। अगर आप अपना रोजगार केवल पैसा, धन अर्जन, बल, प्रतिष्ठा, कोई उपाधि बनाने के लिए करते हैं, तो आप देखेंगे कि मन अपनी काम और जिम्मेदारी को निरंतर और सिलसिलेवार तरीके से पूरा करने में संघर्ष करेगा और शायद ऊब जाए या दिलचस्पी खो दे।

अगर आप रोजगार ढूँढें जो दूसरों की मदद करता है, आपको उस रोजगार में मजा आता है, और आप साथ में अपनी और आपके करीबी लोगों की जिंदगी के समर्थन में आर्थिक आमदनी भी अर्जित करते हैं, ये सबसे बढ़िया मेल होगा।

मन रोजगार की रोज़ की जिम्मेदारियों को करने में आराम से प्रोत्साहित और उत्साहित रहेगा। एक रोजगार ढूंढ़ कर जहाँ आप आमदनी अर्जित कर सकें, दूसरों की मदद कर सकें, और आप रोज़ के काम को पसंद करें, ये सुनिश्चित करेगा कि आप जिंदगी में एक भी दिन "काम" नहीं करेंगे। आपका रोजगार आपको "काम" नहीं लगेगा, इसकी बजाय, यह एक तरीका है जिससे आप रोज के प्रयत्न से दुनिया की मदद कर पाएँगे, और साथ में यह आपके और आपके परिवार के लिए जिंदगी समर्थक संसाधन भी इकट्ठा कर पाएगा। आपका रोजगार आपके जीवन अभ्यास का भाग है और हम सचेत और कुशल चुनाव ले सकते हैं जिससे हम सुनिश्चित कर सकें कि हम दूसरों की मदद करते हुए अपने लक्ष्य को प्राप्त कर रहे हैं।

गौतम बुद्ध ने हमें पाँच रोजगार बताए जिन्हें हमें नहीं करना चाहिए क्योंकि वह दूसरे प्राणियों को हानि पहुँचाते हैं, और इसलिए, अकुशल कम्मा उत्पन्न करते हैं: व्यापार शस्त्रों में, व्यापार जीवित प्राणियों में (जानवर, गुलाम, मानव तस्करी), व्यापार मांस में, व्यापार उन पदार्थों में जो मानसिक असावधानी पैदा करते हैं, और व्यापार विष में। ये सब दुनिया में हानि पहुँचाते हैं, इसलिए, अगर हम अपनी जिंदगी को इन "गलत रोजगारों" पर चलाएंगे तो हमें हानि का अनुभव होगा।

व्यापार जो नहीं करने चाहिए

भिक्षुओं, एक गृहस्थ अभ्यासकर्ता को इन पाँच व्यापारों में लगना नहीं चाहिए।

कौन से पाँच?

व्यापार शस्त्रों का,
व्यापार जीवित प्राणियों का,
व्यापार मांस का,
व्यापार उन पदार्थों का जो मानसिक असावधानी पैदा करते हैं,
व्यापार विष का।

एक गृहस्थ अभ्यासकर्ता को इन पाँच व्यापारों में लगना नहीं चाहिए।

(संदर्भ: अंगुत्तर निकाय ५.१७७)
- - - - -

और क्या भिक्षुओं, है गलत रोजगार।

षड्यंत्र रचना, चापलूसी करना, इशारे देना, अपमान करना, लाभ के लिए लाभ के पीछे भागना।

(गौतम बुद्ध)

(संदर्भ: मज्झिम निकाय १७)

ये अभ्यास के वह पहलू हैं जिनसे सही रोजगार के अभ्यास में परहेज करना का मार्गदर्शन दिया जा रहा है।

षड्यंत्र रचना: भ्रष्टाचार करना या धोखा देना।

चापलूसी करना: बहुत ज्यादा या झूठी प्रशंसा करना, विशेष रूप से अपने हित को आगे बढ़ाने में दी हो तो।

इशारे देना: अप्रत्यक्ष या गुप्त रूप से कुछ सुझाना या संकेत देना। अपने कार्यों में प्रत्यक्ष, स्पष्ट और सटीक न होना।

अपमान करना: दूसरों के काम को कम आंकने के प्रयत्न में दूसरों को नकारात्मक और अपमानजनक तरीके से नीचा दिखाना।

लाभ के लिए लाभ के पीछे भागना: केवल लाभ या लालच के लिए काम करना, अपने रोजगार के ज़रिए मानवता को लाभ पहुँचाने में वास्तविक दिलचस्पी के बिना।

जब तक आपका रोजगार इन पाँच (५) गलत रोजगारों में से किसी में भी शामिल नहीं है, आप केवल "लाभ" या स्वार्थी इच्छाओं (यानि केवल प्रसिद्धि या धन के लिए) के उद्देश्य से रोजगार नहीं चला रहे हैं, और आप अपना रोजगार उच्च नैतिकता (यानि बिना किसी षड्यंत्र, भ्रष्टाचार या छल के) के साथ चलाते हैं, तब तक आप "सही रोजगार" का अभ्यास कर रहे हैं।

नियुक्त अभ्यासकर्ताओं के लिए गौतम बुद्ध इन पाँच (५) रोजगारों से परे मार्गदर्शन प्रदान करते हैं जिन्हें "गलत रोजगार" माना जाता है। उदाहरण के लिए, गौतम बुद्ध ने मार्गदर्शन प्रदान किया कि टैटू, हस्तरेखा, मंत्र, खगोल विज्ञान पर आधारित भविष्यवाणी और अन्य प्रकार की "रोजगार" प्रदान करने वाले नियुक्त अभ्यासकर्ता "गलत रोजगार" का अभ्यास कर रहे हैं। गौतम बुद्ध की शिक्षाओं में नियुक्त अभ्यासकर्ताओं के लिए "सही रोजगार" पर अधिक विवरण हैं।

गौतम बुद्ध का नियुक्त अभ्यासकर्ताओं के लिए उद्देश्य उन्हें इन शिक्षाओं को सीखने, अभ्यास करने और बाँटने पर केंद्रित रखना था ताकि वे खुद के लिए मन में असंतुष्टि को निष्कासित कर सकें और अपने मन में असंतुष्टि को निष्कासित करने में मानवता का मार्गदर्शन कर सकें। इसलिए, नियुक्त अभ्यासकर्ता जो शिक्षाओं को सीखने, अभ्यास करने और बाँटने के अलावा अन्य रोजगारों पर ध्यान केंद्रित करते हैं, वे "सही रोजगार" का अभ्यास नहीं कर रहे हैं।

नियुक्त अभ्यासकर्ताओं की जिंदगी को गृहस्थ अभ्यासकर्ताओं द्वारा दिए जाने वाले भेंट के ज़रिए बनाए रखा जाता है। इसलिए यह जरूरी है कि वे इन शिक्षाओं का अपना अभ्यास विकसित करें और फिर उन शिक्षाओं को गृहस्थ अभ्यासकर्ताओं के साथ बाँटे ताकि वे इन शिक्षाओं से लाभान्वित हो सकें और अपना जीवन बेहतर बना सकें। यदि नियुक्त अभ्यासकर्ता शिक्षाओं को सीख, चिंतन और अभ्यास नहीं कर रहे हैं ताकि वे इन शिक्षाओं को गृहस्थ अभ्यासकर्ताओं के साथ बाँट सकें, तो वे गृहस्थ अभ्यासकर्ताओं को कुछ भी लाभ पहुँचाए बिना गृहस्थ अभ्यासकर्ताओं की भेंट और कड़ी मेहनत का लाभ उठा रहे हैं। गौतम बुद्ध नियुक्त अभ्यासकर्ताओं के समुदाय को इस तरह से कार्य कराने का इरादा नहीं रखते थे, इसलिए उन्होंने कई "गलत रोजगार" स्थापित किए जिनमें नियुक्त

अभ्यासकर्ताओं को उनके काम से विचलित करके एक जीवन अभ्यास विकसित करना और फिर दूसरों को सिखाना शामिल था।

हाल ही में, मारिजुआना एक ऐसे पदार्थ के रूप में जाना जाने लगा है जिसे कभी "ड्रग" माना जाता था, लेकिन अब बहुत से लोग इसके औषधीय गुणों को पहचान रहे हैं। यदि कोई इस दवा को उचित कानूनी माध्यमों से "दवा" के रूप में मदद करने के इरादे से बेचता है, तो उसे अभी भी "सही रोजगार" माना जाएगा। आपको मारिजुआना के विषय पर और अधिक जानकारी "पाँच सिद्धांत: गृहस्थों के लिए दैनिक अभ्यास मार्गदर्शिका" (चैप्टर ७) नामक चैप्टर ७ में मिलेगी।

इसी किताब श्रृंखला में "नीच कलाएँ" (खंड १२) के चैप्टर १४ में सही रोजगार की विस्तृत व्याख्या उपलब्ध है।

६.) सही प्रयत्न: सही प्रयत्न के चार (४) पहलू हैं जिन्हें समझना चाहिए और जिनका अभ्यास करना चाहिए।

सही प्रयत्न को लागू करने के लिए, आपको यह सब करना होगा:

क.) रोकें उन अकुशल मानसिक स्थितियों को मन में उभरने से जो अभी नहीं उभरी हैं।

ख.) त्यागें उन अकुशल मानसिक स्थितियों को जो मन में उभर चुकी हैं।

ग.) उत्पन्न करें न-उभरी हुई कुशल मानसिक स्थितियों को मन में उभरने के लिए।

घ.) बना कर रखें उन उभरी हुई कुशल मानसिक स्थितियों को जो उभर चुकी हैं, उनको धुँधला न पड़ने दें और उनके मन में विकास को बढ़ाने के लिए काम करें।

रोकें उन अकुशल मानसिक स्थितियों को मन में उभरने से जो अभी न-उभरी हैं

सही प्रयत्न के इस पहलू का एक अच्छा उदाहरण है कि आपके मन में अभी किसी दूसरे इंसान की जान लेने में शायद कोई दिलचस्पी नहीं होगी। दूसरे इंसान की जान लेने की अकुशल मानसिक स्थिति अभी मन में न-उभरी है।

सही प्रयत्न के इस पहलू को लागू करना का मतलब है इस अकुशल मानसिक स्थिति और बाकी सब अकुशल मानसिक स्थितियों को उभरने से रोकना होगा।

त्यागें उन अकुशल मानसिक स्थितियों को जो मन में उभर चुकी हैं

सही प्रयत्न के इस पहलू का एक अच्छा उदाहरण है कि आपका किसी के साथ संबंध है लेकिन आपको किसी और के साथ यौन संबंध की तृष्णा है, आपको सही प्रयत्न का इस्तेमाल करके मन में उभरी हुई इस अकुशल मानसिक स्थिति को त्याग देना चाहिए। यौन संबंध की अकुशल मानसिक स्थिति को त्याग दीजिए क्योंकि आपके पास जीवन साथी है और दूसरों से यौन संबंध स्थापित करने से हानि पहुंचेगी।

इसका एक और उदाहरण है कि जब आप अपने मन में जलन और चिढ़ के शारीरिक एहसासों के साथ क्रोध के बढ़ने को महसूस करते हैं। क्या आप उसे अपनी वाणी और कार्यों में आने देते हैं या फिर आप इस अकुशल मानसिक स्थिति को त्यागने के लिए "सही प्रयत्न" का इस्तेमाल करते हैं?

"सही प्रयत्न" लगा कर हम वाणी और कार्यों के द्वारा प्रतिक्रिया करने से पहले हम इस अकुशल मानसिक स्थिति को त्याग सकते हैं, और फिर, हम वाणी और कार्यों की वजह से अकुशल कम्मा के उत्पन्न होने को रोक सकते हैं।

उत्पन्न करें न-उभरी हुई कुशल मानसिक स्थितियों को मन में उभरने के लिए

सही प्रयत्न इस पहलू का एक अच्छा उदाहरण है कि अगर आपको पता है कि आपका मन उदार और करुणामय नहीं है, फिर आप सही प्रयत्न का इस्तेमाल करके इन न-उभरी हुई कुशल मानसिक स्थितियों को मन में उत्पन्न कर सकते हैं। उदारता, करुणा और बाकी सारी कुशल मानसिक स्थितियाँ जो निर्वाण प्राप्त करने के लिए जरूरी हैं, उनको अपने कार्यों के द्वारा उत्पन्न करने का अभ्यास कीजिए।

बना कर रखें उन उभरी हुई कुशल मानसिक स्थितियों को जो उभर चुकी हैं, उनको फीका नहीं पड़ने दें और उनके मन में विकास को बढ़ाने के लिए काम करें

सही प्रयत्न इस पहलू का एक अच्छा उदाहरण है अगर आपके मन में इस समय प्रेमभरी-कृपा और सहानुभूतिपूर्ण आनंद है। फिर आप सही प्रयत्न का इस्तेमाल करके इन कुशल मानसिक स्थितियों को

जो उभर चुकी हैं, बनाये रखें, उनको फीका नहीं पड़ने दें और उनके मन में विकास को बढ़ाने के लिए काम करें।

सही प्रयत्न का सारांश

सही प्रयत्न के इस्तेमाल में, आप सक्रिय रूप से तृष्णा, क्रोध, अज्ञानता (सच्ची वास्तविकता से अनजान होना) या अहं जैसी अकुशल मानसिक स्थितियों को रोकने और फिर उनका त्याग करने का प्रयत्न करते हैं, साथ ही ऐसी अन्य अकुशल मानसिक स्थितियों को भी जो पाँच सिद्धांतों या अन्य शिक्षाओं के साथ संघर्ष में हों। उदारता, प्रेमभरी-कृपा, प्रज्ञा और विनम्रता (तृष्णा, क्रोध, अज्ञानता और अहं के विपरीत) जैसी कुशल मानसिक स्थितियों को विकसित करना जरूरी है।

आप गौतम बुद्ध द्वारा बाँटी गई पाँच सिद्धांत और अन्य सभी शिक्षाओं में मार्गदर्शन के रूप में बाँटी गई अकुशल मानसिक स्थितियों के साथ-साथ करुणा, सहानुभूतिपूर्ण आनंद, समभाव जैसी कुशल मानसिक स्थितियों को विकसित करने के लिए सही प्रयत्न का इस्तेमाल कर सकते हैं।

आपको सिलसिलेवार और निरंतर आधार पर ध्यान अभ्यास विकसित करने के लिए भी सही प्रयत्न का इस्तेमाल करना होगा। एक अभ्यासकर्ता को बेपरवाही की अकुशल मानसिक स्थिति को त्यागने और रोज ध्यान विकसित करने और अभ्यास करने के कुशल गुण को विकसित करने के लिए सही प्रयत्न का इस्तेमाल करना होगा।

"सही प्रयत्न" के इस जरूरी अभ्यास को अपनाने के बाद, समय के साथ आप देखेंगे कि हानिकारक मानसिक स्थितियों को त्यागना और कुशल मानसिक स्थितियों को उत्पन्न करना आसान होता जा रहा है।

समय के साथ और जैसे-जैसे आप अपने मन को बेहतर ढंग से प्रशिक्षित करेंगे, जब आपके जीवन में ऐसी घटनाएँ घटेंगी जहाँ आपने पहले क्रोध या अन्य हानिकारक मानसिक स्थितियों का अनुभव किया था, तो आपको उस हानिकारक मानसिक स्थिति का अनुभव भी नहीं होगा - बिल्कुल भी नहीं। आपको किसी भी प्रकार का क्रोध, निराशा, चिड़चिड़ापन या अन्य अप्रिय भावनाएँ महसूस नहीं होंगी। आप देखेंगे कि आप अकुशल मानसिक स्थितियों के उत्पन्न होने को सक्रिय रूप से काट कर और कुशल मानसिक स्थितियों का विकास करके १००% सभी प्रकार की अकुशल मानसिक स्थितियों को पूरी तरह निष्कासित कर सकते हैं।

सांस की माइंडफुलनेस का ध्यान और उदारता मन को आसानी से "छोड़ देने" का प्रशिक्षण देते हैं। फिर, दैनिक जीवन में जब अप्रिय भावनाएँ और अकुशल मानसिक स्थितियाँ उत्पन्न होती हैं, तो एक अभ्यासकर्ता अधिक आसानी से सही प्रयत्न का इस्तेमाल करके अकुशल को "काट" और निष्कासित कर सकता है, और कुशल को उत्पन्न कर सकता है। दैनिक जीवन में सही प्रयत्न को लागू करने के दृढ़ता, समर्पण और मेहनत से, समय के साथ, मन *धीरे-धीरे* किसी भी असंतुष्टि की भावना को निष्कासित कर देगा। इसके लिए वचनबद्धता और निरंतर ध्यान अभ्यास के साथ-साथ सही प्रयत्न सहित अन्य सभी शिक्षाओं को सीखने और उन पर अमल करने की जरूरत है।

सही प्रयत्न आपको एक शांत, निश्चल और स्थिर मन प्राप्त करने में मदद करेगा, चाहे आपके जीवन में कोई भी घटना घटे। आप दूसरों की वाणी, कार्यों और अपने आस-पास होने वाली घटनाओं से बँधेंगे नहीं। अंत में आप एक अचल संतुष्ट मन प्राप्त करेंगे। इस परिणाम को प्राप्त करने के लिए मन को *धीरे-धीरे* प्रशिक्षण की जरूरत होगी।

इस प्रकार मन को प्रशिक्षित करके, आप प्रज्ञा के ज़रिए मन को मुक्त करने की दिशा में कार्य कर सकते हैं। यह मन के निवास का एक नित्य स्थान है, जहाँ वह संतुष्ट और शांत रहता है।

यही बात यौन इच्छा जैसी या अन्य अकुशल मानसिक स्थितियों पर भी लागू होती है जो पाँच सिद्धांतों का उल्लंघन करती हैं। क्या आप इस अकुशल मानसिक अवस्था को उत्पन्न होने देते हैं और फिर अपनी इच्छा की पूर्ति के लिए वाणी और कार्य का इस्तेमाल करते हैं या आप इस अकुशल मानसिक अवस्था को त्यागने का प्रयत्न करते हैं?

हमें अकुशल मानसिक स्थितियों को त्यागने और अकुशल मानसिक स्थितियों को उत्पन्न करने या बनाए रखने के लिए "सही प्रयत्न" करना चाहिए।

"सही प्रयत्न" से आप उत्पन्न होने से रोकते हैं उन अकुशल मानसिक स्थितियों को जो उत्पन्न नहीं हुई हैं, त्यागते हैं उन अकुशल मानसिक स्थितियों को जो उत्पन्न हो चुकी हैं, उत्पन्न करते हैं न-उत्पन्न हुई कुशल मानसिक स्थितियों को, और बनाए रखते हैं उत्पन्न हुई कुशल मानसिक स्थितियों को, उन्हें फीका नहीं देते और मन में उनको बढ़ाने का काम करते हैं।

७.) सही माइंडफुलनेस: माइंडफुलनेस का मतलब है वर्तमान क्षण में मन की जागरूकता रखना, मन को अतीत या भविष्य में नहीं बसने देना। मन को शुद्ध करने के लिए, आपको मन की जागरूकता की जरूरत पड़ेगी की मन में अभी क्या मौजूद है। इसके अलावा, सही प्रयत्न का इस्तेमाल करने के लिए आपको पूरी तरह हर समय अपने मन की जागरूकता रखनी पड़ेगी। इसका विकास समय के साथ *धीरे-धीरे* होता है।

एक अभ्यासकर्ता जिसने अभी शुरुआत की है, वह सही माइंडफुलनेस को "मन की जागरूकता" समझ सकता है। लेकिन, जैसे-जैसे वह इस किताब श्रृंखला में आगे बढ़ता है और शिक्षक से मार्गदर्शन प्राप्त करता है, एक अभ्यासकर्ता को माइंडफुलनेस के चार आधारों को सीखना और उनका अभ्यास करना पड़ेगा।

इसी किताब श्रृंखला की किताब "साँस की माइंडफुलनेस का ध्यान" (खंड ७) में इनकी छानबीन की गई है। पूर्णता के लिए, माइंडफुलनेस के चार आधार यहाँ दिए जाएंगे और फिर इन पर शिक्षाएँ इसी किताब श्रृंखला की किताब "साँस की माइंडफुलनेस का ध्यान" (खंड ७) में और इस किताब श्रृंखला के लेखक के साथ प्रशिक्षण कक्षाओं के ज़रिए प्राप्त होंगी।

एक अभ्यासकर्ता तब तक सही माइंडफुलनेस को "मन की जागरूकता" मान सकता है जब तक कि वह माइंडफुलनेस के चार आधारों का पूरी तरह से छानबीन करने और इन्हें अपने जीवन अभ्यास में विकसित करने के काबिल न हो जाए।

माइंडफुलनेस के चार आधार क्या हैं?

माइंडफुलनेस के चार आधार जागरूकता के चार पहलू हैं जिन्हें मन को "मन के लिए जागरूकता" विकसित करने के लिए जरूरत होती है, फिर, सक्रिय रूप से और कुशलता से उत्पन्न होने वाले अकुशल सोच, विचारों और भावनाओं के साथ काम करके उन्हें फिर कभी उत्पन्न होने से रोकना होता है।

शारीरिक संवेदनाओं, भावनाओं, मन की स्थितियों और मानसिक चीज़ों के लिए जागरूकता विकसित करके ही मन अकुशल गुणों का निष्कासन कर सकता है और कुशल गुणों का विकास कर सकता है।

माइंडफुलनेस के चार आधारों को विकसित करके, एक अभ्यासकर्ता अधिक तत्परता और सक्रिय रूप से "विचारों को काट" और "उन्हें जाने" दे सकता है, जिससे मन की असंतुष्टि का निष्कासन करने का प्रशिक्षण मिलता है।

मन को अकुशल भावनाओं, मन की स्थितियों या मानसिक चीज़ों से प्रदूषित होने देने के बजाय, एक अभ्यासकर्ता किसी भी उत्पन्न होने वाले सोच, विचारों, और भावनाओं को, जब वे केवल शारीरिक संवेदनाएँ हों, काट सकता है और छोड़ सकता है।

इससे मन को उत्पन्न होने वाली अकुशलता के प्रदूषण का अनुभव नहीं होता और मन को प्रशिक्षित करता है ताकि अकुशल सोच, विचार और भावनाएँ फिर कभी उत्पन्न ही न हों।

माइंडफुलनेस के चार आधारों के बिना, एक अभ्यासकर्ता शारीरिक संवेदनाओं, या परिणामस्वरूप भावनाओं, मन की स्थितियों और मानसिक चीज़ों के बारे में जागरूक नहीं होगा, ताकि वह उन्हें मन को प्रदूषित करने से पहले उन अकुशल सोच, विचार और भावनाओं को काट सके और छोड़ सके जिससे कि वह कभी उत्पन्न न हों।

माइंडफुलनेस के चार आधारों को विकसित करके अभ्यासकर्ता अपने प्रशिक्षण में उस जगह पर पहुँच सकता है जहाँ अपनी अकुशल सोच, विचार और भावनाओं को निरंतर काटने से मन आनंद के साथ शांत, निश्चल, निर्मल और संतुष्ट रह सकता है क्योंकि अकुशलता कभी उत्पन्न नहीं होगी।

निरंतर जल्दी से जल्दी से काटना के ज़रिए अकुशल सोच , विचार, और भावनाओं के न-उत्पन्न होने से मन आजादी का अनुभव कर सकता है। मन अंत में थक जाएगा और कभी अकुशल सोच, विचार और भावनाओं के उत्पन्न न होने के लिए तैयार रहेगा।

अकुशल सोच, विचार और भावनाओं का न-उत्पन्न होना एक अच्छी तरह से मुक्त मन - एक निर्वाण प्राप्त मन के द्वारा अनुभव किया जाता है।

माइंडफुलनेस के चार आधार

शरीर को शरीर जैसे	शारीरिक संवेदनाओं को देखें/जागरूकता रखें
भावनाओं को भावनाओं जैसे	भावनाओं को देखें/जागरूकता रखें
मन को मन जैसे	मन को देखें/जागरूकता रखें
मानसिक चीज़ों को मानसिक चीज़ों जैसे	मानसिक चीज़ों को देखें/जागरूकता रखें

मन की जागरूकता विकसित करने के लिए, आपको मन को दिवास्वप्नों, उम्मीद, भोग-विलास, चिंता या अन्य असंतुष्टि की भावनाओं में खोने नहीं देना चाहिए। इस मन की जागरूकता के साथ कि दैनिक जीवन में मन वर्तमान क्षण में नहीं है, उन विचारों को काटकर मन को वर्तमान क्षण में ले आएँ।

माइंडफुलनेस या मन की जागरूकता का विकास ध्यान के अभ्यासों के ज़रिए होता है और आपकी सामान्य गतिविधियों के हर क्षण में मन की जागरूकता को लागू करके इसे दैनिक जीवन में लागू किया जाता है।

जागरूकता विकसित करने के लिए, आपको बैठे, लेटे, खड़े या चलते हुए साँस की माइंडफुलनेस का ध्यान सीखना होगा। साँस की माइंडफुलनेस का ध्यान और ध्यान के लिए चार (४) शारीरिक स्थितियों का वर्णन "ध्यान: आपके अभ्यास का विकास" (चैप्टर ११) शीर्षक वाले चैप्टर में किया गया है। साँस की माइंडफुलनेस का ध्यान का उपयोग करके, आप शारीरिक संवेदनाओं, भावनाओं, मन की स्थितियों और मानसिक चीज़ों के लिए जागरूकता या माइंडफुलनेस स्थापित कर सकते हैं और साथ ही असंतुष्टि को निष्कासित करने के लिए उन्हें "छोड़ देना" सीख सकते हैं।

यदि आपको दिन के दौरान या अपने ध्यान सत्रों के दौरान बार-बार विचार आते रहते हैं, तो एक अभ्यासकर्ता इस असंतुष्टि के अस्तित्व की "तृष्णा/लालसा/चिपकाव" का पता लगा सकता है और एक शिक्षक के मार्गदर्शन से उन्हें मन से निष्कासित करना सीख सकता है।

तृष्णा/लालसा/चिपकाव का निष्कासन करने से मन साफ हो जाएगा और वर्तमान क्षण में "एकाग्र" होने कि आपकी क्षमता उजागर होगी। सही एकाग्रता पूरे अष्टांग पथ का अभ्यास करने का आखिरी और अंतिम चरण है।

"माइंडफुलनेस" या "माइंडफुल" शब्द आम भाषा के हिस्से के रूप में एक लोकप्रिय शब्द बन गया है। "माइंडफुलनेस" या "माइंडफुल" शब्द का ज्यादातर उपयोग "सावधान" की जगह किया जा रहा है।

हालाँकि दुनिया का अधिकांश हिस्सा इन शब्दों का इस्तेमाल बुद्ध के शब्दों से अलग तरीके से कर रहा है, यह जरूरी है कि आप गौतम बुद्ध की तरह ही "माइंडफुलनेस" और "माइंडफुल" शब्दों को समझें और उनका इस्तेमाल करें। इससे मन को निर्वाण के पथ की बेहतर समझ प्राप्त होगी और आप निर्वाण प्राप्त करने के लिए मन का विकास कर पाएँगे। हालाँकि कुछ लोग इस शब्द को गलत समझ कर "सावधान" के स्थान पर इसका इस्तेमाल कर सकते हैं, अब जब आप इस शब्द की परिभाषा को और गहराई से समझ गए हैं, तो आप इसे अष्टांग पथ के एक भाग के रूप में वर्णित तरीके में इस्तेमाल कर सकते हैं ताकि आप इन शिक्षाओं के आधार पर मन को प्रशिक्षित कर सकें।

माइंडफुलनेस का मतलब है "मन की जागरूकता"।

जागते समय लगातार "सही माइंडफुलनेस" का अभ्यास करना सुनिश्चित करें। अपने दैनिक जीवन में, जो कुछ भी आप करते हैं, उसमें माइंडफुलनेस को शामिल करें। इससे आपको मन के लिए जागरूक होने, अतीत या भविष्य के लिए तृष्णा/लालसा/चिपकाव को मन से साफ करने, और विमुखता को निष्कासित करने में सहायता मिलेगी, जिससे मन वर्तमान क्षण में आनंद के साथ शांत, निश्चल, निर्मल और संतुष्ट मन के साथ "जो है उससे संतुष्ट" रह सकेगा।

८.) सही एकाग्रता: एकाग्रता ध्यान का अभ्यास है और एक साफ और शुद्ध मन का उत्पाद है जो पूरे अष्टांग पथ का अभ्यास कर रहा है। एक मन जिसने इन शिक्षाओं के अभ्यास के साथ साथ तृष्णा/लालसा/चिपकाव का निष्कासन कर दिया है अपने आप को केंद्रित रह पाएगा और उसे उच्च स्तर की एकाग्रता प्राप्त होगी। इसे कहते हैं "मन का एकाकीपन"।

सही एकाग्रता, या मन का एकाकीपन, अष्टांग पथ के निरंतर और नियमित अभ्यास के साथ विकसित और बनाए रखी जाती है, जिसमें मन को प्रशिक्षित करने के लिए अच्छे तरीके से स्थापित ध्यान अभ्यास भी शामिल है।

साँस की माइंडफुलनेस के ध्यान में मन को प्रशिक्षित करके, एक अभ्यासकर्ता सही माइंडफुलनेस विकसित करने के लिए सही प्रयत्न लागू करता है और तृष्णा (तीव्र उत्सुकता के साथ मानसिक तमन्ना) को निष्कासित करने के लिए मन को "छोड़ देने" का प्रशिक्षण देता है। इसके परिणामस्वरूप, मन अधिक जागरूक और एकाग्र हो जाता है। फिर, दैनिक जीवन में एकाग्रता का उच्च स्तर या "मन के एकाकीपन" को विकसित करने के लिए एक समय में केवल एक ही चीज़ पर ध्यान केंद्रित करने के लिए मन को प्रशिक्षित करना चाहिए।

शारीरिक रूप से मन के लिए एक समय में एक से अधिक कार्य करना संभव नहीं है। यदि कोई व्यवसायी "बहु-कार्यन" के ज़रिए एक समय में कई काम करने का प्रयत्न करता है, आप अनिवार्य रूप से मन को एक कार्य से दूसरे कार्य में तेजी से चक्र करने के लिए प्रशिक्षित कर रहे हैं। मन वास्तव में एक समय में कई कार्य नहीं कर रहा होता बल्कि इसके बजाय उसे कार्यों के ज़रिए अति सक्रिय बनने के लिए प्रशिक्षित किया जा रहा है ताकि मन को किसी भी कार्य को अच्छे से करने में कठिनाई होगी। फिर एकाग्रता की कमी होती है और पता चलता है कि अत्यधिक उत्तेजना के कारण यह दिन के अन्य समय में मन को शांत और आराम करना कठिन हो सकता है।

मन को एक समय में केवल एक ही कार्य करने के लिए प्रशिक्षित करके, एक अभ्यासकर्ता की उत्पादकता बढ़ेगी क्योंकि हर कार्य अच्छे निर्णय और अच्छे परिणाम (यानि कुशल कम्मा) के साथ अच्छी तरह से किया जाएगा। आपको किसी भी उस स्थिति को ठीक करने की जरूरत नहीं होगी जहाँ आपने जल्दबाजी में निर्णय लिये हों जिससे अकुशल परिणाम उत्पन्न होते हैं। इसके बजाय, हर निर्णय अच्छे परिणाम देगा क्योंकि इसे सही तरीके से क्रियान्वित किया गया है सही प्रयत्न, सही माइंडफुलनेस और सही एकाग्रता के साथ।

मन का एकाकीपन विकसित करने के लिए प्रयत्न करने की जरूरत है। मन की पूरी जागरूकता के साथ एक-एक करके कार्य करें ताकि मन सर्वोत्तम संभव परिणाम सुनिश्चित करने के लिए विकसित एकाग्रता के साथ अच्छी तरह से काम कर सके।

ध्यान, एकाग्रता और याददाश्त का बढ़ा हुआ और उच्च स्तर, और उसके साथ मन की स्पष्टता अष्टांग पथ के एक अच्छी तरह से विकसित अभ्यास के ज़रिए, लेकिन अधिक विशेष रूप से ध्यान के दैनिक प्रशिक्षण और दैनिक जीवन में "मन के एकाकीपन" का अभ्यास करके प्राप्त किया जाता है। निरंतर लंबे समय तक एक समय में एक कार्य करना दैनिक जीवन "मन के एकाकीपन" का अभ्यास है और यह आसानी से आपके ध्यान सत्र के बाहर सही एकाग्रता विकसित करने में मदद करेगा।

एक अभ्यासकर्ता मन को प्रशिक्षित करने के लिए ध्यान का उपयोग करता है लेकिन फिर बैठकों के इस लाभ को अपने दैनिक जीवन में जीवन अभ्यास के ज़रिए लाता है। मन को सांस की माइंडफुलनेस के ध्यान के दौरान सांस पर एकाग्र करने से मन का एकाकीपन प्रशिक्षित होता है। फिर, अभ्यासकर्ता को प्रयत्न करने की जरूरत होगी यह सुनिश्चित करने के लिए कि वह पूरे दिन में एक समय में केवल एक ही कार्य कर रहे हों। मन की एकाग्रता का लक्ष्य प्राप्त करने के लिए यह मन के एकाकीपन का अभ्यास करके ध्यान के अंदर-और-बाहर यह मन को पूरी तरह वर्तमान क्षण में लाता है।

तब एक अभ्यासकर्ता को बढ़ा हुआ और उच्च स्तर का ध्यान, एकाग्रता, और याददाश्त का लाभ मिलता है जिसे आप अपने व्यक्तिगत और व्यावसायिक जीवन में इस्तेमाल करें तो लाभदायक परिणाम उत्पन्न होंगे।

जैसा कि चार आर्य सत्यों में सिखाया गया है, अष्टांग पथ "जीवन अभ्यास" है जो निर्वाण प्राप्त करने के लिए असंतुष्टि का पूरी तरह से निष्कासन कर देता है। निर्वाण प्राप्त करने के लिए अष्टांग पथ को विस्तृत अध्ययन के ज़रिए गहराई से समझने की और दैनिक जीवन में अभ्यास करने की जरूरत है।

तृष्णा को निष्कासित करके, आप इन्हें अपने मन में अंदर रखने का "बोझ उतार देंगे"। गौतम बुद्ध ने निर्वाण का वर्णन करते समय इस वाक्यांश का इस्तेमाल किया था। निर्वाण प्राप्त करने पर, एक व्यक्ति ने मानसिक तृष्णा के भारीपन को ढोने का "बोझ उतार दिया है" या "तनाव उतार दिया है"।

ध्यान का अभ्यास आपको अष्टांग पथ के हर चरण का अभ्यास करने में मदद करता है, सही दृष्टि से सही एकाग्रता तक। यही कारण है कि यह स्वास्थ्य और स्वस्थ मन बनाने में इतना असरदार है।

ध्यान के समय, उस समय अवधि के लिए व्यक्ति संपूर्ण अष्टांग पथ का पालन कर रहा होता है। यह अष्टांग पथ को अनेक पिरो हुए क्षणों के साथ पूरी तरह से चला कर मन को "पुनः आरंभ" करने जैसा है। फिर वह क्षण एक स्वस्थ और संतुलित मन के अगले क्षणों की ओर ले जाते हैं जो एकाग्रता उत्पन्न करता है। और यह अष्टांग पथ को एक "जीवन अभ्यास" के रूप में लागू करना है जो आपको आनंद के साथ एक शांत, निश्चल, निर्मल और संतुष्ट मन प्राप्त करने में मदद करेगा - निर्वाण।

ध्यान के कई प्रकार हैं जो मन को प्रशिक्षित करने में उपयोगी हो सकते हैं।

निर्वाण प्राप्त करने के लिए बैठे, लेटे, खड़े, और चलने की स्थितियों में साँस की माइंडफुलनेस के ध्यान के साथ प्रेमभरी-कृपा का ध्यान इसके मुख्य रूप हैं। इसके बारे में चैप्टर जिसका शीर्षक है "तीन विषों का रूप बदलाव: तृष्णा, क्रोध और अज्ञानता" (चैप्टर ८) और "ध्यान: अपने अभ्यास का विकास करना" (चैप्टर ११) में आगे विस्तार से बताया जाएगा।

आपको पूरे विश्व में सिखाई जाने वाली कई ध्यान तकनीक और शैलियाँ मिलेंगी। हालाँकि, यहाँ बताए गए ध्यान के प्रकारों पर ध्यान केंद्रित करने से दुनिया गौतम बुद्ध द्वारा सिखाए गए अष्टांग पथ का अभ्यास करने से सर्वोत्तम परिणाम प्राप्त होते हैं। इसके लिए मन को निरंतर प्रशिक्षण और मुक्ति के लिए जरूरी विशिष्ट लक्ष्यों और कार्यों को पाने के लिए जरूरतनुसार ध्यान के अन्य रूपों का भी उपयोग किया जा सकता है। (ध्यान के बारे में और आगे के चैप्टरों में।)

बहुत से लोग निर्वाण प्राप्ति की दिशा में काम करने के लिए ध्यान को अपने प्रवेश द्वार के रूप में अपनाते हैं। यह ठीक है, लेकिन, यह समझना जरूरी है कि केवल ध्यान से ही निर्वाण की प्राप्ति नहीं होगी अगर जीवन अभ्यास में अष्टांग पथ का अभ्यास पूरे दैनिक जीवन में नहीं किया जाता है।

आप इच्छाधारी सोच के ज़रिए अनुचित नीयत, वाणी या कार्य करते हुए, और हानिकारक रोजगार चलाते हुए निर्वाण की ओर ध्यान नहीं लगा सकते। आप ध्यान के बिना निर्वाण प्राप्त नहीं कर सकते लेकिन आप केवल ध्यान से भी निर्वाण प्राप्त नहीं कर सकते।

निर्वाण प्राप्त करने के लिए, आपको ध्यान और अन्य शिक्षाओं के साथ संपूर्ण अष्टांग पथ सीखने और अभ्यास करने की जरूरत होगी।

ध्यान के नियमित अभ्यास से मन को प्रशिक्षित करने, मन को शांत करने, और तृष्णा को निष्कासित करने से, आप उच्च से उच्च स्तर की एकाग्रता प्राप्त करेंगे। असंतुष्टि से भरे मन के साथ, एकाग्रता पाना बहुत कठिन है। लेकिन संपूर्ण अष्टांग पथ के निरंतर अभ्यास से जिसमें ध्यान भी शामिल है, आप उच्च स्तर की एकाग्रता का अनुभव करेंगे जैसे जैसे आप निर्वाण और चेतना की उच्चतर अवस्था के लक्ष्य का पीछा करते हैं।

गौतम बुद्ध ने चार (४) झाना या एकाग्रता के स्तर सिखाए जो आप सही एकाग्रता के द्वारा प्राप्त करते हैंः जैसे जैसे आप निर्वाण के करीब पहुंचते हैं। झाना पाली भाषा का शब्द है जिसका मतलब ध्यान या मानसिक तल्लीनता है और गहरी एवं सूक्ष्म एकाग्रता के स्तरों को संदर्भित करता है। झाना वह प्रारंभिक चरण हैं जिनसे निर्वाण के पहले चरण में प्रवेश करने से पहले मन गुज़रता है।

गौतम बुद्ध ने इनमें से हर झाना का विवरण दिया। हालाँकि, आपका लक्ष्य अरहंतत्व प्राप्त करना होना चाहिए, दूसरे शब्दों में, एक अरहंत बनना। यह निर्वाण की सर्वोच्च अवस्था है और तब मन निर्वाण प्राप्त है। झाना अनित्य हैं जबकि निर्वाण नित्य है। लक्ष्य निर्वाण प्राप्त करना है।

इसका मतलब है, आपको संपूर्ण अष्टांग पथ का बारीकी से अभ्यास करना होगा और मन के बाकी गुणों का निष्कासन या विकास करते हुए दस बेड़ियों का निष्कासन करना होगा।

हर झाना को और आपने कौन सा झाना प्राप्त किया है या नहीं, यह समझने का प्रयत्न करना व्यर्थ है। अरहंतत्व के मार्ग पर चलते हुए इन शिक्षाओं के अभ्यास का एक ठोस लक्ष्य विकसित करना और उसे बनाए रखना सबसे अच्छा है, साथ में दस बेड़ियों पर ध्यान केंद्रित रखें और इन्हें मन से निकाल दें।

मानव अवस्था प्राप्त करना दुर्लभ है और इस रूप में आपका समय हमेशा सीमित होता है। इसलिए यह जानने के लिए मन को केंद्रित करने की कोई जरूरत नहीं है कि आप किस झाना में हैं, आप किस ओर जा रहे हैं, और जहाँ आप "होना" चाहते हैं। यह आपको उन शिक्षाओं से और शिक्षाओं के अभ्यास से दूर ले जाएगा जो मन की पूर्ण मुक्ति की ओर ले जाते हैं।

झाना अनित्य हैं और इन शिक्षाओं का लक्ष्य नहीं हैं। मन उन अवस्थाओं में रहने के लिए नहीं बना है इसलिए हर झाना को समझने के लिए ज्यादा समय और ध्यान केंद्रित करने की कोई जरूरत नहीं है, बल्कि इसके बजाय, समर्पण और वचनबद्धता लगा कर एक अरहंत के रूप में निर्वाण की प्राप्ति का लक्ष्य रख कर दस बेड़ियों का निष्कासन करें। यह जानकर कि आप झाना प्राप्त कर रहे हैं, आपको यह समझने में मदद मिलेगी कि आप सही दिशा में जा रहे हैं, लेकिन आपको ऐसा किसी विशिष्ट झाना की तृष्णा या चाहत रखे बिना करना चाहिए।

यदि आप एक विशिष्ट झाना "चाहते" हैं, तो आपको तृष्णा है और आप पूर्ण निर्वाण प्राप्त नहीं करेंगे। सारी तृष्णा बुझनी चाहिए जिसमें एक विशिष्ट झाना प्राप्त करने की तृष्णा यहाँ तक कि निर्वाण प्राप्त करने की तृष्णा भी शामिल है। आपको इसे तृष्णा के बिना एक दिलचस्पी, लक्ष्य या उद्देश्य के रूप में इसके पीछे लगना होगा।

एक और कारण है कि यह निर्धारित करने की कोई जरूरत नहीं है कि आप किस झाना में हैं कि इस रास्ते पर किसी और की तुलना में अपनी "स्थिति" की तुलना या आकलन करने की कोई जरूरत नहीं है। यह एक व्यक्तिगत प्रयत्न है और आप शिक्षकों और मार्गदर्शकों की सहायता से अकेले चल रहे हैं। अपनी प्रगति की तुलना किसी अन्य व्यक्ति के साथ करने से आपकी प्रगति धीमी हो जाएगी क्योंकि इससे आकलन और अहं उत्पन्न होगा। आकलन और अहं, दोनों ही, मनुष्य के अन्य गुणों के साथ निर्वाण के पथ पर मन से पूरी तरह से निष्कासित करने की जरूरत है।

जैसे-जैसे आप अष्टांग पथ में आगे बढ़ेंगे, और ध्यान को शामिल करके सभी शिक्षाओं का गहरा अभ्यास करेंगे आपको "सही एकाग्रता" प्राप्त होगी।

निर्वाण प्राप्त करने का कोई छोटा रास्ता नहीं है। आपको शुरुआत तल से करनी होगी ताकि आप मन के शीर्ष तक पहुँच सकें। मन की एक उच्चतर अवस्था चेतना या "निर्वाण" आपको नहीं दिया जाता है। निर्वाण प्राप्ति के लिए व्यक्तिगत जिम्मेदारी, व्यक्तिगत सुधार, और शिक्षकों के मार्गदर्शन के साथ एक स्वतंत्र यात्रा की जरूरत होती है। आप निर्वाण की प्राप्ति के प्रयत्न में एक सामान्य, स्वस्थ और उत्पादक जीवन बनाए रख सकते हैं। वास्तव में, जैसे-जैसे आप आप निर्वाण प्राप्ति की ओर काम करेंगे, आपका जीवन लगातार बेहतर होता जाएगा।

आप अपने जीवन के उन क्षेत्रों में आसानी और सहजता महसूस करेंगे जहाँ पहले कुछ मुश्किलें थीं। निर्वाण कोई ऐसी चीज़ नहीं है जो अहं को उठा कर आप दूसरों से ऊंचा दर्जा रखते हैं, वास्तव में, यह उसके विपरीत है। निर्वाण प्राप्त करने के लिए, व्यक्ति को अपना अहं त्यागना होगा।

जैसे-जैसे आप अष्टांग पथ का अभ्यास करके निर्वाण की प्राप्ति करते हैं, आप शायद दूसरों को भी निर्वाण प्राप्ति में मदद करने में दिलचस्पी रखेंगे। इन नए अभ्यासकर्ताओं को ऐसे शिक्षकों के पास भेजना सबसे अच्छा है जो इन शिक्षाओं के बारे में गहरी समझ और अभ्यास विकसित करने में शिष्यों का मार्गदर्शन करने के लिए तैयार हों। यदि आप अपनी समझ को इकट्ठा करते समय दूसरों की मदद करने का प्रयत्न करते हैं तो दूसरों की मदद करने का काम केवल प्रगति में बाधा बनेगा। जो कोई भी

इस मार्ग पर चलने में दिलचस्पी रखता है, उसे किसी शिक्षक के पास भेजना सबसे अच्छा है जो उन्हें मार्गदर्शन देने के काबिल हो और साथ ही आपको समय भी दे सके। फिर, आप दोनों मिलकर उन शिक्षाओं पर चर्चा कर सकते हैं जो और एक-दूसरे का साथ दे सकते हैं और प्रोत्साहित कर सकते हैं।

निर्वाण और उसका पथ जीवन बदल देने वाला है। आप अपने जीवन में अष्टांग पथ को लागू करते हुए इसके परिणाम देखेंगे जैसे जैसे आप निर्वाण प्राप्ति का निरंतर पीछा करते रहते हैं।

निर्वाण की गुणवत्ता बनाए रखने के लिए, ध्यान को एक उपकरण के रूप में उपयोग करके अष्टांग पथ पर निरंतर ध्यान देते हुए एक स्वस्थ और शुद्ध मन बनाये रखें जिससे एक संतुष्ट मन बने और उसका विकास हो। सर्वोत्तम परिणामों के लिए एक संपूर्ण "जीवन अभ्यास" विकसित करें और उसे बनाए रखें।

सही नीयत, सही वाणी और सही कार्य कुशल कम्मा उत्पन्न करेंगे जिससे जीवन आसान और सहज होगा। इसे समझने का एक और तरीका है कृपालु नीयत, कृपालु वाणी और कृपालु कार्य।

निर्वाण ज्ञान की निरंतर खोज और अष्टांग पथ का और पूर्णतः अभ्यास करने का परिणाम ही नहीं, बल्कि मुक्त मन से अपने अभ्यास को पूरी तरह से लागू करने का प्रारंभिक स्थान भी है।

निर्वाण का आनंद लें, सीखने, बढ़ने और विकसित होने का आनंद लें। आनंद लें यह जानते हुए कि आप अपने निर्वाण अर्जित करने की प्रक्रिया के ज़रिए निर्वाण प्राप्त कर सकते हैं।

आप कभी भी मृत्यु से नहीं डरेंगे क्योंकि आप बिना किसी संदेह के जानते हैं कि आप असंतुष्टि से परे हैं और अपने उससे होने वाले दुख से छुटकारा पा लिया है। निर्वाण की खोज में और उसे प्राप्त करने के बाद, आपका पुनर्जन्म कभी नहीं होगा। मन में अंदरूनी आनंद और अंदरूनी शांति जो अविचल है।

नीचे दी गई तालिका अष्टांग पथ को इसके खंडों में समूहित दिखाती है, प्रज्ञा, नैतिक आचरण और मानसिक अनुशासन।

८.) सही एकाग्रता	मानसिक अनुशासन
७.) सही माइंडफुलनेस	
६.) सही प्रयत्न	
५.) सही रोजगार	नैतिक आचरण
४.) सही कार्य	
३.) सही वाणी	
२.) सही नीयत	प्रज्ञा
१.) सही दृष्टि	

निर्वाण प्राप्ति के पथ पर दो अतिरिक्त चरण हैं जिन्हें कहा जाता है दस गुण पथ। दस गुण पथ के भाग के रूप में वर्णित दो अतिरिक्त चरण सिखाए नहीं जाते, बल्कि अनुभव किया जाते हैं। सही प्रज्ञा और सही मुक्ति को दस गुण पथ का वर्णन करने के लिए अष्टांग पथ में जोड़ा गया है।

निर्वाण के पथ में सही प्रज्ञा और सही मुक्ति के तत्वों को उत्पन्न करने की कोई विशिष्ट शिक्षा नहीं है जिसको निर्वाण के पथ को उत्पन्न करने के लिए बाँटा गया हो, लेकिन इसके बजाय यह निर्वाण प्राप्ति के लिए अष्टांग पथ और अन्य सभी शिक्षाओं का पूर्ण अभ्यास करने के परिणाम हैं।

एक निर्वाण प्राप्त व्यक्ति दस गुण पथ का अभ्यास करेगा जहाँ वह अष्टांग पथ के पूर्ण अभ्यास के परिणामस्वरूप सही प्रज्ञा और सही मुक्ति का अनुभव करेगा।

९.) सही प्रज्ञा: एक अभ्यासकर्ता की शिक्षाओं की गहरी समझ है और उन्हें आसानी से समझाने के काबिल होना। एक अभ्यासकर्ता ने पूरी तरह से अज्ञानता की अकुशल जड़ (सच्ची वास्तविकता से अनजान होना) का निष्कासन कर दिया होगा जिसे दस बेड़ियों के हिस्से के रूप में मन की बेड़ी/कलंक/प्रदूषण के रूप में भी बताया गया है।

१०.) सही मुक्ति: का मतलब है एक अभ्यासकर्ता का मन पूरी तरह से मुक्त है और वह दस बेड़ियों का निष्कासन करके असंतुष्टि से मुक्ति का अनुभव कर रहा है। मन ने निर्वाण प्राप्त कर लिया है।

आपको निर्वाण के पथ के उन इन दो अतिरिक्त तत्वों पर ध्यान केंद्रित करने के लिए आपको कुछ विशेष करने की जरूरत नहीं है। इसके बजाय, उन्हें आपके द्वारा उपयोग किये गए अन्य सभी प्रशिक्षण का परिणाम के रूप में विकसित किया जाएगा।

आखिरी इंसान न बनें

...और, इसलिए, मैं तुमसे कहता हूँ आनन्द, अच्छा अभ्यास क्या है? यह है आर्य अष्टांग पथ...

जब दो आदमी जीवित हों, वह जिसके अधीन इस अच्छे अभ्यास का उल्लंघन होता है - वह उनमें आखिरी इंसान रह जाता है।

इसलिए आनंद, मैं तुमसे कहता हूँ, मेरे द्वारा स्थापित की गई इस अच्छे अभ्यास को जारी रखो और आखिरी इंसान न बनो।

(गौतम बुद्ध)

(संदर्भ: मज्झिम निकाय ८३)

लेखक के विचार: गौतम बुद्ध द्वारा अपने सबसे करीबी शिष्यों में से एक "आनंद" को दिए गए इस उपदेश के ज़रिए, गौतम बुद्ध की अन्य सभी शिक्षाओं की समझ के साथ, हम समझते हैं कि गौतम बुद्ध हमें मार्गदर्शन दे रहे हैं कि हमें अष्टांग पथ सीखते और उसका अभ्यास करते रहना चाहिए।

यह वह पथ है जो मन की सभी असंतुष्टि की भावनाओं को पूरी तरह से निष्कासित और नष्ट कर निर्वाण प्राप्त करने की ओर ले जाता है। निर्वाण की खोज के लिए अष्टांग पथ को पूरी तरह और विस्तार से समझना बहुत जरूरी है।

इसके अलावा, गौतम बुद्ध ने समझा कि उनकी शिक्षाएँ समस्त मानव लोक के मन को पूरी तरह से मुक्त करने और सभी मनुष्यों को शांति प्रदान करने के लिए हैं।

जब तक हम निर्वाण प्राप्त नहीं कर लेते, तब तक हम "पुनर्जन्म के चक्र" के ज़रिए लगातार पुनर्जन्म लेते रहेंगे, जब तक कि हम इसी जीवन में या मृत्यु के समय निर्वाण प्राप्त नहीं कर लेते। समय के साथ, जब समस्त मानव लोक निर्वाण प्राप्त कर लेगा, अंत में मानव अस्तित्व विद्यमान नहीं रहेगा, क्योंकि पुनर्जन्म लेने के लिए कोई प्राणी नहीं बचेगा।

कुछ भी हमेशा के लिए नहीं रहता, सभी "चीज़ें" विद्यमान नहीं रहेंगी, जिसमें पूरी मानवता भी शामिल है|

इसलिए, निर्वाण प्राप्त करने वाले "आखिरी इंसान" न बनें। अच्छे अभ्यास का पालन करें... मन को मुक्त करने के लिए शिक्षकों की सहायता से अष्टांग पथ को गहरे तरीके से और विस्तार में सीखें और उसका अभ्यास करें। अष्टांग पथ मन को मुक्त करने और निर्वाण प्राप्त करने का आपका "जीवन अभ्यास" है ताकि आप "पुनर्जन्म के चक्र" से दोबारा जन्म न लें और एक शांत और निर्मल मन और जीवन प्राप्त कर सकें। "आखिरी इंसान न बनें”।

आगे छानबीन के लिए सीखने के संसाधन

ऑडियोबुक

(ऑडियोबुक) - (खंड १ - चैप्टर ५) - अष्टांग पथ: सब इंसानों के निर्वाण का पथ (पढ़िए और सुनिए)
https://youtu.be/jk_hlCqt1rQ

एप. ५०५ - (ऑडियोबुक) - (खंड १ - चैप्टर ५) - अष्टांग पथ: सब इंसानों के निर्वाण का पथ
https://podcasters.spotify.com/pod/show/buddhadailywisdom/episodes/Ep--505---Audiobook---Volume-1---Chapter-5---The-Eight-Fold-Path-The-Path-for-All-Humans-to-Enlightenment-e272srs

यूट्यूब वीडियो

(छोटे-पाठ) - निर्वाण का पथ - उजागर किया जो छुपा हुआ है
https://www.youtube.com/playlist?list=PLFuun1phKgQmwvEJ8D2TADuTmcaIFBEc0

(सामूहिक शिक्षण प्रोग्राम) - चैप्टर ५ - अष्टांग पथ: सब इंसानों के निर्वाण का पथ
https://youtube.com/live/giMDg0WPPzs

(सामूहिक शिक्षण प्रोग्राम) - सीखें बौद्ध मंत्र (४ में भाग २)
https://youtube.com/live/-668VDoJfHk

पॉडकास्ट

एप. ४३५ - (सामूहिक शिक्षण प्रोग्राम) - चैप्टर ५ - अष्टांग पथ: सब इंसानों के निर्वाण का पथ
https://podcasters.spotify.com/pod/show/buddhadailywisdom/episodes/Ep--435---Group-Learning-Program---Chapter-5---The-Eight-Fold-Path-The-Path-for-All-Humans-to-Enlightenment-e20b3i4/a-a9fvgku

एप. ४३६ - (सामूहिक शिक्षण प्रोग्राम) - सीखें बौद्ध मंत्र (४ में भाग २)
https://podcasters.spotify.com/pod/show/buddhadailywisdom/episodes/Ep--436---Group-Learning-Program---LEARN-Buddhist-Chanting-Part-2-of-4-e20fqa5/a-a9ge0q3

प्रश्नोत्तरी

अष्टांग पथ: सब इंसानों के निर्वाण का पथ
https://forms.gle/VuDauZ2WYxvmmmXdA

(इस चैप्टर की समझ इस ऑनलाइन प्रश्नोत्तरी को पूरा करके पक्का करें। इस प्रश्नोत्तरी का परिणाम केवल आप ही देख सकते हैं।)

चैप्टर ६

मध्य मार्ग:
मध्य मार्ग पर चलना

समस्त साहित्य में गौतम बुद्ध हमें "मध्य मार्ग पर चलने" की शिक्षा देते हैं और प्रोत्साहित करते हैं। लेकिन इसका क्या मतलब है और हम इसे कहाँ पा सकते हैं?

गौतम बुद्ध ने अपने जीवनकाल में देखा कि एक "सितार" जैसा एक तार वाला वाद्य यंत्र था। जो केवल तभी सुंदर संगीत बजाता था जब तार पूरी तरह से "मध्य" में मिलाए गए थे।

यदि तार बहुत कसा हुआ था, तो वाद्य यंत्र उस तरह नहीं बजता था जैसा उसे बजना चाहिए था। संगीत सुंदर नहीं लग रहा था।

यदि तार बहुत ढीला था, तो वाद्य यंत्र उस तरह नहीं बजता था जैसा उसे बजना चाहिए था। संगीत सुंदर नहीं लग रहा था।

जब संगीतकार ने तार को पूरी तरह से मिला लिया था तभी यह संभव था कि वह वैसा ही सुंदर संगीत बजाए जैसे वह वाद्य यंत्र को बजाने के लिए बनाया गया था। उन्होंने देखा की तार को बिल्कुल

"मध्य" में मिलाना जरूरी था। और, जब तार को इस तरह से मिलाया गया, वाद्य यंत्र ने सुंदर संगीत बजाया जैसा बजना चाहिए था और आसपास के लोगों ने संगीत के मजे लिए।

फिर उन्होंने इसकी तुलना मानव मन से की। कि मानव मन बिल्कुल वैसा ही है। जब मन चीज़ों को बहुत कसकर पकड़ लेता है, तो मन उलझ जाता है और एकाग्र नहीं रहता। मन सर्वोत्तम रूप से कार्य नहीं करता। जब मन बहुत ढीला रहता है, मन अव्यवस्थित रहता है और एकाग्र नहीं होता क्योंकि बेपरवाही और आलस्य पैदा होता है। मन अव्यवस्थित रहता है और एकाग्र नहीं होता।

यह तभी संभव है जब अभ्यासकर्ता ने मन को पूरी तरह मध्य में स्थापित कर दिया हो, कि यह वैसा ही सुंदर संगीत बजाए जैसा इसे बजाने के लिए बनाया गया था। ऐसा तभी होता है जब मन पूरी तरह से मध्य में मिला हुआ है, जिससे वह फोकस, एकाग्रता, याददाश्त के साथ मन की स्पष्टता का अनुभव करेगा। और, यह बुद्ध के अस्तित्व के प्राकृतिक नियमों को समझने की शिक्षाएँ है जिन्हें मन सीख, चिंतन और अभ्यास कर मन को "मध्य" में पूरी तरह से मिला सकता है।

यह सबसे सरल, फिर भी गहन शिक्षाओं में से एक है जो आप गौतम बुद्ध से सीखेंगे। जब कोई व्यक्ति निर्वाण प्राप्ति की यात्रा पर आगे बढ़ता है तो जो असल में होता है वह मन को पूरी तरह मध्य में स्थापित करना ही है।

सीखने और समझने के लिए अनगिनत शिक्षाएँ हैं ताकि आप अभ्यास कर सकें। लेकिन कोई भी शिक्षा ऐसी नहीं है जिसे समझना इतना आसान हो और जो आप आज ही अपने जीवन में आसानी से लागू कर सकते है, जिससे और अधिक असर होगा।

चाहे वह व्यक्तिगत या व्यावसायिक रिश्तों में लगने का तरीका हो, मन को मध्य मार्ग ढूँढना होगा। अगर आप अपने जीवन में आर्थिक निर्णय ले रहे हैं, मन को मध्य मार्ग ढूँढना होगा। अगर आपको अपने घर या अन्य संपत्ति के रखरखाव के संबंध में निर्णय लेने की जरूरत है, मन को मध्य मार्ग खोजने की जरूरत है।

अगर यह इन शिक्षाओं को सीखने और उनका अभ्यास करने से संबंधित भी है, फिर भी मन को मध्य मार्ग खोजने की जरूरत है।

यदि मन बहुत अधिक जोर लगाता है और जबरदस्ती मन को निर्वाण की दिशा में ले जाने की कोशिश करता है, यह मध्य नहीं है और मन को असंतुष्ट करेगा। मन निराश, चिड़चिड़ा और झुंझलाहट में रहेगा क्योंकि वह मध्य मार्ग नहीं अपना रहा है।

यदि मन बहुत अधिक बेपरवाह है, ढीला है, और और इन शिक्षाओं को सीखने और अभ्यास करने में ऊर्जा लगाने में दिलचस्पी नहीं रखता, यह मध्य मार्ग नहीं है और इससे मन केवल असंतुष्ट ही होगा। मन नीरस, आलसी और सुस्त हो जाएगा।

जब मन मध्य मार्ग खोज ले और वहीं ठहर जाए, तभी वह सही तरीके से काम करेगा और *धीरे-धीरे* निर्वाण की ओर बढ़ेगा। तो, इन शिक्षाओं को सीखने, उन पर चिंतन करने और उनका अभ्यास करने के संबंध में मध्य कहाँ है?

शिक्षाओं को सीखने, चिंतन और अभ्यास करने के लिए एक अभ्यासकर्ता को दृढ़, समर्पित, मेहनती और प्रेरित होना चाहिए। यहाँ, मन मध्य मार्ग खोज सकता है और वहां आनंद के साथ शांति, निश्चलता, निर्मलता और संतुष्टि के साथ निवास कर सकता है।

मन जान सकता है कि वह सीखने और आगे बढ़ते रहने के लिए निरंतर ऊर्जा और प्रयत्न लगा रहा है - शिक्षाओं को न तो बहुत कसकर और न ही बहुत ढीला पकड़ कर। अब, लक्ष्य यह है कि इस सीख को आपके जीवन के अन्य क्षेत्रों में भी लागू करें।

चाहे वह आपके बच्चों, जीवन साथी, माता-पिता, दोस्तों, रोजगार, व्यक्तिगत संपत्ति, लक्ष्य, आर्थिक जरूरतें आदि हों, हर मामले में हमेशा मध्य मार्ग चुनें।

ध्यान रखें कि एक अभ्यासकर्ता को जीवन में कुछ निश्चित लक्ष्यों का पीछा करना होगा, इन्हें कसकर पकड़ने से मन असंतुष्टि का अनुभव करेगा। लेकिन साथ ही, अगर एक अभ्यासकर्ता ने कभी भी अपने जीवन को बेहतर बनाने के लिए प्रयत्न और ऊर्जा नहीं लगाई, मन बहुत ढीला होगा और लाभदायक परिणामों का अनुभव नहीं कर पाएगा। अभ्यासकर्ता को मध्य मार्ग खोजना होगा जहाँ वह अपने लक्ष्यों का पीछा कर सके और लक्ष्यों को प्राप्त करने के साथ-साथ आराम और विश्राम के लिए भी समय निकाले। लगातार काम और कुछ खास सफलता की तृष्णा केवल "बर्न आउट" पैदा करेगी, जहाँ मन अब जीवन का आनंद नहीं ले रहा है, बल्कि तनाव, चिंता और थकावट से अत्यधिक

असंतुष्ट है, उसे अपने विचारों को इकट्ठा करने और चिंतन करने का समय नहीं है जिससे वह कुशल जीवन विकल्प चुन सके।

यह समझना बहुत जरूरी है कि अंदरूनी शांति एक संतुलित जीवनशैली (यानी मध्य मार्ग) के ज़रिए बनती है, शारीरिक या मानसिक चीज़ों को पाने के ज़रिए नहीं। यदि मन अपने स्नेह की चीज़ों के लिए बिना यात्रा का आनंद लिए हुए निरंतर प्रयत्न और उनका पीछा कर रहा है, इसका परिणाम कई मुश्किलें और संघर्ष हो सकता है। इसलिए, लक्ष्यों और उद्देश्यों का पीछा करना पक्का करें, लेकिन साथ ही आराम और विश्राम के लिए समय निकालें। आपको मन को आराम और विश्राम करने के लिए प्रशिक्षित करने की जरूरत हो सकती है। आराम करें क्योंकि यह गुण स्वाभाविक नहीं है, बल्कि इसके बजाय, अक्सर मन को इसकी जरूरत होती है। आपको शायद मन को आराम और विश्राम करने के लिए प्रशिक्षित करना पड़े और इसे अपने जीवन और जीवन अभ्यास के लिए उत्पादक देखिए। रुककर फूलों की खुशबू लेना ठीक है।

मन आपको तब बता देगा जब वह मध्य में नहीं होगा। मन में जो अनुभव होता है वह डैशबोर्ड पर लगी "लाल बत्ती" है जो आपको सचेत करती है कि मन मध्य में नहीं है।

अगर मन असंतुष्ट है, तो वह मध्य में नहीं है। मन वैसा सुंदर संगीत नहीं बजा रहा है जैसा कि उसका उद्देश्य था। यह बुद्ध की शिक्षाएँ हैं जो आपके मन को मध्य में ले जाने के उपाय बताएँगी।

- एक सुखद भावना (खुशी, उत्तेजना, उल्लास, रोमांच, प्रफुल्लता, आनंदातिरेक, इत्यादि)
- एक दुखद भावना (उदासी, क्रोध, निराशा, चिड़चिड़ापन, झुंझलाहट, अपराधबोध, लज्जा, डर, तनाव, चिंता इत्यादि)
- एक भावना जो है न दुखद-न-सुखद (ऊब, अकेलापन, शर्म, अप्रसन्नता, असुविधाजनक, असंतोषजनक)

यदि मन किसी भी प्रकार की सुखद भावनाओं, दुखद भावनाओं, और भावनाएँ जो हैं न दुखद-न-सुखद की असंतुष्टि का अनुभव कर रहा है, तब मन मध्य में मिला नहीं है और मन को और मध्य में मिलाने के लिए और वहाँ निवास करने के लिए अष्टांग पथ के अभ्यास पर आधारित और अधिक काम करना होगा।

इसके लिए आपको निरंतर और विस्तृत अभ्यास के ज़रिए जीवन अभ्यास विकसित करना होगा। इन शिक्षाओं को व्यापक रूप से एक शिक्षक के मार्गदर्शन के साथ सीखना, चिंतन करना और उनका अभ्यास करना होगा।

प्रगति *धीरे-धीरे* होगी, लेकिन थोड़े समय में आप देखेंगे कि मन *धीरे-धीरे* कम असंतुष्ट होता जा रहा है। ऐसी परिस्थितियाँ होती थीं जो कभी क्रोध, उदासी, निराशा, चिड़चिड़ापन, झुंझलाहट पैदा करती थीं, लेकिन अगर फिर वही परिस्थितियाँ उत्पन्न होंगी तो मन अपनी शांति और संयम बनाए रख पाएगा। इस तरह आपको पता चल जाएगा कि आप जो शिक्षाएँ और अभ्यास लागू कर रहे हैं वे काम कर रही हैं। आपको खुद ही सच्चाई का पता चल जाएगा। आपको इन शिक्षाओं पर यकीन करने की जरूरत नहीं पड़ेगी क्योंकि आप इस सत्य को देखेंगे कि मन *धीरे-धीरे* अनगिनत परिस्थितियों में आनंद के साथ शांत, निश्चल, निर्मल और संतुष्ट हो रहा है, और अंत में, मन पूरी तरह से मध्य में मिल जाता है और नित्य रूप से वहीं रहता है। यह वह मन है जो निर्वाण का अनुभव कर रहा है।

अगर हम दुखी हैं और निराश महसूस कर रहे हैं, तो हम मध्य मार्ग पर नहीं चल रहे हैं। मन में असंतुष्टि है। लेकिन यह एक अनित्य जज़्बात है और हम इसे जानते हैं कि हमेशा के लिए नहीं रहेगा, क्योंकि गौतम बुद्ध हमें सिखाते हैं कि निर्वाण और अस्तित्व के प्राकृतिक नियमों को छोड़कर सब कुछ अनित्य है। आप खुद इस सत्य को देख सकते हैं क्योंकि मन निरंतर भावना से भावना, जज़्बात से जज़्बात भटकता रहता है। आप इसे सत्य के रूप में देख सकते हैं कि कोई भी भावना सचमुच नित्य नहीं है। अंत में आपकी उदासी दूर हो जाएगी और आप अन्य जज़्बातों में फिसल जाएँगे भले ही इसमें घंटों, दिन, सप्ताह, महीने, वर्ष वगैरह लगें।

लेकिन हममें से कुछ लोग दुख में डूबे रहते हैं, इतना दुखी महसूस करते हैं और सोचते हैं कि हम इतने लंबे समय तक इसी हालत में रहना पड़ेगा। हम ये दुखद विचार मन में बार-बार दोहराते रहते हैं। तो, हमें दुख ही मिलता है क्योंकि हम बस यही सोच रहे हैं। एक पल दूसरे पल की ओर ले जाता है, इसलिए हम इस क्षण को दुख से भर देने से अगले क्षण भी दुख ही मिलता है। तो हम जो अनुभव करते हैं वह कभी न खत्म होने वाली उदासी की भावना है। हम ज्यादातर इस स्थिति में असंतुष्ट रहते हैं और निश्चित रूप से "मध्य मार्ग पर चल" नहीं रहे क्योंकि हम उदास हैं।

शायद उदासी महसूस करते हुए, हम यह सोचकर खुशी की ओर मुड़ जाते हैं कि इससे हमारा बचाव हो जाएगा। खुश मित्रों, खुश अवसरों, खुश स्थितियों की ओर मुड़ें, लेकिन किसी तरह मन बार-बार दुख की ओर लौटता है या शायद सुख में ही रहता है और हम बस खुश, खुश, खुश हैं। इतने खुश कि

हम हर वक्त मजाक करते रहते हैं, दूसरों को हंसाने के लिए, हम हर परिस्थिति में खुशी दिखाने की पूरी कोशिश करते हैं। हम सचमुच खुश और प्रसन्नचित्त हो सकते हैं या फिर हम अपनी उदासी को छुपा रहे हो सकते हैं। लेकिन ये भी एक अनित्य एहसास है। खुशी एक दिन खत्म हो जाएगी और, इस प्रकार, हम खुशी और उदासी के बीच आगे-पीछे घूमते रहते हैं। हम प्रसन्नचित्त होते हैं और फिर हम नहीं होते - ऐसा कहा जा सकता है कि कभी भी वह मध्य मार्ग या संतुष्टि नहीं खोज पाते।

अक्सर, हमें स्व-सहायता पुस्तकों, जीवन प्रशिक्षकों, मित्रों, परिवार आदि और हमारी इंद्रियों में हर तरह के इनपुट से प्रोत्साहन मिलता है कि खुश रहो, बस खुश रहो। मैं खुश रहना चाहता हूँ। मैं खुश क्यों नहीं रह सकता?

खैर, लक्ष्य खुश रहना नहीं है। लक्ष्य आनंद के साथ शांत, निश्चल, निर्मल और संतुष्ट रहना है, या "जो है उससे संतुष्ट होना", "जिस तरह से चीजें है उनसे संतुष्ट होना" है। यही सच्चा लक्ष्य है और यही है "मध्य मार्ग पर चलना"।

हम हर समय खुश (सुखद भावनाएँ) नहीं रह सकते, क्योंकि हम जानते हैं कि यह एक अल्पकालिक भावना अनित्यता के अधीन है, और हम निश्चित रूप से हर समय दुखी (दुखद भावनाओं) रहने में दिलचस्पी रखना नहीं चाहते। तीसरा विकल्प होगा बोरियत या अकेलापन (ऐसी भावनाएँ जो हैं न दुखद-न-सुखद) जो भी अनित्य है, इसलिए, सबसे अच्छा विकल्प एक ऐसा जीवन बनाना है जहाँ हम "मध्य मार्ग पर चलें"।

मन मध्य में आनंद के साथ शांत, निश्चल, निर्मल और संतुष्ट रह सकता है। यही निर्वाण है, यह नित्य है क्योंकि निर्वाण प्राप्त करने के लिए इन शिक्षाओं के ज़रिए उस प्रज्ञा को प्राप्त करने की जरूरत है जो मन को मुक्त करता है।

एक बार जब आप कुछ सीख लेते हैं, तो आप उसे "अनसीखा" नहीं सकते, इस प्रकार, निर्वाण मन की नित्य अवस्था है। "चीज़ों" की अनित्य प्रकृति से अप्रभावित हुए बिना मन नित्य तौर पर आनंद के साथ शांत, निश्चल, निर्मल और संतुष्ट रह सकता है।

जैसे-जैसे हम निर्वाण का पीछा करते हैं, इसका मतलब यह नहीं कि हम हँस नहीं सकते, यदि हमें जरूरत हो तो हम रो नहीं सकते, फिर भी हम इन अन्य जज़्बातों को जीवन के सभी पक्षों पर अनुभव कर सकते हैं। इसका सीधा सा मतलब है कि जब हम उन जज़्बातों को महसूस करते हैं, तो हम उन्हें

अनित्य समझें और मन को मध्य में वापस आने के लिए प्रशिक्षित करें जहाँ वह आनंद के साथ शांत, निश्चल, निर्मल और संतुष्ट रह सकता है।

खुशी, उदासी, निराशा, या अकेलापन आदि अनित्य जज़्बातों को बनाए रखने की कोशिश न करें, बल्कि मन को वापस उस ओर लाने के लिए सक्रिय रूप से प्रयत्न करें ध्यान, पढ़ाई, गतिविधियों जो आपको धरती पर रखे, बाहरी गतिविधियाँ, बागवानी, मालिश, जो हमें मन को मध्य और कुशल अवस्था में वापस लाने के लिए मदद करे। समय के साथ, आप अपने "जीवन अभ्यास" के ज़रिए "मध्य मार्ग" बनाए रखने के काबिल होंगे जिसमें ध्यान शामिल है।

चैप्टर शीर्षक "निर्वाण: निर्वाण क्या है?" (चैप्टर ३) से निर्वाण के सात तत्वों को लागू करें जिससे अष्टांग पथ में शामिल सभी शिक्षाओं के साथ मन मध्य मार्ग की ओर जाए।

अक्सर, जब आप उदास होते हैं तो लोग आपसे पहली बात यही कहते हैं कि "इससे बाहर निकलो, बाहर जाओ, कुछ करो"। वे वास्तव में यह कह रहे हैं कि "अपने मन की स्थिति बदलो"। मन को एक अलग वातावरण में रखें ताकि वह एक अलग जज़्बात का अनुभव कर सके और किसी और चीज़ के स्वस्थ एहसास को संवारे। किसी ऐसी चीज़ पर फोकस करके जो मन को वापस मध्य में ले आएगी, मन वहाँ चला जाएगा। शायद तुरंत नहीं, लेकिन प्रशिक्षण और अनुभव के साथ आप देखेंगे कि यह और आसान होता जाता है और अंत में मन १००% समय अविचलित अंदरूनी शांति के साथ आनंद के साथ शांत, निश्चल, निर्मल और संतुष्ट हो जाता है।

मन को अकुशल गुणों को निष्कासित करने और कुशल गुणों को उत्पन्न करने का प्रयत्न करके मध्य में ले जाना सही प्रयत्न का इस्तेमाल है। इसलिए, जैसे ही आप देखें कि मन में असंतुष्टि है, उन विचारों को काटकर और उन्हें छोड़कर उसे अपने मन से निकाल दें। प्रयत्न करें कि मन को मध्य मार्ग की दिशा में ले जाएं जहाँ मन शांत और निश्चल रह सके।

मध्य मार्ग की यही शिक्षा न केवल खुशी और दुख के ही नहीं बल्कि धन, संपत्ति, रिश्ते, विश्वास, प्रेम, करुणा, उत्साह, आदि के लिए भी लागू की जा सकती है। हमें हमेशा मध्य मार्ग पर चलना चाहिए, क्योंकि अगर हमारे अंदर तृष्णा, लालसा या चिपकाव है, तो हम मन को असंतुष्ट करेंगे।

मध्य मार्ग खोजना और उस पर बने रहना आपके जीवन अभ्यास में एक "अभ्यास" है!!!

दूसरों से बिना चिपकाव या लगाव या उनसे चिपके रहने के प्रेम करना और उनके लिए प्रेम रखना संभव है। हमें सभी प्राणियों को हमारे अपने चिपकाव या विमुखता से बिना प्रभावित किए उनके मार्ग पर चलने देना चाहिए। अगर हम लोगों को अपने लक्ष्यों का पीछा करने से रोकने की कोशिश करते हैं, उन्हें अपने करीब बनाए रखने की कोशिश करते हैं, या उन्हें इसके लिए राजी करने की कोशिश करते हैं "हम क्या चाहते हैं" के बजाय "उन्हें क्या चाहिए", तो अपने करीबी लोगों को अपना रास्ता खुद ढूंढने और उस पर चलना मुश्किल होगा। इसी तरह, अगर हमें विमुखता है और खुद को या दूसरों को हमारे जीवन के कुछ पहलुओं से "दूर" रखेंगे, हम संभावित रूप से किसी भी स्थिति से अंतर्दृष्टि या प्रज्ञा प्राप्त करने का मौका खो देते हैं।

ध्यान अभ्यास का एक पहलू यह है कि हम अपने उन जज़्बातों, विचारों और भावनाओं की स्थिति को देखने की क्षमता विकसित करें जो मध्य में नहीं हैं, तो आप मन को मध्य में वापस लाने की तकनीकों का उपयोग कर सकते हैं। बैठने, लेटने या खड़े होने के साथ-साथ चलने की स्थिति में साँस की माइंडफुलनेस का ध्यान मध्य मार्ग खोजने और उस पर बने रहने के लिए उत्तम है, साथ ही मन को किसी चीज़ से न चिपटने या चिपकने का प्रशिक्षण देने के लिए। फिर, लगातार प्रयत्न करें कि पूरे दिन मध्य मार्ग बनाए रखें। जब भी आपने देखा मन मध्य में नहीं है, तो मन को वापस मध्य में लाने के लिए अकुशल भावनाओं को काटने और जाने देने के सक्रिय कदम उठाएँ। जैसे जैसे अभ्यासकर्ता साँस की माइंडफुलनेस के ध्यान से अच्छी तरह से विकसित अभ्यास का लाभ इकट्ठा करता है यह आसान होता चला जाता है।

अंत में मन हमेशा मध्य में रहने के लिए प्रशिक्षित हो जाएगा और आपको इस प्रयत्न को लागू करने की जरूरत नहीं है। लेकिन, जब तक मन में तमन्ना के साथ तीव्र उत्सुकता है और वह अपनी तृष्णा/लालसा/चिपकाव की ओर खिंच रहा है, आपको उन्हें काटने और छोड़ देने के लिए प्रयत्न करने की जरूरत होगी। मन अंत में इस बार-बार की कटौती से थक जाएगा और उसी मध्य में बने रहना पसंद करेगा। आपके जीवन अभ्यास को विकसित करने के लिए बस समय, प्रयत्न, और समर्पण की जरूरत होगी।

इससे पहले कि सब कुछ समझ में आ जाए, आपको गौतम बुद्ध की शिक्षाओं को पढ़ना होगा और उनका अभ्यास करना होगा, और हर दिन जैसे जैसे मन और ज्यादा प्रशिक्षित हो जाता है सभी शिक्षाएँ और अभ्यास आपको निर्वाण के पथ पर आगे ले जाएँगी। जब आप बिना किसी असंतुष्टि के या मन के थोड़े से दुख के बिना जीवन का अनुभव कर पाएँगे, यह शांतिपूर्ण होगा।

आगे क्या होगा, यह जानने के लिए अपने जीवन के अंत तक इंतजार क्यों करें, जबकि आप इस जीवन में निर्वाण का अनुभव कर सकते हैं और शेष जीवन में इसके मजे ले सकते हैं। आप गौतम बुद्ध द्वारा हमारे साथ बाँटे गए अभ्यासों को पढ़ सकते हैं, इनका रोज अभ्यास कर सकते हैं, और निर्वाण का अनुभव कर सकते हैं।

निर्वाण प्राप्त करना केवल ध्यान लगाना और यह आशा करना नहीं है कि आप वहाँ एक दिन पहुँच जाएँगे। साँस की माइंडफुलनेस का ध्यान मन को किसी चीज़ से न चिपटने या चिपकने का और उसे वर्तमान क्षण में लाने के लिए प्रशिक्षित करने का एक साधन है, लेकिन इसके लिए अभ्यास की जरूरत होती है। साँस की माइंडफुलनेस का ध्यान मन की "चाह", "तृष्णा", "चिपकने" को निष्कासित करने के लिए प्रशिक्षित करने में मदद करेगा, ताकि आप मन की चिपकने की प्रवृत्ति - तीव्र उत्सुकता के साथ मानसिक तमन्ना का निष्कासन कर सके। इसी तरह मन अपनी चाहत की चीज़ों की ओर खींचता है, और इस प्रकार मन मध्य में नहीं रहता।

आपको अपने निर्वाण को शिक्षाओं के दैनिक अभ्यास और उन्हें अपने जीवन में लागू करने के ज़रिए प्राप्त करना होगा। ऐसा करके, आपको अपने जीवन में आने वाली कठिनाइयों के परिणाम *धीरे-धीरे* गायब होते दिखने लगेंगे - आपका जीवन बदल जाएगा। आप चेतना का एक उच्च्य स्तर प्राप्त करते हैं जो आपको जीवन को संभालने और आपके आसपास की परिस्थितियों का सामना करने के लिए नए उपकरणों से लैस करता है।

जैसे ही आप निर्वाण की खोज करेंगे, जीवन की समस्याएँ तुरंत गायब नहीं हो जाएँगी - जैसा कि हम आमतौर पर स्वर्ग की कल्पना करते हैं। नहीं, आप अभी भी धरती पर हैं, एक ऐसी दुनिया में जो असंतुष्ट है और उससे होने वाले दुख से भरी है। लेकिन जब आपने निर्वाण प्राप्त कर लिया है, प्रज्ञा प्राप्ति के ज़रिए अस्तित्व की अनित्य प्रकृति से निपटने के लिए आपने नई प्रज्ञा प्राप्त कर ली है और आप अनित्यता को अपने मन पर असर डालने की अनुमति नहीं देंगे। अब आप सुखद भावनाओं, दुखद भावनाओं, या भावनाएँ जो हैं न दुखद-न-सुखद से प्रभावित नहीं होंगे।

एक बार जब आप उजाले की ओर आगे बढ़ जाते हैं, तो अंधकार की ओर वापस नहीं लौटेंगे। अभ्यास के द्वारा आपकी अर्जित प्रज्ञा से मन मुक्त हो जाएगा।

दुर्भाग्यवश, हममें से कई लोग अपने आप को नियमित जीवन में इतना व्यस्त कर लेते हैं कि हम शिक्षाओं का अध्ययन करने और उन्हें अपने दैनिक जीवन में लागू करने के लिए समय नहीं निकालते

हैं। मन बेपरवाह हो जाता है और मन से बार-बार असंतुष्टि का अनुभव करने वाली कठिनाइयों को निकालने के लिए कार्रवाई करने के बजाय इनको स्वीकार करते हुए जीवन भर संघर्ष करता है। जो लोग इन शिक्षाओं को लागू करते हैं वह आपको बता सकते हैं कि जैसे जैसे मन आनंद के साथ शांत, निश्चल, निर्मल और संतुष्ट होने के करीब पहुँचता है, वे इसके परिणामों का अनुभव कर रहे हैं।

कोई भी व्यक्ति जिसने गौतम बुद्ध की शिक्षाओं को सीखने और उन्हें लागू करने के लिए समय समर्पित किया है आपको बिना किसी संदेह के बताएगा कि इन शिक्षाओं को सीखने और उन पर अमल करने से पहले के समय से उनके जीवन में पहले से बहुत सुधार हुआ है।

अब, आप इस मध्य मार्ग की शिक्षा को अपने जीवन और जीवन परिस्थितियों में लागू कर सकते हैं। यदि आपको मार्गदर्शन की जरूरत है, तो आप इन शिक्षाओं को अधिक गहराई से समझने और अपनी जिंदगी में लागू करने के लिए हमसे मार्गदर्शन के लिए संपर्क कर सकते हैं।

संतुलित सुर में नियमित की हुई

सोना, मुझे बताओ, पहले, जब तुम घर पर रहते थे, तो क्या तुम वीणा (एक तार वाला वाद्य) बजाने में कुशल नहीं थे?

'जी हाँ, आदरणीय महोदय।'

सोना, तुम क्या सोचते हो? जब उसके तार बहुत कसे हुए थे, तो क्या तुम्हारी वीणा अच्छी तरह से सुर में थी और बजाने में आसान थी?

'जी नहीं, आदरणीय महोदय।'

जब उसके तार बहुत ढीले थे, तो क्या तुम्हारी वीणा अच्छी तरह से सुर में थी और बजाने में आसान थी?

'जी नहीं, आदरणीय महोदय।'

लेकिन, सोना, जब उसके तार न तो बहुत कसे हुए थे और न ही बहुत ढीले, बल्कि संतुलित सुर में नियमित थे, तो क्या तुम्हारी वीणा अच्छी तरह से सुर में थी और बजाने में आसान थी?

'जी हाँ, आदरणीय महोदय।'

इसी तरह, सोना, अगर ऊर्जा को बहुत ज़ोर से जगाया जाए, तो यह बेचैनी पैदा करती है, और अगर ऊर्जा बहुत हल्की हो, तो यह बेपरवाही पैदा करती है।

इसलिए, हे सोना, ऊर्जा, आध्यात्मिक क्षमताओं के संतुलन पर दृढ़ता रखो और उसी के अनुसार चीज़ की समता प्राप्त करने का प्रयत्न करो।

'जी हाँ, आदरणीय महोदय,' आदरणीय सोना ने उत्तर दिया।

(गौतम बुद्ध)

(संदर्भ: अंगुत्तर निकाय ६.५५)

मध्य मार्ग पर चलना - दो चरम सीमाएँ जिनका पीछा नहीं करना चाहिए

भिक्षुओं, जिसने घरबार छोड़ दिया हो उसे इन दो चरम सीमाओं का पीछा नहीं करना चाहिए।

कौन सी दो?

इंद्रिय मजों में इंद्रिय खुशी की खोज, जो नीच है, अश्लील है, सांसारिक लोगों का मार्ग है, सम्मान योग्य नहीं, लाभदायक नहीं; और

आत्म-पीड़ा का पीछा करना, जो कष्टदायक है, सम्मान योग्य नहीं है, लाभदायक नहीं है।

इन चरम सीमाओं की ओर बिना मुड़े, यह तथागत मध्य मार्ग पर जाग उठा है, जो दृष्टि को जन्म देता है, जो प्रज्ञा को जन्म देता है, जो शांति की ओर ले जाता है, प्रत्यक्ष ज्ञान (अनुभव) की ओर, निर्वाण की ओर, निब्बाना की ओर।

और क्या, भिक्षुओं, है वह मध्य मार्ग जिस पर तथागत जाग चुका है, जो दृष्टि को जन्म देता है, जो निर्वाण की ओर ले जाता है?

यह है वही आर्य अष्टांग पथ; यानि, सही दृष्टि, सही नीयत, सही वाणी, सही कार्य, सही रोजगार, सही प्रयत्न, सही माइंडफुलनेस, सही एकाग्रता।

(गौतम बुद्ध)

(संदर्भ: संयुत्त निकाय ५६.११)

मध्य मार्ग - दो चरम सीमाएँ जिनका पीछा नहीं करना चाहिए (जारी)

लेखक के विचार: गौतम बुद्ध कि यह शिक्षा एक अभ्यासकर्ता को यह समझने में मदद करती है कि "इंद्रिय मजों" में सुखी भावनाओं या "इंद्रिय खुशियों" को खोजने से निर्वाण प्राप्त नहीं होगा। वास्तव में, मन को इंद्रिय खुशियों में अंदरूनी तृप्ति की तलाश न करने के लिए प्रशिक्षित करना, निर्वाण प्राप्ति के पथ का एक प्रमुख पहलू है।

इसका यह मतलब नहीं है कि एक अभ्यासकर्ता जीवन के दूसरे पहलुओं के मजे नहीं ले सकता, लेकिन जब मन गलती से यह समझता है कि इंद्रिय मजे ही अंदरूनी तृप्ति पैदा करेंगे कि मन अपने आप को असंतुष्ट करता है क्योंकि वह अपनी अंदरूनी भावनाओं को अनित्य स्थितियों पर आधारित कर रहा है।

और, अगर मन गलती से यह विश्वास करे कि "आत्म-पीड़ा" या अपनी इंद्रियों को कठोर प्रथाओं के द्वारा वंचित रखने से निर्वाण प्राप्त मन बनेगा, तब ये गलतफहमी है और "मध्य मार्ग" का प्रशिक्षण नहीं है।

गौतम बुद्ध निर्वाण की ओर जागे थे जहाँ "मध्य मार्ग" के द्वारा मन आनंद के साथ शांत, निश्चल, निर्मल, और संतुष्ट होता है। उनका मन आपकी तरह ही काम करता था और मध्य मार्ग समझने पर, एक अभ्यासकर्ता गौतम बुद्ध की तरह निर्वाण का अनुभव कर सकता है।

अगर न मजों के लिए इंद्रिय लालसा न आत्म-पीड़ा मध्य मार्ग है, तो "मध्य मार्ग" क्या है?

गौतम बुद्ध ने इसको मिला कर अनगिनत शिक्षाओं में साफ किया है कि अष्टांग पथ ही है जो असंतुष्टि के पूरे निष्कासन की ओर ले जाता है है और वह इसको "मध्य मार्ग" बताते हैं।

सोचने, चिंतन करने, और मध्य मार्ग के अभ्यास से, एक अभ्यासकर्ता मन को मध्य में निवास करने के लिए प्रशिक्षित करता है, और इंद्रिय लालसा के द्वारा अपनी चाहत की चीज़ों के पीछे नहीं भागने से वह सुर में रहता है, लेकिन उसको मन को प्रशिक्षित करने की जरूरत है जिससे कि वह इंद्रियों को वंचित करने के लिए अपने को शारीरिक पीड़ा नहीं पहुँचाए। जब अभ्यासकर्ता मध्य ढूँढ लेता है और मन को वहाँ रहने के लिए प्रशिक्षित करता है कि वह नित्य फोकस, एकग्रता, गहरी यादाश्त, और सोच की स्पष्टता का अनुभव करेगा जैसे जैसे मन वैसे काम करता है जैसे उसे करना चाहिए। निर्वाण प्राप्त मन नित्य तरीके से मन को मध्य में रहने के लिए प्रशिक्षित रहेगा।

आगे छानबीन के लिए सीखने के संसाधन

ऑडियोबुक

(ऑडियोबुक) - (खंड १ - चैप्टर ६) - मध्य मार्ग: मध्य मार्ग पर चलना (पढ़िए और सुनिए)
https://youtu.be/iiBnP2v4rbI

एप. ५०६ - (ऑडियोबुक) - (खंड १ - चैप्टर ६) - मध्य मार्ग: मध्य मार्ग पर चलना
https://podcasters.spotify.com/pod/show/buddhadailywisdom/episodes/Ep--506---Audiobook---Volume-1---Chapter-6---The-Middle-Way-Walking-The-Middle-Way-e272suk

यूट्यूब वीडियो

(सामूहिक शिक्षण प्रोग्राम) - चैप्टर ६ - मध्य मार्ग: मध्य मार्ग पर चलना
https://youtube.com/live/Qm3zNzQr0Xk

(सामूहिक शिक्षण प्रोग्राम) - सीखिये बौद्ध मंत्र जाप (४ का भाग ३)
https://youtube.com/live/vzvLLncJgGk

पॉडकास्ट

एप. ४३८ - (सामूहिक शिक्षण प्रोग्राम) - चैप्टर ६ - मध्य मार्ग: मध्य मार्ग पर चलना
https://podcasters.spotify.com/pod/show/buddhadailywisdom/episodes/Ep--438---Group-Learning-Program---Chapter-6---The-Middle-Way-Walking-the-Middle-Way-e20olc1/a-a9h8km4

एप. ४३९ - (सामूहिक शिक्षण प्रोग्राम) - सीखिये बौद्ध मंत्र जाप (४ का भाग ३)
https://podcasters.spotify.com/pod/show/buddhadailywisdom/episodes/Ep--439---Group-Learning-Program---LEARN-Buddhist-Chanting-Part-3-of-4-e20u6h3/a-a9hp4ui

चैप्टर ७

पाँच सिद्धांत:
दैनिक अभ्यास के लिए एक गृहस्थ की मार्गदर्शिका

गौतम बुद्ध ने हमें दूसरों या खुद को नुकसान पहुँचाए बिना जीवन जीने का मार्गदर्शन दिया। "पाँच सिद्धांत" नामक अपनी शिक्षा में, वे कुछ बुनियादी मार्गदर्शन प्रदान करते हैं जिन्हें सीखने और अभ्यास करने से, दुनिया में आपके द्वारा पहुँचाए जा रहे नुकसान में काफी कमी आएगी।

ये हुक्म या नियम नहीं हैं जिनका पालन किया जाना है, बल्कि ये पक्का करने का तरीका हैं कि आप दूसरों को या खुद को नुकसान न पहुँचाएँ। दूसरों को नुकसान पहुँचाकर, हम कम्मा के प्राकृतिक नियम के अनुसार खुद को नुकसान पहुँचाते हैं। इन नियमों के अभ्यास से, आप अकुशल कम्मा के उत्पादन को पूरी तरह से निष्कासित कर देंगे और इस प्रकार, एक अधिक शांतिपूर्ण और संतुष्ट जीवन का अनुभव करेंगे। (बाद के चैप्टर में "कम्मा" के बारे में और अधिक जानकारी दी जाएगी।)

यह अष्टांग पथ ही है जो केवल कुशल कम्मा के उत्पादन के ज़रिए सभी अकुशल कम्मा का पूरी तरह निष्कासन करता है, लेकिन यहाँ पाँच सिद्धांतों में, हमें सही वाणी और सही कार्य के बारे में अधिक जानकारी प्राप्त होती है जो हमें अष्टांग पथ को और बेहतर ढंग से समझने में मदद करती है। अपने जीवन में कुशल चुनाव करने से, हमें कुशल परिणामों का अनुभव होगा। अपने जीवन में अकुशल चुनाव करने से, हमें अकुशल परिणामों का अनुभव होगा। यह हमेशा हमारा चुनाव होता है कि हम कुशल या अकुशल शिक्षाओं के आधार पर निर्णय लेते हैं और फिर हम अपने चुनावों के अनुसार परिणामों का अनुभव करते हैं।

गौतम बुद्ध की शिक्षाएँ किसी व्यक्ति को नियंत्रित करने या यह निर्देश देने के लिए नहीं हैं कि उसे क्या करना चाहिए और क्या नहीं। बल्कि, वे मार्गदर्शन प्रदान करती हैं जिनका पालन करने पर निर्वाण, मन की मुक्ति, शांत और संतुष्ट मन और इस प्रकार, एक शांतिपूर्ण और संतुष्ट जीवन की प्राप्ति होती है। इस अभ्यास में सब कुछ व्यक्तिगत स्वतंत्र इच्छाशक्ति के ज़रिए प्राप्त होता है।

पाँच सिद्धांत आपके लिए कोई आश्चर्य नहीं होगा क्योंकि ये सभी बातें आपको जीवन भर सिखाई गई हैं। निर्वाण के लाभों को प्राप्त करने के लिए इन पाँच सिद्धांतों का न्यूनतम रूप से पालन जरूरी है। आप *धीरे-धीरे* मन को इन शिक्षाओं का रोज और अधिक बारीकी से अभ्यास करने के लिए प्रशिक्षित

करें, बजाय इसके कि आपको एक ही समय में कई बड़े बदलाव करने पड़ें। यदि आपने पहले इन सिद्धांतों का अभ्यास किया है या वर्तमान में इनमें से कुछ भी कर रहे हैं, तो अच्छा है। यदि नहीं, तो आप निर्वाण की खोज के लिए अपने आचरण में बदलाव ला सकते हैं या *धीरे-धीरे* उसमें परिवर्तन ला सकते हैं।

१.) प्राण लेना त्यागना, प्राण लेने से रुकना, लाठी या तलवार के बिना, मेहनती, करुणा से भरा, सभी जीवों के कल्याण के लिए कांपना।

अन्य लेखों में इसका अनुवाद अक्सर इस प्रकार किया गया है, "हत्या न करें या किसी की जान जानबूझ कर न लें"। जैसा कि आप यहाँ इस सीधे अनुवाद में देख सकते हैं, हमें खुद सीधे गौतम बुद्ध से और भी बहुत कुछ मिलता है। आखिरी निष्कर्ष यह है कि किसी भी प्राणी, चाहे वह इंसान हो या पशु, की जानबूझ कर हत्या न करें। हमें सभी जीवों के लिए करुणा होनी चाहिए।

एक जीव के पैदा होने के लिए तीन घटकों की जरूरत होती है: अंडा, शुक्राणु (यानी बीज), और चेतना (यानी मन)। अगर ये चीज़ें मौजूद हैं, तो एक जीव है।

पौधों में मन नहीं होता। हालाँकि हम उन्हें "जीवित" मान सकते हैं, लेकिन कुछ मायनों में, वे जीवित प्राणी नहीं हैं। बैक्टीरिया जीवित प्राणी नहीं हैं क्योंकि वे अंडे या शुक्राणु से उत्पन्न नहीं होते हैं, और न ही उनमें मन होता है। (यह किताब श्रृंखला आपको इस जरूरी शिक्षा के आधार पर "प्राणी को प्राणी" बनाने वाले पाँच संग्रहों को समझने में मदद करने के लिए शिक्षाएँ बाँटेगी।)

किसी मानव या पशु की इच्छामृत्यु, गर्भपात, आत्महत्या, सहायता प्राप्त आत्महत्या, मृत्युदंड, युद्ध में आक्रमण या सरकार द्वारा प्रायोजित कोई भी हत्या, ये सभी किसी अन्य प्राणी की जानबूझकर की गई हत्याएँ हैं। जो व्यक्ति निर्वाण की खोज़ में है या निर्वाण प्राप्त कर चुका है, वह इन घटनाओं की नीयत, वाणी या कार्यों में भाग नहीं लेगा। यदि आपने अतीत में ये कार्य किए हैं, तो यह आपको निर्वाण को खोजने और प्राप्त करने से नहीं रोकता। अतीत को पीछे छोड़ना जरूरी है। इन कार्यों को निष्कासित करने के लिए वर्तमान क्षण पर ध्यान केंद्रित करें।

किसी प्राणी के जीवन को बढ़ाने के लिए चिकित्सा देखभाल का खर्च न उठा पाना, अगर देखभाल न की जाए तो उसकी मृत्यु हो सकती है, उस प्राणी की जानबूझ कर हत्या नहीं है। यह कम्मा के कारण होने वाली मृत्यु है, क्योंकि मरते हुए प्राणी के जीवन को बढ़ाने के लिए चिकित्सा देखभाल उपलब्ध नहीं कराई जा सकी। प्राणी को मारने के लिए कोई जानबूझ कर कार्रवाई नहीं की गई थी और अगर

संसाधन उपलब्ध होते, तो प्राणी की जान बच जाती। प्राणी को जानबूझ कर नहीं मारा गया, बल्कि संसाधनों के अभाव में उसकी मृत्यु हुई। एक आदर्श दुनिया में, संसाधन उपलब्ध होते और प्राणी बच जाता।

अगर कीड़े आप पर बैठ जाएँ, तो उन्हें उड़ा दें या हाथ के एक झटके या वार से हटा दें। अगर आप अनजाने में किसी कीड़े या किसी अन्य प्राणी को मार देते हैं, तो आपने उस प्राणी की जानबूझकर हत्या नहीं की है। बल्कि यह एक आकस्मिक हत्या होगी, न कि उस प्राणी को मारने के किसी जानबूझकर किए गए इरादे और कार्रवाई का नतीजा।

यह सिद्धांत अभ्यासकर्ता के मन में प्रेमभरी-कृपा और करुणा को संवारने में मदद करता है ताकि क्रोध, नफरत या दुर्भावना को निष्कासित किया जा सके। यदि मन क्रोध, नफरत या दुर्भावना से प्रेरित होकर निर्णय ले रहा है, तो ये अकुशल गुण अकुशल निर्णय लेंगे और परिणामस्वरूप अकुशल परिणाम प्राप्त होंगे।

ध्यान दें, यह सिद्धांत "हर कीमत पर हर जिन्दगी की रक्षा करना" नहीं है। यह संभव नहीं है। इसलिए, एक अभ्यासकर्ता इस सिद्धांत को सीखकर और उसका अभ्यास करके अपने मन को सभी जीवित प्राणियों के कल्याण के लिए करुणामय जीवन जीने के लिए प्रशिक्षित कर रहा है।

आत्महत्या

तृष्णा वह ईंधन है जो पुनर्जन्म का कारण बनती है। अपने जीवन को समाप्त करने की तृष्णा या लालसा "जीवन के विनाश की तृष्णा" है। आत्महत्या किसी व्यक्ति के असंतुष्ट मन का समाधान नहीं करेगी क्योंकि वह पुनर्जन्म के चक्र में जारी असंतोष और पीड़ा के साथ एक नए अस्तित्व में पुनर्जन्म लेगा। शायद उसका मानव लोक में पुनर्जन्म नहीं होगा और उसे फिर से मानव अवस्था प्राप्त करने और निर्वाण प्राप्त करने के एक नए मौके के लिए, अस्तित्व के अन्य लोकों में कई पुनर्जन्मों की जरूरत होगी।

इस जीवन में या प्राकृतिक मृत्यु के समय, यदि व्यक्ति ने अपनी तृष्णा को निष्कासित कर दिया है, जिसमें अपने अकुशल कम्मा को १००% बुझाना भी शामिल है, तो निर्वाण प्राप्त करना संभव है। यदि कोई व्यक्ति इस मानव जीवन में अपने अकुशल कम्मा का १००% अनुभव करता है (जीवन की समाप्ति की तृष्णा के बिना प्राकृतिक मृत्यु का अनुभव करना), तो उसके पास मृत्यु के समय निर्वाण प्राप्त करने और पुनर्जन्म के चक्र से बचने की क्षमता होती है। यदि किसी व्यक्ति में अपने जीवन को

समाप्त करने की तृष्णा है, तो उसने अपनी तृष्णा को १००% निष्कासित नहीं किया है और उसका पुनर्जन्म होगा। जो व्यक्ति सभी तृष्णाओं को बुझाने का प्रयत्न करता है और अपने अकुशल कम्मा का १००% अनुभव करता है, जीवन का अनुभव करने के लिए नए किसी अस्तित्व में उसका पुनर्जन्म नहीं होगा।

प्राकृतिक मृत्यु से बचना जीवन की समाप्ति की तृष्णा है और इससे व्यक्ति को अनगिनत पुनर्जन्मों तक पीड़ा सहनी पड़ेगी।

मानव अवस्था प्राप्त करना बहुत दुर्लभ है और इसे व्यर्थ नहीं गँवाना चाहिए। जिस प्राणी को अपना जीवन को खत्म करने की इच्छा हो, उसे इस वर्तमान मानव लोक में रहते हुए इन शिक्षाओं को सीखना और उनका अभ्यास करना चाहिए ताकि उसे निर्वाण प्राप्त हो सके, जो मन को प्रशिक्षित करने वाले उत्तम अभ्यासों के ज़रिए जीवन समाप्त करने की इच्छा को निष्कासित कर देगा। इन शिक्षाओं को सीखने और उनका अभ्यास करने से आत्महत्या के विचारों को निष्कासित किया जा सकता है। निर्वाण ही मन की सभी असंतुष्टि और उससे उत्पन्न होने वाले दुखों को समाप्त करने का एकमात्र नित्य समाधान है।

रक्षा और संरक्षण

जीवन में एक ऐसा समय आ सकता है जब आपको किसी हमलावर से अपने शरीर की रक्षा करनी पड़े। अगर आप ऐसी स्थिति में अपने शरीर को पाते हैं, तो यह स्वाभाविक है कि उस क्षण शरीर की रक्षा या अपने आस-पास के लोगों की सुरक्षा के लिए शारीरिक हानि से बचाव का निर्णय लिया जाए।

हालाँकि, ध्यान रखें कि हर दिन कई चुनाव और निर्णय लिए जा सकते हैं ताकि हम खुद को ऐसी स्थिति में न पाएँ जहाँ शरीर पर हमला हो। एक अच्छे तरह से विकसित मन और मन की पवित्रता आपकी पहली रक्षा पंक्ति है और यह शरीर को नकारात्मक घटनाओं और अनुभवों (यानी अकुशल कम्मा) से बचाती है।

यदि आपकी वाणी या कार्य के कारण शरीर पर आक्रमण हो रहा है, तो वह कम्मा है और आपकी वाणी और कार्य के कारण, किसी अन्य व्यक्ति ने शरीर पर आक्रमण करने का चुनाव किया है। इससे बचने के लिए, सभी अकुशल कम्मा को बुझाने के लिए अष्टांग पथ को अपने "जीवन अभ्यास" के रूप में अपनाएँ।

अगर आप खुद को बिना उकसावे के किसी हमले में फँसा हुआ पाते हैं और आप उस स्थिति से बचने के लिए भाग सकते हैं, तो आपको ऐसा करना चाहिए। अहं-रहित व्यक्ति को सिर्फ लड़ने के लिए खड़े होने और लड़ने में कोई दिलचस्पी नहीं होगी, बल्कि वह अहं की रक्षा के बजाय जीवन को जारी रखने के लिए भौतिक शरीर की सुरक्षा को प्राथमिकता देगा। हालाँकि, शरीर को उस स्थिति से हटाना हमेशा संभव नहीं होता। अगर आपको उस क्षण में सुरक्षित रहने के लिए शरीर की रक्षा करने की जरूरत है, तो आप ऐसा कर सकते हैं।

अगर हमलावर को मारे बिना शारीरिक नुकसान से बचाव का कोई तरीका हो, तो वह सबसे अच्छा होगा, लेकिन हमेशा संभव नहीं। शरीर की सुरक्षा पक्की करते हुए, किसी अन्य प्राणी को सबसे कम नुकसान पहुँचाते हुए शरीर की रक्षा करें। बचाव को ज्यादा लंबा न खींचें और केवल उतना ही बल लगाएँ जितना आपकी और आपके आस-पास के लोगों की तत्काल सुरक्षा के लिए जरूरी हो।

पशु उत्पादों का सेवन - वीगन

गौतम बुद्ध से कथित तौर पर पूछा गया था कि क्या उनके जीवनकाल में नियुक्त अभ्यासकर्ताओं के लिए वीगन होना जरूरी है। कहा जाता है कि उनका उत्तर कुछ इस तरह था: किसी जानवर की जानबूझकर हत्या या हत्या किसी अन्य प्राणी द्वारा की जाती है तो वह व्यक्ति अकुशल कम्मा उत्पन्न करता है। गौतम बुद्ध ने समझाया कि एक साधु के रूप में, उन्हें जो भी दिया जाए उसे स्वीकार करना चाहिए और किसी चीज़ को प्राथमिकता नहीं देनी चाहिए।

गौतम बुद्ध ने अपने अष्टांग पथ में "जीव व्यापार और मांस व्यापार" जैसी "गलत रोजगार" को शामिल किया था, ताकि हम इन गतिविधियों से उत्पन्न होने वाले अकुशल कम्मा की भारी मात्रा को समझ सकें जिनके परिणाम आज हम देख रहे हैं। उन्होंने हमें प्रोत्साहित किया कि हम अपने जीवन को चलाने के लिए इन रोजगारों में भाग न लें और यदि सभी लोग इन शिक्षाओं का पालन करें, तो मांस खाने की कोई जरूरत नहीं होगी।

आप उनके प्रथम सिद्धांत में भी देख सकते हैं कि उनकी शिक्षाएँ हैं कि हमें "प्राण लेना त्यागना, प्राण लेने से रुकना, लाठी या तलवार के बिना, परिश्रमी, करुणा से भरा, सभी जीवों के कल्याण के लिए कांपने" का अभ्यास करना चाहिए। गौतम बुद्ध ने सिखाया कि किसी को भी किसी जीव की हत्या नहीं करनी चाहिए क्योंकि इससे अकुशल कम्मा उत्पन्न होता है। जो भी हानि होगी, उसका फल हमें कम्मा के प्राकृतिक नियम के ज़रिए मिलेगा।

गौतम बुद्ध की शिक्षाओं में कोई विरोधाभास नहीं है। उनकी केंद्रीय शिक्षाओं और मार्गदर्शन के आधार पर, हमें जीवों और मांस का व्यापार न करके, सही रोजगार का पालन करना चाहिए। हमें जीवों की हत्या न करने, करुणा पूर्वक जीवन जीने और उनके कल्याण से संबंधित रहने के लिए प्रथम सिद्धांत का पालन करना चाहिए।

अभ्यासकर्ता को चोरी न करने के दूसरे सिद्धांत का भी पालन करना चाहिए क्योंकि मांस खाने या पशु उत्पादों के उपयोग के लिए किसी प्राणी का जीवन लेना भी चोरी है। उस प्राणी ने अपने मांस या शरीर के अन्य अंगों के उपयोग की अनुमति नहीं दी थी। इसलिए, जो नहीं दिया गया है उसे लेना उस प्राणी के लिए हानिकारक होगा और इस प्रकार, आपके लिए भी हानिकारक होगा।

गौतम बुद्ध ने सभी प्राणियों के लिए प्रेम और करुणा का भाव रखने की शिक्षा दी थी। कोई दूसरे प्राणी को खाते हुए सभी प्राणियों के लिए प्रेम और करुणा का भाव कैसे रख सकता है?

हम समझ सकते हैं कि कुछ बौद्ध समुदायों में यह अफवाह फैलाई जाती है कि मांस खाने से कोई अकुशल कम्मा नहीं होता, यह "असत्य" है और इसे "मात्र एक अफवाह" माना जा सकता है। गौतम बुद्ध जीवों की हत्या के असर और उन जीवों को होने वाले नुकसान को समझते थे और इस प्रकार, वह नुकसान हमें वापस मिलेगा जैसा कि हम आज देख रहे हैं।

जो व्यक्ति इन शिक्षाओं का अभ्यास कर रहा है और इनका गहन अभ्यास करने में दिलचस्पी रखता है, वह निर्वाण की ओर बढ़ने के लिए शाकाहारी या वीगन बनना चुनेगा। वीगन होने से मन को अधिक स्पष्टता मिलेगी क्योंकि शरीर पशु के मांस और पशु उप-उत्पादों में पाए जाने वाले हानिकारक नशीले पदार्थों, हार्मोन, विषाक्त पदार्थों और पशु भावनाओं से मुक्त होगा। पशु उत्पादों को खाने से अकुशल कम्मा जुड़ा होता है और यह अकुशल पशु उत्पादों के ज़रिए आपको वापस मिलता है, जो नशीले पदार्थों, विषाक्त पदार्थों और मृत्यु के समय पशु द्वारा अनुभव की जाने वाली डर के जज़्बातों से भरे होते हैं।

गौतम बुद्ध के जीवन काल की तुलना में आज पशु मांस खाने से कहीं अधिक अकुशल कम्मा जुड़े हुए हैं, क्योंकि पशु मांस में विषाक्त पदार्थ पाए जाते हैं, जो पशु उत्पाद खाने पर आपके शरीर में प्रवेश कर जाते हैं। इसके अतिरिक्त, अंडे, दूध, पनीर, चमड़ा आदि जैसे पशु उत्पादों को बनाने के लिए एक ऐसा वातावरण बनाया जाता है जहाँ मनुष्यों को ये उत्पाद उपलब्ध कराने के लिए बड़ी संख्या में पशुओं को कष्ट सहना पड़ता है। पशु पशु लोक में फँसे हुए हैं। जब तक इंसान अपने उपयोग और

उपभोग के लिए पशु और पशु उत्पादों के उत्पादन से चिपकेंगे, तब तक ये प्राणी निर्वाण प्राप्ति के मौके के लिए मानव रूप धारण करने के लिए पुनर्जन्म नहीं ले सकते।

मानव जीवन को बनाए रखने के लिए पशु उत्पादों की जरूरत नहीं होती। पशु उत्पादों से प्राप्त प्रोटीन और अन्य जरूरी पोषक तत्व, पौधों पर आधारित उत्पादों के ज़रिए लिए जा सकते हैं। खाने को केवल शरीर को जीवित रखने के लिए जरूरी पदार्थ के रूप में देखने से कुछ खानों के स्वाद को चखने की इच्छा को निष्कासित करने में मदद मिल सकती है। इसके बजाय, खाने को जीवन को बनाए रखने के लिए केवल एक जरूरत के रूप में देखें, न कि किसी ऐसी चीज़ के रूप में जिसे आप कुछ खास स्वादों के ज़रिए अपनी जीभ को खुश करने के लिए "चाहते" हैं, हालाँकि ऐसे बहुत से खाने हैं जिनका आप आनंद ले सकते हैं, जो पौधों पर आधारित खाने हैं। हम जो कुछ भी शरीर में डालते हैं, वह "शरीर" को पोषण और जीवित रखने के लिए होता है, न कि "मन" को खुश करने के लिए।

जीभ के "इंद्रिय सुख" के लिए चिपकाव को निष्कासित करने से आपको *धीरे-धीरे* पशु उत्पादों के लिए तृष्णा/लालसा/चिपकाव को निष्कासित करने में मदद मिल सकती है।

पशु उत्पाद न खाकर, आप यह जानकर खुश हो सकते हैं कि आपकी खानपान की आदतें किसी अन्य प्राणी को नुकसान नहीं पहुँचा रही हैं और आपको पौधों पर आधारित खाना सप्लाई के स्वस्थ प्रभावों से लाभ होगा। पौधों पर आधारित खाना सप्लाई अपनाने के लिए एक अभ्यासकर्ता को विटामिन बी१२ पूरक के उपयोग पर विचार करना पड़ सकता है। ऐसे पौधों की संख्या सीमित है जिनमें विटामिन बी१२ पाया जाता है और यह विटामिन मानव शरीर के लिए जरूरी है।

यहाँ जरूरी शिक्षा यह है कि सभी जीवों के लिए करुणा रखते हुए जानबूझकर किसी अन्य प्राणी की हत्या न करें। अगर हम पशु का मांस खा रहे हैं और/या पशु उत्पादों का उपयोग कर रहे हैं, तो हम सभी जीवों के लिए करुणा कैसे रख सकते हैं?

गौतम बुद्ध, एक साधु के रूप में, अपना खाना खुद नहीं चुन सकते थे। गृहस्थ होने के नाते, हम अपना खाना चुन सकते हैं और यह भी चुन सकते हैं कि हम साधुओं को क्या अर्पित करते हैं। वीगन जीवनशैली अपनाना, अन्य प्राणियों को कोई नुकसान न पहुँचाने का एक विकल्प है।

यदि आप "सभी जीवों" के लिए करुणा रखते हैं, जैसा कि इस सिद्धांत में बताया गया है, तो आपको पशु उत्पादों का उपभोग या उपयोग करने की इच्छा अपनी व्यक्तिगत पसंद के रूप में नहीं होगी।

निर्वाण की ओर बढ़ने का एक पहलू सभी जीवों के लिए प्रेमभरी-कृपा और करुणा का विकास करना है। यदि वह किसी जीव को खा रहा हो तो एक अभ्यासकर्ता सभी जीवों के लिए प्रेमभरी-कृपा और करुणा कैसे रख सकता है?

इन सभी शिक्षाओं की तरह, आप भी *धीरे-धीरे* मन को इस दिशा में आगे बढ़ने के लिए प्रशिक्षित करें।

आज जितने भी प्राणी हैं, उन्होंने अनगिनत पुनर्जन्मों का अनुभव किया है, जिनमें अनगिनत पशु जन्म भी शामिल हैं। गौतम बुद्ध ने समझाया था कि ऐसा कोई भी प्राणी मिलना मुश्किल है जो पिछले जन्म में हमारा माता, पिता, बहन, भाई या कोई अन्य रिश्तेदार न रहा हो। ऐसे पशु उत्पाद खाना जो जानवरों की हत्या को बढ़ावा देते हैं, अपने रिश्तेदारों की हत्या करके उनका मांस खाने के समान माना जा सकता है। हमें सभी प्राणियों के लिए प्रेम और करुणा का भाव रखना चाहिए।

आज, इन शिक्षाओं का गहनता से पालन करने वाले कई लोग शाकाहारी या वीगन हैं। आप "कम्मा" के ज़रिए समझ सकते हैं कि दुनिया भर में पशु उत्पादों के बड़े पैमाने पर उत्पादन ने एक अकुशल वातावरण के ज़रिए दुनिया के लिए भारी मात्रा में अकुशल कम्मा को उत्पन्न किया है।

जिस तरह किसी दूसरे व्यक्ति द्वारा चुराई गई चीज़ को स्वीकार करने से आपको नुकसान हो सकता है, उसी तरह किसी दूसरे व्यक्ति द्वारा मारे गए पशु का मांस स्वीकार करने से भी आपको नुकसान होगा। किसी दूसरे व्यक्ति द्वारा उस जीव को मार डालने वाला तथ्य आपको या पर्यावरण को पशु उत्पादों के उत्पादन और सेवन के हानिकारक असर से नहीं बचाता है।

पशु उत्पादों के उत्पादन ने हमारे आसपास के पर्यावरण को बुरी तरह प्रभावित किया है। व्यक्तिगत स्तर पर पशु उत्पादों का सेवन मनुष्यों में कैंसर और अन्य शारीरिक बीमारियों का कारण बन रहा है। पशु उत्पादों की खेती, तैयारी, पैकेजिंग, परिवहन और बिक्री के ज़रिए, पृथ्वी के पर्यावरण को भारी नुकसान पहुँच रहा है।

यह हमें अच्छी तरह पता है कि हमारे विश्व के पर्यावरण को और अधिक स्वस्थ बनाने के लिए, मनुष्यों को पौधे-आधारित खाना पदार्थों की ओर रुख करना होगा। बड़ी संख्या में जानवरों को न मारकर या उन्हें कष्ट न पहुँचाकर, हम कुशल कम्मा उत्पन्न करते हैं। हमारा ग्रह अधिक स्वस्थ है और हमारा व्यक्तिगत शरीर और मन भी अधिक स्वस्थ है।

पशु उत्पादों का सेवन करने से जानवरों, हमारे पर्यावरण और व्यक्तिगत रूप से हमें नुकसान पहुँचता है। यह नुकसान हमें एक अस्वस्थ ग्रह और हमारे व्यक्तिगत स्वास्थ्य पर पड़ने वाले असर के ज़रिए वापस मिलेगा। पशु उत्पादों का सेवन न करना ही सबसे अच्छा है क्योंकि इससे एक स्वस्थ शरीर, एक स्वस्थ मन और एक स्वस्थ ग्रह पक्का होगा। आप देखेंगे कि जब आप केवल पौधों पर आधारित खाना खाते हैं तो शरीर और मन बेहतर ढंग से कार्य करते हैं।

किसी अन्य प्राणी की हत्या करने के कम्मा को निष्कासित करने के अलावा, यह नियम सभी प्राणियों के लिए गहरी करुणा के विकास से भी संबंधित है। पशु उत्पादों का सेवन न करने का आपका अभ्यास आपको सभी प्राणियों और एक स्वस्थ ग्रह के साथ अधिक सद्भाव स्थापित करने में मदद करेगा, साथ ही ग्रह और आपको व्यक्तिगत रूप से प्रभावित करने वाले अकुशल कम्मा को भी निष्कासित करेगा।

पुनर्जीवित न करें (डीएनआर)

चिकित्सा उपचार में आधुनिक प्रगति के साथ, जिसमें किसी के जीवन को लम्बा या अवधि बढ़ाने की क्षमता है, लोगों के लिए प्राकृतिक मृत्यु से पहले "पुनर्जीवित न करें (डीएनआर)" को लागू करने का सचेत निर्णय लेना आम बात है।

डीएनआर एक ऐसा दस्तावेज है जिस पर व्यक्ति यह पक्का करने के लिए हस्ताक्षर करता है कि यदि उसकी मृत्यु हो जाती है, तो आधुनिक चिकित्सा प्रगति के ज़रिए उसे पुनर्जीवित नहीं किया जा सकेगा। डीएनआर एक सक्रिय जानबूझकर हत्या नहीं है।

डीएनआर का मतलब है कि इंसान पहले ही मर चुका है और वे उसे वापस जीवित करने के लिए कोई चरम उपाय करने में दिलचस्पी नहीं रखते।

वे मरने से पूरी तरह संतुष्ट हैं और उन्होंने ऐसा प्राकृतिक तरीके से करने का निर्णय लिया है, उन्हें वापस जीवित करने के लिए कोई बनावटी तरीका नहीं अपनाया है।

डीएनआर इच्छामृत्यु नहीं है। ये दो अलग-अलग चीजें हैं।

एक डीएनआर व्यक्ति की मृत्यु हो जाने के बाद उसे वापस जीवित न किए जाने का चुनाव करता है।

इच्छामृत्यु किसी व्यक्ति का जीवन समाप्त करने का एक सक्रिय निर्णय है, यानी उसकी हत्या करना।

२.) जो नहीं दिया गया है उसे लेने का त्याग, शुद्धता से जीना, जो दिया गया है उसे स्वीकार करना, जो दिया गया है उसकी प्रतीक्षा करना, बिना चोरी किए।

यह सिद्धांत बिल्कुल वैसा ही है जैसा आप सोचते हैं और शायद आपको जीवन भर सिखाया गया है। चोरी न करें या जो आपका नहीं है उसे न लें। इससे दूसरों को नुकसान होगा और नैतिक रूप से यह एक स्वस्थ जीवन जीने का उचित तरीका नहीं है। चोरी करने से दूसरों को नुकसान होगा जिससे हमें भी नुकसान होगा और इसका मतलब है कि अभी भी तृष्णा और लालसा बाकी है।

जो दिया गया है उसे स्वीकारना

उदारता का अभ्यास करने वाले लोगों के समाज में, अक्सर लोग खाना, सामग्री, धन या उपहारों का उदारतापूर्वक दान करते हैं। "जो दिया गया है उसे स्वीकार करने" का मतलब है बिना किसी अपेक्षा या आकलन के सभी दान को स्वीकार करना। दूसरों द्वारा दिए गए दान को स्वीकार करके, हम किसी अन्य व्यक्ति की अच्छी नीयत में बाधा नहीं डाल रहे हैं, बल्कि सभी लोगों को उदारता का अभ्यास करने की अनुमति देने के लिए खुले हैं।

यदि कोई भेंट दी जाती है, तो उसे भेंट देने वाले या भेंट देने वाले व्यक्ति के बारे में कोई अपेक्षा या आकलन किए बिना, विनम्रतापूर्वक स्वीकार कर लेना चाहिए।

अगर हम किसी दूसरे व्यक्ति द्वारा दी गई भेंट को अस्वीकार करते हैं, तो हम उनके उदारता के अभ्यास का मौका बंद कर रहे हैं। यह उनकी उदारता के कुशल अभ्यास को नुकसान पहुँचाएगा और उस व्यक्ति के साथ आपके रिश्ते को भी नुकसान पहुँचाएगा। अगर आप किसी व्यक्ति की भेंट स्वीकार न करके उसे आपको भेंट देने से रोकते हैं, तो इस बात की पूरी संभावना है कि उसे अपनी तृष्णा/लालसा/चिपकाव के बजाय, उसे दुखद भावनाओं का अनुभव होगा जो वह आपके साथ जोड़ेगा, और फिर वह आपको भेंट देना बंद कर देगा या शायद रिश्ता खत्म करके आपसे पूरी तरह दूरी बना लेगा।

अगर कोई आपको कोई ऐसी चीज़ देता है जिसका आप इस्तेमाल नहीं करेंगे, तो उसे स्वीकार कर लेना और फिर किसी समय, उदारता का अभ्यास करके, उस चीज़ को किसी और को दे देना ठीक है। अंत में, वह चीज़ किसी ऐसे व्यक्ति के पास पहुँच जाएगी जो उसका उपयोग कर सकता है। इस बीच, वह चीज़ कई लोगों के हाथों से गुजरी है जिन्हें उदारता का अभ्यास करने से लाभ हुआ है और

अंत में किसी ऐसे व्यक्ति के पास पहुँची है जो वास्तव में उस चीज़ का उपयोग कर सकता है। किसी चीज़ को अपने पास रखने हुए बेकार हो जाने की बजाय, क्योंकि मन बस यह सोचकर उसे "पकड़े" रहता है कि आप इसे किसी और को देकर "छोड़" नहीं सकते, अगर आप उस चीज़ को किसी और को देते हैं तो उसका सदुपयोग किया जा सकता है और उसे लाभदायक उद्देश्यों के लिए इस्तेमाल किया जा सकता है।

जो चीज़ें आपको दी गई हैं, उन्हें दूसरों को देने में कोई बुराई नहीं है। जिस व्यक्ति ने आपको उपहार दिया है, उसे अपनी कृपा के कारण ऐसा करना चाहिए था, बिना यह उम्मीद किए कि आप उस उपहार का क्या करेंगे या क्या नहीं करेंगे।

उदारता का अभ्यास बिना किसी अपेक्षा के होना चाहिए कि उपहार पाने वाला उस चीज़ के साथ क्या करेगा या क्या नहीं करेगा। अगर उपहार देने वाले को आपके द्वारा उसे किसी और को देने से ठेस पहुँचती है, तो इसका कारण उसकी मन की अपनी अपेक्षाएँ हैं। उन्हें उपहार के साथ क्या करना चाहिए या क्या नहीं करना चाहिए, इस बारे में अपेक्षाएँ रखकर उन्होंने अपनी असंतुष्टि पैदा की। इसका मतलब है कि उन्होंने बिना किसी अपेक्षा के उपहार नहीं दिया और इन शिक्षाओं में बताई गई शुद्ध उदारता का पालन न करने के कारण अपनी असंतुष्टि पैदा की।

जो दिया गया है उसकी प्रतीक्षा करें

हमें दूसरों से संपत्ति, उपहार या धन-संपत्ति भी नहीं माँगनी चाहिए। गौतम बुद्ध हमें यह सिद्धांत देते हैं, "जो दिया गया है उसकी प्रतीक्षा करो"। इस प्रकार, वे हमें उस तृष्णा और लालसा को निष्कासित करने में मार्गदर्शन प्रदान करते हैं जो सभी असंतुष्टि का कारण है।

अधिक से अधिक संपत्ति, उपहार या धन आदि प्राप्त करने की तृष्णा और लालसा आपके मन पर सीधा असर डालेगी, जिससे उसमें असंतुष्टि पैदा होगी, और दूसरों पर भी अनुरोधित चीज़ों की प्राप्ति के लिए दायित्व और अपेक्षाएँ थोपकर उन्हें प्रभावित करेगी। यदि वे चीज़ें प्रदान नहीं की जा सकतीं, तो इससे रिश्ते में तनाव पैदा हो सकता है और इसमें शामिल किसी भी व्यक्ति का मन असंतुष्ट हो सकता है। संपत्ति, उपहार या धन की मांग अपेक्षाएँ पैदा कर सकती है। अपेक्षाएँ चिपकाव का एक रूप हैं जो असंतुष्ट मन को जन्म देती हैं।

अगर हम किसी दूसरे व्यक्ति से मदद माँगते हैं, तो यह इसलिए नहीं होना चाहिए कि हमें कुछ "चाहिए", बल्कि इसलिए कि हमें मदद की "जरूरत" है। हमें किसी दूसरे व्यक्ति पर बेवजह जिम्मेदारियाँ और बोझ नहीं डालना चाहिए।

३.) अ-सतीत्व (अनेक यौन संबंधों) का त्याग। ऐसी स्त्रियों [पुरुषों] के साथ यौन संबंध का त्याग करना जो अपनी माँ, पिता, माता और पिता, भाई, बहन या रिश्तेदारों द्वारा संरक्षित हैं; जो अपनी शिक्षाओं द्वारा संरक्षित हैं; जिनका पति [पत्नी या साथी] है; जिनके उल्लंघन के लिए दंड है; या यहाँ तक कि किसी पुरुष [स्त्री या साथी] द्वारा सगाई के संकेत के रूप में माला पहनाई गई हो।

अन्य लेखों में इसका अनुवाद अक्सर "यौन दुराचार न करें" के रूप में किया जाता है। जैसा कि आप यहाँ देख सकते हैं, जिस यौन आचरण से दूर रहने का सुझाव दिया गया है, उसमें ऐसी यौन गतिविधियाँ शामिल हैं जिनसे अन्य प्राणियों को नुकसान पहुँच सकता है।

- नाबालिगों के साथ यौन संबंध।
- बिना सहमति के यौन संबंध।
- अनेक साथियों के साथ यौन संबंध (यानी अ-सतीत्व)।
- रिश्तेदारों के घर में रहते हुए और रिश्तेदारों द्वारा निर्देशित जीवन जीते हुए यौन संबंध। (यदि रिश्तेदारों ने एक वचनबद्ध रिश्ते को स्वीकार कर लिया है और आपको अपने घर में सह-निवास की अनुमति देते हैं, तो उन्होंने वचनबद्ध रिश्ते को स्वीकार कर लिया है और समझ लिया है कि यौन संपर्क आपके रिश्ते का हिस्सा है।)
- किसी ऐसे व्यक्ति के साथ यौन संबंध बनाना जिसने पहले ब्रह्मचारी रहने का निर्णय लिया हो।
- ऐसे लोगों के साथ यौन संबंध बनाना जो पहले से ही अन्य रिश्तों में समर्पित हैं।
- किसी भी ऐसे रिश्ते से बाहर यौन संबंध बनाना जिसके लिए आप वचनबद्ध हैं और जिसके लिए आपने वफादारी का वचन दिया है।

गौतम बुद्ध की अन्य शिक्षाओं के आधार पर, इसे भी हानिकारक यौन आचरण में शामिल किया जाएगा।

- मानव तस्करी के शिकार लोगों के साथ यौन संबंध।

अ-सतीत्व का मतलब है, वचनबद्ध और वफादार रिश्ते के लिए किसी दिलचस्पी या लक्ष्य के बिना लगातार और निरंतर आकस्मिक यौन संबंध बनाना।

सतीत्व का मतलब एक निष्ठावान और वचनबद्ध संबंध होना है, जहाँ लक्ष्य, उद्देश्य या दिलचस्पी लंबे समय का संबंध हों और यौन संपर्क भी संबंध का एक हिस्सा हों।

यौन संबंध के लिए विवाह जरूरी नहीं है, लेकिन इस नियम में बताए गए अभ्यास के ज़रिए यह पक्का किया जा सकता है कि व्यक्ति अपने यौन संपर्क के ज़रिए किसी को नुकसान न पहुँचाए और इस प्रकार, उनके यौन संपर्क के कारण किसी को नुकसान का अनुभव न हो।

यौन संबंध रखना गलत या अनैतिक नहीं है। इसे इस तरह से किया जाना चाहिए कि इससे न तो आपको और न ही दूसरों को कोई नुकसान हो। आप यौन संपर्क का आनंद ले सकते हैं और निर्वाण के पहले दो चरणों को प्राप्त कर सकते हैं। इसके लिए आपको अत्यधिक तृष्णा/लालसा/चिपकाव के बिना, एक वचनबद्ध रिश्ते में यौन संपर्क में भाग लेना होगा।

निर्वाण के सर्वोच्च दो चरणों को प्राप्त करने के लिए, आपको यौन संपर्क, जो एक "इंद्रिय लालसा" है, को निष्कासित करना होगा। इस उद्देश्य को प्राप्त करने के लिए आपको यौन संपर्क या इस "इंद्रिय लालसा" की तृष्णा को कम करने और फिर उसे निष्कासित करने के लिए मन को प्रशिक्षित करने की जरूरत होगी।

चाहे आप यौन क्रिया करते हों या नहीं, क्या मन तब भी संतुष्ट रह सकता है? आपको यौन क्रिया से चिपकना नहीं चाहिए, बल्कि तब तक जरूरत अनुसार उसका आनंद लेना चाहिए जब तक आप निर्वाण के दो उच्चतम चरणों को प्राप्त करने के लिए यौन क्रिया की तृष्णा को *धीरे-धीरे* कम या निष्कासित करने का निर्णय नहीं ले लेते।

यदि आपको यौन संपर्क के लिए चिपकाव है, तो आपके मन में अत्यधिक तृष्णा और लालसा होगी जो असंतुष्टि के साथ संभावित हानिकारक कार्यों और परिणामों को जन्म देगी। यदि यौन संपर्क के लिए चिपकाव है, तो यौन संपर्क न होने पर मन असंतुष्ट रहेगा। निर्वाण के पीछे लगा मन यौन संपर्क का आनंद ले भी सकता है और नहीं भी, फिर भी संतुष्ट रह सकता है। और यदि आप निर्वाण के दो सर्वोच्च चरणों को प्राप्त करना चाहते हैं, तो किसी न किसी समय पर, यौन संपर्क को कम करने या निष्कासित करने का प्रयत्न करें।

जब भी या यदि आप यौन संपर्क निष्कासित करने का निर्णय लेते हैं और उस समय किसी साथी के साथ रहना चाहते हैं, तो अपने निर्णय पर उनसे चर्चा करना प्रज्ञापूर्ण होगा, ताकि आप दोनों *धीरे-धीरे*

यौन संपर्क निष्कासित करने पर सहमत हों। आपको अपने साथी की सोच पर विचार करना होगा और फिर अंत में अपने हित के आधार पर निर्णय लेना होगा, साथ ही दूसरों को नुकसान न पहुँचाने का भी चुनाव करना होगा।

यह जरूरी है कि आप जिम्मेदार यौन संपर्क रखें। अगर आपके यौन संपर्क की वजह से किसी जीव का गर्भाधान हुआ है, तो आपको गर्भधारण से लेकर जन्म तक पूरे प्राकृतिक जीवन में माता-पिता के रूप में अपनी भूमिका की जिम्मेदारी स्वीकार करनी होगी। गर्भपात एक अन्य जीव की हत्या है और इस प्रकार, इस कार्य की वजह से अकुशल कम्मा उत्पन्न होगा जो आपको प्रभावित करेगा। इसका उल्लेख प्रथम सिद्धांत में किया गया है।

यौन आचरण विशेष रूप से भावनात्मक और संवेदनशील होता है, और यदि इसे शुद्ध इरादों से नहीं किया जाए तो यह गंभीर नुकसान पहुँचा सकता है।

अगर आपने अतीत या वर्तमान में इस सिद्धांत का बारीकी से पालन नहीं किया है, तो इसका मतलब यह नहीं है कि आप निर्वाण प्राप्त नहीं कर सकते। इसका मतलब है कि आपको अपने कार्यों को इस सिद्धांत के अभ्यास के करीब लाना होगा ताकि आप निर्वाण की ओर अपना सफर जारी रख सकें।

अनेक साथी

एक ही समय में कई यौन साथी रखना "अ-सतीत्व" है, चाहे सभी पक्षों को इसकी जानकारी हो या न हो, इससे अकुशल कम्मा उत्पन्न होगा जिसकी वजह से यौन संपर्क से फैले हुए रोग होने और दूसरों को नुकसान पहुँचने की संभावना होगी। कई साथी रखने के लिए, व्यक्ति को अक्सर झूठ बोलना पड़ता है जिससे बहुत तनाव और चिंता होती है। कई साथी रखने के निर्णयों की वजह से बहस, झगड़े, आर्थिक बर्बादी और यहाँ तक कि हत्या भी हुई है। ये कई साथी रखने के अकुशल निर्णय के अकुशल परिणाम हैं।

उन स्थितियों में भी जहाँ साथी एक रिश्ते में एक से अधिक साथियों को अनुमति देने के लिए सहमत हो जाते हैं, इससे अविश्वास और निकटता की कमी पैदा होती है, जहाँ साथी अक्सर अंदरूनी संघर्षों का अनुभव करते हैं जो रिश्ते में वफादारी का अभ्यास करके एक भरोसेमंद और प्रेम भरे संबंध बनाए रखने की उनकी क्षमता को प्रभावित करते हैं।

अकुशल परिणामों (यानी अकुशल कम्मा) को कम करने के लिए, मनुष्यों को केवल एक (१) साथी के साथ लंबे समय तक वचनबद्ध संबंध रखने की जरूरत होगी।

इंसान ज्यादातर पशु लोक से पुनर्जन्म लेते हैं। अनेक साथी पाने कि हमारी तृष्णा/लालसा एक ऐसा व्यवहार है जो हमारे अनगिनत पशु जीवन और अहं से उपजा है। निर्वाण का पथ बेहतर से बेहतर इंसान बनने का मार्ग है। विश्वासपूर्ण, प्रेम भरे और निष्ठावान संबंध चुनने से इस मानव लोक में सबसे अच्छे परिणाम प्राप्त होंगे और एक अभ्यासकर्ता को अपने जीवन अभ्यास को विकसित करने के लिए अपने मन को सक्रिय रूप से प्रशिक्षित करने की जरूरत हो सकती है ताकि वह इसे अपने जीवन और मन की शांति के लिए लाभदायक समझ सके।

खरीदी हुई यौन सेवाएँ

भुगतान की जरूरत वाले "अनित्य यौन संबंध" में एक गंभीर दुविधा है। अनित्य संबंध के कई पहलुओं और प्रकृति के कारण "खरीदी गई यौन सेवाओं" से जुड़ा एक अकुशल कम्मा है।

जैसा कि गौतम बुद्ध बताते हैं, मनुष्यों को "अ-सतीत्व का त्याग" करना होगा।

किसी यौनकर्मी और/या ग्राहक के लिए एक स्थापित, लंबे समय का, वचनबद्ध रिश्ते के अलावा कई साथी रखने से गंभीर रूप से अकुशल कम्मा उत्पन्न हो सकता है। आपको यौन सेवाओं को खरीदना नहीं चाहिए और न ही भुगतान के लिए यौन सेवाएँ प्रदान करनी चाहिए क्योंकि ग्राहक और यौनकर्मी के लिए इस अनित्य यौन संबंध से अकुशल कम्मा जुड़ा होता है।

"क्षणिक सेवा के लिए भुगतान" वाले यौन संपर्क में, एक स्थापित, लंबे समय के लिए, वचनबद्ध रिश्ते के बाहर यौन संपर्क होता है। मिलन की क्षणिक प्रकृति के कारण, यौनकर्मी और ग्राहक एक स्थापित, लंबे समय तक, वचनबद्ध रिश्ते में नहीं होते हैं। यौनकर्मी नाबालिग हो सकता है, मानव तस्करी का शिकार हो सकता है, और यौनकर्मी या ग्राहक में से किसी एक को यौन से फैले हुए रोग हो सकते हैं।

यौन से फैले हुए रोग, अपराधबोध और लज्जा, ग्राहक और यौनकर्मी, दोनों के लिए अकुशल कम्मा उत्पन्न करते हैं - यही "असर" है। यौन से फैले हुए रोगों, अपराधबोध या लज्जा का “कारण" अ-सतीत्व है, यानी किसी वचनबद्ध रिश्ते के बाहर यौन संपर्क बनाना।

वेश्याकर्म "अ-सतीत्व" को बढ़ावा देती है और यौनकर्मी और ग्राहक के लिए अकुशल कम्मा उत्पन्न करती है, जो कि कम्मा के प्राकृतिक नियम के ज़रिए यौन से फैले हुए रोगों, शर्म, अपराधबोध और कुशल प्रतिष्ठा की हानि की संभावना के रूप में देखा जा सकता है, जो व्यक्तिगत और व्यावसायिक संबंधों को प्रभावित कर सकता है।

एक स्थापित, लंबे समय के लिए, वचनबद्ध रिश्ते में अपने साथी को जीवन निर्वाह के लिए धन प्रदान करना "अनित्य यौन संबंध" नहीं है और इसे खरीदी हुई यौन सेवाएँ नहीं माना जाता है। एक स्थापित, लंबे समय के लिए, वचनबद्ध रिश्ता एक नित्य प्रेम भरे संबंध को विकसित करने का प्रयत्न होता है और इस साथी को दिया गया धन उदारता का एक उदाहरण है।

मनुष्यों को यौन संपर्क केवल एक स्थापित, लंबे समय के लिए, वचनबद्ध रिश्ते में ही करना चाहिए ताकि कोई नुकसान न हो, और इस प्रकार यौन संपर्क के ज़रिए कोई अकुशल कम्मा उत्पन्न न हो।

समान लिंग वाले साथी

यह ध्यान रखना जरूरी है कि ऐसी कोई शिक्षा नहीं है कि समान लिंग के साथ यौन संपर्क (समान लिंग संबंध) किसी को निर्वाण प्राप्त करने से रोकेंगे। ऐसे लोग भी हैं जो समान लिंग संबंधों को पसंद करते हैं और निर्वाण प्राप्त कर चुके हैं।

पाली कैनन में बताया गया है कि गौतम बुद्ध उन लोगों से भली-भांति परिचित थे जो पुरुष शरीर में जन्म लेते हैं और जिनका मन पुरुष के गुणों से वाकिफ नहीं होता। उन्होंने उन लोगों की भी चर्चा की जो स्त्री शरीर में जन्म लेते हैं और जिनका मन स्त्री के गुणों से वाकिफ नहीं होता। फिर भी, उन्होंने कभी यह नहीं सिखाया कि समान लिंग के लोगों के बीच यौन संपर्क किसी व्यक्ति को निर्वाण की प्राप्ति में बाधा डालेगा।

हमारी यौन पहचान हमारी अपनी यौन पहचान और हमारा अपना निर्णय है। जरूरी बात यह पक्का करना है कि हमारी यौन गतिविधियों में कोई हानि न हो। दो प्रेम भरे, सहमत बालिग, जो एक-दूसरे के लिए निष्ठावान और वफादार हैं और एक ही लिंग के हैं, अपने रिश्ते और यौन संपर्क के लिए अपनी व्यक्तिगत पसंद से दूसरों को कोई हानि नहीं पहुँचा रहे हैं। यदि आप अपने यौन संपर्क से किसी को हानि नहीं पहुँचा रहे हैं तो कोई भी अकुशल कम्मा उत्पन्न नहीं हो रहा है। इसलिए, जैसे-जैसे आप निर्वाण को समझने के लिए इस सिद्धांत को सीखेंगे और उसका अभ्यास करेंगे, आपको पता चलेगा कि समान लिंग के संबंध दूसरों को कोई हानि नहीं पहुँचाते। जो लोग निर्वाण प्राप्त करना

चाहते हैं और समान लिंग के साथ प्रेम भरे संबंध बनाए रखना चाहते हैं, वे निर्वाण की खोज करते हुए ऐसा कर सकते हैं।

यौन क्रिया जीवन का एक सुखद और स्वाभाविक हिस्सा है। यह गलत नहीं है और इससे बचने की जरूरत नहीं है। इस जरूरी सिद्धांत में बताई गईं अकुशल यौन क्रियाओं से बचना जरूरी है, जो दूसरों को नुकसान पहुँचा सकती हैं।

एक न-लौटने-वाले या अरहंत के रूप में निर्वाण प्राप्त करने के लिए, व्यक्ति को "इंद्रिय लालसा" को निष्कासित करने की जरूरत होगी जिसमें यौन संपर्क भी शामिल है।

ट्रांसजेंडर

गौतम बुद्ध ने अपने जीवनकाल में शिष्यों के साथ बाँटा कि उन्होंने ऐसे लोगों को देखा है जो पुरुष शरीर में जन्म लेते हैं, जबकि उनका मन पुरुष के गुणों से पहचान नहीं रखता। उन्होंने बताया कि कुछ लोग स्त्री शरीर में जन्म लेते हैं, लेकिन वे स्त्री के गुणों से पहचान नहीं रखते।

लेकिन वह बस इतना ही कहते हैं।

वह बस देखते हैं और जो उन्होंने देखा उसे अपने शिष्यों के साथ बाँटते हैं। वह विषय के बारे में और कुछ नहीं कहते।

यदि कोई पुनर्जन्म के चक्र को समझता है, जिसमें हम सभी अतीत में विभिन्न लोकों और विभिन्न लिंगों के अनगिनत प्राणी रहे हैं, तो यह पूरी तरह से समझ में आता है कि इस मानव रूप में अभी एक साथ आने वाला शरीर और मन जरूरी रूप से लिंग में मेल नहीं खाते हैं।

मतलब, शरीर एक लिंग का हो सकता है और मन किसी दूसरे लिंग से अपनी पहचान बना सकता है। यह बिल्कुल सामान्य है। यह जीवन का एक सामान्य हिस्सा है।

इसके अलावा, जो व्यक्ति अनित्यता का सार्वभौमिक सत्य को समझता है, उसके लिए यह पूरी तरह से सामान्य और समझने योग्य बात है कि पुरुष यौन अंगों के साथ पैदा होने वाला हर इंसान पुरुष के गुणों से अपनी पहचान नहीं बना सकता है, और स्त्री यौन अंगों के साथ पैदा होने वाला हर इंसान स्त्री के गुणों से अपनी पहचान नहीं बना सकता है।

यह पूरी तरह से सामान्य है और गौतम बुद्ध द्वारा अनित्यता के सार्वभौमिक सत्य के विषय पर दी गई शिक्षा से बिल्कुल मेल खाता है।

गौतम बुद्ध के पास इस विषय पर सिवाय देखने के और उसको बाँटने के सिखाने के लिए कुछ भी नहीं था, क्योंकि यह पूरी तरह से सामान्य है।

ऐसी कोई शिक्षा नहीं है कि कुछ भी गलत है या किसी व्यक्ति को ऐसे इंसान के लिए नकारात्मक भावना रखनी चाहिए जिसका मन भौतिक शरीर के यौन अंगों के साथ अपनी पहचान नहीं रखता।

गौतम बुद्ध ने "सभी प्राणियों" से प्रेम करना, "सभी प्राणियों" के लिए करुणा रखना, "सभी प्राणियों" के लिए विनम्र होना, "सभी प्राणियों" के लिए कृपालु होना, "सभी प्राणियों" के लिए दोस्ताना होना और "सभी प्राणियों" के लिए सम्मान रखना सिखाया।

ऐसा कोई व्यक्ति या चीज़ नहीं है जिससे हमें घृणा करनी चाहिए या जिसके लिए क्रोध होना चाहिए।

वे लोग जिनका मन और शरीर समान लिंग के साथ अपनी पहचान नहीं रखते, वे जो समान लिंग के रिश्ते पसंद करते हैं, वे जो विपरीत लिंग के रिश्ते पसंद करते हैं, और वे जो किसी भी जीवन साथी को पसंद नहीं करते, वे सभी "एक" हैं।

पूरी तरह सामान्य।

हम सभी "मनुष्य" हैं और जितना अधिक हम एक-दूसरे से प्रेम करेंगे और एक-दूसरे की देखभाल करेंगे, दुनिया उतनी ही बेहतर होती जाएगी।

हस्तमैथुन

हस्तमैथुन को कभी-कभी अनैतिक माना जाता है। यह सत्य नहीं है क्योंकि हस्तमैथुन करने वाला व्यक्ति इंद्रिय भोग के आत्म-सुख के ज़रिए किसी दूसरे प्राणी को नुकसान नहीं पहुँचा रहा होता। गौतम बुद्ध की शिक्षाएँ दूसरे प्राणियों को नुकसान न पहुँचाने के बारे में हैं, इसलिए हस्तमैथुन का किसी दूसरे प्राणी से कोई लेना-देना नहीं है और आप इस आचरण से किसी को नुकसान नहीं पहुँचा रहे हैं।

हस्तमैथुन एक ऐसी क्रिया है जिसका उपयोग आपकी यौन तृष्णा को कम करने के लिए किया जा सकता है ताकि आप चाहें तो यौन संपर्क की तृष्णा को अंत में निष्कासित कर सकें। निर्वाण के उच्चतम चरणों में "इंद्रिय लालसा" को "हल्का" या "निष्कासित" करने की जरूरत होती है, जिसमें एक साथी के साथ यौन संपर्क भी शामिल है।

हस्तमैथुन का उपयोग *धीरे-धीरे* मन को साथी के साथ यौन संपर्क की इंद्रिय लालसा को कम करने या निष्कासित करने के लिए किया जा सकता है।

अत्यधिक हस्तमैथुन आपके मन के लिए विनाशकारी हो सकता है क्योंकि इंद्रिय लालसा की तृष्णा मन में असंतुष्टि पैदा करेगी और व्यक्ति जैसे निर्वाण की ओर बढ़ रहा हो उसे इस तृष्णा को निष्कासित करने के लिए काम करना चाहिए।

निर्वाण के सर्वोच्च दो चरणों को प्राप्त करने के लिए, "इंद्रिय लालसा" की "बेड़ी/कलंक/प्रदूषण" को निष्कासित करने के लिए हस्तमैथुन को बुझाने की जरूरत होगी।

जानवरों के साथ यौन संबंध

पशुओं और मनुष्यों के बीच घनिष्ठ संपर्क नहीं होना चाहिए और ऐसा करने से ऐसा वातावरण बनता है जिसमें इंसान आसानी से बीमारियों के संपर्क में आ सकते हैं, जिससे उसे काफी नुकसान हो सकता है।

यौन संबंध दो वफादार, सहमति देने वाले बालिग इंसानों के बीच होता है। अगर कोई इंसान किसी जानवर के साथ यौन संबंध बनाना चाहे, तो इससे उस जानवर को नुकसान होगा और इस तरह, इंसानों को भी नुकसान होगा। एक अभ्यासकर्ता जो इन शिक्षाओं का बारीकी से पालन करता है, वह किसी भी जानवर के साथ यौन संबंध नहीं बनाएगा, बल्कि केवल प्रेम भरे, वफादार और सहमति देने वाले बालिग संबंधों के ज़रिए ही ऐसा करेगा।

पोर्नोग्राफी

बुद्ध के जीवनकाल में पोर्नोग्राफी नहीं थी। अश्लील चित्रों को कैद करने और मन को अपनी इच्छानुसार पोर्नोग्राफी देखने की अनुमति देने वाली कोई तकनीक नहीं थी।

पोर्नोग्राफी देखने से ज्यादातर व्यक्ति के अपने मस्तिष्क को नुकसान पहुँचता है और इसके कारण, यह व्यक्ति के सामाजिक संबंधों को प्रभावित करने के साथ-साथ साथी, दोस्तों, परिवार आदि के साथ उसके संबंधों को भी नुकसान पहुँचा सकता है।

कुछ साथी पोर्नोग्राफी देखने को "धोखा" मानते हैं और उन्हें लगता है कि कोई बेवफाई कर रहा है, इसलिए यह साथी के आप पर और आपके रिश्ते पर भरोसे को कम करके रिश्ते को प्रभावित कर सकता है। ऐसे भी रिश्ते हैं जो पोर्नोग्राफी देखने की लत के कारण खत्म हो गए हैं।

यदि कोई व्यक्ति अपने कार्यों में गोपनीय रहता है, तो बुद्ध इसे अकुशल मानते हैं। यदि हम अच्छे कुशल नैतिक आचरण के साथ आचरण करते हैं तो हमें अपने कार्यों में गोपनीय होने कोई जरूरत नहीं है। इसलिए यदि हम अपने कुछ कार्यों, जैसे पोर्नोग्राफी, के बारे में गोपनीय रहते हैं तो हम समझ सकते हैं कि यह अकुशल है और मन यह जानता है और इसलिए वह अपने कार्यों में गोपनीय हो रहा है। इसलिए, मन अपने अकुशल नैतिक आचरण के चुनाव को लेकर दुविधा में पड़ जाता है और अक्सर पोर्नोग्राफी देखने से जुड़ी अपराधबोध और लज्जा की दुखद भावनाओं का अनुभव करता है। यह अपराधबोध और लज्जा वह असंतुष्टि है जो पोर्नोग्राफी की सामग्री के लिए मन की तृष्णा/लालसा/चिपकाव के कारण उत्पन्न होती है।

इसके अलावा, पोर्नोग्राफी के आदी व्यक्ति के लिए चुनौतियाँ यह हो सकती हैं कि उसे दूसरों के साथ कुशल तरीकों से संबंध रखने में कठिनाई होगी, और सामाजिक परिस्थितियों में चिंता के साथ सामाजिक रूप से अजीब महसूस होगा। दूसरों की मौजूदगी में, इस लत के कारण मन पोर्नोग्राफी के चित्रों से ग्रस्त हो सकता है और उन्हें लगता है कि दूसरों के साथ कुशल तरीकों से जुड़ना, बातचीत के ज़रिए और एक सच्चा "मानवीय जोड़" पाना अक्सर मुश्किल हो सकता है क्योंकि मन वास्तविक जीवन के संबंध बनाने के लिए संघर्ष करता है।

चूँकि मन पोर्नोग्राफी और देखे गई चित्रों से इतना जुड़ा हुआ (यानी चिपकाव) है, इसलिए व्यक्ति के लिए जरूरी मानवीय संपर्कों का अनुभव करना मुश्किल हो सकता है क्योंकि उन्हें मानवीय संपर्कों के ज़रिए आत्मीयता का मानवीय अनुभव नहीं मिलता, बल्कि वे खुद को पोर्नोग्राफी की सामग्री देखने में

ही उलझा लेते हैं। मन जिस आत्मीयता की तृष्णा/लालसा करता है, वह बाधित (यानी रोकी) जा रही है क्योंकि मन *धीरे-धीरे* वह पोर्नोग्राफी देखने की अपनी ही दुनिया में खो जाता है और ऐसे साथी के साथ आराम से बातचीत करने की क्षमता खो देता है जो उसे वह आत्मीयता प्रदान कर सके जिसकी मन को तृष्णा/लालसा होती है।

पोर्नोग्राफी एक आत्म-विनाशकारी गतिविधि की तरह है, जिसमें मन वास्तव में आत्मीयता की तृष्णा/लालसा करता है, लेकिन जितना अधिक वह पोर्नोग्राफी में डूबता है वह खुद को उससे दूर कर लेता है और एक सच्चे वास्तविक जीवन साथी के साथ निकटता का अनुभव करने की क्षमता खो देता है।

अपनी यौन ऊर्जा को पोर्नोग्राफी की ओर मोड़ने के बजाय, यदि कोई व्यक्ति अपने जीवन का अभ्यास विकसित करे और आत्मीयता की अपनी इच्छा को एक वास्तविक साथी की ओर मोड़े, तो वह अपने मन को एक काल्पनिक दुनिया में भटकने देने के बजाय आत्मीयता की तृष्णा/लालसा को अधिक आसानी से शांत कर सकता है क्योंकि यह काल्पनिक दुनिया कभी वास्तविक या पूरी तरह से संतोषजनक नहीं होती।

पोर्नोग्राफी की लत से उबरने में भी मन संघर्ष कर सकता है क्योंकि साथी के साथ वास्तविक जीवन के अनुभव पोर्नोग्राफी की काल्पनिक दुनिया में हुए अनुभवों से कभी मेल नहीं खाते। इसलिए, मन फिर से खुद को नुकसान पहुँचा रहा है क्योंकि मन एक अवास्तविक दुनिया में रहता है जो वास्तविक नहीं बन सकती, और जब मन साथी के साथ सच्चे प्यार और आत्मीयता की ओर बढ़ता है, तब भी मन को ऐसा लग सकता है जैसे कुछ कमी है, इस प्रकार, मन अभी भी पोर्नोग्राफी की तृष्णा/लालसा रखता है।

यह एक ऐसा पतनशील चक्र है जिसका समाधान केवल पोर्नोग्राफी के लिए तृष्णा/लालसा/चिपकाव के निष्कासन से ही हो सकता है, ताकि मन पोर्नोग्राफी को समस्या का एक हिस्सा मानकर उसे "छोड़" सके, न कि आत्मीयता की कमी का समाधान माने। और, पोर्नोग्राफी को लगातार देखने से मन और भी कमजोर हो जाएगा, जिससे लगातार कठिनाइयाँ और संघर्ष पैदा होंगे।

सभी तृष्णा/लालसा/चिपकाव के लिए कुशल साधन उपलब्ध हैं, जिनसे *धीरे-धीरे* तृष्णा निष्कासित होती है और मन स्वस्थ दिशा की ओर चला जाता है।

लेकिन सफल होने के लिए, अभ्यासकर्ता को पोर्नोग्राफी के विनाश के लिए समर्पित होना होगा और मन को "इसे छोड़ देने" के लिए प्रशिक्षित करने के लिए वचनबद्ध होना होगा। यह आमतौर पर *धीरे-*

धीरे एक निश्चित अवधि में पूरा होता है जैसे जैसे मन तृष्णा/लालसा/चिपकाव को छोड़ने में *धीरे-धीरे* सबसे अधिक आरामदेह होगा। किसी ऐसे पेशेवर या बौद्ध शिक्षक के साथ सीधे काम करना जरूरी है जो यह समझता हो कि पोर्नोग्राफी की लत को कुशल तरीकों से कैसे निष्कासित किया जाए, ताकि मन इस तृष्णा/लालसा/चिपकाव के निष्कासन के ज़रिए निर्वाण के करीब पहुँच सके।

मन में ज्यादातर इसे खुद निष्कासित करने के लिए आत्म-अनुशासन की कमी होती है, और इस जुनून को निष्कासित करने के लिए जाने माने तरीकों को सीखने और सक्रिय रूप से अभ्यास करने के लिए व्यक्तिगत मार्गदर्शन की जरूरत होती है।

मन को पोर्नोग्राफी देखने की अनुमति देना तृष्णा/लालसा/चिपकाव पर आधारित है। यह आँखों के ज़रिए सुखद भावनाओं की मन की तृष्णा/लालसा के कारण होता है और इसमें अक्सर हस्तमैथुन और शरीर के ज़रिए सुखद भावनाओं की तृष्णा/लालसा भी शामिल होती है।

मन दूसरों के भौतिक शरीर को आकर्षक मानता है और इंद्रियों को खुश करने के लिए तृप्ति की तलाश करता है और मन में सुखद भावनाओं की तमन्ना/तड़प रखता है।

यह वही समस्या है जिसका अनुभव सभी अनिर्वाणी मन करते हैं, कि मन सुखद भावनाओं के पीछे भागता रहता है, अपने स्नेह की चीज़ों की तलाश करता है, सुखद भावनाओं से चिपके रहना चाहता है।

ये सुखद भावनाएँ अनित्य होती हैं और जब वे धुँधली हो जाती हैं, तो मन में अपराधबोध, लज्जा, ऊब, अकेलापन आदि दुखद भावनाएँ रह जाती हैं। यह वही चक्र है जिसे मन सभी तृष्णाओं/लालसाओं/चिपकाव के साथ अनुभव करता है।

मन सोचता है कि यह कोने के आसपास की अगली नई चमकदार चीज़ है जो इसे नित्य और हमेशा के लिए रहने वाली तृप्ति प्रदान करेगी, लेकिन मन कभी संतुष्ट नहीं होता है और अपने स्नेह की चीज़ों (यानी पोर्नोग्राफी) के पीछे भागता रहता है, कभी भी नित्य रूप से संतुष्ट नहीं होता है क्योंकि मन तब तक तृष्णा, और तृष्णा, और तृष्णा से भरा रहता है जब तक कि इसे दूसरे तरीके से प्रशिक्षित नहीं किया जाता है।

सभी तृष्णा/लालसा/चिपकाव की तरह, एक अभ्यासकर्ता को मन की पोर्नोग्राफी की तृष्णा/लालसा को निष्कासित करने के लिए मन को *धीरे-धीरे* प्रशिक्षित करना पड़ेगा। वह यह मन की बेड़ी/कलंक/

प्रदूषण के निष्कासन के प्रशिक्षण के द्वारा कर सकता है, जिसे दस बेड़ियाँ में "इंद्रिय लालसा" बताया गया है।

मन की इस तृष्णा/लालसा/चिपकाव का निष्कासन करने में मदद के लिए विशेष ध्यान और विशिष्ट प्रशिक्षण उपलब्ध हैं।

निर्वाण प्राप्त करने के लिए, एक अभ्यासकर्ता को अपने जीवन से पोर्नोग्राफी को हटाना होगा। जब तक यह तृष्णा/लालसा/चिपकाव मन में बना रहेगा, तब तक अभ्यासकर्ता मुक्ति, शांति, तीव्र भावनाओं से छुटकारा, निर्वाण का अनुभव नहीं कर पाएगा।

पोर्नोग्राफी में भाग लेने का चयन करने वाला व्यक्ति पोर्नोग्राफी में भाग लेने के अपने निर्णय की वजह से खुद को नुकसान पहुँचा रहा है।

जीवित प्राणियों के व्यापार पर अपना जीवन निर्वाह करना "गलत रोजगार" का हिस्सा है, जैसा कि इस किताब के चैप्टर ५ में बताया गया है, और इसके लिए अक्सर कई यौन साथियों की जरूरत होती है, जिससे नुकसान होता है।

जो व्यक्ति पोर्नोग्राफी उद्योग में काम करना चुनता है, उसे पोर्नोग्राफी सामग्री बनाकर अपना जीवन चलाने के अपने फैसले की वजह से कई परिणाम और असर (यानी कम्मा) भुगतने पड़ेंगे। इस काम की वजह से व्यक्ति को अक्सर अपराधबोध और लज्जा का अनुभव होता है। इसके अतिरिक्त, रिश्तों और सामाजिक मेलजोल से जुड़ी कठिनाइयाँ भी हो सकती हैं, जैसा कि इस चैप्टर में बताया गया है। इस "गलत रोजगार" और इस सिद्धांत का बारीकी से पालन न करने की वजह से व्यक्ति की प्रतिष्ठा को ठेस पहुँच सकती है और यौन से फैले हुए रोग भी हो सकते हैं।

किसी व्यक्ति द्वारा पोर्नोग्राफी देखने का विकल्प, इस नुकसान के लिए आर्थिक सहायता और अन्य साधन प्रदान करता है, लेकिन यह प्रत्यक्ष नुकसान नहीं है। यदि व्यक्ति ने पोर्नोग्राफी उद्योग में भाग लेने का विकल्प नहीं चुना होता, तो उसे नुकसान नहीं होता। इसलिए, पोर्नोग्राफी उद्योग में भाग लेने का व्यक्ति का विकल्प ही सीधे नुकसान का कारण बनता है।

ग्राहक/दर्शक द्वारा पहुँचाई गई हानि अप्रत्यक्ष हानि होती है, लेकिन अन्य व्यक्तियों को यह हानि नहीं होती यदि उन्होंने पोर्नोग्राफी के पेशे को अपना रोजगार के रूप में नहीं चुना होता।

यह व्यक्ति का अपना चुनाव है कि वह अपना रोजगार पोर्नोग्राफी पर आधारित करे जो उसे नुकसान पहुँचा रही है। और, यह दर्शक का अपना चुनाव है कि वह पोर्नोग्राफी देखे जो उसे नुकसान पहुँचा रही है।

४.) झूठी वाणी का त्याग कर, झूठी वाणी से दूर रहकर, सच-बोलने वाला, जिस पर निर्भर किया जा सके, भरोसेमंद, विश्वसनीय, संसार को धोखा न देने वाला।

इसका अक्सर अनुवाद "झूठ मत बोलो" के रूप में किया जाता है। यह सही है और हममें से ज्यादातर लोगों को जीवन भर यही सिखाया गया है। इस सिद्धांत का एक और भी गहरा मतलब है।

झूठी वाणी के कारण व्यक्ति सच-बोलने वाला नहीं होता, उस पर भरोसा नहीं किया जा सकता, वह भरोसेमंद या विश्वसनीय नहीं होता, और संसार को धोखा देने वाला होता है।

केवल सत्य बोलने का अभ्यास करने से व्यक्ति सत्य बोलने वाला बनता है, जिस पर निर्भर किया जा सकता है, वह भरोसेमंद, विश्वसनीय और संसार में अच्छी तरह से स्वीकार किया जाने वाला व्यक्ति बनता है।

सत्य बोलना न केवल बुद्धिमानी है, बल्कि यह भी जरूरी है कि आप जो भी संवाद के ज़रिए बाँटें, उसकी सटीकता की पुष्टि भी हो ताकि आप जो भी कहें, वह १००% सत्य हो। चाहे आप बोल रहे हों, लिख रहे हों, या किसी भी तरह से संवाद कर रहे हों, यह पक्का करना कि आपने दूसरों के साथ जो भी बाँटा है, उसकी स्वतंत्र रूप से पुष्टि कर ली है, इससे सर्वोत्तम संभव परिणाम पक्का होंगे और मन निश्चिंत रहेगा कि आप जो बाँट रहे हैं वह सटीक और सत्य है। असत्य, षड्यंत्र के सिद्धांत, या अन्य निराधार सामग्री का प्रचार करने से दुनिया में केवल नुकसान ही होगा, इसलिए, यह आपके लिए हानिकारक होगा। जहाँ आप अपने सीधे अनुभव के ज़रिए बात कर सकते हैं, इससे यह पक्का होगा कि आप सत्य बोल रहे हैं, न केवल जानबूझकर झूठ न बोलकर, बल्कि यह भी पक्का करके कि जो कुछ भी संचारित किया जा रहा है वह सटीक है और प्रज्ञा पर आधारित है।

इस सिद्धांत का बारीकी से अभ्यास करने से व्यक्ति के मन में यह प्रतिष्ठा बनती है कि वह केवल सत्य बोलता है और उसे अपने परिवार, करियर और/या समुदाय में एक नेता के रूप में देखा जा सकता है, जिससे उसके व्यक्तिगत और व्यावसायिक जीवन में अच्छे परिणाम प्राप्त होते हैं।

हमें गपशप, निंदा, झूठ या छल-कपट से बात नहीं करनी चाहिए। हालाँकि अधिकांश देशों में वाणी की स्वतंत्रता के कानून हैं, लेकिन कानून के तहत झूठी बातें करने और ऐसा करने की स्वतंत्रता का मतलब यह नहीं है कि वह सही, उचित या कुशल है। अगर वाणी झूठी है तो इससे दूसरों को नुकसान हो सकता है और इसलिए, आपको भी नुकसान होगा। सिर्फ इसलिए कि आप वाणी संबंधी नियम का पालन कर रहे हैं, इसका मतलब यह नहीं है कि आपका मन शुद्ध है और आपको निर्वाण प्राप्त होगा।

ऐसी कुशल और उद्देश्यपूर्ण वाणी बोलना जरूरी है जिससे दूसरों को नुकसान न पहुँचे। (वाणी के बारे में अधिक जानकारी के लिए अष्टांग पथ के भाग के रूप में "सही वाणी" देखें।)

गौतम बुद्ध कम्मा को इतनी अच्छी तरह समझते थे और सत्य बोलने की जरूरत को समझते थे कि उन्होंने मजाक में भी झूठ नहीं बोला, क्योंकि झूठ बोलने से नुकसान ही होगा।

मैं कोई झूठ मजाक में भी नहीं बोलूँगा

कितना अप्रज्ञापूर्ण और खाली, राहुल, है उनका वैराग्य (जीवन अभ्यास) जो जानभूजकर झूट बोलने से शर्माते नहीं है।

ऐसे ही, राहुल, जब कोई जान-बूझकर झूट बोलने से शर्माता नहीं है, मैं कहता हूँ, ऐसी कोई बुराई नहीं है, जो वह नहीं करेगा। इसलिए, राहुल, तुम्हें ऐसे प्रशिक्षण करना चाहिए:

"मैं कोई झूठ मजाक में भी नहीं बोलूँगा।"

(गौतम बुद्ध)

(संदर्भ: मज्झिम निकाय ६१)

हम गौतम बुद्ध की इस शिक्षा का उपयोग अपने व्यक्तिगत और व्यावसायिक संबंधों में समझदारी भरे फैसले लेने में कर सकते हैं। अगर कोई जानबूझकर झूठ बोल रहा है, तो ऐसा कोई बुरा काम नहीं है जो वह नहीं करेगा।

निर्वाण प्राप्ति के पथ पर सीखने और प्रगति करने का एक जरूरी पहलू है कुशल मित्र और सहयोगी होना। अच्छे संबंध विकसित करके, एक अभ्यासकर्ता मन के कुशल गुणों का अभ्यास करने की आदत रखेगा। इसके विपरीत, यह भी कहा जा सकता है कि यदि कोई अपने आसपास अकुशल मित्रों और सहयोगियों को रखता है, तो अभ्यासकर्ता मन के बुरे गुणों का अभ्यास करने की प्रवृत्ति रखेगा।

दूसरों के बारे में कोई राय न बनाते हुए या उन्हें नीची निगाह से न देखते हुए, आप इस बात पर विचार कर सकते हैं कि यदि कोई आपके रिश्ते में झूठ बोल रहा है, तो यह इस बात का संकेत है कि ऐसी कोई बुराई नहीं है जो वह नहीं करेगा, और आपको इस बात पर विचार करना होगा कि क्या आपके लिए इस व्यक्ति के साथ व्यक्तिगत या व्यावसायिक संबंध बनाए रखना प्रज्ञापूर्ण है।

५.) तीव्र पेय और मंदता पैदा करने वाले पदार्थों (ऐसे पदार्थ जो असावधानी पैदा करते हैं) से परहेज करना, जो असावधानी का आधार है।

इस उपदेश का अनुवाद अक्सर "नशीले पदार्थों का सेवन न करें" के रूप में किया जाता है। निर्वाण प्राप्त करने का उद्देश्य मन को स्पष्ट और शुद्ध करना है। यदि हम "असावधान" होने की "नीयत" से पदार्थों का सेवन करते हैं, तो यह निर्वाण की ओर जाने वाली प्रक्रिया को और जटिल बना देता है क्योंकि आपको सच्चे मन को देखने में कठिनाई होगी और आपमें "सही माइंडफुलनेस" या मन की जागरूकता का अभाव होगा।

शराब, नशीली दवाओं या अन्य पदार्थों के साथ असावधान रहना, चाहे वे वैध हों या अवैध, उस मन को बढ़ावा नहीं देता जो स्वच्छ, स्पष्ट और शुद्ध बनने के पथ पर है।

"असावधानी" का मतलब है: लापरवाह, विचारहीन, बेपरवाह, अनिश्चल, अनजान, अमाइंडफुल।

यदि कोई असावधान होने का चुनाव करता है, तो उसके अन्य चार (४) सिद्धांतों और निर्वाण प्राप्त करने के लिए जरूरी अन्य सभी शिक्षाओं का पालन न करने की संभावना अधिक होती है। इसका मतलब है कि जब कोई असावधानी करता है, तो उसके द्वारा हत्या, चोरी, यौन दुराचार, या झूठी वाणी करने की संभावना अधिक होती है, जिससे काफी मात्रा में अकुशल कम्मा उत्पन्न होता है।

इसलिए, यह सिद्धांत बहुत जरूरी है, और जो कोई भी निर्वाण प्राप्त करने में दिलचस्पी रखता है, उसे इस बात पर गहराई से विचार करना चाहिए कि क्या असावधानी पैदा करने वाले पदार्थ उन्हें

आनंद के साथ शांत, निश्चल, निर्मल और संतुष्ट मन की ओर यात्रा में सहायता कर रहे हैं या हानि पहुँचा रहे हैं।

शरीर और मन पर इन पदार्थों के नकारात्मक असरों के आधार पर, अगर आप इन्हें "विष" मानते हैं, तो यह आपको इन पदार्थों को बाहर निकालने कि आपकी आदत में मदद कर सकता है। असावधानी पैदा करने वाले पदार्थों का सेवन करने का कोई कुशल उद्देश्य नहीं है; तो फिर "ऐसा क्यों करें"?

गौतम बुद्ध उन सभी अलग-अलग पदार्थों की कल्पना नहीं कर सकते थे जिनका अविष्कार उनकी मृत्यु के बाद होगा। इसलिए, उन्होंने ऐसी भाषा का इस्तेमाल किया जो समय के परे है।

इस समझ के साथ कि लक्ष्य मन को शुद्ध करना, मन के लिए जागरूकता विकसित करना है, और "असावधानी" पैदा करने वाले पदार्थ इस लक्ष्य को विचलित कर देंगे, कोई भी इस सिद्धांत को २५०० साल पहले, अब या १०००० साल बाद आसानी से लागू कर सकता है। ये शिक्षाएँ समय के परे हैं और जब कोई गौतम बुद्ध के मार्गदर्शन के वास्तविक लक्ष्य को समझ लेता है, तो वह एक निर्वाण मन के परिणामों का अनुभव करने के लिए अपने जीवन अभ्यास को बेहतर बनाने की दिशा में प्रयत्न कर सकता है।

हालाँकि दुनिया में ऐसे कई पदार्थ हैं जो असावधानी का कारण बनते हैं, आइए कुछ सामान्य पदार्थों पर गौर करें ताकि आप इस सिद्धांत को अपने दैनिक जीवन में लागू करने में मदद कर सकें। ऐसे सभी पदार्थों से बचना चाहिए जो असावधानी का कारण बनते हैं ताकि एक ऐसा मन विकसित हो जो पूरी तरह से जागरूक होकर सही माइंडफुलनेस का अभ्यास कर सके और जिसने सही एकाग्रता विकसित कर ली हो।

मारिजुआना

मारिजुआना एक ऐसा पदार्थ है जो हाल ही में रोगियों के लिए जरूरी चिकित्सीय लाभ प्रदान करने के लिए जाना गया है। यदि कोई व्यक्ति मारिजुआना का सेवन चिकित्सीय उद्देश्य से करता है, न कि "असावधानी" के लिए, तो वह इस सिद्धांत का सही ढंग से पालन कर रहा होगा। केवल आप ही जानते हैं कि मारिजुआना का उपयोग करने का आपकी सच्ची और वास्तविक नीयत क्या है। यदि आप इसे असावधानी के लिए ले रहे हैं, तो आप निर्वाण प्राप्त नहीं कर पाएँगे क्योंकि आपमें "सही माइंडफुलनेस और सही एकाग्रता" की क्षमता का अभाव होगा।

जो व्यक्ति चिकित्सीय कामों के लिए मारिजुआना का सेवन कर रहा है, वह इस पौधे के ऐसे रूपों की तलाश में दिलचस्पी रखेगा जिनमें टीएचसी का स्तर कम और सीबीडी का उच्च जमाव हो। शोध से पता चलता है कि टीएचसी मन पर असर डालता है और असावधानी का कारण बनता है, जबकि सीबीडी में इस पौधे के गुण होते हैं जो चिकित्सीय कामों के लिए लाभदायक होते हैं। आपको इस पौधे के चिकित्सीय गुणों का सर्वोत्तम लाभ उठाने और असावधानी पैदा करने वाले किसी भी संभावित असर से बचने के लिए मार्गदर्शन के लिए इस क्षेत्र के विशेषज्ञों से परामर्श लेना चाहिए।

ध्यान रखें कि मारिजुआना पीने की तुलना में इस पदार्थ के किसी दूसरे रूप का सेवन करने से फेफड़ों को सिगरेट की तरह ही नुकसान पहुँच सकता है। यह अकुशल कम्मा है क्योंकि इसमें "पदार्थ का धूम्रपान" होता है और परिणाम "फेफड़ों को नुकसान" होता है।

मेडिकल मारिजुआना को निगलने के ऐसे तरीके हैं जो मारिजुआना धूम्रपान या शरीर के लिए हानिकारक अन्य प्रकार के सेवन के हानिकारक असरों के बिना चिकित्सीय लाभ प्रदान कर सकते हैं।

तनाव और चिंता, मारिजुआना के सेवन का कोई चिकित्सीय कारण नहीं हैं। मारिजुआना तनाव और चिंता को छुपाता है, समस्या की जड़ तक नहीं पहुँचता, जो कि तृष्णा/लालसा/चिपकाव है। तनाव और चिंता असंतुष्टि हैं, और तृष्णा/लालसा/चिपकाव असंतुष्टि का कारण है। मन को प्रशिक्षित करके व्यक्ति उन परिस्थितियों को जड़ से उखाड़ सकता है जो तनाव और चिंता का कारण बन रही हैं और इन्हें मन से हमेशा के लिए मिटा सकता है, न कि मन को अपने वास्तविक स्वरूप को देखने से रोकने वाले किसी पदार्थ का लगातार सेवन करता रहे, और ध्यान दे सकता है तृष्णा/लालसा/चिपकाव पर जो कि तनाव और चिंता का स्रोत है - एक अप्रशिक्षित और अनिर्वाणी मन।

मन को मारिजुआना के बिना निर्वाण प्राप्त करने के लिए प्रशिक्षित करके, तनाव, चिंता और अन्य सभी असंतुष्टि की भावनाओं को निष्कासित किया जा सकता है और मन को शांत और निश्चल रखा जा सकता है। लेकिन अगर कोई तनाव और चिंता को कम करने के लिए मारिजुआना का सहारा लेता रहता है, तो वह वास्तविक समस्या का समाधान नहीं कर रहा है और जीवन भर इस पदार्थ पर निर्भर रहेगा। ये शिक्षाएँ असंतुष्ट मन का उपचार प्रदान करती हैं, मारिजुआना का नहीं।

सिगरेट

सिगरेट एक ऐसी तृष्णा और लालसा है जो शरीर को नुकसान पहुँचाती है, और दूसरों को भी धुएँ के माध्यम से नुकसान पहुँचा सकती है। धूम्रपान आपके लिए अकुशल कम्मा का कारण बनता है, और आप इसे शरीर को होने वाले नुकसान के ज़रिए देख सकते हैं। जब आप धूम्रपान करते हैं, तो यह शरीर को नुकसान पहुँचाता है, आपकी जीवन प्रत्याशा को कम करता है और इस प्रकार, इस जीवन में निर्वाण प्राप्त करने और पुनर्जन्म के चक्र से मुक्त होने के लिए आपके पास उपलब्ध समय को कम कर देता है।

यदि आप दूसरों के पास धूम्रपान कर रहे हैं, तो आप दूसरों के धुएँ के ज़रिए उन्हें नुकसान पहुँचा रहे हैं।

निर्वाण प्राप्त करने के लिए, सिगरेट की तृष्णा और लालसा सहित सभी तृष्णाओं को बुझाना जरूरी है। आपको इस अकुशल तृष्णा को निष्कासित करने के लिए मन को प्रशिक्षित करने का तरीका खोजना होगा ताकि आप इस तृष्णा को निष्कासित करते हुए एक स्पष्ट और संतुष्ट मन प्राप्त कर सकें।

नुस्खे द्वारा निर्धारित दवाएँ

ऐसी कई दवाइयाँ हैं जिनका अगर निर्धारित अनित्य उपयोग से ज्यादा इस्तेमाल किया जाए, तो वे लत और आदत बन सकती हैं जिससे असावधानी पैदा होती है। यह जरूरी है कि चिकित्सक अपने द्वारा दी जाने वाली किसी भी दवा पर बारीकी से नज़र रखें और पक्का करें कि उनका इस्तेमाल उनके इच्छित उद्देश्य के लिए हो रहा है, न कि असावधानी की लंबे समय की लत के लिए।

कैफीन

कैफीन, हालांकि वैध है, एक नशीली दवा और उत्तेजक पदार्थ है जिसका दुनिया भर में दुरुपयोग किया जाता है। कैफीन एक ऐसा पदार्थ है जो असावधानी का कारण बनता है और इससे बचना चाहिए।

यह दवा चिंता, बेदिली, अकेलापन, ऊब और अन्य अनचाही भावनाओं को बढ़ावा देती है, जिससे निर्वाण प्राप्त करने के लिए "सही माइंडफुलनेस और सही एकाग्रता" का अभ्यास करने की क्षमता प्रभावित होती है। चलिए, मैं समझाता हूँ...

जब कोई कैफीन का सेवन करता है, तो यह एक उत्तेजक पदार्थ प्रदान करता है जो उत्साह, ऊर्जा और सुख (सुखद भावनाएँ) उत्पन्न करता है। यह मन की गति को भी बढ़ाता है और अक्सर विचारों और भावनाओं को तीव्र गति से चलाने में योगदान देता है। कैफीन के सेवन के बाद आमतौर पर चिंता और तेज विचार आते हैं। जितना अधिक कैफीन का सेवन किया जाता है, असर उतने ही अधिक स्पष्ट होते हैं। हालाँकि कोई कह सकता है कि यह असर हम चाह रहे हैं, लेकिन मन की स्थिति इतनी तीव्र हो सकती है कि ध्यान केंद्रित करना और "सही माइंडफुलनेस या सही एकाग्रता" प्राप्त करना कठिन हो जाता है।

सभी दवाओं की तरह, जैसे ही कैफीन का असर कम होने लगता है इसके लक्षण भी सामने आ सकते हैं, जिनमें सिरदर्द, अंगों में कंपन, मन का खालीपन, मुँह सूखना, आक्रामकता और अन्य स्थितियां शामिल हैं।

मन कैफीन के सुखद एहसास के अनुकूल हो जाता है और अक्सर इस पदार्थ की "तृष्णा" करता है, जिससे हमें ऐसा लगता है कि हम इसके बिना अपने दैनिक कार्य नहीं कर सकते। हम अन्य सभी नशीले पदार्थों और उत्तेजक पदार्थों की तरह ही इसके "अंकुश में" या "आदी" हो जाते हैं।

बार-बार उपयोग से, मन उत्तेजित होने, उठने और सुखद भावनाओं को प्राप्त करने के लिए इस पदार्थ पर प्रशिक्षित और निर्भर हो जाता है।

फिर, जब हमारे शरीर में कैफीन नहीं होता, तो हम उदास या निराश महसूस करते हैं - जिससे हम अंदर से अधिक खाली या अकेला महसूस करते हैं (ऐसी भावनाएँ जो हैं न दुखद-न-सुखद)।

कैफीन के उपयोग के कारण भावनाओं में होने वाले उतार-चढ़ाव को द्विध्रुवी विकार या अन्य स्थितियों के लक्षण समझ लिया जा सकता है - जैसे सुखद भावनाएँ और दुखद भावनाएँ या उत्तेजना और फिर सुस्ती।

शरीर से इस पदार्थ को बाहर निकालकर, आप देख सकते हैं कि आपकी सच्ची भावनाएँ काफी स्थिर और शांत हो सकती हैं। आपको इस पदार्थ पर निर्भर रहने या इससे चिपकने की जरूरत नहीं है, क्योंकि आप मन के अंदर पहले से मौजूद निश्चलता और शांति का अनुभव करके ज्यादा स्थिर महसूस कर सकते हैं।

अगर आप सोडा पीते हैं, तो आप कैफीन की लत छोड़ सकते हैं और ऐसे सोडा या फ्रूट ड्रिंक का सेवन कर सकते हैं जिसमें कैफीन न हो। अगर आप कॉफी पीते हैं, तो आप कम कैफीन वाली चाय या शायद बिना कैफीन वाली हर्बल चाय का सेवन कर सकते हैं। कई बिना कैफीन की कॉफी में भी थोड़ी मात्रा में कैफीन होता है, इसलिए ये हमेशा एक समझदारी भरा विकल्प नहीं होता।

जैसे-जैसे आप कॉफी से दूर होते जाते हैं, कॉफी की सुगंध कभी-कभी आपको वापस अपनी ओर खींच सकती है। आपको कॉफी की इस तृष्णा और लालसा और कैफीन के असरों को मानसिक रूप से नियंत्रित करना होगा। आपको मन को इस चिपकाव से और अधिक मुक्त करने के लिए कैफीन लेने की तृष्णा को निष्कासित करने के लिए प्रशिक्षित करना होगा।

ज्यादातर कॉफी पीने वालों को कॉफी का स्वाद पसंद नहीं आता। इसीलिए हम पूरी तरह से ब्लैक कॉफी के कड़वे स्वाद से छुटकारा पाने के लिए अपनी कॉफी में दूध, चीनी और अन्य मिलावटें मिलाते हैं।

हमें चीनी और दूध का मीठा दूधिया स्वाद और कैफीन का असर पसंद है। अगर कॉफी पीने वालों को वाकई कॉफी का स्वाद पसंद होता, तो वे पूरी तरह से काली कॉफी पीते। बहुत कम लोग इस तरह कॉफी का आनंद लेते हैं और जब वे ऐसा करते हैं, तब भी वे कैफीन के असर में होते हैं, जिससे मन में सुखद भावनाओं का दौर शुरू हो जाता है और फिर वह उन दुखद भावनाओं में डूब जाते हैं जिसको बेदिली भी कहते हैं।

शरीर से कैफीन को बाहर निकालकर आप खुद के लिए बहुत बड़ा काम करेंगे। ऐसा करते समय, सिरदर्द, मन की धुंध, शरीर कांपना और अन्य लक्षणों को आपको यह याद दिलाने दें कि आप वास्तव में किसी नशे से "विषहरण" कर रहे हैं। इसके बिना आप बेहतर रहेंगे।

आप कैफीन मिले पेयों के स्थान पर पानी, फलों के पेय, हर्बल पेय, सब्जियों के रस और अन्य अधिक पौष्टिक पदार्थों का सेवन कर सकते हैं, जिनका उपयोग शरीर मन के लिए स्वस्थ वातावरण बनाने में कर सकता है।

शरीर से कैफीन को बाहर निकालने से यह पक्का होगा कि आपके शरीर में कोई भी बाहरी पदार्थ नहीं है जो अनचाही और अकुशल विचारों, जज़्बातों या मानसिक स्थितियों को जन्म दे रहा हो। इससे आप "सही माइंडफुलनेस और सही एकाग्रता" के साथ अपने सच्चे मन को देख पाएँगे और अंत में यह अनुभव कर पाएँगे कि मन की स्वाभाविक अवस्था वास्तव में काफी शांत, संतुलित और नियमित

होती है। शरीर से इस पदार्थ को बाहर निकालने से आप अपने सच्चे मन को देख पाएँगे ताकि आप अन्य अकुशल मानसिक स्थितियों को निष्कासित करने पर काम कर सकें।

चीनी

एक बार में ज्यादा मात्रा में चीनी खाने से भी असावधानी हो सकती है। अगर आपने कभी बहुत ज्यादा चीनी खाई है और बाद में एकदम से थक गए हैं, तो आप चीनी के असर को समझते होंगे।

शोध से पता चलता है कि अधिक मात्रा में चीनी का सेवन मस्तिष्क पर वैसा ही असर डाल सकता है जैसा कोकेन जैसे नशीले पदार्थों का।

एक प्रज्ञापूर्ण अभ्यासकर्ता को अपने चीनी सेवन पर ध्यान देना होगा और यह पक्का करना होगा कि जागरूकता और मन की एकाग्रता बनाए रखने के लिए यह बहुत ज्यादा न हो।

साइकेडेलिक पदार्थ

पूरे इतिहास में और वर्तमान समय में भी, लोग अनित्य रूप से गहन चिंतन और गहन विचार उत्पन्न करने के लिए साइकेडेलिक पदार्थों पर निर्भर रहे हैं। ये पदार्थ मन में व्याप्त सुखद भावनाएँ उत्पन्न कर सकते हैं।

साइकेडेलिक पदार्थ अनित्य मानसिक स्थितियां उत्पन्न करते हैं, न कि निर्वाण की नित्य मानसिक स्थिति। साइकेडेलिक मशरूम, एलएसडी, और अन्य पदार्थों के ज़रिए अनुभव की गई यात्रा के लिए व्यक्ति उससे चिपक सकता है या उसकी तृष्णा कर सकता है, जो अनिर्वाणी स्थिति में अनुभव की गई चिंतन और सोच से कहीं अधिक चिंतन और सोच उत्पन्न करते हैं। कुछ लोग सोचते हैं कि इन पदार्थों के सेवन से, निर्वाण की स्थिति तक उनका पथ अधिक सुव्यवस्थित या तीव्र हो जाएगा।

मन जीवन के विभिन्न पहलुओं को नष्ट होने से बचाने के लिए और तृष्णा जारी रखने के लिए विभिन्न आदतों और गतिविधियों को अपनाने का निर्णय लेने के पीछे कई कारण और तर्क प्रस्तुत करता है। यह तर्क कि ये पदार्थ निर्वाण प्राप्त मन उत्पन्न करने में सहायक होते हैं, काफी रोचक लगते हैं, और मन को क्षणिक सुखद भावनाओं की इस तृष्णा को बनाए रखने का एक कारण प्रदान करते हैं।

इन शिक्षाओं को समझने और उनके अभ्यास से आप देख सकते हैं कि कैसे कोई भी तृष्णा मन को असंतुष्ट कर देती है क्योंकि मन नित्य रूप से मानसिक स्थिति को बनाए नहीं रख सकता।

साइकेडेलिक पदार्थ एक और चिपकाव या तृष्णा है जो इन पदार्थों के असर की अनित्य प्रकृति के कारण मन को असंतुष्ट कर देती है।

निर्वाण प्राप्त करने के लिए, व्यक्ति को साइकेडेलिक पदार्थों का सेवन बंद करना होगा, और इन शिक्षाओं के समर्पित अभ्यास के परिणामों को सीखने, चिंतन करने, अभ्यास करने और परिणाम देखने के ज़रिए निर्वाण प्राप्त करना होगा। निर्वाण की ओर ले जाने वाला एक "जीवन अभ्यास" विकसित करके, आप नित्य रूप से निर्वाण प्राप्त मानसिक स्थिति प्राप्त कर सकेंगे।

साइकेडेलिक पदार्थ कभी भी निर्वाण की नित्य मानसिक स्थिति की ओर नहीं ले जा सकते। निर्वाण का अनुभव साइकेडेलिक पदार्थों के अनुभव से कहीं अधिक जरूरी होगा क्योंकि निर्वाण एक नित्य मानसिक स्थिति है जबकि साइकेडेलिक पदार्थ नहीं हैं। साइकेडेलिक पदार्थ खतरनाक हो सकते हैं और इसलिए, इन पदार्थों के सेवन से आपको शारीरिक और जीवन की गुणवत्ता पर लंबे समय तक असर पड़ सकता है।

निर्वाण प्राप्त करने के लिए कोई शॉर्टकट या तेज रास्ता नहीं है। गौतम बुद्ध की शिक्षाओं को सीखने और उनका अभ्यास करने के लिए समर्पण और वचनबद्धता की जरूरत होती है, ऐसे शिक्षकों के मार्गदर्शन से जो पहले ही निर्वाण प्राप्त कर चुके हों।

यह समझ में आता है कि हमारे आधुनिक समाज में कुछ लोग ऐसे हैं जो खुद को यह विश्वास दिलाते हैं कि मन को तुरंत ठीक करने का एक उपाय है, जिसमें निर्वाण प्राप्ति के लिए साइकेडेलिक पदार्थ का सेवन करना शामिल है।

यदि निर्वाण का पथ किसी विशिष्ट पदार्थ के सेवन जितना सरल होता, तो गौतम बुद्ध को ४५ वर्षों तक शिक्षा देने की जरूरत नहीं होती। यदि निर्वाण प्राप्त करना किसी साइकेडेलिक पदार्थ के सेवन जितना आसान होता तो पूरी दुनिया पहले ही निर्वाण प्राप्त कर चुकी होती, क्योंकि यह जानकारी निश्चित रूप से पूरे विश्व में फैल जाती और सभी लोग शीघ्र ही निर्वाण की नित्य मानसिक स्थिति प्राप्त कर लेते।

निर्वाण के लिए किसी बाहरी पदार्थ या किसी बाहरी संपत्ति की जरूरत नहीं होती।

निर्वाण प्राप्त करने के लिए, आपको इन शिक्षाओं के समर्पित अभ्यास के लिए प्रज्ञा से व्यक्तिगत चुनाव करते हुए, मार्ग पर सीखते हुए और प्रगति करते हुए, अपने मन को शुद्ध मन में विकसित करना होगा। कोई छोटा रास्ता नहीं है।

अतिरिक्त टिप्पणी

किसी वाणी या कार्य की वैधता और उससे निर्वाण उत्पन्न करने वाली क्रियाएँ कभी-कभी दो अलग-अलग बातें होती हैं, जब तक कि कोई सरकार इन शिक्षाओं का पालन करने के लिए इस तरह संगठित न हो। मुझे वर्तमान में ऐसी किसी भी सरकार की जानकारी नहीं है जिसने पूरी तरह से इन शिक्षाओं के अनुरूप व्यवस्था की हो। इसलिए यह जरूरी है कि आप इन शिक्षाओं को पढ़ें, उन्हें सीखें और अपने जीवन में लागू करें। केवल मनुष्यों द्वारा बनाए गए नियमों का पालन करने से शुद्ध मन या निर्वाण उत्पन्न नहीं होगा।

गौतम बुद्ध के पाँच सिद्धांत और अन्य उपदेशों का इस्तेमाल काला-सफेद या सही-गलत नहीं है। इसमें एक जरूरी धूसर क्षेत्र है जिससे एक अभ्यासकर्ता को निपटना होगा। अक्सर मन चाहता है कि ऐसी शिक्षाएँ "सही या गलत" के बारे में स्पष्ट हों। लेकिन, ये शिक्षाएँ इस तरह काम नहीं करतीं। इस मार्ग पर चिंतन, गहन सोच और प्रज्ञा से निर्णय लेने की जरूरत है।

एक शिक्षक से मार्गदर्शन लेने से आपको धूसर क्षेत्र से बाहर निकलने में मदद मिल सकती है और फिर आप शिक्षाओं के अभ्यास के ज़रिए सत्य को देख सकते हैं। आपको किसी शिक्षक पर विश्वास नहीं करना चाहिए, बल्कि सीखना, चिंतन और अभ्यास करना चाहिए ताकि आप सत्य की खोज कर प्रज्ञा प्राप्त कर सकें।

आपकी जीवनशैली के आधार पर, सिद्धांतों की संख्या बढ़ जाती है। कोई व्यक्ति किन सिद्धांतों का अभ्यास करना चाहता है यह व्यक्ति और उसकी जीवनशैली पर निर्भर करता है, हालाँकि, "पाँच सिद्धांत" वह न्यूनतम बेसलाइन नियम है जो सभी व्यक्तियों के लिए निर्वाण प्राप्त करने के लिए जरूरी है। यदि कोई अभ्यासकर्ता गौतम बुद्ध की शिक्षाओं का गहन अध्ययन करना चाहता है तो पाँच सिद्धांतों से परे सिद्धांतों को सीखना और उनका अभ्यास करना अतिरिक्त अंतर्दृष्टि और प्रशिक्षण मार्गदर्शन प्रदान करता है।

इसी किताब श्रृंखला में "शिक्षाओं में आधारशिला" (खंड ३) नामक किताब में पाँच सिद्धांतों पर अतिरिक्त शिक्षाएँ और आठ सिद्धांतों पर पूरी शिक्षाएँ हैं जो आपके जीवन अभ्यास को गहरा करने में आपकी सहायता करेंगी।

आगे छानबीन के लिए सीखने के संसाधन

ऑडियोबुक

(ऑडियोबुक) - (खंड १ - चैप्टर ७) - पाँच सिद्धांत: एक गृहस्थ के दैनिक अभ्यास के मार्गदर्शक (पढ़िए और सुनिए)
https://youtu.be/QKjYnzEptj0

एप. ५०७ - (ऑडियोबुक) - (खंड १ - चैप्टर ७) - पाँच सिद्धांत: एक गृहस्थ के दैनिक अभ्यास के मार्गदर्शक
https://podcasters.spotify.com/pod/show/buddhadailywisdom/episodes/Ep--507---Audiobook---Volume-1---Chapter-7---The-Five-Precepts-A-Householders-Guide-to-Daily-Practice-e272t38

यूट्यूब वीडियो

(सामूहिक शिक्षण प्रोग्राम) - चैप्टर ७ - पाँच सिद्धांत: एक गृहस्थ के दैनिक अभ्यास के मार्गदर्शक
https://youtube.com/live/36myfepniBA

(सामूहिक शिक्षण प्रोग्राम) - सीखे बौद्ध मंत्र जाप (४ का भाग ४)
https://youtube.com/live/2wQfXuTMS-M

पॉडकास्ट

एप. ४४१ - (सामूहिक शिक्षण प्रोग्राम) - चैप्टर ७ - पाँच सिद्धांत: एक गृहस्थ के दैनिक अभ्यास के मार्गदर्शक
https://podcasters.spotify.com/pod/show/buddhadailywisdom/episodes/Ep--441---Group-Learning-Program---Chapter-7---The-Five-Precepts-A-Householders-Guide-to-Daily-Practice-e216qdg/a-a9ijgr8

एप. ४४२ - (सामूहिक शिक्षण प्रोग्राम) - सीखे बौद्ध मंत्र जाप (४ का भाग ४)
https://podcasters.spotify.com/pod/show/buddhadailywisdom/episodes/Ep--442---Group-Learning-Program---LEARN-Buddhist-Chanting-Part-4-of-4-e21blt3/a-a9j2jse

प्रश्नोत्तरी

पाँच सिद्धांत: एक गृहस्थ के जीवन अभ्यास के मार्गदर्शक
https://forms.gle/nvJkQhjYptBcuJ5G6

(इस ऑनलाइन प्रश्नोत्तरी को पूरा करके इस चैप्टर की अपनी समझ की पुष्टि करें। आप ही एकमात्र व्यक्ति हैं जो प्रश्नोत्तरी के परिणाम देखेंगे।)

चैप्टर ८

तीन विषों का रूप बदलाव: तृष्णा, क्रोध और अज्ञानता

गौतम बुद्ध की शिक्षाओं को तृष्णा, क्रोध और अज्ञानता को निष्कासित करने के लिए सही कारण से तीन विष, तीन अकुशल जड़ें और तीन अग्नियों के रूप में जाना जाता है। इसे (लालच, घृणा और भ्रम) या (लालसा, दुर्भावना और उलझन) के नाम से भी जाना जाता है।

ये तीन विष हैं जो मानव लोक में पुनर्जन्म के एक अंग के रूप में मन में विद्यमान और जमे रहते हैं। इन शिक्षाओं के ज़रिए हमारा लक्ष्य, गैर-तृष्णा या उदारता, गैर-क्रोध या प्रेमभरी-कृपा, और गैर-अज्ञानता या प्रज्ञा के अभ्यास द्वारा इन तीन विषों का निष्कासन करना है। निर्वाण प्राप्त करने के लिए, व्यक्ति को इन तीन विषों का पूरी तरह से निष्कासन करना होगा।

ये रूपक बताते हैं कि अगर दुखदायी विचारों और भावनाओं को समझा और बदला न जाए, तो वह कितने खतरनाक हो सकते हैं। तृष्णा (लालच/लालसा) हमारे स्वार्थ, लालसा, चिपकाव और खुद से बाहर संतुष्टि और चैन को पकड़ने की चाहत को दर्शाती है। क्रोध (घृणा/दुर्भावना) हमारे बैर और आक्रामकता, अप्रिय लोगों, परिस्थितियों और यहाँ तक कि हमारी अपनी असुविधाजनक भावनाओं के लिए हमारी विमुखता और पीछे धकेलने को दर्शाता है। अज्ञानता (भ्रम/उलझन) हमारी सुस्ती, उलझन और गलत धारणा को दर्शाती है; वास्तविकता के बारे में हमारी अज्ञानता या गलत दृष्टियों, जो हमारे आसपास की दुनिया की सही समझ नहीं रखते, जैसा कि गौतम बुद्ध की शिक्षाओं में अस्तित्व के प्राकृतिक नियमों के एक भाग के रूप में बताया गया है।

तृष्णा, क्रोध और अज्ञानता (सच्ची वास्तविकता से अनजान होना) के विष - हमारी सच्ची प्रकृति, प्रज्ञा और करुणा से भरे जागृत मन को ढक देते हैं। मन की ये विषैली स्थितियां फिर गैर-सदाचारी और अकुशल नीयत, वाणी और कार्यों को बढ़ावा देती हैं, जिससे अकुशल कम्मा उत्पन्न होता है, इसलिए इन्हें बदलने, उनका उपचार करने और निर्वाण प्राप्त मन की चमक का अनुभव करने के लिए मारक का इस्तेमाल करने की जरूरत है।

तृष्णा, क्रोध और अज्ञानता (सच्ची वास्तविकता से अनजान होना) हमारी शख्सियत के संस्कारों में गहराई से समाए हुए हैं। हमारा व्यवहार आदत की वजह से इन तीन विषों से प्रभावित और दूषित होता है, ये अकुशल जड़ें मन में गहराई तक धँसी हुई हैं। हमारे अंदर तृष्णा (लालच/लालसा), क्रोध (घृणा/दुर्भावना), और अज्ञानता (भ्रम/उलझन) के रूप में जलते हुए, ये विष हृदय, जीवन, आशाओं और सभ्यताओं को नष्ट कर देते हैं, हमें जन्म और मृत्यु के न खत्म होने वाले चक्र - पुनर्जन्म के चक्र - में अंधा और प्यासा चलाते हैं।

गौतम बुद्ध इन कलंको को बंधन, बाधाएँ और गाँठें बताते हैं; यही अकुशल कम्मा और मानवीय असंतोष के संपूर्ण स्वरूप का सही मूल कारण हैं। ये तीन विष, तीन अकुशल जड़ें या तीन अग्नियाँ ही हैं जो मन को अनिर्वाणी स्थिति में रखती हैं। केवल जब एक अभ्यासकर्ता इन्हें गहराई से समझ लेता है और इन्हें मन से उखाड़ फेंकता है, तभी वह नित्य रूप से आनंद के साथ शांत, निश्चल, निर्मल और संतुष्ट रह सकता है।

हालाँकि यह शिक्षा नकारात्मक या अप्रिय लग सकती है, फिर भी, तृष्णा, क्रोध और अज्ञानता (सच्ची वास्तविकता से अनजान होना) इन तीन विषों की समझदारी भरी समझ अंत तक सकारात्मक और समर्थ बनाने वाली है। इस शानदार समझ के साथ, हम उन तत्वों को स्पष्ट रूप से देख और समझ सकते हैं जो हमारे जीवन में असंतुष्टि और दुख का कारण बन रहे हैं। और इस स्पष्टता और अंतर्दृष्टि के साथ, हम उन तत्वों को निष्कासित करने का चुनाव कर सकते हैं।

चार आर्य सत्यों की शिक्षा स्पष्ट रूप से बताती है कि जब हम अपनी असंतुष्टि, दुख और नाखुशी के सही कारणों को स्वीकार कर लेते और समझ लेते हैं, तो हम उन कारणों को बुझाने और मन को मुक्त करने के लिए जरूरी कदम उठा सकते हैं। यह निश्चित रूप से सकारात्मक और समर्थ बनाने वाला है।

इसके अलावा, हमारे लिए यह समझना जरूरी है कि गौतम बुद्ध की अपवित्रता और शुद्धि संबंधी शिक्षाएँ नैतिकता के बारे में केवल कठोर, बाधित या सत्तावादी मत नहीं हैं, बल्कि वह वास्तविक और ठोस सत्य हैं जो वास्तविकता कि हमारी सही समझ और अंत में जागृति के लिए जरूरी हैं। इन शिक्षाओं को सीखने और उनका पालन करने से, हम सच्ची वास्तविकता के प्रति जागृत होते हैं, प्रज्ञा प्राप्त करते हैं, अज्ञानता/भ्रम या सच्ची वास्तविकता के बारे में हमारे मन में व्याप्त "अज्ञानता" के विष को निष्कासित करते हैं जो मन में तीन विषों को जड़ जमाए रखता है और हमें भारी मात्रा में असंतुष्टि और दुख देता है।

इन शिक्षाओं को सीखने, उन पर चिंतन करने और उनका अभ्यास करने के साथ-साथ शिक्षक से मार्गदर्शन प्राप्त करने के ज़रिए, एक अभ्यासकर्ता स्वतंत्र रूप से सत्य को देखेगा, मन को मुक्त करने के लिए प्रज्ञा प्राप्त करेगा और निर्वाण का अनुभव करने के लिए इन विषों को दूर करेगा।

तृष्णा

हमारी तृष्णा एक जलती हुई लालसा है, एक कभी न खत्म होने वाली प्यास, तड़प और तमन्ना; हम चाहते हैं कि हमारी इच्छा की चीज़ें हमें नित्य संतुष्टि प्रदान करें ताकि हम परिपूर्ण, संपूर्ण और पूरा महसूस करें।

तृष्णा का विष एक अंदरूनी भूख पैदा करता है जिससे हम हमेशा किसी ऐसी चीज़ के पीछे भागते प्रतीत होते हैं जो हमारी पहुँच के बाहर है। हम गलती से यह मान लेते हैं कि हमारी संतुष्टि उस चीज़ पर निर्भर है, लेकिन एक बार जब हम उसे प्राप्त कर लेते हैं, तो हमें नित्य संतुष्टि नहीं मिलती। फिर एक बार, हमारी तृष्णा और लालसा जागृत होती है, और हम अपने से बाहर उस अगली चीज़ की तलाश में निकल पड़ते हैं जो शायद संतुष्टि दे सके। तृष्णा/लालच के असर में, हम कभी संतुष्ट नहीं होते।

हमारी तृष्णा का एक और आम पहलू दूसरों के लिए उदारता और करुणा की कमी के रूप में सामने आता है। ईमानदारी और माइंडफुल चिंतन का एक क्षण भी यह प्रकट कर देगा कि हमारी तृष्णा कितनी गहरी जड़ें जमा सकती है। हम अपनी तृष्णा के लक्षणों को सबसे मामूली घटनाओं में भी अनुभव कर सकते हैं, और निस्संदेह, तृष्णा और भी अधिक बाध्यकारी और विनाशकारी रूपों में प्रकट हो सकती है।

हम हमेशा ज्यादा की चाहत रखते हैं, हम बड़ा और बेहतर चाहते हैं, हम अपनी न खत्म होने वाली अंदरूनी भूख और प्यास को शांत करना चाहते हैं। इस प्रकार की तृष्णा हमारे निजी जीवन, हमारे पेशेवर जीवन और अंतर्राष्ट्रीय व्यापार व राजनीति के क्षेत्र को प्रभावित करती है। विश्वव्यापी संघर्ष और युद्ध, साथ ही हमारे बहुमूल्य पर्यावरण का विनाश, हमारे कॉर्पोरेट और राजनीतिक लालच के स्पष्ट परिणाम हैं। हमारी तृष्णा, लालच और प्यास हम सभी को व्यक्तिगत और विश्वव्यापी स्तर पर प्रभावित करते हैं। हमारी तृष्णा एक अंतहीन और विनाशकारी चक्र है जो अपने अंत में केवल असंतुष्टि और दुख का कारण बनता है।

क्रोध

क्रोध के लक्षण घृणा, बैर, आक्रामकता, विमुखता, रोष या दुर्भावना के रूप में प्रकट हो सकते हैं; किसी अन्य व्यक्ति को हानि पहुँचाने या कष्ट पहुँचाने की इच्छा। क्रोध के विष से प्रभावित मन तुच्छ परिस्थितियों पर भी ऐसी नीयत, वाणी और कार्यों से प्रतिक्रिया करता है जिनसे हमारे व्यक्तिगत और व्यावसायिक संबंधों को हानि पहुँचती है।

विमुखता के साथ, हम आदत अनुसार अप्रिय भावनाओं, परिस्थितियों और उन लोगों से प्रतिरोध करते हैं, उन्हें नकारते हैं और उनसे बचते हैं जिन्हें हम पसंद नहीं करते। हम चाहते हैं कि सब कुछ हमेशा सुखद, आरामदायक और संतोषजनक रहे। जैसे ही अनिर्वाणी मन दुखद भावनाओं का अनुभव करता है, वह गलत तरीके से उन दुखद भावनाओं को किसी और या किसी और चीज़ के कारण होने का आरोप लगाता है। दुखद भावनाओं को निष्कासित करने की दिलचस्पी में अनिर्वाणी मन उन लोगों और परिस्थितियों को दूर कर देगा जिन्हें वह गलती से दुखद भावनाओं का कारण मानता है। यह व्यवहार अलगाव कि हमारी धारणा को और पक्का करता है जिससे हम सभी लोगों के साथ स्वस्थ संबंध बनाने में बाधा डालते हैं।

एक व्यक्ति अकेला पड़ सकता है और उन लोगों से बातचीत करने में असमर्थ हो सकता है जो उसके मानदंडों या रिश्तों की शर्तों पर खरे नहीं उतरते। यह केवल समय की बात है जब अनिर्वाणी मन अपने जीवन में हर व्यक्ति में कोई न कोई समस्या ढूँढ़ लेता है और फिर उसे दूर धकेल देता है, जिससे उसके और दूसरों के बीच अक्सर क्रोध, घृणा, बैर, आक्रामकता, रोष और दुर्भावना के साथ एक दीवार खड़ी हो जाती है। इसे विमुखता कहा जाता है और यह व्यक्ति के जीवन को और भी जटिल बना देता है, जहाँ संघर्षों के बढ़ने से रिश्ते मुश्किल, चुनौतीपूर्ण और असफल हो जाते हैं।

विमुखता का मतलब है अपनी खुद की तृष्णाओं/लालसाओं/चिपकाव के कारण उत्पन्न दुखद भावनाओं का अनुभव करना, उन दुखद भावनाओं को किसी अन्य व्यक्ति के कारण उत्पन्न होने का झूठा आरोप लगाना यह सोचकर उन्हें दूर करना कि इससे समस्या हल हो जाएगी, और ऐसा क्रोध/निराशा/चिढ़/झुंझलाहट आदि के साथ करना।

क्रोध या घृणा हमें एक ऐसे शातिर चक्र में धकेल देती है जहाँ हम हमेशा अपने आस-पास संघर्ष और शत्रुओं को ही पाते हैं। जब हमारे आस-पास संघर्ष या शत्रुओं का आभास होता है, तो मन नकारात्मक विकार (न्यूरोसिस) का एहसास करता है, कभी शांत नहीं होता, और हम आत्मरक्षा या बदला लेने की

रणनीतियों में उलझे रहते हैं। जब हम अपनी अप्रिय भावनाओं से विरोध करते हैं, तो हम अपने भीतर भी संघर्ष पैदा कर सकते हैं।

क्रोध और विमुखता के साथ, हम डर, पीड़ा, अकेलेपन आदि जैसी अपनी अंदरूनी भावनाओं को नकारते हैं, उनका विरोध करते हैं और उन्हें दूर भगाते हैं, इन भावनाओं को एक अंदरूनी शत्रु की तरह मानते हैं। क्रोध के विष से, हम अपने आस-पास की दुनिया में और अपने अंदर संघर्ष और शत्रु पैदा करते हैं।

हम उन सभी लोगों और परिस्थितियों के लिए खुलेपन से लाभ नहीं उठा सकते जो हमारी जीवन यात्रा में मददगार हो सकती हैं। हम अपनी ही तृष्णाओं से उत्पन्न क्रोध और घृणा की अकुशल मानसिक स्थिति के ज़रिए खुद को ही नष्ट कर लेते हैं। मन में आने वाला क्रोध एकाग्रता और बुद्धि को क्षीण कर देता है, जिसके कारण अक्सर व्यक्ति खोया हुआ और भ्रमित महसूस करता है।

कोई भी हमें क्रोध या घृणा नहीं दे सकता, हम खुद ही क्रोध, घृणा या दुर्भावना उत्पन्न करते हैं। चूँकि हम खुद ही अपने क्रोध, घृणा या दुर्भावना का कारण बनते हैं, इसलिए निर्वाण की खोज के ज़रिए हम अपने क्रोध, घृणा और दुर्भावना को १००% निष्कासित कर सकते हैं।

अज्ञानता

अज्ञानता (सच्ची वास्तविकता से अनजान होना) वास्तविकता के बारे में हमारी गलत समझ या गलत दृष्टियाँ है। अज्ञानता दुनिया के काम करने के तरीके के बारे में हमारी गलत धारणा और नासमझी है; चीज़ों की प्रकृति को ठीक उसी तरह समझने में हमारी असमर्थता जैसी वे हैं, हमारी धारणाओं से उपजी विकृतियों से मुक्त।

मन यह नहीं समझता कि वह खुद ही असंतुष्टि का कारण बनता है और असंतुष्टि को कैसे निष्कासित किया जाए (चार आर्य सत्य), असंतुष्टि के पूर्ण निष्कासन का मार्ग (अष्टांग पथ), कम्मा का प्राकृतिक नियम, या अपने अकुशल कम्मा को कैसे जरूरी रूप से कम किया जाए (पाँच सिद्धांत), साथ ही गौतम बुद्ध की अन्य सभी उत्तम शिक्षाएँ जिन्हें अस्तित्व के प्राकृतिक नियम के रूप में बताया गया है।

अज्ञानता से प्रभावित होकर हम खुद के साथ, दूसरों के साथ, या जीवन के साथ सद्भाव में नहीं हैं; हम इन शिक्षाओं के अनुसार नहीं जी रहे हैं।

अज्ञानता के विष से ग्रस्त होकर, जो हमारे वास्तविक स्वरूप के अज्ञानता से उत्पन्न होता है, हम जीवन की एक-दूसरे पर निर्भर और अनित्य प्रकृति को नहीं समझ पाते। इस प्रकार, हम निरंतर अपने भीतर से बाहर संतुष्टि, चैन और अपनी समस्याओं के समाधान की तलाश में रहते हैं। गौतम बुद्ध ने अज्ञानता/भ्रम शब्द का इस्तेमाल अपमानजनक रूप में नहीं किया था, जैसा कि आज किया जाता है। इसके बजाय, गौतम बुद्ध यह वर्णन कर रहे थे कि मन "सच्ची वास्तविकता से अनजान" है और अस्तित्व के प्राकृतिक नियमों को नहीं समझ रहा है।

तृष्णा कि यह बाहरी खोज और भी ज्यादा निराशा, क्रोध और उलझन पैदा करती है। अपनी अज्ञानता के कारण, हम उन सदाचारी, जीवन की पुष्टि करने वाले कार्यों को भी नहीं समझ पाते जो संतुष्टि पैदा कर सकते हैं, और न ही हम उन गैर-सदाचारी, नकारात्मक और अकुशल कम्मा को समझ पाते हैं जो असंतुष्टि पैदा करते हैं।

कुशल कार्य वे सभी कार्य हैं जो "अष्टांग पथ" या "पाँच सिद्धांत" के विरुद्ध नहीं हैं। फिर, हमारी अज्ञानता (सच्ची वास्तविकता से अनजान होना) हमें एक ऐसे शातिर चक्र में फँसा देती है जहाँ से निकलने का कोई रास्ता नजर नहीं आता।

तीन विषों का रूप बदलाव

अनगिनत युगों से हम अपनी तृष्णा, क्रोध और अज्ञानता (सच्ची वास्तविकता से अनजान होना) से प्रभावित और प्रेरित होकर अस्तित्व के लोकों में विभिन्न प्राणियों के रूप में पुनर्जन्म लेते रहे हैं। इसलिए, मन की शुद्धि और परिवर्तन के इस कार्य में जल्दबाजी नहीं की जा सकती, जल्द परिणाम कि हमारी बेताब इच्छा के बावजूद।

इस काम के लिए धैर्य, सावधानी, दृढ़ता और अपने लिए और दूसरों के लिए गहरी करुणा की जरूरत है, जो एक सुविकसित "जीवन अभ्यास" के ज़रिए संभव है। गौतम बुद्ध ने हमें सिखाया कि तृष्णा, क्रोध और अज्ञानता (सच्ची वास्तविकता से अनजान होना) जैसे विष, जो इतने दुख का कारण बनते हैं, उन्हें वास्तव में शुद्ध किया और उनके रूप में बदलाव किया जा सकता है। हम असंतुष्टि और अकुशल कम्मा की जंजीरों को तोड़कर एक संतुष्ट, पूर्ण जीवन जी सकते हैं।

गौतम बुद्ध की शिक्षाएँ हमें बताती हैं कि निर्वाण हमारा सच्चा स्वभाव है, और शुद्ध मन के ज़रिए स्वाभाविक रूप से प्रकाशित होगा। इसलिए, हमारे जीवन-साधना का लक्ष्य उन अपवित्रताओं से मुक्ति पाना है जो हमारे निर्वाण की स्वाभाविक स्पष्टता, प्रकाश और आनंद को अस्पष्ट करते हैं।

तो फिर हम तीन विषों का सामना कैसे करें और उन्हें इस तरह से रूप में बदलाव कैसे करें कि मन की वास्तविक मुक्ति हो?

हमें शुद्धिकरण का यह काम ठीक उसी जगह से शुरू करना चाहिए जहाँ से विष उत्पन्न होता है - खुद मन में (सशर्त मन या व्यक्तित्व में)।

यह शुद्धिकरण और परिवर्तन मन को शांत करने और मन की गहराई में देखने की चुनौती से शुरू होता है। दूसरे शब्दों में, तृष्णा, क्रोध और अज्ञानता (सच्ची वास्तविकता से अनजान होना) के विषों का निष्कासन करने के लिए, हमें सबसे पहले उन्हें पहचानना सीखना होगा जब वे पहली बार प्रकट हों। माइंडफुल रूप से जागरूक होकर, हम समझ सकते हैं कि ये गहरे बैठे विष हमारे रोजमर्रा की सोच, भावनाओं, धारणाओं, निर्णयों, नीयत, वाणी और कार्यों को कैसे प्रभावित करते हैं।

यह माइंडफुलनेस (मन की जागरूकता), मन में गहराई से देखना, समझने की शुरुआत है; इन अपवित्रताओं को बदलने कि हमारी क्षमता की शुरुआत है।

इस जागरूकता को प्राप्त करने के लिए, हम साँस की माइंडफुलनेस के ध्यान के ज़रिए मन को प्रशिक्षित करते हैं। हम नाक से साँस लेने पर ध्यान केंद्रित करना सीखते हैं, और उत्पन्न हुए सभी विचारों और भावनाओं का आकलन या उन पर प्रतिक्रिया किए बिना, उन्हें काटकर जाने देते हैं। साँस की माइंडफुलनेस का ध्यान सीखने और अभ्यास करने से, हम मन को विचारों और भावनाओं के लिए जागरूक होने, फिर "विचारों को काटकर" और "उन्हें छोड़ देने" के लिए प्रशिक्षित करते हैं। मन की जागरूकता (माइंडफुलनेस) विकसित करने और छोड़ देने का प्रशिक्षण देकर, हम किसी भी और सभी परिस्थितियों में मन को नियंत्रित करना सीखते हैं।

इस अभ्यास के ज़रिए, हम रोजमर्रा की परिस्थितियों में मन के लिए अधिक जागरूक हो जाते हैं। हम यह जान पाते हैं कि कब सोच, भावनाएँ और जज़्बात उत्पन्न होते हैं और हमें परेशान करने लगते हैं। इस प्रकार, हम इस सोच, भावनाओं और जज़्बातों के लिए सचेत हो सकते हैं और इन पर कुशलता से काम कर सकते हैं, इससे पहले कि ये पकड़ से बाहर हो जाएँ और हमें और दूसरों को नुकसान पहुँचाएँ। फिर, अंत में हम एक सुविकसित जीवन अभ्यास के ज़रिए, जो केवल ध्यान से परे है, निर्वाण प्राप्त करके मन से परेशान करने वाले विचारों को पूरी तरह से निष्कासित कर सकते हैं।

मारक

ध्यान प्रशिक्षण के अलावा, तीन विषों के मारक या विकल्प भी मौजूद हैं। हर अपवित्रता के लिए गौतम बुद्ध ने हमें मारक बताया है, वह तरीका जिसके ज़रिए हम अपने अकुशल मानसिक गुणों को निष्कासित कर उनके स्थान पर सदाचारी और कुशल गुणों को स्थापित करते हैं जिनसे हमें और दूसरों को लाभ होता है।

इसलिए, हमारे जीवन अभ्यास का संपूर्ण उद्देश्य है *धीरे-धीरे* तृष्णा, क्रोध और अज्ञानता (सच्ची वास्तविकता से अनजान होना) के विषों को उनके सीधे विरोधी वैकल्पिक मानसिक तत्वों को विकसित करके कम करना। इन मारकों को तीन कुशल जड़ कहा जाता है: उदारता, प्रेमभरी-कृपा और प्रज्ञा।

तृष्णा पर विजय पाने के लिए निस्वार्थता, उदारता, अलगाव और संतोष को सँवारना जरूरी है। यदि हम तृष्णा, तीव्र इच्छा या चिपकाव का अनुभव कर रहे हैं और उसे छोड़ना चाहते हैं, तो हम अपनी लालसा की चीज़ों के अनित्यता या नुकसान पर विचार कर सकते हैं। हम उन चीज़ों को त्यागने का अभ्यास कर सकते हैं जिन्हें हम सबसे अधिक अपने पास रखना चाहते हैं। हम निस्वार्थ सेवा और दान के कार्यों का भी अभ्यास कर सकते हैं, दूसरों की किसी भी तरह से देखभाल और सहायता कर सकते हैं, बिना किसी मान्यता या मुआवजे की इच्छा के।

सच तो यह है कि इस भौतिक संसार की सुंदरता, सुखों और चीज़ों का आनंद लेने और उन्हें बाँटने में कोई आपत्ति नहीं है। तृष्णा और चिपकने से जुड़ी समस्याएँ तभी उत्पन्न होती हैं जब हम यह मान लेते हैं और ऐसा व्यवहार करते हैं मानो हमारी संतुष्टि का स्रोत हमसे बाहर, अनित्य परिस्थितियों में है।

तृष्णा/लालसा/चिपकाव का मारक है साँस की माइंडफुलनेस का ध्यान और दैनिक जीवन में उदारता का अभ्यास। ये दोनों ही अभ्यास मन को "छोड़ देने" का प्रशिक्षण देते हैं। तृष्णा वह है जिससे मन अपनी प्रिय चीज़ों को खींचता और उनका पीछा करता है और फिर उन्हें थामे रहता है, यह सोचकर कि इससे मन में संतुष्टि और शांति आएगी।

साँस की माइंडफुलनेस का ध्यान और दैनिक जीवन में उदारता का एक सुविकसित अभ्यास आपको स्वस्थ रखेगा। *धीरे-धीरे* मन के रूप का बदलाव करके उसे "छोड़ देने" का प्रशिक्षण दें, जो समय के साथ आसान होता जाता है क्योंकि इन दोनों तरीकों के ज़रिए मन का गहन प्रशिक्षण होता है। मन को एक सुविकसित जीवन अभ्यास के दृढ़ता, समर्पण और मेहनत के ज़रिए इस प्रशिक्षण के लाभों को

एक सतत अवधि में संचित करने की जरूरत होती है। इन तकनीकों और अभ्यासों को इस किताब और किताब श्रृंखला में बाद में बाँटा जाएगा ताकि आप इन शिक्षाओं का एक सुविकसित अभ्यास संवार सकें।

क्रोध पर विजय पाने के लिए, हम मन में जमे हुए किसी भी रोष या बैर को त्यागकर, प्रेमभरी-कृपा, करुणा, धैर्य और क्षमा का सँवारना सीखते हैं। जब हम अप्रिय भावनाओं, परिस्थितियों या लोगों के लिए क्रोध, घृणा, दुर्भावना या विमुखता से प्रतिक्रिया करते हैं तो हम इस विष को काटने के लिए इन अद्भुत मारकों का उपयोग कर सकते हैं।

यहाँ हम अपने अनुभवों के पूरे दायरे को बिना किसी क्रोध या विमुखता के खुले दिल से स्वीकार करना सीखते हैं। जिस तरह हम बाहरी दुनिया के अप्रिय अनुभवों का सामना धैर्य, कृपा, क्षमा, प्रेमभरी-कृपा और करुणा के साथ करते हैं, उसी तरह हमें अपनी अप्रिय भावनाओं का भी उसी तरह सामना करना चाहिए।

अकेलेपन, दिल की चोट, संदेह, डर, असुरक्षा, कमी, बेदिली आदि कि हमारी भावनाओं के लिए हमारे खुलेपन और प्रेमभरी-कृपा की जरूरत होती है। हमारे जीवन अभ्यास में चुनौती यह है कि हम अपनी आदत से मजबूर बचावों को नरम करें, अपने हृदय को खोलें, और क्रोध, घृणा, दुर्भावना, विमुखता, बैर, आक्रामकता, रोष और अस्वीकारता को त्याग दें। इस प्रकार, हम खुद से, दूसरों से, और सभी अंदरूनी और बाहरी अनुभवों से अपार करुणा और प्रज्ञा के साथ मिल सकते हैं और उन्हें अपना सकते हैं।

क्रोध का मारक है प्रेमभरी-कृपा का ध्यान और दैनिक जीवन में प्रेमभरी-कृपा का एक अच्छी तरह से विकसित अभ्यास जो *धीरे-धीरे* मन के रूप का बदलाव करता है और सभी प्राणियों का कल्याण देखने की गहरी दिलचस्पी विकसित करता है। इसके बाद, एक अभ्यासकर्ता को दैनिक जीवन में सभी प्राणियों के साथ विनम्र, कृपालु, दोस्ताना और सम्मानजनक व्यवहार करते हुए, बदले में किसी भी चीज़ की इच्छा किए बिना, प्रेमभरी-कृपा का अभ्यास करना होगा। इन तकनीकों और अभ्यासों को इस किताब और किताब श्रृंखला में बाद में बाँटा जाएगा ताकि आप इन शिक्षाओं का एक सुविकसित अभ्यास संवार सकें।

अज्ञानता पर विजय पाने और उसके मारक के लिए हम बुद्ध की शिक्षाओं को सीखने, उन पर चिंतन करने और उनका अभ्यास करके, अस्तित्व के प्राकृतिक नियमों की खोज के लिए प्रज्ञा, अंतर्दृष्टि और "सही दृष्टि" संवारते हैं। अपनी स्वार्थी लालसाओं, डर और अपेक्षाओं की विकृतियों के बिना, वास्तविकता को ठीक उसी रूप में अनुभव करते हुए जैसे वह है, हम अपने आप को अज्ञानता (सच्ची वास्तविकता से अनजान होना) से मुक्त करते हैं। एक शिक्षक से मार्गदर्शन प्राप्त करते हुए और इन शिक्षाओं के अभ्यास के ज़रिए प्रज्ञा प्राप्त करने के लिए एक व्यापक तरीका विकसित करने से सारी अज्ञानता का निष्कासन होगा।

इस संसार की एक-दूसरे पर निर्भरता, अनित्यता और निरंतर परिवर्तनशील प्रकृति को गहराई से महसूस करके और उसके साथ सद्भाव बना कर कार्य करते हुए - यह समझते हुए कि सभी जीव अविभाजित रूप से संबंधित हैं और नित्य संतुष्टि किसी बाहरी चीज़ से नहीं आती है - हम खुद को अज्ञानता से मुक्त कर लेते हैं।

जैसे-जैसे हम कम्मा के प्राकृतिक नियम की स्पष्ट समझ विकसित करते हैं, सकारात्मक, कुशल कार्यों को जानते हैं जो संतोष लाते हैं, और नकारात्मक, अकुशल कार्यों को जानते हैं जो असंतोष लाते हैं, हम प्रज्ञा, अंतर्दृष्टि और "सही दृष्टि" संवारते हैं, और प्रज्ञा से निर्णय लेते हैं जो हमें अज्ञानता से मुक्त करता है।

शिक्षाओं को पढ़ कर और "जीवन अभ्यास" के ज़रिए शिक्षाओं को अपने जीवन में उचित रूप से लागू करके हम *धीरे-धीरे* सबसे जिद्दी आदतों को भी खत्म कर देते हैं और मन को तनाव, असंतुष्टि और दुख से पूरी तरह मुक्त कर देते हैं। गौतम बुद्ध इसे "मन की निष्कलंक मुक्ति" कहते हैं।

जब तृष्णा, क्रोध और अज्ञानता (सच्ची वास्तविकता से अनजान होना) के तीन विष अंत में हमारे जीवन अभ्यास के ज़रिए गैर-तृष्णा या उदारता, गैर-क्रोध या प्रेमभरी-कृपा, और गैर-अज्ञानता या प्रज्ञा के साथ बुझ जाते हैं, तो निर्वाण की आलीशान शांति, प्रज्ञा, असीम जागरूकता, एकता और शांति हमारी मूलभूत प्रकृति के रूप में चमकती है।

विष से सने तीर से घायल हुए व्यक्ति की उपमा

मान लीजिए, मालुंक्यपुत्त, एक व्यक्ति विष से सने तीर से घायल हो गया, और उसके मित्र और साथी, उसके संबंधी और रिश्तेदार उसका इलाज करने के लिए एक सर्जन को लाए। वह आदमी कहता: 'मैं सर्जन को यह तीर तब तक न निकालने दूंगा जब तक मैं यह न जान लूँ कि मुझे घायल करने वाला व्यक्ति राज वंश का था, ब्राह्मण था, व्यापारी था मजदूर था।' और वह कहता: 'मैं सर्जन को यह तीर तब तक नहीं निकालने दूंगा जब तक मैं उस व्यक्ति का नाम औ कुल न जान लूँ जिसने मुझे घायल किया था;...जब तक मैं यह न जान लूं कि मुझे घायल करने वाला व्यक्ति लंबा था छोटा या मध्यम कद का;...जब तक मैं यह न जान लूँ कि मुझे घायल करने वाला व्यक्ति काला था या भूरा या सुनहर चमड़ी वाला;...जब तक मैं यह न जान लूँ कि जिस धनुष की डोरी ने मुझे घायल किया वह रेशे की थी या सरकंडे की नस की या भांग की या छाल की;...जब तक मैं यह न जान लूँ कि जिस बाण ने मुझे घायल किया वह जंगली था या खेती किया हुआ;...जब तक मैं यह न जान लूँ कि जिस बाण ने मुझे घायल किया वह किस प्रकार के पंखों से बंधा थ क्या वे गिद्ध के थे या बगुले के या बाज के या मोर के या सारस के;...जब तक मैं यह न जान लूँ कि जिस बाण ने मुझे घायल किया वह किस प्रकार की नस से बंधा था - क्या वह बैल का था या भैंसे का या हिरण का या बंदर का;...जब तक मैं न जान लूँ कि वह किस प्रकार का तीर था जिसने मुझे घायल किया - चाहे वह नुकीला हो या धारदार या घुमावदार या कांटेदार या बछड़े के दांत वाला या चाकू के आकार का।'

यह सब उस व्यक्ति को अभी भी ज्ञात नहीं होगा और इस बीच उसकी मृत्यु हो जाएगी। इसी प्रकार, मालुनक्यपुत्त, य कोई ऐसा कहे: 'मैं उस [निर्वाण प्राप्त] व्यक्ति के अधीन पवित्र जीवन तब तक नहीं जीऊँगा जब तक कि वह [निर्वा प्राप्त] व्यक्ति मुझे यह घोषित न कर दे: 'संसार अनंत है' और 'संसार अनंत नहीं है'; 'संसार सीमित है'; और 'संसा असीमित है'; 'आत्मा शरीर के समान है' और 'आत्मा एक चीज़ है और शरीर दूसरी'; और 'मृत्यु के बाद एक तथाग विद्यमान है' और 'मृत्यु के बाद एक तथागत विद्यमान नहीं है' और 'मृत्यु के बाद एक तथागत विद्यमान है भी और न भी है' और 'मृत्यु के बाद तथागत का न ही विद्यमान है और न ही विद्यमान नहीं है', तो यह बात तथागत द्वारा अघोषि ही रहेगी और इस बीच वह व्यक्ति मर जाएगा।

और मैंने क्या घोषित किया है? 'यह है असंतुष्टि', 'यह कारण है असंतुष्टि का', 'यह निष्कासन है असंतुष्टि का', 'यह मार्ग है जो ले जाता है असंतुष्टि के निष्कासन की ओर' - मैंने यह घोषित किया है।

मैंने यह क्यों घोषित किया है? क्योंकि यह लाभदायक है, यह पवित्र जीवन के मूल सिद्धांतों में से एक है, यह मुक्ति, तीव्र भावनाओं से मुक्ति, उनके निष्कासन, शांति, प्रत्यक्ष ज्ञान (अनुभव), निर्वाण, निब्बाना की ओर ले जाता है। इसीलिए मैंने यह घोषित किया है।

(गौतम बुद्ध)

(संदर्भ: मज्झिम निकाय ६३)

विष से सने तीर से घायल हुए व्यक्ति की उपमा (जारी)

लेखक के विचार: यह उपमा "विषैले बाण" का इस्तेमाल उन "तीन विषों" को दर्शाने के लिए करती है जिनसे हम सभी "तृष्णा (लालच/लालसा), क्रोध (घृणा/दुर्भावना), और अज्ञानता (भ्रम/उलझ)" से प्रभावित होते हैं। गौतम बुद्ध की शिक्षाएँ सर्जन द्वारा दर्शाई गई हैं। उनकी शिक्षाएँ "तीन विषों" को हटाने की दवा हैं। लेकिन, अगर हम इन शिक्षा का अभ्यास करने से पहले, जो इन विषों को हटाएँगी, "तीन विषों" के को हटाने के लिए हम चाहते हैं कि सभी उत्तर को जानें, तो जरूर हम विषों के हटने से पहले ही मर जाएँगे।

इन शिक्षाओं को सीखने और उनका अभ्यास करने से पहले सभी उत्तरों को जानना आपके लिए संभव नहीं है क्योंकि प्रज्ञा प्राप्त करने के लिए कई उत्तरों को स्पष्ट रूप से देखने के लिए आपको एक "जीवन अभ्यास" बनाने की जरूरत है। हर दिन आप अपने जीवन अभ्यास में *धीरे-धीरे* निर्वाण प्राप्त करने के लिए अधिक से अधिक प्रज्ञा का निर्माण क हैं। यदि आप इन शिक्षाओं का अभ्यास करने से पहले सभी उत्तरों को जानने की अपेक्षा करते हैं, तो जरूर से आप विषों के हटने से पहले ही मर जाएँगे और इस प्रकार, निरंतर असंतुष्टि के साथ पुनर्जन्म लेंगे और एक नए लोक में जीवन का अनुभव करेंगे - शायद मानव लोक में नहीं।

गौतम बुद्ध ने कुछ सवालों को अघोषित छोड़ दिया क्योंकि वे मन की मुक्ति की ओर नहीं ले जाते। लेकिन उन्होंने जि शिक्षाओं की घोषणा की, वे मन की पूर्ण मुक्ति की ओर ले जाती हैं, मतलब इस उपमा में बताए गए "चार आर्य सत्य से शुरू होती हैं।

आगे छानबीन के लिए सीखने के संसाधन

ऑडियोबुक

(ऑडियोबुक) - (खंड १ - चैप्टर ८) - तीन विषों का रूप बदलाव: तृष्णा, क्रोध, और अज्ञानता (पढ़िए और सुनिए)
https://youtu.be/CFhxOb_S4zM

एप. ५०८ - (ऑडियोबुक) - (खंड १ - चैप्टर ८) - तीन विषों का रूप बदलाव: तृष्णा, क्रोध, और अज्ञानता
https://podcasters.spotify.com/pod/show/buddhadailywisdom/episodes/Ep--508---Audiobook---Volume-1---Chapter-8---Transforming-The-Three-Poisons-Craving--Anger--and-Ignorance-e272t6c

यूट्यूब वीडियो

(सामूहिक शिक्षण प्रोग्राम) - चैप्टर८ - तीन विषों का रूप बदलाव: तृष्णा, क्रोध, और अज्ञानता
https://youtube.com/live/mFnNfaF5ttk

हम ध्यान क्यों लगाते हैं और साँस की माइंडफुलनेस के ध्यान का विकास - (सामूहिक शिक्षण प्रोग्राम)
https://youtu.be/zW_P9nCWwVU

पॉडकास्ट

एप. ४४४ - (सामूहिक शिक्षण प्रोग्राम) - चैप्टर ८ - तीन विषों का रूप बदलाव: तृष्णा, क्रोध, और अज्ञानता
https://podcasters.spotify.com/pod/show/buddhadailywisdom/episodes/Ep--444---Group-Learning-Program---Chapter-8---Transforming-the-Three-Poisons-Craving--Anger--and-Ignorance-e21kru3/a-a9jte0j

एप. १६४ - हम ध्यान क्यों लगाते हैं और साँस की माइंडफुलनेस के ध्यान का विकास - (सामूहिक शिक्षण प्रोग्राम)
https://podcasters.spotify.com/pod/show/buddhadailywisdom/episodes/Ep--164---Why-Do-We-Meditate-and-Developing-Breathing-Mindfulness-Meditation---Group-Learning-Program-evt3pb/a-a5de1jl

प्रश्नोत्तरी

तीन विषों का रूप बदलाव: तृष्णा, क्रोध, और अज्ञानता
https://forms.gle/J8hhCodH4jKG7Kuu9

(इस ऑनलाइन प्रश्नोत्तरी को पूरा करके इस चैप्टर की अपनी समझ की पुष्टि करें। आप ही एकमात्र व्यक्ति हैं जो प्रश्नोत्तरी के परिणाम देखेंगे।)

चैप्टर ९

कम्मा क्या है और यह मुझे कैसे प्रभावित करता है?

कम्मा, या कम्मा का प्राकृतिक नियम, इस तथ्य को दर्शाता है कि जीवन में हर चीज़ का एक "कारण और असर" या "कार्य और परिणाम" होता है। मूल रूप से, हमारी नीयत, वाणी और कार्य, चाहे अच्छे हों या बुरे, हम पर असर डालते हैं। कम्मा के बारे में सोचने का एक तरीका यह है कि कम्मा "हमारे अपने निर्णयों का परिणाम" या "हमारे अपने निर्णयों का असर" है।

आपने "कर्म" शब्द सुना होगा, जो एक ही प्राकृतिक नियम को संदर्भित करता है, लेकिन एक अलग भाषा का इस्तेमाल करता है। कर्म संस्कृत भाषा से है जबकि कम्मा पाली भाषा से है। गौतम बुद्ध की शिक्षाओं का स्रोत पाली भाषा में है। जो लोग गौतम बुद्ध की शिक्षाओं के सबसे पूर्ण स्रोत, पाली कैनन से इन शिक्षाओं को सीख रहे हैं और उनका अभ्यास कर रहे हैं, वे आमतौर पर "कर्म" के बजाय "कम्मा" शब्द का इस्तेमाल करेंगे।

गौतम बुद्ध की सभी शिक्षाएँ "किसी को नुकसान न पहुँचाने" के महत्व पर केंद्रित हैं। दूसरों को नुकसान पहुँचाकर, हम कम्मा के प्राकृतिक नियम के कारण खुद को नुकसान पहुँचाते हैं।

अगर हम कुशल नीयत, वाणी और कार्य रखें, तो कुशलता हमारे पास वापस आ जाएगी। कुशल और शुद्ध नीयत, वाणी, कार्य और रोजगार के साथ, हम जानते हैं कि जैसे-जैसे हम निर्वाण की खोज में अधिक से अधिक चिपकाव को निष्कासित करते जाएँगे, हमारा जीवन कुशल, निश्चल, संतुलित और शांतिपूर्ण होता जाएगा।

इसी प्रकार, यदि हमारी नीयत, वाणी, कार्य और रोजगार अकुशल हैं, तो अकुशल चीज़ें हमारे पास वापस आएँगी। यदि हम अपनी नीयत, वाणी, कार्य और रोजगार से किसी अन्य प्राणी को हानि पहुँचाते हैं, तो हानि वापस हमारे पास ही लौटेगी।

कम्मा जरूरी नहीं कि अभी या तुरंत ही हो। हो सकता है कि यह ठीक उसी रूप में वापस न आए जिस रूप में हम इसे डालते हैं। उदाहरण के लिए, अगर हम दुनिया के समुद्रों में निश्चल, स्थिर, कृपालु और विनम्र लहरें डालें, तो वही हमारे पास वापस आएँगी। हो सकता है तुरंत न हो, लेकिन समय के साथ हम देखेंगे कि यह स्थिरता और शांति हमारे पास वापस आ रही है।

इसके विपरीत, अगर हम अपनी दुनिया के समुद्रों में विनाशकारी और क्रूर लहरें छोड़ते हैं, तो वही लहरें हमारे पास वापस आएँगी। प्रचंड, तेज और हिंसक जल हमारे जीवन में तबाही और बाढ़ लाएगा। कम्मा पुरस्कार और दंड की कोई व्यवस्था नहीं है, बल्कि "कारण और असर" या "कार्य और परिणाम" का एक प्राकृतिक नियम है - हमारे निर्णयों के परिणाम।

कम्मा से डरने की जरूरत नहीं है। कम्मा के प्राकृतिक नियम को समझने की जरूरत है ताकि हम अपने जीवन में ऐसे प्रज्ञा भरे चुनाव कर सकें जो हमें और पूरी मानवता को एक अधिक शांतिपूर्ण मन और एक अधिक शांतिपूर्ण अस्तित्व की ओर ले जाएँ।

इन शिक्षाओं में कोई डर नहीं है और कम्मा में भी कोई डर नहीं है।

कम्मा से केवल वही व्यक्ति डरता है जो कम्मा के प्राकृतिक नियम को नहीं समझता और ऐसे प्रज्ञापूर्ण निर्णय लेने में असमर्थ है जो उसे अधिक शांतिपूर्ण जीवन की ओर ले जा सकें।

जितना अधिक आप गौतम बुद्ध की शिक्षाओं को सीखेंगे और उनका अभ्यास करेंगे, उतना ही आपका मन कम्मा के प्राकृतिक नियम के लिए जागृत होगा और आप उतने ही बेहतर निर्णय ले पाएँगे। इसका परिणाम एक अधिक शांतिपूर्ण जीवन होगा जिसमें एक आनंद के साथ शांत, निश्चल, निर्मल और संतुष्ट मन शामिल होगा।

गौतम बुद्ध की शिक्षाएँ आपको कम्मा के इस प्राकृतिक नियम को समझने में मार्गदर्शन कर रही हैं, ताकि मन को बेहतर जीवन विकल्पों के लिए जागृत किया जा सके, जो बेहतर अस्तित्व की ओर ले जाते हैं।

हर व्यक्ति के पास अपने जीवन में निर्णय लेने की १००% क्षमता होती है, ये व्यक्तिगत चुनाव होते हैं। हम जो व्यक्तिगत चुनाव करते हैं, उसके आधार पर ही परिणाम अनुभव किए जाएँगे। यही हमारा कम्मा है।

आधुनिक समाज में कम्मा के प्राकृतिक नियम की चर्चा तो होती है, लेकिन अक्सर इसे मजाक के तौर पर या यूँ ही कह दिया जाता है। कम्मा को कभी-कभी एक गुप्त या रहस्यमयी अवधारणा माना जाता है। हालाँकि, कम्मा ही "कारण और असर" या "कार्य और परिणाम" के ज़रिए जीवन की सभी चीज़ों का निर्णायक तत्व है।

कम्मा हमारे अपने निर्णयों का परिणाम या असर है।

कम्मा एक प्राकृतिक नियम है जो विद्यमान है, और गौतम बुद्ध की शिक्षाएँ इस प्राकृतिक नियम को गहराई से समझने के लिए मन को जागृत करती हैं, ताकि आप जीवन में शांतिपूर्वक कार्य करने के लिए अच्छे और कुशल निर्णय ले सकें। कम्मा के प्राकृतिक नियम को समझकर, आप जीवन में बेहतर निर्णय ले पाएँगे और इस प्रकार, बेहतर परिणाम प्राप्त कर पाएँगे।

इस प्राकृतिक नियम को नियंत्रित करने वाला या इसके संचालन की निगरानी करने वाला कोई नहीं है। कम्मा का प्राकृतिक नियम बस विद्यमान है और यह पूरी तरह १००% सत्य है।

कम्मा के उदाहरण हैं:

१.) आप किसी की हत्या करते हैं और फिर आपको जेल में डाल दिया जाता है। इससे आपके जीवन की गुणवत्ता पर बुरा असर पड़ता है।

२.) आप कुछ चुराते हैं और फिर आपको जेल में डाल दिया जाता है और लोग आपसे चोरी करते हैं। इससे आपके जीवन की गुणवत्ता पर असर पड़ता है और वह बदतर हो जाती है।

३.) आप किसी ऐसे व्यक्ति के साथ यौन संबंध बनाकर यौन दुराचार करते हैं जो पहले से ही किसी रिश्ते में है। इस रिश्ते का पता चल जाता है, और साथी आपको ढूंढ लेता है और आप पर जबानी और/या शारीरिक हमला होता है। इससे आपके जीवन की गुणवत्ता पर असर पड़ता है और वह बदतर हो जाती है।

४.) आप झूठ, गपशप और बदनामी के ज़रिए झूठा सत्य बोलने वाले व्यक्ति हैं। लोग आपकी बातों पर भरोसा नहीं कर पाते, आपको रिश्ते बनाने और व्यापार करने में मुश्किल होती है, और लोग लगातार आपसे झूठ बोलते रहते हैं। इससे आपके जीवन की गुणवत्ता पर असर पड़ता है और वह बदतर होता जाता है।

५.) आप उन पदार्थों का सेवन करते हैं जिससे आप असावधान हो जाते हैं और एकाग्रता या माइंडफुलनेस की कमी महसूस करते हैं, जिससे आप काम, रिश्तों और रोजमर्रा की गतिविधियों पर ध्यान केंद्रित नहीं कर पाते। इससे आपके जीवन की गुणवत्ता प्रभावित होती है और वह बदतर होता जाता है।

जब हमारी नीयत, वाणी, कार्य और रोजगार तृष्णा, क्रोध या अज्ञानता (सच्ची वास्तविकता से अनजान होना) के बिना शुद्ध होती है तो हम अपने लिए कुशल कम्मा का निर्माण कर रहे होते हैं और इस प्रकार, अच्छाई हमारे पास वापस आ जाएगी।

अकुशल कम्मा की उत्पत्ति के तीन कारण

भिक्षुओं, (अकुशल) कम्मा की उत्पत्ति के ये तीन कारण हैं।

कौन से तीन?

(१) तृष्णा (लालसा/लालच/चिपकाव) (अकुशल) कम्मा की उत्पत्ति का कारण है;
(२) क्रोध (घृणा/दुर्भावना) (अकुशल) कम्मा की उत्पत्ति का कारण है;
(३) अज्ञानता (भ्रम/सच्ची वास्तविकता से अनजान होना) (अकुशल) कम्मा की उत्पत्ति का कारण है।

(गौतम बुद्ध)

(संदर्भ: अंगुत्तर निकाय ३.३५)

कुशल कम्मा की उत्पत्ति के तीन कारण

भिक्षुओं, (कुशल) कम्मा की उत्पत्ति के ये तीन कारण हैं।

कौन से तीन?

(१) गैर-तृष्णा (उदारता) (कुशल) कम्मा की उत्पत्ति का कारण है;

(२) गैर-क्रोध (प्रेमभरी-कृपा) (कुशल) कम्मा की उत्पत्ति का कारण है;

(३) गैर-अज्ञानता (प्रज्ञा) (कुशल) कम्मा की उत्पत्ति का कारण है।

(गौतम बुद्ध)

(संदर्भ: अंगुत्तर निकाय ३.३५)

गौतम बुद्ध की शिक्षाओं का लक्ष्य तीन विषों (यानी तीन अकुशल जड़ों) - तृष्णा/लालच, क्रोध/घृणा, और अज्ञानता/भ्रम/सच्ची वास्तविकता से अनजान होने का निष्कासन करना, अन-आत्म का अहसास करना और अहं को घुला कर निर्वाण प्राप्त करना है। यही वह जागृत मन है जो शांत रह सकता है और दूसरों के साथ शांतिपूर्वक एक साथ रह सकता है।

इन तीन विषों को निष्कासित करके व्यक्ति उन सभी अकुशल जड़ों को निष्कासित कर देता है जो अकुशल कम्मा उत्पन्न करती हैं, इस प्रकार, निर्वाण प्राप्त होगा। जितने अधिक लोग निर्वाण की मानसिक स्थिति प्राप्त करेंगे उतना ही अधिक शांतिपूर्ण अस्तित्व समस्त मानवता अनुभव करेगी। हर व्यक्ति द्वारा सक्रिय रूप से निर्वाण की खोज करने से विश्व *धीरे-धीरे* एक अधिक शांतिपूर्ण स्थान बन जाएगा।

संपूर्ण विश्व द्वारा आगे लिखी तीन शिक्षाओं का अभ्यास करने से पृथ्वी पर अपार लाभ और शांति होगी: १.) सभी प्राणियों के लिए सार्वभौमिक प्रेम २.) कोई हानि न पहुँचाएँ, और ३.) एक अच्छे नैतिक व्यक्ति बनें।

कम्मा व्यक्तिगत रूप से बनता है। हममें से हरेक का अपना कम्मा होता है। हमारा व्यक्तिगत कम्मा हमें जीवन भर, या यदि इस जीवन में निर्वाण प्राप्त न कर पाने के कारण पुनर्जन्म होता है, तो भविष्य के जन्मों में व्यक्तिगत स्तर पर वापस मिलता है। कोई भी अपने कम्मा से भाग या छिप नहीं सकता।

आपके लिए व्यक्तिगत रूप से और समुदाय या राष्ट्र के रूप में उत्तम कम्मा बनाए रखना जरूरी है।

जब आप कुशल कम्मा को उत्पन्न करते हैं, तो आपको इंतजार नहीं करना चाहिए या अच्छी चीज़ों के तुरंत वापस आने की उम्मीद नहीं करनी चाहिए। आपको कुशल कम्मा की उत्पत्ति बिना अपेक्षा के करनी चाहिए कि वह वापस मिले या कब वापस मिलेगा।

सिर्फ इसलिए कि आपने कुछ अच्छा किया है, बदले में कुछ अच्छा पाने की अपेक्षा करना, आपकी अच्छी नीयत, वाणी या कार्य को नकार देता है। आपकी नीयत, वाणी और कार्य अच्छे होने चाहिए क्योंकि आप जानते हैं कि यह आपके और दुनिया के लिए सही है - यह कुशल है। आप कुशल कम्मा इसलिए बनाते हैं क्योंकि आप जानते हैं कि यह सही है, इसलिए नहीं कि आप बदले में कुछ पाने की उम्मीद करते हैं।

मन की असंतुष्टि की भावना को निष्कासित करने का मतलब है, उदारता, प्रेमभरी-कृपा और प्रज्ञा के अभ्यास के ज़रिए तृष्णा, क्रोध और अज्ञानता (सच्ची वास्तविकता से अनजान होना) को निष्कासित करके अपने अकुशल कम्मा के बनने को निष्कासित करना। उदारता, प्रेमभरी-कृपा और प्रज्ञा, कुशल कम्मा की उत्पत्ति के कारण हैं जिन्हें तीन विषों या तीन अकुशल जड़ों का मारक कहा जाता है। अष्टांग पथ के ज़रिए उदारता, प्रेमभरी-कृपा और प्रज्ञा का अभ्यास करने से मन निर्वाण प्राप्त मन में रूपांतरित हो जाएगा।

यह अष्टांग पथ का अभ्यास करते हुए अन्य प्राणियों को कोई हानि पहुँचाए बिना किया जाता है। हम अपनी सोच और नीयत से हर पल अपने मन को अकुशल कम्मा से प्रदूषित करते हैं। आपको वहीं से शुरुआत करनी होगी। एक कुशल मन के साथ, जिसमें अकुशल कम्मा का कोई उत्पादन नहीं होता, आप एक शांत और स्थिर जीवन का आनंद लेंगे।

अक्सर हम दूसरों को अकुशल नीयत, वाणी या कार्यों से रोकने या बाधित करने का प्रयत्न करते हैं, लेकिन अगर हमारा मन दूषित है, तो हमारा संदेश अस्पष्ट होता है और अच्छी तरह से ग्रहण नहीं किया जाता। शुद्ध मन के साथ, हमारी नीयत, वाणी और कार्य शुद्ध होते हैं ताकि दूसरों के लिए हमारा संदेश स्पष्ट और बेहतर ढंग से ग्रहण किया जा सके। इस प्रकार, जब मन शुद्ध होता है, तो इन शिक्षाओं को सीखने और उनका अभ्यास करने से हम दूसरों की सहायता करने में अधिक काबिल होते हैं।

इसके अलावा, कम्मा का प्राकृतिक नियम ही सभी चीज़ों को नियंत्रित करता है। जहाँ समाज के नियम इंसान द्वारा बनाये और लागू किए जाते हैं जिस वजह से गलतियाँ उत्पन्न होती हैं, वहीं कम्मा का प्राकृतिक नियम एक प्राकृतिक नियम है। यह मनुष्यों द्वारा बनाया गया या प्रशासित नहीं है इसलिए यह पूरी तरह से निष्पक्ष है। यही कारण है कि हमें "किसी कथित गलती को सुधारने" का अत्यधिक दबाव या लालसा महसूस नहीं करनी चाहिए, क्योंकि इससे हमें अनावश्यक तनाव, बोझ और जटिलताएँ हो सकती हैं। बल्कि, हमें यह आराम से महसूस करना चाहिए कि कम्मा का प्राकृतिक नियम हमेशा विद्यमान है और "किसी कथित गलती को सुधारने" की गतिविधियों से मन को डुबाने की कोई जरूरत नहीं है।

कम्मा का प्राकृतिक नियम ग्रेविटी के प्राकृतिक नियम के समान है। ग्रेविटी का अनुभव सभी करते हैं, चाहे उन्हें ग्रेविटी के अस्तित्व का एहसास हो या न हो। ग्रेविटी की निगरानी या रखरखाव किसी भी हस्ती द्वारा नहीं किया जाता। ग्रेविटी बस विद्यमान है और सभी चीज़ें इसकी शक्तियों के अधीन हैं।

जब आप बच्चे थे, तो आप ग्रेविटी के प्राकृतिक नियम को नहीं समझते थे और इस प्राकृतिक नियम के लिए अजागृत मन के साथ चलना, दौड़ना, कूदना और दुनिया में शांति से रहना आपके लिए चुनौतियों से भरा हुआ था। जैसे-जैसे मन ग्रेविटी के प्राकृतिक नियम के लिए अधिक जागरूक होता गया, आप *धीरे-धीरे* दुनिया में आसानी और सहजता से कार्य करने लगे। आपको रोज के काम करना आसान लगने लगा। जीवन अधिक सीधा-सरल हो गया और आपके आस-पास की दुनिया को समझना और उसमें संचालन करना आसान हो गया।

कम्मा का प्राकृतिक नियम भी इसी प्रकार काम करता है। इस प्राकृतिक नियम के लिए मन जितना अधिक जागृत होगा आप संसार में उतनी ही अधिक प्रज्ञा, आसानी और सहजता के साथ रह पाएँगे ताकि यह पक्का हो सके कि आप अच्छे और कुशल निर्णय ले रहे हैं जिनसे अच्छे और कुशल परिणाम प्राप्त होते हैं। अष्टांग पथ को सीखने और उसका अभ्यास करने से, आप केवल कुशल कम्मा उत्पन्न कर सकते हैं और इस प्रकार केवल कुशल कम्मा उत्पन्न करके सभी अकुशल कम्मा को बुझा सकते हैं।

निर्वाण प्राप्ति के लिए एक अभ्यासकर्ता को अष्टांग पथ का उपयोग करते हुए लंबे समय तक केवल कुशल कम्मा को उत्पन्न करते हुए सभी अकुशल कम्मा को निष्कासित करना होता है, जिससे मन में असंतुष्टि का पूर्ण निष्कासन होता है।

कम्मा की निगरानी या रखरखाव के लिए कोई हस्ती जिम्मेदार नहीं है और सभी कम्मा के अधीन हैं चाहे किसी को इस प्राकृतिक नियम के अस्तित्व का एहसास हो या न हो, ठीक वैसे ही जैसे आप ग्रेविटी के प्राकृतिक नियम से प्रभावित थे, भले ही छोटी उम्र में आपको इसकी जानकारी न हो। जितना ज्यादा आप कम्मा के प्राकृतिक नियम को समझेंगे उतना ही ज्यादा जीवन बेहतर होगा।

कम्मा के प्राकृतिक नियम से भागा या छिपा नहीं जा सकता। निर्वाण की खोज के ज़रिए इस जीवन और सभी पूर्व जन्मों से सभी अकुशल कम्मा का अनुभव करके उन्हें बुझाना होगा।

निर्वाण प्राप्त करके पुनर्जन्म के चक्र से बचने के लिए आपको लंबे समय तक अष्टांग पथ का अभ्यास करना होगा जिससे इस जीवन और पिछले जन्मों के सभी अकुशल कम्मा नष्ट हो जाएँगे। जैसे-जैसे आपका अभ्यास गहरा से गहरा होता जाएगा, आपके जीवन में नकारात्मक घटनाएँ कम होती जाएँगी। कम्मा की गहरी समझ के साथ, अधिक जागृत मन से इन शिक्षाओं का अभ्यास करने से जीवन और आरामदायक और आसान हो जाता है।

अष्टांग पथ का बखूबी और पूरी तरह से लंबे समय तक अभ्यास करने से, सभी प्रकार के अकुशल कम्मा का उत्पादन निष्कासित हो जाता है। आप सभी अकुशल कम्मा के उत्पादन को निष्कासित कर देंगे और आपका जीवन अधिक आरामदायक, तरल और सरल हो जाएगा क्योंकि आप दुनिया में कोई नुकसान नहीं पहुँचा रहे हैं; आपने इस जीवन और पिछले जन्मों के अपने सभी अकुशल कम्मा को जला दिया है। चूँकि आप अष्टांग पथ की गहन समझ और अभ्यास के ज़रिए किसी को नुकसान नहीं पहुँचा रहे हैं, इसलिए आपको कोई नुकसान वापस नहीं मिल रहा है।

आप कम्मा के प्राकृतिक नियम से बच नहीं सकते। आपका वर्तमान अस्तित्व इस जीवन और पिछले जन्मों के आपके निर्णयों के परिणामों का संग्रह है - यही आपका कम्मा है। आपके सभी कुशल और अकुशल कम्मा आपके वर्तमान अस्तित्व में संग्रहित हैं। हमारा जीवन हमारे सभी पिछले निर्णयों का परिणाम है, चाहे वे कुशल हों या अकुशल। निर्वाण प्राप्त करने के लिए, आपको अष्टांग पथ के अभ्यास द्वारा इस जीवन और सभी पूर्व जन्मों के सभी अकुशल कम्मा को बुझाना होगा।

तृष्णा यह निर्धारित करती है कि पुनर्जन्म होगा या नहीं, जबकि कम्मा यह निर्धारित करता है कि पुनर्जन्म के समय नए जीव की लोक, स्थिति और अवस्था क्या होगी। यदि तृष्णा है, तो पुनर्जन्म भी होगा। तृष्णा वह ईंधन या चिंगारी है जो पुनर्जन्म का कारण बनती है और ऐसी परिस्थितियाँ उत्पन्न करती है जिनमें एक नया अस्तित्व उभरता है। हर अस्तित्व एक नया अस्तित्व है, हालाँकि, पिछले जन्मों की तृष्णा और बची हुई याददाश्त नए प्राणी में आगे बढ़ जाती हैं।

पुनर्जन्म तब होता है जब किसी अस्तित्व की तृष्णा अभी तक बुझी नहीं होती। तृष्णा नए मन में आगे बढ़कर एक नए अस्तित्व का निर्माण करती है। नया प्राणी वर्तमान जीवन में विद्यमान पूर्वजन्मों की तृष्णा के आधार पर नए अस्तित्व में अकुशल कम्मा को उत्पन्न करेगा। इस वर्तमान जीवन में विद्यमान ये अधूरी तृष्णाएँ वर्तमान जीवन में अकुशल कम्मा को उत्पन्न करेंगी। नए प्राणी को अपने अकुशल कम्मा को १००% बुझाने के लिए सभी अकुशल कम्मा का अनुभव करना जरूरी है। तृष्णा को बुझाने के सूचक के रूप में कम्मा को देख कर व्यक्ति का सभी अकुशल कम्मा का पूरी तरह बुझाने के लिए मार्गदर्शन किया जा सकता है।

इस प्रकार, व्यक्ति अपने अकुशल कम्मा से भाग या छिप नहीं सकता। तृष्णा/लालच, क्रोध/घृणा, और अज्ञानता/भ्रम/सच्ची वास्तविकता से अनजान होने को बुझाकर, व्यक्ति अपने अकुशल कम्मा को बुझा कर निर्वाण प्राप्त कर सकता है।

इस जीवन में आपके साथ ऐसी बुरी परिस्थितियाँ और अनुभव घट सकते हैं जिन्हें समझना आपके लिए कठिन हो सकता है कि वे क्यों घटे हैं या घट रहे हैं। कम्मा ही सबसे अच्छा और निष्पक्ष शिक्षक हो सकता है जो आपको उन बदलावों को समझने में मदद करेगा जो आपको अपने जीवन को बेहतर बनाने के लिए जरूरी हैं ताकि आप कम्मा के बेहतरीन उत्पादन के ज़रिए अपने जीवन को बेहतर बना सकें। आपको यह अंतर्दृष्टि तभी प्राप्त होगी जब आप गौतम बुद्ध की शिक्षाओं को सीखने और उनका अभ्यास करने के ज़रिए कम्मा के प्राकृतिक नियम की गहरी समझ प्राप्त करेंगे।

हम इन शिक्षाओं को सीखने और उनका पालन करने के लिए सक्रिय रूप से प्रयत्न करते हैं ताकि हम किसी भी अकुशल कम्मा के उत्पादन को बुझा सकें। आपको यह सीखना होगा कि इस जीवन में आपके द्वारा अनुभव की जाने वाली सुखद भावनाओं, दुखद भावनाओं और भावनाएँ जो हैं न दुखद-न-सुखद से कैसे चिपके या चिपटे न रहें, साथ ही अष्टांग पथ को सीखने और उसका पालन करके केवल कुशल कम्मा उत्पन्न करना सीखें।

समाज के कानून

अब जबकि आप कम्मा के प्राकृतिक नियम को समझ गए हैं और यह भी कि कैसे एक अच्छे नैतिक व्यक्ति के रूप में अष्टांग पथ का पालन करने से केवल कुशल कम्मा ही उत्पन्न होगा तो आइए समाज के उन नियमों पर चर्चा करें जो हमारे दैनिक जीवन को नियंत्रित करने का प्रयत्न करते हैं, लेकिन उन्हें बनाना, लागू करना और निष्पक्ष रूप से लागू करना कठिन है।

समाज के "कानूनों" का पालन करने का, जैसा कि वे लिखे गए हैं, यह मतलब नहीं है कि आप खुद निर्वाण प्राप्त कर लेंगे।

आपराधिक और नागरिक कानून मनुष्यों द्वारा बनाए जाते हैं। ये कानून हमेशा अपूर्ण होते हैं, हालाँकि, कम्मा का प्राकृतिक नियम मनुष्यों द्वारा नहीं बनाया गया है और बस विद्यमान है। यह व्यक्ति की नीयत, वाणी, कार्य या रोजगार की स्वाभाविक अच्छाई या बुराई के आधार पर पूरी तरह से उचित है। हम सभी को समाज के नियमों का पालन करना चाहिए, लेकिन केवल कानून का पालन करने का मतलब यह नहीं है कि हम अन्य प्राणियों को नुकसान नहीं पहुँचा रहे हैं, और केवल कानून का पालन करने से आपको निर्वाण प्राप्त होने की गारंटी नहीं होगी। इसके बजाय, निर्वाण प्राप्त करने के लिए व्यक्ति को अस्तित्व के प्राकृतिक नियमों को सीखने, चिंतन करने और उनका अभ्यास करने की जरूरत है।

हमें "शिक्षाओं" का अभ्यास करना चाहिए जो अच्छी नैतिक शिक्षाएँ हैं जो किसी भी देश के किसी भी कानून से कहीं बढ़कर हैं।

वाणी की स्वतंत्रता के कानून इसका एक आदर्श उदाहरण हैं। कुछ देशों में, ज्यादातर, हमें अपनी इच्छानुसार कुछ भी कहने का "कानूनी अधिकार" है। हालाँकि, नफरत भरी बातें, निंदा, गपशप या कठोर भाषा बोलने से हमें निर्वाण की प्राप्ति नहीं होगी।

गलत वाणी दूसरों को नुकसान पहुँचाएगी और इस प्रकार, अकुशल कम्मा उत्पन्न करेगा जो बदले में वापस आएगा। व्यक्ति को अपनी गलत वाणी के अकुशल निर्णयों के अकुशल परिणाम (अर्थात अकुशल कम्मा) भुगतने होंगे। यह उनके निर्णयों का परिणाम है लेकिन इसके परिणामस्वरूप आपराधिक या नागरिक दंड हो भी सकता है और नहीं भी।

समाज के कानून हमेशा इन शिक्षाओं के अनुरूप नहीं होते हैं, इसलिए, गौतम बुद्ध की शिक्षाओं को समझना जरूरी है ताकि हम प्रज्ञा भरे निर्णयों के ज़रिए इस धरती पर अपने लिए बेहतर जीवन बना सकें, जो कुशल परिणाम (अर्थात कुशल कम्मा) की ओर ले जाए।

हमें देश के कानूनों का पालन करना चाहिए लेकिन हमें अच्छे नैतिक आचरण की शिक्षाओं को अपने दैनिक जीवन में अच्छे और कुशल निर्णयों के ज़रिए मार्गदर्शन करने देना चाहिए। इन शिक्षाओं का पालन करके हम यह पक्का करते हैं कि हम "सभी प्राणियों के लिए सार्वभौमिक प्रेम" रखें, "कोई हानि न पहुँचाएँ", और "एक अच्छे नैतिक व्यक्ति बनें"। देश के कानून यह पक्का नहीं करते कि हम इन मूल शिक्षाओं का पालन कर रहे हैं।

कम्मा के प्राकृतिक नियम को और अधिक गहराई से जानने और समझने के लिए, इसी किताब श्रृंखला की किताब "कम्मा के प्राकृतिक नियम" (खंड ६) देखें।

आगे छानबीन के लिए सीखने के संसाधन

ऑडियोबुक

(ऑडियोबुक) - (खंड १ - चैप्टर ९) - कम्मा क्या है और वह मुझे कैसे असर करता है?
(पढ़िए और सुनिए)
https://youtu.be/rbkBTbOr3YQ

एप. ५०९ - (ऑडियोबुक) - (खंड १ - चैप्टर ९) - कम्मा क्या है और वह मुझे कैसे असर करता है?
https://podcasters.spotify.com/pod/show/buddhadailywisdom/episodes/Ep--509---Audiobook---Volume-1---Chapter-9---What-is-Kamma-and-How-Does-It-Affect-Me-e272t7j

यूट्यूब वीडियो

(सामूहिक शिक्षण प्रोग्राम) - चैप्टर ९ - कम्मा क्या है और वह मुझे कैसे असर करता है?
https://youtube.com/live/tUoM48dqR24

प्रेमभरी-कृपा का ध्यान क्यों करें और प्रेमभरी-कृपा के ध्यान का अभ्यास विकसित करना
https://youtu.be/2-4CDTyZEq0

पॉडकास्ट

एप. ४४७ - (सामूहिक शिक्षण प्रोग्राम) - चैप्टर ९ - कम्मा क्या है और वह मुझे कैसे असर करता है ?
https://podcasters.spotify.com/pod/show/buddhadailywisdom/episodes/Ep--447---Group-Learning-Program---Chapter-9---What-is-Kamma-and-How-Does-It-Affect-Me-e2260vi/a-a9l9usd

एप. १६६ - प्रेमभरी-कृपा का ध्यान क्यों करें और प्रेमभरी-कृपा के ध्यान का अभ्यास विकसित करना
https://podcasters.spotify.com/pod/show/buddhadailywisdom/episodes/Ep--166---Why-Do-Loving-kindness-Meditation-and-Developing-a-Loving-kindness-Meditation-Practice---Group-Learning-Program-e10blbj/a-a5fqsi8

प्रश्नोत्तरी

कम्मा क्या है और वह मुझे कैसे असर करता है ?
https://forms.gle/pUPg87ErZbozAMQL7

(इस ऑनलाइन प्रश्नोत्तरी को पूरा करके इस चैप्टर की अपनी समझ की पुष्टि करें। आप ही एकमात्र व्यक्ति हैं जो प्रश्नोत्तरी के परिणाम देखेंगे।)

चैप्टर १०

पुण्य क्या है

पुण्य एक ऐसी शिक्षा है जिसे समझना जरूरी है क्योंकि यह निर्वाण के पथ से संबंधित है। पुण्य को एक अनोखे प्रकार का कम्मा माना जाता है। पुण्य वह कुशल कम्मा है जो पुण्यवान नियुक्त अभ्यासकर्ता के समुदाय और निर्वाण के चार चरणों में से किसी एक को प्राप्त करने वाले किसी भी व्यक्ति को उदार भेंट और दान के ज़रिए उत्पन्न होता है। लोगों के इस समुदाय को "आर्य संघ" कहा जाता है। संघ पाली भाषा में "समुदाय" के लिए शब्द है। "आर्य संघ" का अनुवाद "आर्य समुदाय" है।

गौतम बुद्ध की शिक्षाओं को बाँटने के लिए खाना, पानी, कपड़े, आवास, चिकित्सा, समय, प्रयत्न, ऊर्जा, आर्थिक सहायता और संसाधनों की भेंट देने से पुण्य मिलता है। यह आर्य समुदाय ही है जो दूसरों को निर्वाण प्राप्त करने के लिए मार्गदर्शन प्रदान करने के लिए उत्तरदायी है। नियुक्त अभ्यासकर्ता और वे सभी जिन्होंने निर्वाण के चार चरणों में से किसी एक को प्राप्त किया है, इन शिक्षाओं के गहन शिष्य और अभ्यासकर्ता माने जाते हैं जो अन्य सभी को निर्वाण प्राप्ति की दिशा में मार्गदर्शन प्रदान करके उनका समर्थन करते हैं।

यदि आप इन लोगों को भेंट देते हैं, तो आप उन शिक्षाओं की निरंतरता का समर्थन कर रहे हैं जो असंतुष्टि और उससे उत्पन्न होने वाले दुख को समाप्त करने में सहायक होंगी। आर्य समुदाय, सदाचारी नियुक्त अभ्यासकर्ता, और किसी भी ऐसे व्यक्ति को भेंट देकर, जिसने निर्वाण के चार चरणों में से किसी एक को प्राप्त कर लिया है, आप शिक्षाओं के महत्व को पहचान रहे हैं और उनके निरंतर विकास में सहयोग कर रहे हैं। इसे एक अनोखे प्रकार का उत्तम कम्मा माना जाता है जिसे "पुण्य" कहा जाता है।

गौतम बुद्ध की शिक्षाओं को बाँटने के लिए समय, प्रयत्न, ऊर्जा और संसाधनों की अत्यधिक जरूरत होती है। आप जहाँ भी ये शिक्षाएँ सीखते हैं, इन लोगों को आपके साथ शिक्षाएँ बाँटने के अपने निरंतर प्रयत्नों में समय और धन लगाना होगा। ज्यादातर लोग जो इन शिक्षाओं को प्रेमभरी-कृपा और करुणा के साथ बाँटते हैं, वे शिक्षाओं को बाँटने के लिए कभी भी भुगतान नहीं माँगेंगे, बल्कि भेंट के आधार पर आपको यह प्रदान करेंगे। ये शिक्षाएँ वास्तव में बिना किसी लागत के निःशुल्क बाँटी जाती

हैं, लेकिन जो लोग इन्हें बाँट रहे हैं वे आपके साथ बाँटने के लिए अपना समय, प्रयत्न, ऊर्जा और संसाधन खर्च कर रहे हैं।

जो लोग इस तरह शिक्षाएँ बाँटते हैं वह सभी प्राणियों के लिए उदारता, प्रेमभरी-कृपा और करुणा के साथ ऐसा कर रहे होते हैं। यह जरूरी है कि आप इस उदारता, प्रेमभरी-कृपा और करुणा को सिर्फ "ले" ही न लें, बल्कि उन लोगों को भी "वापस दें" जो आपकी मदद के लिए अपना समय, प्रयत्न, ऊर्जा और संसाधन लगा रहे हैं। आपको भी उनकी मदद करनी चाहिए। जैसे लोग आपके साथ बाँट रहे हैं वैसे ही आप भी उनके साथ बाँट सकते हैं। और, आप बदले में कुछ पाने की उम्मीद किए बिना खुद भी बाँटने की पहल कर सकते हैं। उदारता और बाँटने का अभ्यास लालच या तृष्णा से मुक्त मन संवारने का एक शक्तिशाली तरीका है।

पुण्य निर्माण के लिए उदारता का इस्तेमाल और आदान-प्रदान किए बिना व्यक्ति निर्वाण प्राप्त नहीं कर पाएगा क्योंकि मन अभी भी अड़ा रहेगा और तृष्णा का निष्कासन नहीं कर पाएगा। इन शिक्षाओं के शिक्षकों को भेंट देकर व्यक्ति मान और आभार के साथ स्वीकार करता है कि शिक्षाओं ने उसके जीवन में उसकी सहायता की है और वह शिक्षक को दूसरों की सहायता करने में सहायता करने के लिए भेंट दे रहा है।

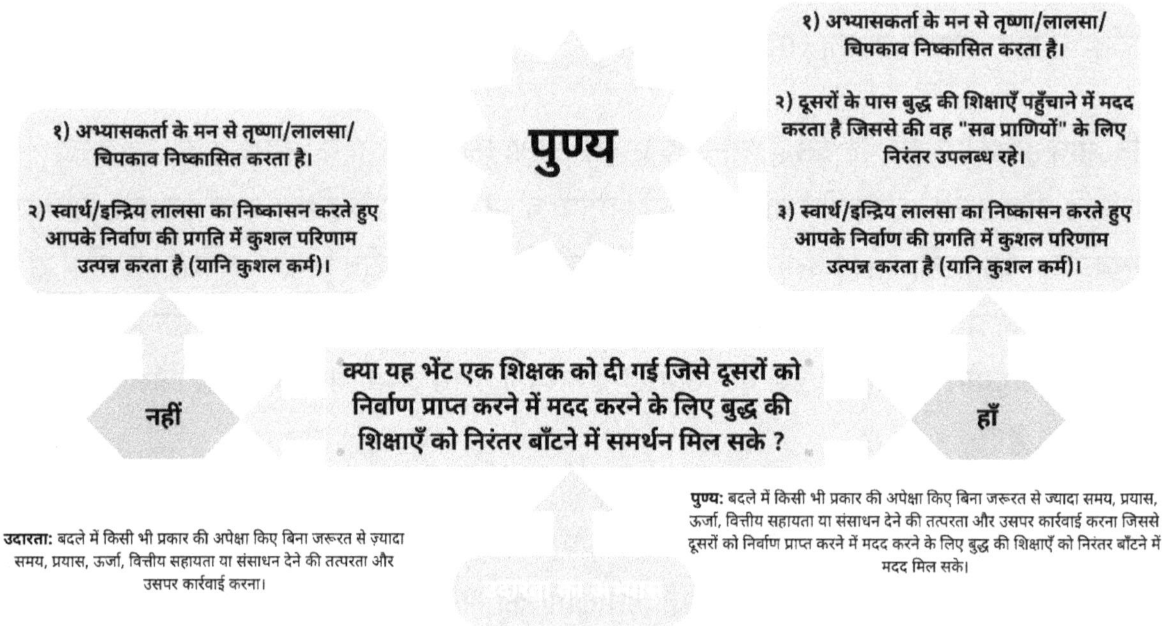

आपसे पहले के लोगों की उदारता के कारण ही ये शिक्षाएँ संरक्षित और दुनिया भर में बाँटी जा सकी हैं और अंत में आप तक पहुँच सकी हैं। आपसे पहले के लोगों ने इन शिक्षाओं को आप तक पहुँचाने के लिए पहले ही अपना समय, प्रयत्न, ऊर्जा और संसाधन दान कर दिया है।

अब, अपने जीवन को लाभ पहुँचाने के लिए केवल "शिक्षाओं को लेने" के बजाय, आप भविष्य में उन लोगों को लाभ पहुँचाने के लिए "उदारता और दान का अभ्यास" करके अपने बाद आने वाले लोगों की भी मदद कर सकते हैं।

आपकी भेंट जो पुण्य उत्पन्न करती है, उन लोगों की मदद करती है जो इन शिक्षाओं को आपके साथ बाँटते हैं। और आप अपने बाद आने वाले उन लोगों की मदद कर रहे हैं जो आने वाली पीढ़ियों में इन शिक्षाओं से सीखेंगे और प्रगति करेंगे।

यदि प्राणी देने और बाँटने के परिणामों को जानते

भिक्षुओं, अगर प्राणियों को, जैसा कि मैं जानता हूँ, देने और बाँटने के परिणामों को जानते, तो वे बिना दिए खाना नहीं खाते, न ही स्वार्थ का दाग उन पर हावी होता और न ही उनके मन में जड़ें जमाता। चाहे वह उनका आखिरी निवाला ही क्यों न हो, उनका आखिरी मुँह भर ही क्यों न हो, वह उसे बाँटे बिना नहीं खाते, अगर कोई हो जिसके साथ उसे बाँट सके।

लेकिन क्योंकि प्राणी नहीं जानते, जैसा कि मैं जानता हूँ, देने और बाँटने के परिणाम, वह बिना दिए ही खा लेते हैं, और स्वार्थ का दाग उन पर हावी हो जाता है और उनके मन में जड़ें जमा लेता है।

(गौतम बुद्ध)

(संदर्भ: आईटीआई २६)

दान के पाँच लाभ

भिक्षुओं, दान के यह पाँच लाभ हैं।

कौन से पाँच?

(१) वह बहुत से लोगों को प्रिय और स्वीकार्य होता है।

(२) कुशल लोग बड़ी संख्या में एक (आपके) के पास जाते हैं।

(३) व्यक्ति को अच्छी प्रतिष्ठा प्राप्त होती है।

(४) गृहस्थ के कर्तव्यों में कोई कमी नहीं है।

(५) मृत्यु के पश्चात शरीर के टूटने पर, इंसान का पुनर्जन्म अच्छे स्थान पर, स्वर्ग लोक में होता है।

दान के ये पाँच लाभ हैं।

दान देने से, इंसान प्रिय बनता है, कुशल का धर्म पालन करता है; कुशल मानसिक रूप से अनुशासित भिक्षु हमेशा बड़ी संख्या में एक (आप) के पास जाते हैं।

वे ऐसी शिक्षा देते हैं जो किसी की सारी असंतुष्टि को दूर कर देती है, जिसको समझ कर यहाँ निष्कलंक इंसान निब्बाना (निर्वाण) प्राप्त करता है।

(गौतम बुद्ध)

(संदर्भ: अंगुत्तर निकाय ५.३५)

अक्सर लोग सोचते हैं कि पुण्य कमाने के लिए धन-संपत्ति का होना जरूरी है। कुछ लोग सोचते हैं कि बड़ी मात्रा में पुण्य कमाने के लिए सदाचारी नियुक्त अभ्यासकर्ताओं, मंदिरों, शिक्षकों आदि को धन, दान, सामग्री आदि देने के लिए अत्यधिक धन होना जरूरी है। ऐसा माना जाता है कि हम जितना ज्यादा देंगे, उतना ही ज्यादा हमें इस जीवन या भविष्य के जीवन में "अच्छी चीज़ें" मिलेंगी, जो हमारे द्वारा दिए गए धन पर आधारित है। यह सत्य नहीं है।

धन-संपत्ति अपने आप में इस बात का संकेत नहीं है कि कोई व्यक्ति अच्छा नैतिक व्यक्ति है या नहीं, और उसका कम्मा अच्छा है या नहीं। धन-संपत्ति निर्वाण का पथ प्रशस्त नहीं करती। जिस प्रकार धनवान होना निर्वाण प्राप्ति का मार्ग प्रशस्त नहीं करता, उसी प्रकार गरीब होना या कम धन होना भी आपको नहीं रोकता।

निर्वाण की दृष्टि से यह जरूरी नहीं है कि आपने कितना धन अर्जित किया है। जरूरी यह है कि आप अपनी संपत्ति, "सही रोजगार" (चैप्टर ५ में अष्टांग पथ देखें) कैसे अर्जित करते हैं, और एक बार जब यह आपके "सही नीयत, सही वाणी और सही कार्य" के ज़रिए प्राप्त हो जाती है, तो आप उसका क्या करते हैं।

पुण्य केवल और केवल आपके द्वारा ही उत्पन्न और विरासत में प्राप्त होता है। आप अपने पुण्य के स्वामी खुद ही हैं। आप किसी अन्य व्यक्ति से पुण्य को ट्रांसफर या विरासत में प्राप्त नहीं कर सकते। गौतम बुद्ध अपनी शिक्षाओं में स्पष्ट रूप से बताते हैं कि हम अपने कम्मा के "स्वामी और उत्तराधिकारी" हैं।

गौतम बुद्ध ने हमें सिखाया कि "...प्राणी अपने कम्मा के स्वामी हैं, अपने कम्मा के उत्तराधिकारी हैं; कम्मा ही उनका स्रोत है, कम्मा ही उनका संबंधी है, कम्मा ही उनका सहारा है; वे जो भी कम्मा करते हैं, चाहे वह कुशल हो या अकुशल, वे उसके उत्तराधिकारी हैं।"

पुण्य एक अनोखे प्रकार का कम्मा है और गौतम बुद्ध ने स्पष्ट किया था कि कम्मा किसी दूसरे व्यक्ति को ट्रांसफर नहीं किया जा सकता। केवल अपने ही कुशल कम्मा से ही हम कुशल कम्मा उत्पन्न कर सकते हैं। पुण्य को बटोरकर किसी दूसरे व्यक्ति को ट्रांसफर नहीं किया जा सकता। केवल अपने ही कम्मा से हम कुशल या अकुशल कम्मा उत्पन्न करते हैं।

अन्य अभ्यासों के साथ-साथ, निरंतर और लगातार आधार पर उदारता का अभ्यास करने से मन को *धीरे-धीरे* असंतुष्टि को निष्कासित करने के लिए तृष्णा/लालसा/चिपकाव को कम करने और फिर निष्कासित करने के लिए "छोड़ देने" का प्रशिक्षण दिया जाता है।

पुण्य और कम्मा दो शिक्षाएँ हैं जो एक-दूसरे से जुड़ी हुई हैं।

पुण्य प्राप्ति के लिए उदारता का अभ्यास करना

हमारे जीवन का एक लक्ष्य है, कुशल कम्मा को बनाना और संसार में अकुशल कम्मा के उत्पादन को कम से कम करना या उसका निष्कासन करना।

पुण्य बटोरना एक ऐसा तरीका है जिससे हम दुनिया में कुशल कम्मा को डाल सकते हैं। हम दान देकर, सामग्री देकर, इन शिक्षाओं के वितरण, शिक्षण और बाँटने में सहायता के लिए अपना समय या प्रयत्न देकर ऐसा कर सकते हैं। धन, सामग्री, समय, प्रयत्न आदि, ये सभी कुछ ऐसे तरीके हैं जिनसे हम दुनिया भर में इन शिक्षाओं के बढ़ने में सहायता कर सकते हैं।

इन प्रयत्नों का समर्थन करके आप पुण्य उत्पन्न कर रहे हैं जो कि कुशल कम्मा है। साथ ही, आप उदारता का अभ्यास भी कर रहे होंगे जो आपको लालच या तृष्णा के विष को निष्कासित करने में मदद करता है। उदारता का अभ्यास करने वाले मन को सँवारना जरूरी है ताकि वह लालच, तृष्णा, चिपकाव और लालसा के विष को निष्कासित करने के लिए प्रशिक्षित हो सके। इससे आपको स्वार्थ को निष्कासित करने में मदद मिलेगी।

इस प्रकार, विश्व के लाभ के लिए इन शिक्षाओं के प्रसार के लिए निरंतर पुण्य की भेंट करने से आपको भी तृष्णा में कमी का लाभ प्राप्त होता है। पुण्य और कम्मा आपस में इस प्रकार जुड़े हुए हैं कि दान के शुभ कम्मा से आपको उदारता के ज़रिए अपने खुद के अभ्यास में भी लाभ प्राप्त होता है जिससे मन में तृष्णा कम होती है।

उदारता बिना किसी बदले की अपेक्षा के, समय, प्रयत्न, ऊर्जा, आर्थिक सहायता या संसाधनों जैसी जरूरत से अधिक कुछ देने की तत्परता और उस पर कार्य करना है। एक चलते हुए और व्यापक जीवन अभ्यास के हिस्से के रूप में दूसरों को देने और उनकी मदद करने का अभ्यास। यह कार्य आपको एक अधिक ध्यान रखने वाले और करुणामय मन को विकसित करने और संवारने में मदद कर सकता है क्योंकि व्यक्ति स्वार्थ को निष्कासित करने के लिए अपने जीवन में निरंतर देने और बाँटने का चुनाव करता है। उदारता मन में तृष्णा/लालसा/चिपकाव को निष्कासित करती है, इस प्रकार, मन से असंतुष्टि की भावनाओं को निष्कासित करने में मदद करती है।

बिना किसी आकलन या बदले में किसी चीज की अपेक्षा के उदारता एक ऐसा अभ्यास है जो मन को उन तरीकों से बदल सकता है जिनके बारे में आपने कभी सोचा भी नहीं होगा।

इन शिक्षाओं के प्रसार में सहायता के लिए समय, प्रयत्न, चीज़ें, सामग्री या धन का दान आपको पुण्य अर्जित करने में मदद करेगा। हम सभी के पास देने के लिए कुछ न कुछ है, और ये शिक्षाएँ केवल उन्हीं के ज़रिए जारी रहती हैं जो इन शिक्षाओं से लाभ उठा रहे हैं। आपको लाभदायक शिक्षाएँ इसलिए मिल रही हैं क्योंकि आपसे पहले अनगिनत लोगों ने गौतम बुद्ध के समय से लेकर अब तक इन शिक्षाओं को जारी रखने के लिए आर्य समुदाय को दान दिया है। उनकी उदारता के बिना, आप इन शिक्षाओं से सीख और इनका लाभ नहीं उठा पाते। इन शिक्षाओं के समर्थन में आपके द्वारा की गई भेंट आपको और आपके बाद आने वालों को भी मदद देती है।

आर्य समुदाय को दान देकर, हम इन शिक्षाओं के निरंतर विकास में सहायता करने और आपके बाद आने वाले लोगों की शिक्षा में सहायता करने के लिए कार्यों के ज़रिए प्रेमभरी-कृपा और करुणा का अभ्यास कर रहे हैं।

उदारता जरूरी है और हमें दूसरों को दान देकर और दूसरों के हित में जरूरी कार्यों के लिए दान देकर उदारता का अभ्यास करना चाहिए। हम न केवल आर्य समुदाय को दान देकर, बल्कि लोगों को दान देकर और बिना कुछ वापस मिलने की अपेक्षा के दानशील कार्य करके भी उदारता का अभ्यास कर सकते हैं। समय, प्रयत्न, ऊर्जा और संसाधनों की उदारता का अभ्यास करके आप अपने लिए कुशल कम्मा बटोरेंगे, लेकिन इससे भी जरूरी बात यह है कि आप सभी प्राणियों के लिए प्रेम और करुणा से भरे मन का विकास करेंगे और मन से तृष्णा/लालसा/चिपकाव को निष्कासित कर देंगे।

दूसरों को देने और उनकी सहायता करने की निरंतर आदत संवारने के ज़रिए हम प्रेमभरी-कृपा और करुणा का विकास करते हैं, साथ ही अपनी संपत्ति या धन के लिए तृष्णा न रखने का अभ्यास भी करते हैं।

उदार होने और दान करने के व्यक्तिगत चुनाव से लालसा की हानिकारक जड़ को खत्म करने में मदद मिलती है। दूसरों को दान करना, जिसमें आपकी मदद कर रहे किसी शिक्षक को भेंट चढ़ाना भी शामिल है, आम बात है। यह अपेक्षित या जरूरी नहीं है, बल्कि एक व्यक्तिगत चुनाव है। आप पाएँगे कि अपने आस-पास के लोगों के लिए उदार होना तृष्णा को खत्म करने के लिए मन को प्रशिक्षित करने का एक उपयोगी अभ्यास है।

इस समझ से कोई यह सोच सकता है कि आप जरूर धनवान होंगे और जो लोग कम भाग्यशाली हैं, वे उदारता का अभ्यास करके पुण्य कम्मा नहीं कर सकते। यह सत्य से कोसों दूर है, लेकिन कई लोगों कि यह आम धारणा है।

हमारे लिए सर्वोत्तम गुणवत्ता वाले कुशल कम्मा का निर्माण करने का सबसे अच्छा तरीका है अकुशल कम्मा के उत्पादन को पूरी तरह से निष्कासित करना। ऐसा करने का तरीका है इन शिक्षाओं का अभ्यास करना, जिसमें ध्यान भी शामिल है।

साँस की माइंडफुलनेस का ध्यान या प्रेमभरी-कृपा का ध्यान करके हम उन क्षणों में संपूर्ण अष्टांग पथ का अभ्यास कर रहे होते हैं, इस प्रकार, सभी अकुशल कम्मा का उत्पादन बंद हो जाता है। ध्यान के दौरान हम कोई अकुशल कम्मा उत्पन्न नहीं कर रहे होते। हमने ध्यान के उन क्षणों के लिए अपने जीवन से अकुशल कम्मा के उत्पादन को निष्कासित कर दिया है।

ध्यान के अभ्यास और अकुशल कम्मा उत्पादन के निष्कासन के ज़रिए गौतम बुद्ध बताते हैं कि हम सर्वोत्तम स्तर और सर्वोत्तम गुणवत्ता वाले कुशल कम्मा का निर्माण कर रहे हैं जो पूरे विश्व के लिए लाभदायक है।

गौतम बुद्ध ने अपनी शिक्षाओं में स्पष्ट किया है कि सबसे महंगे उपहार और सबसे महँगी चीज़ें भी उतना कुशल कम्मा उत्पन्न नहीं करतीं जितना कि साँस की माइंडफुलनेस का ध्यान करने वाला व्यक्ति करता है, और उसके बाद दूसरे स्थान पर प्रेमभरी-कृपा ध्यान करने वाला व्यक्ति करता है।

इसलिए, कुशल कम्मा को बटोरने के लिए किसी धन या सामग्री की जरूरत नहीं है। इसके लिए केवल ध्यान के लिए समय समर्पित करना जरूरी है जिससे कुशल कम्मा उत्पन्न होगा। आपके ध्यान का 'कारण और असर' संसार में कुशल कम्मा का प्रसार है। इस प्रकार, आप जान सकते हैं कि आपके व्यक्तिगत कुशल कम्मा और ध्यान के कार्य आपके और पूरे संसार के लिए अच्छाई उत्पन्न करेंगे।

किसी को भी सर्वोत्तम गुणवत्ता वाले कम्मा प्राप्त करने के लिए धनवान होने की जरूरत नहीं है, इसके लिए केवल ध्यान साधना के लिए समर्पण और वचनबद्धता की जरूरत है।

यदि आप सक्षम हैं तो विश्व में दुख के निष्कासन की सहायता के लिए आर्य समुदाय को समय, प्रयत्न, ऊर्जा और संसाधनों का दान देना लाभदायक होगा। गौतम बुद्ध की शिक्षाओं को समय के साथ आप जैसे लोगों द्वारा आगे बढ़ाया गया है जो नियुक्त अभ्यासकर्ताओं, मंदिरों, शिक्षकों, ध्यान केंद्रों और उनकी शिक्षाओं को दुनिया भर में प्रसारित करने से जुड़े अन्य कार्यों का समर्थन करते हैं। हालाँकि, यदि आपके पास धन नहीं है, तो आप अपना समय और प्रयत्न इन शिक्षाओं के प्रसार में लगा सकते हैं और साथ ही ध्यान करके सर्वोत्तम रूप और सर्वोत्तम गुणवत्ता वाले कुशल कम्मा बटोर

भी सकते हैं। इस प्रकार, ध्यान करके आपने मन में भरी असंतुष्टि को निष्कासित करने का प्रयत्न करके संसार को सबसे ऊँची संभव भेंट दी है। जब आप मन की असंतुष्टि को निष्कासित करते हैं तो आप कम से कम अकुशल कम्मा उत्पन्न करते हैं जिससे संसार को निपटने और अनुभव करने की जरूरत है।

बिना कुछ कहे, ध्यान के अंत में जो निश्छलता महसूस होती है वह मन में आपके द्वारा निर्मित शांति है। ऐसा लगता है जैसे दुनिया चुपचाप कह रही हो, "हमें शांति और सुकून भेजने के लिए धन्यवाद। अब हम इसे आपको वापस भेज रहे हैं।"

ध्यान कुशल कम्मा का सर्वोच्च रूप है जो आप उत्पन्न कर सकते हैं, वह ध्यान का कम्मा आपको तुरंत और फौरन वापस मिल जाता है। आपका ध्यान आपको और संसार को लाभ पहुँचाता है। आपको मन और संसार के लाभ के लिए, जब भी और जितनी देर तक जरूरत हो ध्यान करना चाहिए। इसे रोज अभ्यास करने की सलाह दी जाती है।

आप अपना समय, प्रयत्न, ऊर्जा या आर्थिक सहयोग उन सदाचारी नियुक्त अभ्यासकर्ताओं, मंदिरों और शिक्षकों को दे सकते हैं जो पुण्य अर्जित करने के लिए इन शिक्षाओं को बाँटने में सक्रिय रूप से प्रयत्न कर रहे हैं। आपका समय, प्रयत्न, ऊर्जा और आर्थिक सहयोग आपको और अनगिनत अन्य लोगों को इन शिक्षाओं को सीखने में मदद करेगा। सदाचारी नियुक्त अभ्यासकर्ताओं, मंदिरों और शिक्षकों का समर्थन करने के निर्णय के ज़रिए, आप और अनगिनत अन्य लोग इन शिक्षाओं को सीख और अभ्यास कर पाएँगे, जिससे दुनिया में कम से कम नुकसान पहुँचेगा और एक अधिक शांतिपूर्ण दुनिया का निर्माण होगा।

शिक्षकों को दान प्राप्त करने के लिए इन शिक्षाओं को बाँटना नहीं चाहिए, बल्कि चूँकि किसी व्यक्ति ने इन शिक्षाओं को आपके साथ बाँटने के लिए सांसारिक गतिविधियों को त्यागने का निर्णय लिया है, इसलिए उन्हें अपने जीवन को चलाने और जरूरी संसाधन उपलब्ध कराने के लिए दान की जरूरत होगी ताकि वे इन शिक्षाओं को आपके साथ और दुनिया के अन्य लोगों के साथ बाँट सकें। किसी व्यक्ति को इन शिक्षाओं को बाँटने में सहायता करने के लिए दान प्रदान करने वाले समुदाय द्वारा, इन शिक्षाओं को आप तक और दुनिया के अन्य लोगों तक अधिक आसानी से और गहराई से पहुँचने में मदद मिलती है, जिससे एक अधिक कृपालु, कोमल और अधिक शांतिपूर्ण समाज का निर्माण होता है जिसका आप और सभी लोग आनंद ले सकते हैं।

इन शिक्षाओं की प्रज्ञा के बिना, दुनिया खो जाएगी और हृदय-पीड़ा, कष्ट, निराशा और अप्रसन्नता का अनुभव करती रहेगी। मानवता निरंतर दुख भोगती रहेगी।

आर्य समुदाय को उदारतापूर्वक दान देकर पुण्य अर्जित करके इन शिक्षाओं का समर्थन करने का मतलब है कि आप अपने जीवन के लक्ष्यों को प्राप्त करने के लिए जरूरी प्रज्ञा प्राप्त करने की क्षमता प्राप्त करेंगे, साथ ही अपने जीवन को बेहतर बनाने के लिए अपने व्यक्तिगत और व्यावसायिक संबंधों में भी सुधार लाएँगे।

शिक्षाओं का उपहार भौतिक चीज़ों के उपहारों से श्रेष्ठ है

भिक्षुओं, दो प्रकार के उपहार हैं: भौतिक चीज़ों का उपहार और शिक्षाओं का उपहार।

इन दो प्रकार के उपहारों में से यह सर्वोच्च है: शिक्षाओं का उपहार।

बाँटने के दो प्रकार हैं: भौतिक चीज़ों को बाँटना और शिक्षाओं को बाँटना।

इन दो प्रकार के बाँटने से यह सर्वोच्च है: शिक्षाओं का बाँटना।

सहायता दो प्रकार की होती है: भौतिक चीज़ों से सहायता और शिक्षाओं से सहायता।

इन दो प्रकार की सहायता में से यह सर्वोच्च है: शिक्षाओं से सहायता।

(गौतम बुद्ध)

(संदर्भ: आईटीआई १००)

लेखक के विचार: सबसे अच्छा और सबसे लाभदायक उपहार जो मैं आपको दे सकता हूँ, वह है इन शिक्षाओं को बाँटने का उपहार। आशा है कि आप उस मन से जुड़ी स्वतंत्रता को पाएँ जो हमेशा के लिए आनंद के साथ शांत, निश्चल, निर्मल संतुष्ट रहता है - निर्वाण प्राप्त मन।

चूँकि आपको इन शिक्षाओं को सीखने, उन पर चिंतन करने और उनका अभ्यास करने के लिए सहायता की जरूरत है, इसलिए आपका मार्गदर्शन प्राप्त करने के लिए स्वागत है जो "सभी प्राणियों" के लिए खुले तौर पर और स्वतंत्र रूप से उपलब्ध है।

दुनिया के लिए पुण्य का एक नायाब क्षेत्र

भिक्षुओं, ये आठ व्यक्ति दान के पात्र हैं, आतिथ्य के पात्र हैं, भेंट के पात्र हैं, श्रद्धापूर्वक अभिनंदन के पात्र हैं, ये संसार के लिए नायाब पुण्य क्षेत्र हैं।

कौन से आठ?

धारा-प्रवेशी, वह जो धारा प्रवेश के फल की प्राप्ति के लिए अभ्यास करता है;

एकबार-लौटनेवाला, वह जो एकबार लौटने के फल की प्राप्ति के लिए अभ्यास करता है;

न-लौटनेवाला, वह जो न-लौटने वाले फल की प्राप्ति के लिए अभ्यास करता है;

अरहंत, वह जो अरहंतत्व के फल की प्राप्ति के लिए अभ्यास करता है।

ये आठ व्यक्ति, भिक्षुओं, उपहार के पात्र हैं, आतिथ्य के पात्र हैं, भेंट के पात्र हैं, श्रद्धापूर्वक अभिनंदन के पात्र हैं, ये संसार के लिए नायाब पुण्य क्षेत्र हैं।

चारों लोग जो इस मार्ग का अभ्यास कर रहे हैं
और चारों जो फल में स्थापित हैं;
यह खरा समुदाय है -
प्रज्ञा और सदाचारी व्यवहार (नैतिक आचरण) से युक्त।

बलिदान के इच्छुक लोगों के लिए,
पुण्य चाहने वाले प्राणियों के लिए,
पुण्य बनाना जो हासिल करने से पकता है,
जो कुछ समुदाय को दिया जाता है, वह महान फल देता है।

(गौतम बुद्ध)

(संदर्भ: अंगुत्तर निकाय ८.५९)

नियुक्त अभ्यासकर्ता खाने के लिए भीख क्यों माँगते हैं?

यह एक आम गलतफहमी है कि लोग सोचते हैं कि नियुक्त अभ्यासकर्ता (यानी शिक्षक) खाने की भीख माँगते हैं। नियुक्त अभ्यासकर्ता खाने या किसी और चीज़ की भीख नहीं माँगते। वे समुदाय में घूमकर गृहस्थ अभ्यासकर्ताओं (यानी शिष्यों) को उदारता का अभ्यास करके पुण्य अर्जित करने का मौका प्रदान करते हैं जो उन्हें निर्वाण प्राप्त करने के लिए मन विकसित करने में सहायता करेगा।

बुद्ध ने जो शिक्षाएँ बाँटी, उसके एक भाग के रूप में उन्होंने "आपसी सहयोग" की एक प्रणाली विकसित की।

नियुक्त अभ्यासकर्ताओं (यानी शिक्षक) और उनके शिष्यों (यानी गृहस्थ अभ्यासकर्ताओं) के बीच आपसी सहयोग यह पक्का करने के लिए बनाया गया है कि शिक्षकों और शिष्यों दोनों को निर्वाण प्राप्ति के लिए शिक्षाओं का अभ्यास करने का मौका मिले - यानी "उदारता"।

शिक्षक अपना करियर और सांसारिक जीवन त्याग रहे हैं। उन्होंने सांसारिक जीवन के लिए अपनी तृष्णा/लालसा/चिपकाव, जैसे कि ढेर सारी संपत्ति, करियर आदि को या तो निष्कासित कर दिया है या निष्कासित करने का प्रयत्न कर रहे हैं। शिक्षाओं को समझने और उनका अभ्यास करने के लिए अपने जीवन अभ्यास को विकसित करने के लिए प्रयत्न करके, वे एक गहरे और समर्पित शिष्य बन रहे हैं।

सर्वश्रेष्ठ शिक्षक बनने के लिए सबसे पहले आपको एक गहरा और समर्पित शिष्य और अभ्यासकर्ता होना होगा।

इसलिए खाना, पानी, कपड़े, आवास, चिकित्सा और आर्थिक सहायता के दान पर निर्भर रहकर, शिक्षक इन शिक्षाओं का गहरा से गहरा अभ्यास कर इन शिक्षाओं की प्रज्ञा प्राप्त कर पाते हैं। इस प्रकार, एक शिक्षक एक गहरा, समर्पित, दृढ़ और परिश्रमी शिष्य बन पाता है, जिससे सांसारिक जीवन के लिए तृष्णा/लालसा/चिपकाव का निष्कासन होता है, और अंत में शिक्षक और उसके शिष्यों को लाभ होता है। तब शिक्षक निर्वाण के पथ पर अर्जित प्रज्ञा को अपने शिष्यों के साथ बाँटने के लिए बेहतर रूप से तैयार होते हैं ताकि वे निर्वाण के निकट पहुँच सकें और उसे प्राप्त कर सकें। शिष्यों के दान ने ही शिक्षक को उदार दान के ज़रिए निर्वाण की यात्रा में सहायता प्रदान की, और यही वह प्रज्ञा है जो उन्होंने अर्जित की और शिष्यों के साथ बाँटी जो उन्हें निर्वाण की यात्रा में आगे बढ़ने में

मदद करती है। यही वह "आपसी सहयोग" है जिसकी कल्पना बुद्ध ने अपने जीवनकाल में की और जिसे उन्होंने बनाया भी।

एक अच्छा शिक्षक बनने के लिए सबसे पहले एक बहुत अच्छा शिष्य बनना जरूरी है।

एक बहुत गहरे शिष्य होने के नाते, एक शिक्षक इन शिक्षाओं को शिष्यों के साथ बाँटने के लिए सबसे अच्छे रूप से तैयार होता है ताकि उन्हें निर्वाण प्राप्ति के लिए सीखने, चिंतन करने और अभ्यास करने में सहायता मिल सके।

एक शिक्षक में उदारता का एक सुविकसित अभ्यास होना चाहिए, यानी, वे बदले में कुछ भी माँगे बिना बुद्ध की शिक्षाएँ देते और बाँटते रहें। उन्हें अपने शिष्यों से कोई अपेक्षा नहीं रखनी चाहिए और उन सभी के साथ शिक्षाएँ बाँटने पर ध्यान केंद्रित करना चाहिए जिनकी सीखने और निर्वाण के पथ पर आगे बढ़ने में सच्ची दिलचस्पी है।

उदारता अभ्यास का एक जरूरी पहलू है जिसे निर्वाण प्राप्त करने के लिए विकसित किया जाना जरूरी है। "उदारता" के सुविकसित अभ्यास के बिना कोई व्यक्ति निर्वाण प्राप्त नहीं कर सकता।

उदारता, बिना किसी बदले की अपेक्षा के समय, प्रयत्न, ऊर्जा, आर्थिक सहायता या संसाधनों जैसी जरूरत से अधिक कुछ देने की तत्परता और उस पर कार्य करना है। एक जारी और व्यापक जीवन अभ्यास के हिस्से के रूप में दूसरों को देने और उनकी मदद करने का अभ्यास। यह कार्य आपको एक अधिक देखभाल करने वाले और करुणामय मन को विकसित करने और सँवारने में मदद कर सकता है क्योंकि व्यक्ति स्वार्थ को खत्म करने के लिए अपने जीवन में निरंतर देने और बाँटने का चुनाव करता है। उदारता मन में तृष्णा/लालसा/चिपकाव को निष्कासित करती है, इस प्रकार, मन से असंतुष्टि की भावनाओं को निष्कासित करने में मदद करती है।

बिना किसी आकलन या बदले में किसी चीज की अपेक्षा के उदारता एक ऐसा अभ्यास है जो मन को उन तरीकों से बदल सकता है जिनके बारे में आपने कभी सोचा भी नहीं होगा।

शिष्य गृहस्थ जीवन जीने पर केंद्रित होते हैं जहाँ उनके पास कुछ संपत्ति, करियर और सांसारिक जीवन के अन्य पहलू होते हैं। जैसे-जैसे शिष्य जीवन में आगे बढ़ता है, मन के प्रदूषण के कारण उसे विभिन्न संघर्षों, कठिनाइयों और चुनौतियों का सामना करना पड़ता है। अस्तित्व के प्राकृतिक नियमों

के प्रज्ञा के अभाव में, शिष्य जीवन में विभिन्न चुनौतियों का सामना करता है जिनसे पार पाना उसके लिए कठिन होता है और बुद्ध की शिक्षाएँ ही उसे मन और जीवन की बेहतर स्थिति के लिए मार्गदर्शन प्रदान करती हैं।

क्योंकि एक शिक्षक ने शिष्यों के साथ शिक्षाओं को बाँटने पर ध्यान केंद्रित करने के लिए अपना सांसारिक जीवन त्याग दिया है, इसलिए शिष्य अपने शिक्षक को अपना जीवन बनाए रखने में सहायता करने के लिए समर्थन प्रदान करेंगे और उन्हें और दुनिया भर के अन्य लोगों को ये शिक्षाएँ प्रदान करने के काबिल होंगे।

इस प्रकार, "आपसी सहयोग" होता है।

शिक्षक अपने शिष्यों को अपना जीवन सुधारने में मदद करने के लिए बुद्ध की शिक्षाओं को बाँट रहे हैं और शिष्य जीवन को बनाए रखने वाले संसाधन उपलब्ध करा रहे हैं, जो शिक्षक को जीवन को बनाए रखने और उन्हें और अन्य लोगों को ये शिक्षा प्रदान करने के लिए जरूरी संसाधन प्राप्त करने में सहायता करते हैं।

इस आपसी सहयोग के बिना, निर्वाण का संपूर्ण मार्ग ध्वस्त हो जाएगा, जैसा कि हम आज दुनिया के कई हिस्सों में देख रहे हैं। हम पाएँगे कि आपसी सहयोग की इस व्यवस्था के बिना किसी के लिए भी निर्वाण प्राप्त करना बहुत मुश्किल होगा।

शिक्षकों के पास इन शिक्षाओं को गहराई से समझने और उनका अभ्यास करने की, और साथ ही शिक्षाओं को बाँटकर उदारता का अभ्यास करने की क्षमता नहीं होगी, और शिष्यों के पास इन शिक्षाओं को सीखकर और उनका अभ्यास करके अपने मन को विकसित करने की, और साथ में उदारता का अभ्यास करते हुए इन शिक्षाओं के निरंतर बाँटने में सहयोग की क्षमता नहीं होगी। सीधे रूप से, लोग "अटक" जाएँगे और निर्वाण की ओर प्रगति करने में असमर्थ होंगे क्योंकि "आपसी सहयोग" की पूरी व्यवस्था ध्वस्त हो जाएगी और शिक्षकों और शिष्यों के लिए निर्वाण के करीब पहुँचने के लिए उदारता का अभ्यास नहीं होगा।

यदि शिक्षक अपनी सेवाओं के लिए पैसे लेते, तो वे उदारता का अभ्यास नहीं कर रहे होते। यदि शिष्य कक्षाओं, पाठ्यक्रमों और रिट्रीट के लिए पैसे दे रहे होते, तो वे उदारता का अभ्यास नहीं कर रहे होते। इसलिए, उदारता के इस नियमित और जारी अभ्यास के बिना, जहाँ शिक्षक नियमित रूप से शिक्षाएँ बाँटते हैं और शिष्य नियमित रूप से अपना समय, प्रयत्न, ऊर्जा और संसाधन शिक्षकों को शिक्षाएँ

बाँटने में मदद करने के लिए बाँटते हैं, आपसी सहयोग की व्यवस्था बन नहीं पाती, इंसान उदारता का अभ्यास नहीं करते, लोग निर्वाण प्राप्त नहीं कर पाते, और निर्वाण का पथ पूरी तरह से ध्वस्त हो जाता है।

इससे विश्व को समाज में सुधार लाने के लिए बुद्ध की जरूरी शिक्षाओं से वंचित रहना पड़ेगा, जिससे, सारी मानवता को उच्चतर चेतना की ओर विकसित होने में सहायता मिलती है, जहाँ हम एक-दूसरे के लिए प्रेम भरे, कृपालु और कोमल हों, और एक शांतिपूर्ण और आनंदमय मन और जीवन प्राप्त करने के काबिल हो सकें।

इसलिए, यह जरूरी है कि हम इसे इस तरह न समझें कि नियुक्त अभ्यासकर्ता, जिनमें शिक्षक भी शामिल हैं, "खाने की भीख" माँग रहे हैं, क्योंकि "भीख" माँगने का मतलब होगा शिष्यों से कुछ देने की याचना करते समय तृष्णा/लालसा/चिपकाव रखना। बुद्ध ने ऐसा नहीं सिखाया क्योंकि अभ्यासकर्ताओं को "जो दिया गया है उसकी प्रतीक्षा" करने के लिए निर्देशित किया जाता है, न कि यह अपेक्षा रखने के लिए कि कुछ दिया जाएगा या वह कुछ दिए जाने की भीख माँगे।

इसके बजाय, निर्वाण का पथ "आपसी समर्थन" पर आधारित है और इस आपसी समर्थन के ज़रिए, समुदाय में ऐसे शिक्षक होंगे जो प्रेमभरी-कृपा, करुणा और उदारता के आधार पर सिखाने में दिलचस्पी रखते हैं और तैयार हैं, जबकि ऐसे शिष्य भी होंगे जो सीखने में सच्ची दिलचस्पी रखते हैं और इन शिक्षाओं के निरंतर बाँटने का समर्थन करने के लिए उदारता का अभ्यास करने के लिए तैयार हैं।

इस तरह, शिक्षकों को विकसित होने की क्षमता मिलेगी और शिष्यों को विकसित होने में मदद करने के लिए शिक्षक उपलब्ध होंगे।

यदि हम उन शिक्षकों की सराहना करते हैं, उन्हें महत्व देते हैं और उनका सम्मान करते हैं जो ये शिक्षाएँ निःशुल्क प्रदान करते हैं, तो शिष्यों को भी जीवन को बनाए रखने के लिए बुनियादी जरूरतें और इन शिक्षाओं को निरंतर बाँटने के लिए संसाधन उपलब्ध कराने के ज़रिए दुनिया में एक शिक्षक के जीवन के लिए जरूरी सहायता प्रदान करने में अपना योगदान देना होगा।

यदि कोई शिक्षक इन शिक्षाओं को दुनिया में बाँटने के लिए जरूरी तरीके से अभ्यास कर रहा है, तो वह अपने जीवन को खाने, पानी, कपड़े, आवास और चिकित्सा देखभाल के ज़रिए चलाने के लिए दिए गए भेंट (यानी दान) का एक हिस्सा खर्च करेगा और अपने शिष्यों द्वारा प्रदान किए गए संसाधनों

का कुछ हिस्सा इन शिक्षाओं को बाँटने की उनकी क्षमता में सुधार के लिए भी रखेगा। आधुनिक समय में, इसमें निम्नलिखित में से कुछ भी शामिल हो सकता है:

- वेबसाइट
- वीडियो कॉन्फ्रेंसिंग सदस्यता
- शिक्षाओं को बाँटने के लिए कंप्यूटर, लाइट, माइक्रोफोन और उपकरण।
- ध्यान कुशन और कुर्सियाँ
- कक्षा की सामग्री (कालीन, पानी, कप, बाथरूम की सामग्री, सफेद बोर्ड, मार्कर, आदि)
- साइनेज विज्ञापन की शिक्षा
- कक्षाओं, पाठ्यक्रमों, रिट्रीट और शिष्यों के साथ मिलने के लिए परिवहन।

हालाँकि एक शिक्षक अपनी कक्षा और अन्य कार्यक्रम मुफ्त में दे सकता है, लेकिन उसके लिए अपनी शिक्षाएँ देना मुफ्त नहीं है। बुद्ध की शिक्षाओं को निरंतर बाँटने के लिए एक शिक्षक को निरंतर और जारी आधार पर सहायता की जरूरत होगी।

बुद्ध की शिक्षाओं को बाँटने के लिए एक शिक्षक का समर्थन करके, आप शिक्षाओं को सीखने की अपनी क्षमता और दूसरों की शिक्षाओं को सीखने की क्षमता का समर्थन कर रहे हैं, साथ ही असंतुष्टि के कारण तृष्णा/लालसा/चिपकाव को निष्कासित करने के लिए मन को प्रशिक्षित कर रहे हैं।

लेकिन, एक शिक्षक (यानी नियुक्त अभ्यासकर्ता) भीख नहीं माँगता है और न ही उसे अपने शिष्यों से कभी भी भेंट की अपेक्षा रखनी चाहिए।

एक शिक्षक द्वारा अपने शिष्यों के साथ बिना किसी शुल्क के अपनी शिक्षाएँ बाँटने से, बुद्ध की शिक्षाएँ सबसे विस्तृत पाठकों तक पहुँचती हैं और शिष्य के लिए मौजूद या न मौजूद किसी भी संभावित आर्थिक बाधा को दूर करती हैं। ये शिक्षाएँ एक व्यक्ति को अपने जीवन के दैनिक संघर्षों और कठिनाइयों से ऊपर उठने और आगे बढ़ने में मदद करती हैं। इनमें से कई संघर्ष और कठिनाइयाँ एक व्यक्ति की आर्थिक सफलता में बाधा डाल सकती हैं।

यदि कोई शिक्षक अपनी शिक्षाओं को कक्षाओं, पाठ्यक्रमों या रिट्रीट के लिए किसी शुल्क पर प्रदान करता है, तो इन शिक्षाओं की प्रज्ञा की कमी के कारण आर्थिक तंगी से जूझ रहा कोई व्यक्ति अपने सामने आने वाली समस्याओं के समाधान तक पहुँचने में असमर्थ होगा। आर्थिक बाधाओं को दूर करने के लिए उन्हें जिन शिक्षाओं की जरूरत है, वे उन्हें मिलेंगी नहीं क्योंकि बेहतर आर्थिक सफलता

और व्यक्तिगत एवं व्यावसायिक संबंधों में अन्य सफलताएँ प्राप्त करने के लिए जरूरी प्रज्ञा सीखने के लिए एक निश्चित शुल्क देना होगा। जरूरी रूप से, वे आर्थिक कठिनाइयों में "फँसे" रहेंगे और जीवन में अपने संघर्षों पर विजय पाने के लिए जरूरी शिक्षाओं को सीखने और उनका अभ्यास करने के काबिल नहीं होंगे।

इसलिए, एक शिक्षक को बिना किसी स्वार्थी इच्छा या आर्थिक सफलता से चिपकाव के कार्य करना चाहिए। एक शिक्षक को अपनी शिक्षाएँ "बिना किसी शुल्क" के प्रदान करने के लिए तत्पर और सक्षम होना चाहिए। यदि वे अपनी शिक्षाओं के लिए कोई शुल्क निर्धारित करते हैं, तो अनगिनत लोग पीछे छूट जाएँगे क्योंकि वे उन कक्षाओं, पाठ्यक्रमों और रिट्रीट का खर्च उठाने में असमर्थ होंगे जिनकी उन्हें जीवन के संघर्षों और कठिनाइयों पर विजय पाने के लिए जरूरी प्रज्ञा प्राप्त करने की जरूरत है।

यदि आप शिक्षकों, नियुक्त अभ्यासकर्ताओं और/या मंदिरों का समर्थन करने का निर्णय लेते हैं, तो आप इन शिक्षाओं को अपने और दुनिया के कई अन्य लोगों के लिए उपलब्ध कराने के लिए जरूरी संसाधन प्रदान कर रहे हैं। और, आप असंतुष्टि की भावनाओं के कारण, तृष्णा/लालसा/चिपकाव को निष्कासित करके, निर्वाण प्राप्ति की दिशा में मन को विकसित और उन्नत करने के लिए "उदारता" के अपने अभ्यास को विकसित कर रहे हैं, इस प्रकार, मन से असंतुष्टि की भावनाओं को निष्कासित करने में मदद कर रहे हैं।

ध्यान रखें कि एक शिक्षक, नियुक्त अभ्यासकर्ता, और/या मंदिर को किसी से सहायता की अपेक्षा नहीं करनी चाहिए, न ही माँगनी चाहिए, न ही भीख माँगनी चाहिए। इसके बजाय, उन्हें बस देना और बाँटना चाहिए ताकि उनके शिष्य भी दे सकें और बाँट सकें।

इस प्रकार, बुद्ध द्वारा अपने जीवनकाल में प्रज्ञा से बनायी आपसी सहयोग की प्रणाली, शिक्षकों और शिष्यों द्वारा "पुण्य" अर्जित करने के लिए "उदारता" के अभ्यास द्वारा निर्वाण की ओर बढ़ने के साथ जारी रहती है। शिक्षकों और शिष्यों दोनों द्वारा "उदारता" के नियमित, निरंतर और जारी अभ्यास के ज़रिए, निर्वाण का पथ पूरी तरह से सलामत है और "सभी प्राणियों" के लिए उपलब्ध है।

भिक्षुओं, ब्राह्मणों और गृहस्थों के बीच आपसी सहयोग

भिक्षु, ब्राह्मण और गृहस्थ आपके बहुत सहायक हैं। वे आपको कपड़े, भिक्षा, खाना, आवास और बीमारी के समय दवाइयाँ प्रदान करते हैं। और आप भिक्षु, ब्राह्मणों और गृहस्थों के बहुत सहायक हैं, क्योंकि आप उन्हें शुरू, मध्य और अंत में उत्तम शिक्षाएँ, सही मतलब और शब्दों के साथ सिखाते हैं, और आध्यात्मिक जीवन की पूर्णता और पूर्ण शुद्धता का प्रचार करते हैं। इस प्रकार, भिक्षुओं, यह आध्यात्मिक जीवन आपसी सहयोग से जिया जाता है ताकि बाढ़ को पार किया जा सके और असंतुष्टि का पूर्ण अंत किया जा सके।

(गौतम बुद्ध)

(संदर्भ: आईटीआई १०७)

उदारता के अभ्यास के ज़रिए संपूर्ण कम्मा उत्पन्न करने के बारे में अधिक जानने के लिए, इसी किताब श्रृंखला की "कम्मा का प्राकृतिक नियम" (खंड ६) और "उदारता" (खंड १३) नामक किताबें देखें।

आगे छानबीन के लिए सीखने के संसाधन

ऑडियोबुक

(ऑडियोबुक) - (खंड १ - चैप्टर १०) - पुण्य क्या है? (पढ़िए और सुनिए)
https://youtu.be/6HJ3bqvzUOs

एप. ५१० - (ऑडियोबुक) - (खंड १ - चैप्टर १०) - पुण्य क्या है?
https://podcasters.spotify.com/pod/show/buddhadailywisdom/episodes/Ep--510---Audiobook---Volume-1---Chapter-10---What-is-Merit-e272t7s

यूट्यूब वीडियो

(सामूहिक शिक्षण प्रोग्राम) - चैप्टर १० - पुण्य क्या है और शिष्यों के साथ बातचीत
https://youtube.com/live/1iDy_e-4P2U

(सामूहिक शिक्षण प्रोग्राम) - मार्गदर्शित साँस की माइंडफुलनेस का ध्यान और शिष्यों के सवाल
https://youtube.com/live/QxlKPcmUOkw

पॉडकास्ट

एप. ४५० - (सामूहिक शिक्षण प्रोग्राम) - चैप्टर १० - पुण्य क्या है और शिष्यों के साथ बातचीत
https://podcasters.spotify.com/pod/show/buddhadailywisdom/episodes/Ep--450---Group-Learning-Program---Chapter-10---What-is-Merit-and-Student-Discussion-e22helm/a-a9mbl8a

एप. ४५१ - (सामूहिक शिक्षण प्रोग्राम) - मार्गदर्शित साँस की माइंडफुलनेस का ध्यान और शिष्यों के सवाल
https://podcasters.spotify.com/pod/show/buddhadailywisdom/episodes/Ep--451---Group-Learning-Program---Guided-Breathing-Mindfulness-Meditation-and-Student-Questions-e22lkmf/a-a9mohan

प्रश्नोत्तरी

पुण्य क्या है?
https://forms.gle/m7zzpR17m3JdbZdY8

(इस ऑनलाइन प्रश्नोत्तरी को पूरा करके इस चैप्टर की अपनी समझ की पुष्टि करें। आप ही एकमात्र व्यक्ति हैं जो प्रश्नोत्तरी के परिणाम देखेंगे।)

चैप्टर ११

ध्यान:
अपने अभ्यास का विकास करना

गौतम बुद्ध ने कहा था, "ध्यान करो, वरना बाद में पछताना पड़ेगा"। हमें यह बहुत दुर्लभ मानव जीवन मिला है और हमें इसे आलस्य, बेपरवाही या अत्यधिक विलंब के कारण बेकार नहीं जाने देना चाहिए। हमें इस मानव रूप में अपने समय का उपयोग एक शुद्ध मन के विकास और संवारने में करना चाहिए ताकि हम पुनर्जन्म के चक्र से बचकर एक शांतिपूर्ण और संतुष्ट जीवन का अनुभव कर सकें।

गौतम बुद्ध ने समझाया था कि "बिना किसी समर्थन के बर्तन आसानी से उलट जाता है"। मन ही वह "बर्तन" है और आपका ध्यान अभ्यास उसका "समर्थन" है। स्थिर "समर्थन" (यानी साँस की माइंडफुलनेस का अभ्यास) के बिना बर्तन (यानी मन) लगातार "उलटता" रहेगा।

मन में उदासी, क्रोध, निराशा, चिड़चिड़ापन, झुंझलाहट, अपराधबोध, लज्जा, डर, ऊब, अकेलापन, शर्म, ईर्ष्या, रोष, तनाव, चिंता आदि जैसी असंतुष्ट भावनाएँ बार-बार आती रहती हैं, क्योंकि निर्वाण प्राप्ति के संपूर्ण पथ को सीखने और उसका अभ्यास करने के साथ-साथ कोई पक्की स्थापित ध्यान-साधना नहीं है। मन असंतुष्टि की भावनाओं के अनुभव से "उलटता" रहता है।

मन को प्रशिक्षित करने के लिए, मन को एक स्थिर और निरंतर "समर्थन" की जरूरत होती है जिसे आप अपने ध्यान अभ्यास के निरंतर विकास के ज़रिए स्थापित करते हैं। एक संतुलित ध्यान अभ्यास के साथ, एक अभ्यासकर्ता मानसिक अनुशासन विकसित कर सकता है और मन असंतुष्टि की भावनाओं का अनुभव करने के लिए बार-बार उलटता नहीं रहेगा।

मन को प्रशिक्षित और विकसित करने वाला एक पक्के और निरंतर ध्यान अभ्यास विकसित करना इन शिक्षाओं को सीखने और उनका अभ्यास करने का एक जरूरी हिस्सा है। मन को प्रशिक्षित करने के लिए, मन को एक स्थिर और निरंतर "समर्थन" की जरूरत होती है जिसे आप अपने ध्यान अभ्यास के निरंतर विकास के ज़रिए स्थापित करते हैं।

ध्यान एक समर्पित, स्वतंत्र, उद्देश्यपूर्ण प्रशिक्षण बैठकों के दौरान मन को सक्रिय रूप से प्रशिक्षित करने की तकनीक है, जिससे मन के अकुशल गुणों को निष्कासित किया जा सके और/या बैठे, लेटे, खड़े या चलते हुए मन में कुशल गुणों को संवारा जा सके।

ध्यान क्या है, यह समझना जितना जरूरी है, उतना ही जरूरी यह समझना भी है कि ध्यान क्या नहीं है। ध्यान व्यायाम करना, कुत्ते को टहलाना, बागवानी करना, गाड़ी चलाना, सूर्यास्त देखना, नृत्य करना, संगीत सुनना, मार्शल आर्ट करना, प्रकृति निहारना आदि नहीं है। ये ऐसी गतिविधियाँ हैं जो जीवन के विभिन्न पहलुओं का अनुभव करके व्यक्ति के जीवन के लिए लाभदायक हैं, लेकिन यह मन के विभिन्न गुणों को निष्कासित करने और/या संवारने के लिए सक्रिय, समर्पित, स्वतंत्र, उद्देश्यपूर्ण प्रशिक्षण बैठक नहीं हैं।

ध्यान हमारे "जीवन अभ्यास" का आधार है जो मन को प्रशिक्षित करता है। समय के साथ और ध्यान सहित एक सुविकसित जीवन अभ्यास के साथ, आप गौतम बुद्ध के समान सचों की खोज करेंगे और प्रज्ञा प्राप्त करेंगे। यह वह प्रज्ञा है जो आप जीवन अभ्यास और ध्यान के ज़रिए विकसित करते हैं जो मन को मुक्त करती है। ध्यान मन को प्रशिक्षित करने की मूल तरीका है और एक ऐसा आधार स्थापित करता है जिस पर गौतम बुद्ध द्वारा सिखाई गई अन्य सभी शिक्षाओं और अभ्यासों का निर्माण होता है जो निर्वाण की ओर ले जाते हैं।

निर्वाण प्राप्त करने के लिए, व्यक्ति को साँस की माइंडफुलनेस का ध्यान और प्रेमभरी-कृपा के ध्यान का अभ्यास विकसित करने पर ध्यान केंद्रित करना चाहिए। निर्वाण प्राप्त करने के लिए यह दोनों ध्यान जरूरी हैं। इस चैप्टर में बताए गए अन्य ध्यान वैकल्पिक, विशिष्ट ध्यान हैं जिनका उपयोग जरूरत अनुसार और किसी शिक्षक के मार्गदर्शन में किया जा सकता है। इस किताब में बताई गई सभी शिक्षाओं और ध्यान तकनीकों को शिक्षक के मार्गदर्शन में ही सीखना चाहिए क्योंकि पथ पर आगे बढ़ने के लिए सहायता की जरूरत होगी।

ध्यान शिक्षक

आपके लिए ऐसे शिक्षक और मार्गदर्शक ढूँढना जरूरी है जो इस मार्ग पर आपकी मदद करें। आप अकेले या शिक्षक के बिना निर्वाण प्राप्त नहीं कर सकते। आपको निर्वाण के पथ से परिचित लोगों के मार्गदर्शन और निर्देश की जरूरत होगी।

केवल एक बुद्ध, जो बहुत दुर्लभ है, ही शिक्षकों या मार्गदर्शकों के बिना निर्वाण प्राप्त कर पाएगा। आखिरी बुद्ध २५०० वर्ष से भी पहले हुए थे और उनके बाद से दुनिया किसी अन्य बुद्ध के अस्तित्व से अनजान है। चूँकि आप बुद्ध नहीं हैं, इसलिए इस मार्ग पर आपकी सहायता के लिए सहायक शिक्षकों और मार्गदर्शकों की खोज करें।

आप इन शिक्षाओं और अपने ध्यान अभ्यास में मार्गदर्शन प्रदान करने वाले नियुक्त और अनियुक्त अभ्यासकर्ताओं को खोज सकते हैं। ऐसे शिक्षकों और मार्गदर्शकों से मार्गदर्शन लेना जरूरी है जिन्हें निर्वाण प्राप्त हो चुका हो क्योंकि वे इस साधना से भली-भाँति परिचित होंगे और आपका सर्वोत्तम मार्गदर्शन कर पाएँगे।

यदि किसी शिक्षक ने तृष्णा, क्रोध और अज्ञानता (सच्ची वास्तविकता से अनजान होना) का त्याग कर दिया है, अहं को घुला दिया है और अन-आत्म पा लिया है, तो वे बहुत सहायक होंगे। एक शिक्षक के मन में सभी प्राणियों के लिए उदारता, प्रेम और करुणा होनी चाहिए। आपको उनकी नीयत, वाणी और कार्यों में एक शांत स्थिरता और निश्चलता दिखाई देनी चाहिए।

एक निर्वाण प्राप्त शिक्षक आपको निर्वाण क्या है, इसको समझाने के काबिल होगा और निर्वाण क्या है, क्या नहीं है, और निर्वाण कैसे प्राप्त किया जाए, इस बारे में विस्तृत जानकारी प्रदान करेगा। एक शिक्षक बिना किसी स्वार्थ के, केवल निर्वाण प्राप्त करने में आपकी सहायता करने के लिए, आपको इस पथ पर आगे बढ़ने में सहायता करेगा।

बाकी सब चीज़ों की तरह, यह भी जरूरी है कि आप किसी एक शिक्षक से चिपकाव न रखें और कई लोगों से सीखें। हालाँकि, एक पक्का अभ्यास स्थापित करने के लिए कई वर्षों तक एक ही शिक्षक के साथ शुरुआत करना मददगार हो सकता है। फिर, आपको अन्य शिक्षकों से मार्गदर्शन लेना मददगार लग सकता है।

किसी को भी आपको ऐसी सख्त ध्यान मुद्रा में प्रशिक्षित न करने दें जो आपके लिए आरामदायक न हो। यदि कोई शिक्षक शरीर के लिए बहुत विशिष्ट और सख्त मुद्राएँ बता रहा है जो आपके लिए आरामदायक नहीं हैं, तो सिखाई जा रही शरीर की मुद्राएँ उस शिक्षक के लिए तो काम कर सकती हैं, लेकिन आपके लिए नहीं। यह जरूरी है कि आप शिक्षक की तरह ही शरीर की मुद्रा में ध्यान करने के लिए "चिपकें" ना, क्योंकि जो एक व्यक्ति के लिए काम कर सकती हैं, वह दूसरे के लिए काम नहीं कर सकती हैं। ध्यान का लक्ष्य शरीर को नहीं, बल्कि मन को प्रशिक्षित करना है।

गौतम बुद्ध ने हमें ध्यान में शरीर की स्थिति के लिए कभी भी सटीक मापदंड नहीं दिए, बल्कि चार (४) आसन बताए। उन्होंने महसूस किया कि हर व्यक्ति अनूठा और अलग है, इसलिए आप जिस स्थिति का उपयोग करते हैं वह दूसरे व्यक्ति से भिन्न हो सकती है और समय के साथ बदलती रहेगी। ध्यान और इन अभ्यासों का उद्देश्य यह नहीं है कि हर कोई बिल्कुल एक ही तरह से ध्यान करे। यह असंभव है क्योंकि यह अनित्यता का सार्वभौमिक सत्य है।

एक सहायक ध्यान शिक्षक आपके साथ मिलकर इन चार (४) आसनों में से आपके लिए सबसे उपयुक्त आसन ढूंढने में आपकी मदद करेगा, न कि आपको उनके द्वारा अपनाई गए तरीके का पालन करने के लिए मजबूर करेगा। अगर कोई आपको अपने तरीकों का पालन करने के लिए मजबूर कर रहा है, तो इसका मतलब है कि वह अपने तरीकों से बंधा हुआ है और इसलिए, गैर-चिपकाव की शिक्षाओं का पूरी तरह से पालन नहीं कर रहा है और अनित्यता को नहीं समझ रहा है।

यह जरूरी है कि आप वह खोजें जो आपके लिए सबसे उपयुक्त हो, और फिर उससे चिपकाव न हो। जैसे-जैसे आपकी उम्र बढ़ती है या शरीर में अन्य शारीरिक चुनौतियाँ आती हैं, आपकी ध्यान मुद्रा में बदलाव जरूरी हो जाएगा। याद रखें, जिस आसन में आप ध्यान करते हैं, उसमें नित्यता की अपेक्षा न करें। किसी को आपको ऐसी सख्त ध्यान मुद्राएँ सिखाने की अनुमति न दें जो उनके लिए तो काम करती हों लेकिन आपके लिए न हों।

आपको एक ऐसा ध्यान अभ्यास स्थापित करना होगा जिसमें केवल शरीर, मन और साँस की जरूरत हो, बिना किसी बाहरी उत्तेजना जैसे अन्य चिपकाव के। शिक्षकों और मार्गदर्शकों की सहायता लेना ध्यान अभ्यास विकसित करने का सबसे अच्छा तरीका है।

यदि शरीर की स्थिति असुविधाजनक है और ध्यान के दौरान आपको केवल दर्द ही महसूस होता है, तो मन भी केवल दर्द का ही अनुभव करेगा। आप मन को संतुष्ट रहने के लिए प्रशिक्षित नहीं कर पाएँगे। इसलिए, ऐसे आसन खोजें जो आरामदायक हों लेकिन आलीशान न हों और ध्यान के दौरान

या उसके बाद के ध्यान बैठक में शरीर की जरूरतों के अनुसार सुधार और बदलाव करने के लिए तैयार रहें। ऐसे शारीरिक आसन खोजें जो सबसे आरामदायक हों, लेकिन आलीशान न हों, क्योंकि हो सकता है कि आपका मन आलीशान विचारों की ओर बह जाए।

आपको बहु-दिवसीय ध्यान रिट्रीट, रिट्रीट केंद्र और ध्यान केंद्र उपयोगी लग सकते हैं, जो आपके साथ शिक्षाएँ और मार्गदर्शन बाँटते हैं, साथ ही आपको ऐसे वातावरण में लगातार कई दिनों तक ध्यान करने का मौका प्रदान करते हैं जो आपके निर्वाण प्राप्ति के प्रयत्न के लिए सहायक और ज्ञानवर्धक है।

क्या आप बिना शिक्षक के बसने और रहने के लिए घर बनाना सीखने की कोशिश करेंगे? क्या आप आसानी से यह घर बना पाएँगे और वहाँ सुरक्षित रूप से रह पाएँगे? "नहीं, आप ऐसा नहीं करेंगे।"

निर्वाण की खोज मन के भीतर एक घर बनाना है जहाँ वह निवास कर सके। इस मानसिक स्थिति को विकसित करने के लिए आपको सहायता की जरूरत होगी।

आप अपनी यात्रा के लिए व्यक्तिगत रूप से जिम्मेदार हैं, लेकिन आप अकेले नहीं चल सकते। निर्वाण के पथ पर चलने के लिए आपको मार्गदर्शन की जरूरत है।

आप शिक्षक और मार्गदर्शन यहाँ पा सकते हैं: BuddhaDailyWisdom.com।

शिक्षकों द्वारा आपके अभ्यास को विकसित करने में आपकी सहायता के लिए अपने कार्य के लिए दान स्वीकार करना एक सामान्य प्रथा है। अपने शिक्षकों को दान देकर, आप उदारता का अभ्यास करते हैं, जिससे आपको गैर-लालच का अभ्यास करने और धन के लिए चिपकाव को निष्कासित करने में मदद मिलती है, साथ ही उन लोगों के लिए कृतज्ञता भी प्रकट होती है जो आपको निर्वाण के पथ पर सहायता करते हैं। यह केवल आपसे पहले के शिष्यों द्वारा दिए गए दान का ही परिणाम है कि ये शिक्षाएँ आज तक जीवित हैं और अब आप अपने जीवन को लाभ पहुँचाने के लिए इन शिक्षाओं को सीख पा रहे हैं। अन्य लोगों ने आपके लिए इन शिक्षाओं को संरक्षित करने में मदद के लिए दान दिया है और आपको आने वाले लोगों की सहायता के लिए सहायता प्रदान करने के तरीके खोजने चाहिए।

शिक्षक आमतौर पर अपनी शिक्षाओं के ज़रिए दूसरों की मदद करने के लिए अपना समय, प्रयत्न और प्रज्ञा समर्पित करते हैं और अक्सर जीवन को चलाने के लिए केवल बुनियादी जरूरतों के साथ ही एक बुनियादी जीवन जीते हैं। खाना, पानी, कपड़े, आवास और चिकित्सा देखभाल ही जीवन के लिए जरूरी हैं और जो शिक्षक इन शिक्षाओं का बारीकी से पालन करते हैं, वह आपकी मदद करने में खुश होंगे, चाहे आप दान करें या नहीं।

अपनी सराहना दिखाने और निरंतर सीखने और बाँटने में सहायता करने के लिए, आपके दान से आपके शिक्षकों को आपके और अन्य लोगों के साथ शिक्षाओं को बाँटने में सहायता मिलेगी।

आपको दान देने के लिए कहे जाने का इंतज़ार करने की जरूरत नहीं है, क्योंकि ज्यादातर शिक्षक कभी भी किसी शिष्य से पैसे या सहायता नहीं माँगते। आप स्वतंत्र रूप से अपने शिक्षकों से अपनी बात बाँट सकते हैं कि आप उन्हें सहायता देना चाहते हैं और अपनी इच्छा अनुसार दान दे सकते हैं।

वह जो आपको खजाना दिखाए

आनंद, मैं तुम्हारे वैसा व्यवहार नहीं करूँगा जैसा कुम्हार कच्ची गीली मिट्टी के साथ करता है। बार बार रोकते हुए, मैं तुमसे बात करूँगा, आनंद। बार बार मार्गदर्शन करूँगा कि क्या न करो, मैं तुमसे बात करूँगा, आनंद। केवल पूर्णतः समर्पित ही [इस परीक्षा में] सफल होंगे।

उसको एक खजाना दिखाना वाला मानो, वह प्रज्ञापूर्ण इंसान जो तुम्हारी गलतियों को देखकर ये बताए कि क्या नहीं करना। ऐसे शिक्षक के साथ हमेशा रहो।

क्योंकि जो इस प्रकार के शिक्षक के साथ रहता है, उसके लिए चीजें बेहतर ही होती हैं, खराब नहीं।

(गौतम बुद्ध)

(मज्झिम निकाय १२२ और धम्मपद ७६-७७)

लेखक के विचार: निर्वाण की ओर ले जाने वाली शिक्षाओं को बाँटने के लिए, एक बुद्ध या किसी भी शिक्षक को शिष्यों को उनके मन और जीवन व्यवहार में मौजूद अकुशल गुणों को उजागर करने में मदद करनी होगी और साथ ही कुशल गुणों के विकास की ओर भी ध्यान दिलाना होगा। एक शिष्य को शिक्षक पर भरोसा रखना होगा और साथ ही उन सुधार के क्षेत्रों की जाँच करनी होगी जिन्हें शिक्षक पहचानते हैं और अपने शिष्य के साथ बाँटते हैं।

एक शिष्य को शिक्षक के मार्गदर्शन को आमंत्रित करने और उसे स्वीकार करने की जरूरत होगी ताकि वह सुधार के क्षेत्रों की पहचान कर सके और फिर अपने जीवन व्यवहार को बेहतर बनाने के लिए शिक्षाओं को सीख सके, उन पर चिंतन कर सके और उनका अभ्यास कर सके। यदि कोई शिष्य अहं को शिक्षक के मार्गदर्शन में बाधा डालने देता है और शिक्षक द्वारा "खजाना दिखाने" पर अप्रसन्नता महसूस करता है, तो वह निर्वाण की ओर प्रगति करने के लिए शिक्षक से मार्गदर्शन प्राप्त करने की "परीक्षा" में खरा नहीं उतरेगा।

एक शिक्षक को अपने शिष्य को निर्वाण की ओर ले जाने के लिए काफी समय, प्रयत्न, ऊर्जा और संसाधन लगाने होंगे। एक शिक्षक को अपने शिष्यों से किसी भी प्रकार का लाभ नहीं माँगना चाहिए, बल्कि जो दिया जाता है उसकी प्रतीक्षा करनी चाहिए। एक शिक्षक का एकमात्र लक्ष्य अपने किसी भी व्यक्तिगत लाभ के बिना शिष्य को निर्वाण की ओर ले जाना होना चाहिए।

इसलिए, एक शिक्षक जो अपना समय, प्रयत्न, ऊर्जा और संसाधन "खजाने को दिखाने" के लिए लगाता है, उसे "एक प्रज्ञापूर्ण व्यक्ति के रूप में माना जाना चाहिए जो आपकी गलतियों को देखता है" जो आपको निर्वाण प्राप्त करने के लिए शिक्षाओं को सीखने, चिंतन करने और अभ्यास करने में मदद करेगा।

बुद्ध की सलाह है कि "ऐसे शिक्षक के साथ रहो" क्योंकि चीज़ें "केवल बेहतर होती हैं, खराब नहीं"। मन और जीवन की स्थिति "केवल बेहतर होती है, खराब नहीं" जब एक शिष्य एक प्रज्ञापूर्ण शिक्षक से मार्गदर्शन प्राप्त

लेखक के विचार (जारी)

करने के लिए खुला होता है जो आपसे कोई लाभ प्राप्त करने की अपेक्षा किए बिना, विनम्रता और धैर्यपूर्वक सुधार क्षेत्रों को बाँटता है - उनका एकमात्र लक्ष्य आपकी सहायता करना है। एक प्रज्ञापूर्ण शिक्षक के साथ इस प्रकार के संबंध में जो आपकी सहायता करने के लक्ष्य के आधार पर सुधार के क्षेत्रों को एक सहारने लायक खजाने के रूप में दिखाता है, आपको "ऐसे शिक्षक के साथ रहना" चाहिए क्योंकि चीज़ें "केवल बेहतर होती हैं, खराब नहीं"।

गौतम बुद्ध ने हमें ध्यान करने के लिए चार (४) आसन बताए। बैठ कर, लेट कर, खड़े होकर और चल कर, ध्यान के चार (४) आसन हैं। इन आसनों का इस्तेमाल अलग-अलग समय पर, एक-दूसरे के स्थान पर, अलग-अलग उद्देश्यों के लिए किया जा सकता है और इन्हें शिक्षकों से सीखना सबसे अच्छा होता है। इन शारीरिक आसनों को सीखकर और उनका अभ्यास करके, आप यह तय कर सकते हैं कि किसी भी परिस्थिति में आपके लिए क्या काम करता है और क्या नहीं। जब आप इन शिक्षाओं को सीखेंगे और व्यवहार में लाएँगे, तभी आपको इस बात का सत्य पता चलेगा कि आपके लिए क्या काम करता है और क्या नहीं। फिर, अपने ध्यान अभ्यास के विकास में बेहतर अंतर्दृष्टि प्राप्त करने के लिए किसी शिक्षक से मार्गदर्शन लें।

बैठने का आसन

ध्यान की शुरुआत बैठे हुए आसन से करना आम बात है।

निचला शरीर

आप जमीन पर, कुर्सी पर, बेंच पर, व्हील चेयर पर या किसी भी अन्य जगह पर बैठ सकते हैं। जरूरी बात यह है कि आपके शरीर के निचले हिस्से के लिए सहारा हो और वह आरामदायक हो। अगर आपको जमीन पर बैठने से सिर्फ दर्द महसूस होता है, तो इस समय ध्यान करने के लिए यह सही आसन नहीं है।

आप चाहें तो जमीन पर बैठकर अभ्यास कर सकते हैं, लेकिन अगर आपको सिर्फ दर्द ही महसूस हो रहा है, तो आपके लिए मन में दर्द के अलावा कुछ और महसूस करना मुश्किल होगा। इसलिए, बैठने का ऐसा आसन चुनें जो आपके लिए आरामदायक हो।

आसन आरामदायक होना चाहिए लेकिन आलीशान नहीं।

ऊपरी शरीर

ऊपरी शरीर को आपकी अपनी ताकत से पूरी तरह सहारा मिलना चाहिए। आपको झुकना नहीं चाहिए, न ही बहुत ज्यादा अकड़कर और सीधा खड़ा होना चाहिए। अपने ऊपरी शरीर को आरामदायक और सहारा देते हुए रखें, जो "मध्य" में हो और आरामदायक, नियमित और निरंतर साँस लेने की अनुमति दे।

अगर आप कुर्सी पर बैठकर ध्यान करना चाहते हैं, तो कोशिश करें कि पीठ के समर्थन का इस्तेमाल करके पीछे की ओर न झुकें, जब तक कि दर्द कम करने के लिए ऐसा करना जरूरी न हो या पीठ की मांसपेशियां शरीर को सहारा देने में असमर्थ हों। हो सके तो अपने ऊपरी शरीर को सहारा देने के लिए पीठ की मांसपेशियों का इस्तेमाल करें, ताकि मन सचेत और सतर्क बना रहे।

हाथ और भुजाएँ

हाथ और भुजाएँ आपके सामने आराम से रखी होनी चाहिए। हाथ और भुजाओं को रखने के कई अलग-अलग तरीके हैं। गौतम बुद्ध कैसे ध्यान करते थे, यह जानने के लिए आप नीचे दी गई तस्वीर देख सकते हैं।

गौतम बुद्ध ने अपने दाहिने हाथ को अपने बाएँ हाथ के ऊपर रखा और दोनों अंगूठों को आपस में मिला दिया। अगर यह आपके लिए काम करता है, तो आप इस तकनीक का इस्तेमाल कर सकते हैं।

अन्य विकल्पों में अपने हाथों की हथेलियों को अपनी गोद में या घुटनों के ऊपर रखना शामिल है।

आपको हाथों, भुजाओं या शरीर के अन्य अंगों को गौतम बुद्ध की तरह बिल्कुल उसी स्थिति में रखने का चिपकाव नहीं होना चाहिए। हालाँकि, अगर वे आपके लिए उपयुक्त हों, तो आप उनका उपयोग कर सकते हैं।

सबसे जरूरी बात यह है कि हाथ और बाहें शरीर के सामने आराम से और सहज अवस्था में हों। इस लक्ष्य को प्राप्त करने के कई तरीके हैं।

याद रखें, इस अभ्यास का एक पहलू अहं को निष्कासित करना भी है। इसलिए, यह जरूरी नहीं है कि हम सभी खुद को एक ही शारीरिक मुद्रा में लाएँ या गौतम बुद्ध की ध्यान मुद्रा की नकल करें ताकि यह तय किया जा सके कि कौन इसे "सही" कर रहा है या "गलत" या कौन दूसरे से बेहतर है।

आपके लिए "सही" मुद्रा ही सही मुद्रा है। और, यह समय के साथ बदलती रहेगी क्योंकि शरीर को सुधार करने की जरूरत होती है क्योंकि आपके जीवनकाल में शरीर में शारीरिक परिवर्तन होते रहते हैं। हो सकता है कि आप जमीन पर ध्यान करना शुरू करें, लेकिन बाद में कुर्सी या किसी अन्य मुद्रा में चले जाएँ।

जरूरी बात यह है कि आप एक आरामदायक आसन खोजें जिसमें शरीर आराम से बैठा रहे और आप मन को प्रशिक्षित कर सकें, फिर उस स्थिति से बँधे न रहें क्योंकि यह नित्य नहीं होगा और समय के साथ इसमें बदलाव करना होगा।

लेटने का आसन

लेटने के आसन का उपयोग कई कारणों से किया जा सकता है। यदि आप लंबे समय तक बैठे रहते हैं और ध्यान जारी रखने के लिए आसन बदलना चाहते हैं, तो आप लेटने का आसन चुन सकते हैं। यदि शरीर थका हुआ है और आप ध्यान करते समय शरीर की सभी मांसपेशियों को आराम देना चाहते हैं, तो यह आसन आपके लिए एक उपयोगी आसन हो सकता है।

यदि आप मन को बैठने की स्थिति से चिपकाव न रखने के लिए प्रशिक्षित करना चाहते हैं, तो लेटने की स्थिति एक अन्य विकल्प है।

आपको ऐसे समय में लेटकर ध्यान करने की भी जरूरत पड़ सकती है जब अन्य आसन संभव न हों। अगर आप बीमार हैं या बैठने, खड़े होने या चलने में असमर्थ हैं, तो लेटकर ध्यान करना आपके लिए एक विकल्प है।

आप जमीन पर, बिस्तर पर या किसी भी अन्य जगह पर लेट सकते हैं। अगर आप जमीन पर लेट सकते हैं, तो यह शुरुआत करने के लिए एक अच्छी जगह है और आप बिस्तर पर भी ध्यान कर सकते हैं। अगर आप अस्पताल में हैं या किसी और तरह से बिस्तर पर ही सीमित हैं, तो ध्यान करने के लिए लेटने का आसन उपलब्ध होना अच्छा है।

शरीर की सभी मांसपेशियाँ नरम और आरामदायक होनी चाहिए। पक्का करें कि मन ध्यान में रहे क्योंकि लेटने की स्थिति सुस्ती या नींद में मन को बढ़ावा दे सकती है। याद रखें, ध्यान मन को प्रशिक्षित करने के लिए है, इसलिए यदि आप ध्यान करते समय सो जाते हैं, तो यह आपके मन को प्रशिक्षित करने की क्षमता को सीमित कर देगा। मन को प्रशिक्षित करने के लिए आपको एक सचेत और सतर्क मन बनाए रखना होगा।

इसके विपरीत, अगर आपको नींद आने में परेशानी हो रही है, तो आप लेटने का आसन और ध्यान का सहारा लेकर नींद आने में मदद ले सकते हैं। ध्यान बैठक भी जरूर रखें जहाँ आप इस किताब में बताए गए मानसिक गुणों को निष्कासित करने या विकसित करने के लिए मन को प्रशिक्षित कर रहे हों। इसमें इस चैप्टर में बताए गए विभिन्न ध्यानों में वर्णित मन को प्रशिक्षित करना भी शामिल है।

नीचे दी गई तस्वीर लेटने की एक संभावित स्थिति को दर्शाती है। फिर से, आपको शरीर और शिक्षकों के साथ मिलकर एक ऐसा आसन ढूँढना होगा जो आपके लिए उपयुक्त हो, और फिर आपको उस आसन से चिपकना नहीं चाहिए क्योंकि उसे बदलना पड़ सकता है।

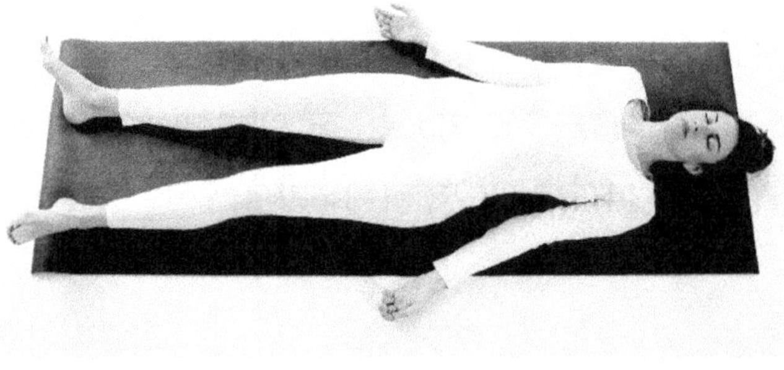

खड़े होने का आसन

लेटने के आसन की तरह, खड़े होने का आसन भी ध्यान के लिए एक और विकल्प प्रदान करता है और इसका उपयोग विभिन्न उद्देश्यों के लिए अलग-अलग समय पर किया जा सकता है। लेटने के आसन की तरह, खड़े होने के आसन का उपयोग तब किया जा सकता है जब आप ध्यान जारी रखने के लिए आसन बदलना चाहें या जब कोई अन्य आसन संभव न हो।

आप किसी विशेष ध्यान बैठक के दौरान खड़े होकर भी ध्यान कर सकते हैं, जब शरीर को अपना आसन बदलने की जरूरत हो। आप बस स्टॉप पर, लाइन में या किसी अन्य स्थान पर खड़े होकर भी खड़े होकर ध्यान कर सकते हैं।

खड़े होने के आसन में, आप दोनों पैरों को एक साथ और अपनी बाहों को सामने की ओर रखकर सीधे खड़े हो जाते हैं और एक हाथ से शरीर के विपरीत दिशा में कलाई पकड़ लेते हैं। इसमें कोई रहस्य नहीं है कि आपको किस हाथ से दूसरे हाथ को पकड़ना है। यह आप पर निर्भर है।

अगर एक हाथ से कलाई पकड़ना संभव न हो, तो आप बाजुओं को अपनी बगल में आराम से रख सकते हैं या उन्हें शरीर के पीछे कलाई से पकड़ सकते हैं। फिर से, किसी खास मुद्रा से कोई चिपकाव नहीं होना चाहिए, शरीर आरामदायक होना चाहिए, लेकिन आलीशान नहीं।

चलने का आसन

ध्यान के लिए चलने की स्थिति एक और उपयोगी और लाभदायक स्थिति है। अगर मन बहुत चालू है और बैठने, लेटने या खड़े होने में असमर्थ है, तो चलने के आसन का उपयोग किया जा सकता है। इसके अलावा, चलने का आसन एक और विकल्प प्रदान कर सकता है जो आपको अपने ध्यान बैठक को बढ़ाने और शरीर को आरामदायक और सचेत आसन में बनाए रखने की अनुमति देती है। अगर शरीर किसी अन्य स्थिति में असुविधाजनक महसूस करता है, तो चलने का आसन का उपयोग ध्यान बैठक को बढ़ाने के लिए किया जा सकता है ताकि शरीर आरामदायक महसूस कर सके।

सभी ध्यान विधियों की तरह, चलने का आसन भी किसी शिक्षक से सीखने में मददगार होती है। आपको ध्यान की इस आसन के लिए भी कई बारीकियाँ सीखनी होंगी और अन्य सभी विधियों के साथ-साथ निर्देश भी लेने होंगे।

निम्नलिखित सभी ध्यान तकनीकों का अभ्यास ऊपर बताए गए आसनों में किया जा सकता है।

साँस की माइंडफुलनेस का ध्यान

साँस की माइंडफुलनेस का ध्यान आपको ध्यान के दौरान मन को "विचारों को काटने" के लिए प्रशिक्षित करके तृष्णा को निष्कासित करने में मदद करता है, इस प्रकार, माइंडफुलनेस के कौशल को विकसित करते हुए "तृष्णा" या "लालच" के विष को हटा देता है।

साँस की माइंडफुलनेस के ध्यान का उद्देश्य "सही एकाग्रता", "सही माइंडफुलनेस" विकसित करना और मन को भावनाओं, परिस्थितियों, डर, रिश्तों, अतीत या भविष्य की उम्मीदों से चिपटने या चिपकने न देने का प्रशिक्षण देकर तृष्णा की अकुशल जड़ को नष्ट करना है। गौतम बुद्ध ने इसे "विचारों का कट जाना" के रूप में समझाया था। आप इसे "विचारों को छोड़ देना" भी कह सकते हैं।

सभी असंतुष्टि तृष्णा, लालसा और चिपकाव से उत्पन्न होती है, इसलिए मन को चिपकाव न रखने के लिए प्रशिक्षित करना जरूरी है।

एक ऐसे मन का विकास करना जिसे चिपकाव न रखने के लिए प्रशिक्षित किया गया हो, रोजमर्रा के जीवन में अत्यधिक उपयोगी है, ताकि आप अपनी वर्तमान चिपकाव को आसानी से छोड़ सकें और नई चिपक न पाल सकें, जिससे आपके मन की असंतुष्टि की भावना निष्कासित हो जाएगी।

साँस की माइंडफुलनेस का ध्यान का लाभ यह है कि हम तृष्णा/लालसा/चिपकाव का निष्कासन करके एक शांत, नियमित, शांतिपूर्ण और अधिक एकाग्र मन विकसित करें। आप एक अविचलित मन विकसित कर सकते हैं। चिपकाव का निष्कासन ही एकाग्रता और संतुष्टि का निर्माण करता है, न कि ध्यान खुद।

यह ध्यान मन को तृष्णा न करने का प्रशिक्षण देता है, फिर, आपको मन को निर्वाण सहित शुद्ध मन में विकसित करने के लिए गैर-चिपकाव और अन्य शिक्षाओं का अभ्यास करना होगा। गैर-चिपकाव के अभ्यास से ही मन शांत, संतुष्ट और शांत होगा और अंत में निर्वाण प्राप्त होगा।

साँस की माइंडफुलनेस का ध्यान, मन को अतीत के विचारों और भविष्य की अपेक्षाओं के साथ-साथ किसी भी जज़्बात, विचार, धारणा, डर आदि से खाली करने का एक तरीका बन जाता है, साथ ही,

मन को किसी भी चीज़ की तृष्णा न करने का प्रशिक्षण भी देता है क्योंकि हम जानते हैं कि तृष्णा असंतुष्टि का कारण बनती है। आप ध्यान में मन को तृष्णा न करने का प्रशिक्षण दे रहे हैं ताकि वह संतुष्ट रहे और एक शांत, संतुलित और एकाग्र मन का निर्माण हो।

साँस की माइंडफुलनेस का ध्यान इन शिक्षाओं में अभ्यास का आधार है और इसे दैनिक अभ्यास के प्राथमिक ध्यान के रूप में विकसित किया जाना चाहिए।

विचारों को काट देने का मतलब ये नहीं कि आपके मन में कभी विचार आएंगे ही नहीं या विचार रखना मददगार नहीं होगा। इसका मतलब ये है कि **आप मन को प्रशिक्षित करते हैं कि वह सोच, विचारों और धारणाओं आदि को पकड़कर न रखे, क्योंकि तब आप उन चीजों से चिपक जाएँगे।** यदि आप सोच, विचारों, धारणाओं आदि से चिपके हुए हैं, तो जब यह अपेक्षा के अनुरूप पूरे नहीं होंगे, तो आप खुद असंतुष्टि का कारण बनेंगे।

आपके मन में हमेशा सोच, विचार, प्रज्ञा, यहाँ तक कि अतीत की घटनाओं या भविष्य के लक्ष्यों की यादें भी रहेंगी जिन्हें आप प्राप्त करना चाहते हैं। लेकिन जब आप इन चीज़ों से चिपक जाते हैं, तो यह मन को असंतुष्ट बनाता है। आप इन सोच, विचारों, धारणाओं, या अतीत और भविष्य से अपने चिपकाव के ज़रिए मन को असंतुष्ट बना रहे हैं।

आप मन को विचारों से न जुड़ने के लिए प्रशिक्षित कर सकते हैं, बल्कि बिना किसी चिपकाव के उन्हें अपने लाभ के लिए उपयोग करने के लिए प्रशिक्षित कर सकते हैं।

सभी सशर्त चीज़ों की अनित्य प्रकृति को पहचानना, वर्तमान में जीना और संतुष्ट मन से "जो है, उसी में चैन" से रहना सबसे अच्छा है। साँस की माइंडफुलनेस का ध्यान मन को शून्यता, खालीपन और अकेले रहते हुए भी कुछ न करते हुए संतुष्ट रहने के लिए प्रशिक्षित करने में मदद करता है।

जब ध्यान के दौरान मन शून्यता, खालीपन और अकेलेपन से संतुष्ट रह सकता है, तो इससे मन को किसी भी और सभी परिस्थितियों में संतुष्ट रहने के लिए प्रशिक्षित करने में मदद मिलती है। ध्यान के अलावा भी मन को और भी प्रशिक्षित करने की जरूरत है, हालाँकि, कई लोगों को मन में उठने वाले विचारों और जज़्बातों के कारण अकेले रहते हुए संतुष्ट रहने में चुनौतियों का सामना करना पड़ता है।

साँस की माइंडफुलनेस का ध्यान एक ऐसा तरीका है जिससे आप इन विचारों को उठने देते हैं, उनसे चिपकते नहीं हैं और उन्हें बाहर निकाल देते हैं, और वर्तमान क्षण में शांतिपूर्ण, स्थिर और संतुष्ट रहते हैं।

मन द्वारा उत्पन्न विचारों और जज़्बातों से आपको परेशान नहीं होना चाहिए या मन असंतुष्ट नहीं होना चाहिए, लेकिन इसके लिए प्रशिक्षण की जरूरत होती है। ध्यान में अकेले बैठकर, बिना किसी शारीरिक क्रिया के, साँस लेते हुए, विचारों और भावनाओं को उत्पन्न होने दिया जा सकता है ताकि आप मन को प्रशिक्षित कर सकें कि वह मन द्वारा उत्पन्न चीज़ों से चिपके ना।

मन जो उत्पन्न करता है, उससे न चिपक कर, मन शांत, निश्चल और संतुष्ट रह सकता है। समय के साथ, *धीरे-धीरे* मन कम नकारात्मक विचार या जज़्बात उत्पन्न करेगा और ध्यान के दौरान व दैनिक जीवन में मन अधिक कुशल गुणों और सकारात्मक मानसिक स्थितियों को संवार सकेगा।

साँस की माइंडफुलनेस का ध्यान वह अभ्यास है जिससे आप अपने मन को सोच, विचारों, धारणाओं या अतीत की घटनाओं और भविष्य की अपेक्षाओं से न जुड़ने के लिए प्रशिक्षित करते हैं, और वर्तमान क्षण में जीते हुए, जो है उसे स्वीकार करते हैं और "उससे संतुष्ट रहते हैं"।

साँस की माइंडफुलनेस का ध्यान मन को सहजता से "छोड़ देने" का प्रशिक्षण देता है। बार-बार की बैठकों में, मन किसी उभरती हुई सोच, विचार, जज्बात, या भावना को आसानी से देखने और फिर उसे "छोड़ देने" की क्षमता विकसित कर लेता है। जैसे-जैसे मन इस क्षमता को और गहराई से विकसित करता है, एक अभ्यासकर्ता इस कौशल का उपयोग अपने दैनिक जीवन में करने में समर्थ हो जाता है। दैनिक जीवन में, जब मन किसी उभरती हुई अकुशल सोच, विचार, जज़्बात या भावना को देखता है, तो मन उसे आसानी से "छोड़" सकता है।

मन कि यह क्षमता कि वह लगातार उत्पन्न हो रही अकुशल मानसिक गतिविधि को देखता रहे और फिर उसे आसानी से छोड़ दे, अंत में वही चीज होगी जो तृष्णा/लालसा/चिपकाव और उससे जुड़ी असंतुष्टि को निष्कासित कर देगी।

मन हानिकारक मानसिक गतिविधियों को "काटने" में माहिर हो जाता है और अंत में, ये विनाशकारी सोच, विचार, जज़्बात और भावनाएँ उत्पन्न ही नहीं होंगी। लेकिन, यह केवल साँस की माइंडफुलनेस का ध्यान के एक सुविकसित अभ्यास से ही संभव है, जिससे मन को हानिकारक मानसिक

गतिविधियों के लिए जागरूक (सही माइंडफुलनेस) किया जा सके और फिर आसानी से "काट" दिया जा सके। "उन्हें काटने और छोड़ देने" की बार-बार की जाने वाली क्रिया के कारण, मन अंत में विचारों से चिपके रहने से थक जाएगा, और अंत में नित्य रूप से बीच में ही रहने के लिए तैयार हो जाएगा। मन *धीरे-धीरे* सीखता है कि जब भी उसमें कोई तृष्णा/लालसा/चिपकाव और असंतुष्टि उत्पन्न होती है, तो अभ्यासकर्ता उसे "काट देता है" और "छोड़ देता है"। मन *धीरे-धीरे* यह जान लेता है कि तीव्र उत्सुकता के साथ मानसिक तमन्ना रखना हानिकारक और निष्फल है, इसलिए वह मन में इस क्रिया को निष्कासित कर देता है और पूरी तरह शांत और संतुष्ट हो जाता है।

जब मन तीव्र उत्सुकता के साथ मानसिक तमन्ना (तृष्णा/लालसा/चिपकाव) को निष्कासित कर देता है, तो उसे किसी भी प्रकार की असंतुष्टि की भावना का अनुभव नहीं होता।

एक अभ्यासकर्ता ध्यान के दौरान विचारों को कभी भी निष्कासित नहीं करेगा, भले ही मन निर्वाण प्राप्त हो, बल्कि एक सुविकसित साँस की माइंडफुलनेस के ध्यान अभ्यास के ज़रिए, ध्यान के दौरान मन शांत और स्थिर हो जाएगा। विचारों की बौछार का अनुभव करने के बजाय, समय के साथ, एक सुविकसित मन विचारों की धीमी गति का अनुभव करेगा जहाँ विचारों के बीच लंबे अंतराल होते हैं। मन इस हद तक शांत और स्थिर हो जाएगा कि केवल कुछ ही विचार कभी-कभार आते हैं, मन उस विचार के लिए सचेत होगा, और फिर आसानी से उसे छोड़कर साँस पर वापस आ सकेगा।

जो अन-आत्म का एहसास करता है वह 'मैं हूँ' के दंभ को मिटा देता है

भिक्षुओं, जब किसी भिक्षु के कुशल मित्र, कुशल साथी, कुशल सहयोगी हों, तो उसके बारे में यह अनुमान लगाया जा सकता है कि वह सदाचारी (नैतिक आचरण का अभ्यास करने वाला) होगा, कुशल आचरण की शिक्षाओं के अनुसार शिक्षाओं की प्रशिक्षण मार्गदर्शिका से रुका रहेगा और कठिन परिस्थितियों का समाधान करेगा, छोटी-छोटी गलतियों में भी खतरा देखेगा। शिक्षाओं की प्रशिक्षण मार्गदर्शिका को लेकर, वह उनका अभ्यास करेगा।

जब किसी भिक्षु के पास कुशल मित्र, कुशल साथी, कुशल सहयोगी होते हैं, तो उसके बारे में यह अनुमान लगाया जा सकता है कि उसे अपनी इच्छानुसार, बिना किसी परेशानी या कठिनाई के, पवित्र जीवन से संबंधित बातें सुनने को मिलेंगी जो हृदय को खोलने के लिए अनुकूल हैं, यानी लालसाओं को निष्कासित करने पर, संतोष पर, एकांत पर, (दूसरों के साथ) बंधन में न पड़ने पर, ऊर्जा को जगाने पर, सदाचारी व्यवहार पर, एकाग्रता पर, प्रज्ञा पर, मुक्ति पर, मुक्ति की प्रज्ञा और दर्शन पर।

जब किसी भिक्षु के पास कुशल मित्र, कुशल साथी, कुशल सहयोगी होते हैं, तो उसके बारे में यह भविष्यवाणी की जा सकती है कि वह अकुशल गुणों को त्यागने और कुशल गुणों को प्राप्त करने के लिए ऊर्जा उत्पन्न करेगा; वह मजबूत होगा, प्रयत्न में दृढ़ होगा, कुशल गुणों को विकसित करने के कर्तव्य से अलग नहीं होगा।

जब किसी भिक्षु के पास कुशल मित्र, कुशल साथी, कुशल सहयोगी होते हैं, तो उसके बारे में यह भविष्यवाणी की जा सकती है कि वह प्रज्ञापूर्ण होगा, उसके पास ऐसी प्रज्ञा होगी जो उत्पन्न होने और गुज़र जाने में सूझ-भूझ कर सकती है, जो आर्य और भेदक है और असंतुष्टि के पूर्ण विनाश की ओर ले जाती है।

इन पाँच बातों पर खुद को आधारित करने के बाद, भिक्षु को आगे (और) चार बातें विकसित करनी चाहिए।

(१) वासना को त्यागने के लिए शरीर की अनाकर्षकता (की धारणा) विकसित करनी चाहिए।

(२) दुर्भावना को त्यागने के लिए प्रेमभरी-कृपा विकसित की जानी चाहिए।

(३) विचारों को काटने के लिए माइंडफुलनेस साँस की (साँस की माइंडफुलनेस का ध्यान) विकसित किया जाना चाहिए।

(४) 'मैं हूँ' इस दंभ को मिटाने के लिए अनित्यता की धारणा विकसित करनी चाहिए। जब अनित्यता की धारणा बनती है, तो अन-आत्म की धारणा संतुलित हो जाती है। जो अनित्यता की धारणा बनाता है, वह इसी जीवन में 'मैं हूँ' इस दंभ को मिटा देता है, जो कि निब्बाना (निर्वाण) है।

(गौतम बुद्ध)
(संदर्भ: अंगुत्तर निकाय ९.१)

साँस की माइंडफुलनेस का ध्यान - ध्यान आरंभ करना

बैठे, लेटे या खड़े होने का कोई भी आसन चुनें। जैसा कि पहले बताया गया है, अपने चुने हुए आसन में आरामदेह हो जाएँ। अपनी साँस को एक आधार की तरह इस्तेमाल करें और आँखें बंद कर लें। नाक से सामान्य साँस अंदर और बाहर लेने से मन साँस के लिए सजग हो सकता है।

आपको एक स्वाभाविक, नियमित और निरंतर साँस लेने की जरूरत होगी। साँस तेज या जोर से नहीं लेनी चाहिए। साँस की पूरी जागरूकता के साथ, आप नाक से अंदर और बाहर साँस लेने की एक स्वाभाविक, नियमित और निरंतर प्रक्रिया विकसित कर सकते हैं। साँस लेना और छोड़ना इस प्रकार होना चाहिए: *धीरे-धीरे* संपूर्ण साँस का पूर्ण अनुभव करना।

यदि आपको नाक से साँस लेने और छोड़ने में कठिनाई हो रही है, तो आप नियमित रूप से नाक को साफ करने के लिए खारे पानी का उपयोग करने पर विचार कर सकते हैं, जिससे अधिक शांति और स्पष्टता से साँस अंदर और बाहर निकल सके।

साँस और उसकी आवाज को नाक के ज़रिए शरीर में प्रवेश करने दें, ताकि मन वर्तमान क्षण में आ जाए। मन को साँस की ध्वनि या शरीर की त्वचा पर नाक में जाती साँस के एहसास पर केंद्रित करें।

साँस वर्तमान क्षण है।

इस प्रकार, जब आप विचारों पर नहीं, बल्कि साँस पर ध्यान केंद्रित करते हैं, तो आप "विचारों को काट देते हैं"। मन को नाक में प्रवेश करने वाली साँस पर लाएँ, जो मन का आधार या स्थिर स्थान है। जैसे ही कोई विचार मन में प्रवेश करे, आपको उस विचार को देखना नहीं चाहिए, उसे समझने का प्रयत्न नहीं करना चाहिए, उसका किसी भी तरह से आकलन नहीं करना चाहिए, या यह नहीं सोचना चाहिए कि वह मन में क्यों आ रहे हैं। यदि मन कुछ समय के लिए भटक भी जाए, तो भी मन को वापस साँस पर लाएँ, मन को पकड़ें और उसे साँस के आधार पर वापस लाएँ।

आपको इस अभ्यास को अपनाने और इसके लाभों को महसूस करने में समय लग सकता है। तत्काल लाभ हमेशा एक ही बैठक में नहीं मिलते।

याद रखें, गौतम बुद्ध ने हमें ऐसी शिक्षाएँ दी हैं जिन पर अमल करने और परिणाम प्राप्त करने के लिए हमें "प्रयत्न" करना होगा। गौतम बुद्ध की शिक्षाएँ ऐसी शिक्षाएँ नहीं हैं जिन्हें आप केवल ५

मिनट में लागू करके तुरंत परिणाम प्राप्त कर सकते हैं। आपको इन शिक्षाओं के साथ काम करना होगा और *धीरे-धीरे* इन्हें अपने अभ्यास में लागू करें *धीरे-धीरे* लगातार सिलसिलेवार तरीके से मन पर सकारात्मक असर पड़ता है।

ध्यान में मन को ऐसा करने के लिए प्रशिक्षित करने से आपको दैनिक जीवन में "विचारों को काटने" में भी मदद मिलेगी क्योंकि संतुष्ट मन प्राप्त करने के लिए आपको विचारों, जज़्बातों या परिस्थितियों से अलग होने की जरूरत होती है। ध्यान के ज़रिए मन को इस प्रकार प्रशिक्षित करें ताकि मन को दैनिक जीवन के लिए भी यही प्रशिक्षण मिले। यदि आप मन को प्रशिक्षित करते हैं, तो आप सही प्रयत्न के इस्तेमाल के रूप में अकुशल मानसिक गतिविधियों को "काट" कर मन को नियंत्रित कर पाएँगे।

साँस की माइंडफुलनेस का ध्यान आपको साँस को एक आधार बनाकर, मन को वर्तमान क्षण में रहने के लिए प्रशिक्षित करता है। हम मन में चल रहे विचारों या भावनाओं से जुड़े नहीं रहते। ध्यान के दौरान हम मन में क्या चल रहा है, इसका विश्लेषण नहीं करते। हम बस मन को खाली करके, सब कुछ छोड़ देते हैं।

इस प्रकार, हम मन को "तृष्णा न करने" और "चिपकाव के न रखने" का प्रशिक्षण देते हैं। ध्यान की कई बैठकों के दौरान मन को गैर-तृष्णा का प्रशिक्षण देकर, हम दैनिक जीवन में तृष्णा न करने का प्रशिक्षण प्राप्त करते हैं। हम हर दिन और पूरे दिन निरंतर "तृष्णा न करने" का अभ्यास करते हैं। तृष्णा ही हमारे सभी असंतुष्टि और उससे उत्पन्न होने वाले दुखों का "कारण" या "स्रोत" है।

हम अपनी असंतुष्टि की वजह खुद बनते हैं। हम तृष्णा न करके इसे निष्कासित करते हैं। साँस की माइंडफुलनेस का ध्यान वह अभ्यास है जो मन को तृष्णा न करने के लिए प्रशिक्षित करता है। नियमित दैनिक प्रशिक्षण बैठकों के साथ, आप सभी परिस्थितियों में मन को नियंत्रित करने के काबिल होंगे क्योंकि आप निर्वाण के करीब पहुँच रहे हैं।

साँस की माइंडफुलनेस का ध्यान मन को प्रशिक्षित करने का एक अभ्यास है, लेकिन आपके जीवन की हर चीज़ की तरह, इसका भी आपके कम्मा पर असर पड़ता है। लंबे समय तक स्थिर, निश्चल और शांतिपूर्ण रहने से आप केवल उत्तम कम्मा उत्पन्न करते हैं। इसका मतलब है कि आप जितने भी समय तक ध्यान करते हैं, आप संपूर्ण अष्टांग पथ का अभ्यास करते हैं, इस प्रकार, आप सभी अकुशल कम्मा के उत्पादन निष्कासित कर देते हैं। परिणामस्वरूप, आप दुनिया में स्वास्थ्य ला रहे हैं और अपने पुण्य भरे आचरण से केवल अच्छाई की ही अपेक्षा कर सकते हैं।

ध्यान के दौरान आपको आमतौर पर तुरंत निश्चलता, शांति, माइंडफुलनेस और एकाग्रता का उच्च स्तर प्राप्त होता है और मन अधिक संतुलित होता है। आप जितना अधिक समय तक ध्यान करेंगे, असर उतना ही अधिक स्पष्ट होगा। ध्यान से दिखने वाले लाभ या परिणाम प्राप्त करने से पहले आपको कई प्रयत्न करने और ध्यान में सहज होने की जरूरत हो सकती है।

साँस की माइंडफुलनेस के ध्यान को पूरा करने के बाद, लक्ष्य पूरे दिन अपने साथ निश्चल, नियमित और संतुलित मन को रखना है, अष्टांग पथ की सभी शिक्षाओं का जीवन अभ्यास के रूप में अभ्यास करना है, और किसी भी अकुशल मानसिक गतिविधि को उत्पन्न होने पर उसे "काट देना" है।

एक बार जब आप कम से कम चार (४) सप्ताह के लिए लगातार साँस की माइंडफुलनेस का ध्यान अभ्यास विकसित कर लेते हैं, तो आप प्रेमभरी-कृपा के ध्यान में जाने का निर्णय ले सकते हैं।

प्रेमभरी-कृपा का ध्यान

प्रेमभरी-कृपा का ध्यान हमें क्रोध, घृणा, दुर्भावना, बैर, आक्रामकता, रोष को निष्कासित करने और सभी प्राणियों के लिए प्रेमभरी-कृपा या सद्भावना रखने वाले मन को संवारने में मदद करता है, इस प्रकार, "क्रोध", "घृणा" या "दुर्भावना" के विष को दूर करता है।

सभी ध्यानों की तरह, प्रेमभरी-कृपा का ध्यान करने के भी कई तरीके हैं। हर शिक्षक और अभ्यासकर्ता के पास विभिन्न तकनीकें होंगी जो उनके लिए काम करेंगी और सहायक होंगी। दूसरों से सीखना और अपने अभ्यास को बाँटना, इन शिक्षाओं के अभ्यासकर्ताओं के बीच ज्ञान के भंडार में योगदान करने का एक तरीका है।

ध्यान करने का कोई एक (१) "सही" तरीका नहीं है, बल्कि कई अलग-अलग विकल्प हैं जो आपके लिए काम कर हो भी सकते हैं और नहीं भी। विभिन्न शिक्षकों और अभ्यासकर्ताओं के साथ विकल्पों की खोज तब तक जारी रखें जब तक आपके पास निर्वाण की खोज में आपकी मदद करने वाला कोई साधन न हो।

गौतम बुद्ध ने ध्यान के ज़रिए प्रेमभरी-कृपा वाले मन के विकास को दूसरा सर्वोच्च कुशल कम्मा बताया है, और अनित्यता पर ध्यान (यानी साँस की माइंडफुलनेस का ध्यान) कुशल कम्मा का सर्वोच्च गुण है। एक सुप्रशिक्षित मन दूसरों को हानि पहुँचाने वाले अकुशल कम्मा का उत्पादन बहुत कम या बिल्कुल नहीं करता, इसलिए, अकुशल कम्मा कम हो जाएगा और आप पर उसका असर कम होगा।

एक सुप्रशिक्षित मन को नियंत्रित करना आसान होता है और वह केवल कुशल नीयत, वाणी और कार्य ही उत्पन्न करता है जो अन्य प्राणियों के लिए हानिकारक नहीं होते, इसलिए, आपके पास कोई हानि वापस नहीं आएगी।

प्रेमभरी-कृपा का ध्यान अपने और सभी प्राणियों के लिए प्रेमभरी-कृपा और करुणा का मन विकसित करने में बहुत लाभदायक हो सकता है। निर्वाण प्राप्त करने के लिए, आपको खुद और किसी भी अन्य प्राणी के लिए क्रोध, घृणा, दुर्भावना, बैर, आक्रामकता, रोष और अन्य नकारात्मक भावनाओं को, यहाँ तक कि थोड़ी सी भी नापसंदगी को भी दूर करना होगा।

आपको अपने और दूसरों के लिए सभी नकारात्मक मानसिक स्थितियों को त्यागना, निष्कासित करना और बुझा देना होगा। प्रेमभरी-कृपा का ध्यान और दैनिक जीवन में प्रेमभरी-कृपा का अभ्यास इस लक्ष्य को प्राप्त करने का तरीका है।

प्रेमभरी-कृपा का ध्यान - ध्यान आरंभ करना

प्रेमभरी-कृपा ध्यान करने के लिए, आपको सबसे पहले साँस की माइंडफुलनेस का ध्यान का अभ्यास करना चाहिए, ताकि मन को वर्तमान क्षण या "मन के एकाकीपन" पर लाया जा सके, ताकि प्रेमभरी-कृपा के ध्यान से पहले किसी भी अकुशल मानसिक स्थिति को निष्कासित किया जा सके।

यह मन को खाली करके और सोच, विचारों, और धारणाओं से अलग होकर सभी प्राणियों के लिए प्रेमभरी-कृपा का मन विकसित करने से पहले यह पक्का करने में मदद करता है कि आपकी नीयत सबसे शुद्ध हो। वास्तव में, साँस की माइंडफुलनेस का ध्यान, प्रेमभरी-कृपा के ध्यान के लिए एक तैयारी होनी चाहिए।

फिर, प्रेमभरी-कृपा का ध्यान उस विधि या शैली में करें जो आपने शिक्षकों से सीखी है।

नीचे दिए गए सुझाव आपके लिए एक संभावित विकल्प के रूप में प्रस्तुत किए गए हैं जिन्हें आप आजमाकर परिणाम देख सकते हैं। याद रखें, किसी भी ध्यान साधना के लिए परिणाम प्राप्त करने के लिए कई बैठकों में निरंतरता और समर्पण की जरूरत होती है। इसलिए, आपको तुरंत या तात्कालिक परिणामों की अपेक्षा नहीं करनी चाहिए, बल्कि *धीरे-धीरे* फायदे पाने के लिए *धीरे-धीरे* मन को प्रशिक्षण देने के लिए वचनबद्ध होना चाहिए।

आरंभ करने के लिए, बैठे, लेटे या खड़े होकर इस किताब में बताई हुई "साँस की माइंडफुलनेस के ध्यान" की तकनीकों का उपयोग करते हुए, सामान्य रूप से ध्यान करें।

इसके बाद, साँस छोड़ते हुए निम्नलिखित कथनों को मन में शांतिपूर्वक दोहराएँ।

१.) "मैं" शांत रहूँ।
२.) "मैं" सुरक्षित रहूँ।
३.) "मैं" अच्छा रहूँ।
४.) "मैं" सभी असंतुष्टि और उससे होने वाले दुख से मुक्त रहूँ।
———
१.) "हम" शांत रहें।
२.) "हम" सुरक्षित रहें।
३.) "हम" अच्छे रहें।
४.) "हम" सभी असंतुष्टि और उससे होने वाले दुख से मुक्त रहें।
———
१.) "सभी प्राणी" शांत रहें।
२.) "सभी प्राणी" सुरक्षित रहें।
३.) "सभी प्राणी" अच्छे रहें।
४.) "सभी प्राणी" असंतुष्टि और उससे होने वाले दुख से मुक्त रहें।

वाक्यांश

अपने और सभी प्राणियों के लिए सद्भावना या प्रेमभरी-कृपा की नीयत वाले मन को संवारने के लिए इस ध्यान और इसकी अभिपुष्टियों को कई बैठकों में जितनी बार जरूरी हो उतनी बार दोहराएँ।

आपके द्वारा इस्तेमाल किए जाने वाले अलग-अलग वाक्यांशों को आपकी पसंद और जरूरतों के हिसाब से बदला जा सकता है। इन वाक्यांशों को विकसित करने का जरूरी पहलू यह है कि वे आपकी जरूरतों के अनुरूप हों और यह पक्का करें कि आखिरी शब्द बोझ न दें।

उदाहरण के लिए, आप "कृपालु", "खुश", "विनम्र", "सम्मानजनक" आदि शब्दों का उपयोग करने में दिलचस्पी नहीं लेंगे, क्योंकि इन वाक्यांशों को प्राप्त करने के लिए प्राणियों को कुछ "करने" की जरूरत होती है।

आपके वाक्यांशों से खुद पर या किसी अन्य व्यक्ति पर यह दायित्व नहीं आना चाहिए कि आप जो अभिपुष्टि इस्तेमाल करते हैं उसे प्राप्त करने के लिए कुछ करना पड़े।

"शांत", "सुरक्षित", "अच्छे" होने के लिए, और यह आकांक्षा रखने के लिए कि सभी प्राणी "सभी असंतुष्टि और उससे होने वाले दुखों से मुक्त हों", आपको या किसी अन्य प्राणी को कुछ पूरा करने के दायित्व की जरूरत नहीं होती है या आप पर इसका बोझ नहीं पड़ता है।

चक्र

इस ध्यान का अभ्यास करते समय, आप अपनी पसंद के समूहों को शामिल करने के लिए किसी भी संख्या में या चक्रों का संयोजन बना सकते हैं जिनके लिए आपको सद्भावना या प्रेमभरी-कृपा सँवारनी है। जिन व्यक्तियों या प्राणियों के समूहों के लिए मन में वर्तमान में क्रोध या घृणा है, उन प्राणियों के प्रति प्रेमभरी-कृपा का मन संवारने के लिए उन्हें अपने ध्यान में शामिल करें।

जिन व्यक्तियों या प्राणियों के समूहों के लिए मन में क्रोध या घृणा है, उन्हें अपने प्रेमभरी-कृपा ध्यान में तब तक शामिल करें जब तक कि मन इन प्राणियों के लिए किसी भी प्रकार की दुर्भावना को पूरी तरह से छोड़ न दे। यदि मन में किसी व्यक्ति या प्राणी समूह के लिए क्रोध, घृणा या दुर्भावना उत्पन्न हो, तो उसे अपने प्रेमभरी-कृपा ध्यान में शामिल करें ताकि मन से इसे निष्कासित किया जा सके।

हमेशा अपने आप से शुरू करें और "सभी प्राणियों" पर समाप्त करें।

उदाहरण हो सकते हैं:

१.) मैं, हम, सभी प्राणी

२.) मैं, इस मोहल्ले के प्राणी, यह शहर, यह प्रांत, यह देश, यह महाद्वीप, संपूर्ण विश्व, ब्रह्मांड, कल्पना से परे सुदूर क्षेत्र, सभी प्राणी (भूगोल के आधार पर समूहित)

३.) मैं, मेरे माता-पिता, मेरा साथी, मेरे बच्चे, मेरा परिवार, मेरे मित्र, मेरे सहकर्मी, मेरे परिचित, सभी प्राणी (संबंधों के आधार पर समूहित)

आप अपनी पसंद के अनुसार कोई भी समूह बना सकते हैं, जो इस बात पर आधारित हो कि मन को किसके लिए प्रेमभरी-कृपा संवारने की जरूरत है।

आप उन विशिष्ट व्यक्तियों के लिए भी प्रेमभरी-कृपा ध्यान कर सकते हैं जिनके लिए प्रेमभरी-कृपा सँवारना आपके लिए चुनौतीपूर्ण हो रहा है और जिनके साथ आपके संबंधों में कठिनाइयाँ आ रही हैं। शुरुआत खुद से करें, फिर इस व्यक्ति से, फिर सभी प्राणियों से। आप केवल एक व्यक्ति के लिए ही इस अभिपुष्टि को बार-बार दोहरा सकते हैं, शुरुआत खुद से करें, फिर उस व्यक्ति के लिए अभिपुष्टि को कई बार दोहराएँ, फिर सभी प्राणियों के लिए।

इस तरह, आप अपने मन को स्वस्थ और संपूर्ण मानसिक स्थिति संवारने के लिए प्रशिक्षित कर रहे हैं, ताकि आप अपने द्वारा चुने गए किसी भी प्राणी के लिए किसी भी नकारात्मक आत्म-चर्चा को दूर कर सकें, और फिर यह पक्का कर सकें कि आप ध्यान के अंत में सभी प्राणियों को शामिल करें, ताकि आप "सभी को शामिल" कर सकें और किसी भी प्राणी को छोड़ न सकें।

प्रेमभरी-कृपा का ध्यान आपके मन में सभी प्राणियों के लिए सच्ची दिलचस्पी विकसित करता है ताकि वे शांतिपूर्ण, सुरक्षित, स्वस्थ और असंतुष्टि व उससे होने वाले दुखों से मुक्त रहें। यह ध्यान आपके मन को क्रोध, घृणा और दुर्भावना से मुक्त करता है, जिससे आपके मन में बैर, आक्रामकता और रोष निष्कासित हो जाता है। प्रेमभरी-कृपा का ध्यान दूसरों को बदलने का प्रयत्न नहीं है क्योंकि ऐसा करना असंभव होगा। ऐसा कोई ध्यान नहीं है जिसका इस्तेमाल किसी दूसरे व्यक्ति को बदलने के लिए किया जा सके।

जैसे-जैसे मन इन अभिपुष्टियों को शांति से दोहराता है, आप "चक्र" बना रहे होते हैं, जिसके केंद्र में आप होते हैं और बाहरी किनारे पर सभी प्राणी। जितने चाहें उतने मध्य चक्र भरें, जैसे भी आप चाहें, किसी भी बिना बोझ वाले वाक्यों से।

यहाँ बताए गए चक्र इस अभ्यास को विकसित करने में आपकी सहायता करने के लिए उदाहरण हैं, एक शिक्षक और अन्य अभ्यासकर्ता आपको सुझाव दे सकते हैं कि उनके लिए क्या काम करता है।

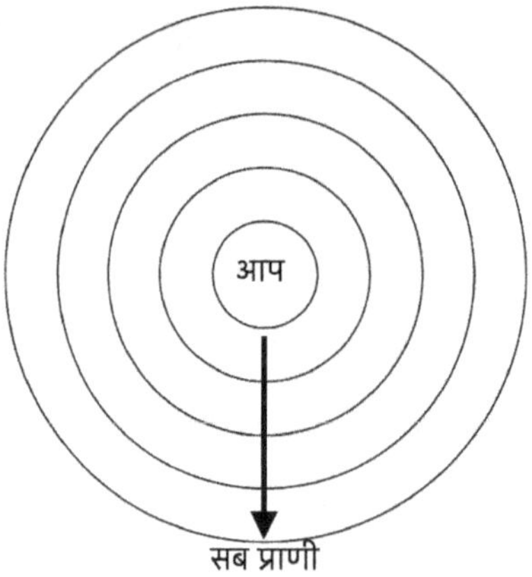

इससे भी अधिक फलदायी होगा... कि गाय का थन खींचने में लगने वाले समय के लिए भी प्रेमभरी-कृपा का मन विकसित किया जाए।

इससे भी अधिक फलदायी होगा... कि केवल एक उंगली की चुटकी के लिए अनित्यता की धारणा विकसित की जाए।

(गौतम बुद्ध)

(संदर्भ: अंगुत्तर निकाय ९.२०)

यौन तृष्णा को निष्कासित करने के लिए ध्यान

यदि आप में यौन संपर्क की अत्यधिक तृष्णा है, तो आप निर्वाण के उच्चतम चरणों को प्राप्त करने के लिए *धीरे-धीरे* अपनी तृष्णा को कम या पूरी तरह से निष्कासित करने में दिलचस्पी ले सकते हैं। इंद्रिय लालसा की बेड़ी/कलंक, जिसमें यौन संपर्क भी शामिल है, को कम करने या निष्कासित करने का निर्णय एक व्यक्तिगत चुनाव है जिसे व्यक्ति जीवन के अपने चरणों के आधार पर और यदि वह निर्वाण के उच्चतम चरणों को प्राप्त करना चाहता है, तो वह अपना सकता है। यह हर व्यक्ति के लिए एक व्यक्तिगत विकल्प है कि वह यौन संपर्क को शामिल करने के लिए अपनी इंद्रिय लालसा को कब कम या निष्कासित करना चाहता है।

हमारी यौन तृष्णा इसलिए होती है क्योंकि हम शरीर को उसके वास्तविक रूप में नहीं देखते। हम त्वचा, बाल, कपड़े और अन्य अतिरिक्त विशेषताओं की बाहरी परत को देखते हैं जो हमारी इंद्रियों को आकर्षित करने वाले रूप में एकत्रित होती हैं।

जब हम शरीर को उसके वास्तविक स्वरूप में देखते हैं, जैसा कि गौतम बुद्ध ने कहा था, "मानव शरीर की अनाकर्षकता", तो यौन संबंध की तृष्णा कम हो सकती है या निष्कासित हो सकती है। यौन तृष्णा एक ऐसी तृष्णा है जिसे निर्वाण के उच्चतम चरणों की ओर बढ़ने के लिए बुझाना जरूरी है।

आप किसी मृत शरीर या आंशिक रूप से कटे हुए मानव शरीर की तस्वीर प्राप्त कर सकते हैं और इस तस्वीर को देखते हुए ध्यान लगा सकते हैं। यदि आप किसी असली शव के सामने हैं, तो आप इसी उद्देश्य और लक्ष्य के लिए ध्यान कर सकते हैं। मृत शरीर की गंध के संपर्क में आने से आपको "शरीर की अनाकर्षकता" पर ध्यान लगाने में मदद मिल सकती है, जो यौन तृष्णा को कम या निष्कासित करने में मदद कर सकती है।

त्वचा की बाहरी परत के बिना, आप शरीर के मांस, हड्डियों, नसों और तरल पदार्थों को देख सकते हैं। कटे हुए शव की एक तस्वीर शरीर के इन छिपे हुए पहलुओं को उजागर करेगी ताकि आप शरीर को उसके वास्तविक रूप में देख सकें और इस प्रकार, अपने लक्ष्य के अनुसार यौन तृष्णा को कम या निष्कासित कर सकें।

यह एक विशिष्ट ध्यान है जो सभी अभ्यासकर्ताओं के लिए जरूरी नहीं है, बल्कि केवल उन लोगों के लिए जरूरी है जो यौन संपर्क को कम करने या निष्कासित करने का प्रयत्न कर रहे हैं। यह ध्यान अभ्यासकर्ता को अपने नैतिक आचरण को बेहतर बनाने में मदद कर सकता है ताकि वे केवल एक साथी के साथ यौन संपर्क बनाकर पाँच सिद्धांतों का अधिक बारीकी से अभ्यास कर सकें और/या यौन संपर्क को पूरी तरह से निष्कासित करके "इंद्रिय लालसा" की बेड़ी/कलंक को निष्कासित कर सकें।

यौन तृष्णा आमतौर पर मन में शुरू होती है, क्योंकि वह यौन संपर्क के बारे में दिवा-स्वप्न देखता है और/या व्यक्तियों को उन नजरों से देखता है जो उसे आकर्षक लगती हैं।

यहाँ बताए गए ध्यान के अलावा, जब आप आँखों से मन में इंद्रिय सुख की तृष्णा उठते हुए देखते हैं, तो आपको उसे काटने और जाने देने का अभ्यास करना होगा। सही प्रयत्न के अभ्यास से मन को किसी और चीज़ की ओर मोड़ें।

मन को यौन संपर्क के बारे में जुनूनी विचारों में न डूबने दें या सक्रिय रूप से अच्छे दिखने वाले लोगों या आँखों से देखने वाली चीज़ों की तलाश न करें क्योंकि इससे मन में यौन संपर्क की तृष्णा पैदा

होगी। यौन तृष्णाओं को मन में भरने से पहले ही उन्हें काट देना और छोड़ देना, मन को यौन तृष्णाओं से दूषित होने देने और फिर उन्हें निष्कासित करने की कोशिश करने से कहीं ज्यादा आसान है।

असंतुष्टि के द्वारों पर पहरा देना, और मन को यौन संपर्क के सुखद विचारों को प्रवेश करने से रोकना, मन में यौन तृष्णा को उत्पन्न होने से रोकने में मदद करेगा। यौन संपर्क की तृष्णा को उत्पन्न होने से रोकना, मन में एक बार घुसने पर उसे निष्कासित करने से कहीं अधिक आसान है।

अन-आत्म के एहसास के लिए ध्यान

जैसे-जैसे आप निर्वाण के पथ पर आगे बढ़ेंगे, आपको अंत में अन-आत्म के सार्वभौमिक सत्य को सीखना होगा और यह कि कोई नित्य आत्म नहीं है, ताकि आप "व्यक्तिगत अस्तित्व की दृष्टि" की बेड़ी/कलंक को मिटाते हुए "अन-आत्म" का एहसास कर सकें।

इस सार्वभौमिक सत्य की शिक्षा को सीखना जरूरी है, लेकिन फिर आपको इसे मन के व्यवहार में भी एहसास करना होगा। गौतम बुद्ध की सभी शिक्षाओं की तरह, आपको इस शिक्षा को बौद्धिक रूप से सीखना होगा और फिर उसे लागू करने के लिए अभ्यास करना होगा ताकि आप मन में इस प्रज्ञा को प्राप्त कर सकें।

"मैं हूँ" के दंभ को मिटाने के लिए अनित्यता की धारणा विकसित करना चाहिए, जिससे आपको "अन-आत्म" का एहसास हो और यह एहसास हो कि कोई "आप" नहीं है। इससे आपको यह समझने में मदद मिलती है कि आप शरीर नहीं हैं, आप मन नहीं हैं। जो कुछ भी है, वह एक भौतिक शरीर और मन है जो इस अनूठे अस्तित्व के लिए एक साथ आए हैं, लेकिन इनमें से कोई भी "आप" नहीं है।

यह तृष्णा ही वह ईंधन है जो आपको अस्तित्व के पाँच लोकों में से एक में एक नए अस्तित्व में वापस ले जाती है। शरीर आपका नहीं है, आप इसे हमेशा के लिए नहीं रख सकते, शरीर "आप" नहीं है, और यह अनित्य है।

इस किताब में पहले भी "अन-आत्म" को समझने में आपकी मदद करने के लिए शिक्षाएँ दी गई थीं। यह तीन सार्वभौमिक सचों में से एक है। यदि आपको इस शिक्षा पर पुनर्विचार की जरूरत है, तो "चार आर्य सत्य: सही दृष्टि की स्थापना" चैप्टर देखें। "तीन सार्वभौमिक सच" की शिक्षा इसी चैप्टर में स्थित है।

अन-आत्म एक शिक्षा है जिसे आपको समझने की जरूरत है, लेकिन इससे भी अधिक जरूरी बात यह है कि यह एक एहसास है जिसे आपको किसी भी स्तर पर निर्वाण प्राप्त करने के लिए "पथ" के भाग के रूप में प्राप्त करने की जरूरत है।

आपको "पथ" के बाद के चरणों में अन-आत्म का एहसास करने की जरूरत है, क्योंकि यह ज्यादातर मध्यम स्तर से उन्नत स्तर की शिक्षा है, जिसे बाद में प्राप्त करना बेहतर है, क्योंकि आप अन्य कई शिक्षाओं का अभ्यास कर रहे हैं।

जैसा कि आप इन शिक्षाओं का बारीकी से अभ्यास करते हैं, अष्टांग पथ पर आधारित जीवन अभ्यास को पूरी तरह से स्थापित करते हैं और आप नियमित रूप से ध्यान करते हैं और झानाओं का अनुभव करना शुरू करते हैं, आपको चार (४) चरणों में से किसी पर भी निर्वाण प्राप्त करने के लिए "अन-आत्म का एहसास" करने की जरूरत होगी।

निर्वाण के प्रथम चरण का अनुभव करने के लिए भी "व्यक्तिगत अस्तित्व की दृष्टि" की बेड़ी/कलंक को हटाना जरूरी है।

अन-आत्म का एहसास करने के लिए गहरी सोच और चिंतन के साथ शिक्षाओं को सीखना और उस शिक्षा की समझ को मन में भिगोना जरूरी है। आप अन-आत्म के एहसास को अहं को घुलाने का एक हिस्सा मानने पर विचार सकते हैं।

मैं यह ध्यान बाँट रहा हूँ जो आपकी सहायता कर सकता है, लेकिन इससे भी जरूरी बात यह है कि आपको एक शिक्षक के मार्गदर्शन की जरूरत होगी जो आपको सही समय पर शिक्षाओं, अभ्यास और शायद नीचे बताए गए ध्यान के ज़रिए पूरी तरह अन-आत्म का एहसास करने में सहायता करेगा। अष्टांग पथ के सुविकसित अभ्यास के ज़रिए बहुत से शुरुआती कार्य पूरे करने होंगे, इससे पहले कि मन अन-आत्म का एहसास करने या अनिर्वाणी मन में बसी नित्य आत्म की अवधारणा को छोड़ने के लिए तैयार हो।

इस किताब में बताई गई "साँस की माइंडफुलनेस के ध्यान" की तकनीकों का उपयोग करते हुए बैठे, लेटे या खड़े होकर सामान्य रूप से ध्यान करें।

इसके बाद, बाहर की साँस पर मन में नीचे लिखी अभिपुष्टियों को उसी तरह दोहराएँ जैसे आप प्रेमभरी-कृपा ध्यान के साथ करते हैं।

१.) "मैं शरीर नहीं हूँ" (शरीर की ओर इशारा करते हुए इसे कई बार दोहराएँ।)
२.) "मैं मन नहीं हूँ" (कई बार दोहराएँ)
३.) "कोई आत्म नहीं है" (कई बार दोहराएँ)
४.) "मैं हूँ ही नहीं" (कई बार दोहराएँ)
५.) "मैं शरीर नहीं हूँ, मैं मन नहीं हूँ, कोई आत्म नहीं है, मैं हूँ ही नहीं" (कई बार दोहराएँ)

इस ध्यान और इसकी अभिपुष्टियों को जितनी बार चाहें, कई बैठकों में दोहराएँ, जब तक कि आपको पूरी तरह से यह एहसास न हो जाए कि "कोई आत्म" नहीं है और कोई "आप" नहीं है। "आप" विद्यमान नहीं है और "कोई आत्म" नहीं है। कोई नित्य आत्म नहीं है।

इस ध्यान का अकेले इस्तेमाल तब तक परिणाम नहीं देगा जब तक कि अभ्यासकर्ता ने "अन-आत्म" की बौद्धिक समझ को शामिल न कर लिया हो और ध्यान के बाहर अन-आत्म की प्राप्ति के लिए अभ्यास विकसित न कर लिया हो। केवल तभी जब कोई "अहं को घुलाना: अहं कोई उद्देश्य पूरा नहीं करता" चैप्टर की शिक्षाओं को समझे और उनका अभ्यास इस ध्यान और शिक्षक के मार्गदर्शन के साथ करे, तभी एक शिष्य अन-आत्म की प्राप्ति कर पाएगा।

अहं को घुलाने के लिए और किसी भी रूप में अस्तित्व की तृष्णा को पूरी तरह से बुझाने के लिए आपको अन-आत्म का एहसास होना जरूरी है। अहं को घुलाने के लिए केवल ध्यान से अधिक की जरूरत होती है और आपको इस किताब में बताए गए अन्य अभ्यासों को भी अपनाना होगा। "अहं को घुलाना: अहं कोई उद्देश्य पूरा नहीं करता" शीर्षक वाला चैप्टर (चैप्टर १६) देखें।

यह तृष्णा ही वह ईंधन है जो अगले पुनर्जन्म की ओर ले जाती है। इसलिए, यह जरूरी है कि आप शरीर, मन, किसी नित्य आत्म से जुड़ी किसी भी अवधारणा या चिपकाव को मिटा दें, और मन में स्पष्ट रूप से स्थापित कर लें कि कोई "आप" नहीं है।

जब तक आप अन-आत्म का एहसास करने के लिए तैयार होंगे, तब तक आप शायद ऐसे शिक्षकों के साथ मिलकर काम कर रहे होंगे जो आपको अन-आत्म की शिक्षाओं, इस ध्यान और अन्य बातों पर मार्गदर्शन दे सकते हैं जो आपको अन-आत्म का एहसास करने में मदद कर सकते हैं।

यदि आप एक "आत्म", "आत्म-पहचान" की पहचान करते रहेंगे या एक "आत्म-छवि" को व्यक्त करते रहेंगे, इस प्रकार, एक नित्य आत्म की अवधारणा से जुड़े रहेंगे, तो आप निर्वाण या मन की पूर्ण मुक्ति प्राप्त नहीं कर पाएँगे।

आपको "अन-आत्म" का एहसास करने के लिए शरीर और मन से "आप कौन हैं" की पहचान को अलग करना होगा।

ध्यान का समय, आवृत्ति और समय सारणी

गौतम बुद्ध रोज तीन (३) बार, सुबह, दोपहर और शाम, ध्यान करते थे। इससे सर्वोत्तम परिणाम प्राप्त होते हैं।

आपकी जीवन स्थिति के आधार पर, आप रोज तीन (३) बार या उससे कम बार ध्यान कर सकते हैं।

लक्ष्य यह है कि ध्यान एक दैनिक अभ्यास हो और आप इस स्वस्थ मन के अभ्यास के लिए रोज समय निकालें। यह "मन के लिए दवा" की तरह है।

कोई निश्चित समय, आवृत्ति या समय सारणी नहीं है जिसका आपको लक्ष्य रखना चाहिए क्योंकि हर व्यक्ति अलग होता है। आप अपने अभ्यास को बहुत कम ध्यान अवधियों से शुरू कर सकते हैं और बाद में जीवन की प्रगति के आधार पर इसे लंबी या छोटी अवधि के लिए बढ़ा सकते हैं। निर्वाण और अस्तित्व के प्राकृतिक नियमों को छोड़कर, सब कुछ अनित्य है, जिसमें आपका ध्यान का समय, आवृत्ति और समय सारणी भी शामिल है।

आपको सबसे ज्यादा फायदे तब दिखेंगे जब आप अपने अभ्यास को रोज २-३ बैठकों तक बढ़ाएँगे, जिसमें हर बैठक तीस (३०) मिनट या उससे ज्यादा समय की हो। आपको अपने ध्यान अभ्यास को विकसित करने के लिए इसे *धीरे-धीरे* बढ़ाना होगा।

आपको अपने ध्यान के समय देखने की जरूरत नहीं है। आप कितनी देर तक ध्यान करते हैं, यह उतना जरूरी नहीं है जितना कि हर ध्यान बैठक के दौरान परिणाम प्राप्त करना। लेकिन, सप्ताह में एक बार आप समय पर ध्यान देकर यह पक्का कर सकते हैं कि आपका अभ्यास हर बैठक तीस (३०) मिनट या उससे अधिक के करीब विकसित हो रहा है।

ध्यान के लाभ और परिणाम संग्रहित होते हैं। इसका मतलब है कि आप जितने अधिक समय तक कई बैठकों में ध्यान लगाते हैं, ध्यान के परिणाम उतने ही अधिक मात्रा में अनुभव होते हैं। हर व्यक्तिगत बैठक संग्रहित होकर लंबे समय तक लाभ प्रदान करती है, जिसमें निरंतर ध्यान अभ्यास को प्राथमिकता दी जाती है। हर व्यक्तिगत बैठक और उसकी विशिष्ट समय सीमा पर ध्यान केंद्रित करने के बजाय, एक सुविकसित अभ्यास के बड़े लक्ष्य पर ध्यान केंद्रित करना अधिक जरूरी है जो समय के साथ निरंतर बना रहे।

मेरा लक्ष्य दिन में २-३ बार, सुबह, दोपहर और शाम ध्यान करना है। हालाँकि, कभी-कभी मैं कभी कम या ज्यादा समर्पित ध्यान बैठक करता हूँ। यह ठीक है, मेरा लक्ष्य दिन में २-३ बार ध्यान करना है और अपने पूरे जीवन में, मुझे अक्सर जरूरत पड़ने पर बढ़ा कर चौथे, पाँचवें या छठे ध्यान बैठक को इस समय सारणी में शामिल करना पड़ा है।

मेरे जीवन में कई ऐसे दौर भी आए जब मैंने कई वर्षों तक विभिन्न कारणों से ध्यान नहीं किया। ये मेरे जीवन के सबसे कठिन समय थे क्योंकि मेरे पास मन को संतुलित, शांत और स्थिर रखने के लिए कोई ध्यान अभ्यास नहीं था।

अब, मैं दिन भर हर चीज़ में माइंडफुलनेस (मन की जागरूकता) का अभ्यास कर रहा हूँ। मैं जहाँ भी जाता हूँ, मन केंद्रित, एकाग्र और सोच, विचारों, धारणाओं आदि से न चिपकने के लिए सचेत रहता है। चाहे मैं चल रहा हूँ, बैठा हूँ, दूसरों से बात कर रहा हूँ, या जीवन की विभिन्न गतिविधियों में व्यस्त हूँ, मैं हमेशा सचेत, एकाग्र और मन की जागरूकता रखता हूँ ताकि मैं गैर-तृष्णा का अभ्यास कर सकूँ।

इसके लिए मन को प्रशिक्षित करने के लिए समर्पित दैनिक ध्यान बैठकों की जरूरत होती है।

ध्यान के लिए किसी खास समय से बँधे न रहना ही बेहतर है। अगर आप अलार्म लगाकर अपने लिए समय निर्धारित करते हैं, तो दो में से एक बात घटेगी। आप उस समय तक नहीं पहुँच पाएँगे और शायद निर्धारित समय पर न पहुँच पाने के लिए खुद को दोषी महसूस कराएंगे या खुद को कोसेंगे। समय निर्धारित करने का दूसरा परिणाम यह हो सकता है कि आप ध्यान में गहराई से डूबे रहेंगे और आपको लाभ मिल रहा होगा, लेकिन अलार्म बज जाएगा और आप आगे जाकर और लाभ प्राप्त नहीं कर पाएँगे। बेहतर होगा कि आप बस ध्यान करें और समय की चिंता न करें। आप जब चाहें तब ध्यान खत्म कर सकते हैं। समय निर्धारित करना भविष्य का पता लगाने जैसा है और यह एक और तृष्णा है क्योंकि मन लगातार यह जानने की तीव्र इच्छा के साथ तमन्ना रख सकता है कि ध्यान खत्म करने का

"क्या अभी समय है"। साँस की माइंडफुलनेस के ध्यान का लक्ष्य तृष्णा/लालसा/चिपकाव को दूर करने के लिए मन को प्रशिक्षित करके तीव्र उत्सुकता के साथ मानसिक तमन्ना को निष्कासित करना है। अगर मन को अलार्म पर एक निर्धारित समय के लिए उसकी तमन्ना है, तो यह उल्टे परिणाम दे सकता है।

बिना अलार्म के ध्यान करना आदर्श है, लेकिन कई बार ऐसा भी हो सकता है कि आपको अलार्म की जरूरत महसूस हो। बेहतर होगा कि आप अपने ज्यादातर ध्यान बैठकों में अलार्म न लगाएँ। लेकिन, अगर आपको अलार्म की जरूरत हो, तो आपको अलार्म का इस्तेमाल करना चाहिए। जब आप ऐसी परिस्थितियों में हों जहाँ आपको अलार्म की जरूरत न हो, तो अलार्म का इस्तेमाल न करना ही बेहतर है ताकि मन ध्यान बैठक में पूरी तरह डूब सके और अलार्म से प्रभावित न होकर ध्यान का पूरा लाभ उठा सके, बजाय इसके कि आने वाले अलार्म को लेकर चिंतित या बेचैन हो।

यह जानने के लिए कि आपने कितनी देर ध्यान किया है, आपको नियमित रूप से अपने ध्यान की अवधि का समय देखने की जरूरत नहीं है। आपने कितनी देर ध्यान किया, इसकी जानकारी आपके लिए फायदेमंद नहीं है। लक्ष्य मन को प्रशिक्षित करके ध्यान के लाभों को प्राप्त करना है। आप जितना ध्यान करते हैं, वह किसी भी अच्छे या बुरे का सूचक नहीं है, यह केवल आपके द्वारा ध्यान किया गया समय है। यदि हम इस समय की तुलना अपने पिछले ध्यान बैठकों से या दूसरों के ध्यान बैठकों से करने के लिए करें, तो इस तुलना से कुछ भी अच्छा नहीं निकलेगा। ध्यान के परिणाम वही हैं जिन्हें प्राप्त करने के लिए आप प्रयत्न कर रहे हैं - एक एकाग्र मन जो तृष्णाओं को दूर कर रहा है और/या कुशल मानसिक स्थितियों का विकास कर रहा है।

गौतम बुद्ध ने कहा था कि ध्यान "उँगली की चुटकी भर" के लिए भी करना चाहिए। इसका मतलब है कि आपको जितनी देर तक ध्यान करना हो, उतना ही ध्यान करें। आप पाएँगे कि ३० मिनट या उससे ज्यादा समय के ध्यान बैठक सबसे अच्छे परिणाम देंगे, लेकिन आपको इसके लिए खुद को *धीरे-धीरे* प्रशिक्षण और *धीरे-धीरे* अभ्यास से तैयार करना होगा। अगर आप हर ध्यान बैठक में कुछ ही मिनटों से शुरुआत कर रहे हैं, तो ठीक है, लेकिन दिनों, हफ्तों और महीनों में ध्यान के समय को बढ़ाने का लक्ष्य रखें। हफ्ते में एक बार, अपने ध्यान बैठकों का समय देखें और शुरुआत और समाप्ति के समय पर ध्यान दें ताकि यह पता चल सके कि आपकी बैठकें बढ़ रही हैं और सही दिशा में जा रही हैं। आपने जितना समय ध्यान किया, वह सिर्फ यह पक्का करने के लिए है कि आप अपने ध्यान अभ्यास को विकसित करने के लिए सक्रिय रूप से काम कर रहे हैं, न कि गर्व करने या दूसरों से तुलना करने

के लिए। इसके बजाय, इसका उपयोग व्यक्तिगत प्रगति के लिए करें और शायद किसी शिक्षक से मार्गदर्शन लेते समय बातचीत में भी।

आपको एक ऐसा अभ्यास विकसित करना होगा जहाँ आप कहीं भी और किसी भी परिस्थिति में ध्यान कर सकें, चाहे ध्यान भटकाने वाली कोई भी चीज़ क्यों न हो। आप ध्यान करने की जगह बदलकर ऐसा कर सकते हैं ताकि आप सिर्फ एक ही जगह पर ध्यान करने से न बँधें।

अपने जीवन के कुछ निश्चित समय के दौरान, आप कई दिनों के ध्यान रिट्रीट में जाने का निर्णय ले सकते हैं, जिसमें ३, ५, १०, २१ या इससे अधिक दिनों तक गहरा ध्यान करना शामिल हो।

आपको अपना खुद का अभ्यास विकसित करना होगा, उसके परिणाम देखने होंगे, और यह समझना होगा कि ध्यान आपके जीवन में कैसे समा सकता है, बजाय इसके कि आप किसी और के बताए हुए नुस्खे पर चलें जो उनके लिए काम कर सकते हैं। हो सकता है कि उनका अभ्यास आपके लिए काम नहीं भी करें, इसलिए अपने सत्य की खोज करें और यह जानें कि मन के लिए सबसे अच्छा क्या काम करता है।

भले ही हम "पथ" का वर्णन करते हैं जिसमें आठ (८) अलग-अलग चरण हैं, लेकिन हर व्यक्ति के लिए हमारे दैनिक जीवन में वह पथ कैसा दिखता है, यह बहुत अलग होने वाला है।

आप निर्वाण की प्राप्ति के लिए केवल ध्यान नहीं कर सकते क्योंकि आपको जीवन अभ्यास करना होगा। लेकिन, ध्यान के बिना भी आप निर्वाण प्राप्त नहीं कर पाएँगे। आपको अपने अतीत और भविष्य की सोच, जज़्बातों, भावनाओं, लोगों, परिस्थितियों आदि से चिपकाव को दूर करने और मन को वर्तमान क्षण में लाने के लिए ध्यान की जरूरत होगी। यह आपको मध्य मार्ग पर चलने में मदद करेगा।

ध्यान के दौरान नींद आना

ध्यान बैठक के दौरान अभ्यासकर्ताओं को अक्सर नींद आने का अनुभव होता है। यह सामान्य है।

यदि मन में नींद आने या सो जाने की प्रवृत्ति महसूस होती है, तो मन को आराम की जरूरत हो सकती है और इसलिए, आपको पर्याप्त नींद पक्की करने के लिए मन को आराम देना चाहिए।

हालाँकि, आपको सुबह, दोपहर और/या शाम को ध्यान के लिए कुछ समय की जरूरत होगी। आप इन अलग-अलग समयों को आज़माकर देख सकते हैं कि अलग-अलग समयों का आपके अभ्यास पर क्या असर पड़ता है, और आप ऐसा अभ्यास भी बना सकते हैं जिसमें आप दिन में तीनों समय ध्यान कर सकें।

यदि यह देखा जाए कि इन सभी समयों में मन लगातार सो रहा है और अभी भी समर्पित ध्यान समय की जरूरत है, तो ध्यान के दौरान मन को प्रशिक्षित करने की क्षमता और चौकसी बनाए रखने के लिए बैठने, लेटने, खड़े होने और चलने की ध्यान मुद्राओं के बीच स्थिति बदलने का उपयोग किया जा सकता है।

जैसे-जैसे मन इन शिक्षाओं को सीखता है और गैर-तृष्णा का अभ्यास करते हुए इनका गहराई से अभ्यास करता है, आप देखेंगे कि मन को कम नींद की जरूरत होती है और वह गहरी नींद का अनुभव करता है। बाकी सब चीज़ों की तरह, नींद के पैटर्न भी अनित्य होते हैं और मन को नींद के बदलते स्वरूपों के साथ आराम से रहने की जरूरत होगी, न कि मन को एक विशिष्ट नींद के कार्यक्रम में स्थिर रहने देने की कोशिश करनी होगी। मन के लिए हर दिन एक ही समय पर या एक ही समय के लिए सोना असंभव है। यह नित्यता होगी जो असलियत में होती नहीं है।

ध्यान के दौरान शारीरिक संवेदनाएँ

ध्यान बैठकों के दौरान, मन पूरे शरीर में विभिन्न शारीरिक संवेदनाओं के लिए सचेत हो सकता है। विभिन्न संवेदनाएँ उत्पन्न होंगी और फिर विद्यमान नहीं रहेंगी। ये संवेदनाएँ नित्य नहीं होतीं।

जैसे ही मन इन विभिन्न शारीरिक संवेदनाओं का अनुभव करता है, जैसे सोच, विचार, और धारणाएँ, तो उन्हें छोड़ दें। मन को शारीरिक संवेदनाओं को अपने पास रखने या उन्हें ध्यान बैठक में बाधा डालने की अनुमति न दें। समझें कि शरीरिक संवेदनाएँ कैसे उत्पन्न होती हैं और फिर विद्यमान नहीं रहतीं, वे अनित्य हैं। मन को इन संवेदनाओं को खरोंचने या छूने की इच्छा का विरोध करने के लिए प्रशिक्षित करें, बस उन्हें विद्यमान रहने दें और फिर वह विद्यमान नहीं रहेंगी।

जैसे-जैसे ध्यान बैठकें वर्षों तक चलती रहती हैं, आपको अपने ध्यान बैठकों के दौरान सिर के विस्तार का एहसास हो सकता है। कई लोग इसे इस तरह बताते हैं जैसे सिर हाथी के सिर के आकार का हो रहा हो। यह पूरी तरह से सामान्य है क्योंकि निरंतर ध्यान बैठकों के प्रशिक्षण से मन को अधिक से अधिक लाभ मिल रहा है।

यह अनुभव हो भी सकता है और नहीं भी, और अगर हो भी जाए तो चिंता की कोई बात नहीं है क्योंकि यह नित्य नहीं है। एक अभ्यासकर्ता को अपने ध्यान अभ्यास के विकास के साथ यह या ऐसे ही कई अनुभव हो सकते हैं। अगर कोई सवाल या चिंता हो, तो आपको स्पष्टीकरण के लिए अपने शिक्षक से मार्गदर्शन लेना चाहिए।

ध्यान के दौरान दृश्य उत्तेजना

जैसा मन *धीरे-धीरे* जागृत होता है, ध्यान के दौरान दृश्य उत्तेजना का अनुभव होना आम बात है। ध्यान के दौरान व्यक्ति को कई तरह के अनुभव हो सकते हैं, जैसे सफेद रोशनी, रंगीन रोशनी, चमकती रोशनी, या अन्य कई तरह की दृश्य अहसास।

यह पूरी तरह सामान्य है।

कुछ बैठक ऐसी होंगी जहाँ अभ्यासकर्ता को उत्तेजना का अनुभव होगा और कुछ बैठक ऐसी भी होंगी जहाँ इसका अनुभव नहीं होगा। अनुभव किए गए दृश्य अहसास किसी और चीज़ का संकेत नहीं हैं, सिवाय इसके कि मन *धीरे-धीरे* जागृत हो रहा है और सभी प्रकार की बेतरतीब उत्तेजना उत्पन्न कर रहा है - शारीरिक और दृश्य दोनों तरह से।

एक अभ्यासकर्ता को मन को किसी भी दृश्य अहसास में उलझने नहीं देना चाहिए जिससे मन को सुखद भावनाओं का अनुभव हो सके। यदि दृश्य अहसास होने पर मन सुखद भावनाओं का अनुभव करता है, तो जब अनित्यता के सार्वभौमिक सत्य के कारण वे भावनाएँ विद्यमान नहीं रहेंगी, तो मन को दुखद भावनाओं का अनुभव होगा।

ध्यान के दौरान जो कुछ भी हो रहा है या नहीं हो रहा है, उससे मन को अप्रभावित रहना चाहिए। हर ध्यान बैठक दूसरे से स्वतंत्र होती है। यदि कोई अभ्यासकर्ता अपेक्षाएँ रखते हुए एक ध्यान बैठक की तुलना दूसरे से करने का प्रयत्न करता है, तो ध्यान बैठक से उसकी अपेक्षाएँ पूरी न होने पर मन का उदासीन होना या हतोत्साहित होना आसान है।

बिना किसी अपेक्षा के ध्यान करना सबसे अच्छा है, एक ऐसा निरंतर अभ्यास विकसित करना जहाँ मन एक बैठक की दूसरे से तुलना करने की इच्छा के बिना *धीरे-धीरे* प्रशिक्षित होता है। हर ध्यान बैठक पूरी तरह से अनूठी होती है, और यह निरंतर अभ्यास का विकास है जिससे व्यक्ति को परिणाम

प्राप्त होंगे। ध्यान के दौरान क्या होना चाहिए या क्या नहीं होना चाहिए, इसके लिए मन में तृष्णा/लालसा/चिपकाव न होने दें।

यदि वर्षा हो रही हो और सब कुछ अंधकारमय लग रहा हो, तो मन को अप्रभावित रखते हुए निवास करें। यदि सूर्य चमक रहा हो और सब कुछ ठीक लग रहा हो, तो मन को अप्रभावित रखते हुए निवास करें।

जब मन किसी चीज़ की अपेक्षा करता है और उसे कुछ और मिलता है, तभी वह अक्सर असंतुष्ट हो जाता है। इसलिए जब कोई अपेक्षा नहीं होती, तो मन अप्रभावित रहता है और "जो है, उससे संतुष्ट" रहता है।

बाहरी उत्तेजना के साथ ध्यान

कुछ ध्यान अभ्यास ऐसे होते हैं जिनमें बाहरी उत्तेजनाओं जैसे घंटियाँ, फोन ऐप, संगीत, मालाएँ, मोमबत्तियाँ और अन्य उपकरणों का उपयोग शामिल होता है, या शायद आप किसी मार्गदर्शक के साथ लगातार बात करते हुए ध्यान सीखते हैं। हालाँकि ये अभ्यास शुरुआत में या निर्वाण की खोज के दौरान अलग-अलग समय पर मददगार लग सकते हैं, लेकिन एक ऐसा ध्यान अभ्यास विकसित करना जरूरी है जिसमें बाहरी उत्तेजनाओं या चीज़ों से कोई लगाव न हो। ध्यान बैठक शुरू करने के लिए इनमें से किसी भी बाहरी चीज़ को पकड़कर रखने से मन पूरी तरह से "छोड़" नहीं हो पाएगा क्योंकि वह अभी भी इन विभिन्न बाहरी उत्तेजनाओं को "पकड़ के बैठा" है।

जैसे-जैसे आप निर्वाण के करीब पहुँचते हैं, ध्यान का महत्व और भी बढ़ता जाता है। जैसे-जैसे आप पुराने जज़्बातों, भावनाओं और चिंताओं से मुक्त होते जाते हैं, आपको जीवन के दैनिक संघर्षों से निपटने में मदद के लिए ध्यान की जरूरत होगी। ध्यान आपको किसी भी अप्रिय भावना पर काबू पाने में मदद करेगा। आपको ठीक से पता नहीं चलेगा कि मन में ये मानसिक स्थितियाँ कब उत्पन्न होंगी, और ध्यान मन को किसी भी असहज मानसिक स्थिति से उबरने में मदद करने का एक जरूरी भाग होगा।

चूँकि आप नहीं जानते कि जज़्बातों को मुक्त करते समय आप कब और कहाँ होंगे, इसलिए आपको यह पक्का करना होगा कि आप एक ठोस ध्यान अभ्यास विकसित करें जिसमें मन के लिए लाभदायक ध्यान करने के लिए किसी भी बाहरी जरूरत या उत्तेजना से चिपकाव न हो। आपको रोज २-३ बार ध्यान करना होगा ताकि आपके जीवन के हर दिन, जब आप पृथ्वी पर घूमते हैं, आपके

साथ एक ही बाहरी उत्तेजना न हो। इसलिए, एक ऐसा ध्यान अभ्यास विकसित करना जरूरी है जो किसी भी बाहरी चीज़ पर निर्भर न हो।

ध्यान करने के लिए आपको केवल तीन (३) चीज़ों की जरूरत होगी: शरीर, मन और साँस। ये तीनों चीज़ें आपकी आखिरी साँस तक, यानी शरीर के टूटने और मन के अलग होने पर, जब आप आखिरी साँस लेंगे, हमेशा आपके साथ रहेंगी।

सभी बाहरी उपकरण अनित्य हैं और इसलिए, आप उन्हें जीवन भर १००% अपने साथ नहीं रख सकते। यदि मन इन उपकरणों के साथ ध्यान करने में मोहित हो जाता है, तो आप ध्यान के ज़रिए मन को प्रशिक्षित करने के लिए उन पर निर्भर हो जाते हैं। इस अभ्यास का एक लक्ष्य ध्यान के दौरान किसी भी और सभी चिपकाव को निष्कासित करना है, जिसमें बाहरी उत्तेजनाओं से चिपकाव भी शामिल है। इससे यह पक्का होगा कि आप किसी भी समय और किसी भी स्थान पर ध्यान कर सकते हैं क्योंकि आपको केवल शरीर, मन और साँस की जरूरत होगी।

आपको एक ऐसा ध्यान अभ्यास विकसित करना चाहिए जिसमें केवल शरीर, मन और साँस की जरूरत हो और आप अकेले हों। यह आपके संपूर्ण ध्यान अभ्यास का ८०-९०% होना चाहिए ताकि आप एक स्वतंत्र यात्रा के ज़रिए निर्वाण की प्राप्ति कर सकें। आप दुनिया में कहीं भी हों, आपके पास हमेशा शरीर, मन और साँस रहेंगे।

एक ऐसा ध्यान अभ्यास जिसमें केवल शरीर, मन और साँस की जरूरत हो, यह पक्का करेगा कि आप इस स्वतंत्र यात्रा में, शिक्षकों के मार्गदर्शन में, कहीं भी, कभी भी ध्यान कर सकें। यही वह ध्यान अभ्यास है जिसे आप प्राप्त करने के लिए प्रयत्न करेंगे, लेकिन यह अभ्यास समय के साथ विकसित होता है, और इस अभ्यास को विकसित करने के लिए आपको खुद के साथ धैर्य रखना होगा।

ध्यान की तैयारी

गौतम बुद्ध ने बताया कि जब हम ध्यान के लिए खुद को तैयार करते हैं, तो हमें "अपने सामने माइंडफुलनेस स्थापित करनी चाहिए।" यह इस बात से संबंधित है कि आप ध्यान के लिए शरीर और मन को कैसे तैयार करते हैं।

मैंने "अपने सामने माइंडफुलनेस स्थापित करने" के लिए नीचे बताए गए अभ्यास का पालन करने का निर्णय लिया है, जिसे मैंने अपने जीवनकाल में जिन परंपराओं से सीखा और लाभ प्राप्त किया है, उन

के संयोजन से विकसित किया है। हालाँकि, आपको अपने जीवन के अनुभवों और जीवन भर अर्जित प्रज्ञा के आधार पर यह पता लगाना चाहिए कि "अपने सामने माइंडफुलनेस स्थापित करने" के लिए आपके लिए सबसे अच्छा क्या काम करता है।

यह अभ्यास केवल आपको यह समझने के लिए बताया गया है कि मैं क्या करता हूं और इसकी परंपराओं की विविधता क्या है, हालांकि, आपको इसे अपने लिए चरण-दर-चरण प्रक्रिया के रूप में उपयोग नहीं करना चाहिए क्योंकि आपको यह पता लगाना होगा कि आपके लिए सबसे अच्छा क्या काम करता है।

आपको प्रार्थना या ईश्वर से जुड़ी किसी भी चीज़ को शामिल करने की जरूरत नहीं है। मैं अपने जीवन के अनुभवों के आधार पर ऐसा करने का चुनाव करता हूँ। आपका अभ्यास आपके जीवन के उन अनुभवों के आधार पर विकसित होगा जो आपके लिए विशिष्ट हैं।

१.) जमीन पर घुटने टेकें, पवित्र त्रिमूर्ति बनाएं -> पिता, पुत्र और पवित्र आत्मा।

२.) ईश्वर, परमपिता से प्रार्थना करें, अपने जीवन और मन में आने वाली हर चीज़ के लिए उनका धन्यवाद करें। उन्हें यह एहसास दिलायें कि मैं उनसे प्यार करता हूँ और अपने जीवन में उनकी उपस्थिति की कद्र करता हूँ। मैं उनसे कोई उपकार या इच्छा नहीं माँगता। ईश्वर कोई "बोतल में बंद जिन्न" नहीं है और मुझे हमेशा ईश्वर से चीज़ें माँगने में कोई दिलचस्पी नहीं है। मैं ईश्वर होने की कल्पना भी नहीं कर सकता जिसे दिन भर अरबों लोगों से बस भीख और चीज़ें माँगते हुए सुनना पड़ता है। ईश्वर इच्छाएँ पूरी नहीं करते, इसलिए मैं बस उनका "धन्यवाद" करता हूँ।

इसके अतिरिक्त, यदि कोई हमेशा ईश्वर से चीज़ों की "मांग" करता है, तो वह "गलत दृष्टि" का अभ्यास कर रहा होगा और अभी भी "तृष्णा" रखेगा, इस प्रकार, वह निर्वाण प्राप्त करने के काबिल नहीं होगा।

३.) ईश्वर की प्रार्थना पढ़ें।

हे हमारे पिता, तू जो स्वर्ग में है, तेरा नाम पवित्र माना जाए।
तेरा राज्य आए, तेरी इच्छा जैसे स्वर्ग में पूरी होती है, वैसे पृथ्वी पर भी हो।
हमें इस दिन हमारी रोज की रोटी दे।
हमारे अपराधों को क्षमा कर,

जैसे हम उन लोगों को क्षमा करते हैं जो हमारे विरुद्ध अपराध करते हैं।
हमें परीक्षा में न ले जा, परन्तु बुराई से बचा।
क्योंकि राज्य, पराक्रम और महिमा तेरे ही हैं।
हमेशा के लिए और हमेशा आमीन।
(इस प्रार्थना की पूरी व्याख्या के लिए शब्दावली देखें।)

४.) पाली भाषा में जप

आराहंग सम्मा सम-पुट्टो प-क-वा
पूर्णतः निर्वाण प्राप्त व्यक्ति योग्य और सही रूप से आत्म-जागृत है,

पुट-टंग पक-वन-टंग आह-पी-वा-ते-मी।
मैं उस जागृत, संपूर्णतः निर्वाण प्राप्त व्यक्ति के समक्ष नतमस्तक हूँ।

स-वा-का-तो प-क-व-ता धम्मो
शिक्षाओं को संपूर्णतः निर्वाण प्राप्त व्यक्ति द्वारा अच्छी तरह से समझाया गया है।

धम-मंग नमा-सा-मी।
मैं शिक्षाओं के लिए सम्मान व्यक्त करता हूं।

सू-प-ती-प-नो प-क-व-तो स-व-का-सं-घो
पूर्णतः निर्वाण प्राप्त व्यक्ति के शिष्यों के समुदाय ने अच्छा अभ्यास किया है।

सं-कं-न-मा-मी।
मैं समुदाय के लिए सम्मान व्यक्त करता हूं।
—-
नमो त-सा प-क-व-तो अरा-हतो समा सम-पुत्त-सा
(३ बार दोहराएँ)

पूर्णतः निर्वाण प्राप्त, योग्य, सही रूप से आत्म-जागृत व्यक्ति के लिए सम्मान।
—-
इति-पि सो प-क-वा आराहंग सम्मा सम-पुट्टो
वह संपूर्णतः निर्वाण प्राप्त है, योग्य है, सही रूप से आत्म-जागृत है,

वी-छा चारा-नांग सम-पुनो स-का-तो रो-गा-वी-तू
ज्ञान और आचरण में निपुण, अच्छे मार्ग पर चलने वाला, लोकों का ज्ञाता,

अनु-ता-रो पू-री-सा धम्मा स-ती स-ता दवा मा-नू-स-नांग
पुट-टो प-क-व-ती।

जिन्हें सिखाया जा सकता है, उनके अद्वितीय प्रशिक्षक, मानव और स्वर्गीय प्राणियों के शिक्षक; जागृत; और संपूर्णतः निर्वाण प्राप्त।

(ध्यान: बैठे हुए, लेटे हुए, खड़े होकर या चलते हुए ध्यान।)

तीनों (३) जपों को फिर से दोहराएँ।

(यह आपके जप में अंतर देखने का एक अच्छा समय है क्योंकि अब आपने मन को प्रशिक्षित कर लिया है, आप जप की अधिक स्पष्ट और संक्षिप्त ध्वनि के परिणाम देख सकते हैं।)

मन मालिक है और शरीर कर्मचारी है

मन मालिक है और शरीर कर्मचारी। मालिक तक पहुँचने के लिए, हमें कर्मचारी के ज़रिए जाना होगा। कर्मचारी को आरामदायक बनाकर, लेकिन आलीशान नहीं, हम मालिक तक पहुँच सकते हैं। शरीर को आरामदायक रखकर, लेकिन आलीशान नहीं, इससे मन सचेत और सतर्क रहेगा ताकि उसे ध्यान बैठक में सक्रिय रूप से प्रशिक्षित किया जा सके।

ध्यान के दौरान, हम मन तक पहुँचने और उसे प्रशिक्षित करने के लिए शरीर का उपयोग करते हैं। मन तक पहुँचने के लिए हमें शरीर से होकर गुजरना पड़ता है। हम शरीर को ऐसी स्थितियों, मुद्राओं और परिस्थितियों में रखते हैं जो आरामदायक तो हों, लेकिन आलीशान न हों, जिससे हम मन को देख सकें और प्रशिक्षित कर सकें।

सही नीयत से एक अच्छी तरह प्रशिक्षित मन, दैनिक जीवन में शरीर के ज़रिए सही वाणी और सही कार्य प्रदान करने के काबिल होगा। इस प्रकार मन (यानी मालिक) को प्रशिक्षित करके, हम अच्छी नीयत, वाणी और कार्य उत्पन्न करते हैं, जिससे दैनिक जीवन में बेहतर परिणाम (यानी कुशल कम्मा) प्राप्त होते हैं।

यदि मन अव्यवस्थित है, तृष्णा, क्रोध और अज्ञानता (वास्तविकता से अनजान होने) के साथ-साथ अहं से भरा है, तो हमारी नीयत, वाणी और शारीरिक कार्य मन के अंदर की बातों को प्रतिबिंबित करेंगे। इसके विपरीत, यदि हमारा मन शुद्ध, निश्चल और शांत है, तो हमारी नीयत, वाणी और कार्य सभी प्राणियों के लिए सार्वभौमिक प्रेम से भरे होंगे, किसी को कोई हानि नहीं पहुँचाएँगे, और आप एक अच्छा नैतिक जीवन व्यतीत करेंगे। आप अपने जीवन में बेहतर परिणाम (यानी कुशल कम्मा) का अनुभव करेंगे क्योंकि आप शुद्ध नीयत, वाणी और कार्यों के साथ कुशल निर्णय ले रहे हैं।

जैसे-जैसे आप आगे बढ़ते हैं, मन को ऐसी परिस्थितियों में रखें जो शांतिपूर्ण, निश्चल या निर्मल न हों, ताकि मन को किसी भी और सभी परिस्थितियों में संतुष्ट रहने के लिए और अधिक प्रशिक्षित किया जा सके। इससे विभिन्न स्थानों पर मन का परीक्षण करने में मदद मिल सकती है, जिससे प्रशिक्षण गहरा होगा और मन अधिक नियमित होगा।

कभी हार न मानें

जरूरी बात यह है कि आप जीवन भर ध्यान करने का प्रयत्न करें, और शायद बार-बार प्रयत्न करें।

कभी भी निराश न हों या यह न सोचें कि आप कुछ गलत कर रहे हैं। हार मानने का कोई मतलब नहीं है, बस आगे बढ़ना है। ध्यान का अभ्यास विकसित करना हमेशा एक सतत प्रक्रिया है। मन आपको लगातार यही समझाना चाहेगा कि आप गलत कर रहे हैं, आप किसी काम के नहीं हैं, और आपको बस "यह बेकार काम बंद कर देना चाहिए"। नकारात्मक विचार आपको जीवन में कई चीज़ों से लगातार रोकते रहते हैं। अगर आप मन में आने वाले नकारात्मक विचारों पर ध्यान देंगे, तो आप उनसे कभी छुटकारा नहीं पा सकेंगे। ध्यान वह प्रशिक्षण है जो कई मनों को परेशान करने वाले नकारात्मक विचारों और बकबक को दूर करने के लिए जरूरी है।

यह समझें कि जो विचार आपको इन शिक्षाओं को सीखने और उनका अभ्यास करने के लिए प्रेरित कर रहे हैं, वही विचार आपको उनसे दूर जाने, एक कुशल मन और बेहतर जीवन का पीछा न करने के लिए प्रेरित करेंगे।

मन लड़ना या दौड़ना/भागना चाहेगा। आमतौर पर उसे एक जगह बैठकर प्रशिक्षण लेने में दिलचस्पी नहीं होगी, इसलिए वह आपसे कुछ और करने के लिए लड़ेगा और/या भागना चाहेगा। इस अभ्यास

के लिए आपका समर्पण और वचनबद्धता ही यह पक्का करेगा कि आपको निरंतर प्रगति के सर्वोत्तम परिणाम मिलें।

मन को प्रशिक्षित करने के लिए शरीर का उपयोग करें। एक शुद्ध मन विकसित करें। एक ऐसा ध्यान अभ्यास विकसित करें जो आपके मन को नियमित और निश्चल रखे, चाहे जीवन में कोई भी बाधा आए। किसी भी अच्छी चीज़ को विकसित होने में समय लगता है, और आप अपने शुरुआती कुछ प्रयत्नों में ही एक कुशल ध्यान करने वाले नहीं बन पाएँगे। इस अभ्यास को जीवन अभ्यास के रूप में विकसित करने में आपको कई वर्ष लगेंगे, लेकिन जैसे-जैसे आप समय के साथ आगे बढ़ेंगे, आपको बढ़ते लाभ और विकास का एहसास होगा।

एक सहायक शिक्षक खोजें, जिसने निर्वाण प्राप्त कर लिया हो, जो आपको सिखा सके कि बाहरी प्रेरणा या मार्गदर्शन से चिपकाव के बिना ध्यान कैसे किया जाए।

गौतम बुद्ध ने इस चैप्टर में दिए गए पहले तीन (३) प्रकार के ध्यान की शिक्षा दी, जिनमें साँस की माइंडफुलनेस का ध्यान, प्रेमभरी-कृपा ध्यान और यौन-तृष्णा निष्कासन ध्यान शामिल हैं। गौतम बुद्ध के जीवनकाल से ही ध्यान की अन्य शैलियाँ विकसित और प्रचलित हुई हैं। इस किताब के लेखक ने इन शिक्षाओं के साथ अपने अनुभवों और अपने अभ्यास को बेहतर बनाने में सहायक रही बातों के आधार पर "अन-आत्म के एहसास के लिए ध्यान" को बाँटा है।

निर्वाण प्राप्ति के लिए गौतम बुद्ध द्वारा सिखाए गए ध्यान का मुख्य रूप मन को "विचारों को काटने" (यानी विचारों को छोड़ देने) के लिए प्रशिक्षित करने पर केंद्रित है, जबकि अनित्यता को देखते हुए तृष्णा/लालसा/चिपकाव को निष्कासित करने के लिए "साँस की माइंडफुलनेस का ध्यान" कहा जाता है, और क्रोध/घृणा/दुर्भावना के विष को निष्कासित करने के लिए "प्रेमभरी-कृपा का ध्यान" कहा जाता है।

ध्यान रखें कि सोच और विचारों से किसी भी प्रकार का चिपकाव एक असंतुष्ट मन को जन्म देगा। गौतम बुद्ध की शिक्षाओं का लक्ष्य प्रशिक्षण के ज़रिए मन को खाली करना है, न कि और अधिक विचारों को प्रोत्साहित करना।

मन को खाली करने से, लाभदायक विचारों के लिए अधिक जगह बनेगी जो प्रज्ञा के विकास की ओर ले जा सकते हैं और जीवन की यात्रा में आपकी सहायता करेंगे। हालाँकि, ध्यान खुद मन को नकारात्मक विचारों से मुक्त "खाली" और "स्थिर" रहने के लिए प्रशिक्षित करने पर केंद्रित होना

चाहिए। ध्यान में मन को प्रशिक्षित करके "मन का एकाकीपन" विकसित करें, और फिर पूरे दिन इसे बनाए रखने का अभ्यास करें।

खाली मन विकसित करने से, आपके पास एकाग्रता होगी जो आपके दैनिक जीवन के दौरान लाभदायक सोच, वाणी और कार्यों की ओर ले जाएगी।

ऐसे ध्यान अभ्यास हैं जो कुशल मानसिक स्थितियों को सँवारते हैं, जैसे कि प्रेमभरी-कृपा का ध्यान और इस चैप्टर में प्रस्तुत अन्य अभ्यास। सभी ध्यान मन के अकुशल गुणों को निष्कासित या मन के कुशल गुणों के विकास पर केंद्रित होंगे। यही इन शिक्षाओं का लक्ष्य है और इसलिए, ध्यान के दौरान भी यही लक्ष्य है।

यदि आप किसी ऐसे ध्यान को अपनाने का निर्णय लेते हैं जो गौतम बुद्ध द्वारा नहीं सिखाया गया था, तो पक्का करें कि आप "क्यों" को समझते हैं। गौतम बुद्ध की शिक्षाएँ अनिर्वाणी मन की समस्याओं को स्पष्ट रूप से समझाती हैं और उन समस्याओं का सटीक उपाय या समाधान प्रदान करती हैं। उनकी हर शिक्षा एक विशिष्ट लक्ष्य या उद्देश्य की ओर ले जाने वाली एक-दूसरे से जुड़ी हुई है जो मन के विशिष्ट अकुशल गुणों को निष्कासित करने और विशिष्ट कुशल गुणों को उत्पन्न करने के लिए है। यदि आप गौतम बुद्ध द्वारा बताए गए तरीकों से बाहर जाने वाले हैं, तो पक्का करें कि आप "क्यों" को समझते हैं क्योंकि गौतम बुद्ध ने एक संपूर्ण समाधान प्रदान किया है, और एक अभ्यासकर्ता को ऐसी किसी चीज़ को अपनाने की कोई जरूरत नहीं होनी चाहिए जो बुद्ध द्वारा नहीं सिखाई गई हो। विभिन्न परंपराओं को घोलने और मिलाने से एक अभ्यासकर्ता के लिए भारी उलझन पैदा हो सकती है, और वास्तव में उनके निर्वाण की यात्रा में बाधा या रुकावट आ सकती है।

अपनी यात्रा और निर्वाण की निरंतर खोज का आनंद लें। याद रखें कि ध्यान आपके "जीवन अभ्यास" का केवल एक भाग है। ध्यान एक "अभ्यास" है जो मन को प्रशिक्षित करने के लिए आपके "जीवन अभ्यास" के अंदर है।

ध्यान करो, भिक्षुओं, बेपरवाह मत हो, कहीं ऐसा न हो कि बाद में पछताना पड़े। यही मेरा तुम्हें निर्देश है।

(गौतम बुद्ध)

(संदर्भ: संयुत्त निकाय ४३.१)

अपने ध्यान अभ्यास को विकसित करने के बारे में अधिक जानने के लिए, इसी किताब श्रृंखला की किताब "साँस की माइंडफुलनेस का ध्यान" (खंड ७) देखें।

आगे छानबीन के लिए सीखने के संसाधन

ऑडियोबुक

(ऑडियोबुक) - (खंड १ - चैप्टर ११) - ध्यान: अपना अभ्यास विकसित करना (पढ़िए और सुनिए)
https://youtu.be/rKq1Sz6l3o0

एप. ५११ - (ऑडियोबुक) - (खंड १ - चैप्टर ११) - ध्यान: अपना अभ्यास विकसित करना
https://podcasters.spotify.com/pod/show/buddhadailywisdom/episodes/Ep--511---Audiobook---Volume-1---Chapter-11---Meditation-Developing-Your-Practice-e272uam

यूट्यूब वीडियो

(सामूहिक शिक्षण प्रोग्राम) - चैप्टर ११ - ध्यान: अपना अभ्यास विकसित करना
https://youtube.com/live/UxCCSSpxfFk

चलते हुए ध्यान कैसे करें - साँस की माइंडफुलनेस का ध्यान
https://youtu.be/frGLCtTmR9A

पॉडकास्ट

एप. ४५३ - (सामूहिक शिक्षण प्रोग्राम) - चैप्टर ११ - ध्यान: अपना अभ्यास विकसित करना
https://podcasters.spotify.com/pod/show/buddhadailywisdom/episodes/Ep--453---Group-Learning-Program---Chapter-11---Meditation-Developing-Your-Practice-e2307p7/a-a9npdct

प्रश्नोत्तरी

ध्यान: अपना अभ्यास विकसित करना
https://forms.gle/Sir1WxEAnZKrHEDs9

(इस ऑनलाइन प्रश्नोत्तरी को पूरा करके इस चैप्टर की अपनी समझ की पुष्टि करें। आप ही एकमात्र व्यक्ति हैं जो प्रश्नोत्तरी के परिणाम देखेंगे।)

चैप्टर १२

तृष्णा समस्या है: हल क्या है?

गौतम बुद्ध ने मानव मन के बारे में जो मुख्य समस्या खोजी, वह यह है कि वह निरंतर तृष्णा और लालसा की स्थिति में रहता है, जिसे चिपकाव भी कहा जाता है। मन निरंतर संपत्ति, रिश्ते, धन, प्रसिद्धि, व्यवसाय आदि के लिए तृष्णा, लालसा, चिपकाव रखता है। तृष्णा, लालसा या चिपकाव "किसी चीज़ के लिए तीव्र उत्सुकता के साथ मानसिक तमन्ना" है।

अनिर्वाणी मन में निरंतर और अंतहीन "तृष्णा", "लालसा", "मोह", "अपेक्षाएँ" या "चाहतें" होती हैं और क्योंकि हम नित्यता की तृष्णा रखने वाले मन के साथ अपनी अंतहीन "चाहतों" को कभी पूरा नहीं कर सकते, इसलिए मन हमारी अपनी तृष्णा, लालसा या चिपकाव के कारण असंतुष्ट रहता है।

मन कभी संतुष्ट नहीं होता और जिंदगी से और ज्यादा की तृष्णा करता रहता है। अनिर्वाणी स्थिति में मन की यही अवस्था होती है, जिससे हमारी तृष्णाओं की अंतहीन खोज का जीवन बन जाता है। फिर भी, मन को तृष्णा के इस अंतहीन चक्र से आगे बढ़ने के लिए प्रशिक्षित किया जा सकता है। निर्वाण की खोज के ज़रिए मन एक "उच्च चेतना" प्राप्त कर सकता है।

मन की अज्ञानता या "सच्ची वास्तविकता से अनजान होने" की वजह से, अनिर्वाणी मन वह नहीं समझ पाता जो वह नहीं समझता, और यही उसे अनिर्वाणी स्थिति में रखता है। इन शिक्षाओं से प्रज्ञा प्राप्त करके, मन *धीरे-धीरे* अपनी चुनौतियों के लिए जागरूक हो जाता है और तृष्णा/लालसा/चिपकाव को निष्कासित करने के लिए एक अच्छी तरह से विकसित जीवन अभ्यास में समाधानों को लागू करता है, इस प्रकार, सभी असंतुष्टि को १००% निष्कासित कर देता है।

जब हम बच्चे थे, हमें लगता था कि अगर हमारे पास एक साइकिल होती, तो हम कितने खुश होते। हमने इसी लक्ष्य पर मन केंद्रित किया और साइकिल पाने के लिए जी-तोड़ मेहनत की। आखिरकार हमें साइकिल मिल गई। कुछ समय के लिए मन खुश रहा, लेकिन *धीरे-धीरे* साइकिल से जुड़ी खुशी कम हो गई और मन सुखद भावना पैदा करने की अगली तृष्णा या लालसा की ओर मुड़ गया।

इसके बाद, मन को एक मोटरसाइकिल चाहिए होती है। हम इस नई चीज़ को पाने के लिए मन और प्रयत्न लगाते हैं और मन खुश होता है। लेकिन, अंत में यह खुशी खत्म हो जाती है क्योंकि सशर्त खुशी अनित्य होती है। मन ने अपनी खुशी को एक अनित्य परिस्थिति पर सशर्त कर दिया है, इसलिए यह खत्म हो जाती है। मन अनित्य परिस्थितियों के आधार पर अंदरूनी सुखद भावनाओं की तलाश कर रहा है, इसलिए सुखद भावनाएँ केवल अनित्य होती हैं और यह चक्र चलता रहता है।

फिर, मन में एक गाड़ी की तृष्णा जागती है। हम इस नई चीज़ को पाने के लिए मन और प्रयत्न करते हैं और मन खुश हो जाता है।

बाद में, मन एक आलीशान गाड़ी की तृष्णा रखता है। हम इस नई चीज़ को पाने के लिए और प्रयत्न करते हैं और मन खुश होता है। लेकिन, अंत में यह खुशी खत्म हो जाती है क्योंकि खुशी अनित्य होती है। यह चक्र चलता रहता है और हमें दुखी और असंतुष्ट छोड़ता है, लेकिन फिर भी अंदरूनी सुखद भावनाओं को जगाने के लिए अनित्य अवस्थाओं की नई तृष्णा लगातार विकसित होती रहती है।

जब तक मन इसी मार्ग पर चलता रहेगा, वह अपनी प्रिय चीज़ों के पीछे भागता रहेगा और लगातार सुखद, दुखद और न दुखद-न-सुखद भावनाओं का अनुभव करता रहेगा। जब तक मन अपनी अंदरूनी भावनाओं को अनित्य अवस्था पर आधारित रखेगा, तब तक वह कभी भी नित्य शांत और निश्चल मानसिक स्थिति का अनुभव नहीं कर पाएगा।

तृष्णा, लालसा, चिपकाव, तीव्र उत्सुकता के साथ मानसिक तमन्ना को मन से निष्कासित करने की जरूरत है ताकि मन को अनित्य अवस्थाओं में सुखद भावनाओं के पीछे न भागने के लिए प्रशिक्षित किया जा सके।

तृष्णा या लालसा और जरूरत के बीच का अंतर यह है कि जरूरत वह चीज़ है जो जीवन को बनाए रखने के लिए जरूरी और सहायक होती है। तृष्णा या लालसा "किसी चीज़ के लिए तीव्र उत्सुकता के साथ मानसिक तमन्ना" है।

इस उदाहरण में, जरूरत "परिवहन" की है, लेकिन ज्यादा से ज्यादा पाने की तृष्णा ही मन को असंतुष्ट करती है। किसी भी प्रकार के परिवहन से संतुष्ट होने के बजाय, मन परिवहन के किसी अन्य रूप की तृष्णा करता है, जिसके लिए व्यक्ति को इस तृष्णा का पीछा करते हुए बाहरी संतुष्टि या कभी न खत्म होने वाली अनित्य खुशी की तलाश करनी पड़ती है, क्योंकि किसी अनित्य अवस्था के आधार पर खुशी की तलाश करने से मन असंतुष्ट हो जाता है। मन अनित्य अवस्थाओं के ज़रिए अधिक से

अधिक सुखद भावनाओं की तलाश करता रहता है और कभी भी "जो है उससे संतुष्ट" नहीं होता। मन नाखुश होता है और अनित्य अवस्थाओं के ज़रिए अंदरूनी संतुष्टि के निरंतर पीछे लगा रहता है।

मन लगातार संपत्ति, रिश्ते, धन, प्रसिद्धि, व्यवसाय आदि की तृष्णा करता रहता है। हम अपना जीवन तृष्णा करने और अपनी तृष्णा का पीछा करते हुए बिताते हैं। हम अंतहीन और निरंतर अपनी तृष्णा के पीछे भागते रहते हैं, लेकिन कभी संतुष्टि प्राप्त नहीं कर पाते, जब तक कि हम मन को निर्वाण की प्राप्ति के लिए प्रशिक्षित न करें।

निर्वाण के मार्ग में हमारी तृष्णा और लालसा (यानी चिपकाव) को बुझाना, अपने साधनों के अंदर रहना सीखना और अंदरूनी पूर्ति के ज़रिए संतुष्टि प्राप्त करना शामिल है, जहाँ मन आनंद के साथ शांत, निश्चल, निर्मल और संतुष्ट रह सकता है, कभी भी थोड़ी सी भी चिढ़ या झुंझलाहट का अनुभव नहीं करता है।

निर्वाण प्राप्ति का यह पथ, असंतुष्ट मन के कारण को समझने में सहायता करने के लिए मार्गदर्शन है, और खुद के चुनावों के ज़रिए, व्यक्ति अपने मन को शांतिपूर्ण और संतुष्ट मन का उच्च से उच्च स्तर प्राप्त करने के लिए प्रशिक्षित कर सकता है, और इस प्रकार, एक शांत और संतुष्ट जीवन प्राप्त कर सकता है।

हर व्यक्ति को यह तय करना होगा कि मन में वर्तमान में मौजूद खुद की तृष्णा, लालसा, चिपकाव को बुझाने का सही समय कब है और जैसे-जैसे वह ऐसा करेगा, उसे अधिक से अधिक आनंद के साथ शांत, निश्चल, निर्मल और संतुष्ट मन का अनुभव होगा। मन नित्य रूप से शांतचित्त और अविचलित हो जाएगा।

तृष्णा, लालसा, चिपकाव खुद कोई चीज़ नहीं है। इसलिए संपत्ति और रिश्तों को निष्कासित करने से तृष्णा/लालसा/चिपकाव निष्कासित नहीं होती।

तृष्णा/लालसा/चिपकाव वह माध्यम है जिससे मन किसी चीज़ की ओर आकर्षित होता है, यह सोचकर कि इससे मन को संतुष्टि मिलेगी। लेकिन, क्योंकि मन इन अनित्य चीज़ों के पीछे भाग रहा है, इसलिए जब मन अपनी दिलचस्पी की चीज़ प्राप्त कर लेता है और सुखद भावनाएँ अनुभव करता है, तब भी मन असंतुष्ट ही रहता है। खुशी, उत्तेजना या उल्लास एक अनित्य चीज़ पर आधारित होती है, इसलिए, यह केवल समय की बात है कि मन उस बाहरी चीज़ की अनित्य प्रकृति के कारण दुखद भावनाओं का अनुभव करे।

मन को अपनी प्रिय चीज़ों के पीछे न भागने के लिए प्रशिक्षित करना, मन को तृष्णा/लालसा/चिपकाव को निष्कासित करने के लिए प्रशिक्षित करना है।

एक अभ्यासकर्ता को संपत्ति और रिश्तों को त्यागने की जरूरत नहीं है, बल्कि उसे मन को इन चीज़ों की ओर न खींचने के लिए प्रशिक्षित करना चाहिए, यह सोचकर कि मन को नित्य संतुष्टि या पूर्ति के लिए यह जरूरी है। मन को यह समझने की प्रज्ञा प्राप्त करनी होगी कि इन अनित्य चीज़ों की तमन्ना और उत्सुकता ही मन को असंतुष्ट कर रही है। अगर कोई इन्हें केवल दिलचस्पी, लक्ष्यों और उद्देश्यों के रूप में अपनाए, तो मन शांत और संतुष्ट रह सकता है, न कि अंदरूनी भावनाओं को जगाने के लिए अनित्य चीज़ों की तमन्ना करेगा या उनके पीछे भागेगा।

नीचे की टेबल में, आपको संभावित तृष्णाओं के उदाहरण मिलेंगे। चीज़ खुद यह निर्धारित नहीं करती कि वह तृष्णा है या नहीं, बल्कि यह निर्धारित करती है कि मन इन बाहरी चीज़ों से कैसे जुड़ता है। यदि मन इनका पीछा कर रहा है और यह सोच रहा है कि इससे मन को अंदरूनी संतुष्टि या पूर्ति मिलेगी, तो यह तृष्णा/लालसा/चिपकाव है।

कोई भी कुशल तृष्णा/लालसा/चिपकाव जैसी कोई चीज नहीं होती, क्योंकि सभी तृष्णा असंतुष्टि उत्पन्न करती है।

संभावित तृष्णाओं के उदाहरण

तीव्र उत्सुकता	गौतम बुद्ध की शिक्षाओं से जुड़े अकुशल कम्मा उत्पादन के संभावित हानिकारक असर
गाड़ी	अत्यधिक काम, अत्यधिक अहं, अपने करीबी लोगों के साथ समय की कमी, प्रदूषण
बच्चे	रोग, अकाल, संसाधनों की कमी, अत्यधिक काम
कपड़े और आभूषण	अत्यधिक काम, अत्यधिक अहं, अपने करीबी लोगों के साथ समय की कमी
यश	अत्यधिक काम, अत्यधिक अहं, अपने करीबी लोगों के साथ समय की कमी
खाना या पशु उत्पाद खाना	मोटापा, शरीर पर हानिकारक असर, मृत्यु, धरती के संसाधनों का विनाश, (*लालच; जान लेना; मांस का व्यापार*)
खुशी	आत्महत्या
दुनिया की मदद करना	"संपूर्ण विश्व" की मदद करने में असमर्थता के कारण प्रेरणा की कमी, अंदरूनी विकास या अंदरूनी उपचार को अनदेखा करना
नौकरी शीर्षक	अत्यधिक काम, अत्यधिक अहं, अपने करीबी लोगों के साथ समय की कमी, लालच, घृणा या भ्रम और अहं के आधार पर आक्रामक निर्णय लेना जो रिश्तों, समाज और पर्यावरण के लिए हानिकारक है
जीवन साथी	परित्याग की भावना, अकेलापन, जरूरतों पर पूर्ण विचार किए बिना समय से पहले चयन, तलाक, (*यौन दुराचार*)
निपुणता	अपराधबोध, जुनून, नीयत्रण, बेकार होने की भावना, अत्यधिक काम
शक्ति	अत्यधिक काम, अत्यधिक अहं, अपने करीबी लोगों के साथ समय की कमी, लालच के आधार पर आक्रामक निर्णय लेना जो रिश्तों, समाज और पर्यावरण के लिए हानिकारक है; खराब काम की अवस्था, व्यापक गरीबी, भ्रष्ट राजनीति, बदमाशी, हत्या, आतंकवाद, सामूहिक गोलीबारी, युद्ध, (*लालच; जीवन लेना*)
यौन संपर्क	अकेलापन, रिश्तों में विश्वास की कमी, यौन संचारित रोग (एसटीडी), अनियोजित गर्भावस्था, बच्चों की देखभाल के लिए संसाधनों की कमी, अनाथ, बलात्कार, नाबालिगों का यौन शोषण, वचनबद्ध रिश्ते के बाहर गर्भावस्था, मानव तस्करी, वेश्यावृत्ति, तलाक, मृत्यु, (*यौन दुराचार; जीवों का व्यापार*)

मादक द्रव्यों का सेवन (शराब, अवैध ड्रग्स, प्रिस्क्रिप्शन ड्रग्स, कैफीन, आदि)	तेज दिमाग, अत्यधिक ऊर्जा, निश्चलता की कमी, अनिद्रा/नींद की कमी, याददाश्त की कमी, व्यवसाय की हानि, आर्थिक स्थिरता की हानि, रिश्तों की हानि, घर की हानि, स्वास्थ्य की हानि, नशे की लत वाले शिशु, वेश्यावृत्ति, मृत्यु, (*ऐसे पदार्थ जो असावधानी का कारण बनते हैं; असावधानी का कारण बनने वाले पदार्थों का व्यापार*)
संपत्ति (पैसा, जमीन, सोना)	अत्यधिक काम, अत्यधिक अहं, अपने करीबी लोगों के साथ समय की कमी, लालच के आधार पर आक्रामक निर्णय लेना जो रिश्तों, समाज और पर्यावरण के लिए हानिकारक है; खराब काम की अवस्था, व्यापक गरीबी, आर्थिक आपदाएँ, अत्यधिक कर्ज, हत्या, आतंकवाद, सामूहिक गोलीबारी, वेश्यावृत्ति, युद्ध,(*लालच; जीवन लेना*)

संभावित तृष्णाओं और लालसाओं की सूची अंतहीन है जो गलत नीयत, गलत वाणी, गलत कार्यों और गलत रोजगार का कारण बन सकती हैं। हमारी तृष्णा और लालसा हमें कम्मा के प्राकृतिक नियम के ज़रिए दूसरों और खुद को नुकसान पहुँचाने के लिए प्रेरित करती हैं, जिसमें पाँच सिद्धांतों का पालन न करना भी शामिल है। जब हम अपनी तृष्णा और लालसा के कारण नुकसान पहुँचाते हैं, तो यह नुकसान कम्मा के प्राकृतिक नियम के अनुसार हमें वापस मिल जाता है। मन अनिर्वाणी बना रहता है और मन की असंतुष्टि की भावना बनी रहती है, जिससे कभी भी आनंद के साथ मन की शांति, निश्चलता, निर्मलता और संतुष्टि प्राप्त नहीं होती।

ये कुछ सामान्य उदाहरण हैं जो आपको यह समझने में मदद करेंगे कि आपका मानव अस्तित्व केवल अपनी तृष्णा और लालसा का पीछा कर रहा है, न कि वर्तमान में जीकर संतुष्टिपूर्ण जीवन का आनंद लेते हुए "जो है उसी में संतुष्ट" रहना। "संभावित हानिकारक असरों" की सूची केवल उन तरीकों का एक उदाहरण है जिनसे ये अत्यधिक तृष्णा हानिकारक असर पैदा कर सकती है। कई अन्य तृष्णाएँ और संभावित हानिकारक असर भी हैं। संभावित हानिकारक असर स्पष्ट और पूर्ण नहीं हैं, बल्कि एक विशिष्ट तृष्णा (यानी चिपकाव) पर आधारित संभावित असर हैं।

इन्हीं तृष्णाओं को, बिना किसी अत्यधिक तृष्णा के, स्वस्थ लक्ष्यों के रूप में अपनाया जा सकता है, जिससे आपके जीवन और समाज के लिए लाभदायक परिणाम प्राप्त होते हैं। यह "मध्य मार्ग पर चलना" होगा, जिसमें दिलचस्पी, लक्ष्यों और उद्देश्यों के साथ जीवन में प्रगति हो।

अत्यधिक तृष्णा के साथ, हम अपना समय और प्रयत्न उन चीज़ों को पूरा करने में लगाते हैं जिन्हें हम "सोचते" हैं कि वे हमें खुशी देंगी, लेकिन जब हम वह हासिल कर लेते हैं जिसके बारे में हमने सोचा था कि वह हमें खुशी देंगी, तो वह खुशी फीकी पड़ जाती है और हमें उतना संतुष्टि का एहसास नहीं होता। फिर, तृष्णा तब तक बनी रहती है जब तक हम निर्वाण प्राप्त करके अपनी तृष्णाओं और लालसाओं को बुझा नहीं देते।

जीवन के ये पहलू सहायक हैं और हमारे अस्तित्व के लिए स्वस्थ हो सकते हैं, हालांकि, इनमें से किसी भी क्षेत्र या अन्य में अत्यधिक तृष्णा मन को इन तृष्णाओं की अकुशल खोज में लगा सकती है।

लक्ष्य इन अंतहीन और संभावित रूप से बेकाबू तृष्णाओं और लालसाओं को बुझाकर एक संतुष्ट जीवन का निर्माण करना है। मन को अत्यधिक तृष्णा पालने के बजाय मध्य मार्ग पर चलने के लिए प्रेरित करना, इस जीवन साधना का एक हिस्सा है।

तृष्णाओं और लालसाओं को बुझाना

अत्यधिक और बेकाबू यौन इच्छा या मादक द्रव्यों का सेवन सबसे चुनौतीपूर्ण तृष्णाओं और लालसाओं को बुझाने में से है।

यह तृष्णा, अन्य तृष्णाओं के साथ, मन को असीमित समय तक व्यस्त रख सकती है, जिससे संतुष्ट जीवन जीने में बाधा आती है। यह तृष्णा घरेलू जीवन के लिए बटोरे धन के अत्यधिक उपयोग, या उस समय के अत्यधिक उपयोग से, जो अपनी तृष्णाओं का पीछा करने के बजाय कुशल रिश्तों या कुशल गतिविधियों के लिए समर्पित किया जा सकता था, दूसरे लोगों को नुकसान पहुँचा सकती हैं।

अपनी अंतहीन तृष्णाओं और लालसाओं को निष्कासित करके, हम अधिक अर्थ भरे रिश्ते और गतिविधियाँ बना पाते हैं जो समाज, अपने प्रियजनों और अपने जीवन के लिए ज्यादा लाभदायक होती हैं, बिना तृष्णा, क्रोध और अज्ञानता (सच्ची वास्तविकता से अनजान होना) और बिना अपने अहं को बढ़ाते हुए। हम जीवन में अपनी "चाहतों" पर फोकस करने के बजाय, अपनी "जरूरतों" पर अधिक फोकस कर पाते हैं।

आपकी वर्तमान विशिष्ट तृष्णाओं और लालसाओं के आधार पर, आपको अपनी तृष्णाओं को बुझाने का तरीका जानने के लिए सहायता की जरूरत हो सकती है। अत्यधिक तृष्णाओं और लालसाओं से भरा जीवन, जैसा कि ऊपर बताया गया है, आपको मानव रूप में एक शांतिपूर्ण और सुकून भरे

अस्तित्व का आनंद लेने से दूर कर देगा, और शायद आपको एक गहरे, दिलचस्प और पुरस्कृत जीवन से भी वंचित कर देगा।

दुनिया भर में ऐसे कई पेशेवर लोग हैं जो विभिन्न लतों के निष्कासन में विशेषज्ञता रखते हैं। लत, या तृष्णा, लालसा, या चिपकाव, ये सभी हमारे जीवन के ऐसे क्षेत्र हैं जिनका समाधान मार्गदर्शन और/या पेशेवर सहायता प्राप्त करके किया जा सकता है। आपकी लत की गहराई के आधार पर, आप विभिन्न पेशेवरों, सहायता समूहों और/या स्व-सहायता कार्यक्रमों से संभावित रूप से लाभ प्राप्त कर सकते हैं।

तृष्णा वह "ईंधन" है जो पुनर्जन्म का कारण बनती है। यदि मृत्यु के समय तृष्णा है, तो आप अस्तित्व के किसी अन्य लोक में पुनर्जन्म लेंगे। इसलिए, तृष्णा की समस्या का समाधान करके, आप पुनर्जन्म की समस्या का भी समाधान करते हैं। यदि हमारा पुनर्जन्म नहीं होता, तो हमें न तो बीमारी होती है, न बुढ़ापा आता है और न ही मृत्यु। तृष्णा से उत्पन्न असंतुष्टि और दुख पूरी तरह से निष्कासित हो जाते हैं।

पुनर्जन्म के बाद, सबसे अधिक संभावना है कि आप मानव लोक में तब तक पुनर्जन्म नहीं लेंगे जब तक कि मन ने निर्वाण का पहला या दूसरा चरण प्राप्त नहीं कर लिया हो।

यदि आप मृत्यु से पहले अपनी तृष्णाओं और लालसाओं को बुझा सकें, तो आप निर्वाण का अनुभव कर सकते हैं। निर्वाण एक संतुष्ट और शांतिपूर्ण अस्तित्व होगा, जिसमें, मानव लोक के बचे समय में आपको न तो असंतुष्टि का अनुभव होगा और न ही दुख का। आपको यह जानकर भी शांति मिलेगी कि आपका पुनर्जन्म कभी नहीं होगा। आप जीवन भर निर्वाण का अनुभव कर सकते हैं और अपने जीवन के लिए अचल शांति और अंदरूनी संतुष्टि का अनुभव कर सकते हैं, या आप परिणाम को सही ढंग से जाने बिना मृत्यु तक प्रतीक्षा कर सकते हैं। मृत्यु तक प्रतीक्षा करना अत्यधिक जोखिम भरा है और आपको शांत और स्थिर मन का आनंद लेने का कोई मौका नहीं देता है।

जैसे-जैसे आप निर्वाण की प्राप्ति की खोज करेंगे, आपको पता चलेगा कि आप "पथ" पर आगे बढ़ रहे हैं क्योंकि जैसे-जैसे आप अपने आस-पास की दुनिया से अधिक से अधिक स्वस्थ और शांतिपूर्ण तरीके से जुड़ेंगे, आपका जीवन निरंतर बेहतर होता जाएगा। क्योंकि आप दुनिया को कम से कम नुकसान पहुँचा रहे हैं, इसलिए बदले में भी कम से कम नुकसान होगा जिससे मन पूरी तरह से सहज और शांत रहेगा।

जब आप अपनी तृष्णाओं को दूर करने का प्रयत्न करते हैं और पाते हैं कि आपके अंदर ऐसा आवेग और लालसाएँ हैं जो आपको अकुशल व्यवहार की ओर ले जा रही हैं, तो यह जरूरी है कि आप मन को तृष्णा और लालसा में न उलझने दें। जब आप अकुशल आवेग का अनुभव करें, तो मन को किसी उपयोगी गतिविधि में लगाएँ। इस तरह, तृष्णाएँ पनपने के लिए मन एक जगह पर नहीं टिकेगा। यह अष्टांग पथ के "सही प्रयत्न" का एक स्वस्थ इस्तेमाल होगा। आप अकुशल मानसिक स्थितियों को त्यागकर कुशल मानसिक स्थितियों को प्राप्त करना चाहेंगे, लेकिन यह चुटकी बजाते नहीं हो सकता। आपको मन को एक ऐसी दिशा में ले जाने के लिए प्रयत्न करना होगा जो कुशल हो, और मन में उठने वाले अकुशल गुणों को काटना होगा।

इसलिए, जब आप अपनी तृष्णाओं का अनुभव करते हैं, तो आप जो अभ्यास अपनाते हैं, वह है मन को किसी अलग वातावरण या गतिविधि में ले जाना। बाहर जाएँ, किसी दोस्त को फोन करें, कसरत करने जाएँ, टहलने जाएँ, या कोई और गतिविधि करें जो आपको पसंद हो, जिससे मन तृष्णा की स्थिति से हटकर किसी अधिक उत्पादक और कुशल गतिविधि में बदल जाए।

किसी तृष्णा को पहचानते ही, आप ध्यान का प्रयत्न कर सकते हैं, हालाँकि, इससे मन एक ही जगह पर अटका रह सकता है और जरूरी नहीं कि आपको मनचाहे परिणाम मिलें। अक्सर, मन को किसी नए वातावरण या नई गतिविधि में ले जाना ही उसे लत भरे चक्रों, सोच और तृष्णाओं से मुक्त करने के लिए जरूरी होता है।

चैप्टर ११ (ध्यान: अपने अभ्यास का विकास) में बताए गए साँस की माइंडफुलनेस के ध्यान के ज़रिए तृष्णा को दूर करने के लिए मन को नियमित रूप से प्रशिक्षित करने के लिए ध्यान को एक निरंतर अभ्यास के रूप में अपनाएँ। एक अभ्यासकर्ता को अपने दैनिक जीवन में अपने "जीवन अभ्यास" के एक भाग के रूप में उदारता का अभ्यास भी करना होगा। साँस की माइंडफुलनेस के ध्यान और उदारता, दोनों ही तृष्णा/लालसा/चिपकाव के समाधान हैं।

आपके लिए जरूरी लक्ष्य यह है कि आप अपनी लतों के गुलाम न बनें और यह पक्का करें कि आप जीवन को बदल देने वाले इन व्यवहारों को निष्कासित करने के मार्ग पर आगे बढ़ रहे हैं।

जैसे-जैसे आप अपनी लतों, तृष्णाओं और लालसाओं को कम करते जाएँगे, आपको *धीरे-धीरे* अपने चिपकाव को दूर करके अपनी मानसिक सतर्कता, स्पष्टता और शांति में सुधार दिखेगा। अपने करीबी लोगों के साथ आपके रिश्ते बेहतर और गहरे होंगे। ध्यान रखें कि लत फिर से लग सकती है, लेकिन *धीरे-धीरे* आपकी लत (यानी चिपकाव) का कम होना सामान्य है। आपको कुछ बातों का ध्यान रखना

चाहिए। *धीरे-धीरे* जैसे-जैसे आप "सही प्रयत्न" करते हैं, आपकी लत की आदत कम होती जाती है। अगर लत फिर से लग जाए, तो उसे अतीत में छोड़ दें और अपनी तृष्णा को बुझाने के लिए आगे बढ़ते रहें।

आपकी लत के प्रकार और गंभीरता के आधार पर, आपको पेशेवर मदद और सहयोग की जरूरत पड़ सकती है, या आप अपने प्रयत्नों से अपनी तृष्णाओं को शांत कर सकते हैं। आपको यह तय करना होगा कि आपके लिए क्या सबसे अच्छा है और इस दुनिया में रहने की तृष्णा सहित अपनी तृष्णाओं को शांत करने के लिए आपको कैसे आगे बढ़ना होगा।

अपनी मृत्यु के समय तक, आपको दुनिया में किसी भी रूप में रहने की तृष्णा को बुझाना होगा, जिसमें किसी सुखद ठिकाने के साथ परलोक का आनंद लेने की लालसा भी शामिल है। अगर आप में अभी भी अस्तित्व की तृष्णा या कोई अन्य तृष्णा है, तो आपका पुनर्जन्म होगा। आपको निर्वाण प्राप्त करने की तृष्णा को भी बुझाना होगा, और इसे अपनी दिलचस्पी, लक्ष्य या उद्देश्य के रूप में अपनाना होगा।

जब तृष्णा होती है, तो निर्वाण नहीं प्राप्त होता।

मन को असंतुष्ट करने वाली तृष्णाओं और लालसाओं को दूर करने के लिए अपनी प्रगति जारी रखें। अपनी तृष्णाओं को बुझाने के लिए प्रयत्न करते समय निराश न हों। अपनी तृष्णाओं और लालसाओं को तब तक कम करें जब तक वे पूरी तरह से शांत न हो जाएँ और निर्वाण के पथ पर चलते रहें - जो जीवन का एक बेहतर तरीका है।

आगे छानबीन के लिए सीखने के संसाधन

ऑडियोबुक

(ऑडियोबुक) - (खंड १ - चैप्टर १२) - तृष्णा समस्या है: हल क्या है? (पढ़िए और सुनिए)
https://youtu.be/lISkkF-IxzE

एप. ५१२ - (ऑडियोबुक) - (खंड १ - चैप्टर १२) - तृष्णा समस्या है: हल क्या है?
https://podcasters.spotify.com/pod/show/buddhadailywisdom/episodes/Ep--512---Audiobook---Volume-1---Chapter-12---Craving-is-The-Problem-What-is-The-Solution-e272ubm

यूट्यूब वीडियो

(सामूहिक शिक्षण प्रोग्राम) - चैप्टर १२ - तृष्णा समस्या है: हल क्या है?
https://youtube.com/live/loIH5rdzLDA

(सामूहिक शिक्षण प्रोग्राम) - मार्गदर्शित साँस की माइंडफुलनेस का ध्यान और शिष्यों के सवाल
https://youtube.com/live/nIcWkfqUHcE

पॉडकास्ट

एप. ४५६ - (सामूहिक शिक्षण प्रोग्राम) - चैप्टर १२ - तृष्णा समस्या है: हल क्या है?
https://podcasters.spotify.com/pod/show/buddhadailywisdom/episodes/Ep--456---Group-Learning-Program---Chapter-12---Craving-is-The-Problem-What-is-The-Solution-e23advg/a-a9oqau1

एप. ४५७ - (सामूहिक शिक्षण प्रोग्राम) - मार्गदर्शित साँस की माइंडफुलनेस का ध्यान और शिष्यों के सवाल
https://podcasters.spotify.com/pod/show/buddhadailywisdom/episodes/Ep--457---Group-Learning-Program---Guided-Breathing-Mindfulness-Meditation-and-Student-Questions-e23i3vp/a-a9pji5e

प्रश्नोत्तरी

तृष्णा समस्या है: हल क्या है?
https://forms.gle/6mZWxzhL4o7SMxba8

(इस ऑनलाइन प्रश्नोत्तरी को पूरा करके इस चैप्टर की अपनी समझ की पुष्टि करें। आप ही एकमात्र व्यक्ति हैं जो प्रश्नोत्तरी के परिणाम देखेंगे।)

चैप्टर १३

तृष्णाओं की पहचान करना:
गैर-तृष्णा का विकास और मन का विश्लेषण

निर्वाण की खोज में, यह बहुत लाभदायक है कि आप इस सबसे जरूरी कौशल को विकसित करें।

"मन के विश्लेषण के ज़रिए अपनी खुद की तृष्णाओं को पहचानने की क्षमता" फिर तृष्णा, लालसा, चिपकाव को निष्कासित करने के लिए एक योजना विकसित करना।

असंतुष्टि और उससे होने वाले दुखों के निष्कासन के पथ में "तृष्णा, लालसा, चिपकाव को निष्कासित करना" शामिल है। लेकिन, अगर आपको यह नहीं पता कि तृष्णा, लालसा, या चिपकाव को कैसे पहचाना जाए, तो आप उन्हें निष्कासित कैसे कर सकते हैं?

क्योंकि हम अपनी असंतुष्टि की भावना को तृष्णाओं के ज़रिए उत्पन्न करते हैं, इसलिए यदि हमें मन से असंतुष्टि को १००% निष्कासित करना है तो हमें अपनी मानसिक तृष्णा, लालसा, चिपकाव को निष्कासित करना होगा।

सबसे पहले आपको यह जानना होगा कि तृष्णा/लालसा/चिपकाव क्या है:

तृष्णा/लालसा/चिपकाव/चाहतें/अपेक्षाएँ/पकड़ना/जकड़ना/चिपटाव: किसी चीज़ के लिए तीव्र उत्सुकता के साथ मानसिक तमन्ना। मन अपनी प्रिय चीज़ों की ओर एक दिशा में खिंचता है।

दूसरा, आपको मन का विश्लेषण करके अपनी तृष्णाओं को पहचानना सीखना होगा ताकि आप उन्हें निष्कासित करने की योजना बना सकें। आपको मन को तृष्णाओं को पहचानने और उन्हें पूरी तरह से निष्कासित करने के लिए प्रशिक्षित करना होगा। "अच्छी" या "कुशल" तृष्णा जैसी कोई चीज़ नहीं होती।

निर्वाण प्राप्त करने के लिए, एक अभ्यासकर्ता को सभी तृष्णाओं को १००% निष्कासित करना होगा।

तृष्णाओं की पहचान करने के लिए, आपको डैशबोर्ड पर असंतुष्टि को "लाल बत्ती" के रूप में इस्तेमाल करना चाहिए ताकि अभ्यासकर्ता यह देख सके कि मन विचलित, अस्थिर, असंतुलित या

अनिश्चल है। जब मन असंतुष्ट होता है, तो वह अनिश्चल होता है और उसे प्रशिक्षित करने की जरूरत होती है। जब भी असंतुष्टि, जैसे कि इनमें से कोई भी भावना, उत्पन्न हो, अभ्यासकर्ता को उन तृष्णाओं की पहचान करने के लिए सक्रिय कदम उठाने चाहिए जिनके कारण असंतुष्टि उत्पन्न हुई और उन तृष्णाओं को निष्कासित करना चाहिए।

- एक सुखद भावना (खुशी, उत्तेजना, उल्लास, रोमांच, प्रफुल्लता, आनंदातिरेक, इत्यादि)
- एक दुखद भावना (उदासी, क्रोध, निराशा, चिड़चिड़ापन, झुंझलाहट, अपराधबोध, लज्जा, डर, तनाव, चिंता इत्यादि)
- एक भावना जो है न दुखद-न-सुखद (ऊब, अकेलापन, शर्म, अप्रसन्न, असुविधाजनक, असंतोषजनक)

मन की जागरूकता के साथ, जब अभ्यासकर्ता को लगे कि ये भावनाएँ मन में मौजूद हैं, तो उसे "उन्हें काट देना चाहिए" और "छोड़ देना चाहिए"। जैसे ही कोई सुखद भावना, दुखद भावना, या ऐसी भावनाएँ जो हैं न दुखद-न-सुखद, उठ रही हों, मन को उस उठती हुई भावना के लिए सचेत होना चाहिए, फिर उसे काटकर छोड़ देना चाहिए।

यदि मन में उत्पन्न हो रही भावनाओं को केवल एक शारीरिक संवेदना के रूप में पहचान कर उसे वहीं काट कर दे, तो यह आदर्श होगा। यदि नहीं, तो उसे मन की एक भावना के रूप में ही काट दें। यदि अभ्यासकर्ता उसे शारीरिक संवेदना या मन की एक भावना के रूप में काट नहीं पाया, तो वह मन की स्थिति को घंटों, दिनों, हफ्तों आदि लंबे समय तक प्रभावित करेगी। अभ्यासकर्ता को उसे मन की एक स्थिति के रूप में ही काट कर छोड़ देना होगा। वरना, वह मन में इंद्रिय लालसा, दुर्भावना, बेपरवाही, दंभ आदि जैसी मानसिक चीज़ों को बढ़ावा देगी।

शारीरिक संवेदनाएँ, भावनाएँ, मन की अवस्थाएँ और मानसिक चीज़ें, माइंडफुलनेस के चार आधार कहे जाते हैं।

बुद्ध माइंडफुलनेस के चार आधारों में असंतुष्टि के रूप में अनुभव की जाने वाली प्रक्रिया को समझा रहे हैं। असंतुष्टि को निष्कासित करने के लिए, एक अभ्यासकर्ता को शारीरिक संवेदनाओं, भावनाओं, मन की अवस्थाओं और मानसिक चीज़ों के लिए जागरूकता विकसित करनी होगी। जितनी जल्दी कोई व्यक्ति उत्पन्न हो रही असंतुष्टि को देख पाता है और उसे काट पाता है ताकि वह उसे छोड़ सके, उतना ही बेहतर है। यदि कोई व्यक्ति उत्पन्न हो रही असंतुष्टि से जुड़ी शारीरिक संवेदनाओं को देख पाता है और उसे "काट कर छोड़ देता है", तो वह अभ्यासकर्ता निर्वाण के निकट पहुँच रहा है।

किसी भी उत्पन्न होने वाली असंतुष्टि की भावना को शारीरिक संवेदना के रूप में काट कर और उसे छोड़ कर, अभ्यासकर्ता मन को इस बात में मदद कर रहा है कि उसे असंतुष्टि को मन में एक भावना के रूप में अनुभव करने की जरूरत न पड़े। वह मन की रक्षा कर रहा है और सही माइंडफुलनेस से मन की रक्षा कर रहा है, साथ ही असंतुष्टि को जन्म देने वाली तृष्णा/लालसा/चिपकाव को दूर करने के लिए सही प्रयत्न भी कर रहा है।

समय के साथ, पर्याप्त अभ्यास के साथ, अभ्यासकर्ता उत्पन्न होने वाली असंतुष्टि की भावना को इतनी बार काट और छोड़ देगा कि उसे उत्पन्न करने वाली तृष्णा/लालसा/चिपकाव निष्कासित हो जाएगी और उस विशिष्ट तृष्णा/लालसा/चिपकाव से जुड़ी कोई भी असंतुष्टि की भावना नहीं रहेगी। इसके लाभ मन की पूर्ण मुक्ति में बदल जाते हैं जहाँ उसे अब किसी भी प्रकार की असंतुष्टि की भावना का अनुभव नहीं होगा क्योंकि असंतुष्टि उत्पन्न करने वाली सभी तृष्णा/लालसा/चिपकाव निष्कासित हो चुकी है।

लेकिन, इस लक्ष्य को प्राप्त करने के लिए, एक अभ्यासकर्ता को उत्पन्न होने वाली असंतुष्टि के आधार पर उत्पन्न होने वाली शारीरिक संवेदनाओं के लिए जागरूकता विकसित करनी होगी और फिर किसी भी उत्पन्न होने वाली असंतुष्टि को शारीरिक संवेदना के रूप में काटकर छोड़ देना होगा। यह मन को साँस की माइंडफुलनेस के ध्यान में प्रशिक्षित करने और उदारता के एक सुविकसित अभ्यास के ज़रिए प्राप्त होता है। ये दोनों ही मन को "छोड़ देने" का सामान्य रूप से प्रशिक्षण प्रदान करते हैं ताकि उसमें कोई तृष्णा/लालसा/चिपकाव न रहे और परिणामस्वरूप निर्वाण प्राप्त मन का अनुभव हो।

आप जिस दृष्टि को अपनाना चाहते हैं, वह यह है कि अगर आप समुद्र के एक बड़े हिस्से में लंबी दूरी की नाव यात्रा पर जा रहे हों, तो आप क्या करेंगे? क्या आप पानी को नाव में आने देंगे और फिर उसे बाहर निकालने की कोशिश करेंगे या आप पानी को नाव में आने से ही रोकेंगे?

बेशक, आप पानी को नाव में आने से रोकने में दिलचस्पी लेंगे ताकि नाव डूब न जाए।

उत्पन्न होने वाली असंतुष्टि से जुड़ी शारीरिक संवेदनाओं के लिए जागरूक होना और उसे शारीरिक संवेदना के रूप में "काटकर छोड़ देना" नाव में पानी को आने से रोकने के समान है। इससे यह पक्का होता है कि उत्पन्न होने वाली असंतुष्टि की भावना से मन विचलित न हो, क्योंकि यह कभी मन में एक भावना नहीं बन पाई। एक सुविकसित जीवन अभ्यास के ज़रिए, आप मन को उस जगह तक

प्रशिक्षित कर सकते हैं जहाँ यह सहज रूप से संभव हो सके, और परिणामस्वरूप मन निर्वाण का अनुभव कर सके।

फिर, जब भावनाएँ गुजर जाएँ और मन अंदर की ओर देखने के काबिल हो जाए, तो अभ्यासकर्ता को मन की जाँच करनी चाहिए और विश्लेषण करना चाहिए कि वे कौन सी तृष्णा/लालसा/चिपकाव थीं जिनके कारण असंतुष्टि हुई। कोई तीव्र उत्सुकता के साथ मानसिक तमन्ना थी जिसके कारण असंतुष्टि हुई। असंतुष्टि जितनी तीव्र होगी, मन में एक (१) से अधिक तृष्णा मौजूद होगी जिनके कारण असंतुष्टि कि वह विशिष्ट घटना घटी होगी।

यदि मन में कोई तृष्णा/लालसा/चिपकाव न हो, तो असंतुष्टि उत्पन्न नहीं होती। इसलिए, जब भी कोई अभ्यासकर्ता असंतुष्टि की "लाल बत्ती" को उठता हुआ देखे, तो उसे यह पता लगाना होगा कि वह तृष्णा किस कारण से उत्पन्न हुई है, ताकि मन उन विशिष्ट तृष्णा/लालसा/चिपकाव को दूर करने के लिए सक्रिय रूप से कार्य कर सके। जैसे यदि किसी कार के डैशबोर्ड पर लाल बत्ती "जलती" है, तो ड्राइवर समस्या के समाधान के लिए कारण की जाँच करेगा, उसी प्रकार एक प्रज्ञापूर्ण अभ्यासकर्ता "जलती" हुई असंतुष्टि की भावना को देखेगा और फिर उस विशिष्ट कारण (तृष्णा/लालसा/चिपकाव) की जाँच करेगा और फिर समस्या का समाधान करेगा।

साँस की माइंडफुलनेस का ध्यान और उदारता को एक सिलसिलेवार और व्यापक जीवन अभ्यास में विकसित किया जाना चाहिए जिससे *धीरे-धीरे* मन को तृष्णाओं को आसानी से छोड़ने के लिए प्रशिक्षित हो सके। लेकिन, किसी विशिष्ट तृष्णा को दूर करने के लिए अक्सर कुछ सक्रिय कदम उठाने पड़ते हैं।

एक बार जब किसी तृष्णा या अनेक तृष्णाओं की पहचान हो जाती है, तो आप तृष्णा/लालसा/चिपकाव को निष्कासित करने के लिए सक्रिय कदम उठा सकते हैं।

उदाहरण के लिए, यदि अभ्यासकर्ता मोबाइल फोन के आसानी से उपलब्ध न होने पर असंतुष्ट हो जाता है और मन क्रोध, निराशा, चिड़चिड़ापन, झुंझलाहट, डर या किसी अन्य असंतुष्टि की भावना का अनुभव करता है, तो यह लाल बत्ती आपको सचेत करती है कि मन में मोबाइल फोन के लिए तृष्णा/लालसा/चिपकाव है। अभ्यासकर्ता यह पहचान सकता है कि मन में तृष्णा/लालसा/चिपकाव (मोबाइल फोन के लिए तीव्र उत्सुकता के साथ मानसिक तमन्ना) है और इसी कारण, जब मन यह सोचता है कि फोन खो गया है या किसी अन्य कारण से उपलब्ध नहीं है, तो मन असंतुष्ट हो जाता है।

इस बात को ध्यान में रखते हुए, एक अभ्यासकर्ता को न केवल साँस की माइंडफुलनेस का ध्यान और उदारता के जीवन अभ्यास को जारी रखने की जरूरत होगी, ताकि सामान्य रूप से मन को तृष्णाओं को निष्कासित करने के लिए प्रशिक्षित किया जा सके, बल्कि एक प्रज्ञापूर्ण अभ्यासकर्ता को मन को ऐसी परिस्थितियों में रखना होगा, जहाँ वह मोबाइल फोन के लिए अपनी विशिष्ट तृष्णा को निष्कासित करने के लिए सक्रिय रूप से काम कर सके।

एक अभ्यासकर्ता जान-बूझकर और *धीरे-धीरे* मोबाइल फोन से दूर हटना चुन सकता है, और मन को उसे इतनी मजबूती से न पकड़ने के लिए प्रशिक्षित कर सकता है।

मन मध्य में नहीं है, इसलिए मोबाइल न होने पर वह विचलित हो जाता है। अगर मन किसी भी चीज़ को कसकर पकड़ लेता है, तो मन असंतुष्ट हो जाता है।

अभ्यासकर्ता को अपने मन को मोबाइल फोन घर पर छोड़कर टहलने या कहीं और जाने के लिए प्रशिक्षित करना होगा, और उसे मोबाइल फोन के न होने पर शांत और स्थिर रहने का प्रशिक्षण देना होगा। अन्यथा, मन मोबाइल फोन से चिपका रहेगा और उसे हमेशा अपने पास रखना चाहेगा। जब फोन पास नहीं होगा, तो मन इस अनित्यता से विचलित हो जाएगा। जब तक मन मोबाइल फोन से चिपका रहेगा और उसे कसकर पकड़े रहेगा, तब तक मन असंतुष्टि के चक्रों का अनुभव करता रहेगा।

मन मोबाइल फोन को नित्य रूप से पकड़े रखने की कोशिश कर रहा है और जब उसे मोबाइल फोन की अनित्य प्रकृति का अनुभव होता है, तो वह असंतुष्ट हो जाता है।

यदि कोई अभ्यासकर्ता असंतुष्टि को मन में मौजूद तृष्णाओं के बारे में सूचित करने वाली लाल बत्ती के रूप में उपयोग नहीं करता है और तृष्णाओं को निष्कासित करने के लिए जाँच नहीं करता है, तो अभ्यासकर्ता मोबाइल फोन से संबंधित असंतुष्टि का अनुभव बार-बार करता रहेगा, जब तक कि वह अंत में मानसिक रूप से "इसे छोड़ देने" नहीं सीख लेता है - इसे इतनी कसकर पकड़ने का प्रयत्न नहीं करता है।

यही उदाहरण हर उस स्थिति पर लागू किया जा सकता है जहाँ मन असंतुष्टि का अनुभव करता है। जब भी मन किसी भी प्रकार की असंतुष्टि का अनुभव करे, तो अभ्यासकर्ता को तुरंत सही प्रयत्न करके असंतुष्टि की भावनाओं को निष्कासित कर देना चाहिए और फिर बाद में, जाँच-पड़ताल और विश्लेषण करना चाहिए कि वे कौन सी तृष्णा/लालसा/चिपकाव थीं जिनके कारण असंतुष्टि उत्पन्न हुई।

इस तरह से मन का विश्लेषण करने के ज़रिए, एक अभ्यासकर्ता उत्पन्न होने वाली असंतुष्टि के बारे में जागरूक होने में एक विशेषज्ञ बन जाएगा, असंतुष्टि की भावनाओं को काट देगा और छोड़ देगा, फिर जाँच करेगा कि कौन सी तृष्णाएँ असंतुष्टि का कारण थीं ताकि उन्हें निष्कासित किया जा सके, और मन अब उस विशिष्ट तृष्णा, लालसा, या चिपकाव से संबंधित असंतुष्टि का अनुभव नहीं करेगा।

जब एक अभ्यासकर्ता सभी तृष्णा/लालसा/चिपकाव को १००% निष्कासित कर देता है, तभी मन नित्य रूप से शांत और स्थिर रहता है, और किसी भी कार्य को किसी खास तरीके से करने की तीव्र उत्सुकता नहीं रहती। मन "जो है उससे संतुष्ट" रहना और संसार की अनित्य प्रकृति से संतुष्ट रहना सीख सकता है, और जो भी अनित्य परिस्थितियाँ उत्पन्न होती हैं, उनका समाधान करने के लिए प्रज्ञा से कदम उठा सकता है।

लेकिन, अगर मन यह सोचता है कि खोया हुआ मोबाइल फोन नित्य है और उसे देखने, ढूंढने या नया मोबाइल फोन लेने से डरता है, तो मन क्रोध और निराशा से प्रतिक्रिया करेगा, बजाय इसके कि वह अस्तित्व के प्राकृतिक नियमों की प्रज्ञा के अनुसार प्रतिक्रिया करे, यह समझते हुए कि मोबाइल फोन को नित्य रूप से बनाए रखना असंभव है। फोन तो अनित्य है और एक दिन आपको छोड़ देगा, तो क्रोध और निराशा से प्रतिक्रिया क्यों करें? इससे स्थिति में क्या मदद मिलेगी?

निर्वाण का पथ शिक्षकों के मार्गदर्शन में एक स्वतंत्र यात्रा है। आप अपनी तृष्णाओं के बारे में दूसरों से सीख नहीं सकते, आपको उन्हें खुद पहचानना होगा। इसके लिए मन को इस नए कौशल में प्रशिक्षित करना और मन को खुद के लिए ईमानदार होने के लिए प्रशिक्षित करना जरूरी है। इस प्रकार, हम सभी को एक अधिक शांत और संतुष्ट मन की प्राप्ति के लिए प्रयत्न करना चाहिए। लेकिन, शिक्षक आपकी अपनी तृष्णा/लालसा/चिपकाव को पहचानने की क्षमता विकसित करने और फिर उन्हें दूर करने की योजना बनाने में आपके लिए बहुत सहायक हो सकते हैं। एक बार जब आप इस जरूरी कौशल को सीख लेते हैं और कुछ बार इसका अभ्यास कर लेते हैं, तो फिर जब भी मन असंतुष्टि का अनुभव करे, बस यही तरीका दोहराना बाकी रह जाता है।

साँस की माइंडफुलनेस का ध्यान आपके "जीवन अभ्यास" के अंतर्गत एक "अभ्यास" है जो आपको मन को देखने और मन में क्या चल रहा है, इसके लिए जागरूक होने में मदद करता है ताकि प्रशिक्षण के ज़रिए आप विचारों को काटकर उन्हें जाने देने की क्षमता विकसित कर सकें। साँस की माइंडफुलनेस का ध्यान एक ऐसा अभ्यास है जिसे स्थापित होने में समय लगता है और यह मन को

विचारों के लिए जागरूक होने और समर्पित प्रशिक्षण के ज़रिए उन्हें अधिक से अधिक आसानी से जाने देने के लिए प्रशिक्षित करता है।

साँस की माइंडफुलनेस का ध्यान मन को "तृष्णा/लालसा/चिपकाव" की हानिकारक जड़ को निष्कासित करने के लिए प्रशिक्षित करता है। दैनिक जीवन में उदारता का अभ्यास करने से भी मन को "छोड़ने" के लिए प्रशिक्षित करने में मदद मिलती है। लेकिन, यह सामान्य प्रशिक्षण पर्याप्त नहीं है क्योंकि ध्यान के अलावा भी कुछ सक्रिय कदम हैं जिन्हें मन में असंतुष्टि को निष्कासित करने के लिए उठाने की जरूरत होती है।

साँस की माइंडफुलनेस का ध्यान, मन को तृष्णा/लालसा/चिपकाव के अकुशल मूल को नष्ट करने के लिए प्रशिक्षित करता है, साथ ही मन को "मन की जागरूकता" या सही माइंडफुलनेस विकसित करने के लिए भी प्रशिक्षित करता है। मन की जागरूकता और "छोड़ने" की क्षमता के साथ, मन अकुशल गुणों को देख सकता है और फिर उन्हें त्यागकर कुशल को उत्पन्न कर सकता है। अकुशल गुणों को निष्कासित करने और कुशल को उत्पन्न करने का प्रयत्न सही प्रयत्न है जो अष्टांग पथ का एक भाग है।

साँस की माइंडफुलनेस के ध्यान के अलावा, आपको यह समझने का कौशल विकसित करना होगा कि जब मन असंतुष्टि का अनुभव करता है, तो यह पहचानने के लिए सक्रिय कदम उठाएँ कि मन किस चीज़ की तृष्णा कर रहा है जो मन को असंतुष्ट "कर रही है"। हो सकता है कि आपके मन में वास्तव में कई तृष्णाएँ हों जिनके कारण रोष, क्रोध या अन्य भावनाएँ भड़क उठी हों - खासकर अभ्यास के शुरुआती दौर में।

जैसा कि चार आर्य सत्यों में बताया है, यह तृष्णा/लालसा/चिपकाव ही है जो मन को असंतुष्ट बनाती है। इसलिए, असंतुष्टि को दूर करने के लिए, एक अभ्यासकर्ता को तृष्णा/लालसा/चिपकाव को निष्कासित करना होगा।

असंतुष्टि के उदाहरण हैं: खुशी, उत्तेजना, उल्लास, रोमांच, प्रफुल्लता, आनंदातिरेक, क्रोध, निराशा, चिड़चिड़ापन, झुंझलाहट, अपराधबोध, लज्जा, डर, तनाव, चिंता, ऊब, अकेलापन, शर्म, असंतोषजनक, आदि, या यहाँ तक कि एक असुविधाजनक और नाखुश मानसिक स्थिति।

असंतुष्टि एक सुखद भावना है, एक दुखद भावना है, और एक ऐसी भावना है जो है न दुखद-न-सुखद।

चार आर्य सत्य स्पष्ट रूप से बताते हैं कि हम मन की असंतुष्टि की भावना क्यों अनुभव करते हैं। दूसरा आर्य सत्य: असंतुष्टि हमारी अपनी तृष्णा/लालसा/चिपकाव के कारण होती है क्योंकि मन चाहता है कि सब कुछ नित्य हो, जबकि संसार में सब कुछ अनित्य है।

चार आर्य सत्य हमें समझाते हैं कि हमें अपनी तृष्णा/लालसा/चिपकाव को त्याग कर अष्टांग पथ का अभ्यास करना चाहिए ताकि मन में व्याप्त असंतुष्टि को दूर किया जा सके। लेकिन, यदि आप मन की तृष्णाओं को पहचानने की क्षमता विकसित नहीं करते, तो आप उन्हें कैसे निष्कासित कर सकते हैं और इस प्रकार निर्वाण कैसे प्राप्त कर सकते हैं?

हम सभी को खुद के लिए ईमानदार रहकर और "मन के विश्लेषण" के ज़रिए अपने भीतर झाँककर यह कौशल विकसित करना चाहिए। निर्वाण की खोज में यह जरूरी कौशल बहुत महत्वपूर्ण है। इसके लिए मन की जाँच-पड़ताल की जरूरत है ताकि आप मन की तृष्णाओं को देख सकें और फिर उन्हें निष्कासित करने की योजना बना सकें।

ध्यान और अपनी खुद की तृष्णाओं को पहचानने के काबिल होना दो सबसे जरूरी कौशल हैं जिन्हें एक अभ्यासकर्ता को निर्वाण प्राप्त मन के पथ पर विकसित करने की जरूरत है।

अप्रिय भावनाएँ और जज़्बात केवल इस बात का संकेत हैं कि मन में कुछ अतृप्त है। ये अप्रिय भावनाएँ दर्शाती हैं कि मन असंतुष्ट है। फिर, आपको मन की जाँच-पड़ताल के लिए सक्रिय रूप से कदम उठाने चाहिए ताकि तृष्णाओं का पता लगाया जा सके ताकि उन्हें निष्कासित किया जा सके और मन संतुष्ट हो सके। तृष्णा/लालसा/चिपकाव को निष्कासित करने से मन आनंद के साथ शांत, निश्चल, निर्मल और संतुष्ट रहेगा और तृष्णाओं से असंतुष्टि का अनुभव नहीं होगा।

निम्नलिखित सवालों पर चिंतन करने के लिए कुछ समय निकालें, ताकि मन में असंतुष्टि पैदा करने वाली तृष्णाओं को पहचानने और फिर उन्हें निष्कासित करने की क्षमता विकसित हो सके।

उस समय पर विचार करें जब मन पिछली बार क्रोधित हुआ था।

क्या स्थिति थी? मन में क्या क्रोध था?

यह न कोई और था, न उन्होंने क्या कहा, न उन्होंने क्या किया, न ही परिस्थिति, आदि।

शायद अब आप यही सोच रहे होंगे, लेकिन अपनी उन तृष्णा/लालसा/चिपकाव पर गहराई से विचार करें जिनके कारण क्रोध उत्पन्न हुआ।

मन के अंदर किस वजह से गुस्सा आया? कोई चीज़ या कई चीज़ें थीं जिनके लिए मन में तीव्र उत्सुकता के साथ तमन्ना थी। कोई चीज़ या कई चीज़ें थीं जिन्हें मन चाहता था या जिनकी अपेक्षा करता था और जब वह उसे नहीं मिली, तो मन ने क्रोध से प्रतिक्रिया की।

वह कौन सी तृष्णा या तृष्णाएँ थीं जिन्हें "मन जकड़ के बैठा था" और जिनके कारण मन क्रोधित हुआ?

यदि आप पहचान सकते हैं कि वह क्या थीं, तो आप मन में तृष्णाओं को पहचानने के लिए इस जरूरी कौशल को विकसित करना शुरू कर रहे हैं।

अगर आपको यह समझने और देखने में मुश्किल हो रही है कि क्रोध और अन्य असंतुष्टि की भावनाओं का कारण कौन सी तृष्णाएँ हैं, तो आपको मार्गदर्शन लेने के लिए संपर्क करना होगा। आप मार्गदर्शन प्राप्त करने के लिए फेसबुक ग्रुप में एक सवाल पोस्ट कर सकते हैं, पढ़ाई के दौरान एक सवाल पूछ सकते हैं, एक निजी संदेश भेज सकते हैं, या इस किताब के लेखक के साथ एक व्यक्तिगत मार्गदर्शन सत्र निर्धारित कर सकते हैं। सभी सीखने के मौके "सभी प्राणियों" को खुले तौर पर और स्वतंत्र रूप से प्रदान किए जाते हैं।

यह एक ऐसा कौशल है जिसे मन को समझना और विकसित करना होगा। फिर, जब मन तृष्णाओं को पहचान लेगा, तो उसे मन से तृष्णाओं को दूर करने की योजना बनाना सीखना होगा।

जब एक अभ्यासकर्ता कुछ अलग-अलग तृष्णाओं के साथ इस प्रक्रिया को सीखता है, तो वह हर स्थिति में इस दृष्टि को लागू कर सकता है, जहाँ मन असंतुष्टि का सामना करता है।

१.) जब असंतुष्टि उत्पन्न हो, तो सुखद भावनाओं, दुखद भावनाओं या उन भावनाओं को काट दें और छोड़ दें जो शारीरिक संवेदना के रूप में हैं न दुखद-न-सुखद।

२.) उन तृष्णा/लालसा/चिपकाव पर चिंतन करें जिनके कारण असंतुष्टि की भावना उत्पन्न हुई।

३.) उन विशिष्ट तृष्णा/लालसा/चिपकाव को निष्कासित करने के लिए एक योजना विकसित करें जिनके कारण असंतुष्टि की भावना उत्पन्न हुई है, साथ ही साँस की माइंडफुलनेस का ध्यान और उदारता का निरंतर अभ्यास बनाए रखें।

४) मन में उठने वाली असंतुष्टि की हर घटना के लिए इस प्रक्रिया को दोहराएँ और जरूरत अनुसार शिक्षक से मार्गदर्शन माँगें।

आगे छानबीन के लिए सीखने के संसाधन

ऑडियोबुक

(ऑडियोबुक) - (खंड १ - चैप्टर १३) - तृष्णाओं की पहचान: गैर-तृष्णा का विकास और मन का विश्लेषण (पढ़िए और सुनिए)
https://youtu.be/oKqM1oWVxD8

एप. ५१३ - (ऑडियोबुक) - (खंड १ - चैप्टर १३) - गैर-तृष्णा का विकास और मन का विश्लेषण
https://podcasters.spotify.com/pod/show/buddhadailywisdom/episodes/Ep--513---Audiobook---Volume-1---Chapter-13---Cultivating-Non-Craving-and-Analysis-of-The-Mind-e272uct

यूट्यूब वीडियो

(सामूहिक शिक्षण प्रोग्राम) - चैप्टर १३ - गैर-तृष्णा का विकास और मन का विश्लेषण
https://youtube.com/live/I9zH6BQJ4o8

(सामूहिक शिक्षण प्रोग्राम) - मार्गदर्शित प्रेमभरी-कृपा का ध्यान और शिष्यों के प्रश्न
https://youtube.com/live/-iCvkWh0G60

पॉडकास्ट

एप. ४५९ - (सामूहिक शिक्षण प्रोग्राम) - चैप्टर १३ - गैर-तृष्णा का विकास और मन का विश्लेषण
https://podcasters.spotify.com/pod/show/buddhadailywisdom/episodes/Ep--459---Group-Learning-Program---Chapter-13---Cultivating-Non-Craving-and-Analysis-of-The-Mind-e23m8ni/a-a9q1g6l

एप. ४६० - (सामूहिक शिक्षण प्रोग्राम) - मार्गदर्शित प्रेमभरी-कृपा का ध्यान और शिष्यों के प्रश्न
https://podcasters.spotify.com/pod/show/buddhadailywisdom/episodes/Ep--460---Group-Learning-Program---Guided-Loving-kindness-Meditation-and-Student-Questions-e23shs3/a-a9qktut

प्रश्नोत्तरी

चिपकाव की पहचान: गैर-चिपटने का विकास और मन का विश्लेषण
https://forms.gle/4JNcCYt65Duyj5Ji9

(इस ऑनलाइन प्रश्नोत्तरी को पूरा करके इस चैप्टर की अपनी समझ की पुष्टि करें। आप ही एकमात्र व्यक्ति हैं जो प्रश्नोत्तरी के परिणाम देखेंगे।)

चैप्टर १४

स्वस्थ मानसिक स्थितियों को विकसित करना: प्रेमभरी-कृपा, करुणा, सहानुभूतिपूर्ण आनंद और समभाव

जैसे-जैसे आप गौतम बुद्ध की शिक्षाओं को सीखते और अमल करते हैं, आपको निर्वाण प्राप्त करने के लिए प्रेमभरी-कृपा, करुणा, सहानुभूतिपूर्ण आनंद और समभाव की स्वस्थ मानसिक स्थितियों को संवारने की जरूरत होगी।

इन चार (४) मानसिक स्थितियों को अक्सर "ब्रह्म-विहार" कहा जाता है।

चार (४) ब्रह्म-विहार हैं:

१.) **प्रेमभरी-कृपा** (पाली: मेत्ता) सभी प्राणियों के लिए सक्रिय सद्भावना है, बिना आकलन किए हुए। सभी प्राणियों को अच्छा देखने में सच्ची दिलचस्पी।

२.) **करुणा** (पाली: करुणा) दूसरों के दुर्भाग्य के लिए चिंता है।

३.) **सहानुभूतिपूर्ण आनंद** (पाली: मुदिता) दूसरों की सफलता के लिए खुशी, भले ही आपने इसमें योगदान नहीं दिया हो।

४.) **समभाव** (पाली: उपेक्खा) मानसिक निश्चलता, धैर्य और स्वभाव का संतुलन है, विशेष रूप से कठिन परिस्थिति में; सभी के साथ निष्पक्ष व्यवहार करना।

इन मानसिक स्थितियों को ध्यान के ज़रिए और अपने दैनिक जीवन में विकसित किया जा सकता है। आपकी नीयत, वाणी और कार्य इन मानसिक स्थितियों से निकलनी चाहिए।

प्रेमभरी-कृपा क्रोध, घृणा, दुर्भावना, बैर, आक्रामकता और अन्य कठोर नीयत, वाणी और कार्यों का उपचार है। प्रेमभरी-कृपा दूसरों के अहंकार या दंभ से उन्हें नीचा दिखाने वाली आकलन को भी निष्कासित करने में मदद करती है। एक अभ्यासकर्ता मन को सभी प्राणियों के साथ बिना किसी

आकलन के विनम्र, कृपालु, दोस्ताना और सम्मानजनक व्यवहार करने के लिए प्रशिक्षित कर सकता है।

करुणा देखभाल की कमी, बेरुखी, आशंका और चिंता का इलाज है।

सहानुभूतिपूर्ण आनंद जलन, ईर्ष्या और अभिमान का इलाज है।

समभाव, बेचैनी और चिंता से ग्रस्त अतिसक्रिय मन के लिए एक उपाय है, यह धैर्य संवारने में मदद करता है। समभाव एक अभ्यासकर्ता को सभी प्राणियों के बीच समानता के साथ व्यवहार करते हुए, प्राणियों को मापने और तुलना करने की प्रवृत्ति को निष्कासित करने में भी सहायता करेगा।

जैसे आप जीवन का अनुभव करते हैं, सभी परिस्थितियों में समभाव का अभ्यास करना जरूरी है। मानसिक निश्चलता, धैर्य और बिना किसी आकलन के सभी के साथ निष्पक्ष व्यवहार करते हुए, स्वभाव में एकरूपता, ऐसी मानसिक स्थितियाँ हैं जो आपको सभी प्राणियों पर भरोसा करने में मदद करेंगी।

इन मानसिक स्थितियों को विकसित करने का एक तरीका है उदारता के कार्य, उदारता का अभ्यास। दूसरों को देने और उनकी मदद करने के अभ्यास से, आप प्रेमभरी-कृपा, करुणा, सहानुभूतिपूर्ण आनंद और समभाव के मन से ऐसा करते हैं।

कोई भी आपको कोई जादुई दवाई या गुप्त मंत्र नहीं दे सकता जो मन में इन गुणों को संवार सके। आपको अपनी नीयत, वाणी और कार्यों के ज़रिए इन्हें व्यवहार में लाना होगा।

ध्यान आपको इन मानसिक स्थितियों को अंदरूनी रूप से संवारने में मदद कर सकता है ताकि आपकी नीयत, वाणी और कार्य इन मानसिक गुणों से प्रेरित हों। ध्यान और अपने जीवन अभ्यास के ज़रिए इन मानसिक स्थितियों को *धीरे-धीरे* संवारने के लिए मन को समय दें।

इन मानसिक स्थितियों का अभ्यास करके और यह पक्का करके कि आपकी नीयत, वाणी और कार्य इन मानसिक गुणों को प्रतिबिंबित करती हैं, आप यह पक्का करेंगे कि आप हर समय स्वस्थ और कुशल कम्मा का उत्पादन कर रहे हैं।

मन का एक और गुण जिसे आपको संवारने की जरूरत है, वह है उदारता।

उदारता, बिना कुछ वापस पाने की अपेक्षा के, समय, प्रयत्न, ऊर्जा, आर्थिक सहायता या संसाधनों जैसी जरूरत से अधिक कुछ देने की तत्परता और उस पर कार्य करना है। एक चालू और व्यापक जीवन अभ्यास के हिस्से के रूप में दूसरों को देने और उनकी मदद करने का अभ्यास। यह कार्य आपको एक अधिक देखभाल करने वाले और करुणामय मन को विकसित करने और संवारने में मदद कर सकती है क्योंकि व्यक्ति स्वार्थ को खत्म करने के लिए अपने जीवन में निरंतर देने और बाँटने का विकल्प चुनता है। उदारता मन में तृष्णा/लालसा/चिपकाव को निष्कासित करती है, और इस प्रकार, मन से असंतुष्टि की भावनाओं को निष्कासित करने में मदद करती है।

उदारता का मतलब है बिना किसी लाभ की आशा के दूसरों को देना और उनकी सहायता करना। दूसरों को देने और उनकी सहायता करने से, हम प्रेमभरी-कृपा और करुणा का विकास करते हैं और साथ ही अपनी संपत्ति या धन के लिए गैर-चिपकाव का अभ्यास भी करते हैं। बाँटने से, मन उदारता और गैर-चिपकाव का अभ्यास करता है, जिससे मन को मानवता के साथ बाँटने के ज़रिए सभी प्राणियों की परस्पर संबंध की समझ आती है।

हम अपने समय, प्रयत्न, ऊर्जा और संसाधनों के साथ दान कर सकते हैं। दूसरों की मदद करने के अपने निस्वार्थ कार्यों के ज़रिए, जैसे कि अपना समय, प्रयत्न, ऊर्जा और संसाधन, लाभदायक कार्यों के लिए देकर, हम स्वार्थ को निष्कासित करने का प्रयत्न करते हुए, अन्य प्राणियों और मानवता के लिए अच्छा और स्वस्थ लाभ उत्पन्न कर रहे हैं। अनिर्वाणी मन अक्सर अपनी स्वार्थी लालसाओं का पीछा करता है, लेकिन बदले में कुछ भी पाने की अपेक्षा किए बिना, देने और बाँटने से इसका समाधान किया जा सकता है।

आपको जरूरतमंद लोगों की मदद करने के लिए नियमित प्रयत्न करने चाहिए और प्रेमभरी-कृपा, करुणा, सहानुभूतिपूर्ण आनंद और समभाव विकसित करने के लिए दैनिक प्रयत्न करने चाहिए।

निर्वाण का पथ कई शिक्षाओं को सम्मिलित करता है जिन्हें एक अभ्यासकर्ता को निर्वाण प्राप्त करने के लिए सीखने और अभ्यास करने की जरूरत होगी। ब्रह्म-विहार चार मानसिक स्थितियाँ हैं जो मन के विकास के लिए बहुत जरूरी हैं। जब तक अभ्यासकर्ता ब्रह्म-विहारों का पूरी तरह अभ्यास नहीं कर लेता और उनका रोज अभ्यास नहीं करता, तब तक उसका मन निर्वाण के निकट नहीं पहुँच सकता।

आगे छानबीन के लिए सीखने के संसाधन

ऑडियोबुक

(ऑडियोबुक) - (खंड १ - चैप्टर १४) - स्वस्थ मानसिक स्थितियाँ विकसित करना
(पढ़िए और सुनिए)
https://youtu.be/w4xgB9fpIew

एप. ५१४ - (ऑडियोबुक) - (खंड १ - चैप्टर १४) - स्वस्थ मानसिक स्थितियाँ विकसित करना
https://podcasters.spotify.com/pod/show/buddhadailywisdom/episodes/Ep--514---Audiobook---Volume-1---Chapter-14---Cultivating-Healthy-Mental-States-e272ue1

यूट्यूब वीडियो

(सामूहिक शिक्षण प्रोग्राम) - चैप्टर १४ - स्वस्थ मानसिक स्थितियाँ विकसित करना
https://youtube.com/live/XoLv1idH1LA

(सामूहिक शिक्षण प्रोग्राम) - मार्गदर्शित साँस की माइंडफुलनेस का ध्यान और शिष्यों के सवाल
https://youtube.com/live/4GarEJPc8z0

पॉडकास्ट

एप. ४६२ - (सामूहिक शिक्षण प्रोग्राम) - चैप्टर १४ - स्वस्थ मानसिक स्थितियाँ विकसित करना
https://podcasters.spotify.com/pod/show/buddhadailywisdom/episodes/Ep--462---Group-Learning-Program---Chapter-14---Cultivating-Healthy-Mental-States-e243dma/a-a9r9thv

एप. ४६३ - (सामूहिक शिक्षण प्रोग्राम) - मार्गदर्शित साँस की माइंडफुलनेस का ध्यान और शिष्यों के सवाल
https://podcasters.spotify.com/pod/show/buddhadailywisdom/episodes/Ep--463---Group-Learning-Program---Guided-Breathing-Mindfulness-Meditation-and-Student-Questions-e247gk3/a-a9rn91s

प्रश्नोत्तरी

स्वस्थ मानसिक स्थितियाँ विकसित करना: प्रेमभरी-कृपा, करुणा, सहनीभूतिपूर्ण आनंद और समभाव
https://forms.gle/b6VpQMziLpmP3yMb8

(इस ऑनलाइन प्रश्नोत्तरी को पूरा करके इस चैप्टर की अपनी समझ की पुष्टि करें। आप ही एकमात्र व्यक्ति हैं जो प्रश्नोत्तरी के परिणाम देखेंगे।)

चैप्टर १५

सच्चा प्रेम:
बिना चिपकाव के प्रेम

परवाह करना और प्रेम भरे रिश्ते बनाए रखना जीवन का एक मजेदार हिस्सा है। इन शिक्षाओं का अभ्यास करते हुए दूसरों के लिए परवाह करना और प्रेम रखना संभव है। वास्तव में, इन शिक्षाओं का अभ्यास करने वाला व्यक्ति यह पाएगा कि परवाह और प्रेम इन शिक्षाओं के मूल में केंद्रीय पहलू हैं। लेकिन बिना किसी चिपकाव के प्रेम भरे रिश्तों के मजे लेने के लिए आपको "सच्चा प्रेम" समझना होगा।

हो सकता है कि आप खुद को आजकल प्यार को चिपकाव के रूप में परिभाषित करते हुए पाएँ। जिसे आप प्यार समझते हैं, वह असल में प्यार नहीं, बल्कि चिपकाव है।

आप रिश्तों की तलाश करते हैं या मौजूदा रिश्तों के भीतर यह देखते हैं कि दूसरा व्यक्ति आपको कैसे खुश कर सकता है। आप चाहते हैं कि रिश्ता आपके लिए खुशी पैदा करे। आप दूसरों के साथ रिश्तों के ज़रिए खुशी ढूँढते हैं, मानो ये रिश्ते आपको "पूर्ण" बनाने में मदद करेंगे, आपको संपूर्ण महसूस कराएँगे।

हम अनजाने में ही दूसरे पक्ष पर अपनी खुशी के लिए अवास्तविक जिम्मेदारियाँ और अपेक्षाएँ थोपकर रिश्तों को बर्बाद कर देते हैं, जबकि किसी के लिए भी इन अपेक्षाओं को पूरा करना नामुमकिन होता है। अक्सर यह भावना बन जाती है कि "मैं तुमसे प्यार करता हूँ" और इसलिए मैं उम्मीद करता हूँ कि तुम मुझे खुश रखोगे।

किसी रिश्ते में हम दूसरे व्यक्ति से सिर्फ हमें खुश रखने की जरूरत से कहीं ज्यादा उम्मीदें बना सकते हैं। हम जो जिम्मेदारियाँ और अपेक्षाएँ बनाते हैं, वे मानसिक तृष्णा/लालसा/चिपकाव हैं जो लगातार बदलती रहती हैं क्योंकि वे अनित्य होती हैं। दूसरे व्यक्ति के लिए हमारी लगातार बदलती और अवास्तविक उम्मीदों को पूरा करना असंभव होगा, खासकर यह देखते हुए कि ये अवास्तविक उम्मीदें अक्सर व्यक्त नहीं की जातीं।

भले ही हम दूसरे व्यक्ति से अपनी अपेक्षाएँ बाँटें, फिर भी ये अपेक्षाएँ हमारी तृष्णा/लालसा/चिपकाव ही हैं, जो पूरी न होने पर मन को असंतुष्ट कर देंगी। यह अपेक्षा कि हम किसी रिश्ते में हर समय "खुश" रहेंगे, वास्तव में एक अवास्तविक अपेक्षा है क्योंकि खुशी अनित्य होती है और हमेशा के लिए नहीं रहती।

इस तरह अपेक्षाएँ पैदा करने वाला मन दूसरे व्यक्ति के लिए चिपकाव पैदा करता है। मन आराम और सुखद भावनाओं के लिए दूसरे व्यक्ति पर निर्भर रहता है, इसलिए हम अकेले संतुष्ट नहीं होते। हम अक्सर सोचते हैं कि हमारे जीवन में इस दूसरे व्यक्ति के बिना हम खुश नहीं रह सकते या पूर्ति का अनुभव प्राप्त नहीं कर सकते।

हमारी यह "किसी चीज़ के लिए तीव्र उत्सुकता के साथ मानसिक तमन्ना" (यानी तृष्णा/लालसा/चिपकाव) ही, जो हमें खुश करने के लिए किसी दूसरे व्यक्ति से होती है, हमारे मानसिक चिपकाव का निर्माण करती है और यही हमारे मन को असंतुष्ट बनाती है। कोई भी और सभी चिपकाव मन में असंतुष्टि पैदा करेगा। इसलिए हमें दूसरों के लिए चिपकाव के बिना, उनकी परवाह और प्रेम करना सीखना चाहिए।

अगर आप दूसरे व्यक्ति से कुछ जिम्मेदारी और अपेक्षाएँ रखते हैं, तो वे जिम्मेदारी और अपेक्षाएँ अनित्य हैं, यानी वे कभी एक जैसी नहीं रहेंगी। इसलिए, दूसरे व्यक्ति को आपकी अपेक्षाएँ पूरी करना असंभव लगेगा और मन असंतुष्ट रहेगा क्योंकि चीज़ें आपकी अपेक्षा के अनुरूप नहीं होंगी।

जैसे-जैसे आप तृष्णा/लालसा/चिपकाव के साथ रिश्ते में आगे बढ़ते हैं, आप शायद देखेंगे कि आप बहस करते हैं, लड़ते हैं, या मतभेद होते हैं, जिससे रिश्ते में निराशा, चिड़चिड़ापन और तनाव पैदा होता है, क्योंकि दोनों पक्ष एक-दूसरे की बहुत अलग जिम्मेदारियों और अपेक्षाओं की ओर उल्टी दिशाओं में खींच रहे हैं।

जो सुखद भावनाएँ कभी पहले थीं, वे अब मौजूद नहीं रहतीं या रिश्ते का हिस्सा नहीं रहतीं, इसलिए एक या दोनों व्यक्ति रिश्ते में दिलचस्पी खो देते हैं।

दूसरी स्थिति यह हो सकती है कि दोनों ही लोग रिश्ते को कामयाब बनाने की कोशिश में लगे रहते हैं, यह समझे बिना कि असल में उनकी अपनी जिम्मेदारियाँ और अपेक्षाएँ, यानी तृष्णा/लालसा/चिपकाव ही हैं जो एक शांतिपूर्ण रिश्ते को और भी मुश्किल बना रही हैं। हम दरअसल एक सफल

रिश्ता बनाने की अपनी क्षमता को ही नुकसान पहुँचा रहे हैं। हम अक्सर समस्या की जड़ को समझने के बजाय, दूसरे व्यक्ति को ही समस्या समझते हैं।

यदि रिश्ता समान अपेक्षाओं के साथ एक ही दिशा में आगे बढ़ना शुरू भी कर देता है, तो भी वह अपेक्षाएँ अनित्यता के कारण बदल जाती हैं और जैसे-जैसे रिश्ता आगे बढ़ता है, समस्याएँ उत्पन्न होती हैं।

अंत में रिश्ते में दोनों पक्षों की अपेक्षाएँ बहुत अलग-अलग होंगी और इनमें से कोई भी १००% पूरी नहीं हो रही होंगी, इसलिए एक या दोनों का मन असंतुष्ट हो जाएगा और रिश्ते को बनाए रखने में उनकी दिलचस्पी कम होती जाएगी। ऐसा लगता है कि प्रेम खत्म हो गया है, लेकिन वास्तव में, अधूरी जिम्मेदारियाँ और अपेक्षाएँ, यानी तृष्णा/लालसा/चिपकाव, मन को असंतुष्ट कर रही हैं।

रिश्तों में चिपकाव तनाव और संघर्ष को जन्म देता है जो अंत में बंटवारे और अलगाव का रूप ले लेता है, जो कई बार पूरे जीवन भर बना रहता है।

ऐसा लगता है कि प्रेम खत्म हो गया है, क्योंकि रिश्ते में किसी भी व्यक्ति को वह नहीं मिल रहा है जो वह "चाहत", "लालसा" या "तृष्णा" रखता है, जबकि यदि कोई जिम्मेदारी या अपेक्षाएँ न हों, तो रिश्ता शांतिपूर्ण हो सकता है।

आप अपने जीवन से उन लोगों को भी दूर करने का फैसला कर सकते हैं जो आपको नापसंद हैं, और दीवारें खड़ी करके यह पक्का कर सकते हैं कि आपका उनसे कोई संपर्क न रहे। यह विमुखता है।

बेशक, सभी रिश्तों में विनम्रता, कृपा, मित्रता और सम्मान होना जरूरी है, लेकिन किसी भी स्वस्थ रिश्ते की इन बुनियादी नींवों के अलावा, हमारे पास आमतौर पर इन बुनियादी जरूरतों से कहीं ज्यादा जिम्मेदारियाँ और अपेक्षाएँ होती हैं। हम अक्सर रिश्तों को जिम्मेदारियों और अपेक्षाओं से इतना कसकर बाँध लेते हैं कि हम उन्हें "कुचल" देते हैं।

आदर्श रूप से, दोनों लोग पहले से ही संतुष्ट होंगे और एक-दूसरे और अपनी व्यक्तिगत संतुष्टि की सराहना करते हुए रिश्ते में प्रवेश करेंगे। लेकिन, ऐसा कम ही होता है और यही कारण है कि अनिर्वाणी मन के लिए रिश्ते अक्सर एक गंभीर संघर्ष बन जाते हैं, जहाँ रिश्ते में लगातार असंतुष्टि की भावना के कारण रिश्ते विकसित करने और बनाए रखने में कई कठिनाइयों का अनुभव होता है।

सच्चा प्रेम क्या है?

सच्चा प्रेम दूसरे व्यक्ति की परवाह करना है, रिश्ते से कुछ खास नहीं चाहना, बल्कि बस यह देखना है कि वह व्यक्ति अच्छा और शांत रहे। सच्चे प्रेम वाला रिश्ता किसी और नीयत या दिलचस्पी से नहीं, बल्कि केवल यह देखने के लिए बनता और निभाया जाता है कि वह व्यक्ति जीवन में सफल हो, चाहे वह किसी भी तरह से प्रगति और आगे बढ़ना चाहे। हम उन्हें "जैसे हैं वैसे ही प्रेम करते हैं"।

बिना किसी तृष्णा/लालसा/चिपकाव के रिश्ते में, व्यक्ति को अपनी पसंद का रास्ता चुनने की अनुमति देना शामिल है, जबकि आप रास्ते में उसकी परवाह और समर्थन करते हैं। आपके ऊपर कोई जिम्मेदारी या अपेक्षाएँ नहीं होंगी कि वे कौन हैं या उन्हें क्या बनना चाहिए, बल्कि आप उनके जीवन को उनके अपने व्यक्तिगत चुनावों के आधार पर आगे बढ़ने और आगे बढ़ने देंगे, बिना किसी जिम्मेदारी या आपसे की गई अपेक्षाओं से प्रभावित हुए। यही सच्चा प्रेम है, और यह बिना शर्त वाला प्रेम नित्य हो सकता है।

इस प्रकार का रिश्ता जीवन साथी, बच्चों, माता-पिता, दोस्तों और हमारे द्वारा बनाए गए किसी भी अन्य रिश्ते के साथ संभव है। जब एक अभ्यासकर्ता सच्चे प्रेम को समझता है और सच्चे प्रेम का अभ्यास करता है, तो हम "सभी प्राणियों" के लिए बिना शर्त प्रेम रख सकते हैं।

जब तक आप इन शिक्षाओं को नहीं सीखते और "सच्चे प्रेम" के साथ संबंध बनाने का अभ्यास नहीं करते, तब तक ज्यादातर लोगों को "प्रेम" के साथ संबंध बनाना बहुत मुश्किल और अप्रिय लगेगा। ऐसा इसलिए है क्योंकि हम संबंधों को इस समझ के साथ देखते हैं कि तृष्णा/लालसा/चिपकाव ही प्रेम है, बजाय इसके कि हम यह समझें कि बिना किसी चिपकाव के "सच्चे प्रेम" का अभ्यास करके किसी से प्रेम और परवाह कैसे किया जाए।

जब तक मन इस प्रज्ञा को समझने, "सच्चे प्रेम" को सीखने और उसका अभ्यास करने के लिए जागृत नहीं होता, तब तक आप रिश्तों को अधिक सहज, मजेदार और तनाव मुक्त नहीं पाएँगे। अन्यथा, आपके आस-पास के लोगों के लिए आपकी जिम्मेदारी और अपेक्षाएँ बैर और मुश्किलें पैदा करेंगी, जिससे आपके लिए परवाह, प्रेम और टिकाऊ रिश्तों का अनुभव करना मुश्किल हो जाएगा।

कोई भी कभी भी आपकी सभी जिम्मेदारियों और अपेक्षाओं को पूरा नहीं कर सकता है, इसलिए अपेक्षाओं को खत्म करें, तृष्णा/लालसा/चिपकाव को निष्कासित करें, और आपको पुरस्कृत और सफल रिश्ते मिलेंगे जो काफी मजेदार और अधिक पूर्ण होंगे।

दूसरों के बारे में आकलन और अपेक्षाएँ दूसरों को "वे वास्तव में जैसे हैं" वैसा देखना और "वे जैसे हैं वैसे ही उनसे प्रेम करना" कठिन बना देती हैं।

खुद से प्यार करें

जिस तरह हम दूसरों से अपेक्षाएँ रखते हैं, जो हमारे रास्ते में बाधा बन सकती हैं और संघर्ष का कारण बन सकती हैं, उसी तरह खुद से अत्यधिक या अवास्तविक अपेक्षाएँ रखने से अंदरूनी संघर्ष पैदा हो सकते हैं। नकारात्मक आत्म-चर्चा, अपराधबोध, लज्जा और अन्य भावनाएँ हमारी सोच, विचार, जिम्मेदारियों और खुद से हमारी अपेक्षाओं के लिए तृष्णा/लालसा/चिपकाव के ज़रिए प्रकट हो सकती हैं।

अगर हम खुद का आकलन करते हैं, तो हम अक्सर दूसरों का भी आकलन करते हैं, जिससे मन असंतुष्ट हो जाता है। दूसरों के लिए नकारात्मक विचारों या आकलन को निष्कासित करके, हमारे अपने मन से हमारे लिए आने वाले नकारात्मक विचारों को मिटाया जा सकता है।

इन शिक्षाओं को सीखने और उनका अभ्यास करने के लिए समर्पण और वचनबद्धता रखना सबसे बढ़िया है, इस समझ के साथ कि परिणाम प्राप्त करने के लिए *धीरे-धीरे* प्रशिक्षण की जरूरत होगी। अगर हम तीव्र और जल्द सुधार की अपेक्षाएँ रखते हैं, तो शीघ्र सफलता या अन्य अपेक्षाओं कि यह तृष्णा केवल असंतुष्टि का कारण बनेगी।

अपने लिए अहं या दंभ आधारित प्रेम रखना निष्फल है। लेकिन, अपने लिए, दूसरों के लिए और अपने आस-पास की दुनिया के लिए सकारात्मक और कुशल दृष्टि रखने से एक स्वस्थ मन का निर्माण होगा।

माता-पिता या देखभाल करने वालों के लिए प्रेम

गौतम बुद्ध की शिक्षाएँ दूसरों के साथ, खासकर हमारे माता-पिता के साथ, संबंधों से जुड़ी कई जरूरी शिक्षाएँ देती हैं। आज, माता-पिता हमारे जैविक माता-पिता, दत्तक माता-पिता, दादा-दादी या अन्य देखभाल करने वाले हो सकते हैं जो हमें जीवन में शुरुआत देते हैं और हमारी देखभाल करते हैं।

ये वे लोग हैं जो हमें जीवन शुरू करने के लिए कपड़े, खाना, किताबें, शिक्षा और अन्य जरूरी चीज़ें प्रदान करते हैं, और हमारे मन को आकार देने में सबसे ज्यादा असर डालते हैं। ये हमारे "मूल शिक्षक" हैं जिन्होंने हमें जीवन की शुरुआत में यह समझ दी कि दाँत साफ करना, शरीर की सफाई करना, खाना, पेशाब करना, शौच करना और जीवन को बनाए रखने वाली अन्य गतिविधियाँ कैसे पूरी करें। कुछ माता-पिता या देखभाल करने वालों ने हमें इन बुनियादी कार्यों से कहीं आगे जाकर प्रज्ञा दी है। इस मार्गदर्शन के बिना, हम अपना जीवन नहीं चला पाएँगे।

सभी लोगों के साथ स्वस्थ संबंध रखना जरूरी है, लेकिन यह बहुत जरूरी है कि हम उन देखभाल करने वालों के लिए कृतज्ञता दिखाएँ जो हमारे जीवन को बनाए रखने के लिए हमारी देखभाल करते हैं और हमें इस जीवन में हमारी यात्रा में सहायता करने के लिए जीवन के सबक देने का प्रयत्न करते हैं।

चाहे यह गौतम बुद्ध की शिक्षाओं को बाँटने वाली आपकी पहली किताब हो या नहीं, आपके आस-पास हमेशा ऐसे लोग रहे होंगे जिन्होंने आपको सिखाया होगा कि दूसरों की हत्या करना, चोरी करना, यौन दुराचार करना, झूठ बोलना और असावधानी पैदा करने वाले पदार्थों का सेवन करना अकुशल है। ये शुरुआती शिक्षाएँ आमतौर पर हमारे मूल शिक्षकों, हमारे "माता-पिता" या "देखभाल करने वालों" द्वारा हमें दी जाती हैं।

नीचे दी गई शिक्षा सीधे गौतम बुद्ध से ली गई है जो आपको हमारे माता-पिता, हमारे "मूल" और अक्सर "सबसे समर्पित" शिक्षकों की देखभाल से संबंधित उनकी शिक्षाओं में से एक को समझने में मदद कर सकती है।

हमें हमेशा अपने माता-पिता या देखभाल करने वालों के लिए कृतज्ञता, सम्मान और समर्पण दिखाने के तरीके खोजने चाहिए।

अपने माता-पिता का ऋण चुकाना

भिक्षुओं, दो व्यक्ति ऐसे हैं जिनका ऋण आसानी से नहीं चुकाया जा सकता।

कौन से दो?

अपने माता और पिता।

यदि कोई अपनी माता को एक कंधे पर और पिता को दूसरे कंधे पर लेकर चले, और ऐसा करते हुए उसकी आयु सौ हो, वह सौ वर्ष तक जीवित रहे; और यदि कोई उन पर मरहम लगाकर, मालिश करके, स्नान कराकर, उनके अंगों क मल-मलकर उनकी सेवा करे, और वे वहीं मल-मूत्र त्याग करें, तो भी उसने अपने माता-पिता के लिए पर्याप्त कार्य न किया, न ही उसने उनका ऋण चुकाया।

यदि कोई अपने माता-पिता को सात खज़ानों से परिपूर्ण इस महान पृथ्वी पर सर्वोच्च राजा और शासक के रूप में स्थापित भी कर दे, तो भी उसने अपने माता-पिता के लिए पर्याप्त कार्य नहीं किया होगा, न ही वह उनका ऋण चुका पाया होगा।

किस कारण के लिए?

माता-पिता अपने बच्चों की बहुत मदद करते हैं; वे उनका पालन-पोषण करते हैं, उन्हें खाना खिलाते हैं और उन्हें दुनि दिखाते हैं।

लेकिन, भिक्षुओं, यदि किसी के माता-पिता में आत्मविश्वास की कमी है, तो वह उन्हें विश्वास में प्रोत्साहित करता है, बैठाता और स्थापित करता है; यदि किसी के माता-पिता अकुशल हैं, तो वह उन्हें अच्छे व्यवहार (नैतिक आचरण) मे प्रोत्साहित करता है, बैठाता और स्थापित करता है; यदि किसी के माता-पिता स्वार्थी हैं, तो वह उन्हें उदारता में प्रोत्साहित करता है, बैठाता और स्थापित करता है; यदि किसी के माता-पिता अप्रज्ञापूर्ण हैं, तो वह उन्हें प्रज्ञा में प्रोत्साहित करता है, बैठाता और स्थापित करता है: इस तरह, उसने अपने माता-पिता के लिए पर्याप्त किया है, उनक ऋण चुकाया है, और उनके लिए पर्याप्त से अधिक किया है।

(गौतम बुद्ध)

(संदर्भ: अंगुत्तर निकाय २.३३)

अपने माता-पिता का ऋण चुकाना (जारी)

लेखक के विचार: हम इस दुनिया में ऐसे माता-पिता के घर जन्म लेते हैं जो हमें जीवन जीने के लिए देखभाल या जरूरतें प्रदान करते हैं। कुछ परिस्थितियों में, हमारे माता-पिता में हमारी अपेक्षाओं के अनुरूप मार्गदर्शन करने की समझ या क्षमता की कमी हो सकती है। हमारे माता-पिता से हमारी जो अपेक्षाएँ हैं, उन्हें कैसा होना चाहिए और उन्हें हमारे माता-पिता के रूप में कैसे कार्य करना चाहिए, ये सब हमें असंतुष्ट बना सकता है और हमारे रिश्ते को तनावपू बना सकता है।

यह समझना जरूरी है कि हमारे माता-पिता ने हमें जीवन दिया है। उन्होंने हमें इस दुनिया में लाया और हमारे जीवन बनाए रखने के लिए जरूरी देखभाल प्रदान की। इन कार्यों के लिए ही अथाह प्रयत्न की जरूरत होती है। यही शिक्षा दादा-दादी, गैर-जैविक माता-पिता और उन सभी देखभाल करने वालों पर लागू हो सकती है जिन्होंने बचपन से लेक वयस्कता तक आपके पालन-पोषण और देखभाल में योगदान दिया है।

गौतम बुद्ध यहाँ जो बता रहे हैं, वह यह है कि माता-पिता अपने बच्चों को "पालने-पोसने, खिलाने-पिलाने और उन्हें दुनिया दिखाने" में बहुत मदद करते हैं। बच्चों को सिर्फ कपड़े पहनाने, खिलाने-पिलाने, नहलाने-धुलाने और दुनिया उनका मार्गदर्शन करने में लगने वाला काम और मेहनत बहुत ज्यादा है। हमारे माता-पिता के पास हमेशा वह प्रशिक्ष या प्रज्ञा नहीं होती जिससे वे हमें उस तरह मार्गदर्शन दे सकें जैसा हम "चाहते" हैं। अपने माता-पिता के लिए हमारे जिम्मेदारी और अपेक्षाएँ हमें आवारा, उपेक्षित या अप्रिय महसूस करा सकती हैं। लेकिन ये सिर्फ वे भावनाएँ और जज़्बात हैं जो हमने अपने माता-पिता द्वारा हमारे द्वारा उनके लिए निर्धारित जिम्मेदारियों और अपेक्षाओं को पूरा न करने के कारण मान ली हैं। शायद हमारे माता-पिता वास्तव में हमारे लिए ऐसा महसूस नहीं करते।

अगर कोई बच्चा इस बात की कद्र कर सकता है कि हमारे माता-पिता ने हमें इस दुनिया में लाने और हमारे जीवन क सहारा देने के लिए व्यापक और अथाह प्रयत्न किए हैं, तो हम एक अप्रज्ञापूर्ण माता-पिता का बदला इस तरह चुका सकते हैं कि जब हम तैयार हों, तो उन्हें बुद्ध, उनकी शिक्षाओं और संघ में विश्वास विकसित करने के साथ-साथ नैति आचरण, उदारता और प्रज्ञा विकसित करने के लिए प्रोत्साहित करें। इस तरह, हमने अपने माता-पिता के लिए काफी कुछ कर दिया।

यदि हमने प्रज्ञा और समझ प्राप्त कर ली है जो हमारे माता-पिता को बेहतर जीवन जीने में मदद कर सकती है, तो ह उस प्रज्ञा को अपने माता-पिता के साथ बाँटने के लिए विनम्र तरीके खोजने होंगे और उन्हें इन शिक्षाओं में मार्गदर्शन प्रदान करना होगा जो उनके जीवन को बेहतर बनाएगा, जो कि बचपन में हमें दिए गए मार्गदर्शन के बदले में होगा, अ ऐसा हमें परिणाम की परवाह किए बिना करना होगा।

हमारे माता-पिता शायद ही कभी हमारी उन उम्मीदों पर खरे उतरेंगे जो हम एक "आदर्श माता-पिता" से रखते हैं। अ हम उम्मीदों (यानी तृष्णा/लालसा/चिपकाव) को निष्कासित कर दें, और समझें कि हमारे माता-पिता हमारे साथ हैं अ फिर उनके द्वारा हमें दिए गए जीवन के लिए आभारी रहें, तो शायद हम अपनी सभी उम्मीदों को निष्कासित कर सकें और उन्हें असशर्त "सच्चा प्रेम" दे सकें जो उन्हें आत्मविश्वास, सद्गुणी व्यवहार, उदारता और प्रज्ञा विकसित करने में मार्गदर्शन करे।

अपने माता-पिता का ऋण चुकाना (जारी)

इसके लिए जरूरी है कि हम इन शिक्षाओं को सीखें और उनका अभ्यास करें ताकि हम अपने माता-पिता को वह प्रज्ञ आसानी से प्रदान कर सकें जिसकी उन्हें जरूरत है, और शिक्षाओं की अपनी गहरी समझ और उनका अभ्यास करने तरीके के आधार पर मन की गुणवत्ता में सुधार कर सकें। हमें इन शिक्षाओं के सुस्थापित अभ्यास के ज़रिए उदाहरण प्रस्तुत करने की जरूरत है।

जीवन साथी

यदि आप जीवनसाथी चुनते हैं, तो ऐसे व्यक्ति की तलाश करें जो इन शिक्षाओं के लिए जागरूक हो और उनका पालन करता हो, जिन्हें आप जानते हैं कि ये एक संतुष्ट मन और शांतिपूर्ण जीवन के लिए लाभदायक हैं। ऐसा जीवनसाथी खोजें जो पाँच सिद्धांत, अष्टांग पथ, ब्रह्म विहार और गौतम बुद्ध की इन सभी जरूरी शिक्षाओं को सीखने और उनका पालन करने के लिए समर्पित हो। अहं के बिना ऐसा करने से आप दोनों जीवन में एक ही दिशा में आगे बढ़ सकेंगे। आप दोनों एक-दूसरे के विकास और प्रगति में सहयोग करते हुए निर्वाण की ओर बढ़ सकते हैं।

आपको शायद आदर्श या अपने सपनों का व्यक्ति न मिले क्योंकि वह व्यक्ति केवल मन में ही मौजूद होता है। लेकिन आपको कोई ऐसा व्यक्ति मिल सकता है जो इस बात से सहमत हो कि यही "जीवन अभ्यास" एक सार्थक प्रयत्न है, ताकि आप अपने और अपने परिवार के जीवन को इन शिक्षाओं की नींव और मूल सिद्धांतों पर आधारित कर सकें।

इन शिक्षाओं के आधार पर जीवनसाथी चुनने से आपके रिश्ते और उस जीवन में, जिसे आप साथ बिताना चाहते हैं, अधिक सद्भाव और शांति का निर्माण होगा। एक ऐसा रिश्ता जो शायद आपके आखिरी जीवन का हिस्सा होगा, बिना किसी भविष्य के पुनर्जन्म के, क्योंकि आप दोनों निर्वाण की ओर बढ़ते हैं और अंत में उसे प्राप्त करते हैं।

आपको वह आदर्श साथी नहीं मिलेगा जो सिर्फ आपके मन में एक सपने की तरह बसा हो। लेकिन, आपको एक ऐसा साथी जरूर मिल सकता है जो आदर्श न हो और जो आपके साथ निर्वाण प्राप्ति के पथ पर सीखने, बढ़ने और काम करने को तैयार हो। जैसे आप आदर्श नहीं हैं, वैसे ही वे भी आदर्श नहीं होंगे। लेकिन एक-दूसरे का समर्थन और प्रोत्साहन देकर, आप साथ मिलकर एक आदर्श जीवन बना सकते हैं।

आगे छानबीन के लिए सीखने के संसाधन

ऑडियोबुक

(ऑडियोबुक) - (खंड १ - चैप्टर १४) - स्वस्थ मानसिक स्थितियाँ विकसित करना (पढ़िए और सुनिए)
https://youtu.be/TKvxLaYtkeA

एप. ५१५ - (ऑडियोबुक) - (खंड १ - चैप्टर १५) - सच्चा प्रेम: बिना चिपकाव के प्रेम
https://podcasters.spotify.com/pod/show/buddhadailywisdom/episodes/Ep--515---Audiobook---Volume-1---Chapter-15---True-Love-Love-Without-Attachment-e272uf8

यूट्यूब वीडियो

(सामूहिक शिक्षण प्रोग्राम) - चैप्टर १५ - सच्चा प्रेम: बिना चिपकाव के प्रेम
https://youtube.com/live/Sjtw7wDi8wU

(सामूहिक शिक्षण प्रोग्राम) - मार्गदर्शित प्रेमभरी-कृपा का ध्यान और शिष्यों के प्रश्न
https://youtube.com/live/BX6dTQZE5EQ

पॉडकास्ट

एप. ४६५ - (सामूहिक शिक्षण प्रोग्राम) - चैप्टर १५ - सच्चा प्रेम: बिना चिपकाव के प्रेम
https://podcasters.spotify.com/pod/show/buddhadailywisdom/episodes/Ep--465---Group-Learning-Program---Chapter-15---True-Love-Love-Without-Attachment-e24fpfa/a-a9sgr1j

एप. ४६६ - (सामूहिक शिक्षण प्रोग्राम) - मार्गदर्शित प्रेमभरी-कृपा का ध्यान और शिष्यों के प्रश्न
https://podcasters.spotify.com/pod/show/buddhadailywisdom/episodes/Ep--466---Group-Learning-Program---Guided-Loving-kindness-Meditation-and-Student-Questions-e24kdsh/a-a9svf5o

प्रश्नोत्तरी

सच्चा प्रेम: बिना चिपकाव के प्रेम
https://forms.gle/wLTrwwALPEkFWbYx6

(इस ऑनलाइन प्रश्नोत्तरी को पूरा करके इस चैप्टर की अपनी समझ की पुष्टि करें। आप ही एकमात्र व्यक्ति हैं जो प्रश्नोत्तरी के परिणाम देखेंगे।)

चैप्टर १६

अहं को घुलाना:
अहं कोई उद्देश्य पूरा नहीं करता

हमारा अहं अतीत के अनुभवों और खुद से हमारी भविष्य की अपेक्षाओं का एक संग्रह है। अहं हमारी आत्म-छवि और आत्म-पहचान के बारे में हमारी सोच, विचारों, और धारणाओं का इकट्ठा करना है। अहं में अहंकार, अभिमान, आकलन और दूसरों से श्रेष्ठ या हीन के रूप में खुद को नापना और दूसरों से तुलना करना शामिल होता है।

निर्वाण की खोज में अहं को घुलाना सबसे कठिन और मुश्किल पहलुओं में से एक हो सकता है। इसलिए, बेहतर होगा कि आप अपने अभ्यास की शुरुआत में ही अहं को घुलाना सीखें और साथ ही किसी शिक्षक के मार्गदर्शन में इस विषय को गहराई से पढ़े।

अपने अतीत के अनुभवों और भविष्य में खुद से की जाने वाली अपेक्षाओं के ज़रिए, हम अपने बारे में एक अपनी छवि बना लेते हैं, लेकिन यह एक भ्रम है और हमारा अहं कोई उद्देश्य पूरा नहीं करता है। निर्वाण प्राप्त करने के लिए अहं को निष्कासित करना जरूरी है।

हमारी सारी नीयत, वाणी और कार्य हमारे अहं से ही उत्पन्न हो सकते हैं। हम हर कीमत पर अपने अहं की रक्षा करते हैं। यह अक्सर हमारे सबसे तीव्र चिपकावों में से एक होता है और यही कारण है कि यह सबसे आखिरी चीज़ होती है जो जाती है और जिसे दोबारा पाना सबसे आसान होता है।

अक्सर हम दूसरों का आकलन अपने अहं के ज़रिए करते हैं। हम अपने अंदर मौजूद उन अकुशल गुणों को दूसरों पर भी थोप देते हैं, यह सोचकर कि ये बुरे गुण दूसरे व्यक्ति में हैं, जबकि असल में यह हमारा अहं ही होता है जो खुद को देख रहा होता है।

हम सोचते हैं कि कोई व्यक्ति बहुत बुद्धिमान बनने की कोशिश कर रहा है और सबको यह दिखाना चाहता है कि वह कितना बुद्धिमान है, जबकि वास्तव में ऐसा व्यवहार हम ही करते हैं।

हम कभी-कभी दूसरों को ईर्ष्या से देखते हैं क्योंकि वे जरूरी या सुंदर दिखने की कोशिश कर रहे होते हैं। जबकि असल में, यह हम ही हैं जो इस ध्यान की लालसा और तृष्णा रखते हैं।

हम अक्सर दूसरों को देख कर समझते हैं कि उनमें अहं है, जबकि अहं तो हम खुद हैं।

क्या आपको एक थीम दिखाई देती है?

हम दूसरों के बारे में जो सोचते और उनका आकलन करते हैं, वही हमारे अंदर है। हम दूसरों को देखते हैं और यह शीशे में देखने जैसा है। हम दूसरों में कुछ गुण देखते हैं क्योंकि वे गुण हमारे मन में सबसे ज्यादा मौजूद होते हैं, इसलिए हम उन्हें दूसरों पर थोपते हैं और सोचते हैं कि यह उन्हीं से आ रहे हैं। हम अहं को दूसरों पर थोपते हैं और प्रतिबिंब को ऐसे पढ़ते हैं जैसे वह दूसरे व्यक्ति से आ रहा हो, जबकि वास्तव में वह हम ही होते हैं।

यही एक कारण है कि आपको किसी दूसरे प्राणी का आकलन नहीं करना चाहिए, बल्कि केवल अपने अभ्यास और मन के विकास पर ध्यान केंद्रित करना चाहिए। किसी दूसरे व्यक्ति के "जीवन अभ्यास" या आपके विचार से वे इन शिक्षाओं का कितना अच्छा अभ्यास कर रहे हैं या नहीं कर रहे हैं, इसकी चिंता न करें। आकलन करने से आपको कोई लाभ नहीं होता और केवल आपके अपने मन को ही हानि पहुँचती है। आपको केवल सभी प्राणियों के लिए प्रेम और करुणा के साथ प्रोत्साहन देने वाला, सहायक और विनम्र होना चाहिए।

आकलन: अहंकार या घमंड (यानी अहं) के साथ खुद को दूसरों से ऊपर रखते हुए, दूसरे व्यक्ति के लिए क्या सही है और क्या गलत, यह तय करने का प्रयत्न करना। तुलना करना कि एक व्यक्ति दूसरे व्यक्ति से श्रेष्ठ या हीन है। यह घोषित करने का प्रयत्न करना कि कौन कुशल है या अकुशल, अच्छा है या बुरा। आकलन "दंभ" पर आधारित होता है। आकलन मन के लिए हानिकारक है और निर्वाण प्राप्त करने के लिए इसे निष्कासित करना जरूरी है।

दूसरों का आकलन करने के बजाय, आप सूझ-भूझ का अभ्यास करना चाहेंगे।

सूझ-भूझ: प्रज्ञा पर आधारित प्रज्ञापूर्ण निर्णय लेना है। प्रज्ञा मन के लिए सहायक है और निर्वाण प्राप्त करने के लिए इसे विकसित करने की जरूरत है।

गौतम बुद्ध के जीवनकाल में, "अहं" शब्द का इस्तेमाल नहीं होता था। अहं शब्द हाल के समय तक प्रचलन में नहीं आया। गौतम बुद्ध ने मन के दो अलग-अलग पहलुओं का जिक्र किया था जिन्हें अब हम "अहं" कहते हैं।

गौतम बुद्ध द्वारा सिखाई गईं दस बेड़ियाँ "व्यक्तिगत अस्तित्व की दृष्टि" और "दंभ" को संदर्भित करते हैं, जिसे हम "अहं" कहते हैं। निर्वाण के पथ पर अहं को जड़ से मिटाने के लिए मन के इन दो (२) बेड़ियों/कलंकों/प्रदूषणों को पूरी तरह से निष्कासित और पूरी तरह घुलाना जरूरी है।

व्यक्तिगत अस्तित्व की दृष्टि: मन से नित्य आत्म की अवधारणा को हटाना। अन-आत्म का एहसास।

दंभ: अहं, घमंड, दूसरों को श्रेष्ठ या हीन समझने, नापने या तुलना करने की प्रवृत्ति को निष्कासित करना। अहं का पूरी तरह घुल जाना।

दस बेड़ियाँ मन के दस (१०) अलग-अलग पहलू हैं जिन्हें निर्वाण प्राप्त करने के लिए निष्कासित करना जरूरी है। "बेड़ी" शब्द की परिभाषा इस प्रकार है: "किसी कैदी को बाँधने के लिए इस्तेमाल की जाने वाली जंजीर या हथकड़ी, जिसे आमतौर पर टखनों के चारों ओर बाँधा जाता है"। ये दस बेड़ियाँ मूल रूप से पुनर्जन्म के चक्र में फँसे हुए प्राणी को अनगिनत जन्मों तक असंतुष्टि का अनुभव कराती हुई निरंतर पुनर्जन्म के अंतहीन चक्र में बाँधे रखती हैं।

जब तक कोई व्यक्ति दस बेड़ियों को निष्कासित नहीं करता, तब तक उसका मन असंतुष्टि और पुनर्जन्म के चक्र से मुक्त नहीं होता। बेड़ियों को मन का कलंक या प्रदूषण भी कहा जा सकता है। कलंक मन का एक अशुद्ध गुण है और इसीलिए निर्वाण प्राप्त करने के लिए इसे निष्कासित करना जरूरी है। दस बेड़ियाँ मन को प्रदूषित करती हैं और हमें निर्वाण प्राप्त मन की चमक और प्रकाश का अनुभव नहीं करने देतीं।

अभ्यासकर्ता को शांत और स्थिर रहने के लिए मन से व्यक्तिगत अस्तित्व की दृष्टि और अहं दोनों को निष्कासित करना जरूरी है। जब तक मन में व्यक्तिगत अस्तित्व की दृष्टि और अहं बना रहेगा, तब तक वह व्यक्तिगत और व्यावसायिक संबंधों में संघर्ष करता रहेगा और दूसरों के साथ व्यवहार में कठिनाइयों का सामना करता रहेगा।

किसी के लिए सबसे चुनौतीपूर्ण बंधनों में से दो अक्सर "व्यक्तिगत अस्तित्व की दृष्टि" और "दंभ" हो सकते हैं।

यह चैप्टर आपको इन दोनों बंधनों को बेहतर ढंग से समझने और उन्हें निष्कासित करने के तरीकों के बारे में शिक्षाओं को बाँटने के लिए समर्पित है, लेकिन हमेशा ध्यान रखें, एक शिक्षक से मार्गदर्शन

प्राप्त करना एक ऐसी चीज़ है जिसकी जरूरत हर अभ्यासकर्ता को इन शिक्षाओं को सीखने और उनका अभ्यास करने के लिए पड़ेगी। निर्वाण प्राप्त करने के लिए व्यक्तिगत अस्तित्व की दृष्टि या दंभ को निष्कासित करने के लिए केवल एक किताब पढ़ना या किसी अन्य स्रोत से सारांश प्राप्त करना संभव नहीं होगा। निर्वाण के पथ के हर पहलू को गहराई से समझने और निर्वाण प्राप्त करने के लिए मन की स्थिति को कैसे सुधारा जाए, यह समझने के लिए मार्गदर्शन की जरूरत होगी। यह गौतम बुद्ध की सभी शिक्षाओं के बारे में सत्य है, और विशेष रूप से व्यक्तिगत अस्तित्व की दृष्टि और दंभ को समझने और निष्कासित करने के मामले में।

व्यक्तिगत अस्तित्व की दृष्टि को समझने के लिए, एक औसत अभ्यासकर्ता को अक्सर कई बातचीतों और कई संसाधनों की जरूरत होती है। फिर, उन्हें इस लक्ष्य को प्राप्त कर चुके किसी व्यक्ति के मार्गदर्शन में, मन से "व्यक्तिगत अस्तित्व की दृष्टि" को कैसे निष्कासित किया जाए, इस बारे में विशिष्ट शिक्षाओं की जरूरत होगी।

व्यक्तिगत अस्तित्व की दृष्टि को निष्कासित करने के लिए, एक अभ्यासकर्ता को "चार आर्य सत्य: सही दृष्टि की स्थापना" (चैप्टर ४) और उस चैप्टर में बताए गए अन-आत्म के सार्वभौमिक सत्य को समझना होगा। यह सुझाव दिया जाता है कि आप इसे ताजा करने के रूप में पढ़ें और फिर शिक्षक से मार्गदर्शन प्राप्त करते हुए अपनी शिक्षा जारी रखने के लिए इस चैप्टर पर वापस आएँ।

आत्म छवि और आत्म पहचान क्या है?

व्यक्तिगत अस्तित्व की दृष्टि को समझने के लिए और यह समझने के लिए कि किस प्रकार अनिर्वाणी मन नित्य आत्म की अवधारणा को पकड़े रहता है, और अन-आत्म के सार्वभौमिक सत्य को नहीं समझता, यह जानना जरूरी है कि आत्म-छवि और आत्म-पहचान क्या हैं, क्योंकि अन-आत्म के सार्वभौमिक सत्य को समझने के लिए इन्हें निष्कासित करना होगा।

आत्म छवि: मन एक निश्चित भौतिक रूप प्रोजेक्ट करना चाहता है और अपनी इच्छित छवि के बाहरी प्रोजेक्शन के आधार पर एक निश्चित रूप में देखा जाना चाहता है। मन कुछ बाहरी चीज़ों को एकत्रित करके एक बाहरी रूप तैयार करता है जिसे वह दुनिया के सामने प्रोजेक्ट करना चाहता है ताकि दूसरे लोग उसके साथ अनुकूल व्यवहार करें।

आभूषण, श्रृंगार, कपड़े और अन्य भौतिक संपत्तियाँ दूसरों के सामने यह दर्शाने के लिए अर्जित की जाती हैं कि मन दुनिया में कैसा दिखना चाहता है। मन चाहता है कि उसे सफल, धनी, बुद्धिमान,

सुंदर, जरूरी, या अन्य गुणों वाला माना जाए जो उसे आकर्षक लगते हैं, और वह भौतिक चीज़ें के आधार पर दूसरों से अनुकूल व्यवहार की अपेक्षा करता है जो एक आत्म-छवि बनाती हैं जिसे मन नित्य रूप से धारण करने का प्रयत्न करता है।

ऐसा मन में अंदरूनी संतुष्टि के अभाव के कारण होता है, यह सोचकर कि अगर दूसरे आपको एक खास नज़रिए से देखेंगे, तो इससे नित्य अंदरूनी संतुष्टि मिलेगी, लेकिन इसके बजाय, मन बस अनित्य परिस्थितियों पर आधारित सुखद भावनाओं (यानी खुशी, उत्तेजना, उल्लास) का पीछा कर रहा होता है। सुखद भावनाएँ अंत में फीकी पड़ जाएँगी, क्योंकि वे अनित्य परिस्थितियों पर आधारित होती हैं, और मन वहीं वापस पहुँच जाएगा जहाँ से उसने शुरुआत की थी, अब सुखद भावनाओं का अनुभव नहीं करेगा और किसी चीज़ की तलाश या तमन्ना जारी रखेगा, और उस चीज़ को पाने की तीव्र उत्सुकता से तत्पर रहेगा जिसे वह नित्य अंदरूनी संतुष्टि समझता है।

मन लगातार अगली "चीज़" की तलाश में एक चक्र में फंस गया है जिसे वह दुनिया के सामने अपनी आकर्षक आत्म छवि को पेश करने के लिए प्राप्त करता है, सुखद भावनाओं के लिए तमन्ना के साथ तीव्र उत्सुकता रखता है जो कभी भी नित्य नहीं होती है क्योंकि "कोई आत्म" नहीं होने के कारण कोई नित्य आत्म छवि नहीं है।

जब तक मन व्यक्तिगत अस्तित्व की दृष्टि की बेड़ी/कलंक/प्रदूषण के कारण आत्म-छवि को प्रोजेक्ट करने की चाहत में डूबा रहेगा, उसे नित्य शांति कभी नहीं मिलेगी क्योंकि वह अपनी अंदरूनी पूर्ति को अनित्य परिस्थितियों पर आधारित करने का प्रयत्न कर रहा है। एक बार जब सुखद भावनाओं को उत्पन्न करने वाली परिस्थितियाँ बदल जाती हैं, तो मन सुखद भावनाओं को बनाए नहीं रख पाता क्योंकि वे अनित्य परिस्थितियों पर आधारित थीं, और मन सुखद भावनाओं को वापस लाने के लिए अगली "चीज़" प्राप्त करने के लिए तीव्र उत्सुकता के साथ उसे ढूँढता और उसकी तमन्ना करता रहता है।

लेकिन, क्योंकि अनिर्वाणी मन यह नहीं समझता है कि अनित्य परिस्थितियाँ कभी भी नित्य संतुष्टि उत्पन्न नहीं करेंगी, अज्ञानता (सच्ची वास्तविकता से अनजान होना) के कारण और यह नहीं समझता है कि "कोई आत्म नहीं है", वह अपने स्नेह की अगली चीज़ के लिए भ्रमण करने और भटकने के चक्र को जारी रखता है, और नित्य संतुष्टि जब तक प्राप्त नहीं करता है जब तक कि मन व्यक्तिगत अस्तित्व की बेड़ी/कलंक/प्रदूषण को निष्कासित नहीं कर देता है और दुनिया में एक निश्चित आत्म छवि को पेश करने की तृष्णा नहीं रखता है, और इस प्रकार अन-आत्म के सार्वभौमिक सत्य का एहसास करता है।

आत्म पहचान: मन एक खास पहचान बनाना चाहता है और उन विशेषताओं या मानसिक गुणों के आधार पर एक खास तरह से देखा जाना चाहता है। मन व्यक्तित्व या जीवन की परिस्थितियों के विशिष्ट गुणों को पकड़कर रखता है और उन्हें एक व्यक्ति के रूप में आपकी पहचान बनाता है।

उदाहरण के लिए, "मैं एक शिक्षक हूँ"। "मैं एक डॉक्टर हूँ"। "मैं एक माँ/पिता हूँ"। "मैं एक पत्नी/पति/जीवनसाथी/प्रेमिका/प्रेमी हूँ"। "मैं संयुक्त राज्य अमेरिका का नागरिक हूँ"। "मैं एक ईसाई/हिंदू/मुस्लिम/बौद्ध आदि हूँ"। "मैं एक व्यवसायी हूँ"। "मैं धनवान हूँ"। "मैं कृपालु हूँ"। "मैं दोस्ताना हूँ"। "मैं एक जिम्मेदार वयस्क हूँ"। "मैं एक मेहनती व्यक्ति हूँ"।

मन के पास अनगिनत लेबल होते हैं जिनके साथ वह अपनी पहचान बनाने और उन्हें पूरा करने का प्रयत्न करता है ताकि वह एक निश्चित आत्म-पहचान को अपना सके और फिर उसे दुनिया के सामने पेश कर सके। मन इन विशेषताओं को एक आत्म-पहचान के रूप में धारण करता है और इन अनित्य स्थितियों से सुखद भावनाएँ प्राप्त करता है। लेकिन चूँकि आत्म-पहचान के ये लेबल अनित्य होते हैं, इसलिए जब ये नहीं रहते, तो मन दुखद भावनाओं (उदासी, क्रोध, निराशा, चिड़चिड़ापन, झुंझलाहट, आदि) का अनुभव करता है।

मन न केवल एक विशिष्ट जीवन साथी को पकड़कर रखता है, बल्कि वह पत्नी/पति/जीवन साथी/प्रेमिका/प्रेमी होने की पहचान को भी पकड़ कर रखता है और जब मन किसी निश्चित लेबल के साथ अपनी पहचान नहीं बना पाता, तो वह खुद को कम महसूस करता है।

मन न केवल डॉक्टर होने की जीवन परिस्थितियों या डॉक्टर होने के पेशे को थामे रहता है, बल्कि वह डॉक्टर होने की प्रोजेक्ट की हुई आत्म-पहचान को भी थामे रहता है क्योंकि मन दुनिया में एक खास तरह से देखा जाना चाहता है। जब मन सुखद भावनाओं को पैदा करने के लिए इस अनित्य लेबल के साथ अपनी पहचान नहीं बना पाता, तो उसे दुखद भावनाओं का अनुभव होता है।

जब तक मन आत्म-पहचान की अनित्य परिस्थितियों के आधार पर अंदरूनी रूप से सुखद भावनाओं को उत्पन्न करने के प्रयत्न में आत्म-पहचान को धारण करना नहीं छोड़ता, तब तक वह नित्य रूप से शांत और संतुष्ट नहीं रह सकता। यदि मन आत्म-पहचान की अनित्य परिस्थितियों की तमन्ना और उनसे चिपके रहना जारी रखता है, तो उसे दुखद भावनाओं का अनुभव होगा क्योंकि सुखद भावनाओं को उत्पन्न करने वाली परिस्थितियाँ नित्य नहीं हैं। जब तक मन अन-आत्म के सार्वभौमिक सत्य को नहीं समझ लेता और आत्म-पहचान की अनित्य स्थितियों के आधार पर मन को संतुष्ट करने

का प्रयत्न करना बंद नहीं कर देता, यह समझ कर कि "कोई आत्म नहीं है", तब तक उसे अंदरूनी संतुष्टि नहीं मिलेगी।

मन को व्यक्तिगत अस्तित्व की बेड़ी/कलंक/प्रदूषण को निष्कासित करने के लिए अन-आत्म के सार्वभौमिक सत्य को समझने और महसूस करने की जरूरत है, ताकि सुखद भावनाओं के लिए दुनिया में एक आत्म छवि और आत्म पहचान को प्रोजेक्ट करने की तीव्र उत्सुकता के साथ मानसिक तमन्ना को निष्कासित किया जा सके, अन्यथा यह दुखद भावनाओं या उन भावनाओं का स्वागत कर रहा है जो हैं न दुखद-न-सुखद, और वह कभी भी आनंद के साथ शांति, निश्चलता, निर्मलता और संतुष्टि का अनुभव नहीं करता है जो नित्य है।

अन-आत्म के सार्वभौमिक सत्य और व्यक्तिगत अस्तित्व की दृष्टि की बेड़ी को समझना

अन-आत्म का सार्वभौमिक सत्य एक अभ्यासकर्ता को यह समझने में मदद करेगा कि व्यक्तिगत अस्तित्व की दृष्टि की बेड़ियों को तोड़ने में मदद करने के लिए कोई "आप", "मैं" नहीं है। हम अपने जीवन में "आप", "मैं" जैसे सर्वनामों और हमें दिए गए नामों का उपयोग करते हैं, लेकिन ये इस मानव अस्तित्व में हम जो अनुभव कर रहे हैं, उसे सही ढंग से समझाने के लिए अनुपयुक्त हैं।

इस अस्तित्व के लिए वास्तव में एक भौतिक शरीर और एक मन एक साथ आए हैं, लेकिन इनमें से कोई भी "आप" या "आप कौन हैं" नहीं है।

इंसान के सामने चुनौती यह है कि हम एक नाम के साथ बड़े होते हैं, जो आमतौर पर जन्म के समय दिया जाता है, और हमारा मन उस नाम के साथ एक खास आत्म-छवि या आत्म-पहचान जोड़ने लगता है। हम यह सोच और गलत धारणा अपनाने लगते हैं कि हम ही वह नाम हैं, और इस नाम के इर्द-गिर्द आत्म-छवि और आत्म-पहचान बनाने लगते हैं। हम अक्सर भौतिक शरीर और/या मन को "आत्म" या "आप कौन हैं" के रूप में देखते हैं। लेकिन शरीर या मन जो कुछ भी अनुभव करता है, वह "आप" नहीं है।

एक उंगली उठाओ और "अपनी" ओर इशारा करो। "आप" कहाँ हो? क्या आप "अपनी" ओर इशारा कर सकते हो? अभी आप किसकी ओर इशारा कर रहे हो, शरीर की ओर या मन की ओर?

यह "आप" नहीं हैं। "आप" कहाँ हैं?

यदि शरीर और मन दोनों ही अनित्य हैं, तो शरीर या मन नित्य आत्म या "आप" कैसे हो सकते हैं?

वास्तव में, जो है, वह मूल रूप से त्वचा से बनी एक बड़ी थैली के अंदर हड्डियाँ, ऊतक और तरल पदार्थ हैं। एक चेतना, या मन है, जो भौतिक शरीर के साथ मिलकर "एक प्राणी" का निर्माण करता है। जन्म के समय हमें एक नाम दिया गया था ताकि लोग हमारा आसानी से जिक्र कर सकें और हम अपने रोज के कार्यों में शामिल हो सकें। परिवार और दोस्त यह नहीं पूछ सकते थे: "क्या हड्डियों, ऊतकों और तरल पदार्थ से भरी वह बड़ी थैली अभी तक घर नहीं आई है?"। इसके बजाय, हमें एक नाम की जरूरत है ताकि लोगों को यह समझने में आसानी हो कि हम अपनी बातचीत में किसका जिक्र कर रहे हैं।

लेकिन चुनौती तब उत्पन्न होती है जब दिया गया नाम मन में "हम कौन हैं" के रूप में अपना लिया जाता है, और मन हमारे जीवन के दौरान दिए गए नाम, लेबल के इर्द-गिर्द आत्म-छवि और आत्म-पहचान बनाता है।

इंसान अपने मन में एक नित्य आत्म की अवधारणा बनाता है जिसे "व्यक्तिगत अस्तित्व की दृष्टि" कहा जाता है। अनिर्वाणी मन सोचता है और झूठा विश्वास करता है कि एक वास्तविक नित्य आत्म है, जबकि वास्तव में ऐसा होता ही नहीं।

नित्य आत्म की गलतफहमी में आत्म-छवि, आत्म-पहचान, खुद से हमारी अपेक्षाएँ और दूसरों कि हमसे अपेक्षाएँ जैसी चीज़ें शामिल होती हैं। अनिर्वाणी मन शरीर और/या मन को "आत्म" मानकर गलत पहचान बनाएगा, इस प्रकार, "व्यक्तिगत अस्तित्व की दृष्टि" रखेगा।

लेकिन, यह मन की अज्ञानता (सच्ची वास्तविकता से अनजान होना), भ्रम या उलझन का एक हिस्सा है। आत्म वास्तव में मौजूद नहीं है, लेकिन अनिर्वाणी मन में यह सोच, गलत धारणा या गलत विश्वास होता है कि आत्म है। जब तक मन उस चीज़ पर अड़ा रहेगा जिसे वह आत्म समझता है, जिसे इन शिक्षाओं में "व्यक्तिगत अस्तित्व की दृष्टि" कहा गया है, तब तक वह निर्वाण का अनुभव करने के लिए असंतुष्टि से मुक्त नहीं हो पाएगा।

क्योंकि मन अपनी आत्म छवि और आत्म पहचान को पकड़कर बैठा रहता है और सोचता है कि "आप कौन हैं", इसलिए जब वह अपनी आत्म छवि या आत्म पहचान के बारे में कुछ सहमत या असहमत सुनता है, तो मन असंतुष्ट हो जाता है।

जब मन अपनी आत्म-छवि या आत्म-पहचान के बारे में सुखद और अनुरूप प्रशंसा सुनता है, तो उसे खुशी, उत्तेजना या उल्लास का अनुभव होगा क्योंकि सुखद भावनाएँ अक्सर मन में घुस जाती हैं। फिर, जब मन अपनी आत्म-छवि या आत्म-पहचान के बारे में अप्रिय और नाखुश करने वाली टिप्पणियाँ सुनता है, तो उसे उदासी, क्रोध या निराशा का अनुभव होगा क्योंकि दुखद भावनाएँ अक्सर मन में घुस जाती हैं।

व्यक्तिगत अस्तित्व की दृष्टि, एक नित्य आत्म की गलत धारणा या गलत विश्वास के कारण, मन निश्चलता से मध्य में नहीं रह सकता क्योंकि वह अनुरूप प्रशंसाओं से जुड़ी सुखद भावनाओं का अनुभव और अनचाही टिप्पणियों के समय दुखद भावनाओं का अनुभव करता है। नित्य आत्म के अस्तित्व को पकड़ते हुए मन शांत और स्थिर नहीं रह सकता क्योंकि वह अगली अनुरूप या अनचाही टिप्पणी की प्रतीक्षा में रहेगा, अपने कथित बाहरी शत्रुओं से खुद को बचाने की जरूरत महसूस करेगा और/या सुखद भावनाओं को उत्पन्न करने के लिए सुखद प्रशंसाओं की प्रतीक्षा करेगा या उन्हें खोजेगा।

मन अनचाही टिप्पणियों से खुद को बचाने की कोशिश करेगा और दुखद भावनाओं का अनुभव नहीं करना चाहेगा। मन लगातार आत्मरक्षा की रणनीतियों के साथ सतर्क रह सकता है, जिसकी वजह से अकुशल नीयत, वाणी और कार्य हो सकते हैं। मन अक्सर छोटी-छोटी परिस्थितियों से भी डर जाता है क्योंकि वह अपने व्यक्तिगत अस्तित्व की दृष्टि पर अड़ा रहता है, न केवल अनचाही टिप्पणियों को सुनने से डरता है, बल्कि मृत्यु या किसी भी छोटे अनुभव से भी डरता है जिसे मन भौतिक शरीर या मन को शायद नुकसान पहुँचाने वाला मानता है।

अनिर्वाणी मन यह नहीं समझता कि इस अस्तित्व के लिए केवल एक भौतिक शरीर और एक मन ही एक साथ आए हैं, बल्कि वास्तव में, कोई नित्य हमेशा रहने वाला आत्म नहीं है। "आत्म" से संबंधित इस समय कोई नित्य चीज़ मौजूद नहीं है, इसलिए दुखद भावनाओं की संभावना से बचने के लिए लगातार सतर्क रहने की जरूरत नहीं है, या जब कोई अनुरूप प्रशंसा प्राप्त हो, तो मन को अपार खुशी (यानी सुखद भावनाएँ) का अनुभव करने देने के लिए तैयार और इच्छुक होने की जरूरत नहीं है। अपनी अंदरूनी भावनाओं को अनित्य परिस्थितियों पर आधारित करने से मन में केवल असंतुष्टि ही उत्पन्न होगी।

मन अपनी आत्म-छवि और आत्म-पहचान पर अड़ा रहता है, इसलिए एक अभ्यासकर्ता को लग सकता है कि वह कुछ खास लोगों या प्रकार के लोगों के साथ संगति नहीं कर सकता क्योंकि इससे "वह कौन हैं" पर असर पड़ेगा और उसकी प्रतिष्ठा कम होगी। मन सभी प्राणियों के साथ शांति और

सद्भाव से रहने के बजाय, दूसरों के बारे में यह आकलन करता है कि वह किसके साथ संगति कर सकता है और किसके साथ नहीं, और वह ऊपरी गुणों के आधार पर सभी प्राणियों के लिए प्रेम और करुणा का अभ्यास करने में असमर्थ होता है।

व्यक्तिगत अस्तित्व की दृष्टि मन के लिए एक दुविधा पैदा करती है क्योंकि उसे लगातार खुद का और दूसरों का आकलन करना पड़ता है ताकि यह पता लगाया जा सके कि क्या वह किसी भी परिस्थिति में सुविधाजनक महसूस करता है, और वह शांति से रहने के लिए आराम करने में असमर्थ रहता है। मन चिंता और डर का अनुभव कर सकता है क्योंकि वह अपने आसपास की घटनाओं को अपनी आत्म-छवि या आत्म-पहचान को कम करने या उस पर उल्लंघन करने के रूप में देखता है। विनाशकारी सुरक्षात्मक आदतें विकसित होती हैं और व्यक्ति को लगता है कि वह निर्दोष दिखने वाली परिस्थितियों में भी लगातार असंतुष्ट रहता है। मन सबसे साधारण परिस्थितियों में भी "आत्म" को नुकसान पहुँचाने का अनुभव कर सकता है यह सोचते हुए कि विनाश उसके निकट आ रहा है।

मन में उलझन इस गलतफहमी के कारण जमा होती है कि आत्म है और अक्सर वह अष्टांग पथ में सिखाई गई प्रज्ञा, नैतिक आचरण और मानसिक अनुशासन के बजाय आत्मरक्षा के लिए प्रतिक्रिया करता है।

मन में नित्य आत्म को धारण करने से जुड़ी समस्याओं को निष्कासित करने के लिए और अन-आत्म को समझने के लिए व्यक्तिगत अस्तित्व की दृष्टि को निष्कासित करना जरूरी है ताकि मन अधिक आनंद के साथ शांत, निश्चल, निर्मल और संतुष्ट रह सके, चाहे कुछ भी हो रहा हो या नहीं। व्यक्तिगत अस्तित्व की दृष्टि को निष्कासित करने से मन आराम से और दूसरों के साथ सद्भाव के साथ रह सकेगा, आत्मरक्षा के तरीके ढूंढने और अकुशल आदतें विकसित करने की योजनाएँ बनाने की बजाय, मन सभी प्राणियों के साथ अधिक खुला और प्रेम भरा व्यवहार करने के तरीके खोजेगा।

अन-आत्म का एहसास करने की तकनीकें

व्यक्तिगत अस्तित्व की दृष्टि की बेड़ियों को हटाने और मिटाने से मन शांति और निश्चलता से रह सकेगा, बिना "आत्म" की रक्षा और बचाव की निरंतर जरूरत के।

मन स्वार्थी इच्छाओं और आत्मरक्षा की नीतियों के पीछे भागने के बजाय, सभी प्राणियों के लिए उदार, प्रेम भरा, कृपालु और करुणामय बन सकता है। मन दूसरों के साथ रूखा, निर्दयी, अमित्र और अपमानजनक व्यवहार को त्याग सकता है क्योंकि वह समझ जाएगा कि दूसरों के हानिकारक शब्द केवल उन्हें ही प्रभावित करते हैं, "आप" को नहीं, क्योंकि कोई "आप" है ही नहीं।

व्यक्तिगत अस्तित्व की दृष्टि से रहित मन सभी प्राणियों के लिए खुला और प्रेम भरा हो सकता है क्योंकि वह अपनी छवि और आत्म-पहचान के आधार पर दूसरों का आकलन नहीं करता, और केवल उन्हीं लोगों के साथ संगति करता है जो उसे मित्रता के योग्य लगते हैं। मन सभी प्राणियों के साथ नित्य संबंध बनाने के तरीके खोज लेगा। व्यक्तिगत अस्तित्व की दृष्टि को त्यागकर, मन को डर का अनुभव नहीं होगा क्योंकि वह भौतिक शरीर या मन को यह सोचकर नहीं पकड़ता कि कोई भी छोटी सी स्थिति नित्य नुकसान पहुँचाएगी।

यदि अभी भी एक नित्य आत्म की अवधारणा है, तो आप उसका बचाव करेंगे, उससे सावधान रहेंगे, और आत्मरक्षा की जरूरत के आधार पर भावनात्मक प्रतिक्रिया देंगे, बजाय इसके कि आप निश्चलता से, शांति से और एकाग्र मन से प्रतिक्रिया दें। आकलन, अहं और अभिमान के साथ "आत्म" को अन्य प्राणियों से ऊपर या नीचे रखने की प्रवृत्ति भी होती है, जिसे दंभ कहा जाता है।

एक बार जब नित्य आत्म की अवधारणा, जो अहं का हिस्सा है, पूरी तरह से घुल जाती है और आपको "अन-आत्म" का एहसास हो जाता है, तो आपको मानसिक रूप से आत्म का बचाव या सुरक्षा करने की जरूरत महसूस नहीं होगी क्योंकि आप जान जाएँगे कि इसका कोई अस्तित्व नहीं है और, इस प्रकार, आप एक संतुष्ट मन प्राप्त कर पाएँगे और उसे बनाए रख पाएँगे चाहे कोई दूसरा व्यक्ति आपके बारे में कुछ भी कहे। मन दूसरों की नीयत, वाणी या कार्यों पर नकारात्मक प्रतिक्रिया नहीं करेगा। मन किसी भी प्रकार के क्रोध या निराशा का अनुभव नहीं करेगा, भले ही कोई रूखा और अपमानजनक व्यवहार कर रहा हो। मानसिक रूप से बचाव या सुरक्षा करने की कोई जरूरत नहीं है क्योंकि अब आपके मन में नित्य आत्म की अवधारणा नहीं है, और यह सच्ची वास्तविकता को देख सकता है जो कि केवल यह है कि कोई रूखा और अपमानजनक व्यवहार कर रहा है, बजाय इसके कि इसे आपकी आत्म-छवि या आत्म-पहचान पर हमले के रूप में अपनायें।

निर्वाण के प्रथम चरण को प्राप्त करने के लिए भी, व्यक्ति को अन-आत्म को पूरी तरह से समझना और अनुभव करना जरूरी है। आमतौर पर, शिक्षकों की सहायता से, बहुत अधिक सीखने, अभ्यास और मार्गदर्शन के ज़रिए ही व्यक्ति अन-आत्म को पूरी तरह से समझ और उसका अहसास कर पाता है। अन-आत्म पर आधारित शिक्षा आमतौर पर अभ्यास में बाद में दी जाती है क्योंकि एक अभ्यासकर्ता पहले ही कई अन्य शिक्षाओं का एक ठोस आधार स्थापित कर चुका होता है और झाना का अनुभव कर चुका होता है, और वह निर्वाण के प्रथम चरण के करीब पहुँच जाता है।

यदि आप अनित्यता को समझते हैं और यह जानते हैं कि ऐसी कोई स्थिति नहीं है जो नित्य हो, तो अन-आत्म के एहसास को इस प्रकार से प्रतिबिंबित किया जा सकता है।

क्या यह शरीर आपका है? क्या यह आपकी संपत्ति है? क्या आप इसे हमेशा अपने पास रख पाएँगे?

नहीं।

क्या मन आपका है? क्या यह आपकी संपत्ति है? क्या आप इसे हमेशा अपने पास रख पाएँगे?

नहीं।

तो फिर हम क्या हैं? हम कुछ भी नहीं हैं।

कोई नित्य आत्म नहीं है जिसे पहचाना जा सके। कोई "आप" नहीं है, लेकिन हम फिर भी इस सर्वनाम का इस्तेमाल करते हैं क्योंकि अंग्रेज़ी भाषा में "कुछ नहीं" को दर्शाने के लिए और कोई उपयुक्त शब्द नहीं है।

"अन-आत्म" की अवधारणा समझना, व्यक्तिगत अस्तित्व की दृष्टि की बेड़ियों को तोड़ने के लिए अन-आत्म को साकार करने का एक चरण है। इसके बाद, इस शिक्षा को दैनिक जीवन और जीवन अभ्यास के ज़रिए व्यवहार में लाना जरूरी है, जिसमें यदि जरूरी हो तो एक विशिष्ट ध्यान तकनीक भी शामिल है। इस शिक्षा को आमतौर पर निर्वाण प्राप्ति की प्रक्रिया में बाद में जाँचा जाता है और जब तक अन्य कई शिक्षाओं का सुस्थापित अभ्यास और शिक्षकों के मार्गदर्शन में अभ्यास न हो जाए, तब तक इस पर ध्यान केंद्रित नहीं करना चाहिए।

मन तब तक अपने व्यक्तिगत अस्तित्व की दृष्टि को छोड़ने के लिए तैयार नहीं होगा जब तक कि वह अष्टांग पथ में पाई जाने वाली मूल शिक्षाओं के ज़रिए अच्छी तरह से प्रशिक्षित न हो जाए और एक अभ्यासकर्ता झानाओं का अनुभव करना शुरू न कर दे।

मन को यह समझने में मदद करने के लिए कि कोई आत्म नहीं है, विशेष ध्यान तकनीकों के अलावा, एक अभ्यासकर्ता भौतिक चीज़ों, लोगों और जीवन के विभिन्न हिस्सों के साथ अपने संबंधों के बारे में मन की सोच को बदलने का चुनाव कर सकता है।

मन को मुक्त होने और अधिक शांतिपूर्वक रहने के लिए प्रशिक्षित करने के लिए, एक अभ्यासकर्ता भौतिक चीज़ों, लोगों और जीवन के विभिन्न पहलुओं के संदर्भ में जिस भाषा का इस्तेमाल करता है उसको बदल सकता है ताकि मन की उस सोच और विश्वास को निष्कासित किया जा सके कि एक नित्य आत्म है। जब कोई आत्म होता है, तो मन बहुत स्वार्थी, आत्मकेंद्रित और आत्म-लीन हो सकता है। मन दूसरों को नियंत्रित करने का प्रयत्न कर सकता है और चाहता है कि चीजें एक निश्चित तरीके से हों जो आत्म को खुश करे। रोजमर्रा के जीवन में भाषा के इस्तेमाल को बदलने से मन में परिवर्तन हो सकता है।

यह कहने और ऐसा सोचने के बजाय कि यह "मेरा फोन" है, एक अभ्यासकर्ता इसे "फोन" कह सकता है।

"मेरी कार" के स्थान पर यह "वह कार" हो सकता है।

"मेरे कपड़े" के स्थान पर "यह कपड़े" हो सकता है।

"मेरा घर" के स्थान पर यह "वह घर" हो सकता है।

"मेरी नौकरी" के स्थान पर यह "मैं जहाँ काम करता हूँ" हो सकता है।

"मेरे बाल" के स्थान पर यह "बाल" हो सकता है।

"मुझे भूख लगी है" के स्थान पर यह "शरीर भूखा है" हो सकता है।

"मुझे सिरदर्द है" के स्थान पर यह "सिर में दर्द हो रहा है" हो सकता है।

इन उदाहरणों और अन्य उदाहरणों को, जिनके बारे में आप जागरूक हो जाते हैं, आपकी भाषा से "मेरा" या "मुझे" को हटाने के लिए बदला जा सकता है और आप दुनिया में कैसे बातचीत करते हैं और मन कैसे कसकर पकड़ना चाहता है।

मूल रूप से, मन भौतिक चीज़ों, रिश्तों और जीवन के विभिन्न पहलुओं को "मेरा" मानकर उनसे अलग होने लगता है। क्योंकि अगर मन गहराई से समझ लेता है कि कोई "आप" नहीं है, तो कोई भी चीज़ "आपकी" और "आपकी संपत्ति" कैसे हो सकती है?

मन को विभिन्न भाषाओं के इस्तेमाल द्वारा प्रशिक्षित करके, वह नित्य आत्म के विचार से खुद को दूर कर सकता है और इसके बजाय इस सच्ची वास्तविकता को देख सकता है कि वास्तव में कुछ भी आपका नहीं है। इस प्रकार, मन व्यक्तिगत अस्तित्व के विचार को आसानी से "छोड़" सकता है, स्वार्थी होने या यह महसूस करने के बजाय कि "आपके साथ" कुछ हानिकारक हो रहा है, शांति का अनुभव कर सकता है।

जब तक मन यह सोचता और गलत विश्वास करता रहेगा कि भौतिक चीज़ें, रिश्ते और जीवन के अन्य पहलू "आप" के हैं, तब तक वह इनके ज़रिए खुद को परिभाषित करेगा और जब चीजें उस तरह नहीं होंगी जैसा मन चाहता है या इच्छा करता है, तो वह अत्यधिक असंतुष्ट हो जाएगा।

जब भी मन को सुखद भावनाओं, दुखद भावनाओं, या ऐसी भावनाओं का आभास हो जो हैं न दुखद-न-सुखद, और जो आत्म-छवि या आत्म-पहचान से जुड़ी हों, तो एक अभ्यासकर्ता को उन्हें काट देने और उन्हें छोड़ देने के लिए सही प्रयत्न को लागू करना चाहिए। अन्यथा, मन को "आत्म" से जुड़ी भावनाओं का अनुभव करने देने से उसकी इस गलतफहमी को बल मिलता रहेगा कि एक नित्य आत्म है, और वह अन-आत्म का एहसास करने से बाधित होगा। जब कोई भी सुखद भावनाएँ, दुखद भावनाएँ, या ऐसी भावनाएँ जो है न तो दुखद-न-सुखद अनुभव की जाएँ, तो एक अभ्यासकर्ता को उन्हें काटकर छोड़ देना चाहिए।

जब कोई आत्म नहीं रह जाता, तो मन अपनी आत्म-छवि या आत्म-पहचान के बारे में नकारात्मक या अपमानजनक टिप्पणियाँ सुनकर अपना बचाव नहीं करना चाहेगा या उसकी जरूरत महसूस नहीं करेगा, और मन अपमानजनक टिप्पणियों से जुड़ी किसी भी दुखद भावना का अनुभव नहीं करेगा। और, जब कोई आत्म नहीं रह जाता, तो मन अपनी आत्म-छवि या आत्म-पहचान के बारे में कोई सकारात्मक प्रशंसा सुनकर खुशी, उत्तेजना या उल्लास का अनुभव नहीं करेगा।

मन "आत्म" के बारे में सकारात्मक या नकारात्मक टिप्पणियों को सुनने से अप्रभावित, अप्रेरित और अविचलित रहेगा क्योंकि व्यक्तिगत अस्तित्व की दृष्टि, या आत्म, निष्कासित हो चुका होगा। मन में अब यह गलत धारणा या गलत विश्वास नहीं रहेगा कि कोई नित्य आत्म है, इसलिए, वह आत्म-छवि या आत्म-पहचान से संबंधित किसी भी टिप्पणी से अप्रभावित रहेगा।

अन-आत्म के सार्वभौमिक सत्य को और अधिक अच्छी तरह से समझने और व्यक्तिगत अस्तित्व की दृष्टि की बेड़ियों को हटाने के लिए अभ्यासों को लागू करने के लिए एक शिक्षक के साथ विस्तृत चर्चा और परामर्श की जरूरत है।

चूँकि व्यक्तिगत अस्तित्व की दृष्टि वाले मन में यह गलत धारणा होती है कि शरीर और/या मन ही आत्म है, या नित्य आत्म है, इसलिए एक अभ्यासकर्ता इस उलझन को निष्कासित करने के लिए जो कुछ भी कर सकता है, वह मन को अधिक स्पष्टता से देखने में मदद करेगा। एक अभ्यासकर्ता द्वारा अपनाए जा सकने वाले सुझाए गए तरीकों में नीचे लिखीं बातें शामिल हैं:

- "ध्यान: अपने अभ्यास का विकास" (चैप्टर ११) शीर्षक वाले चैप्टर में "अन-आत्म के एहसास के लिए ध्यान" का उपयोग करने के बारे में मार्गदर्शन प्राप्त करें।
- रिश्तों, चीज़ें या विभिन्न जीवन स्थितियों के संबंध में मन को "मेरा" शब्द से अलग करने के लिए भाषा के इस्तेमाल को बदलें।
- संसार में गहराई से यह देखते हुए कि कोई भी चीज़ नित्य नहीं है, अनित्यता की धारणा विकसित करें। संसार के अनुभवों के ज़रिए सत्य को देखें, मन में यह बात बिठाएँ कि कोई भी चीज़, स्थिति या परिस्थिति नित्य नहीं है।
- साधारण कपड़े पहनें और अपनी उपस्थिति को सरल रखें क्योंकि शारीरिक सुंदरता की इच्छा करना आपके "व्यक्तिगत अस्तित्व की दृष्टि" को बढ़ावा देना है और अहं या अभिमान को दर्शाना हो सकता है।
- किसी भी प्रकार के आभूषण या श्रृंगार सहित शरीर की सजावट से बचें, और परफ्यूम और कोलोन जैसी शारीरिक गंधों का इस्तेमाल न करें। (इससे मन में आत्म-छवि या आत्म-पहचान की कोई इच्छा नहीं रहती। यह मन को शरीर की छवि या पहचान के लिए गैर-चिपकाव का अभ्यास करने के लिए प्रशिक्षित करता है। मन को शरीर की छवि के बारे में दूसरों के विचारों से अप्रभावित रहने के लिए प्रशिक्षित किया जा सकता है और इससे दूसरों की राय का मन की संतुष्टि पर कोई असर नहीं पड़ेगा, जिससे व्यक्तिगत अस्तित्व की दृष्टि को निष्कासित करने में मदद मिलती है।)
- सिर और चेहरे के बाल हटाएँ, शरीर को सुंदर बनाने की तृष्णा को निष्कासित करें।

- मानसिक रूप से आत्म छवि या आत्म पहचान को प्रोजेक्ट या उसकी रक्षा करने के लिए मन में किसी भी भावना या दिलचस्पी को "काटने" और "छोड़ देने" के ज़रिए एक व्यक्तिगत छवि को प्रोजेक्ट करने की अपनी दिलचस्पी को निष्कासित करें।
- अन-आत्म के सार्वभौमिक सत्य को गहराई से समझने के लिए एक शिक्षक से कई बैठकों में परामर्श लें और मार्गदर्शन लें, और मन से व्यक्तिगत अस्तित्व की दृष्टि को निष्कासित करने के बारे में निर्देश प्राप्त करें।

यह जरूरी है कि हम अन-आत्म और आत्मा के बीच का अंतर समझें। गौतम बुद्ध ने "अन-आत्म के सार्वभौमिक सच" पर अपनी शिक्षा के अंतर्गत यह सिखाया कि कोई नित्य आत्म नहीं है, लेकिन उन्होंने आत्मा संबंधी शिक्षा को अघोषित ही रहने दिया। यह समझने के लिए कि गौतम बुद्ध ने आत्मा संबंधी कोई शिक्षा घोषित नहीं की थी और इसे अघोषित ही रहने दिया था, "विष से सने बाण से घायल हुए इंसान की उपमा" देखें। यह उपमा "तीन विषों का रूप बदलाव: तृष्णा, क्रोध और अज्ञानता" (चैप्टर ८) शीर्षक वाले चैप्टर के अंत में दी गई है।

दंभ की बेड़ी को समझना

अहंकार, घमंड, आकलन, श्रेष्ठ या हीन तरीके से नापना या तुलना करना दंभ के लक्षण हैं जो मन को प्रदूषित करते हैं। इसके कारण मन ऐसी नीयत, वाणी और कार्य उत्पन्न करता है जिनका उल्टा असर होता है क्योंकि दूसरों को अहं से उत्पन्न आचरण अप्रिय, बेस्वाद और अनुचित लगता है।

जो व्यक्ति अहं और अभिमान प्रदर्शित करता है, उसे अक्सर व्यक्तिगत और व्यावसायिक रिश्तों में अस्वीकार कर दिया जाता है क्योंकि वह खुद को दूसरों से श्रेष्ठ समझने के लिए खुद को दूसरों से ऊपर रखने की कोशिश करता है। यह व्यवहार पशु जगत में हमारे अनगिनत अस्तित्वों से उत्पन्न होता है क्योंकि अक्सर किसी दिए गए झुंड या जानवरों के समूह में एक स्पष्ट "पदक्रम" होता है जो जीवित रहने के लिए जरूरी होता है। लेकिन, मानव लोक में इस गैर-सदाचारी व्यवहार की जरूरत नहीं है और इसे उन मनुष्यों के बीच सराहा और स्वीकारा नहीं जाता है जो सभी प्राणियों के लिए प्रेम और करुणा रखते हुए निष्पक्षता और समानता का पालन करने में दिलचस्पी रखते हैं।

जो व्यक्ति खुद को दूसरों से हीन समझता है, उसे अक्सर कमजोर समझा जाता है और उस पर भरोसा नहीं किया जा सकता या समझा जाता है कि उसमें और सद्गुण नहीं हो सकते। जो व्यक्ति खुद को दूसरों से हीन समझता है, वह अक्सर दूसरों का आदर ऐसे मन से करता है जो विचलित, अस्थिर और अशांत होता है, और दूसरों से संभावित नुकसान के डर से, एकाग्र मन से निश्चिन्त और शांतिपूर्ण

जीवन नहीं जी पाता। यह व्यक्ति को अपनी बुद्धि और कौशल को उन लाभदायक परियोजनाओं में लगाने के मौके प्राप्त करने से रोकता है जो उसके जीवन को बेहतर बनाने में मदद कर सकती हैं।

दूसरों का आकलन करने से आपके और दूसरों के बीच एक दीवार खड़ी हो जाती है क्योंकि मन सभी परिस्थितियों में सभी प्राणियों के लिए उदारता, प्रेमभरी-कृपा, करुणा, सहानुभूतिपूर्ण आनंद और समभाव का अभ्यास करने में असमर्थ हो जाता है। दूसरों का आकलन करने से आपको ही नुकसान होता है क्योंकि आप उन लोगों को दूर भगा देंगे जो उन टिप्पणियों, राय और चर्चाओं में दिलचस्पी नहीं रखते जहाँ व्यक्ति खुद को दूसरों का आकलन करने की स्थिति में डाल रहा है।

दंभ के प्रदूषण के कारण, जो अहं का ही एक हिस्सा है, प्राणी संसार में अपना स्थान ढूंढने के लिए निरंतर संघर्ष करता रहता है क्योंकि उसे लगातार यह खोज करनी पड़ती है कि वह दूसरों से ऊपर है या नीचे, जिससे मन पर बोझ पड़ता है। मन ठीक उसी तरह कार्य करता है जैसे कोई जानवर तब तक असहज रहता है जब तक उसे ठीक से पता न हो कि वह झुंड या समान प्रजातियों के समूह में "पदक्रम" में कहाँ है।

किसी भी तरह के अहं, संचित अहंकार, घमंड, आकलन और खुद को दूसरों से श्रेष्ठ या हीन समझने की भावना के आधार पर कार्य करना, व्यक्ति को जीवन को भरपूर तरीके से अनुभव करने से रोकता है जहाँ वह सभी रिश्तों और मौकों का लाभ उठा सकता है। फलदायी परिणामों के बजाय, दंभ से भरा व्यक्ति केवल कुछ ही रिश्तों तक सीमित रहेगा जो उसकी निरंतर श्रेष्ठता की चाहत या हीनता की भावना के लिए उसके आत्मविश्वास की कमी को सहन कर सकें।

दंभ व्यक्ति को टीम का सच्चा सदस्य बनने से रोकता है और इसके बजाय वह इस बात की तलाश में रहता है कि कैसे सारा यश और ध्यान प्राप्त किया जाए ताकि उसके भ्रमित मन में सुखद भावनाएँ पैदा हो सकें। टीम के सदस्य ऐसे व्यक्ति के साथ जुड़ने में दिलचस्पी नहीं लेते जो एक टीम खिलाड़ी के रूप में पूरी टीम की सफलता में भागीदार बनने में असमर्थ हो और केवल अपने स्वार्थी चैन प्राप्त करने के लिए तत्पर दिखाई देता हो।

जब हम सोचते हैं कि हम "सही" हैं और बाकी सभी "गलत" हैं, तो दंभ और अहंकार (यानी अहं के पहलू) मन में दृढ़ता से जड़ें जमा लेते हैं।

दंभ से ग्रस्त व्यक्ति अपने जीवन को बेहतर बनाने के लिए मौके ढूंढने के लिए संघर्ष करेगा और ऐसे व्यक्तियों को ढूंढने के लिए संघर्ष करेगा जो जीवन की गतिविधियों में भाग लेने के लिए तैयार हों, जो पुरस्कृत और पूर्ति भरे हो सकते हैं।

दंभ की बेड़ियाँ रूखे, निर्दयी, अमित्र और अपमानजनक नीयत, वाणी और कार्यों को प्रेरित करेंगी, जो केवल लोगों और मौकों को आपसे दूर करने का काम करेंगी, न कि लोगों को आपकी ओर लाकर सभी संबंधित व्यक्तियों के लिए लाभदायक परिणाम उत्पन्न करने में सहायता करेंगी।

मन में दबा हुआ दंभ झगड़े, बहस, दुश्मनी, हत्या और यहाँ तक कि वैश्विक संघर्ष या युद्ध का कारण बन सकता है। अहं पर आधारित निर्णयों के कारण अनगिनत जीवन बर्बाद और खराब हो चुके हैं, जिनके देर तक ठहरने वाले और लंबे समय तक रहने वाले परिणाम उस व्यक्ति द्वारा अनपेक्षित रूप से देखे जा सकते हैं जो अहं के बादल से अंधा है, सच्ची वास्तविकता से अनजान है, और मन को उसके रोज के संघर्षों और कठिनाइयों से मुक्त करने वाली इन शिक्षाओं से अनजान है।

एक प्रज्ञापूर्ण अभ्यासकर्ता मन से सभी प्रकार के अहं को निष्कासित करने के लिए समर्पित जीवन अभ्यास के ज़रिए ऊर्जा और प्रयत्न लगाएगा, और इस प्रकार, सभी प्राणियों के साथ सद्भाव में शांतिपूर्वक रहने के काबिल होने के लाभों को महसूस करेगा।

मन से अहं को निष्कासित करने से आपको लाभ होगा क्योंकि मन व्यक्तिगत और व्यावसायिक रिश्तों में बिना किसी श्रेष्ठता या हीनता की भावना के आराम से रह पाएगा। इसके बजाय, मन स्वार्थी संतुष्टि और अपने अहंकार और अभिमान को प्रदर्शित करने की इच्छा के बजाय, ऐसे तरीके खोजेगा जिनसे हर कोई "जीत" सके।

दंभ को निष्कासित करने की तकनीकें

जब भी कोई अभ्यासकर्ता अपने मन में अहंकार, घमंड, आकलन, श्रेष्ठ या हीन के रूप में मापने या तुलना करने को उठता हुआ देखता है, तो उसे इन अकुशल गुणों को निष्कासित करने और कुशल गुणों को उत्पन्न करने के लिए सक्रिय कदम उठाते हुए सही प्रयत्न का अभ्यास करने की जरूरत होती है।

मन में अहंकार, अभिमान, आकलन, श्रेष्ठ या हीन के रूप में मापना या तुलना करना उत्पन्न होने से कोई लाभ नहीं है, इसलिए जब ऐसा देखा जाए तो उसे काट देना और छोड़ देना चाहिए।

अपनी बातचीत, चर्चा या रिश्तों में दंभ को थोड़ी सी भी मात्रा को आने देने से विनाशकारी असर होंगे, जिसके परिणामस्वरूप हानिकारक परिणाम (यानी अकुशल कम्मा) निकलेंगे।

एक अभ्यासकर्ता जितनी जल्दी अपने मन में उत्पन्न होने वाले दंभ के लिए सचेत हो जाता है, वह उसे मन से निकालने के लिए सक्रिय कदम उठा सकता है। इसे पहले से ही पकड़कर, मन अंत में दंभ को उत्पन्न होने से ही रोक सकता है। लेकिन, एक अभ्यासकर्ता को यह समझना होगा कि दंभ क्या है ताकि जैसे ही मन को इसके उत्पन्न होने का एहसास हो, उसे मन से काटकर निष्कासित किया जा सके।

एक प्रज्ञापूर्ण अभ्यासकर्ता अपने दैनिक जीवन में विभिन्न अभ्यासों को अपना कर दंभ के निष्कासन की दिशा में सक्रिय कदम उठा सकता है। जो व्यक्ति बौद्ध शिक्षाओं या बौद्ध संस्कृति से अपरिचित है, उसे ये अभ्यास काफी विदेशी और समझने में चुनौतीपूर्ण लग सकते हैं। आपको उन सभी अभ्यासों को समझने के लिए मार्गदर्शन लेना चाहिए जो पूरी तरह से समझ में नहीं आते, जैसे कि ये दंभ के निष्कासन में क्यों सहायक हैं और इन्हें अपने दैनिक जीवन में कैसे लागू किया जाए।

ऐसे कई तरीके हैं जो आपको दंभ से छुटकारा पाने में मदद कर सकते हैं। मैं दंभ से छुटकारा पाने के संभावित उदाहरणों के तौर पर नीचे दिये हुए उदाहरण प्रस्तुत करता हूँ।

- जरूरत अनुसार और उचित रूप से "धन्यवाद", "क्षमा करें", "श्रीमान, महोदया, या अन्य सम्मानजनक सर्वनामों" का इस्तेमाल करते हुए विनम्रता से बोलें और "मुझे नहीं पता" कहें।
- किसी नीची स्थिति में सोएँ जो ऊँची या आरामदायक न हो और फर्श पर बैठें।
- ऐसे कार्य करें जो आपको लगता है कि आपके "नीचे" हैं।
- दूसरों को प्रज्ञा सिखाते हुए सुनें, बिना उनको सिखाने की दिलचस्पी के।
- लोगों के पैर धोएँ। अगर हो सके तो उन लोगों के पैर धोएँ जिनसे आपका कोई संबंध नहीं है।
- थाई संस्कृति की तरह "वाई (नमस्ते)" कहकर सभी लोगों के लिए सम्मान और कृतज्ञता प्रदर्शित करें।
- सभी प्राणियों के लिए उदारता, प्रेमभरी-कृपा और करुणा दिखाएँ, विशेषकर उन लोगों के लिए जिनके लिए मित्रतापूर्ण व्यवहार करना आपके लिए चुनौतीपूर्ण होता है।
- दूसरों के बारे में यह आकलन न करें कि आप उनसे श्रेष्ठ हैं या हीन।
- कृपालु और कोमल बनें क्योंकि यही "सही" तरीका है।
- दूसरों से सलाह माँगें और पूछें कि उन्होंने जीवन में क्या सीखा, कुछ भी साबित करने की कोशिश किए बिना सिर्फ सुनें।

- दूसरों की मदद करें, बदले में किसी उपकार या अपने लिए सकारात्मक लाभ की अपेक्षा किए बिना।
- किसी शिक्षक का मार्गदर्शन प्राप्त करें जो मन को यह स्वीकार करने में सहायता करे कि वह सब कुछ नहीं जानता है और उसे इस संसार में सहायता की जरूरत है।
- अहंकार, अभिमान, आकलन, श्रेष्ठ या हीन रूप में मापने या तुलना करने की अपनी दिलचस्पी को निष्कासित करें, इसके लिए मन में किसी भी भावना या दिलचस्पी को "काट" दें और "छोड़ दें" जो इन अकुशल गुणों से मिलती जुलती हो।
- अहं की बेड़ियों को गहराई से समझने के लिए एक शिक्षक से कई बैठकों में परामर्श लें और मार्गदर्शन लें, और मन से दंभ को कैसे निष्कासित किया जाए, इस बारे में निर्देश प्राप्त करें।

कभी यह मत मानिए कि अहं निष्कासित हो गया है

हमें हमेशा और जिंदगी भर "अहं को निष्कासित" करने का अभ्यास विकसित करना चाहिए और कभी भी यह "मानना" नहीं चाहिए कि वह बुझ गया है। अहं हमेशा आपको यह सोचने पर मजबूर करने की कोशिश करेगा कि वह निष्कासित हो गया है क्योंकि यह उस बुरे किरायेदार की तरह है जो कभी किराया नहीं देता और न ही जाना चाहता है।

जिस क्षण मन आपको यह विश्वास दिला दे कि अहं निष्कासित हो गया है, उसी क्षण आपको पता चल जाएगा कि अहं अभी भी मौजूद है। इसके बजाय, कभी भी यह न मानें कि अहं निष्कासित हो गया है, और हर परिस्थिति में विनम्र और व्यावहारिक बने रहने के लिए हमेशा प्रयत्न करते रहें।

जो अभ्यासकर्ता गौतम बुद्ध की इन शिक्षाओं को सीखता और उनका पालन करता है, वह गहन प्रज्ञा विकसित करता है। एक गहरी प्रज्ञा वाले व्यक्ति के लिए यह विशेष रूप से जरूरी है कि वह हमेशा विनम्र बने रहे। एक सच्चे प्रज्ञापूर्ण व्यक्ति में इतनी प्रज्ञा होती है कि वह हमेशा विनम्र बने रहना जानता है और उसे अहंकार, अभिमान, दूसरों का आकलन करने, या अपने मन या अपने रोज के व्यवहार में दंभ को स्थान देने की जरूरत नहीं होती।

आत्म-छवि, आत्म-पहचान, अहं, घमंड, दूसरों का आकलन, खुद को दूसरों से श्रेष्ठ या हीन मानकर मापने और तुलना करने से कोई लाभ नहीं है। आप पाएँगे कि जब व्यक्तिगत अस्तित्व की दृष्टि और अहं निष्कासित हो जाएगा, तो आपके व्यक्तिगत और व्यावसायिक रिश्ते खिल उठेंगे।

व्यक्तिगत अस्तित्व की दृष्टि और दंभ की बेड़ियों को हटाकर, मन शांत और स्थिर रह सकता है, चाहे आपके आस-पास कुछ भी हो रहा हो या नहीं हो रहा हो।

अहं हमें सहारा देता है और "हम खुद को जो समझते हैं" और "हमारी आत्म-छवि" की रक्षा करता है। किसी के लिए भी अपने अहं को देख पाना बहुत मुश्किल होता है।

जब "आत्म" ही न हो, तो किसी से भी मानसिक रूप से खुद को बचाने की जरूरत नहीं है। एक शांत, निश्चल, निर्मल और संतुष्ट मन, जो किसी को नुकसान न पहुँचाने वाला आनंद देता हो, उसे बस "प्रज्ञा और मुस्कान" के साथ चलने की जरूरत है।

एक प्रज्ञापूर्ण व्यक्ति को बस प्रज्ञा और मुस्कान के साथ चलना चाहिए। उन्हें आत्म-छवि, आत्म-पहचान, अहंकार, घमंड, दूसरों का आकलन करने, या खुद को श्रेष्ठ या हीन के रूप में मापने या तुलना करने की कोई इच्छा नहीं होती। एक प्रज्ञापूर्ण व्यक्ति जानता है कि ऐसा करने से कोई लाभ नहीं है, इसलिए उसे बस समझदारी और मुस्कान के साथ चलना चाहिए।

अहं मन के अंदर गहराई से समाया हुआ है और हमें अपनी पूरी क्षमता को साकार करने से रोकता है क्योंकि हम "सोचते" हैं कि हम पहले से ही जानते हैं कि हम कौन हैं और हमें भविष्य में क्या करना चाहिए। यह हमें स्वस्थ संबंधों और शुद्ध मन व शुद्ध नीयत के साथ अन्य प्राणियों से जुड़ने से रोकता है।

अहं हमें अन्य प्राणियों द्वारा बाँटी गई प्रज्ञा से सीखने और बढ़ने से रोक सकता है क्योंकि हम सोचते हैं कि हम पहले से ही "सब कुछ जानते हैं"।

अहं को घुलाना कहना जितना आसान है, करना उतना आसान नहीं। चूँकि हमने जीवन भर अहं को संचित किया है और अनगिनत घंटे इस बारे में सोचते हुए बिताए हैं कि हम भविष्य में क्या करना चाहते हैं, इसलिए अहं को घुलाना बहुत कठिन है। अहं में आत्म-छवि और आत्म-पहचान के साथ-साथ कई अन्य गुण भी शामिल हैं, और अगर हम अहं को पकड़े रहेंगे, तो हम अपने लिए असंतुष्टि पैदा करेंगे और कभी भी निर्वाण प्राप्त मन का पूर्ण अनुभव नहीं कर पाएँगे।

निर्वाण तक पहुँचने के लिए अहं को घुलाना, तोड़ना और मिटाना होगा। अहं कोई उद्देश्य पूरा नहीं करता है।

गौतम बुद्ध नीचे दी गई शिक्षा में बताते हैं कि खुद को प्रशंसा, अभिमान और अहं में रहने देना कितना डरावना, कड़वा, नीच और बाधक है।

लाभ, सम्मान और प्रशंसा, अरहंत के लिए भी बाधा हैं

मैं कहता हूँ कि भिक्षुओं, लाभ, सम्मान और प्रशंसा, उस भिक्षु के लिए भी बाधा हैं जो अरहंत है, जिसके सारे कलंक नष्ट हो चुके हैं।

जब यह कहा गया, तब पूज्य आनंद ने प्रमुख शिक्षक गौतम से पूछा: 'पूज्य महोदय, लाभ, सम्मान और प्रशंसा, एक भिक्षु के लिए भी बाधा क्यों बन जाते हैं जिसके कलंक नष्ट हो चुके हैं?'

आनंद, मैं यह नहीं कहता कि लाभ, सम्मान और प्रशंसा उसके मन की अविचल मुक्ति में बाधक हैं। बल्कि मैं कहता कि ये इसी जीवन में उस शांतिपूर्ण निवास (की प्राप्ति) में बाधक हैं जो मेहनती, समर्पित और दृढ़ व्यक्ति को प्राप्त ह है। आनंद, लाभ, सम्मान और प्रशंसा कितने भयंकर, कड़वे, नीच और बंधन से नायाब सुरक्षा (निर्वाण) प्राप्त करने बाधक हैं।

इसलिए, आनंद, तुम्हें खुद को इस प्रकार प्रशिक्षित करना चाहिए: 'हम प्राप्त लाभ, सम्मान, प्रशंसा को त्याग देंगे, अ हम प्राप्त लाभ, सम्मान और प्रशंसा को डटे रहने नहीं देंगे जिससे मन में जुनून हो।'

इस प्रकार तुम्हें खुद को प्रशिक्षित करना चाहिए।

(गौतम बुद्ध)

(संदर्भ: संयुत्त निकाय १७.३०)

अहं को निष्कासित करने की दिशा में प्रगति

आपको पता चल जाएगा कि अहं कम होने लगा है जब मन आपके द्वारा किए गए अच्छे कार्यों का श्रेय लेने में दिलचस्पी नहीं रखता, बल्कि सभी प्राणियों के लिए अच्छे कार्य होते देखने में अधिक दिलचस्पी रखता है। मन न तो प्रशंसा से प्रभावित होगा और न ही अनादर से। यदि कोई आपको बताता है कि आपको अहं है और मन उदासी, क्रोध, निराशा, चिड़चिड़ापन, झुंझलाहट आदि जैसी दुखद भावनाओं का अनुभव करता है, तो मन में अभी भी अहं है।

दूसरों से अपनी तुलना करना पूरी तरह से बंद हो जाएगा और किसी भी कारण से दूसरों को आंकने (दूसरों को नीचा दिखाने) में कोई दिलचस्पी नहीं होगी। एक अभ्यासकर्ता अच्छी नीयत, वाणी और

कार्यों को सँवारना और अभ्यास करना इसलिए चुनेगा क्योंकि यही "सही" काम है, इसलिए नहीं कि वह अपने कुशल तरीकों के लिए पुरस्कार या मान्यता चाहता है।

बिना अहं वाला व्यक्ति किसी भी प्राणी के लिए, चाहे वह व्यक्ति किसी भी प्रकार का हो, प्रेम, करुणा, सहानुभूतिपूर्ण आनंद और समभाव के साथ विनम्र, कृपालु, दोस्ताना और आदरपूर्ण व्यवहार कर सकेगा। इन अच्छी कुशल शिक्षाओं का अभ्यास करने के लिए आपको किसी भी प्रकार की कोई शर्त नहीं रखनी होगी, और ऐसी कोई भी परिस्थिति नहीं है जो आपको इन अच्छी कुशल शिक्षाओं का अभ्यास करने से रोके।

एक प्रज्ञापूर्ण अभ्यासकर्ता कभी यह निष्कर्ष नहीं निकालेगा कि उसका अहं निष्कासित हो गया है, बल्कि वह हमेशा इस बात पर सतर्क रहेगा कि अहं को मन में रहने न दे, और जब भी वह अपना बेरूप सिर उठाए, उसे जड़ से उखाड़ फेंके।

अहं के ज़रिए शिक्षण

गौतम बुद्ध ने छह (६) वर्षों तक मन को प्रशिक्षित करने के बाद निर्वाण प्राप्त किया और फिर जीवन भर मन को स्थिर रखने का अभ्यास किया। वे खुद जानते थे कि उन्हें निर्वाण प्राप्त हुआ है क्योंकि पूरी तरह मुक्त मन उस व्यक्ति को स्पष्ट रूप से दिखाई देता है जिसने इसे प्राप्त कर लिया है।

जबकि वह जानते थे कि उसके पास सभी सवालों के उत्तर हैं, उनके आस-पास के अन्य लोग अपनी शिक्षाएँ दे रहे थे जो निर्वाण की प्राप्ति नहीं करा रही थीं।

गौतम बुद्ध के शिष्यों को निर्वाण प्राप्त हुआ और उन्होंने सत्य को जाना। उनके जीवनकाल में भी ऐसे बहुत से लोग थे जिन्होंने गौतम बुद्ध की शिक्षाओं को न तो सीखा और न ही उनका पालन किया।

यही कारण है कि गौतम बुद्ध ने केवल उन्हीं शिष्यों को शिक्षा दी जिन्होंने उनसे सीखना चुना।

वे शिष्यों की तलाश में नहीं निकले। उन्होंने उन्हें खुद को ढूंढने आने दिया। यह जरूरी है कि शिष्यों की "तृष्णा" न की जाए क्योंकि इससे मन बंद हो जाएगा और शांतचित्तता खो जाएगी। तृष्णा ही समस्या है; गैर-चिपटाव, गैर-चिपकाव, गैर-तृष्णा और निर्वाण ही समाधान है। तृष्णा के साथ, निर्वाण नहीं होता, भले ही मन और अधिक शिष्यों की तृष्णा रखता हो।

एक शिष्य को मार्गदर्शन के लिए शिक्षक की सहायता लेनी चाहिए। केवल यही एक कार्य एक अभ्यासकर्ता के अहं को कम करने में सहायक होता है। शिष्य को अपने मन में प्रवेश द्वार खोलकर विश्वास और सम्मान के साथ शिक्षाओं का स्वागत करना चाहिए। शिष्य द्वारा दरवाजा खोले बिना, शिक्षक मन में स्वस्थ जीवन का संचार नहीं कर सकते, इस प्रकार, शिष्य के पास सुधार करने के लिए शिक्षाएँ नहीं होंगी।

केवल शिष्य ही है जो अहं को कम करता है, एक शिक्षक की खोज करता है, और सवालों के ज़रिए मार्गदर्शन प्राप्त करता है, जिससे शिक्षाएँ मन में प्रवेश कर सकें, और अंत में निर्वाण के पथ पर अपने जीवन अभ्यास में सुधार कर सके।

शिष्य को अपने अकुशल मन को कुशल और शुद्ध मन में बदलने के लिए कड़ी मेहनत करने की जरूरत है।

एक शिक्षक अपने शिष्यों के लिए निर्वाण को उत्पन्न नहीं कर सकता। एक शिक्षक अपने शिष्यों को निर्वाण "दे" नहीं सकता। केवल मेहनती पढ़ाई, अभ्यास और शिक्षाओं को सीखने और उनका अभ्यास करने की वचनबद्धता से ही एक शिष्य निर्वाण की दिशा में सक्रिय रूप से काम कर सकता है। एक शिष्य को शिक्षाओं और अपने शिक्षक के लिए कृतज्ञता, प्रशंसा और सम्मान रखना होगा।

एक शिक्षक शिक्षा दे सकता है, प्रेरित कर सकता है, प्रोत्साहित कर सकता है और मार्गदर्शन दे सकता है, लेकिन यह शिष्य ही है जिसे यह तय करना होगा कि निर्वाण उसके जीवन के लिए एक जरूरी लक्ष्य है और उसे अपने विकास के लिए प्रतिबद्ध होना होगा। शिष्य को ऐसे शिक्षकों की तलाश करनी चाहिए जो निर्वाण के पथ पर उसकी सहायता कर सकें।

एक शिक्षक शिष्यों की तलाश नहीं कर सकता क्योंकि अनिर्वाणी प्राणी अपने आज के शिक्षकों और उनके आज के अभ्यास से इतना चिपक जाते हैं कि शायद उनमें अहं भी होता है। एक शिक्षक जो शिष्यों की तलाश करता है, उसे हमेशा एक दीवार का सामना करना पड़ेगा।

एक शिक्षक जो जानता है कि उसके पास निर्वाण की ओर ले जाने वाली शिक्षाएँ हैं, वह किसी शिष्य को अध्ययन या अभ्यास के लिए "मनाने" के लिए बहुत कम या कुछ भी नहीं कर सकता। अध्ययन और निर्वाण की प्राप्ति में दिलचस्पी शिष्य द्वारा ही शुरू की जानी चाहिए।

एक शिष्य को सभी दिशाओं में कृपा, विनम्रता, कृतज्ञता और सम्मान की नींव पर आधारित एक स्वस्थ संबंध स्थापित करने के लिए मार्गदर्शन के लिए शिक्षकों से संपर्क करना होगा। केवल एक बुद्ध ही शिक्षकों की सहायता के बिना निर्वाण प्राप्त कर सकता है। जबकि अन्य सभी अभ्यासकर्ता निर्वाण प्राप्त करने के काबिल हैं, उन्हें शिक्षकों के मार्गदर्शन और इन शिक्षाओं के सुविकसित अभ्यास की जरूरत होगी।

शिष्यों को अपने शिक्षकों के साथ ईमानदार और सम्मानजनक संबंध विकसित करते हुए समझ हासिल करने के लिए सवाल पूछकर मार्गदर्शन प्राप्त करना चाहिए।

शिक्षकों को केवल तभी शिष्यों को मार्गदर्शन प्रदान करना चाहिए जब वे सवाल पूछकर और/या किसी को अपना शिक्षक नियुक्त करके मार्गदर्शन का अनुरोध करें।

ऐसे शिक्षकों की खोज करें जो तृष्णा, क्रोध और अज्ञानता (सच्ची वास्तविकता से अनजान होना) से मुक्त हों, जिन्होंने अहं को निष्कासित कर दिया हो और जिन्होंने अन-आत्म का एहसास कर लिया हो। ये वह लोग हैं जिन्हें निर्वाण प्राप्त हो चुका है और जो आपका मार्गदर्शन करने वाले सर्वश्रेष्ठ शिक्षक होंगे।

यदि किसी शिक्षक ने अभी तक निर्वाण प्राप्त नहीं किया है तो उसके लिए दूसरों को निर्वाण की ओर मार्गदर्शन करना बहुत कठिन होगा।

जैसे-जैसे कोई इन शिक्षाओं को सीखने और उनका अभ्यास करने में आगे बढ़ता है, उसे गहरी प्रज्ञा प्राप्त होती है। कभी-कभी किसी स्थिति में दिखाई देने वाला सबसे सरल और स्पष्ट सच, उन लोगों द्वारा गहन प्रज्ञा के रूप में सराहा जा सकता है जो निर्वाण के पथ पर नहीं हैं क्योंकि वे इन शिक्षाओं में निहित सत्य और प्रज्ञा से अनजान हैं। दूसरों की बधाई और प्रशंसा के शब्द अक्सर मन पर हावी हो सकते हैं और अत्यधिक दंभ पैदा कर सकते हैं - यदि अभ्यासकर्ता प्रशंसा को मन पर हावी होने देता है।

हालाँकि इन शिक्षाओं को सीखना और उनका पालन करना आपके जीवन के लिए लाभदायक है, लेकिन हमेशा विनम्र बने रहना भी जरूरी है। चाहे बात दोस्तों, माता-पिता, परिवार, या अन्य सहयोगियों और शिक्षकों के साथ हो, आपको यह समझना होगा कि अपने जीवन अभ्यास और इस मार्ग पर प्रगति के संबंध में अहं या अभिमान प्रदर्शित करना न केवल आपकी अपनी प्रगति में बाधा डालेगा, बल्कि दूसरों को भी गौतम बुद्ध की शिक्षाओं की छानबीन करने से रोकेगा।

एक अभ्यासकर्ता के लिए यह संभव है कि वह लाभदायक और निरंतर सुधरते हुए ध्यान, एकाग्रता, गहरी याददाश्त और मन की स्पष्टता को गर्व के गुणों के रूप में देखे, जबकि वह उन लोगों को तुच्छ समझता है जिनमें एकाग्रता की कमी है या जिनका मन असंतोष से भरा है। कुछ मामलों में, एक अभ्यासकर्ता इन शिक्षाओं की अपनी प्रज्ञा के आधार पर खुद को इतना श्रेष्ठ समझने लगता है कि वह विनम्र बने रहकर निर्वाण के पथ पर आगे बढ़ने के बजाय, अहंकार, अभिमान और अहं हावी हो जाता है, यहाँ तक कि उन लोगों को भी दूर धकेल देता है जिन्होंने उसे इन शिक्षाओं का आधार और गहन अभ्यास प्राप्त करने में मदद की थी।

गौतम बुद्ध ने खुद ऐसे शिष्यों की बात की थी जो अंत में उन्हें और उनकी शिक्षाओं को अस्वीकार कर देते थे, यहाँ तक कि शायद उनकी शिक्षाओं को अपनी शिक्षा मानकर उन्हें चुराने का प्रयत्न भी करते थे।

शिष्य कभी-कभी उसी व्यक्ति के लिए अमित्र और अनादरपूर्ण हो सकते हैं जिसने उन्हें निर्वाण के पथ पर लाभ प्राप्त करने के लिए मार्गदर्शन किया था। किसी शिष्य के लिए यह बहुत खतरनाक है कि वह अपने मन में अहं या अभिमान को यह सोचकर हावी होने दे कि वह अपने शिक्षक से अधिक श्रेष्ठ है। शिक्षक ने ही उन्हें निर्वाण के पथ पर स्थापित होने और जरूरी प्रगति करने में सहायता की थी, इसलिए अपने शिक्षक के साथ संबंध में अहंकार या अभिमान रखने से निर्वाण की ओर आपकी निरंतर प्रगति में कोई लाभदायक परिणाम नहीं निकलेगा।

कृतज्ञता, सराहना और सम्मान के साथ-साथ विनम्रता, उस मन के मूलभूत पहलू हैं जो अंत में निर्वाण प्राप्त करेगा। यदि कोई शिष्य अपने शिक्षकों के लिए कृतज्ञता, प्रशंसा, सम्मान और विनम्रता का भाव रखता है, तो वह पूर्ण मुक्ति का अनुभव करते हुए अपने मन का विकास जारी रख सकता है।

लेकिन, जो व्यक्ति अपने दंभ की उपज के कारण अपने शिक्षक की कृपा को अस्वीकार करने का निर्णय लेता है, वह अपने अहंकार और घमंड के कारण संघर्ष करता रहेगा और समुदाय के वरिष्ठ सदस्यों के निकट आने की क्षमता का अभाव महसूस करेगा, जो अहं को निष्कासित करने के लिए मार्गदर्शन प्रदान कर सकते हैं, जिससे अंत में उसे निर्वाण की प्राप्ति हो सकती है।

ये शिक्षाएँ २५०० से भी ज्यादा वर्षों से चली आ रही पीढ़ियों के आदान-प्रदान पर आधारित हैं, जो शुद्ध रूप से उदारता, प्रेमभरी-कृपा, करुणा, सहानुभूतिपूर्ण आनंद और समभाव पर आधारित हैं। एक ईमानदार और समर्पित शिक्षक किसी स्वार्थी लाभ के लिए इन शिक्षाओं को नहीं बाँटता, क्योंकि

उसका लक्ष्य केवल दूसरों की सहायता करना होना चाहिए। एक अभ्यासकर्ता को इन शिक्षाओं और इस प्रकार, शिक्षकों सहित समुदाय के वरिष्ठ सदस्यों के लिए कृतज्ञता, प्रशंसा और उदारता, प्रेमभरी-कृपा, करुणा, सहानुभूतिपूर्ण आनंद और समभाव के गुणों की दृष्टि रखना चाहिए।

जबकि एक शिष्य को अक्सर अहं को निष्कासित करने के लिए संघर्ष करना पड़ता है, फिर भी शिक्षक से मार्गदर्शन प्राप्त करने से मन से अहंकार, यानी अहं को निष्कासित करने में सहायता मिलती है। मार्गदर्शन प्राप्त करने के लिए शिष्य को कृतज्ञता, प्रशंसा और सम्मान पर आधारित एक स्वस्थ संबंध विकसित करना होगा।

एक शिष्य के लिए यह जरूरी है कि वह हमेशा शिक्षकों के लिए सम्मान रखे, क्योंकि उनकी प्रज्ञा के बिना वह निर्वाण के पथ पर आगे नहीं बढ़ पाएगा।

इसी प्रकार, एक शिक्षक को सभी शिष्यों के लिए कृतज्ञता, सराहना, सम्मान और विनम्रता बनाए रखनी चाहिए। एक शिक्षक को इन शिक्षाओं का गहरे अभ्यास करने वालों में से एक होना चाहिए। एक शिष्य अपने शिक्षक को एक आदर्श के रूप में देखेगा कि कैसे इन शिक्षाओं का दैनिक जीवन में अभ्यास किया जाना चाहिए और उनकी तरह प्रज्ञा, नैतिक आचरण और मानसिक अनुशासन का पालन करना चाहिए।

यदि कोई शिक्षक विनम्रता, कृपा, मित्रता और सम्मान का अभ्यास नहीं करता है, तो शिष्य मन के इन्हीं गुणों का अभ्यास करना नहीं सीख पाएगा। जो शिष्य लगन से शिक्षाओं को सीखने, चिंतन करने और उनका अभ्यास करने का चुनाव करते हैं, उनकी शिक्षक को सराहना करनी चाहिए। यदि दृढ़ निश्चयी, समर्पित और मेहनती शिष्य सक्रिय रूप से सीखने और निर्वाण के पथ पर आगे बढ़ने का चुनाव नहीं करते, तो ये शिक्षाएँ जल्द ही धुँधली हो जाएँगी।

लेकिन अनगिनत पीढ़ियों से, ये शिक्षाएँ शिष्यों और शिक्षकों के बीच पारस्परिक कृतज्ञता और सम्मान के आधार पर दुनिया में बाँटी जा रही हैं। जैसे ही कोई शिष्य या शिक्षक अहं को अपने रिश्ते और इन शिक्षाओं को स्पष्ट रूप से प्रसारित करने की प्रक्रिया में घुसने देता है, यह सभी प्राणियों के मन से असंतुष्टि को मिटाने में शिक्षाओं की क्षमता को दूषित और बाधित कर देगा।

अहं के साथ पढ़ाना या अहं के ज़रिए पढ़ाना संभव नहीं है। एक सफल शिष्य/शिक्षक संबंध और निर्वाण प्राप्त मन के अनुभव में सफलता के लिए अहं को निष्कासित, मिटाना और नष्ट करना जरूरी है।

एक समुदाय के रूप में, हमें हमेशा याद रखना चाहिए कि हम अपने ऐतिहासिक ग्रंथों, बौद्धिक ज्ञान या शब्दों के ज़रिए दुनिया के साथ असंतुष्टि के पूर्ण निष्कासन का मार्ग बाँट नहीं सकते, बल्कि अपने पुण्य कार्यों के ज़रिए ऐसा कर सकते हैं।

जैसा कि अष्टांग पथ में बताया गया है, यह हमारे शारीरिक, जबानी और मानसिक कार्य हैं जो दूसरों को अभ्यास के उस मार्ग का देखने में मदद करेंगे जो असंतुष्टि के पूर्ण अंत की ओर ले जाएगा।

एक प्रज्ञापूर्ण अभ्यासकर्ता हमेशा और निरंतर सतर्क रहेगा कि वह कभी यह न मान ले कि अहं निष्कासित हो गया है, और वह अहं को निष्कासित करने, जड़ से उखाड़ने और नष्ट करने के लिए इन शिक्षाओं को विनम्रतापूर्वक सीखने और अभ्यास करने के लिए सक्रिय रूप से अपने समर्पण को लागू करेगा।

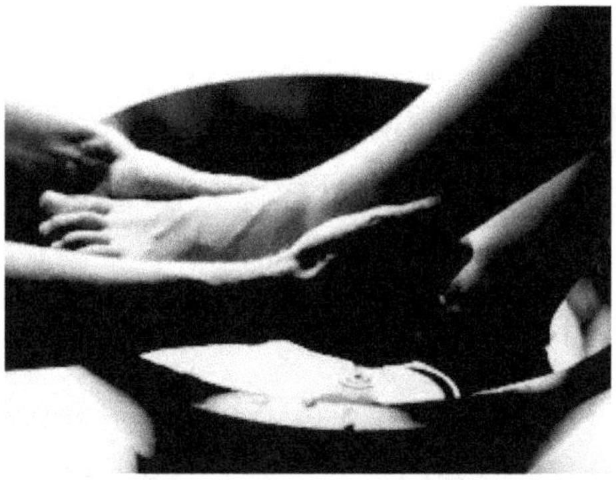

पैर धोना

किसी के पैर धोना उनके और आपके लिए बहुत ही असरदार हो सकता है। इससे विनम्रता और करुणामय मन का विकास होता है। यह आपको अहं से मुक्ति दिलाने में मदद करेगा और यह एक ऐसा अभ्यास है जिसे आपको अपने जीवन में शामिल करने पर विचार करना चाहिए।

थाईलैंड में, कृतज्ञता और सम्मान प्रकट करने के लिए अपने माता-पिता या परिवार के अन्य सदस्यों के पैर धोना संस्कृति का हिस्सा है। यह कोई जबरदस्ती या अपेक्षित कार्य नहीं है। यह व्यक्ति पर निर्भर करता है कि उसे ऐसा करना चाहिए या नहीं।

थाई लोग साल के खास मौकों पर पैर धोने की परंपरा निभाते हैं। मदर्स डे, फादर्स डे, जन्मदिन, नए साल और साल के किसी भी समय, वे इस खास अनुभव को अपने करीबी लोगों के साथ बाँटना चाहते हैं।

अपने जन्मदिन पर अपने माता-पिता के पैर धोना एक आम बात है। अपने माता-पिता, दादा-दादी, परिवार के सदस्यों और शिक्षकों को जीवन में मार्गदर्शन देने के लिए धन्यवाद देना। चाहे हमारे माता-पिता के साथ हमारा रिश्ता कैसा भी हो, उन्होंने हमें यह जीवन देने के लिए कई वर्षों तक संघर्ष किया है। हमें यह जीवन देने और हमारे मानव जीवन को बनाए रखने के लिए उनके कठिन परिश्रम का हम कभी भी पर्याप्त ऋण नहीं चुका सकते।

परिवार के सदस्यों, मित्रों, शिक्षकों और उन लोगों के पैर धोने से, जिनके लिए आप कृतज्ञता, सराहना और सम्मान प्रकट करना चाहते हैं, आपको अहं को निष्कासित करते हुए प्रेमभरी-कृपा और करुणा का भाव संवारने में मदद मिल सकती है। हर बार ऐसा करने से आपको कोमल रूप से पैरों का सुखदायक और प्रेमपूर्ण स्पर्श देने का मौका मिलता है, जो हृदय और मन में गहराई तक उतर जाता है।

यह अभ्यास ऐसे किसी भी व्यक्ति के लिए मददगार हो सकता है जो न केवल शब्दों से बल्कि कार्यों से भी "मैं तुमसे प्यार करता हूँ" कहना चाहता है।

जब आप किसी के पैर धोते हैं, तो आप अपने कार्यों के ज़रिए कह रहे होते हैं, "मैं आपसे प्यार करता हूँ", "मैं आपका सम्मान करता हूँ", और "मैं आपका आभारी हूँ और आपकी सराहना करता हूँ"। यह आपके द्वारा कहे जा सकने वाले किसी भी कथन से कहीं अधिक असरदार है क्योंकि कार्य शब्दों से कहीं अधिक असरदार होते हैं। एक स्नेहपूर्ण पकड़, पैर धोने का एक पोषणकारी तरीका वह सब कुछ कह देता है जो आपको कहना चाहिए, लेकिन संचार के अधिक शक्तिशाली तरीके से - कार्यों के ज़रिए।

बिना चिपकाव के प्रेम करना सीखना बहुत जरूरी है। बिना चिपकाव के प्रेम करना संभव है। परवाह और प्रेम गैर-चिपकाव से भी आ सकते हैं और यह अभ्यास आपको अपने जीवन में इस मानसिक स्थिति को संवारने में मदद कर सकता है, खासकर उन लोगों के लिए जिन्होंने आपको इस जीवन में आगे बढ़ने और प्रगति करने में मदद करने के लिए प्रज्ञा बाँटनें में सबसे अधिक असर डाला है।

दूसरों के पैर धोना भी अहं को निष्कासित करने का एक शक्तिशाली अभ्यास है।

आगे छानबीन के लिए सीखने के संसाधन

ऑडियोबुक

(ऑडियोबुक) - (खंड १ - चैप्टर १६) -अहं को घुलाना: अहं का कोई उद्देश्य नहीं है (पढ़िए और सुनिए)
https://youtu.be/VYO-HhQ8tO8

एप. ५१६ - (ऑडियोबुक) - (खंड १ - चैप्टर १६) -अहं को घुलाना: अहं का कोई उद्देश्य नहीं है
https://podcasters.spotify.com/pod/show/buddhadailywisdom/episodes/Ep--516---Audiobook---Volume-1---Chapter-16---Dissolving-the-Ego-Ego-Serves-No-Purpose-e272uhr

यूट्यूब वीडियो

(सामूहिक शिक्षण प्रोग्राम) - चैप्टर १६ -अहं को घुलाना: अहं का कोई उद्देश्य नहीं है
https://youtube.com/live/fe7_B5_Fizc

(सामूहिक शिक्षण प्रोग्राम) - मार्गदर्शित साँस की माइंडफुलनेस का ध्यान और शिष्यों के सवाल
https://youtube.com/live/xatVLflAnVA

पॉडकास्ट

एप. ४६८ - (सामूहिक शिक्षण प्रोग्राम) - चैप्टर १६ -अहं को घुलाना: अहं का कोई उद्देश्य नहीं है
https://podcasters.spotify.com/pod/show/buddhadailywisdom/episodes/Ep--468---Group-Learning-Program---Chapter-16---Dissolving-the-Ego-Ego-Serves-No-Purpose-e24s754/a-a9tpphe

एप. ४६९ - (सामूहिक शिक्षण प्रोग्राम) - मार्गदर्शित साँस की माइंडफुलनेस का ध्यान और शिष्यों के सवाल
https://podcasters.spotify.com/pod/show/buddhadailywisdom/episodes/Ep--469---Group-Learning-Program---Guided-Breathing-Mindfulness-Meditation-and-Student-Questions-e251fdo/a-a9ua59s

प्रश्नोत्तरी

अहं को घुलाना: अहं का कोई उद्देश्य नहीं है
https://forms.gle/2PBq9jgxpzoS5Eht6

(इस ऑनलाइन प्रश्नोत्तरी को पूरा करके इस चैप्टर की अपनी समझ की पुष्टि करें। आप ही एकमात्र व्यक्ति हैं जो प्रश्नोत्तरी के परिणाम देखेंगे।)

चैप्टर १७

डर का निष्कासन: क्या आप सचमुच डरे हुए हैं?

हमारे डर हमें जीवन में अपनी पूरी क्षमता का एहसास करने से रोकने में अहम भूमिका निभाते हैं। हमें कोई अच्छा विचार आता है, लेकिन हम या तो उस पर पूरी तरह से काम नहीं करते या फिर असफलता के डर से किसी मोड़ पर हार मान लेते हैं, और इस तरह हम असफल हो जाते हैं क्योंकि हम कोशिश ही नहीं करते।

जीवन में अनगिनत डर हैं जो मन में समाहित हो सकते हैं, जिनमें मृत्यु का डर भी शामिल है।

निर्वाण की प्राप्ति की प्रक्रिया के ज़रिए, आपको अपने मन से मृत्यु के डर सहित सभी डरों को निष्कासित करना होगा। आपको अपने मन को सभी प्राणियों पर भरोसा करने के लिए भी प्रशिक्षित करना होगा। अपने डर को निष्कासित करने से आपको सभी प्राणियों पर भरोसा करने में मदद मिलेगी।

डर को निष्कासित करने का सबसे अच्छा तरीका है कि मन को किसी भी ऐसी परिस्थिति में डाल दिया जाए जिससे उसे डर लगे और उसे यह सिखाया जा सके कि डरने की कोई बात नहीं है। उदाहरण के लिए, अगर आपको अकेले रहने से डर लगता है, तो अकेलापन मन की असंतुष्टि का अनुभव है। इसलिए मन को कई ऐसी परिस्थितियों में डालिए जहाँ वह तब तक अकेला रहे जब तक कि आप अकेले रहने से संतुष्ट न हो जाएँ, और अकेलेपन का अनुभव न करें। खरीदारी करने जाएँ, यात्रा करें, पार्क में टहलें, या कोई भी अन्य अनगिनत गतिविधियाँ - इन्हें अकेले करें। इससे मन को अकेले रहते हुए भी शांत और संतुष्ट रहने का प्रशिक्षण मिलेगा।

अकेलेपन से बचने के लिए अपने आस-पास हमेशा लोगों को रखने और लगातार बातचीत करने की कोशिश करना असली समस्या का समाधान नहीं है क्योंकि अनित्यता के सार्वभौमिक सत्य के अनुसार, हमेशा लोगों को अपने आस-पास रखना असंभव है। मन के सामने असली चुनौती यह है कि वह अकेले रहने में असहज महसूस करता है, इसलिए उसे अकेले रहने के लिए प्रशिक्षित करें ताकि उसे कभी अकेलेपन का अनुभव न हो। लगातार बातचीत करने की कोशिश करके अकेलेपन से बचें नहीं क्योंकि यह असंभव है और असली समस्या का समाधान नहीं है।

अगर आपको अकेले रहने से डर लगता है, तो इसका मतलब यह हो सकता है कि आप हमेशा दूसरों के साथ रहने से चिपके हुए हैं और इसीलिए आपका मन असंतुष्ट है। आप दूसरों के साथ रहने से चिपके हुए हैं। अगर मन दूसरों के साथ रहने के लिए "तृष्णा" करता है, तो ठीक इसके विपरीत करें और उसे अकेले रहने के लिए प्रशिक्षित करें। आपको अपनी सभी तृष्णाओं और लालसाओं को, जिसमें दूसरों के साथ रहने की निरंतर तृष्णा भी शामिल है, निष्कासित करना होगा।

निर्वाण की खोज शिक्षकों के मार्गदर्शन में एक स्वतंत्र यात्रा है। आपको अपने ध्यान और रोज की गतिविधियों में अकेले रहने में सहज होना होगा। तृष्णा/लालसा/चिपकाव को निष्कासित करने और "चीज़ों" के लिए निरंतर तृष्णा और लालसा को निष्कासित करने का मतलब है कि आपको केवल अकेले रहने में ही संतुष्ट रहना होगा।

आप हमेशा अकेले नहीं रहेंगे क्योंकि निर्वाण और अस्तित्व के प्राकृतिक नियमों को छोड़कर सब कुछ अनित्य है। आपके परिवार, मित्र और सहयोगी तो होंगे ही; लेकिन निर्वाण प्राप्त करने के लिए, आपको अकेले रहने में सहज होना होगा और किसी भी चीज़ से डरना नहीं होगा।

एक ऐसा मन जिसे असफलता, मृत्यु, अकेलेपन या अन्य डरों का कोई डर नहीं है, वह मन स्वतंत्र रूप से संतुष्ट है और बिना किसी तृष्णा/लालसा/चिपकाव के काम करने के काबिल है, जिससे मन हरदम और हमेशा संतुष्ट रहेगा। मानसिक तृष्णा/लालसा/चिपकाव को निष्कासित करने से मन की असंतुष्टि की भावना निष्कासित हो जाएगी।

डर का एक और रूप लोगों या परिस्थितियों से विमुखता पैदा कर सकता है। आपको अनगिनत कारणों से उन लोगों या परिस्थितियों से डर लग सकता है। एक नियमित, संतुलित और निश्चल मन विकसित करने के लिए, आपको किसी भी परिस्थिति में बिना किसी असंतुष्टि के रहने के काबिल होना होगा। आपको अपने मन को हर परिस्थिति में संतुष्ट रहने के लिए प्रशिक्षित करना होगा और साथ ही अपनी संतुष्टि की रक्षा भी करनी होगी।

इसलिए, यदि आपको कुछ लोगों या कुछ प्रकार के लोगों से विमुखता है, तो अपने मन को उन परिस्थितियों में लगाइए जहाँ आपका सामना उन लोगों या उन प्रकार के लोगों से हो, ताकि मन में कोई डर न रहे और सभी प्राणियों के लिए प्रेमभरी-कृपा और करुणा का विकास हो।

यदि मन अन्य लोगों के आसपास असंतुष्ट है और उसे एकांत की तृष्णा है, (यानी आप एकांत से चिपके हुए हैं), तो मन को ऐसी परिस्थितियों में रखें जहाँ आप लोगों के आसपास हों और मन को दूसरों की उपस्थिति में संतुष्ट रहने के लिए प्रशिक्षित करें।

डर को निष्कासित करने के लिए, आपको मन की इच्छा के ठीक विपरीत करना होगा। मन जिस चीज़ से डरता है, उसे टालने की कोशिश करके डर के आगे झुकना वास्तव में समस्या का समाधान नहीं है। यह बस मन को असहज स्थिति का सामना न करके उससे बचने की अनुमति देना है जिससे वह डरता है, इसलिए, मन डर को बनाए रखेगा, जिसकी उसे चाहत है उसको जकड़ के रखेगा जिससे डर की असंतोषजनक भावना पैदा होती है, और लगातार सतर्क रहने की कोशिश करेगा ताकि वह उन स्थितियों से बच सके लेकिन मन की असली समस्या का समाधान कभी नहीं कर पाएगा।

अगर आपको किसी खास परिस्थिति से डर लगता है, तो आपको उन परिस्थितियों में सहजता से रहना होगा। मन को उन परिस्थितियों में लगाएँ जिनसे आपको डर लगता है ताकि मन यह मान ले कि डरने की कोई बात नहीं है, और आप उस परिस्थिति में बिना किसी असंतुष्टि के काम कर सकें।

क्योंकि मन को *धीरे-धीरे* प्रशिक्षण की जरूरत है, आपको इसे आहिस्ता से करने की जरूरत पड़ सकती है ताकि मन आहिस्ता से परिस्थिति के अनुकूल हो सके और उन तृष्णा/लालसा/चिपकाव को निष्कासित कर सके जो डर का कारण बन रही हैं। इस तरह, मन डर पर काबू पाकर असंतुष्टि को निष्कासित कर सकता है।

उदाहरण के तौर पर, यदि आप उस स्कूल में वापस जाने से डरते हैं, जहाँ से आपको प्रशासन के भेदभाव के कारण निकाल दिया गया था, जिसकी वजह से आपके साथ बुरा व्यवहार किया गया और जिसने आपके मन पर निशान छोड़ दिया है, तो आपको मन को प्रशिक्षित करके इस मानसिक सदमे पर काबू पाना होगा।

यदि आपने भेदभाव से लड़ने के लिए उपलब्ध विभिन्न साधनों के ज़रिए शिक्षा प्राप्त कर ली है, तो आप आहिस्ता से डर और अतीत के सदमे पर काबू पाने के लिए स्कूल वापस जाने के लिए सहज और संतुष्ट हो सकते हैं।

आप स्कूल तक गाड़ी चलाकर जा सकते हैं और पार्किंग में गाड़ी खड़ी कर सकते हैं, बस वहीं बैठे रहें और मन को शांत होने दें। कार में ध्यान करें, मन को शांत करें और उसे ढलने दें।

अगर आप उस दिन या आगे के प्रशिक्षण दिनों में आगे बढ़ना चाहते हैं, तो अगली बार कार से उतरें और परिसर में टहल लें। जब भी आपको डर या चिंता महसूस हो, तो डरकर भागें नहीं। बैठ जाएँ, साँस लें, आराम करें और मन को प्रशिक्षित करें ताकि डर पर काबू पा सकें और संतुष्टि प्राप्त कर सकें।

इसके बाद, स्कूल की इमारतों में जाएँ और लोगों से बातचीत करें। "सही माइंडफुलनेस" से मन को देखें और जब भी आपको बस बैठने, साँस लेने और मन को शांत करने की जरूरत हो, तो "सही प्रयत्न" करके ऐसा करें। डर को छोड़ दें और जान लें कि यह जगह, इसकी इमारतें, इसके लोग और आपके आस-पास की कोई भी चीज़ आपको नुकसान नहीं पहुँचा सकती। सिर्फ आप ही खुद को नुकसान पहुँचा सकते हैं।

डरने की कोई वजह नहीं है। आपकी अपनी ही तृष्णा/लालसा/चिपकाव ही मन में असंतुष्टि पैदा करती हैं। कोई भी व्यक्ति या कोई भी चीज़ मन में असंतुष्टि पैदा नहीं कर सकती। अतीत के अनुभवों से मानसिक रूप से चिपटे रहना ही मन में असंतुष्टि (यानी डर का अनुभव) पैदा करता है।

मन को वर्तमान क्षण में बनाए रखें, यह एहसास करें कि आप केवल साँस ले रहे हैं, इसलिए चूँकि आप किसी को नुकसान नहीं पहुँचा रहे हैं, इसलिए आपको कोई नुकसान नहीं होगा। मन को वर्तमान क्षण में शांत और स्थिर रहने दें।

आप प्रशिक्षण की इसी पद्धति को उन अन्य परिस्थितियों में भी लागू कर सकते हैं जिनसे आप डरते हैं। *धीरे-धीरे* और आहिस्ता से, लेकिन बिना किसी बेपरवाही के, हमेशा आगे बढ़ने की दिशा में काम करते रहें। मन को सहज और "जो है उससे संतुष्ट" महसूस करने के लिए प्रशिक्षित करें। मन को सभी लोगों और सभी परिस्थितियों से संतुष्ट रहने के लिए प्रशिक्षित करें।

डर को निष्कासित करने का एक और उदाहरण यह होगा कि यदि मन किसी गाड़ी दुर्घटना में शामिल था, जहाँ अब उसे गाड़ी चलाने या गाड़ी में होने का डर है, तो आपको *धीरे-धीरे* मन को इस डर को छोड़ने के लिए प्रशिक्षित करें। गाड़ी में बैठने से बचने या गाड़ी में बैठने का समय होने पर तनाव, चिंता या आशंका महसूस करने के बजाय, एक बार फिर से गाड़ी में यात्रा करने में सहज होने के लिए मन को *धीरे-धीरे* आराम से ढाला जा सकता है।

आप एक और तरीके पर विचार कर सकते हैं कि आप अपने आप को किसी ऐसे व्यक्ति से, जिस पर आप भरोसा करते हैं, मोहल्ले या समुदाय में घुमाएँ जहाँ मन शांत हो, छोटी सड़कें हों जहाँ ट्रैफिक

कम या बिल्कुल न हो। उन्हें कुछ बार गाड़ी चलाने दें ताकि मन आराम से साँस ले सके और कार में बैठकर यह विश्वास कर सके कि सब ठीक हो जाएगा। अगर कुछ भी बहुत ज्यादा हो जाए, तो बस आँखें बंद कर लें और आराम करें।

इसके बाद, जब कुछ सत्रों में मन शांत हो जाए, तो किसी ऐसे व्यक्ति से, जिस पर आप भरोसा करते हों, उस व्यक्ति को आपको ऐसी सड़कों पर ले जाने को कहें, जहाँ ट्रैफिक थोड़ा अधिक हो, और फिर इस प्रक्रिया को दोहराएँ।

फिर, जब आप तैयार हों, तो आप किसी ऐसे मोहल्ले या समुदाय में, जहाँ मन शांत हो, कम ट्रैफिक वाली छोटी सड़कों पर गाड़ी चला सकते हैं।

ऐसा कई बार करने के बाद, उन सड़कों पर चले जाएँ जहाँ अधिक ट्रैफिक हो।

इस तरह, मन *धीरे-धीरे* प्रशिक्षण बैठक के बाद प्रशिक्षण बैठक के ज़रिए *धीरे-धीरे* ढल जाएगा और दुर्घटना के कारण हुए नकारात्मक अनुभव की छाप या ढर्रे को मिटाने के लिए वाहन चलाने में सहज हो जाएगा। मन को अपने नकारात्मक अनुभव को कई सकारात्मक अनुभवों से बदलने की जरूरत है, ताकि मन यह देख सके कि डरने की कोई बात नहीं है। सकारात्मक अनुभव प्राप्त करके, यह सीखकर और प्रशिक्षित होकर कि डरने की कोई बात नहीं है, मन उन नकारात्मक अनुभवों और मन के ढर्रे को छोड़ सकता है जिनसे वह चिपका हुआ है।

डर को निष्कासित करने के लिए यह सभी विशिष्ट प्रशिक्षण तब किया जा सकता है जब अभ्यासकर्ता लगातार साँस की माइंडफुलनेस का ध्यान और संपूर्ण अष्टांग पथ का अभ्यास कर रहा हो, क्योंकि मन को इन शिक्षाओं में निरंतर प्रशिक्षण की जरूरत होती है ताकि उसे अतीत के नकारात्मक अनुभवों और मन के ढर्रे को "छोड़ देने" में मदद मिल सके।

मन में मौजूद सभी डरों पर इसी दृष्टि और कार्यप्रणाली को लागू करें और *धीरे-धीरे* उसे किसी भी और सभी परिस्थितियों में आनंद के साथ शांत, निश्चल, निर्मल और संतुष्ट रहने के लिए प्रशिक्षित करें।

आप देखेंगे कि केवल आप ही मन में असंतुष्टि पैदा कर सकते हैं। कोई भी व्यक्ति या चीज़ मन में असंतुष्टि पैदा नहीं कर सकती। आप सूझ-भूझ रखते हुए सभी प्राणियों पर भरोसा कर सकते हैं, सभी प्राणियों के लिए प्रेम और करुणा रख सकते हैं।

मन जिस किसी भी चीज़ से डरता है, उसे मन से खाली कर दें। मन में मौजूद सभी डरों को, तृष्णा/लालसा/चिपकाव को निष्कासित करने के लिए समर्पित प्रशिक्षण के ज़रिए निष्कासित करें, जिससे सभी डर निष्कासित हो जाएँगे। आप वास्तव में डरे हुए नहीं हैं। आप बस अतीत या भविष्य के विचारों से चिपटे हुए हैं - मानसिक चिपकाव डर का "कारण" बन रहा है, और मन अतीत के अनुभवों को थामे रहने या भविष्य में होने वाले नुकसान की आशंका के कारण असंतुष्ट है।

आप पिछले चैप्टर से कम्मा के प्राकृतिक नियम को समझ चुके हैं। अगर आप कोई भी गलत काम नहीं कर रहे हैं, तो कोई भी चीज़ आपको नुकसान नहीं पहुँचाएगी। अगर आपकी नीयत, वाणी और कार्य अच्छे हैं, तो मन निश्चल, नियमित और शांत रह सकता है, यह जानते हुए कि केवल अच्छी चीज़ें ही आपके पास वापस आएँगी।

यदि आप संसार में अकुशल नीयत, वाणी और कार्य डाल रहे हैं, तो यह भी आपके डर का एक कारण है। केवल कुशल नैतिक आचरण अपनाने का निर्णय लेकर, आप अन्य प्राणियों को जो भी हानि पहुँचा रहे हैं, उसे मिटाएँ, और कोई हानि आपको वापस नहीं आएगी। अपनी नीयत, वाणी, कार्य और रोजगार को शुद्ध करके, आप यह पक्का करेंगे कि आप किसी को हानि नहीं पहुँचा रहे हैं, जिससे आपको कोई हानि न पहुँचे, और मन शांत रहे। यह जानकर कि आप किसी को हानि नहीं पहुँचा रहे हैं, मन आनंद के साथ शांत, निश्चल, निर्मल और संतुष्ट रह सकता है।

उन सभी विचारों और अनुभवों से चिपटे रहना जो डर का कारण बन रहे हैं, मन में असंतुष्टि पैदा करेगा। इसलिए, इस चिपटाव को निष्कासित करके देखें। *धीरे-धीरे* मन को प्रशिक्षित करें, और आप डर को निष्कासित कर देंगे।

डर मन की असंतुष्टि का एक रूप है और निर्वाण प्राप्त करने के लिए इसे १००% निष्कासित करना जरूरी है। मानसिक तृष्णा/लालसा/चिपकाव को निष्कासित करें और किसी को कोई नुकसान न पहुँचाएँ, तब आप डर से मुक्त हो जाएँगे और मन संतुष्ट रह सकेगा।

धीरे-धीरे मन को किसी भी और सभी परिस्थितियों में सहज रहने के लिए प्रशिक्षित करें। मन को सभी लोगों के साथ सहज रहने के लिए प्रशिक्षित करें। अकेले या किसी भी और सभी परिस्थितियों में संतुष्ट रहने के लिए मन को प्रशिक्षित करें, और मन को "छोड़ देने" के प्रशिक्षण के ज़रिए डर को निष्कासित करें।

आगे छानबीन के लिए सीखने के संसाधन

ऑडियोबुक

(ऑडियोबुक) - (खंड १ - चैप्टर १७) - डर का निष्कासन: क्या आप सचमुच डरे हुए हैं? (पढ़िए और सुनिए)
https://youtu.be/2G_KF8hUUgc

एप. ५१७ - (ऑडियोबुक) - (खंड १ - चैप्टर १७) - डर का निष्कासन: क्या आप सचमुच डरे हुए हैं?
https://podcasters.spotify.com/pod/show/buddhadailywisdom/episodes/Ep--517---Audiobook---Volume-1---Chapter-17---Eliminating-Fears-Are-You-Really-Scared-e272uis

यूट्यूब वीडियो

(सामूहिक शिक्षण प्रोग्राम) - चैप्टर १७ - डर का निष्कासन: क्या आप सचमुच डरे हुए हैं?
https://youtube.com/live/uuVdJC7wFHs

(सामूहिक शिक्षण प्रोग्राम) - मार्गदर्शित प्रेमभरी-कृपा का ध्यान और शिष्यों के प्रश्न
https://youtube.com/live/PnvAsVEzKTY

पॉडकास्ट

एप. ४७१ - (सामूहिक शिक्षण प्रोग्राम) - चैप्टर १७ - डर का निष्कासन: क्या आप सचमुच डरे हुए हैं?
https://podcasters.spotify.com/pod/show/buddhadailywisdom/episodes/Ep--471---Group-Learning-Program---Chapter-17---Eliminating-Fears-Are-Your-Really-Scared-e25b3uv/a-a9v6gdg

एप. ४७२ - (सामूहिक शिक्षण प्रोग्राम) - मार्गदर्शित प्रेमभरी-कृपा का ध्यान और शिष्यों के प्रश्न
https://podcasters.spotify.com/pod/show/buddhadailywisdom/episodes/Ep--472---Group-Learning-Program---Guided-Loving-kindness-Meditation-and-Student-Questions-e25d4if/a-a9vcjk3

प्रश्नोत्तरी

डर का निष्कासन: क्या आप सचमुच डरे हुए हैं?
https://forms.gle/RWUi993vFz74WBnQ6

(इस ऑनलाइन प्रश्नोत्तरी को पूरा करके इस चैप्टर की अपनी समझ की पुष्टि करें। आप ही एकमात्र व्यक्ति हैं जो प्रश्नोत्तरी के परिणाम देखेंगे।)

चैप्टर १८

ईश्वर का रचनात्मक कार्य:
आपके पास स्वतंत्र इच्छाशक्ति है

गौतम बुद्ध के जीवनकाल में अनेक विभिन्न देवताओं में विश्वास था। गौतम बुद्ध ने अपनी सभी शिक्षाओं में देवताओं की चर्चा की है। लेकिन जब गौतम बुद्ध ने नीचे दिए गए उपदेशों में ईश्वर की चर्चा की, तो उन्होंने केवल एक ही ईश्वर की बात की।

"ईश्वर" शब्द की एक सामान्य परिभाषा है:

ईश्वर: ब्रह्मांड का रचयिता और समस्त नैतिक अधिकार का स्रोत; सर्वोच्च प्राणी। (ईश्वर, अल्लाह, सर्वज्ञानी/सर्वशक्तिमान, सर्वज्ञ/शिरोमणि)

सब कुछ ईश्वर की रचनात्मक क्रिया के कारण होता है

फिर, भिक्षुओं, मैं उन साधुओं और ब्राह्मणों के पास गया जो इस प्रकार का मत और दृष्टि रखते हैं: 'यह व्यक्ति जो कु भी अनुभव करता है - चाहे सुख हो, दुख हो, या हो न दुख-न-सुख - वह सब ईश्वर की रचनात्मक क्रिया के कारण हो है,' और मैंने उनसे कहा: क्या यह सत्य है कि आप आदरणीय लोग इस प्रकार का मत और दृष्टि रखते हैं?

जब मैं उनसे यह पूछता हूँ, तो वे इसकी पुष्टि करते हैं। फिर मैं उनसे कहता हूँ: "ऐसे में, यह ईश्वर की रचनात्मक क्रिय के कारण ही है कि तुम जीवन को नष्ट कर सकते हो, जो नहीं दिया गया है उसे ले सकते हो, यौन क्रिया में लिप्त हो सकते हो, झूठ बोल सकते हो, तर्कपूर्ण भाषण दे सकते हो, कठोर तरीके से बोल सकते हो, व्यर्थ बकबक कर सकते हो; तो तुम तमन्ना से भरे हो, मन दुर्भावना से भरा है और गलत दृष्टि रखते हो।"

जो लोग ईश्वर की रचनात्मक क्रिया को जरूरी सत्य मानकर उस पर भरोसा करते हैं, उन्हें जो करना चाहिए उसे कर और जो नहीं करना चाहिए उसे करने में कोई दिलचस्पी नहीं होती, और न ही वे इस संबंध में कोई प्रयत्न करते हैं।

चूँकि वे किसी भी बात को सत्य और वैध नहीं मानते कि क्या किया जाना चाहिए या क्या नहीं किया जाना चाहिए, वे भ्रमित होते हैं, वे खुद की रक्षा नहीं करते, और यहाँ तक कि व्यक्तिगत पदनाम "साधु" भी वैध रूप से उन पर लागू नहीं किया जा सकता।

(गौतम बुद्ध)

(संदर्भ: अंगुत्तर निकाय ३.६१)

गौतम बुद्ध का लक्ष्य ईश्वर के अस्तित्व को सिद्ध या असिद्ध करना नहीं था, क्योंकि गौतम बुद्ध ने केवल वही "सच" सिखाया था जिसे आप अपनी साधना से स्वतंत्र रूप से प्राप्त या समझ सकते हैं और जो निर्वाण की ओर ले जाता है। इसी से आपको "प्रज्ञा" प्राप्त होती है।

गौतम बुद्ध ने कभी भी ईश्वर के अस्तित्व से इनकार नहीं किया, बल्कि लोगों को सिखाया कि ईश्वर को समझते हुए भी निर्वाण कैसे प्राप्त किया जाए।

गौतम बुद्ध ने निर्वाण प्राप्ति में ईश्वर की केंद्रीय भूमिका की शिक्षा नहीं दी, बल्कि लोगों को यह समझने में मदद की कि ईश्वर का अस्तित्व पाँच लोकों से कैसे संबंधित है। गौतम बुद्ध ने सिखाया कि निर्वाण प्राप्ति पूरी तरह से आपके अपने दृढ़ संकल्प, समर्पण और मन को प्रशिक्षित करने वाली शिक्षाओं को सक्रिय रूप से सीखने, चिंतन करने और उनका अभ्यास करने की मेहनत पर आधारित है, जिससे आपके मन और जीवन की स्थिति में सुधार होता है।

ईश्वर के साथ संबंध बनाकर या उसके बिना, निर्वाण के पथ पर प्रगति संभव है। यह अभ्यासकर्ता पर निर्भर करता है कि वह किस प्रकार आगे बढ़ना चाहता है।

यह चैप्टर आपको यह समझने में मदद करने के लिए समर्पित है कि ईश्वर के साथ संबंध होने पर या उसके बिना निर्वाण कैसे प्राप्त किया जाए।

गौतम बुद्ध की निर्वाण प्राप्ति की शिक्षाएँ "विश्वास" पर आधारित नहीं हैं। ये शिक्षाएँ आपके लिए निर्वाण प्राप्ति का मार्ग हैं जो मन को असंतुष्टि से मुक्त करती हैं। ये शिक्षाएँ आपको निर्वाण प्राप्ति के लिए एक शुद्ध मन विकसित करने में मदद करती हैं।

गौतम बुद्ध के पास हमें सिखाने के लिए ऐसा कुछ भी ठोस नहीं था जिससे ईश्वर के अस्तित्व को सिद्ध या असिद्ध किया जा सके, इसलिए उन्होंने हमें ईश्वर से चिपकाव न होने की शिक्षा दी। आपकी निर्वाण प्राप्ति ईश्वर पर आधारित नहीं है, बल्कि इन शिक्षाओं को सक्रिय रूप से सीखने, उन पर चिंतन करने और उनका अभ्यास करने के आपके अपने दृढ़ संकल्प, समर्पण और मेहनत पर आधारित है।

गौतम बुद्ध समझते थे कि कोई भी चिपकाव हमारी असंतुष्टि का कारण बनेगा। इसलिए, उन्होंने हमें सिखाया कि ईश्वर से, उसके अस्तित्व से, और न ही इस बात से चिपकना चाहिए कि ईश्वर सभी चीज़ों को नियंत्रित करता है। अगर हम ऐसा सोचते हैं, तो यह इंसान को शक्तिहीन बना देता है। अगर आप ईश्वर में विश्वास करते हैं या उसे समझते हैं, तो यह ईश्वर का मार्ग नहीं होगा।

हम जानते हैं कि हमारी नीयत, हमारी वाणी और हमारे कार्य १००% हमारी कुशल होने की क्षमता के अंदर हैं। ईश्वर हमें रोबोट की तरह नियंत्रित नहीं करता, हमारे पास सोचने, कहने और जो चाहे करने की पूरी "स्वतंत्र इच्छाशक्ति" है।

इस दुनिया में आपके अलावा कोई भी चीज़ आपकी नीयत, वाणी या कार्यों को नियंत्रित नहीं कर सकती, क्योंकि आपके पास चेतना और "स्वतंत्र इच्छाशक्ति" है। लेकिन शुद्ध और पवित्र स्थान से आने वाली हमारी नीयत, वाणी और कार्य ही हमें निर्वाण की ओर ले जाएँगे। इस जीवन में ऐसा कुछ भी नहीं है जो पहले से निर्धारित हो या किसी अन्य प्राणी द्वारा निर्धारित हो। हमारे पास स्वतंत्र इच्छाशक्ति से ऐसे चुनाव करने की पूरी क्षमता है जो हमारे जीवन को बेहतर बनाएँ या हमारे जीवन

को पतन की ओर ले जाएँ। जीवन में हमने जो कुछ भी अनुभव किया है, कर रहे हैं, या करेंगे, वह सब हमारी अपनी स्वतंत्र इच्छाशक्ति पर आधारित है।

निर्वाण की ओर ले जाने वाले पथ के लिए ईश्वर में विश्वास या ईश्वर के साथ संबंध की जरूरत नहीं है। ईश्वर में विश्वास या ईश्वर के साथ संबंध भी आपको तब तक बाधा नहीं डालेंगे जब तक आप तृष्णा को त्याग देते हैं और इस चैप्टर में बताई गई अन्य शिक्षाओं के साथ-साथ अष्टांग पथ से प्राप्त "सही दृष्टि" का अभ्यास करते हैं।

ईश्वर और सही दृष्टि

ईश्वर के साथ संबंध बनाते हुए "सही दृष्टि" का अभ्यास करने में यह समझना शामिल है कि ईश्वर आप पर नियंत्रण नहीं रखता और आपकी इच्छाएँ पूरी नहीं करता, और आप अपनी नीयत, वाणी और कार्यों के लिए १००% जिम्मेदार हैं। आपके पास मन की असंतुष्टि को निष्कासित करने की क्षमता है और यह ईश्वर पर निर्भर नहीं है।

कोई भी सुखद भावना, कोई भी दुखद भावना, या कोई भी ऐसी भावना जो है न दुखद-न-सुखद, आपके अपने निर्णयों का परिणाम है, ईश्वर के निर्णयों का नहीं। मन की अपनी तृष्णा/लालसा/चिपकाव ही असंतुष्टि का कारण बनती है, ईश्वर नहीं।

सही दृष्टि स्थापित करने के लिए एक अभ्यासकर्ता को अपने निर्णयों और उनके परिणामों की जिम्मेदारी खुद स्वीकार करनी होगी। सही दृष्टि को गहराई से समझने और स्थापित करने के लिए कृपया "चार आर्य सत्य: सही दृष्टि की स्थापना" (चैप्टर ४) शीर्षक वाला चैप्टर देखें।

ईश्वर और मन में तृष्णा का निष्कासन

ईश्वर से प्रार्थना करने के संबंध में तृष्णा का निष्कासन, इसमें यह भी शामिल है कि आप ईश्वर को "बोतल में बंद जिन्न" न समझें जो आपकी इच्छा पूरी कर देगा।

यदि आपकी प्रार्थना में अनुरोध, इच्छाएँ, लालसाएँ और तृष्णा शामिल हैं, तो ईश्वर से जुड़े रहने और "चीज़ों" की मांग करते हुए आपकी निरंतर तृष्णा और लालसाओं के कारण मन निर्वाण तक नहीं पहुँच पाएगा।

क्या आपने कभी नई कार, नया घर, या ज्यादा दौलत के लिए प्रार्थना की है और ईश्वर ने आपकी वह इच्छा तुरंत पूरी कर दी हो? नहीं, बिल्कुल नहीं। इस तरह आप इस सच्चाई को जान पाएँगे कि ईश्वर कोई "बोतल में बंद जिन्न" नहीं है और इस जीवन में कुछ भी अच्छा करने के लिए, आपको और आपके कम्मा को पहल करनी होगी।

"आकांक्षाएँ प्रार्थना के ज़रिए प्राप्त नहीं होती हैं" का विस्तृत विवरण इसी किताब श्रृंखला में उपलब्ध है, जो "उदारता" (खंड १३) किताब के चैप्टर ८२ में पाई जाती है।

यदि आप ईश्वर के साथ व्यक्तिगत संबंध बनाना चाहते हैं, तो आप प्रार्थना और "धन्यवाद" के ज़रिए ऐसा कर सकते हैं। लेकिन ईश्वर से लगातार "चीज़ें" माँगना केवल अभ्यासकर्ता की अपनी तृष्णा/लालसा/चिपकाव के कारण होगा और उन्हें निर्वाण प्राप्त करने से रोकेगा।

यदि आप प्रार्थना करना चुनते हैं, तो आप प्रार्थना में यह स्वीकार करने पर विचार कर सकते हैं कि आप ईश्वर में विश्वास करते हैं, मार्गदर्शन के लिए तैयार हैं, और धन्यवाद देते हैं। प्रार्थना में किसी भी प्रकार की तृष्णा/लालसा/चिपकाव एक अभ्यासकर्ता को मन की मुक्ति से ही रोकेगी।

यदि इस जीवन के बाद ईश्वर के साथ मिलकर स्वर्ग में रहने कि आपकी तृष्णा/लालसा/चिपकाव है, तो निर्वाण प्राप्त करने के लिए आपको मन से इस तृष्णा को मिटाना होगा। यदि मृत्यु के समय भी तृष्णा/लालसा/चिपकाव बनी रहे, तो पुनर्जन्म होगा। जो मन इस जीवन के बाद ईश्वर के साथ रहने की तृष्णा रखता है, वह निर्वाण प्राप्त करने के लिए मुक्त नहीं होगा, बल्कि निर्वाण प्राप्त होने तक अनगिनत जन्मों तक पुनर्जन्म लेता रहेगा।

ईश्वर और कम्मा का प्राकृतिक नियम

यह समझना जरूरी है कि अगर आप अपने जीवन में बदलाव और सुधार चाहते हैं, तो आपको खुद ही बदलाव लाना होगा क्योंकि लगातार ईश्वर से बदलाव की प्रार्थना करना न तो कभी काम किया है और न ही आगे करेगा। आपके जीवन में किसी भी सुधार की शुरुआत आपको ही करनी होगी।

अगर आप एक अच्छा और कुशल जीवन चाहते हैं, तो आपको "कम्मा के प्राकृतिक नियम" के ज़रिए अपने लिए इसे बनाना होगा। अगर आप अपनी नीयत, वाणी और कार्यों से अच्छे और कुशल कम्मा करेंगे, तो आपका जीवन अच्छा और कुशल होगा।

इस जीवन में जो कुछ भी घटता है, वह कम्मा के प्राकृतिक नियम का परिणाम है, न कि "ईश्वर के रचनात्मक कार्यों" का। ईश्वर, कम्मा हमें न तो पुरस्कार देता है और न ही दंड। बल्कि, हमारे अपने सभी कार्य कुशल या अकुशल परिणाम उत्पन्न करते हैं। कम्मा का प्राकृतिक नियम "हमारे निर्णयों का परिणाम" है।

ईश्वर और डर का निष्कासन

ईश्वर से जुड़ी कुछ परंपराएँ इंसान को ईश्वर से डरना सिखाती हैं। ईश्वर से डरने की जरूरत नहीं है। अगर आपको ईश्वर में विश्वास है, तो ईश्वर को आपका डर पसंद नहीं आएगा, क्योंकि इससे मन नकारात्मक विकार वाला हो सकता है, बल्कि आपको यह जानना होगा कि ईश्वर का आपके लिए असीम प्रेम और करुणा है। अपने पूरे जीवन में ईश्वर और सभी जीवों के लिए इन्हीं गुणों का अभ्यास करने के लिए आपको प्रोत्साहित किया जाना चाहिए।

अगर आप ईश्वर में विश्वास रखते हैं, तो यह जरूरी है कि आप ईश्वर से न डरें। निर्वाण प्राप्त करने के इस मार्ग में सभी डर को निष्कासित करना जरूरी है, जिसमें ईश्वर के लिए आपका कोई भी डर शामिल है। अगर डर है, तो निर्वाण प्राप्त नहीं हो सकता।

परलोक - एक अघोषित शिक्षा

गौतम बुद्ध ने जो "अघोषित" शिक्षा छोड़ी थी, वह "परलोक" है जो इस जीवन में या मृत्यु के बाद निर्वाण प्राप्ति के बाद होता है - उसके बाद क्या होता है? यही परलोक है।

गौतम बुद्ध ने परलोक या आत्मा के बारे में कोई शिक्षा नहीं दी। उन्होंने अपनी शिक्षाओं में इन्हें "अघोषित" ही रहने दिया। उन्होंने यह नहीं बताया कि निर्वाण प्राप्ति और मृत्यु के बाद हमारा अस्तित्व है या नहीं। उन्होंने बताया कि पुनर्जन्म चक्र में "जीव" के रूप में पुनर्जन्म नहीं होता, जो "अस्तित्वहीन" होने से अलग है। यदि हमें इस जीवन में या मृत्यु के समय निर्वाण प्राप्त नहीं होता, तो हम पुनर्जन्म चक्र के ज़रिए पुनर्जन्म लेंगे। यदि हमें इस जीवन में निर्वाण प्राप्त हो जाता है, तो पुनर्जन्म चक्र में पुनर्जन्म नहीं होगा।

ये गौतम बुद्ध की अघोषित शिक्षाएँ हैं।

- संसार अनंत है
- संसार अनंत नहीं है
- संसार सीमित है
- संसार असीमित है
- आत्मा शरीर के समान ही है
- आत्मा एक चीज़ है और शरीर दूसरी चीज़ है
- मृत्यु के बाद तथागत विद्यमान है
- मृत्यु के बाद तथागत विद्यमान नहीं है
- मृत्यु के बाद तथागत विद्यमान है भी और विद्यमान नहीं भी है
- मृत्यु के बाद तथागत न ही विद्यमान है और न ही विद्यमान नहीं है

तथागत एक अन्य शब्द है जिसका इस्तेमाल गौतम बुद्ध के लिए किया जाता है।

गौतम बुद्ध खुद को संदर्भित कर रहे हैं जो एक अरहंत थे, इसलिए, आप तथागत के लिए "निर्वाण प्राप्त प्राणी" भी जोड़ सकते हैं। इसका मतलब है कि उन्होंने अपनी शिक्षाओं में यह "अघोषित" छोड़ दिया कि क्या कोई ऐसा जीव जिसने अरहंत के रूप में निर्वाण प्राप्त कर लिया है, "मृत्यु के बाद विद्यमान है, विद्यमान नहीं है, विद्यमान है भी और विद्यमान नहीं भी है, न विद्यमान है और न ही विद्यमान नहीं है"।

सभी तृष्णा/लालसा/चिपकाव की तरह, अगर हम इन सवालों के उत्तर पाने की तृष्णा रखेंगे, तो मन असंतुष्ट हो जाएगा। इनमें से किसी भी सवाल का उत्तर जानने से व्यक्ति को खुद निर्वाण प्राप्त नहीं होगा और इसलिए गौतम बुद्ध ने इन शिक्षाओं का कभी उपदेश या "घोषणा" नहीं की। यह "अघोषित" हैं।

गौतम बुद्ध ने कई शिक्षाएँ बाँटी नहीं, क्योंकि उनका मुख्य उद्देश्य लोगों को यह समझाने में मदद करना था कि उन्हें निर्वाण प्राप्त करने की प्रक्रिया के ज़रिए अपने उद्धार की दिशा में काम करने की जरूरत है।

गौतम बुद्ध ने सभी का ध्यान, मन और विकास उन शिक्षाओं पर केंद्रित किया जो निर्वाण की ओर ले जाती हैं - यानी असंतुष्टि और उससे उत्पन्न होने वाले दुखों का निष्कासन, न कि रीति, रिवाज, रस्म

और पूजा-पाठ पर। उन्होंने लोगों को एक अच्छे नैतिक व्यक्ति बनने की शिक्षाओं का अभ्यास करना सिखाया जो सभी अकुशल कम्मा को निष्कासित करके केवल कुशल कम्मा का निर्माण करती हैं।

गौतम बुद्ध की शिक्षाएँ गैर-चिपकाव के बारे में हैं। उन्हें न तो लोगों का उनसे लगाव था और न ही ईश्वर के अस्तित्व में, क्योंकि गौतम बुद्ध जानते थे कि निर्वाण १००% हमारी अपनी नीयत, वाणी और कार्यों से निर्धारित होता है।

पुनर्जन्म, या पुनर्जन्म का चक्र, वह प्रक्रिया है जिसमें सभी प्राणी, जिन्होंने इस जीवन के दौरान या मृत्यु के समय निर्वाण प्राप्त नहीं किया है, नरक, जानवर, पीड़ित प्रेतात्माओं, मानव या स्वर्ग लोकों में एक नए रूप या निराकार अस्तित्व में पुनर्जन्म लेंगे।

आपको उत्तर न जानने के साथ सहज होना होगा, दूसरे शब्दों में, यह जानने की तृष्णा न रखें कि परलोक में क्या होगा या क्या नहीं होगा, क्योंकि इस परिणाम को जानने की तृष्णा आपको निर्वाण प्राप्त करने से रोकेगी और पुनर्जन्म का कारण बनेगी। लक्ष्य "व्यक्तिगत अस्तित्व की दृष्टि", "रूप की लालसा" और "अरूप की लालसा" की सभी तृष्णा को बुझाना है। ये निर्वाण के लिए जरूरी दस बेड़ियों के केवल तीन (३) पहलू हैं, जो इस चैप्टर की चर्चा से संबंधित हैं।

यदि आप इस मानव जीवन में निर्वाण प्राप्त कर लेते हैं, तो जीवन इतना आनंद के साथ शांत, निश्चल, निर्मल और संतुष्ट होगा कि आपको यह जानने की कोई जरूरत नहीं होगी कि परलोक में क्या होगा, यदि कुछ होगा भी या नहीं। आप पूरी और कुल मानसिक शांति का अनुभव करेंगे और निर्वाण प्राप्त करने के बाद, आप जान जाएँगे कि परलोक में यदि कुछ है, तो वह अच्छा ही होगा।

लक्ष्य इसी जीवन में निर्वाण प्राप्त करना है ताकि आपको पुनर्जन्म के चक्र से गुजरकर किसी और जन्म में न जाना पड़े। आप अपने वर्तमान जीवन में ही निर्वाण प्राप्त कर सकते हैं ताकि आपको नित्य शांति का अनुभव हो सके या मृत्यु के समय।

इस लक्ष्य को प्राप्त करने के लिए, व्यक्ति को यह पक्का करना होगा कि उसके मन में कोई तृष्णा/लालसा/चिपकाव न हो, जिसमें यह जानने की तृष्णा भी शामिल है कि निर्वाण प्राप्ति और मृत्यु के बाद क्या होगा या क्या नहीं होगा।

ईश्वर में कोई दिलचस्पी नहीं

यदि आपको ईश्वर पर विश्वास या समझ नहीं है, तो यह ठीक है, और आपको किसी भी तरह से निर्वाण प्राप्ति से नहीं रोका जाएगा।

इस साधना में ईश्वर से कोई लगाव नहीं है, और ईश्वर में विश्वास न करने की कोई जरूरत नहीं है। यदि कोई अभ्यासकर्ता चाहे तो ईश्वर के साथ संबंध बनाए रख सकता है और फिर भी निर्वाण प्राप्त कर सकता है। लेकिन, अभ्यासकर्ता को इस चैप्टर की शिक्षाओं को समझने की जरूरत होगी ताकि उन्हें ईश्वर के विषय से संबंधित अतीत में जो कुछ भी सिखाया गया हो या नहीं, उसे समझने में मदद मिल सके।

यह अभ्यास विचारों की स्वतंत्रता और "स्वतंत्र इच्छाशक्ति" के बारे में है। यह जीवन अभ्यास यह देखने के बारे में है कि कैसे आपकी अपनी नीयत, वाणी और कार्य, कम्मा के प्राकृतिक नियम के ज़रिए आपके जीवन का १००% निर्धारण करते हैं।

कुछ भी नहीं और आपके अलावा कोई भी मन को, आपकी नीयत को, आपकी वाणी या आपके कार्यों को नियंत्रित नहीं कर सकता है।

ईश्वर के लिए प्रेमभरी-कृपा और करुणा का अभ्यास करना

अतीत में आपको जो सिखाया गया है, उसके आधार पर एक अभ्यासकर्ता ईश्वर के लिए क्रोध, घृणा या दुर्भावना का अनुभव कर सकता है। यह उसके अपने मन और निर्वाण के पथ पर उसकी प्रगति के लिए हानिकारक हो सकता है।

गौतम बुद्ध ने "सभी प्राणियों" के लिए प्रेम और करुणा रखने की शिक्षा दी। हालाँकि निर्वाण प्राप्त करने के लिए ईश्वर में विश्वास या संबंध होना जरूरी नहीं है, लेकिन एक अभ्यासकर्ता को यह पक्का करना होगा कि उसके मन में ईश्वर के लिए क्रोध, घृणा या दुर्भावना न हो।

यदि किसी अभ्यासकर्ता के मन में किसी भी प्राणी के लिए क्रोध, घृणा या दुर्भावना है, तो उसका मन निर्वाण का अनुभव नहीं कर सकेगा।

कुछ लोगों को सिखाया जाता है कि ईश्वर हमें दंड और पुरस्कार देता है, लेकिन यह सत्य नहीं है और इससे मन में हानिकारक भावनाएँ पैदा हो सकती हैं। कुछ लोगों को तो यह भी सिखाया जाता है कि

ईश्वर ही तय करता है कि कौन जिएगा और कौन मरेगा। यह भी सत्य नहीं है और इससे मन में हानिकारक भावनाएँ ही पैदा होंगी जो आपको निर्वाण प्राप्त करने से रोकती हैं।

यदि आपको अपनी इच्छा की चीज़ों के लिए ईश्वर से प्रार्थना करना सिखाया गया है और आपको अनुकूल परिणाम नहीं मिला है, तो मन में ईश्वर के लिए क्रोध, घृणा या दुर्भावना पैदा हो सकती है, यह सोचकर कि उसने आपसे मुँह मोड़ लिया है या किसी तरह से आपको निराश किया है।

ऐसा नहीं है कि ईश्वर ने आपको निराश किया है या आपसे मुँह मोड़ लिया है, बल्कि जो आपको सिखाया गया था वह सत्य नहीं था।

अगर किसी को यह सिखाया गया हो कि ईश्वर तय करता है कि कौन जिएगा और कौन मरेगा और वह आपकी प्रार्थनाओं का उत्तर देता है और आपकी हर इच्छा पूरी करता है, तो जब आपके किसी करीबी की मृत्यु हो जाती है, तो मन में ऐसी दुखद भावनाएँ पैदा हो सकती हैं जिन्हें ईश्वर के कारण माना जाता है और जिनको आज तक पकड़ा हुआ है। एक अभ्यासकर्ता को "छोड़ देना" होगा यह एहसास करते हुए कि ईश्वर यह तय नहीं करता कि कौन जिएगा और कौन मरेगा।

ईश्वर के लिए क्रोध, घृणा या दुर्भावना रखने के बजाय, एक अभ्यासकर्ता को यह एहसास दिलाकर इसे त्यागना होगा कि अतीत में आपको जो सिखाया गया था, वह सत्य नहीं है। ईश्वर हमें दंड या पुरस्कार नहीं देते, न ही हमें वह देते हैं जो हम "चाहते" हैं, बल्कि हमारी अपनी नीयत, वाणी और कार्य ही हमारे जीवन में परिणाम उत्पन्न करते हैं। यह हमारा अपना जीवन अभ्यास और दुनिया में हमारा आचरण ही है जो हमारे जीवन में आने वाले परिणामों को निर्धारित करता है। एक प्रसिद्ध शिक्षक, जिन्होंने ईश्वर के बारे में कई शिक्षाएँ दीं, ने कहा, "आप जो बोते हैं, वही काटते हैं" और यही कम्मा का प्राकृतिक नियम है।

यह समझना जरूरी है कि जबकि कुछ स्थानों पर ईश्वर क्या करता है और क्या नहीं करता है इस बारे में अपनी मान्यताएँ बाँटी जाती हैं, इन शिक्षाओं को सीखने और उनका अभ्यास करने के ज़रिए आप विश्वास करने की जरूरत के बिना खुद सत्य को देख सकते हैं।

आप खुद देख सकते हैं कि लोगों की मृत्यु का एकमात्र कारण उनका जन्म है। चूँकि एक व्यक्ति का जन्म हुआ है, इसलिए उसे मरना जरूरी है। ईश्वर हमें मृत्यु या हमारे निकट के लोगों की मृत्यु के ज़रिए दंड नहीं देता, बल्कि हमें जन्म लेने के कारण मरना जरूरी है। यह अनित्यता के सार्वभौमिक

सत्य का एक भाग है, जिसकी चर्चा "चार आर्य सत्य: सही दृष्टि की स्थापना" (चैप्टर ४) शीर्षक चैप्टर में की गई है।

आप खुद देख सकते हैं कि ईश्वर "बोतल में बंद जिन्न" की तरह प्रार्थनाएँ सुनकर इच्छाएँ पूरी नहीं करता। अगर ऐसा होता, तो आप अभी जो चाहें उसके लिए प्रार्थना कर सकते थे और वह तुरंत प्रकट हो जाती। दुनिया ऐसे नहीं चलती, हालाँकि कुछ जगहों पर यही सिखाया जाता है।

ऐसा नहीं है कि ईश्वर विद्यमान नहीं है या उसे इस बात की परवाह नहीं है कि हम क्या कर रहे हैं या क्या नहीं कर रहे हैं, बल्कि ऐसा है कि हममें से कुछ लोगों को ईश्वर के बारे में जो सिखाया गया है, वह सत्य नहीं है। जब हमें सिखाया जाता है कि ईश्वर कोई एक कार्य करेगा और वह नहीं होता, तो कोई यह सोच सकता है कि ईश्वर को इसकी परवाह नहीं है या उसका अस्तित्व ही नहीं है।

इसके बजाय, जो सिखाया जा रहा है वह सत्य नहीं है, जिससे व्यक्ति यह सोचने लगता है कि ईश्वर परवाह नहीं करता या वह विद्यमान नहीं है, यह एहसास करने की बजाय कि जो सिखाया जा रहा है वह सत्य नहीं है।

ईश्वर को समझना

यदि आप ईश्वर को समझना चाहते हैं, तो शायद आप यह मान लें कि ईश्वर भी इन शिक्षाओं - अस्तित्व के प्राकृतिक नियमों - का अभ्यासकर्ता है। वह इन शिक्षाओं का सर्वोच्च और सबसे विकसित अभ्यासकर्ता है क्योंकि उसने ही अस्तित्व के प्राकृतिक नियमों की रचना की है। ध्यान दें कि वह हमसे चिपका नहीं रहता, लेकिन चिपकने के बिना भी दूसरों से प्रेम और परवाह करना संभव है।

एक माँ/बाप के तौर पर, क्या आप अपने बच्चे को बार-बार सिखाने के बाद भी उसे गर्म चूल्हे को छूने से रोकेंगे ताकि उसे समझ आए कि चूल्हा गर्म है और इससे उसे नुकसान हो सकता है? या, क्या आप अंत में बच्चे को गर्म चूल्हे को छूने देंगे ताकि वह खुद सच्चाई समझ सके और उसे समझ आए कि वह अब गर्म चूल्हे को न छूने का समझदारी भरा फैसला ले सके?

ईश्वर का तरीका, उद्देश्य और जिम्मेदारी हमें लगातार यह पक्का करने के लिए रोकना नहीं है कि हमें कभी कोई नुकसान न पहुँचे। ईश्वर को आपके जीवन को किसी खास दिशा में आगे बढ़ाने की कोई तृष्णा/लालसा/चिपकाव नहीं है। इसके बजाय, एक प्रज्ञापूर्ण माता-पिता की तरह, वह यह देखने में दिलचस्पी रखता है कि हर प्राणी अपनी स्वतंत्र इच्छाशक्ति से निर्वाण की ओर कैसे बढ़ता है।

ईश्वर का उद्देश्य हमें अस्तित्व के इन प्राकृतिक नियमों को समझने में मदद और मार्गदर्शन देना है, अगर हम उसके साथ संबंध बनाने और उसका मार्गदर्शन पाने का चुनाव करते हैं। वह तानाशाह और नियंत्रणकारी नहीं है, बल्कि उन लोगों की मदद करने के लिए मौजूद है जो उसके साथ संबंध बनाने और उसका मार्गदर्शन माँगने का अनुरोध करते हैं।

वह सभी प्राणियों को निर्वाण प्राप्त करते हुए देखना चाहता है। वह सभी प्राणियों को एक-दूसरे के लिए प्रेम और करुणा का अभ्यास करते हुए, एक-दूसरे के साथ सद्भाव से रहना सीखते हुए देखना चाहता है, लेकिन उसे इस परिणाम से कोई लगाव नहीं है। ईश्वर सभी प्राणियों को निर्वाण प्राप्त करते हुए देखना चाहता है ताकि "पृथ्वी पर स्वर्ग" का निर्माण हो सके।

ईश्वर ने हर इंसान के लिए कोई पहले से निर्धारित मार्ग नहीं बनाया है जिस पर हमें चलना ही पड़े या जिसका पालन करना जरूरी हो। वह हमसे अपनी लालसाओं की पूर्ति की अपेक्षा नहीं करता क्योंकि उसे हमसे किसी विशिष्ट कार्य के लिए कोई तृष्णा/लालसा/चिपकाव नहीं है। हम सभी को अपने जीवन में जो भी चुनाव करना हो, उसे करने की स्वतंत्र इच्छाशक्ति है और अस्तित्व के प्राकृतिक नियमों के आधार पर ऐसा करने से हमारे जीवन में ऐसी शांति और सद्भाव पैदा होगा जिसकी आप कल्पना भी नहीं कर सकते।

अगर ईश्वर ने दुनिया की हर चीज़ को एक पल में सही ढंग से चलाने के लिए "एक स्विच" घुमा दिया, तो कुछ ही सेकंड में दुनिया फिर से उन्हीं समस्याओं में फँस जाएगी जो व्यक्तिगत और सामूहिक समाज के रूप में हम हमेशा से झेलते आए हैं। अपनी स्वतंत्र इच्छाशक्ति से, हम जीवन को एक अकुशल दिशा में ले जाने वाले अकुशल निर्णय लेने का चुनाव करेंगे क्योंकि हममें अभी भी सही निर्णय लेने की प्रज्ञा का अभाव है।

ईश्वर द्वारा संसार में सुधार के लिए किया गया कोई भी कार्य तुरंत ही दूषित हो जाएगा, क्योंकि लोग तृष्णा, क्रोध और अज्ञानता (सच्ची वास्तविकता से अनजान होना) के कारण अनगिनत निर्णय लेंगे, जिससे संसार एक बार फिर पतन और अंधकार में चला जाएगा।

इसके बजाय, एक प्रज्ञापूर्ण माता-पिता अपने बच्चों के साथ शिक्षाओं को बाँटना पसंद करेंगे ताकि वे सीखें, उन पर चिंतन करें और उनका अभ्यास करें ताकि वे जिम्मेदार व्यक्तियों के रूप में अपनी स्वतंत्र इच्छाशक्ति से प्रज्ञापूर्ण निर्णय लेने के लिए निर्वाण प्राप्त कर सकें।

दूसरा विकल्प यह होगा कि ईश्वर सबको नियंत्रित करता है, कोई स्वतंत्र इच्छाशक्ति नहीं है, और हम सब रोबोट हैं। हम जानते हैं कि यह सत्य नहीं है और कोई भी इस तरह की दुनिया का आनंद नहीं लेगा। कोई भी ऐसे पीछे पड़ने वाले और तानाशाह माता-पिता को पसंद नहीं करेगा जो अपने बच्चों को नियंत्रित करने की कोशिश करते हैं, और इसीलिए ईश्वर ऐसे गुणों का पालन नहीं करता।

इसलिए, हमारा चुनाव यह है कि हम इन शिक्षाओं को सीखें, उन पर चिंतन करें और उनका अभ्यास करें, जिससे निर्वाण प्राप्त हो और मन को मुक्ति मिले, जहाँ वह पूरी तरह से आनंद के साथ शांत, निश्चल, निर्मल और संतुष्ट हो।

यदि हम इन शिक्षाओं का पालन न करने का निर्णय लेते हैं, तो हमें यह समझ लेना चाहिए कि यह ऐसा निर्णय है जिसके परिणाम हमारे अपने निर्णयों पर आधारित होंगे, न कि ईश्वर के निर्णयों पर।

और, इन शिक्षाओं को सीखने, उन पर चिंतन करने और उनका अभ्यास करने का चुनाव करने से हमें अपने खुद के निर्णयों के आधार पर परिणाम प्राप्त होंगे, न कि ईश्वर के निर्णयों के आधार पर।

न तो ईश्वर और न ही गौतम बुद्ध हमें अपराधबोध, लज्जा या डर के ज़रिए प्रेरित करना चुनते हैं। हालाँकि अन्य लोग इस तरह से शिक्षाएँ बाँट सकते हैं, लेकिन इससे मन की मुक्ति नहीं होगी। न ही ईश्वर और न ही गौतम बुद्ध ने इस तरह से शिक्षाएँ बाँटना चुना, और न ही मैंने।

इसके बजाय, एक अभ्यासकर्ता के लिए यह समझना ज्यादा मददगार होता है कि उन्हें अपनी पसंद के कोई भी निर्णय लेने की पूरी आजादी है। और, जितना ज्यादा हम कम्मा के प्राकृतिक नियम को समझेंगे, उतने ही ज्यादा समझदारी भरे फैसले ले पाएँगे और बेहतर परिणाम पा सकेंगे।

ईश्वर निर्वाण प्रदान नहीं करता और ईश्वर जीवन की सभी चीज़ों को नियंत्रित नहीं करता।

जीवन में अपना रास्ता खुद तय करने के लिए हमारे पास पूरी तरह से "स्वतंत्र इच्छाशक्ति" है। हमें अपने जीवन में बदलाव लाने के लिए इस अस्तित्व के परिणामों से या ईश्वर से चिपकने की जरूरत नहीं है। केवल आप ही एक जिम्मेदार और प्रज्ञा प्राप्त व्यक्ति के रूप में अपनी स्वतंत्र इच्छाशक्ति और व्यक्तिगत चुनावों के ज़रिए अपने जीवन में बदलाव ला सकते हैं।

यदि आप ईश्वर के अस्तित्व में विश्वास करते हैं, तो ईश्वर चाहेगा कि सभी इंसान एक-दूसरे के लिए कृपालु, कोमल, स्नेही और प्रेम भरे रहें। ये शिक्षाएँ आपको असंतुष्टि और उससे उत्पन्न होने वाले दुखों से मुक्त मन और जीवन व्यवहार विकसित करने में मार्गदर्शन करेंगी। आप खुद अपना उद्धार प्राप्त

कर सकते हैं और ईश्वर में विश्वास कर सकते हैं या उनके साथ संबंध बना सकते हैं। आपको उपासना से नहीं, बल्कि उन शिक्षाओं के अभ्यास से मोक्ष मिलेगा जो सभी प्राणियों के लिए सार्वभौमिक प्रेम, किसी को कोई हानि न पहुँचाने और एक अच्छे नैतिक जीवन जीने की ओर ले जाती हैं। ये सार्वभौमिक शिक्षाएँ हैं जिनका वर्णन इस किताब के चैप्टर १ में किया गया है।

यदि आप ईश्वर में विश्वास नहीं करते और एक कृपालु, कोमल, स्नेही और प्रेम भरे जीवन-साधना विकसित करते हैं, तो यदि आपको किसी दिन ईश्वर के अस्तित्व का एहसास हो जाए, तो ईश्वर आपकी नीयत, वाणी और कार्यों से बहुत खुश होंगे। और, यदि ईश्वर का अस्तित्व नहीं होता, तो आप पृथ्वी पर अन्य प्राणियों के साथ सामंजस्य बिठाते हुए एक आरामदायक और कुशल जीवन जी रहे होते। इस "जीवन अभ्यास" को विकसित करके आप एक बहुत ही कुशल जीवन जी रहे होते।

इन शिक्षाओं को सीखने और उनका पालन करने के लिए आपको ईश्वर में विश्वास करने की जरूरत नहीं है और ईश्वर में विश्वास आपके अभ्यास में बाधा नहीं बनेगा, बशर्ते आप ईश्वर से कोई चीज़ पाने की तृष्णा या लालसा न रखें, और न ही ईश्वर के लिए क्रोध या घृणा रखें। ईश्वर के साथ संबंध तभी लाभदायक होगा जब उसे इस चैप्टर में बताए तरीके से विकसित किया जाए।

यदि आप ईश्वर को अपने जीवन में आमंत्रित करना चाहें, तो वह आपकी सहायता कर सकते हैं, लेकिन निर्वाण प्राप्त करने के लिए यह जरूरी नहीं है। आप ईश्वर को एक ऐसे शिक्षक के रूप में सोच सकते हैं जो अपनी प्रज्ञा बाँट सकता है, लेकिन ऐसा तभी करता है जब कोई उसका मार्गदर्शन चाहता है। उसे एक ऐसे परम मित्र के रूप में भी देखा जा सकता है जो आपसे कुछ नहीं चाहता और न ही कभी आपसे मुँह मोड़ेगा। ईश्वर केवल आपको अच्छा और शांत देखना चाहता है। उसके मन में हर उस प्राणी के लिए समान रूप से "सच्चा प्रेम" है जो पहले था, अब है और भविष्य में भी रहेगा। ईश्वर के साथ आपका कैसा रिश्ता है या आपका रिश्ता है भी या नहीं, यह आपकी पसंद है। ईश्वर के साथ रिश्ता न रखने के लिए आपको कोई सजा नहीं मिलती, लेकिन ईश्वर के साथ रिश्ता बनाने का चुनाव करने पर, वह एक मित्र के रूप में आपकी मदद करेगा या शायद आप उसे एक कृपालु, धैर्यवान, समझदार, प्रेम भरे और प्रज्ञापूर्ण पिता के रूप में सोच सकते हैं जो हमेशा आपकी मदद के लिए मौजूद रहता है, अगर आप उसकी मदद के लिए हाथ माँगना चाहें।

ईश्वर में किसी भी प्रकार की ईर्ष्या नहीं है क्योंकि ईर्ष्या तृष्णा/लालसा/चिपकाव के कारण होती है और ईश्वर में कोई तृष्णा/लालसा/चिपकाव नहीं है। एक अभ्यासकर्ता को निर्वाण प्राप्ति के लिए इस चैप्टर और इस किताब और किताब श्रृंखला के अन्य सभी चैप्टरों की शिक्षाओं पर गहराई से चिंतन करने की जरूरत होगी।

जो कुछ भी घटता है वह ईश्वर की रचनात्मक क्रियाओं के कारण नहीं होता और ईश्वर आपको निर्वाण प्रदान नहीं करता। इसलिए, निर्वाण प्राप्त करते हुए भी आप ईश्वर को समझ सकते हैं, उस पर विश्वास कर सकते हैं और उसके साथ संबंध बना सकते हैं और नहीं भी।

यह आपकी यात्रा है, और आपको यह तय करना है कि आपकी जीवन यात्रा में क्या शामिल है और क्या नहीं।

आप पर नियंत्रण नहीं किया जा रहा है और आप प्रार्थना के ज़रिए ईश्वर से "भौतिक चीजें" प्राप्त नहीं कर सकते हैं क्योंकि इस जीवन में आप जो कुछ भी प्राप्त करते हैं वह आपके अपने जीवन के निर्णयों और कम्मा के प्राकृतिक नियम के ज़रिए आपके अपने जीवन के विकल्पों पर आधारित है।

प्रज्ञा से चुनें...

आगे छानबीन के लिए सीखने के संसाधन

ऑडियोबुक

(ऑडियोबुक) - (खंड १ - चैप्टर १८) - ईश्वर का रचनात्मक कार्य: आपके पास स्वतंत्र इच्छाशक्ति है (पढ़िए और सुनिए)
https://youtu.be/IxV7C6efbE0

एप. ५१८ - (ऑडियोबुक) - (खंड १ - चैप्टर १८) - ईश्वर का रचनात्मक कार्य: आपके पास स्वतंत्र इच्छाशक्ति है
https://podcasters.spotify.com/pod/show/buddhadailywisdom/episodes/Ep--518---Audiobook---Volume-1---Chapter-18---Gods-Creative-Action-You-Have-Free-Will-e272uk2

यूट्यूब वीडियो

(सामूहिक शिक्षण प्रोग्राम) - चैप्टर १८ - ईश्वर का रचनात्मक कार्य: आपके पास स्वतंत्र इच्छाशक्ति है
https://youtube.com/live/k4qcOUSUQws

(सामूहिक शिक्षण प्रोग्राम) - मार्गदर्शित साँस की माइंडफुलनेस का ध्यान और शिष्यों के सवाल
https://youtube.com/live/dOqPUHNp1xQ

पॉडकास्ट

एप. ४७४ - (सामूहिक शिक्षण प्रोग्राम) - चैप्टर १८ - ईश्वर का रचनात्मक कार्य: आपके पास स्वतंत्र इच्छाशक्ति है
https://podcasters.spotify.com/pod/show/buddhadailywisdom/episodes/Ep--474---Group-Learning-Program---Chapter-18---Gods-Creative-Action-You-Have-Free-Will-e25m0e3/a-aa0aiqb

एप. ४७५ - (सामूहिक शिक्षण प्रोग्राम) - मार्गदर्शित साँस की माइंडफुलनेस का ध्यान और शिष्यों के सवाल
https://podcasters.spotify.com/pod/show/buddhadailywisdom/episodes/Ep--475---Group-Learning-Program---Guided-Breathing-Mindfulness-Meditation-and-Student-Questions-e25oolr/a-aa0ki67

प्रश्नोत्तरी

ईश्वर का रचनात्मक कार्य: आपके पास स्वतंत्र इच्छाशक्ति है
https://forms.gle/PJbX2m1RxASoJZmT8

(इस ऑनलाइन प्रश्नोत्तरी को पूरा करके इस चैप्टर की अपनी समझ की पुष्टि करें। आप ही एकमात्र व्यक्ति हैं जो प्रश्नोत्तरी के परिणाम देखेंगे।)

चैप्टर १९

कठिन मानव अस्तित्व: बीमारी, बुढ़ापा और मृत्यु

जीवन के तीन पहलू जिनसे निपटना हमारे मानव अस्तित्व में सबसे कठिन है, वे हैं बीमारी, बुढ़ापा और मृत्यु।

युवा राजकुमार सिद्धार्थ गौतम, जो अंत में गौतम बुद्ध बने, को उनके जीवन के प्रथम २९ वर्षों के दौरान बचाव में रखा गया था, क्योंकि उनके पिता, राजा, उन्हें महल में रखकर उन्हें राजकुमार और अंत में राजा होने के आलीशान जीवन से जोड़े रखने के ज़रिए राजसी तौर-तरीकों में फँसाने का प्रयत्न कर रहे थे।

२९ वर्ष की आयु में, सिद्धार्थ गौतम पहली बार अपने पिता की जानकारी के बिना महल से बाहर निकले और महल के बाहर के जीवन को देखा। उनके साथ उनका एक सेवक भी था जिसने सिद्धार्थ गौतम के चार (४) अवलोकनों को समझाने में मदद की: बीमारी, बुढ़ापा, मृत्यु, और एक साधु या भिक्षु - एक आध्यात्मिक जिज्ञासु।

सिद्धार्थ गौतम जीवन की प्रकृति को समझने में और यह समझने में गहरी दिलचस्पी रखते थे कि प्राणी बीमारी, बुढ़ापे और मृत्यु के साथ-साथ मन की असंतुष्टि की भावना का अनुभव क्यों करते हैं। उन्होंने देखा कि राज्य असंतुष्टि से भरा हुआ था और जो उन्होंने देखा, वह उन कठिनाइयों पर शासन करने में दिलचस्पी नहीं रखते थे। इसके बजाय, राज्य के लोगों को सत रहा था वह उसका उत्तर खोजने और उनकी मदद करने में दिलचस्पी रखते थे, और उन्होंने एक आध्यात्मिक यात्रा शुरू करने का निर्णय लिया जो अंत में उन्हें निर्वाण और उनके सभी सवालों के उत्तर तक ले गई।

सिद्धार्थ गौतम की प्रेरणा और दृढ़ता ने अंत में उन्हें इस समझ तक पहुँचाया कि सभी सशर्त चीज़ों की अनित्य प्रकृति और मन की नित्यता की तृष्णा के कारण, हम खुद अपने मन में असंतुष्टि पैदा करते हैं। प्रज्ञा के अभाव में, मन अस्तित्व के प्राकृतिक नियमों से अज्ञान (सच्ची वास्तविकता से अनजान होना) रहता है और इस प्रकार, प्राणी पुनर्जन्म के चक्र में फँस कर बार-बार बीमारी, बुढ़ापे और मृत्यु का अनुभव करते हैं।

जब तक हम निर्वाण प्राप्त करके मन में भरी हुई असंतुष्टि को निष्कासित करने की शिक्षाओं को नहीं सीखते, उन पर चिंतन नहीं करते और उनका अभ्यास नहीं करते, तब तक हम असंतुष्ट मन का समाधान नहीं कर सकते और पुनर्जन्म के चक्र से मुक्त नहीं हो सकते। तभी हमारा निरंतर भ्रमण और भटकना निष्कासित होगा और हम आनंद के साथ शांत, निश्चल, निर्मल और संतुष्ट जीवन में रह सकेंगे - नित्य रूप से।

बीमारी

हमारे भौतिक शरीर का स्वास्थ्य जरूरी है और हमें सही खाना और अन्य प्रज्ञापूर्ण गतिविधियों के ज़रिए अपने स्वास्थ्य को बनाए रखना चाहिए। हमें शरीर को वह सब देना चाहिए जो उसे स्वस्थ बनाए रखने के लिए जरूरी है। यदि मृत्यु के कारण शरीर विद्यमान नहीं रहता है, तो मन चेतना को सँवारने के लिए वर्तमान मानव रूप में नहीं रह सकता। यदि हम निर्वाण प्राप्त नहीं करते हैं, तो हमारा पुनर्जन्म होगा और हमारे कठिन अनुभव जारी रहेंगे।

बीमारी हमारे मानव अस्तित्व में एक बड़ी चुनौती है। अक्सर जब हम बीमार होते हैं, तो हम अपनी बीमारी के बारे में शिकायत करते या करहाते हैं। हमारी सामान्य गतिविधियाँ रुक जाती हैं और इस प्रकार सक्रिय रहने और शरीर के नित्य स्वास्थ्य का चिपकाव हमारे मन को असंतुष्ट कर देता है।

यह जरूरी है कि हम अपनी बीमारी के लिए मदद लें, लेकिन ऐसा करते समय यह भी समझें कि बीमारी मानव अस्तित्व का एक हिस्सा है। हम अपनी मानवीय स्थिति के कारण इससे बच नहीं सकते। शरीर नश्वर है और हम हमेशा स्वस्थ नहीं रहेंगे। अगर हम इंसान हैं, तो बीमार होंगे ही।

बीमारी के समय, मन के लिए इन शिक्षाओं का पालन करना छोड़ देना और शायद अपने आस-पास के लोगों से बुरी बातें करना और दुखी होकर बुरे कार्य करना आसान होता है। जब हम बीमार होते हैं तो मन अक्सर बहुत असंतुष्ट होता है।

कम्मा के प्राकृतिक नियम का "कारण और असर" सिर्फ इसलिए नहीं रुकता क्योंकि हम बीमार हैं। बीमार होना दूसरों के लिए रूखा, निर्दयी, अमित्र और बदतमीज़ होने का बहाना नहीं है।

इस किताब में बताई गई शिक्षाओं का पालन करना पक्का करें, जिनमें अन्य सभी शिक्षाओं के साथ-साथ सही नीयत, सही वाणी और सही कार्य भी शामिल हैं। अगर हम अपनी बीमारी के दौरान हमारी देखभाल करने वालों से कृपा और विनम्रता से बात करें, तो इससे हमारे अंदर कुशल कम्मा का

निर्माण होता रहेगा और हमें सबसे बढ़िया देखभाल का अनुभव होगा क्योंकि लोग हमारी मदद करने में खुश होंगे।

बुढ़ापा

बुढ़ापा जीवन की एक चुनौती है। जैसे-जैसे हमारी उम्र बढ़ती है, हमारी जवानी फीकी पड़ने लगती है और अगर हम अपनी जवानी से जुड़े रहते हैं, तो हम जवान दिखने के लिए ऐसे कठोर कदम उठा सकते हैं जो असंतुष्टि का कारण बन सकते हैं।

अपनी जवानी से चिपक कर, हम महँगी चिकित्सा प्रक्रियाओं का विकल्प चुन सकते हैं या अपनी जवानी बनाए रखने के लिए अत्यधिक प्रयत्न कर सकते हैं। इसके लिए उस मन को खुश करने के लिए व्यापक प्रयत्न की जरूरत होगी जो जवान दिखने की "तृष्णा" करता है, बजाय इसके कि हम सब बुढ़ापे को स्वीकार करें। यह जीवन और मानव अस्तित्व का एक सामान्य हिस्सा है।

बुढ़ापे के साथ हमारे शरीर में चुनौतियाँ आती हैं जिनका हम सभी अनुभव करते हैं। हम ऐसे दर्द, पीड़ाओं और मुश्किलों का अनुभव करते हैं जो हमें अपनी युवावस्था में नहीं थीं। हमें इसे मानव अस्तित्व का एक हिस्सा मानकर स्वीकार करना होगा और यह भी स्वीकार करना होगा कि यह अनित्य है। बुढ़ापे के साथ हम हमेशा एक जैसे नहीं दिखेंगे या महसूस नहीं करेंगे क्योंकि शरीर अनित्य है।

अगर आप अपनी जवानी से जुड़े हैं और लगातार जवानी की "तृष्णा" करते हैं, तो मन असंतुष्ट रहेगा। अगर आप भौतिक शरीर से जुड़े हैं और लगातार कभी दर्द महसूस न करने की "तृष्णा" करते हैं, तो मन असंतुष्ट रहेगा। ये सभी चीज़ें अनित्य हैं और अगर मन नित्य जवानी या शारीरिक बदन में नित्य आराम से चिपका रहता है, तो असंतुष्टि रहेगी।

मृत्यु

मृत्यु इंसान के लिए स्वीकार करने और समझने की सबसे बड़ी चुनौतियों में से एक है। अपनी और अपने प्रियजनों की मृत्यु को स्वीकार करना बहुत चुनौतीपूर्ण हो सकता है। जब तक आपने "बिना चिपकाव के प्रेम" को नहीं सीखा और उसका अभ्यास नहीं किया है, तब तक हमारे मित्रों और परिवार के लिए गहरा लगाव बना रहता है। मित्रों और परिवार की मृत्यु या हमारी अपनी मृत्यु के

साथ, इस जीवन में हमारे साथ बिताए गए समय का अंत हो जाता है, और हमें किन्हीं भी अचर्चित चिंताओं या दुविधाओं को सुलझाने का कोई मौका नहीं मिलता।

मृत्यु, किसी जरूरी लगाव के बोझ और कभी-कभी जीवन के *धीरे-धीरे* जाने देने के बजाय अचानक अंत के कारण होने वाली गंभीर और गहरी असंतुष्टि या निराशा का समय हो सकता है। यहाँ तक कि *धीरे-धीरे* मृत्यु होने को स्वीकार करना और उससे निपटना इंसान के लिए अक्सर एक चुनौती हो सकती है, जब मन नित्यता की तृष्णा रखता है।

किसी मित्र या परिवार के सदस्य की मृत्यु को एक दुखद नुकसान के रूप में नहीं लिया जाना चाहिए। इन शिक्षाओं को समझने और उनका पालन करने के ज़रिए, आप मृत्यु को एक स्वाभाविक और सामान्य घटना के रूप में स्वीकार कर सकते हैं जो जरूर घटेगी क्योंकि हम इंसान हैं और हमें मरना ही है। मानवीय अवस्था का मतलब है कि हमारा जन्म हुआ है और इसलिए हम बीमारी, बुढ़ापा और मृत्यु का अनुभव करेंगे। मन नित्य स्वास्थ्य, युवावस्था और अपने निकट के लोगों के नित्य रूप से हमारे साथ रहने की तृष्णा रखता है। अनिर्वाणी मन मानवीय अवस्था की अनित्य प्रकृति से असहज होता है और जब हम बीमारी, बुढ़ापे और मृत्यु का अनुभव करते हैं, तो यह हमारे जीवन में जरूरी अनित्यता का प्रतीक है। इसलिए, अनिर्वाणी मन अक्सर हमारे जीवन में इन अप्रिय परिवर्तनों से असंतुष्ट रहता है।

मन को मानवीय स्थिति की अनित्य प्रकृति को समझने और स्वीकार करने के लिए प्रशिक्षित किया जा सकता है, जिससे बीमारी, बुढ़ापे और मृत्यु के दौरान भी मन शांत और स्थिर बना रहे।

मृत्यु में दुख, शोक और पश्चाताप का होना जरूरी नहीं है। ये भावनाएँ चिपकाव और मन द्वारा खुद को असंतुष्टि की ओर ले जाने के कारण उत्पन्न होती हैं। यदि चिपकाव रहित प्रेम है, तो आप अपने प्रियजनों की मृत्यु का अनुभव बिना किसी दुख, शोक या पश्चाताप के कर सकते हैं। आप उस समय के लिए कृतज्ञता महसूस कर सकते हैं जो आपने साथ बिताया, बजाय इसके कि आप नित्यता की तृष्णा/लालसा रखें, जो केवल असंतुष्टि का कारण बनेगी।

गौतम बुद्ध ने हमें समझाया कि हमारी मृत्यु का केवल एक ही कारण है और वह है हमारा जन्म। क्योंकि जन्म होता है, बीमारी होती है, बुढ़ापा आता है और अंत में मृत्यु होती है। यही मानवीय स्थिति है और गौतम बुद्ध की शिक्षाएँ हमें पुनर्जन्म के चक्र से मुक्त होकर इन तीनों से छुटकारा पाने में मदद करती हैं। अगर हमारा जन्म ही न हो, तो हमें न तो बीमारी होगी, न बुढ़ापा आएगा और न ही मृत्यु।

यह अज्ञानता (सच्ची वास्तविकता से अनजान होना) ही है कि अनिर्वाणी मन वह नहीं समझ पाता जो वह नहीं समझता, और यही हमें पुनर्जन्म के चक्र में निरंतर फँसाए रखता है। केवल जब मन प्रज्ञा प्राप्त कर लेता है, तभी वह असंतुष्टि से मुक्त होकर निर्वाण का अनुभव करता है और साथ ही पुनर्जन्म के चक्र से भी मुक्त हो जाता है।

गौतम बुद्ध ने यह नहीं बताया कि एक बार जब हम निर्वाण प्राप्त कर लेते हैं, तो मृत्यु के बाद क्या होता है। "मृत्यु के बाद" की शिक्षा एक अघोषित शिक्षा है। उन्होंने यह स्पष्ट किया कि हम इसी जीवन में या मृत्यु के समय निर्वाण प्राप्त कर सकते हैं। उन्होंने यह शिक्षा अघोषित छोड़ दी कि निर्वाण प्राप्त करने और मृत्यु के बाद क्या होता है, क्योंकि इस सवाल का उत्तर जानने से इस मानव अवस्था में इस जीवन में निर्वाण प्राप्त करने कि हमारी काबिलियत में कोई बदलाव या असर नहीं पड़ता।

कोई भी व्यक्ति कभी भी निर्वाण प्राप्त करके वापस नहीं लौटा है, क्योंकि निर्वाण प्राप्त करने वाला व्यक्ति पुनर्जन्म के चक्र में किसी भी भविष्य के जन्म में वापस नहीं लौटेगा। इसलिए, यह एक अघोषित शिक्षा है कि निर्वाण प्राप्त करने और मृत्यु के बाद क्या होता है। गौतम बुद्ध का लक्ष्य इसी जीवन में निर्वाण प्राप्त करने पर मन को केंद्रित करना था ताकि हम पुनर्जन्म के चक्र से बच सकें और पुनर्जन्म के चक्र में जीवन का अनुभव न करें जो केवल गम, कष्ट, अप्रसन्नता और मायूसी ही लाएगा। निर्वाण प्राप्त मन केवल आनंद के साथ शांति, निश्चलता, निर्मलता और संतुष्टि का अनुभव करेगा - नित्य रूप से।

यदि इस जीवन के अंत में भी हमारी तृष्णा बनी रहती है, तो यही वह ईंधन है जो हमें पुनर्जन्म के चक्र में फँसाए रखेगा और किसी अन्य लोक में पुनर्जन्म देगा। यदि हमने निर्वाण के चार चरणों में से किसी एक को प्राप्त नहीं किया है, तो शायद हमारा पुनर्जन्म किसी निम्न लोक, जैसे नरक, पशु लोक, या पीड़ित प्रेतात्माओं के लोक में होगा, हालाँकि मानव लोक या स्वर्ग लोक में पुनर्जन्म लेने का मौका जरूर मिलता है। किसी भी लोक में कोई भी अस्तित्व नित्य नहीं है और जब तक व्यक्ति निर्वाण प्राप्त नहीं कर लेता, तब तक वह असंतुष्टि को निष्कासित नहीं कर सकता और पुनर्जन्म के चक्र से मुक्त नहीं हो सकता।

सिद्धार्थ गौतम ने अंत में मन की असंतुष्टि की भावना को निष्कासित करने के लिए बीमारी, बुढ़ापा और मृत्यु के इन अवलोकनों को बेहतर ढंग से समझने के लिए अपनी राजसी विरासत छोड़ दी। वे एक बेघर, घूमनेवाले साधु बन गए, जो मानव अस्तित्व के लिए अपने गहरे असंतोष को निष्कासित करने के लिए जीवन की बेहतर समझ की तलाश में थे।

उन्हें ऐसे लोगों पर शासन करने में कोई दिलचस्पी नहीं थी जो दुख और पीड़ा से ग्रस्त थे और जिनके मन में असंतुष्टि की भावना थी। इसके बजाय, उन्होंने दुनिया की सबसे गंभीर समस्याओं - बीमारी, बुढ़ापे और मृत्यु - के उत्तर खोजे। युवा सिद्धार्थ गौतम यह समझने में दिलचस्पी रखते थे कि ये तीन मानवीय स्थितियाँ मन में इतनी गंभीर असंतुष्टि की भावना क्यों पैदा करती हैं।

अपने छह (६) साल के प्रयत्न के ज़रिए, उन्होंने *धीरे-धीरे* पूर्णतः संपूर्ण निर्वाण प्राप्त बुद्ध के रूप में मन जागृत किया और इन सवालों और कई अन्य सवालों के उत्तर खोजे। उन्होंने सात (७) सप्ताह तक इस बात पर विचार किया कि क्या उन्हें अपनी नई प्रज्ञा को दूसरों को सिखाना चाहिए, क्योंकि उन्हें नहीं लगता था कि दुनिया इन शिक्षाओं के लिए तैयार है।

गौतम बुद्ध निर्वाण की स्वतंत्र खोज से पहले जिन पाँच (५) साधुओं को जानते थे, उन्हें शिक्षा देने के लिए लौटे। साधुओं ने यह नहीं माना कि उन्हें निर्वाण प्राप्त हो गया है, इसलिए वह बैठ गए और अपने हाथ से धरती को स्पर्श किया ताकि पशु जगत को अपने निर्वाण प्राप्ति का सबूत देने के लिए बुलाया जा सके। सभी दिशाओं से पशु आए और साधुओं को उन पर विश्वास हो गया और उन्होंने उनकी शिक्षाओं को सुना और निर्वाण प्राप्त लोगों का समुदाय फलने-फूलने लगा।

ऐसा कहा जाता है कि गौतम बुद्ध की मृत्यु के तुरंत बाद एक बड़ा भूकंप आया जिसने पृथ्वी को हिला दिया।

किसी बुद्ध की मृत्यु के बाद आने वाला भूकंप उन लोगों के लिए एक संकेत है जो जीवित बचे हैं कि वह इंसान वास्तव में एक बुद्ध था। इससे उन लोगों को मदद मिलती है जिन्होंने उनके जीवनकाल में उनकी शिक्षाओं को नहीं सीखा और उनका पालन नहीं किया, कि इस बात की पुष्टि के साथ कि वह एक बुद्ध हैं, उनके लिए प्रज्ञापूर्ण होगा कि वे जीवित बचे लोगों के साथ निर्वाण प्राप्त करने के लिए उनकी शिक्षाओं को सीखें, उन पर चिंतन करें और उनका पालन करें।

ये दो उदाहरण ही ऐसे जरूरी चमत्कार हैं जिनके बारे में मुझे पता है, जिनके बारे में कहा जाता है कि वे गौतम बुद्ध के जीवनकाल में घटे थे और मैं जानता हूँ कि ये सत्य हैं। इसके बाद, उन्होंने ऐसी शिक्षाएँ प्रदान कीं जिन्हें समझा जा सकता था और फिर उनका अभ्यास किया जा सकता था ताकि हर व्यक्ति सत्य को देख सके और मन को तीव्र भावनाओं से मुक्त करके खुद के लिए निर्वाण प्राप्त कर सके। गौतम बुद्ध ने विश्व के लिए करुणा के कारण अपनी शिक्षाओं और मार्गदर्शन के ज़रिए दूसरों को निर्वाण प्राप्त करने में मदद की।

गौतम बुद्ध की शिक्षाओं के लिए विश्वास की जरूरत नहीं है क्योंकि जैसे-जैसे मन की स्थिति में *धीरे-धीरे* सुधार होता है, आप उनकी शिक्षाओं के अपने अभ्यास से सत्य को देख सकते हैं। आप शिक्षाओं को सीखते हैं, उनका अभ्यास करते हैं, मन को मुक्त करने वाला निर्वाण प्राप्त करते हैं और एक बेहतर, अधिक शांतिपूर्ण और निश्चल जीवन के परिणाम प्राप्त करते हैं।

जैसे-जैसे मन निर्वाण का अनुभव करता है, वह आनंद के साथ शांत, निश्चल, निर्मल और संतुष्ट रहता है और बीमारी, बुढ़ापे या मृत्यु से अप्रभावित रहता है। निर्वाण प्राप्त मन जीवन की सबसे बड़ी चुनौतियों से भी अविचलित रहता है।

एक निर्वाण प्राप्त इंसान को अब बीमारी, बुढ़ापे, मृत्यु या जीवन के किसी भी अन्य पहलू से संबंधित किसी भी प्रकार की असंतुष्टि का अनुभव नहीं होगा। मन नियमित, निश्चल, स्थिर और अविचल होता है। मन मुक्त हो गया है और नित्य शांति का अनुभव करता है।

आगे छानबीन के लिए सीखने के संसाधन

ऑडियोबुक

(ऑडियोबुक) - (खंड १ - चैप्टर १९) - कठिन मानव अस्तित्व: बीमारी, बुढ़ापा और मृत्यु (पढ़िए और सुनिए)
https://youtu.be/Wmg1t_7alCI

एप. ५१९ - (ऑडियोबुक) - (खंड १ - चैप्टर १९) - कठिन मानव अस्तित्व: बीमारी, बुढ़ापा और मृत्यु
https://podcasters.spotify.com/pod/show/buddhadailywisdom/episodes/Ep--519---Audiobook---Volume-1---Chapter-19---The-Difficult-Human-Existence-Sickness--Aging--and-Death-e272ulk

यूट्यूब वीडियो

(सामूहिक शिक्षण प्रोग्राम) चैप्टर १९ - कठिन मानव अस्तित्व: बीमारी, बुढ़ापा और मृत्यु
https://youtube.com/live/eDq0aSr10ko

(सामूहिक शिक्षण प्रोग्राम) - मार्गदर्शित प्रेमभरी-कृपा का ध्यान और शिष्यों के प्रश्न
https://youtube.com/live/iJ9R9qcv8C4

पॉडकास्ट

एप. ४७७ - (सामूहिक शिक्षण प्रोग्राम) चैप्टर १९ - कठिन मानव अस्तित्व: बीमारी, बुढ़ापा और मृत्यु
https://podcasters.spotify.com/pod/show/buddhadailywisdom/episodes/Ep--477---Group-Learning-Program-Chapter-19---The-Difficult-Human-Existence-Sickness--Aging--and-Death-e25v6t7/a-aa1bqdj

एप. ४७८ - (सामूहिक शिक्षण प्रोग्राम) - मार्गदर्शित प्रेमभरी-कृपा का ध्यान और शिष्यों के प्रश्न
https://podcasters.spotify.com/pod/show/buddhadailywisdom/episodes/Ep--478---Group-Learning-Program---Guided-Loving-kindness-Meditation-and-Student-Questions-e261rit/a-aa1l0dg

प्रश्नोत्तरी

कठिन मानव अस्तित्व: बीमारी, बुढ़ापा और मृत्यु
https://forms.gle/AAVPRYhgsmdJDR4H6

(इस ऑनलाइन प्रश्नोत्तरी को पूरा करके इस चैप्टर की अपनी समझ की पुष्टि करें। आप ही एकमात्र व्यक्ति हैं जो प्रश्नोत्तरी के परिणाम देखेंगे।)

चैप्टर २०

पशु से मानव:
हमारी चेतना का उद्विकास

जैसा कि पिछले चैप्टर में बताया गया है, अस्तित्व के पाँच लोक हैं - स्वर्ग लोक, मानव लोक, पीड़ित प्रेतात्माओं का लोक, पशु लोक और नरक लोक।

इनमें से हर लोक की कुछ विशेषताएँ, पहलू या परिस्थितियाँ होती हैं, और उस लोक में रहने वाले प्राणियों के लिए कुछ परिस्थितियाँ होती हैं। मानव रूप प्राप्त करने के लिए, हम ज्यादातर पशु या स्वर्ग लोकों से पुनर्जन्म लेते हैं।

इंसान के मानव रूप धारण करने के लिए, हमें पहले ही अनगिनत जन्म मिल चुके हैं। पृथ्वी ग्रह ४.५ अरब वर्षों से भी अधिक समय से विद्यमान है। आपके वर्तमान मानव रूप में ८०-१०० वर्षों का अस्तित्व, और पिछले कुछ हज़ार वर्षों को कुछ हद तक समझने कि हमारी क्षमता, इस ग्रह के अस्तित्व के समय की तुलना में बहुत ही कम है।

सार्वभौमिक स्तर पर हम कहते हैं कि यह वर्ष २०२१ है, हालाँकि, यह हाल के दिनों में घटी हुई ऐतिहासिक घटनाओं के आधार पर एक समय की अवधि पर नापी गई है। क्या यह वास्तव में वर्ष २०२१ है, जबकि पृथ्वी ग्रह का अस्तित्व ४.५ अरब वर्षों से भी अधिक समय से है?

खैर, यह इस बात पर निर्भर करता है कि आपने गिनती कब शुरू की।

यदि हम पृथ्वी के अस्तित्व की शुरुआत से गिनें, तो वर्तमान वर्ष २०२१ इस ग्रह के संपूर्ण इतिहास, इसके अस्तित्व और इसके उद्विकास को सटीक रूप से प्रतिबिंबित करने के करीब भी नहीं आता। जो आप वर्तमान में जानते या समझते हैं, इस ग्रह पर सीखने के लिए उससे कहीं अधिक है।

इसे ध्यान में रखते हुए, इस मानव रूप में आपका अस्तित्व भी इस ग्रहीय अस्तित्व की विशाल योजना में बहुत ही कम है। हमारा ८०-१०० वर्ष का प्राकृतिक जीवन, पूरी पृथ्वी के कुल समय और अस्तित्व की तुलना में पलक झपकने के बराबर है।

इस समय, आपके पास याददाश्त है और आप अपने वर्तमान अस्तित्व - अपने वर्तमान जीवन में घटी हुई घटनाओं, परिस्थितियों और रिश्तों को याद कर सकते हैं। हालाँकि, इस जीवन से पहले भी आपके कई जन्म हुए हैं जिन्हें आप वर्तमान में याद नहीं कर पा रहे होंगे या आपको याद नहीं है। हो सकता है कि वे पूर्व जन्म आपकी वर्तमान उपलब्ध याददाश्त का हिस्सा न हों।

जैसे-जैसे मन निर्वाण के और करीब पहुँचता है, मन में पिछले जन्मों की यादें ताज़ा हो सकती हैं। निर्वाण की ओर बढ़ने की प्रक्रिया आपको एक उच्चतर चेतना प्राप्त करने में मदद करेगी, जिससे आप अपने वर्तमान और पिछले जन्मों को और बेहतर ढंग से देख पाएँगे।

जैसे-जैसे आप ऊँचे स्थान पर पहुँचते हैं, आप बड़ी तस्वीर देख पाते हैं।

जैसे अगर आप किसी गाँव या शहर में होते, तो आप सिर्फ वही देख और अनुभव कर पाते जो उस गाँव या शहर में है। लेकिन अगर आप पास के किसी पहाड़ की चोटी पर किसी ऊँचे स्थान पर चले जाते हैं, तो आप उस ऊँचे स्थान से बाकी सभी गाँवों को देख पाते हैं और यह भी देख पाते हैं कि ये सभी गाँव आपस में कैसे जुड़े हुए हैं।

उच्चतर चेतना प्राप्त करने का असर पहाड़ की चोटी पर होने के समान ही होगा।

जैसे-जैसे आप उच्चतर चेतना प्राप्त करेंगे, आप अपने वर्तमान जीवन को और बेहतर ढंग से देख पाएँगे और इस जीवन में एक सहज और शांतिपूर्ण अस्तित्व कैसे बनाया जाए, यह भी समझ पाएँगे। आप अन्य लोकों में पिछले जन्मों को भी देख सकते हैं, जिनमें मानव लोक में पिछले जन्म भी शामिल हैं।

मानव लोक में पुनर्जन्म प्राप्त करने के लिए, आपको अपने पिछले जन्मों में पर्याप्त मात्रा में कुशल कम्मा उत्पन्न करने की जरूरत होगी।

पिछले जन्मों को देखना जरूरी नहीं है क्योंकि वे अतीत में हैं और इस जीवन में आपके निर्वाण प्राप्त करने में उनका कोई महत्व नहीं है। पिछले जन्मों की खोज दिलचस्प तो है, लेकिन इससे आपको इस जीवन में निर्वाण प्राप्त करने में मदद नहीं मिलेगी। इस जीवन में आप जो करते हैं, वही इस जीवन में निर्वाण में योगदान देगा। अतीत के जन्मों की कोई भी चीज़ और इस जीवन के अतीत की कोई भी चीज़ मायने नहीं रखती - वे अतीत में हैं और इस जीवन में निर्वाण प्राप्त करने कि आपकी क्षमता को प्रभावित नहीं करतीं।

मानव लोक में जन्म लेने का मतलब है कि शायद पाँचों लोकों में अनगिनत जन्म पहले ही हो चुके हैं। मानव लोक में कुछ पुनर्जन्म स्वर्ग लोक से होते हैं। अधिकांश पुनर्जन्म पशु लोक से मानव लोक में होते हैं।

गौतम बुद्ध ने समझाया कि हमारे पिछले जन्मों के रक्त की कुल मात्रा, पूरी दुनिया के सभी महासागरों और समुद्रों के कुल जल की मात्रा से भी अधिक है। उन्होंने यह भी समझाया कि हमने अपने पिछले जन्मों में अपनी माँ से जितना दूध पिया है, वह भी पूरी दुनिया के सभी महासागरों और समुद्रों के सारे जल की मात्रा से भी अधिक है।

यह देखते हुए कि यह ग्रह ४.५ अरब वर्षों से विद्यमान है और आपके हर पिछले जन्म में आपकी छोटी-सी आयु है, आप आसानी से समझ सकते हैं कि आपके पिछले पुनर्जन्म कितने असंख्य और अनगिनत होंगे। उन जन्मों और जन्मों से प्राप्त रक्त की कुल मात्रा इस ग्रह के सभी महासागरों के जल से भी अधिक होगी।

यही कारण है कि इस मानव जीवन का लक्ष्य निर्वाण प्राप्त करना है ताकि आप पुनर्जन्म के चक्र से मुक्त होकर इस मानव रूप में एक संतुष्ट और शांतिपूर्ण अस्तित्व का अनुभव कर सकें। आप और मैं विभिन्न लोकों में पुनर्जन्म लेते हुए पुनर्जन्म की इस पूरी प्रक्रिया से अनगिनत बार गुज़रे हैं।

हमारे पिछले जन्मों का कम्मा हमें उन शिक्षाओं तक नहीं ले गया है जो हमें अपनी चेतना को संवारने और इस पुनर्जन्म के चक्र से पूरी तरह मुक्त होने के लिए प्रज्ञा प्राप्त करने में मदद करती हैं। आप अभी भी दस बेड़ियों से बँधे हैं जो आपको पुनर्जन्म के चक्र में तब तक फँसाए रखेंगी, जब तक आप इन्हें मन से निकालने का प्रयत्न नहीं करते।

पशु से मानव

मानव लोक में अस्तित्व का मतलब है कि आप अनगिनत बार पशु लोक में पुनर्जन्म ले चुके हैं। हो सकता है कि आपको इस समय ये जन्म याद न हों, लेकिन जैसे-जैसे आप अपनी चेतना का विकास करते हैं, आपको ये याददाश्त प्राप्त हो सकती है।

लेकिन अपनी वर्तमान मानसिक स्थिति में भी आप पुनर्जन्म की प्रक्रिया को समझ सकते हैं और यह भी कि आप पहले एक पशु के रूप में पैदा हुए थे।

मैं समझाता हूँ...

बहुत से लोग मनुष्यों को पशु मानते हैं, अधिक विकसित और बुद्धिमान, लेकिन फिर भी हमें अक्सर पशु ही माना जाता है।

यदि आप सोचें कि मानव मस्तिष्क कैसे काम करता है, तो यह पशु मस्तिष्क जैसा ही है, लेकिन कहीं अधिक उद्विकसित है।

जब हम पहली बार मानव लोक में पुनर्जन्म लेते हैं, तो हम अनगिनत पिछले पशु लोकों से उद्विकास हो रहे होते हैं। एक जानवर की तरह, हमारे पास घटनाओं, लोगों या परिस्थितियों को विस्तार से याद रखने की क्षमता नहीं होती। एक इंसान के रूप में, हमारा मन प्रशंसा और पुरस्कार पर आधारित होता है, और प्रशंसा और पुरस्कार के ढांचे में ही सबसे बेहतर ढंग से काम करता रहता है - ठीक एक जानवर की तरह।

हालाँकि अब हम मानव लोक में हैं, फिर भी हम पशु लोक के सभी कष्टों और कठिनाइयों से गुजरते हैं क्योंकि चेतना पशु लोक से उद्विकसित हो रही है। मन के विकास के ज़रिए, हम यह समझने लगते हैं कि कैसे खाना चाहिए और खाना शरीर के लिए क्या करता है। हम चलना, बोलना, बातचीत करना, सामाजिक व्यवहार करना सीखते हैं, और यह भी कि हमारी समान प्रजातियों के "समूह" में क्या स्वीकार है और क्या अस्वीकार। हम अपने अनुभवों और अन्य मनुष्यों के साथ बातचीत के ज़रिए सीखते हैं, ठीक उसी तरह जैसे जानवर अपने समान प्रजाति के अन्य जानवरों के साथ अपने अनुभवों और बातचीत के ज़रिए सीखते हैं।

कुछ पशु व्यवहार स्वाभाविक होते हैं जबकि कुछ सीखे हुए व्यवहार होते हैं, बिल्कुल मनुष्यों की तरह। हमारे कई स्वाभाविक व्यवहार होते हैं जबकि हमारे कई व्यवहार और आचरण सीखे हुए व्यवहार होते हैं। बिना समाजीकरण (सीखा हुआ व्यवहार) और अधिक प्रज्ञा प्राप्त करने की क्षमता के बिना, इंसान को अकेला छोड़ दिया जाए तो वह स्वाभाविक रूप से अपनी पशु चेतना में वापस लौट जाएगा।

पशु चेतना मूल रूप से जीवित रहने के स्वभावों से सबसे ज्यादा प्रभावित होती है, जो तृष्णा, क्रोध, अज्ञानता (वास्तविक वास्तविकता से अनजान होना), अहं के इकट्ठा करने और खुद की रक्षा से उत्पन्न होती हैं। ध्यान रखें कि तृष्णा में तीव्र लालसा और बाँटने या उदारता दिखाने में दिलचस्पी की कमी

शामिल है, जिसमें खाने को अत्यधिक इकट्ठा करना भी शामिल है। पशु बिना किसी दिलचस्पी के खाने को इकट्ठा करने के लिए जाने जाते हैं।

इंसान के रूप में, हम अपने अस्तित्व की शुरुआत अपनी चेतना के इन्हीं गुणों के साथ करते हैं, फिर भी, क्योंकि हम इंसान हैं, हम तृष्णा, क्रोध, अज्ञानता (सच्ची वास्तविकता से अनजान होना), अहं को इकट्ठा करने और खुद की सुरक्षा से परे विकसित हो सकते हैं।

निर्वाण का मतलब है तृष्णा, क्रोध और अज्ञानता (सच्ची वास्तविकता से अनजान होना) का त्याग, अहं का निष्कासन और अन-आत्म का एहसास।

निर्वाण की प्रक्रिया, वास्तव में, हमारी पशु स्वभावों और चेतना से परे, एक उच्चतर चेतना के साथ, मानव लोक के अस्तित्व में विकसित होती है। कई इंसान अपने जीवनकाल में या मृत्यु के समय निर्वाण प्राप्ति की प्रक्रिया के ज़रिए उच्चतर चेतना में विकसित नहीं हो पाते और इस प्रकार, उनका पुनर्जन्म पशु लोक या निम्नतर अस्तित्व के लोक में होता है।

इंसान इस जीवन में कम्मा के आधार पर मानव लोक या स्वर्ग लोक में पुनर्जन्म भी ले सकता है।

अब जबकि हमें मानव लोक में यह दुर्लभ पुनर्जन्म प्राप्त हो गया है, हर इंसान का लक्ष्य होना चाहिए इसी जीवन में निर्वाण प्राप्त करने के लिए प्रयत्न करना। यही इस ग्रह के हमारे व्यापक आत्म-विनाश को रोकने और पुनर्जन्म के निरंतर चक्र को समाप्त करने का एकमात्र तरीका है।

जन्म अपने आप में दुख और पीड़ा से भरा होता है, चाहे वह पशु लोक में हो या मानव लोक में। अगर हम जन्म लेते हैं, तो हमें बीमारी, बुढ़ापा और मृत्यु के साथ-साथ भारी असंतुष्टि और उससे होने वाले दुख का भी सामना करना पड़ेगा।

अब जब आपने यह मानवीय अवस्था प्राप्त कर ली है, तो अपने पशु स्वभावों और पशु चेतना से आगे बढ़ना संभव है। इसे व्यर्थ नहीं जाने देना चाहिए, और आपको बेपरवाह नहीं होना चाहिए।

यह ज्ञान आपको उच्च चेतना की ओर विकसित होने के लिए उपलब्ध है, यदि आप शिक्षाओं को सीखने, उन पर चिंतन करने और उनका अभ्यास करने के लिए आगे कदम बढ़ाते हैं, ताकि आप परिणाम प्राप्त कर सकें।

यही कारण है कि ये शिक्षाएँ कोई "धर्म" नहीं हैं जैसा कि मनुष्यों ने अतीत में समझा और वर्गीकृत किया है। धर्म को अक्सर मानव व्यवहार को नियंत्रित करने का प्रयत्न करने वाला एक संगठन माना जाता है, मैं समझता हूँ कि कई लोग ऐसा क्यों सोचते हैं।

लेकिन, ये शिक्षाएँ एक बेहतर अस्तित्व, एक उच्चतर चेतना और निरंतर पुनर्जन्म के चक्र से मुक्ति पाने में आपकी सहायता के लिए मार्गदर्शन प्रदान करती हैं। मन को प्रशिक्षित करके, हम अपने पिछले जन्मों की पशु स्वभावों से ऊपर उठकर एक बेहतर मानव अस्तित्व का अनुभव कर सकते हैं।

पुनर्जन्म के चक्र से खुद को "बचाने" और एक शांतिपूर्ण जीवन जीने के अलावा व्यवहार को नियंत्रित करने में आपको कोई दिलचस्पी नहीं होनी चाहिए। लेकिन, आपको खुद को "बचाने" के लिए काम करना होगा।

यही कारण है कि इन शिक्षाओं को नियंत्रित करने वाला कोई केंद्रीय संगठन नहीं है और न ही कोई केंद्रीय व्यक्ति है जो इन शिक्षाओं या इन शिक्षाओं को सीखने और उनका पालन करने वाले लोगों को नियंत्रित करता हो। हर व्यक्ति अपने जीवन के लिए क्या उपयोगी है, इसका निर्णय खुद ले सकता है।

ये शिक्षाएँ आपको और सारी मानवता को पशु चेतना से ऊपर उठकर एक बेहतर अस्तित्व में लाने में सहायता करने के लिए हैं, ताकि आपको जन्म से जुड़े दुखों को भोगने के लिए किसी अन्य जन्म में पुनर्जन्म लेने की जरूरत न पड़े। यदि आपका पुनर्जन्म होता है, तो आप बीमारी, बुढ़ापे और मृत्यु के ज़रिए दुखों का अनुभव करेंगे। लक्ष्य है कि आप फिर कभी पुनर्जन्म न लें। "पुनर्जन्म न लेने" का मतलब है कि आप किसी भी रूप में अस्तित्व के दुख से मुक्त हो जाते हैं और बिना किसी असंतुष्टि के शेष जीवन का आनंद लेते हैं। मन हमेशा के लिए आनंद के साथ शांत, निश्चल, निर्मल और संतुष्ट रहेगा।

विश्व की स्थिति

एक अनिर्वाणी मन के लिए ग्रह की वर्तमान स्थिति पर शिकायत करना या आपत्ति जताना आम बात है। पर्यावरण स्वस्थ नहीं है और ग्रह पर अधिकांश लोगों का मन स्वस्थ नहीं है। मानव मन का स्वास्थ्य और स्थिति सीधे ग्रह के स्वास्थ्य और स्थिति में प्रतिबिंबित होती है।

क्योंकि मानव अस्तित्व काफी हद तक तृष्णा, क्रोध और अज्ञानता (सच्ची वास्तविकता से अनजान होना) कि हमारी पशु चेतना की ओर लौट गया है, अहं के इकट्ठा करने और खुद की सुरक्षा के साथ, हम अपने ग्रह और एक-दूसरे के लिए भारी मात्रा में विनाश देख रहे हैं।

हत्याएँ, बलात्कार, जनसंख्या के एक छोटे से प्रतिशत द्वारा धन और शक्ति का विशाल इकट्ठा करना (यानी जमाखोरी) जो व्यापक गरीबी और अकाल का कारण बनता है, भ्रष्ट राजनीति जो धन और शक्ति के और अधिक इकट्ठा करने की अनुमति देती है, बीमारियाँ, आविष्कृत बीमारियाँ जो महँगी चिकित्सा प्रक्रियाओं या दवाओं के साथ धन बनाने में मदद करती हैं, ये और अनगिनत अन्य समस्याएँ ग्रह पर मौजूद हैं, क्योंकि इंसान का मन पशु चेतना की ओर लौट रहा है जिसमें अहं के इकट्ठा करने और खुद की सुरक्षा के साथ तृष्णा, क्रोध और अज्ञानता (असली वास्तविकता से अनजान होना) है।

यदि मानव चेतना की इस प्रगति को निरंतर नीचा होने की अनुमति दी गई, तो हमारा मानव अस्तित्व विनाश के ज़रिए पूरी तरह नष्ट हो जाएगा। "पृथ्वी पर नरक"।

आगे का रास्ता

इंसानों के लिए धरती की हालत और मौजूदा कष्ट के बारे में शिकायत करना आम बात है। इंसानों के लिए यह भी शिकायत करना आम बात है कि कैसे "दूसरों" ने धरती और हमारे आस-पास की दुनिया के कष्ट में योगदान दिया है, बजाय इसके कि वह अपने निजी नीयत, वाणी और कार्यों पर ध्यान दें।

सभी मनुष्यों को यह समझना चाहिए कि आप किसी दूसरे इंसान को व्यक्तिगत रूप से बदलने के लिए कुछ नहीं कर सकते। खुद को बदलना हर इंसान का अपना चुनाव है।

आप दुनिया को नियंत्रित करने वाले प्राकृतिक नियमों को न तो बदल सकते हैं और न ही बदलेंगे। आप इस तथ्य को बदलने के लिए कुछ नहीं कर सकते कि कम्मा का प्राकृतिक नियम मौजूद है और पुनर्जन्म का चक्र मानव अस्तित्व के शेष समय तक चलता रहेगा।

व्यक्तिगत रूप से आप केवल यही कर सकते हैं कि आप खुद निर्वाण प्राप्त करें और अपने आस-पास के लोगों को भी इस उच्चतर चेतना की खोज करने में सहायता करें, जब वे सवाल पूछना चाहें।

जैसा कि गौतम बुद्ध ने कहा था, "निर्वाण प्राप्त करने वाला खुद को आखिरी इंसान न बनने दें"।

यदि आप उच्च चेतना की खोज के प्रोत्साहन के बिना स्थानीय कानूनों को बदलने, लोगों को स्थानीय नीतियों को बदलने के लिए प्रेरित करने, या जीवन के अन्य पहलुओं को बदलने का प्रयत्न करने में समय व्यतीत करते हैं, तो आप इन शिक्षाओं के ज़रिए व्यवहार को बदलने का प्रयत्न कर रहे हैं, लेकिन मानव चेतना को नहीं।

उच्चतर चेतना प्राप्त करने से, मानव व्यवहार खुद ही अधिक गहरी एवं गंभीर प्रज्ञा के साथ चुनाव की स्वतंत्रता के ज़रिए बदल जाएगा।

हमें सभी मनुष्यों को अपनी चेतना में सुधार लाने, तृष्णा, क्रोध और अज्ञानता (सच्ची वास्तविकता से अनजान होना) को त्यागने, अहं को घुलाने और अन-आत्म का एहसास करने के लिए प्रेरित और प्रभावित करना चाहिए। यह खुद ही अधिक स्वस्थ निर्णय लेने और व्यवहार को प्रभावित करेगा। हम दूसरों को अपनी नीयत, वाणी और कार्यों से प्रभावित करते हैं, न कि उन्हें ये बताकर कि "क्या करना है"।

यदि हर इंसान "प्रकाश" की ओर नहीं चलता है और "अंधकार" में ही रहता है, तो यह ग्रह के अस्तित्व के लिए और अधिक अंधकारमय स्थान बनता जाएगा।

हममें से अधिकांश लोगों के पास लोगों की बड़ी आबादी को बदलने या प्रभावित करने का असर या क्षमता नहीं होती, जब तक कि आप अपने समुदाय में एक नेता न हों।

हममें से ज्यादातर लोग अपनी जिंदगी कुछ खास दोस्तों और परिवार के साथ गुजारते हैं। हम किसी नियम या नीति को बदलने की कोशिश करते हैं जिससे हमें लगता है कि हमारे आस-पास के समाज के लोगों का जीवन बेहतर होगा।

हालांकि, परिवर्तन को प्रभावित करने या किसी कानून, नीति या मानव अस्तित्व की विशिष्ट स्थिति को बदलने के लिए अंतहीन काम करना, जैसा कि इस आधुनिक समय में मौजूद है, हमारी संपूर्ण मानव प्रजाति और ग्रह के समस्त विकास को प्रभावित करने में बहुत कम मदद करता है, जो ४.५ अरब वर्षों से विद्यमान है।

क्या आपको कुछ सौ, हजार, लाखों या अरबों वर्ष पहले अस्तित्व में रहे कानूनों या नीतियों के बारे में कोई जानकारी है?

नहीं, क्योंकि वह सब अतीत की बात है और अब कोई मायने नहीं रखती, वह सब अनित्य थीं और जो मायने रखता है वह है यह वर्तमान क्षण। लेकिन हमारे अस्तित्व को नियंत्रित करने वाले प्राकृतिक नियम नहीं बदले हैं और आज भी हमारे अस्तित्व से जुड़ी हर चीज़ को प्रभावित करते हैं। इस जीवन में एक शांतिपूर्ण अस्तित्व बनाने के लिए आपको अस्तित्व के इन प्राकृतिक नियमों को सीखने और समझने की जरूरत है।

एक व्यक्ति के रूप में आप केवल इतना ही कर सकते हैं कि उच्चतर चेतना प्राप्त करने की दिशा में काम करने का निर्णय लें, और अपने आस-पास के लोगों को भी ऐसा करने के लिए प्रेरित और प्रोत्साहित करें, और एक ऐसे अभ्यासकर्ता का अच्छा उदाहरण बनें जो अपनी अच्छी नीयत, वाणी और कार्यों के साथ इन शिक्षाओं का अभ्यास कर रहा है।

लेकिन सबसे जरूरी है आपका मोक्ष और अंदरूनी विकास। आप किसी दूसरे इंसान को "बदलने" के लिए कुछ नहीं कर सकते। उन्हें बदलने और उच्च चेतना की ओर विकसित होने के लिए खुद ही निर्णय लेने होंगे।

जब आप निर्वाण प्राप्त कर लेंगे, तो आपको क्रोध का अनुभव नहीं होगा, निराशा की भावना नहीं होगी, या आप अपनी समस्याओं के लिए दूसरों को दोष नहीं देंगे।

आपको चिंता, उदासी, ऊब, अकेलापन, डर या अन्य असंतुष्टि की भावनाएँ नहीं होंगी। जब आप निर्वाण प्राप्त करेंगे, तो आप अपनी तृष्णा और लतों से मुक्त हो चुके होंगे। आप दूसरों के साथ भेदभाव या उनका आकलन नहीं करेंगे। आपको हमेशा "सही" होने और बहस करने की इच्छा नहीं होगी। यदि ये अभी मौजूद हैं, तो आपको अपनी उच्च चेतना की पूर्ण जागृति के लिए और अधिक वृद्धि और अंदरूनी विकास की जरूरत है।

अपने आप पर और अपने उद्विकास और उन्नति पर ध्यान केंद्रित करना स्वार्थ नहीं है।

आप समाज के कानूनों को बदलने, नीति में बदलाव करने, या व्यवसाय करने पर ध्यान केंद्रित करते हुए पृथ्वी पर घूम सकते हैं, ये चीजें भी जरूरी हैं, लेकिन यदि आप खुद की और अपने अंदरूनी विकास की उपेक्षा कर रहे हैं तो आप अपनी और मानवता की अपनी पूरी क्षमता से सेवा नहीं कर रहे हैं।

आपको अपनी चेतना को पशु स्वभावों से ऊपर उठाकर एक उच्चतर मानवीय चेतना में विकसित करने के लिए प्रयत्न करना होगा। ऐसा करने पर, आप एक बेहतर माता-पिता, मित्र, परिवार के सदस्य, कर्मचारी, बॉस, या जीवन में जो भी आप करना चाहते हैं, बनेंगे। जैसे-जैसे आप एक उच्चतर चेतना विकसित करते हैं, आपकी अनंत सीमाएँ खुलती जाती हैं।

आपको "सही दृष्टि" से शुरुआत करनी होगी। यह समझें कि "आप" और "केवल आप" ही आपकी असंतुष्टि का कारण हैं और "आप" ही अपनी तृष्णा, क्रोध और अज्ञानता (सच्ची वास्तविकता से अनजान होना) को निष्कासित करके निर्वाण प्राप्त करके अपनी असंतुष्टि को निष्कासित कर सकते हैं।

इस बुनियादी और सबसे जरूरी समझ के बिना, आप इस मानव जीवन में अपनी स्थिति के लिए दूसरों को दोष देंगे। आपको लगेगा कि दुख से बचने के लिए आपके पास कुछ भी सुधारने या बदलने की कोई क्षमता नहीं है। आप अपने आस-पास के माहौल और जीवन की घटनाओं के सामने खुद को निराश और पीड़ित महसूस करेंगे। कुछ भी नहीं सुधरेगा।

लेकिन आपके पास मन की वर्तमान स्थिति में बदलाव लाने की १००% क्षमता है। "आप" और "केवल आप" ही एकमात्र व्यक्ति हैं जो इन शिक्षाओं को सीखकर और उनका अभ्यास करके अपनी चेतना में सुधार कर सकते हैं।

आप ईश्वर से प्रार्थना कर सकते हैं, अनंत काल तक ईश्वर की आराधना कर सकते हैं, या अन्य हस्तियों की "पूजा" कर सकते हैं, लेकिन पूजा-पाठ करने से आपको न तो कृपा मिलेगी और न ही आपका जीवन बेहतर होगा। ईश्वर कोई "बोतल में बंद जिन्न" नहीं है और अगर आपको ईश्वर में विश्वास है, तो यह काम "आपको" ही करना होगा। ईश्वर आपका जीवन नहीं बदलेगा; केवल "आप" ही ऐसा कर सकते हैं।

आप केवल "पूजा" या "विश्वास" नहीं कर सकते, आपको उन शिक्षाओं का अभ्यास करना होगा जो बेहतर अस्तित्व की ओर ले जाती हैं।

कोई भी बाहरी चीज अंदरूनी शांति उत्पन्न नहीं कर सकती और आपको निर्वाण प्राप्त करने की अनुमति नहीं दे सकती।

दूसरों पर उन शिक्षाओं का अभ्यास करने के लिए दबाव डालने या बाध्य करने की कोई जरूरत नहीं है जिनका आप खुद पूरी तरह से पालन नहीं कर रहे हैं, जिन्हें आप पूरी तरह से नहीं समझते हैं, और जिनका शायद गलत मतलब निकाला गया है। विश्वास तो केवल विश्वास ही है, लेकिन परिणाम देने वाली शिक्षाओं का अभ्यास करने से आपको पता चलेगा कि वे लाभदायक हैं क्योंकि आपका जीवन बेहतर होगा। जैसे-जैसे मन ज्यादा से ज्यादा मुक्त होता जाएगा, और फिर, आनंद के साथ एकाग्र, नियमित, शांत, निश्चल, निर्मल, और संतुष्ट होता जाएगा, आप अपने अभ्यास में सत्य और प्रज्ञा को देख पाएँगे। मन अविचल हो जाएगा।

बचपन में विकास

क्योंकि इंसान ज्यादातर पशु लोक से विकसित हुए हैं, आप पाएँगे कि मनुष्यों का मार्गदर्शन करने, उन्हें सिखाने और उनका नेतृत्व करने का सबसे अच्छा तरीका प्रशंसा और पुरस्कार के ज़रिए है, जैसा कि आप किसी जानवर को अच्छे व्यवहार और अच्छे चुनावों के लिए प्रशिक्षित करते समय करते हैं।

आपको सभी प्राणियों के साथ प्रेमभरी-कृपा और करुणा का व्यवहार करना चाहिए, लेकिन हम इन शिक्षाओं और जीवन के अनेक पाठों के ज़रिए अपने बच्चों का मार्गदर्शन भी कर सकते हैं, ठीक उसी तरह जैसे हम प्रशंसा और पुरस्कार के ज़रिए किसी भी प्राणी का मार्गदर्शन करते हैं।

आजकल, दुनिया भर में अभी भी ऐसे परिवार हैं जो बच्चों को अनुशासन के तौर पर मार्गदर्शन और शिक्षा देने के लिए उन्हें पीटना पसंद करते हैं। यह प्रथा हमारी पशु स्वभाव से उपजी है, जो हमारे आस-पास कुछ ऐसा होने पर लड़ने, गुस्सा करने और आक्रामक होने का स्वभाव रखता है जिससे हम असहमत होते हैं। ऐसा करके, हम बच्चों को क्रोधित, बैरी और आक्रामक होना सिखा रहे हैं, जबकि हम बातचीत और प्रज्ञा बाँट कर चुनौतियों का शांतिपूर्ण समाधान करने की क्षमता खो रहे हैं। बच्चों को समझदारी से निर्णय लेना सिखाया जाना चाहिए, लेकिन बच्चों को पीटने से उन्हें केवल क्रोध, बैर और आक्रामकता ही सिखाई जाती है।

अन्य प्राणियों को मारने के लिए मृत्युदंड की व्यवस्था करना, जिनके बारे में हम सोचते हैं कि उन्हें अपराध करने के कारण हमारे समाज का हिस्सा नहीं होना चाहिए, भी हमारी पशु स्वभाव से है और इसे हमारे वैश्विक समाज से निष्कासित कर दिया जाना चाहिए, क्योंकि किसी भी प्राणी को मारने से अकुशल कम्मा उत्पन्न होता है और हत्या को बढ़ावा मिलता है।

यदि सरकारें मृत्युदंड, युद्ध और हत्याओं के ज़रिए हत्या को प्रायोजित करती हैं, तो समाज में कोई व्यक्ति यह क्यों सोचेगा कि हत्या करना गलत है?

सरकारों के नेता अपनी सड़कों पर हो रही हत्याओं की निंदा करते हुए हत्या को बढ़ावा दे रहे हैं। सरकारों का यह आचरण इंसानों को यह सिखा रहा है कि अगर किसी ने कुछ ऐसा किया है जो हमें गलत लगता है, तो हत्या करना उचित और स्वीकार्य है।

एक जानवर होने के नाते, अगर कोई ऐसी बात होती है जिससे हमें गुस्सा आता है या हम उससे सहमत नहीं होते, तो हम तब तक लड़ते और आक्रामक होते हैं जब तक कि दूसरा जानवर हमारी बात नहीं मान लेता, या फिर मृत्यु तक की लड़ाई शुरू हो जाती है। यह पशु व्यवहार है जिसे हमारी मानवीय चेतना से मिटाने की जरूरत है।

अपने बच्चों को उच्च चेतना की ओर ले जाने के लिए, हमें खुद निर्वाण प्राप्त करने के लिए सक्रिय रूप से प्रयत्न करना चाहिए और साथ ही अपने बच्चों के लिए भी ऐसा ही करने के लिए एक आदर्श बनना चाहिए। यदि हम अतीत के विनाशकारी चक्रों को जारी रखेंगे, तो हम दुनिया भर में विनाश देखते रहेंगे।

सकारात्मक प्रोत्साहन और सकारात्मक असर इंसान को बेहतर अस्तित्व की ओर मार्गदर्शन करने में मदद करेंगे।

धमकाना, सामूहिक गोलीबारी, आक्रामकता, लड़ाई, गिरोह हिंसा, हत्या, युद्ध और अनगिनत अन्य व्यवहार हमारी पशु चेतना से उत्पन्न होते हैं, ताकि हम खुद की रक्षा कर सकें और जब हमारे आसपास कुछ ऐसा घटित होता है जिससे हम सहमत नहीं होते, तो हम आक्रामकता प्रदर्शित कर सकें।

व्यक्तिगत रूप से और एक संपूर्ण सभ्यता के रूप में विकसित होने के लिए, हमें सम्मानजनक और विनम्र संवाद के ज़रिए बातचीत, चर्चा और शिक्षा देना सीखना होगा। अपने बच्चों और एक-दूसरे से बात करना ही हमारे लिए बाँटने और सीखने का एकमात्र तरीका है।

जिस प्रकार हमने समाजीकरण के ज़रिए पशुओं के व्यवहार को सीखा, उसी प्रकार हमें इन शिक्षाओं को मानवीय संपर्क के ज़रिए सीखना चाहिए और मनुष्यों को एक-दूसरे को यह सिखाना चाहिए कि इन शिक्षाओं को कैसे सीखें और उनका अभ्यास करें।

बच्चों को इस मार्ग पर मार्गदर्शन करने का सबसे अच्छा तरीका है कि उन्हें जीवन के शुरुआती दौर में ही शिक्षाओं से परिचित कराया जाए, जब तीन विष और अहं सबसे कम हो। फिर, बच्चों को अपने कम्मा का अनुभव करने दें, जिससे उन्हें इस प्राकृतिक नियम को समझने में मदद मिले और साथ ही उन्हें सही चुनाव करने का मार्गदर्शन भी मिले।

अक्सर, माता-पिता बच्चों को उनके नासमझ फैसलों के परिणामों से "बचाते" या "अलग करते" हैं। जैसे ही उनका बच्चा कुछ ऐसा करता है जिससे उसके लिए अकुशल कम्मा उत्पन्न हो सकता है, माता-पिता कभी-कभी बच्चे की रक्षा करते हैं क्योंकि वे नहीं चाहते कि बच्चा संघर्ष करे।

लेकिन गलतियों से संघर्ष करने और अपनी गलतियों से सीखने के ज़रिए ही बच्चे यह समझ पाते हैं कि कम्मा का प्राकृतिक नियम मौजूद है और उनकी अपनी अच्छी या बुरी नीयत, वाणी और कार्यों का उनके जीवन पर सीधा परिणाम या "कारण और असर" होता है।

बच्चे सीख सकते हैं कि इन शिक्षाओं में मिले अस्तित्व के प्राकृतिक नियमों के आधार पर सही निर्णय लेने से वे एक शांतिपूर्ण अस्तित्व और शांतिपूर्ण जीवन का निर्माण कर सकते हैं जहाँ वे दूसरों को नुकसान नहीं पहुँचाते और इस प्रकार, कम्मा के प्राकृतिक नियम के ज़रिए उन्हें कोई नुकसान नहीं पहुँचता। उचित शिक्षा और मार्गदर्शन से बच्चे ७ साल की उम्र में ही निर्वाण प्राप्त कर सकते हैं।

एक बच्चे को आप जो सबसे अच्छा उपहार दे सकते हैं, वह है इन शिक्षाओं को सीखना और उनका अभ्यास करना ताकि आप निर्वाण प्राप्त कर सकें। फिर अपने विकास के आधार पर, बच्चों को भी यही मार्गदर्शन प्रदान करें ताकि वे निर्वाण प्राप्त कर सकें, जिसका मतलब है कि उन्हें कभी भी उदासी, अकेलेपन या रोने का अनुभव नहीं होगा, और इसके अलावा कई अन्य लाभ भी होंगे।

बच्चे जीवन के प्रारंभ से ही आनंद के साथ शांत, निश्चल, निर्मल और संतुष्ट मन का अनुभव कर सकते हैं, स्वस्थ और उत्पादक रिश्ते बना सकते हैं जो उनके पूरे जीवन के लिए उनके जीवन को लाभान्वित करते हैं, असंतुष्ट मन और उसके कारण होने वाली पीड़ा से भरे जीवन का अनुभव किए बिना।

किसी बच्चे को हम जो सबसे अच्छा उपहार दे सकते हैं, वह है उन्हें निर्वाण प्राप्ति की ओर मार्गदर्शन करना, एक ऐसा मन विकसित करना जिसने उदासी, क्रोध, निराशा, ऊब, अकेलापन आदि जैसी भावनाओं को निष्कासित कर दिया हो, और साथ ही सभी प्राणियों के लिए उदारता, प्रेमभरी-कृपा, करुणा, सहानुभूतिपूर्ण आनंद और समभाव का अभ्यास करना।

आज हमारे जीवन में अनगिनत प्रेरणाएँ हैं। हम एक-दूसरे को सिखाते हैं, लेकिन हम टीवी, इंटरनेट, संगीत और गेमिंग जैसे माध्यमों से भी सीखते हैं। ये सभी विभिन्न माध्यम और चित्र जो हम सुनते और देखते हैं, हमारे विचारों और दृष्टियों को आकार देते हैं। मन में आने वाला हर इनपुट हमें सिखाता और शिक्षित करता है।

वीडियो गेम और अन्य मीडिया जो ग्राफिक सामग्री दिखाते हैं या हमें ग्राफिक सामग्री में भाग लेने के लिए कहते हैं, हमें हमारे पशु स्वभाव और पशु व्यवहार से आगे बढ़ने में मदद नहीं करते। हालाँकि गेमिंग और मीडिया मनोरंजक हो सकते हैं, लेकिन ये हमारी चेतना के लिए हानिकारक भी हो सकते हैं, जिससे मन यह सोचने लगता है कि नुकसान पहुँचाना और मारना स्वीकार्य है।

जबकि हम कह सकते हैं कि "यह सिर्फ एक खेल है" या "यह सिर्फ एक फिल्म है", गेमिंग वास्तविक जीवन बन जाता है, खासकर जब इन खेलों को इन शिक्षाओं के उचित मार्गदर्शन के बिना युवा उम्र से लेकर किशोरावस्था और वयस्क जीवन में बड़े पैमाने पर खेला जाता है और मीडिया को देखा जाता है।

जबकि ये खेल पूरी दुनिया में खेले जाते हैं और मन में ग्राफिक मीडिया का इस्तेमाल किया जाता है, दुनिया में कुछ ही जगहें ऐसी हैं जहाँ भारी क्रोध और हिंसा की घटनाएँ होती हैं। सबसे ज्यादा हिंसा और क्रोध का अनुभव वे जगहें हैं जहाँ इन शिक्षाओं द्वारा दिए गए सामाजिक मार्गदर्शन का अभाव है।

मन में प्रवेश करने वाले माध्यमों के लिए सचेत रहें। हिंसा या अन्य माध्यम आपको एक ठोस जीवन अभ्यास से विमुख कर सकते हैं और मन की शांति या स्थिरता को प्रभावित कर सकते हैं। सुखद भावनाएँ, दुखद भावनाएँ, या ऐसी भावनाएँ जो हैं न दुखद-न-सुखद, यानी असंतुष्टि, मन को प्रभावित करने वाले माध्यमों से उत्पन्न हो सकती हैं। मन सहित छह इंद्रियों के आधारों में आने वाला हर इनपुट, जो असंतुष्टि के द्वार हैं, मन को प्रभावित कर सकता है, इसलिए समझदारी से चुनें कि आप इंद्रियों के आधारों के ज़रिए मन में क्या ग्रहण करने देते हैं।

प्रज्ञापूर्ण चुनाव हमारे पशु व्यवहार को निष्कासित करते हैं

आप देख सकते हैं कि नफरत और हिंसा की अनगिनत घटनाओं में दशकों से भारी वृद्धि हुई है। दुनिया भर में बड़े पैमाने पर व्यक्तिगत घटनाओं और आतंकवादी संगठनों के ज़रिए सामूहिक गोलीबारी और हिंसा को अंजाम दिया जा रहा है।

हम अपने विश्व में व्याप्त भारी मात्रा में घृणा के अस्तित्व को नकारना जारी रख सकते हैं, जो मार्गदर्शन के अभाव में हमारे द्वारा मन में डाली गई धारणाओं के कारण और बढ़ती और उत्तेजित हो जाती है, या हम इन शिक्षाओं में दिए गए मार्गदर्शन को लागू करके विश्व को बेहतर अस्तित्व की ओर ले जा सकते हैं।

क्रोध, आक्रामकता और सामूहिक हिंसा का स्रोत वीडियो गेम या मीडिया नहीं है, बल्कि पशु जगत में हमारी जड़ें और हमारा पिछला पशु अस्तित्व है, हालांकि, हम जिस मीडिया को अपने मन में डालते हैं, वह पशु स्वभाव और व्यवहार को प्रोत्साहित करता है या उत्पन्न करता है।

अनुशासन के लिए मारपीट को खत्म करने के लिए प्रज्ञापूर्ण निर्णय लेना, मीडिया द्वारा मन में नफरत, हिंसा, हत्या, जो नहीं दिया गया है उसे लेना, यौन दुराचार, झूठी वाणी, असावधानी पैदा करने वाले पदार्थों के उपयोग को बढ़ावा देने वाले इनपुट को निष्कासित करना, और यह पक्का करना कि सरकारें और नेता इसका समर्थन नहीं करते हैं, यह पक्का करेगा कि हम मन में कुशल इनपुट के ज़रिए "असंतुष्टि की ओर जाने वाले द्वार की रक्षा" करें।

जबकि पाँच सिद्धांत हर व्यक्ति के लिए अकुशल कम्मा के एक जरूरी हिस्से को निष्कासित करना पक्का करते हैं, वे हर मानव को उसकी पशु स्वभाव और पशु चेतना से दूर रहने का मार्गदर्शन भी करते हैं।

इन शिक्षाओं को सीखने और उनका अभ्यास करने से यह पक्का होगा कि हम एक प्रजाति और वैश्विक समाज के रूप में विकसित होते रहेंगे, और पशु जगत की अपनी जड़ों से दूर होते जाएँगे और जागृत मानव के रूप में कार्य करने के करीब पहुँचेंगे।

अस्तित्व के लोक और पुनर्जन्म के चक्र के बारे में अधिक जानने के लिए, इसी किताब श्रृंखला की किताब "अस्तित्व के लोक" (खंड ११) देखें।

आगे छानबीन के लिए सीखने के संसाधन

ऑडियोबुक

(ऑडियोबुक) - (खंड १ - चैप्टर २०) - पशु से मानव: हमारी चेतना का उद्विकास (पढ़िए और सुनिए)
https://youtu.be/6c6QXBHQJgQ

एप. ५२० - (ऑडियोबुक) - (खंड १ - चैप्टर २०) - पशु से मानव: हमारी चेतना का उद्विकास
https://podcasters.spotify.com/pod/show/buddhadailywisdom/episodes/Ep--520---Audiobook---Volume-1---Chapter-20---Animal-to-Human-The-Evolution-of-Our-Consciousness-e272upp

यूट्यूब वीडियो

(सामूहिक शिक्षण प्रोग्राम) - चैप्टर २० - पशु से मानव: हमारी चेतना का उद्विकास
https://youtube.com/live/SV29ZBcnxcM

(सामूहिक शिक्षण प्रोग्राम) - मार्गदर्शित साँस की माइंडफुलनेस का ध्यान और शिष्यों के सवाल
https://youtube.com/live/Qm2tgJ70_IE

पॉडकास्ट

एप. ४८० - (सामूहिक शिक्षण प्रोग्राम) - चैप्टर २० - पशु से मानव: हमारी चेतना का उद्विकास
https://podcasters.spotify.com/pod/show/buddhadailywisdom/episodes/Ep--480---Group-Learning-Program---Chapter-20---Animal-to-Human-The-Evolution-of-Our-Consciousness-e26a65m/a-aa2gvq7

एप. ४८१ - (सामूहिक शिक्षण प्रोग्राम) - मार्गदर्शित साँस की माइंडफुलनेस का ध्यान और शिष्यों के सवाल
https://podcasters.spotify.com/pod/show/buddhadailywisdom/episodes/Ep--481---Group-Learning-Program---Guided-Breathing-Mindfulness-Meditation-and-Student-Questions-e26a6o9/a-aa2h1cn

प्रश्नोत्तरी

पशु से मानव: हमारी चेतना का उद्विकास
https://forms.gle/YWByki8eb8WFrBD86

(इस ऑनलाइन प्रश्नोत्तरी को पूरा करके इस चैप्टर की अपनी समझ की पुष्टि करें। आप ही एकमात्र व्यक्ति हैं जो प्रश्नोत्तरी के परिणाम देखेंगे।)

चैप्टर २१

कोई हानि न पहुँचाएँ:
ग्रह का भविष्य क्या है?

जब हम इस मानव जीवन में पुनर्जन्म लेते हैं, तो हम तृष्णा/लालच, क्रोध/घृणा, और अज्ञानता/भ्रम (सच्ची वास्तविकता से अनजान होना) के तीन विषों से पीड़ित होते हैं, जैसा कि पिछले चैप्टर में बताया गया है।

जीवन की प्रगति के साथ, तीन विष, हमारा अहं और खुद की सुरक्षा, ये सभी हमारे रिश्तों, पारस्परिक क्रियाओं, निर्णयों और हमारे जीवन के अनगिनत पहलुओं को प्रभावित करते हैं। हमारे निर्णय लेने की क्षमता मन और हमारे वर्तमान जीवन में संचित चीज़ों से प्रभावित होती है।

आजकल, यह सब जानते हैं कि मानव आबादी और हमारे रोज के निर्णयों के कारण इस ग्रह ने भारी विनाश झेला है। ग्रह की मानव आबादी ने ग्रह के प्राकृतिक आवास को बुरी तरह प्रभावित किया है। प्रदूषण, कचरा, खाना, जल और अन्य संसाधनों की कमी, एक स्वस्थ वातावरण में रहने कि हमारी क्षमता को प्रभावित करती है जहाँ सभी प्राणी फल-फूल सकें।

ग्रह का विनाश सारी मानवता के मन के विनाश का सीधा परिणाम है। सारी मानवता के मन का प्रदूषण ग्रह के प्रदूषण में देखा जा सकता है।

जब मानवता का एक महत्वपूर्ण हिस्सा अहंकार और खुद की सुरक्षा के साथ तृष्णा, क्रोध और अज्ञानता (सच्ची वास्तविकता से अनजान होना) को भारी मात्रा में एकत्रित कर लेता है, तो हमारे निर्णय हमारी चेतना के दागों से दूषित हो जाते हैं।

अब हम एक-दूसरे और अपने ग्रह की देखभाल करने की बजाय, बाकी सब कुछ दाँव पर लगाकर अपने जीवन को धनी बनाने पर ध्यान केंद्रित करते हैं। हम अब यह नहीं समझते कि हम एक वैश्विक समाज का हिस्सा हैं जहाँ सभी प्राणी शांतिपूर्ण सह-अस्तित्व के लिए एक-दूसरे और ग्रह पर निर्भर हैं। इसके बजाय, हम अपनी स्वार्थी "इच्छाओं", अपनी "तृष्णा और लालसाओं" पर ध्यान केंद्रित करते हैं, बजाय इसके कि हम सभी प्राणियों के साथ सद्भाव बिठाकर जीवन कैसे जियें।

ये शिक्षाएँ हमारा ध्यान एक स्वतंत्र यात्रा की ओर ले जाती हैं, जहाँ हम उन शिक्षाओं को सीखने और अभ्यास करने का प्रयत्न करते हैं जो तृष्णा, क्रोध और अज्ञानता (सच्ची वास्तविकता से अनजान होना) को निष्कासित करती हैं, साथ ही अहं को निष्कासित करती हैं और आनंद के साथ एक शांत, निश्चल, निर्मल और संतुष्ट मन प्राप्त करने के लिए निर्वाण कि हमारी खोज में अन-आत्म का एहसास कराती हैं।

हम इस अभ्यास को शिक्षकों के मार्गदर्शन में एक "स्वतंत्र अभ्यास" में मन को जागृत करके एक स्वतंत्र यात्रा के रूप में लागू करते हैं। हम जानते हैं कि हम किसी दूसरे प्राणी को नहीं बदल सकते, हम केवल अपने शांत और संतुष्ट मन को प्राप्त करने के लिए प्रयत्न कर सकते हैं।

हालाँकि, इन शिक्षाओं के साथ हमारी स्वतंत्र यात्रा हमारी जागरूकता बढ़ाती है कि सभी प्राणी एक-दूसरे से जुड़े हुए हैं और जीवन को बनाए रखने के लिए एक-दूसरे पर निर्भर हैं।

हालाँकि हमें एक स्वतंत्र अभ्यास, एक स्वतंत्र यात्रा और निर्वाण की स्वतंत्र खोज की जरूरत है, फिर भी इन शिक्षाओं के ज़रिए हमें यह एहसास होता है कि हम स्वार्थी नहीं हो सकते और न ही ऐसा आचरण कर सकते हैं जिससे अन्य प्राणियों या इस ग्रह को नुकसान पहुँचे। हम जो भी नुकसान पहुँचाते हैं, उसका फल हमें वापस ही मिलेगा, जैसा कि हम कम्मा के प्राकृतिक नियम के आधार पर समझते हैं।

उच्चतर चेतना प्राप्त करने का मतलब है कि हम यह समझें कि हमारे शांतिपूर्ण सह-अस्तित्व के लिए ग्रह से स्वस्थ संसाधनों की जरूरत है और हमारे दैनिक निर्णय लेने का हमारे पर्यावरण के स्वास्थ्य और सततता पर सीधा असर पड़ता है।

हमें यह समझना होगा कि हम ग्रह को नष्ट नहीं कर सकते और यह उम्मीद नहीं कर सकते कि यह हमें रहने के लिए एक आरामदेह वातावरण प्रदान करेगा। हम "लालच" के लिए संसाधनों को खत्म करके ग्रह पर दबाव नहीं डाल सकते और यह उम्मीद नहीं कर सकते कि ग्रह हमें रहने के लिए एक स्वस्थ वातावरण प्रदान करेगा। मानव मन में बैठे "लालच" ने हमें ग्रह को नष्ट करने के लिए प्रेरित किया है और हम ग्रह के भारी प्रदूषण और अस्वस्थ स्थिति के ज़रिए इससे जुड़े कम्मा को देख सकते हैं।

निर्वाण प्राप्त करने का मतलब है कि अब हम पुनर्जन्म के चक्र से नहीं गुजरते, लेकिन सभी प्राणियों के प्रति हमारे मन में प्रेमभरी-कृपा और करुणा का भाव होता है। यह जानते हुए भी कि हमें निर्वाण प्राप्त हो गया है और हम इस ग्रह पर वापस नहीं लौटेंगे, हम समस्त मानवता के प्रति अपना कर्तव्य समझते हैं कि निर्वाण प्राप्ति के एक हिस्से के रूप में इस जीवन, अपने आखिरी जीवन को छोड़ते हुए, हम न केवल अन्य प्राणियों को "कोई हानि न पहुँचाएँ", बल्कि ग्रह को भी "कोई हानि न पहुँचाएँ"। ग्रह के प्रति हानिहीनता का अभ्यास करके, हम अन्य प्राणियों को होने वाले किसी भी संभावित हानि को कम कर देंगे।

निर्वाण प्राप्ति के बाद हमें पुनर्जन्म का अनुभव नहीं होगा, लेकिन हम जानते हैं कि हम एक ऐसे ग्रह को छोड़ रहे हैं जिसे हमारे बाद आने वाले सभी प्राणियों के भविष्य के लिए जीवन को बनाए रखने की जरूरत है।

हम जानते हैं कि इस ग्रह का अस्तित्व ४.५ अरब वर्षों से भी ज्यादा पुराना है और हम कई युगों से लगातार अनगिनत बार पुनर्जन्म लेते रहे हैं। हमारे अनगिनत पुनर्जन्मों में, ऐसा कोई भी प्राणी ढूँढना मुश्किल होगा जो आज मौजूद हो या हमारे बाद भी मौजूद हो, जो अतीत में कभी हमारे माता, पिता, बहन, भाई, संतान या कोई अन्य रिश्तेदार न रहा हो। अपने अनगिनत पुनर्जन्मों के ज़रिए, हम हर उस प्राणी से जुड़े हुए हैं और उसके परिवार के सदस्य रहे हैं जो पहले था, अभी है और भविष्य में रहेगा।

हमारे पास सभी प्राणियों के लिए अत्यंत करुणा है और हमें एक ऐसा ग्रह उपलब्ध कराने की जरूरत है जो स्वस्थ जीवन को बनाए रख सके, ताकि हमारे सभी "परिवार के सदस्यों", सारी मानवता को मन को संवारने, निर्वाण प्राप्त करने और एक नित्य ग्रह और उसके संसाधनों के साथ पुनर्जन्म के चक्र से बचने का मौका मिल सके। निर्वाण की खोज हमें पूरी तरह से और केवल मन पर केंद्रित करती है और हमारी स्वतंत्र यात्रा के ज़रिए "दस बेड़ियों" के निष्कासन या विनाश पर केंद्रित करती है। लेकिन हम इतने समझदार हैं और जानते हैं कि हमारी स्वतंत्र यात्रा अनगिनत अन्य प्राणियों से जुड़ी हुई है।

कोई भी व्यक्ति अपने व्यक्तिगत निर्णयों पर ध्यान दिए बिना और यह ध्यान दिए बिना कि वे निर्णय उस ग्रह को कैसे प्रभावित करते हैं जिसमें हम रहते हैं, "किसी को कोई हानि न पहुँचाना या हानिहीनता" की शिक्षाओं का पालन नहीं कर सकता।

हमें अपनी स्वतंत्र यात्रा और मन की शुद्धि पर ध्यान केंद्रित करते हुए निर्वाण की प्राप्ति की दिशा में आगे बढ़ना होगा। हमें ऐसे मददगार निर्णयों के ज़रिए ग्रह की शुद्धि पर भी ध्यान केंद्रित करना होगा जो हमारे ग्रह के संसाधनों को पुनर्जीवित करें।

पृथ्वी का जन्म ४.५ अरब वर्ष पहले हुआ था, उसके के बाद से हमने समुद्र में अत्यधिक मछलियाँ पकड़ी हैं, मिट्टी से प्राकृतिक संसाधनों को नष्ट किया है, बड़े पैमाने पर निर्माण कार्य किए हैं, कचरा फैलाया है, जिस हवा में हम साँस लेते हैं उसे प्रदूषित किया है, और इतना बड़ा विनाश किया है कि हमारी कल्पना से भी परे है या जिसे स्वीकार करने कि हमारी इच्छा भी नहीं है।

आधुनिकीकरण के चलते हमारी सभ्यता ने धरती से अपना नाता तोड़ लिया है और धरती माँ को नुकसान पहुँच रहा है। अक्सर "लालच" प्राथमिकता बन जाता है जब कई लोग "अहं" की खातिर "भौतिक संपत्ति से धनवान" बनने के रास्ते खोजते हैं, बिना इस बात की परवाह किए कि हम अकुशल कम्मा के ज़रिए मानवता और इस ग्रह को कितना नुकसान पहुँचा रहे हैं।

चूँकि तृष्णा, क्रोध और अज्ञानता (सच्ची वास्तविकता से अनजान होना) और हमारा अहं, खुद की सुरक्षा के साथ, हर मानव के मन पर शासन करते हैं, हम इस ग्रह को नष्ट कर देते हैं, बिना इस बात की परवाह किए कि आगे क्या होगा।

यदि हम इस जीवन में निर्वाण प्राप्त नहीं करते हैं, तो हम किसी अन्य लोक में पुनर्जन्म लेंगे, जब तक कि हम इस जीवन और पिछले जन्मों के अपने सभी अकुशल कम्मा का नाश नहीं कर लेते। इसका मतलब है कि हम अपने अकुशल कम्मा और ग्रह के विनाश से कभी भाग या छिप नहीं सकते।

ग्रह को अभी नष्ट करके निर्वाण प्राप्त न करने का मतलब है कि हमें ग्रह के विनाश से निपटने के लिए पुनर्जन्म लेना होगा। ग्रह को अभी नष्ट करके निर्वाण प्राप्त करने का मतलब है कि हम अपने परिवार के सदस्यों के लिए पृथ्वी के शेष अस्तित्व के लिए एक अकुशल वातावरण छोड़ जाएँगे।

हम इस समय मानव जाति और इस ग्रह पर अपने अस्तित्व के सबसे निचले स्तर पर हैं। इस ग्रह के विकास में ऐसा कोई समय नहीं आया जब ग्रह और एक-दूसरे का इतना बड़ा विनाश हुआ हो। यह पूरी मानवता के "मन" के विनाश का सीधा परिणाम है।

विश्व की समस्याओं का समाधान इन शिक्षाओं में है। आज विश्व में जमी हुई हर समस्या का समाधान समस्त मानवता द्वारा निर्वाण और उच्चतर चेतना प्राप्त करके किया जा सकता है।

तृष्णा, क्रोध और अज्ञानता (सच्ची वास्तविकता से अनजान होना) को निष्कासित करके, अहं को घुला कर और अन-आत्म का एहसास करके, सभी मनुष्यों द्वारा सभी प्राणियों के प्रति उदारता, प्रेमभरी-कृपा और करुणा का विकास करके, सहानुभूतिपूर्ण आनंद और समभाव का अभ्यास करके हम मानवता और ग्रह की स्थिति में भारी सुधार कर सकते हैं।

इन शिक्षाओं को सीखकर और उनका अभ्यास करके हम एक अधिक कोमल, निश्चल और शांत मानवता का निर्माण कर सकते हैं। हमें इन शिक्षाओं को सीखने, उन पर चिंतन करने और उनका अभ्यास करने के लिए अपने स्वतंत्र अभ्यास से शुरुआत करनी चाहिए।

मानवता की अनगिनत समस्याएँ हैं जो हमने ही पैदा की हैं। लेकिन चूँकि ये समस्याएँ हमने ही पैदा की हैं, इसलिए हम इन्हें निष्कासित भी कर सकते हैं। हमारे पास मन की अकुशल स्थिति, अकुशल ग्रह को ठीक करने और मानवता के विनाश को रोकने की १००% क्षमता है।

हम अपने आसपास के लोगों को भी ऐसा करने के लिए प्रोत्साहित करते हुए, खुद निर्वाण प्राप्ति के लिए प्रयत्न तो कर ही सकते हैं। लेकिन विनाश और उपेक्षा के वर्तमान मार्ग पर चलते रहने से और अधिक विनाश ही होगा।

यह किताब और किताब श्रृंखला हमें तीन प्राथमिक शिक्षाओं में मार्गदर्शन प्रदान करती है: १.) सभी प्राणियों के लिए सार्वभौमिक प्रेम २.) कोई हानि न पहुँचाएँ, और, ३.) एक अच्छा नैतिक व्यक्ति बनें।

"कोई हानि न पहुँचाएँ" का तात्पर्य अन्य प्राणियों और ग्रह की हानिहीनता से है। अन्य प्राणियों या ग्रह को हानि पहुँचाकर, हम खुद को हानि पहुँचाते हैं क्योंकि हमारे द्वारा पहुँचाई गई हानि हमें ही वापस मिलती है।

यह कम्मा का प्राकृतिक नियम है जिससे हम न तो भाग सकते हैं और न ही छिप सकते हैं।

हमें अपने पूर्व जन्मों के सभी अकुशल कम्मा को इस जन्म में या आगामी जन्मों में तब तक भोगना होगा जब तक कि हम निर्वाण प्राप्त करके सभी अकुशल कम्मा को बुझा नहीं देते।

यह हमारे और पूरी मानवता के सर्वोत्तम हित में है कि हम सभी ग्रह की देखभाल करते हुए निर्वाण की प्राप्ति की खोज करें। जीवन को बनाए रखने और मनुष्यों को जीने और निर्वाण प्राप्त करने का मौका प्रदान करने के लिए, हमें एक ऐसे ग्रह की जरूरत होगी जो मानव जीवन का समर्थन कर सके।

हर दिन और हर क्षण हमारे व्यक्तिगत निर्णय मन के स्वास्थ्य और ग्रह के स्वास्थ्य में योगदान करते हैं।

हमने जो अतीत में किया है, वह अतीत की बात है। अब, हमें इस वर्तमान क्षण पर ध्यान केंद्रित करना चाहिए और यह सोचना चाहिए कि मन और ग्रह को स्वच्छ बनाने के लिए क्या जरूरी है।

खाना

निर्वाण प्राप्त करने का एक पहलू यह है कि आप अपने खाने के सेवन पर ध्यान दें और पक्का करें कि आप प्रोसेस्ड खानों के बजाय स्वस्थ खाना खा रहे हैं। कुशल और पौष्टिक खाना खाने से यह पक्का होगा कि आप शरीर को स्वस्थ और तंदुरुस्त शरीर बनाए रखने के लिए जरूरी सभी पोषक तत्व प्रदान कर रहे हैं। हम शरीर में जो कुछ भी ग्रहण करते हैं, वह "शरीर" को पोषण और संधारण के लिए होता है, न कि "मन" को खुश करने के लिए।

आजकल, कुछ खाद्य प्रणालियाँ पैकेज्ड और परिरक्षक खानों पर निर्भर करती हैं जिनमें रसायनों और अन्य अप्राकृतिक पदार्थों की व्यापक मात्रा होती है।

शरीर को सर्वोत्तम गुणवत्ता वाला खाना मिले, यह पक्का करने के लिए आपको ऐसे पौधे-आधारित खाद्य पदार्थों पर ध्यान केंद्रित करना चाहिए जिनमें ऐसे परिरक्षक न हों जो शरीर और मन पर दुर्भाग्यपूर्ण असर डाल सकते हैं। पशु मांस में भारी मात्रा में दवाइयाँ, हार्मोन, विषाक्त पदार्थ, पशु भावनाएँ और अन्य असहयोगी गुण होते हैं जो आपको बीमार कर सकते हैं या आपके सच्चे विचारों और भावनाओं को छिपा सकते हैं।

मन का निरीक्षण करने और मन में रहने वाले विचारों और भावनाओं को जानने का सबसे अच्छा मौका पाने के लिए, परिरक्षकों और पशु उत्पादों को हटाना शरीर और ग्रह के लिए सबसे अच्छा तरीका होगा।

कैफीन, चीनी, शराब, ड्रग्स और अन्य उत्पादों जैसे उत्तेजक पदार्थों को महत्वपूर्ण रूप से कम करने या निष्कासित करने से आपको इन पदार्थों के प्रभाव को मन से आने वाले के रूप में गलत तरीके से जोड़ने के बजाय सच्चे मन का निरीक्षण करने में मदद मिलेगी।

अधिक से अधिक पानी पीना, ताजे फलों का रस, पौधे-आधारित दूध, कैफीन रहित चाय, और अन्य प्राकृतिक उत्पाद पीना, और साथ ही पेय पदार्थों से जुड़े रसायनों को कम करना या हटाना, ये सभी शरीर को शुद्ध करने में सहायक होंगे, ताकि आप मन को देख सकें और उसका शुद्धिकरण कर सकें।

यह सुझाव दिया जाता है कि आप फ्लोराइड, मोनोसोडियम ग्लूटामेट (एमएसजी) और इसी तरह के अन्य उत्पादों के सेवन को बंद करने पर विचार करें क्योंकि ये मन को इस तरह प्रभावित करते हैं कि आप उसकी असली प्रकृति को नहीं देख पाते और मन के सक्रिय प्रशिक्षण के ज़रिए मन को शुद्ध नहीं कर पाते। इन उत्पादों और मन पर इसी तरह के असर डालने वाले अन्य उत्पादों के सेवन को बंद करके, आप खुद मन की स्पष्टता में सुधार देख सकते हैं और इन प्रकार के पदार्थों के किसी भी नकारात्मक असर को दूर कर सकते हैं। एक अभ्यासकर्ता द्वारा *धीरे-धीरे* हानिकारक पदार्थों को अपने आहार से बाहर निकालने से वह खुद सत्य को देख पाएगा जिससे शरीर और मन की स्थिति में सुधार होगा।

"इस ग्रह को बचाने" के लिए सबसे अच्छी बात जो आप कर सकते हैं वह है "खाने को बर्बाद न करना"।

कुल खाने का चालीस प्रतिशत (४०%) बर्बाद हो जाता है। बर्बाद हुए खाने का उत्पादन, परिवहन, पैकेजिंग, तैयारी और निपटान पृथ्वी को बहुत नुकसान पहुँचाता है।

इसके बाद, वीगन खाना खाएँ और आप हमारे घर - धरती माता - के विनाश को कम करने में भारी योगदान देंगे।

ये सभी चुनाव और अन्य चुनाव आपके लिए, ग्रह के लिए और आने वाले सभी लोगों के लिए उपयोगी हैं।

आप इन्हें *धीरे-धीरे* और समय के साथ आहिस्ता से लागू कर सकते हैं। इससे शरीर और मन दोनों ही ज्यादा खुश होंगे। *धीरे-धीरे* और आहिस्ता, लेकिन नियमित प्रगति। बहुत तेजी से किए गए बहुत सारे बदलावों के परिणाम अशांत करने वाले हो सकते हैं।

हम सभी को समझदारी से निर्णय लेकर अपने अनूठे तरीके खोजने होंगे ताकि यह पक्का हो सके कि ग्रह पर हमारा असर कम से कम हो। जागरूक और चिंतित व्यक्तियों के रूप में, हम यह पक्का करने

के अपने अनूठे तरीके खोज सकते हैं कि हम एक ऐसा ग्रह छोड़ें जो आने वाले कई वर्षों तक फलता-फूलता रहे।

आगे छानबीन के लिए सीखने के संसाधन

ऑडियोबुक

(ऑडियोबुक) - (खंड १ - चैप्टर २१) - हानि न पहुँचाएँ: ग्रह का भविष्य क्या है (पढ़िए और सुनिए)
https://youtu.be/wPpgf4nvVNI

एप. ५२१ - (ऑडियोबुक) - (खंड १ - चैप्टर २१) - हानि न पहुँचाएँ: ग्रह का भविष्य क्या है
https://podcasters.spotify.com/pod/show/buddhadailywisdom/episodes/Ep--521---Audiobook---Volume-1---Chapter-21---Do-No-Harm-What-is-The-Future-of-The-Planet-e272ur8

यूट्यूब वीडियो

(सामूहिक शिक्षण प्रोग्राम) - चैप्टर २१ - हानि न पहुँचाएँ: ग्रह का भविष्य क्या है?
https://youtube.com/live/po_DHHBLeVg

(सामूहिक शिक्षण प्रोग्राम) - मार्गदर्शित प्रेमभरी-कृपा का ध्यान और शिष्यों के प्रश्न
https://youtube.com/live/ZmGwwy8yju0

पॉडकास्ट

एप. ४८३ - (सामूहिक शिक्षण प्रोग्राम) - चैप्टर २१ - हानि न पहुँचाएँ: ग्रह का भविष्य क्या है?
https://podcasters.spotify.com/pod/show/buddhadailywisdom/episodes/Ep--483---Group-Learning-Program---Chapter-21---Do-No-Harm-What-is-The-Future-of-The-Planet-e26g1t1/a-aa33nqe

एप. ४८४ - (सामूहिक शिक्षण प्रोग्राम) - मार्गदर्शित प्रेमभरी-कृपा का ध्यान और शिष्यों के प्रश्न
https://podcasters.spotify.com/pod/show/buddhadailywisdom/episodes/Ep--484---Group-Learning-Program---Guided-Loving-kindness-Meditation-and-Student-Questions-e26keki/a-aa3gcsc

चैप्टर २२

मानसिक स्वास्थ्य:
एक आधुनिक भ्रम

इंसान की चेतना जटिल होती है, मन के साथ, जो अव्यवस्थित हुआ या उद्विकसित हो सकता है - यह एक व्यक्तिगत चुनाव है। हमारे आस-पास क्या है और हम उससे कैसे जुड़ते हैं, इसकी हमारी समझ एक "व्यक्तिगत चुनाव" है। और व्यक्तियों के रूप में हम जो व्यक्तिगत चुनाव या निर्णय लेते हैं, उन पर पूरी मानवता का असर पड़ सकता है। एक प्रजाति के रूप में, अन्य प्रजातियों की तरह, हम अक्सर पाते हैं कि सबसे आसान मार्ग या पथ हमारे आस-पास के लोगों की स्थापित मान्यताओं, समझ और रीति-रिवाजों के "अनुरूप" होना है। हम एक बड़े समाज में व्यक्तियों के रूप में हमसे जो अपेक्षा की जाती है, उसके अनुरूप ढल जाते हैं।

यह अनुरूपता हमें एक ही दिशा में आगे बढ़ने में मदद करती है, लेकिन अनुरूपता निर्वाण की ओर नहीं ले जाती। अहंकार के इकट्ठा होने और खुद की रक्षा के साथ प्रदर्शित तृष्णा, क्रोध और अज्ञानता (सच्ची वास्तविकता का अनजान होना), ये सभी प्रेरणाएँ हमारी चेतना में जड़ें जमाए हुए होने के कारण, मानवता आसानी से भ्रष्ट, विनाशकारी और स्वार्थी बन सकती है क्योंकि हर व्यक्ति सत्य की खोज और अपने प्रज्ञापूर्ण निर्णय लेने के लिए प्रज्ञा प्राप्त किए बिना, बस दूसरे का पीछा करना चुनता है। अनुरूपता केवल मन को अपनी ही झूठी मान्यताओं और गलत धारणाओं में फँसाए रखेगी।

हम अक्सर सोचते हैं कि हम "ब्रह्मांड के केंद्र" हैं और पिछली सभ्यताओं से "बौद्धिक रूप से श्रेष्ठ" हैं। लेकिन हजारों साल पहले की तो बात ही छोड़िए, सिर्फ दो सदियों पहले भी मौजूद सभ्यताओं के बारे में बहुत कम जानकारी होने के कारण, यह बहुत ही अहं की बात है।

निश्चित रूप से, हमारे पास ऐतिहासिक अभिलेख हैं कि एक शताब्दी या किसी अन्य में क्या घटित हुआ होगा, लेकिन लोगों को क्या प्रेरित करता था, उनके निर्णय क्या थे, और वे अपना दैनिक जीवन किस प्रकार जीते थे, ये सभी बातें सभी चीज़ों की अनित्य प्रकृति के कारण अधिकतर लुप्त हो जाती हैं।

हम निश्चिंत हो सकते हैं कि मानव मन की संरचना पूरे इतिहास में नहीं बदली है। मन में क्या है और हम एक प्रजाति के रूप में कितने विकसित हुए हैं, यह तो बदल गया है, लेकिन मन के काम करने का तरीका नहीं बदला है।

यही कारण है कि गौतम बुद्ध की शिक्षाएँ आज भी उतनी ही उचित हैं जितनी २५०० साल पहले थीं। गौतम बुद्ध की शिक्षाएँ मानव मन से संबंधित हैं और मन कैसे कार्य करता है, यह गौतम बुद्ध के जीवनकाल से ही अपरिवर्तित रहा है।

इंसान का रोज का जीवन, प्रेरणाएँ और निर्णय लेने की क्षमता सब बदल गई है, लेकिन मन कैसे काम करता है वह नहीं बदला है।

हमारी आजकल की सभ्यता में, हम अक्सर सोचते हैं कि "नया" "बेहतर" होता है। हम सोचते हैं कि अगर हमने अभी-अभी कोई चीज़ ईजाद की है, तो वह पहले से बेहतर ही होगी क्योंकि वह अभी-अभी बनी है और क्योंकि हमारी सोच यह है कि "हम बहुत बुद्धिमान हैं", पहले से कहीं ज्यादा। तो, यह नई चीज़ जरूर कहीं बेहतर होगी।

पहले इंसान लकड़ियों को रगड़कर आग जलाते थे, लेकिन अब हम कम से कम मेहनत में तुरंत आग जला सकते हैं।

इसलिए तकनीकी प्रगति ने उन कामों को करना बहुत आसान बना दिया है जो पहले नहीं किए जा सकते थे, और यह हमारे अहं और श्रेष्ठता की झूठी समझ को और मजबूत करता है कि हम पिछली सभ्यताओं से कहीं ज्यादा महान हैं। यह एक ऐसा भ्रम है जिसमें अत्यधिक अहं और स्वार्थी विचार मिले हुए हैं, जिसके कारण कुछ लोग पिछली सभ्यताओं के मनुष्यों को नीची नज़र से देखते हैं।

हमसे पहले की सभ्यताएं इस तरह से नहीं सोचती थीं या अपने अस्तित्व के बारे में इस तरह से नहीं समझती थीं।

अतीत की सभ्यताओं में यह अच्छी तरह समझा जाता था कि जो कुछ भी विद्यमान था और अपने अस्तित्व को बेहतर बनाने के लिए जो भी ज्ञान उनके पास था, वह उनके पूर्वजों के अतीत पर आधारित था। अपने जीवन को बेहतर बनाने की उनकी खोज में अतीत के प्रति सम्मान, आदर और कृतज्ञता सर्वोपरि थी। लेकिन, आधुनिक समाज में हम अक्सर अतीत को निराशा और अहं से देखते

हैं, यह समझ नहीं पाते कि वे अतीत की सभ्यताएँ वह सब कैसे नहीं समझ पाईं जो हम आज जानते हैं।

कई मामलों में, हममें यह स्वीकार करने की विनम्रता की कमी है कि हमसे पहले के मनुष्यों के निर्णयों के बिना, हम आज जो आधुनिक प्रगति का आनंद ले रहे हैं, वह प्राप्त नहीं कर पाते। यदि पिछली सभ्यताओं के विकास और प्रगति न होती, तो हम आज अपने आस-पास की दुनिया को ज्यादा नहीं समझ पाते और न ही अपने पूर्वजों के ज्ञान पर आगे बढ़ पाते।

कई मामलों में, हमने पूर्व ज्ञान पर आधारित स्वस्थ और उत्पादक तरीके खोजे हैं जिनसे हमारे आधुनिक समाज को लाभ हुआ है। लेकिन, कई मामलों में, जैसे-जैसे तृष्णा, क्रोध और अज्ञानता (सच्ची वास्तविकता से अनजान होना), अहंकार के इकट्ठा करने और खुद की रक्षा के साथ हमारी चेतना में गहराई से भर गए हैं, ग्रह, निर्वाण प्राप्त मन और मानवता का विनाश ज्यादा से ज्यादा स्पष्ट होता जा रहा है।

चूँकि मानव मन के काम करने का तरीका नहीं बदला है, इसलिए आज जो मन की स्थितियाँ मौजूद हैं, वे पुरानी सभ्यताओं में भी मौजूद थीं। हालाँकि, चूँकि हम मानते हैं कि हमारा ज्ञान पुरानी सभ्यताओं से कहीं अधिक उन्नत है, इसलिए हमने मन को देखने के "नए तरीके" विकसित कर लिए हैं।

अपने अहं को केंद्र में रखते हुए, हम मान लेते हैं कि मन को समझने के ये नए तरीके अतीत की किसी भी चीज़ से बेहतर और ज्यादा गहन होंगे। हालाँकि, मन को समझने के लिए कोई भी नया विकास या नया तरीका बेहद निराधार और अप्रमाणित है, और समाज में इनके विकास और उपयोग का समय बहुत कम है।

इन शिक्षाओं के विश्व में विद्यमान होने के समय की तुलना में आधुनिक मानसिक स्वास्थ्य अनुशासन का विद्यमान रहना आपेक्षित कम समय से ही रहा है। गौतम बुद्ध की शिक्षाओं के विद्यमान होने का कुल समय, यानी २५०० वर्षों से भी अधिक को ध्यान में रखते हुए, मानसिक स्वास्थ्य के क्षेत्र में विकसित ज्ञान का यह छोटा समय अत्यधिक बेबुनियाद, अप्रमाणित और अपरीक्षित है।

आधुनिक समाज अक्सर "जल्द समाधान" वाले आसान समाधान की तलाश में रहता है। इसलिए, जब इंसान उदास, अकेला, चिंतित या असंतुष्टि की व्यापक भावनाओं से गुजर रहा होता है, तो मन के प्रति अपने "नए तरीके" में हम इन भावनाओं को "मानसिक बीमारी" का नाम दे देते हैं और अब

हमारे पास उपचारों का एक विशाल क्षेत्र है जिसके बारे में हम दावा करते हैं कि ये मानव मन के अनचाहे विचारों और भावनाओं को बेहतर बनाने वाले हैं।

हमारे पास एक अत्यधिक दवायुक्त मानवता है जो अपने अस्तित्व की वास्तविकता से बचने के लिए "ड्रग्स" का उपयोग करती है, बजाय इसके कि हम अपने वास्तविक निर्णयों के लिए जिम्मेदारी स्वीकार करें जो या तो एक दयनीय अस्तित्व या एक उच्च चेतना की ओर ले जाते हैं, जिसमें हमारे आसपास की दुनिया से अधिक स्वस्थ तरीके से संबंध बनाने की क्षमता होती है।

इंसान अपने अनचाहे विचारों और भावनाओं के लिए "मस्तिष्क रसायन" को दोषी ठहराने के साथ-साथ अपनी अकुशल नीयत, वाणी और कार्यों के लिए भी मस्तिष्क रसायन को दोषी ठहराने में अधिक संतुष्ट रहते हैं।

इंसान अधिकार के पदों पर बैठे लोगों से यह धारणा स्वीकार कर लेते हैं कि वे अपनी नीयत, वाणी और कार्यों पर नियंत्रण नहीं रख सकते, इसलिए उन्हें जीवन भर महँगी दवाओं, चिकित्सा देखभाल और मानसिक बीमारी के इलाज के लिए मजबूर होना पड़ता है क्योंकि वे सचमुच मानते हैं कि वे बीमार हैं, फिर भी वे कभी ठीक नहीं हो सकते।

इसके बजाय, इंसान इन शिक्षाओं के अभ्यास के ज़रिए समझ सकते हैं कि वे अपने विचारों, जज़्बातों, नीयत, वाणी और कार्यों पर १००% नियंत्रण में हैं, इस प्रकार, हम अंदरूनी शांति प्राप्त करके सभी अंदरूनी और बाहरी संघर्षों को हल कर सकते हैं।

हम "मानसिक रूप से बीमार" नहीं हैं और हमारे पास प्रज्ञा प्राप्त करके मन की स्थिति को सुधारने की क्षमता है और हम इन शिक्षाओं के ज़रिए मन को सभी असंतुष्टि और इससे होने वाले दुख से १००% मुक्त कर सकते हैं।

इस भ्रम को निष्कासित करके कि हम "मानसिक रूप से बीमार" हैं, हम जीवन भर के खर्च और अनचाहे विचारों या भावनाओं को निष्कासित कर सकते हैं।

मन की असंतुष्टि नित्य नहीं है, और "मानसिक बीमारी" का निदान नित्य नहीं है।

ये शिक्षाएँ २५०० से भी ज्यादा वर्षों से विद्यमान हैं और अच्छी तरह से स्थापित, सिद्ध और परखी हुई हैं। ये इस ग्रह पर आज भी मौजूद हैं क्योंकि ये काम करती हैं और लोगों को ज्यादा शांतिपूर्ण जीवन जीने में मदद करती हैं।

ऐसा कोई बाहरी पदार्थ नहीं है जो अनचाहे विचारों और जज़्बातों को निष्कासित करके एक संतुष्ट मन उत्पन्न कर सके। केवल मन के अंदरूनी विकास और खुद को या अन्य प्राणियों को कोई हानि न पहुँचाने का "जीवन अभ्यास" ही आपके अंदरूनी और बाहरी संघर्षों का १००% समाधान कर सकता है।

याद रखें, मन मस्तिष्क नहीं है। मस्तिष्क वह अंग है जो शरीर के कामों को नियंत्रित करता है, जबकि मन हमारी चेतना है जो हर पल हमारी नीयत (विचारों), वाणी और कार्यों को जन्म देती है। मन, या चेतना, हमारी "स्वतंत्र इच्छाशक्ति" या व्यक्तिगत चुनावों को नियंत्रित करती है।

मानसिक बीमारियों को मस्तिष्क का रासायनिक असंतुलन माना जाता है और अक्सर इनका इलाज दवाओं से किया जाता है।

हालाँकि दवाएँ मस्तिष्क के रसायन विज्ञान को बदल देती हैं और कुछ स्थितियों में मददगार हो सकती हैं, लेकिन वे मन को शांत भी करती हैं, अतीत के सदमों को दबाती हैं, अनचाही भावनाओं को छुपाती हैं, और हमारे विचारों के कुछ पहलुओं में बाधा डालती हैं, साथ ही बेहतर परिणामों की ओर ले जाने वाले प्रज्ञापूर्ण निर्णय लेने को जटिल बनाती हैं। दवाएँ कभी भी नित्य "समस्या का समाधान" नहीं करतीं क्योंकि अनचाहे विचारों और भावनाओं से जूझ रहे व्यक्ति को मन को प्रशिक्षित करने की जरूरत होती है।

दवाएँ मन में जमा हुए अनचाहे विचारों और जज़्बातों को नित्य रूप से निष्कासित नहीं कर पाएँगी क्योंकि मन में ये भावनाएँ मस्तिष्क में मौजूद रसायनों द्वारा उत्पन्न नहीं होतीं। मस्तिष्क, मन नहीं है, इसलिए मस्तिष्क का रसायन मन में उन विचारों और जज़्बातों को उत्पन्न नहीं करता जो हमारी नीयत (विचारों), वाणी और कार्यों को जन्म देते हैं।

सुखद भावनाओं, दुखद भावनाओं, या न दुखद-न-सुखद भावनाओं (यानी असंतुष्टि) का कारण मस्तिष्क का रसायन नहीं है। यह तृष्णा/लालसा/चिपकाव है जो असंतुष्टि का कारण बनती है। मन में असंतुष्टि तब मस्तिष्क के रसायन को प्रभावित करती है। मस्तिष्क का रसायन असंतुष्टि का कारण नहीं बनता; इसलिए, मस्तिष्क के रसायन को बदलकर असंतुष्टि को नित्य रूप से निष्कासित नहीं किया जा सकता। मस्तिष्क के रसायन को बदलकर अंदरूनी भावनाओं को बदलने का प्रयत्न एक झूठे सिद्धांत पर आधारित समस्या का समाधान करने का प्रयत्न है जो निरंतर दुख का कारण बन सकता है।

अनचाहे विचारों और जज़्बातों को निष्कासित करने के लिए, हमें तृष्णा/लालसा/चिपकाव को निष्कासित करके मन को खाली करना होगा, जिससे मन की असंतुष्टि की भावना निष्कासित हो जाएगी। कोई व्यक्ति मस्तिष्क के रसायन विज्ञान को बदलकर असंतुष्टि को निष्कासित नहीं कर सकता क्योंकि असंतुष्टि की भावना मस्तिष्क के रसायन विज्ञान के कारण नहीं होती। उचित मार्गदर्शन के साथ, गौतम बुद्ध की शिक्षाएँ एक अभ्यासकर्ता को मन की स्थिरता की ओर ले जा सकती हैं और सभी अनचाही भावनाओं और जज़्बातों को नित्य रूप से निष्कासित कर सकती हैं। असंतुष्टि निष्कासित हो जाएगी और मस्तिष्क का रसायन संतुलित हो जाएगा।

मानसिक बीमारी के उदाहरण और इन शिक्षाओं से संबंध

मानसिक बीमारी	शिक्षाओं से संबंध
एडीएचडी, एडीडी	मानसिक उत्तेजना की तृष्णा। "सही एकाग्रता" का अभाव।
एनोरेक्सिया, बुलिमिया, खाना विकार	सुंदरता की झूठी छवि, आत्म या आत्म पहचान की शिनाख्त की तृष्णा।
चिंता	किसी भावी घटना, स्थिति या परिणाम की आशंका या डर।
दोध्रुवी विकार	यौन संपर्क की तृष्णा, भौतिक समाप्ति की तृष्णा, उत्तेजना की तृष्णा (यानी उन्माद). अप्रशिक्षित मन जो सुखद भावनाओं, दुखद भावनाओं, और न दुखद-न-सुखद भावनाओं का अनुभव करता है।
बेदिली	अतीत के सदमों, घटनाओं या भविष्य की अपेक्षाओं से मोह। गंभीर दुखद भावनाओं का अनुभव करना।
जमाखोरी	भौतिक सम्पत्ति की तृष्णा।
अनिद्रा	एक जागृत मन को कम नींद की जरूरत होती है। जैसे ही मन जागता है, नींद के अशांत और अनियमित पैटर्न उभरने लगते हैं। एक नित्य या निश्चित नींद के कार्यक्रम की तृष्णा।
ओसीडी	निपुणता की तृष्णा।
व्यक्तित्व विकार	अपने व्यक्तित्व को दूसरों की अपेक्षाओं के अनुरूप ढालने की तृष्णा। पिछले जन्मों को देखना।
फोबिया	व्यक्तिगत अस्तित्व की दृष्टि, आत्म की सुरक्षा, अस्तित्व की तृष्णा।
पीटीएसडी	अतीत के सदमों से चिपके रहना, और मन को "छोड़ देने" का प्रशिक्षण न देना।
स्किज़ोफ्रेनिया	"सही एकाग्रता" का अभाव, अन्य लोकों के प्राणियों के साथ संचार, और पिछले जन्मों को देखना।
मादक द्रव्यों का सेवन	सुखद भावनाओं, खुशी और जीवन से भागने की तृष्णा।
आत्महत्या के विचार	सुखद भावनाओं, खुशी और जीवन से भागने की तृष्णा। अतीत के सदमों से या भविष्य की अपेक्षाओं से चिपके रहना। जीवन के विनाश की तृष्णा। मन और दुनिया में भारी मात्रा में दुख देखने के कारण असंतुष्ट मन और से उत्पन्न हुए दुख से भागने के लिए जीवन के विनाश की लालसा।

यह पिछली टेबल सभी मानसिक रोगों और इन शिक्षाओं से उनके संबंध का संपूर्ण या विस्तृत वर्गीकरण प्रस्तुत करने के लिए नहीं है। इसके बजाय, यह टेबल इस बात की एक संक्षिप्त अंतर्दृष्टि प्रदान करती है कि कैसे मानसिक रोग आधुनिक समाज की एक गलतफहमी है और कैसे इन शिक्षाओं का पालन करने पर, कुछ लोग जिन्हें "मानसिक रोग" कहते हैं, उनके लक्षणों को निष्कासित किया जा सकता है। कुछ अन्य शारीरिक और भावनात्मक लक्षण भी हैं जिन्हें ऐसी चिकित्सीय स्थिति समझ लिया जाता है जिसके लिए चिकित्सीय उपचार की जरूरत होती है, लेकिन मन को प्रशिक्षित करने की इन शिक्षाओं के ज़रिए इनका समाधान किया जा सकता है। मैंने इस विषय पर सभी संभावित विकल्पों को जानने के लिए शोध नहीं किया है।

उदाहरण के लिए, "मल्टीपल स्क्लेरोसिस" के कई लक्षण निर्वाण की ओर बढ़ रहे व्यक्ति में आम हैं और यह बीमारी आधुनिक समय की एक गलतफहमी भी हो सकती है। निर्वाण की ओर बढ़ रहे व्यक्ति में इस स्थिति का निदान किया जा सकता है और उसे निर्वाण की ओर मन को जागृत करने की प्रक्रिया पूरी करने में सहायता देने के बजाय दवा दी जा सकती है।

आगे का अनुसंधान योग्य डॉक्टरों और वैज्ञानिकों द्वारा किया जा सकता है जो इन शिक्षाओं को गहराई से समझते हैं और उनका अभ्यास करते हैं और निर्वाण प्राप्त हैं।

ऐसी कोई दवा नहीं है जो हमारी नीयत, वाणी और कार्यों को बेहतर बना सके, क्योंकि इन्हें केवल प्रज्ञा, नैतिक आचरण और मानसिक अनुशासन के प्रशिक्षण से ही सुधारा जा सकता है। मन प्रज्ञा से मुक्त होता है और कोई दवा मन में प्रज्ञा उत्पन्न नहीं कर सकती।

मानव शरीर कैसे काम करता है, इस बारे में अभी भी हमारे पास कई बातें अज्ञात हैं। डॉक्टर या वैज्ञानिक अक्सर कहते हैं कि मानव शरीर के बारे में अभी तक हम पूरी जानकारी नहीं जुटा पाए हैं। आधुनिक विज्ञान में मानव शरीर के बारे में हम जो कुछ भी नहीं समझ पाए हैं, उनमें से हम मस्तिष्क और मन के काम करने के तरीके के बारे में सबसे कम समझ पाते हैं।

आधुनिक चिकित्सा और आधुनिक विज्ञान में, हम अभी मस्तिष्क और मन के बारे में बहुत कम जानते हैं। हम जो कुछ भी जानते हैं, उसमें भी मस्तिष्क और मन के बारे में बहुत कम जानते हैं। अभी और भी बहुत कुछ सीखना और खोजना बाकी है जो पूरी मानवता के लिए बहुत फायदेमंद हो सकता है।

मानव अस्तित्व और मानव मन में आने वाली चुनौतियाँ और कठिनाइयाँ इसलिए हैं क्योंकि हम वह नहीं समझते जो हम नहीं समझते। अनिर्वाणी मन की बाधाएँ प्रज्ञा की कमी से होती हैं, न कि दोषपूर्ण

मस्तिष्क से। मन को निर्वाण के लिए जागृत करना, प्रज्ञा प्राप्त करके अज्ञानता (सच्ची वास्तविकता से अनजान होना) और मन के अन्य प्रदूषणों को निष्कासित करना है।

जबकि मस्तिष्क आघात किसी व्यक्ति की इन शिक्षाओं को सीखने, चिंतन करने और अभ्यास करने की क्षमता को प्रभावित कर सकता है, इस चैप्टर में बताई गयीं मानसिक स्वास्थ्य स्थितियों में मस्तिष्क सदमा या मस्तिष्क की चोट का अनुभव करने वाले व्यक्ति शामिल नहीं हैं।

मन अनगिनत मतिभ्रम, भ्रम और अनगिनत अन्य सोच, विचार, जज़्बात और भावनाएँ उत्पन्न कर सकता है, जिन्हें जब कोई व्यक्ति उच्च्य चेतना के प्रति मन के जागरण की प्रक्रिया से अपरिचित होता है, तो वह असामान्य मान सकता है और उसे "मानसिक बीमारी" का नाम दे सकता है।

मन उच्चतर चेतना में जागृत होने पर अनेक मतिभ्रम और भ्रम से भरी सोच उत्पन्न कर सकता है, लेकिन इन शिक्षाओं में मार्गदर्शन के साथ स्थापित अभ्यास की स्थिरता का अभाव होता है।

एक स्थापित ध्यान अभ्यास और इन शिक्षाओं के अभ्यास के सहयोग से, व्यक्ति बिना किसी दवा के एक स्थिर, निश्चल और संतुष्ट मन प्राप्त कर सकता है। अनुभव किए जा रहे लक्षण कोई चिकित्सीय समस्या नहीं हैं और मस्तिष्क रसायन विज्ञान में कोई "गलती" नहीं है, बल्कि, मन अप्रशिक्षित है और इसलिए, जागृति का अनुभव करने वाले व्यक्ति में मन को नियंत्रित करने की क्षमता नहीं होती है।

इन शिक्षाओं में उचित प्रशिक्षण के ज़रिए, जिसमें ध्यान तकनीकें भी शामिल हैं, व्यक्ति मन को नियंत्रित करना सीख सकता है, जिससे सभी प्रकार के मतिभ्रम, भ्रम, आत्म-क्षति की इच्छा, उदास भावनाएँ और अन्य सभी अनचाही भावनाएँ, जो अब मानसिक बीमारी से जुड़ी हैं, पूरी तरह से निष्कासित हो जाती हैं।

यदि मानसिक स्वास्थ्य उद्योग मानसिक स्वास्थ्य को बेहतर बनाने में प्रभावी होता, तो हम देखते कि जैसे-जैसे ये विषय दुनिया भर में बाँटे जाएँगे, मानसिक स्वास्थ्य के मामलों में लगातार कमी आ रही होगी। जैसे-जैसे नए मानसिक स्वास्थ्य विषय को व्यापक रूप से बाँटा जाएगा, हम दुनिया भर में मानवता के मानसिक स्वास्थ्य में लगातार सुधार और मानसिक स्थिरता को बढ़ते हुए देखेंगे। इन मानसिक स्वास्थ्य विषयों के मूल देशों और उन देशों में जहाँ ये प्रथाएँ सबसे व्यापक रूप से बाँटी जाती हैं, यदि नया मानसिक स्वास्थ्य विषय मन की गुणवत्ता में सुधार लाने में प्रभावी होता, तो हम

उस आबादी को पूरी दुनिया में सबसे अधिक मानसिक रूप से स्थिर पाते। मगर नए मानसिक स्वास्थ्य उद्योग में जो हम देखते हैं उसके ये परिणाम नहीं है।

इसके अलावा, मानसिक स्वास्थ्य उद्योग में बताई गई स्थितियाँ, जैसे उदासी, अकेलापन, चिंता, और अन्य, अगर मस्तिष्क के रसायन विज्ञान पर आधारित हैं जिन्हें महँगी दवाओं से ठीक किया जा सकता, तो हम मानवता की सभी आबादी में ऐसी ही स्थितियाँ देखते। अगर मानसिक स्वास्थ्य उद्योग का आधार यह है कि ये स्थितियाँ एक दोषपूर्ण मस्तिष्क का परिणाम हैं जो मानव के सामान्य रूप से कार्य करने के लिए उचित रासायनिक संतुलन नहीं बना पाता, तो हम दुनिया भर की सभी आबादी को इन्हीं स्थितियों से पीड़ित देखते जिन्हें वर्तमान में "बीमारियाँ" कहा जाता है। हम इन स्थितियों को मानव के उद्विकास के साथ-साथ पूरे इतिहास में भी देखते।

मानवता और मानव मन कुछ ही दशकों में वास्तव में असंतुलित और दोषपूर्ण नहीं हो सकते। उदासी, अकेलापन, चिंता और अन्य भावनाएँ सभी मनुष्यों द्वारा समय-समय पर अनुभव की जाती रही हैं, फिर भी हाल के समय तक इन्हें बीमारी नहीं माना जाता था। दुनिया भर में सभी आबादी मन की एक जैसी अस्थिरता का अनुभव नहीं करती। यह इस बात का प्रमाण है कि मानसिक बीमारी कोई ऐसी मानवीय स्थिति नहीं है जिसका अनुभव पूरी मानवता करती है और इसलिए, ऐसी कोई दवा नहीं है जो किसी के सोचने, बोलने या कार्य करने के तरीके को बदल सके।

अतीत में जिन सभ्यताओं ने इन शिक्षाओं को सीखा और उनका अभ्यास किया, उन्होंने जागृत मन की प्रक्रिया को समझा और यह भी समझा कि इन लोगों को स्थिरता, निश्चलता और शांत मन पाने के लिए मार्गदर्शन और सहायता कैसे प्रदान की जाए।

एक अनिर्वाणी मन में, जिसमें तीव्र तृष्णा होती है, उसमें अन्य लक्षणों के साथ एकाग्रता में कमी, प्रेरणा की कमी और जीवन में कई कठिनाइयों का अनुभव होगा। ये सभी लक्षण और कई अन्य लक्षण अब मानसिक बीमारी से जुड़े हैं जो महँगी दवाओं से शायद ही कभी पूरी तरह ठीक हो पाती हैं और ये केवल एक अनिर्वाणी मन के लक्षण हैं।

मानसिक बीमारी का दुख और पीड़ा "वास्तविक" तो है, लेकिन इंसानों में अनचाही भावनाओं का कारण "असली नहीं" है। मानसिक बीमारी मस्तिष्क के रसायन के कारण नहीं होती, बल्कि इसलिए होती है क्योंकि मन को तृष्णा/लालसा/चिपकाव को निष्कासित करने और मन के उन गुणों को प्राप्त करने के लिए प्रशिक्षित नहीं किया गया है जो धीरे-धीरे निर्वाण के प्रति जागृत और अपनी उच्चतर चेतना के प्रति जागृत हो रहा है। एक प्रशिक्षित मन को स्वस्थ अभ्यासों के ज़रिए नियंत्रित किया जा सकता है, जो मानवता को २५०० से भी अधिक वर्षों से ज्ञात हैं।

निर्वाण एक ऐसा मन है जो आनंद के साथ शांत, निश्चल, निर्मल और संतुष्ट हो। यह नित्य मानसिक अवस्था उन सभी मनुष्यों द्वारा प्राप्त की जा सकती है जो इन शिक्षाओं को सीखने और उनका अभ्यास करने के लिए समर्पण और वचनबद्धता का चुनाव करते हैं।

निर्वाण प्राप्त मन में अविचल शांति, संतुलन होगा, और वह "संतुष्ट" या "जो है उसमें चैन से रहेगा" न कि लगातार अधिक से अधिक की तृष्णा रखेगा।

अगर हमारे नए तरीके और ये नई दवाएँ मानसिक स्वास्थ्य या मन की समस्याओं को निष्कासित करने में मददगार साबित होती हैं, तो हम मानसिक स्वास्थ्य के मामलों में कमी और मानवता के मानसिक स्वास्थ्य में काफी सुधार देखते। लेकिन, इन दवाओं और मानसिक स्वास्थ्य प्रथाओं के अनुशासन के आगमन के बाद से, हमने मानवता के मानसिक स्वास्थ्य में निरंतर गिरावट देखी है, जो युद्ध, संघर्ष, घृणा, आतंकवाद, सामूहिक गोलीबारी और मनुष्यों द्वारा किए गए अनगिनत अन्य समस्याओं से भरे कार्यों में बढ़ावे के ज़रिए मानव कार्यों में दिखाई देती है।

मानसिक स्वास्थ्य के क्षेत्र में विकसित हो रहे आधुनिक विषयों का आधार मस्तिष्क रसायन तो है, लेकिन वे मस्तिष्क रसायन पर सिद्ध नहीं हुए हैं, इसलिए ये नए विषय अतीत के विकास को नजरअंदाज करते हैं और उनके महत्व को कम आंकते हैं। यह मानसिकता आधुनिक मानवता के अहं पर आधारित है, जो यह सोचती है कि हमने "नए" विषयों में जो विकसित किया है, वह पिछली सभ्यताओं से अधिक उन्नत है, और मन के बारे में हमारी समझ अतीत की तुलना में अधिक गहन होनी चाहिए। हम अतीत के अपने पूर्वजों के ज्ञान की तुलना में अपनी बुद्धि और वैज्ञानिक विधियों को अधिक महत्व देते हैं।

२५०० वर्ष पूर्व गौतम बुद्ध के जीवनकाल से लेकर अब तक मानव मस्तिष्क की संरचना में कोई परिवर्तन नहीं आया है, इसलिए, इंसान द्वारा अनुभव किए जाने वाले विचार और भावनाएँ भी नहीं बदली हैं।

२५०० वर्ष पहले इंसान दुख, अकेलापन और चिंता से ग्रस्त था।

इन अनचाहे विचारों और भावनाओं को निष्कासित करने के लिए "जल्द समाधान" और "आसान तरीकों" की तलाश करने के बजाय, बुद्ध से सीखने वाले लोगों ने अपने अंदर ही उत्तर खोजे। अतीत में, इंसान अपने विचारों और भावनाओं की जिम्मेदारी लेते थे और मन और उसके कार्यों की अंतर्दृष्टि और प्रज्ञा की खोज करते हुए नित्य समाधान के ज़रिए अनचाही और असुविधाजनक भावनाओं से छुटकारा पाने के तरीके खोजते थे।

इंसान को विश्वास था कि उसके पास मन की अनचाही स्थितियों को निष्कासित करने की क्षमता है और उसे उत्तर मिल गए हैं। प्राचीन सभ्यताओं के लोग, जिन्हें निर्वाण प्राप्त हुआ था, अंदरूनी शांति प्राप्त करने के लिए अनित्य चीज़ों की तलाश नहीं करते थे। निर्वाण, निब्बाना, या उच्चतर चेतना की खोज और प्राप्ति मनुष्यों द्वारा ही की गई थी।

बाद में, अनित्यता के कारण, इन शिक्षाओं का मूल्य घटा और इस प्रकार, मानवता के मन की सामूहिक स्थिति का मूल्य भी घट गया। मानवता के मन का विनाश पृथ्वी, मानवीय कार्यों के समाचारों और अपनी निराशा या दुख के लिए दूसरों को दोष देने में देखा जा सकता है।

बहुत से लोग किसी ऐसे रक्षक के लौटने का इंतजार कर रहे हैं जो इस सारी उलझन को सुलझाकर हम सभी को तुरंत बचा ले। कुछ लोग उम्मीद कर रहे हैं कि किसी उच्चतर हस्ती से कोई सार्वभौमिक शक्ति मानवता के संकट का समाधान करेगी और वे रोजाना प्रार्थना करके अनुग्रह की याचना करते हैं। लेकिन, समझदार लोग समझते हैं कि हमने खुद को इस उलझन में डाला है और "हम ही हैं" जो खुद को इस उलझन से बाहर निकाल सकते हैं।

कई पीढ़ियों से अनगिनत प्रार्थनाएँ और रस्म भरी पूजा-अर्चनाएँ होती रही हैं, फिर भी मानवता बद से बदतर होती जा रही है। मानवता "हमारे" द्वारा पैदा किए गए सभी संघर्षों और गड़बड़ियों को सुलझाने के लिए किसी तीसरे पक्ष की आशा क्यों लगाए बैठी है? अगर किसी तीसरे पक्ष में तुरंत "हम सबको बचाने" की दिलचस्पी या क्षमता होती, तो ऐसा पहले ही हो चुका होता।

हम विश्व के मुद्दों का हल *धीरे-धीरे* हमारे व्यक्तिगत मन के प्रशिक्षण और विकास से कर सकते हैं।

मानवता अलग-अलग मन वाले मनुष्यों का एक समूह है। यदि मानवता के सभी लोग इन शिक्षाओं के ज़रिए अपने मन को शुद्ध करने का निश्चय कर लें, तो हम एक अधिक कृपालु, कोमल और अधिक शांतिपूर्ण सभ्यता का निर्माण कर सकेंगे।

ऐसा कोई एक व्यक्ति या संस्था नहीं है जो आपके लिए उच्च चेतना की प्राप्ति का निर्णय ले सके। आपको खुद निर्णय लेना होगा और निर्वाण प्राप्त करने के लिए अपनी उच्च चेतना को विकसित करने का प्रयत्न करना होगा।

मानसिक बीमारी का निदान लोगों की एक बड़ी आबादी को यह विश्वास दिलाकर तबाह कर देता है कि वे बीमार हैं, और उन्हें जीवन भर बिना किसी इलाज और खर्च के दवाइयों और उपचारों के हवाले कर देता है। अगर आप बीमारी की पहचान से पहले दुखी नहीं हैं, तो किसी प्रतिष्ठित व्यक्ति द्वारा यह विश्वास दिलाए जाने के बाद कि आप बीमार हैं और आपके मस्तिष्क में खराबी है, आप निश्चित रूप से दुखी होंगे।

ऐसे कई लोग हैं जिन्हें मानसिक बीमारी का निदान हुआ है और जिन्होंने इन शिक्षाओं और प्रथाओं के ज़रिए सभी अनचाहे विचारों, भावनाओं, दवाओं और चिकित्सा उपचारों को निष्कासित कर दिया है।

विश्वास मन को समझाने का एक शक्तिशाली माध्यम है। अगर आप मानते हैं कि आप बीमार हैं, तो आप इसी पर विश्वास करते रहेंगे और दवाओं, डॉक्टरों, अस्पतालों और मस्तिष्क रसायन में असंतुलन के इलाज के लिए भटकते रहेंगे। यह असंतुलन किसी भी परीक्षण से सिद्ध नहीं हो सकता और इस बात की पूरी संभावना है कि मानसिक स्वास्थ्य उद्योग के ज़रिए आप कभी भी पूरी तरह से स्वस्थ नहीं हो पाएँगे।

या, आप यह समझ सकते हैं कि मन मस्तिष्क नहीं है, और मन ही अनचाहे विचारों और भावनाओं को जन्म देता है। अनचाहे विचारों और जज़्बातों को निष्कासित करने के लिए मन को प्रशिक्षित और नियंत्रित किया जा सकता है, जैसा कि पिछले २५०० वर्षों से होता आ रहा है। हमारे आधुनिक युग की अहं भरी सोच और अत्यधिक लालच के कारण यह ज्ञान काफी हद तक लुप्त और उपेक्षित हो गया है।

पिछले कई दशकों में तृष्णा, क्रोध और अज्ञानता (सच्ची वास्तविकता से अनजान होना) में जबरदस्त वृद्धि देखी गई है, क्योंकि इन शिक्षाओं का पालन पूरी मानवता के बजाय केवल ५० करोड़ लोगों द्वारा किया जाता है।

वर्तमान में, हम विश्व भर में ध्यान अभ्यासों में वृद्धि देख रहे हैं, माइंडफुलनेस प्रशिक्षण और विकास के बारे में जागरूकता बढ़ रही है, और हम अहं रहित निश्चल, संतुलित और नियमित मन को अधिक महत्व दे रहे हैं, यह मानते हुए कि हम सभी में बिना दवा के इसे खुद प्राप्त करने की क्षमता है और स्वस्थ मन अभ्यासों के ज़रिए संतुष्ट मन प्राप्त किया जा सकता है।

दवाइयाँ गंभीर परिस्थितियों में मन को उस स्थिति में लाने में सहायक हो सकती हैं जहाँ वह शिक्षाएँ ग्रहण कर सके और मानसिक प्रशिक्षण के ज़रिए प्रज्ञा प्राप्त करने का निर्णय ले सके। इन शिक्षाओं के ज़रिए मन को प्रशिक्षित करने से ही प्रज्ञा बढ़ाने में लंबे समय तक सफलता मिलेगी, जिससे व्यक्ति के जीवन व्यवहार में सुधार होगा और मन संतुलित होगा। जो लोग इन शिक्षाओं को अपनी जीवनशैली का हिस्सा बनाना चुनते हैं, वे दवाइयों के लंबे समय के उपयोग में काफी कमी का अनुभव कर सकते हैं और अपने समुदाय में अच्छे मानसिक स्वास्थ्य को स्थापित करने में लंबे समय तक सफलता प्राप्त कर सकते हैं, जिससे दुनिया भर में मानसिक स्वास्थ्य की कमी के निरंतर संघर्ष और संकट से बचा जा सकता है।

हम अपने आधुनिक समाज की इस धारणा को स्वीकार कर सकते हैं कि हम पिछली सभ्यताओं से ज्यादा बुद्धिमान, समझदार और बेहतर हैं। या फिर, हम अतीत को देखते हुए यह समझ सकते हैं कि इस धरती और एक-दूसरे के साथ सामंजस्य बिठाकर जिया गया उनका सादा और विनम्र जीवन, सभी प्राणियों के साथ सह-अस्तित्व का एक शांतिपूर्ण और संतुष्ट तरीका था।

विश्व और ग्रह का भविष्य इस ग्रह पर मौजूद सभी प्राणियों के व्यक्तिगत निर्णयों और व्यक्तिगत चुनावों पर आधारित है।

जब तक तृष्णा, क्रोध और अज्ञानता (सच्ची वास्तविकता से अनजान होना), अहं के इकट्ठा होने और खुद की सुरक्षा के साथ संपूर्ण मानवता में व्याप्त हैं, हम संघर्ष, लड़ाई, युद्ध, आतंकवाद, मादक द्रव्यों के सेवन, वेश्यावृत्ति, मानव तस्करी, अकाल, आत्महत्या, पशुओं को हानि, अनाथ बच्चे, बाल मृत्यु, आर्थिक आपदाएँ, गरीबी, भ्रष्ट राजनीति और ग्रह और इसके संसाधनों का विनाश - और भी बहुत कुछ देखना जारी रखेंगे।

हमने ही यह "झमेला" पैदा किया है और हमें ही इसे ठीक करने की जरूरत है।

शुरुआत करने का तरीका यह है कि हम अपनी नीयत (विचारों), वाणी और कार्यों की पूरी जिम्मेदारी स्वीकार करें, और यह समझें कि हम अपनी इस धारणा को त्यागकर कि हम "इस ग्रह पर अब तक देखे गए में सर्वश्रेष्ठ" हैं, एक शांतिपूर्ण जीवन जीने की क्षमता रखते हैं। हमें अपने अहं को निष्कासित करना होगा और अतीत में मिले उत्तरों की ओर देखना होगा, जिन्हें हम अपनी श्रेष्ठ बुद्धि के भ्रम में अनदेखा कर देते हैं।

गौतम बुद्ध द्वारा खोजी और सिखाई गई स्वस्थ मन की साधनाओं के ज़रिए लाखों लोग लंबे समय तक दवाओं और जीवन भर के खर्च, उपचार और बंधन से मुक्त हो सकते हैं।

यदि कोई व्यक्ति बेहतर या उच्च मानसिक स्वास्थ्य में दिलचस्पी रखता है, तो निर्वाण का पथ उस लक्ष्य को प्राप्त करने का तरीका है, जबकि इसमें चिकित्सा हस्तक्षेप की किसी भी संभावित जरूरत को ध्यान में रखा जाता है, जब तक कि मन नित्य रूप से आनंद के साथ शांत, निश्चल, निर्मल और संतुष्ट होने के मार्ग पर संतुलित और नियमित नहीं हो जाता।

आगे छानबीन के लिए सीखने के संसाधन

ऑडियोबुक

(ऑडियोबुक) - (खंड १ - चैप्टर २२) - मानसिक स्वास्थ्य: एक आधुनिक भ्रम (पढ़िए और सुनिए)
https://youtu.be/uqTPCYbWONI

एप. ५२२ - (ऑडियोबुक) - (खंड १ - चैप्टर २२) - मानसिक स्वास्थ्य: एक आधुनिक भ्रम
https://podcasters.spotify.com/pod/show/buddhadailywisdom/episodes/Ep--522---Audiobook---Volume-1---Chapter-22---Mental-Health-A-Modern-Day-Delusion-e272us9

यूट्यूब वीडियो

(सामूहिक शिक्षण प्रोग्राम) - चैप्टर २२ - मानसिक स्वास्थ्य: एक आधुनिक भ्रम
https://youtube.com/live/Mo2i9WShXE4

मार्गदर्शित साँस की माइंडफुलनेस का ध्यान और शिष्यों के सवाल - (सामूहिक शिक्षण प्रोग्राम)
https://youtu.be/uNzYo77Tflg

पॉडकास्ट

एप. ४८६ - (सामूहिक शिक्षण प्रोग्राम) - चैप्टर २२ - मानसिक स्वास्थ्य: एक आधुनिक भ्रम
https://podcasters.spotify.com/pod/show/buddhadailywisdom/episodes/Ep--486---Group-Learning-Program---Chapter-22---Mental-Health-A-Modern-Day-Delusion-e26qhhb/a-aa43dk1

एप. १९२ - मार्गदर्शित साँस की माइंडफुलनेस का ध्यान और शिष्यों के सवाल - (सामूहिक शिक्षण प्रोग्राम)
https://podcasters.spotify.com/pod/show/buddhadailywisdom/episodes/Ep--192---Guided-Breathing-Mindfulness-Meditation-and-Student-Questions---Group-Learning-Program-e15i1sr/a-a69r3tu

चैप्टर २३

शिक्षाओं का प्रतीकवाद: चित्रों के ज़रिए याद दिलाना

इन शिक्षाओं को समझने का हमारा ज्ञान और हमारी क्षमता समय के साथ विकसित हुई है। गौतम बुद्ध के जीवनकाल में, उनकी सभी शिक्षाएँ जबानी रूप से बाँटी जाती थीं।

आज, हमारे पास लिखित रूप में, जबानी निर्देश के ज़रिए और अन्य विकल्पों की पूरी श्रृंखला के ज़रिए शिक्षाओं को पढ़ने, लिखने और समझने की क्षमता है।

संगठित शैक्षिक प्रणालियों से पहले, जबानी शिक्षाओं को प्रतीकवाद और चित्रण में कैद किया जाता था, जो अभ्यासकर्ताओं को उन महत्वपूर्ण शिक्षाओं की याद दिलाती थी, जो उनके जीवन का मार्गदर्शन करती थीं।

इस प्रतीकवाद को मंदिर निर्माण परियोजनाओं की वास्तुकला, कलाकृति और अन्य स्थानों में दर्शाया गया, जहाँ लोगों को छवियों के ज़रिए शिक्षाओं की याद दिलाई जा सकती थी, जिससे उनकी शिक्षाओं की समझ और अभ्यास को मार्गदर्शन मिलता था।

यदि किसी व्यक्ति ने गौतम बुद्ध से शिक्षाओं को विस्तार से सीखा है, तो कुछ चित्रों को देखने पर उन्हें तुरंत शिक्षाओं की याद आ जाती है, जिससे शिक्षाओं को मन में और अधिक गहराई से समाने में मदद मिलती है, ताकि एक अभ्यासकर्ता दैनिक जीवन में उनका अभ्यास कर सके।

आज, यदि किसी अभ्यासकर्ता ने गौतम बुद्ध की शिक्षाओं का गहन अध्ययन किया है और उन्हें सीखा है, तो वह मंदिर निर्माण परियोजनाओं, कलाकृतियों और अन्य स्थानों में प्रतीकवाद और चित्रण को देख सकते हैं, जिससे उन्हें शिक्षाओं की याद आ जाएगी और उनके जीवन अभ्यास को और विकसित करने में मदद मिलेगी।

गौतम बुद्ध की शिक्षाओं को समझना और फिर मंदिरों में जाना या कलाकृतियाँ देखना और भी अधिक आनंददायक और लाभदायक हो सकता है क्योंकि एक अभ्यासकर्ता शिक्षाओं की अपनी समझ को पुष्ट कर सकता है। सदियों पहले बने मंदिरों के ज़रिए पिछली पीढ़ियों द्वारा उपयोग किए

गए प्रतीकों और चित्रों को "समझना" भी दिलचस्प है। ये मंदिर और उनमें स्थित कलाकृतियाँ इस बात का संकेत देती हैं कि मंदिर निर्माण में भाग लेने वालों के मन में क्या था।

दुनिया भर के मंदिरों में जाना एक सुखद पारिवारिक गतिविधि हो सकती है। परिवार और दोस्तों के साथ मिलकर, आप मंदिर निर्माण में प्रयुक्त प्रतीकों और चित्रों में शिक्षाओं से जुड़े अतीत के रहस्यों को उजागर कर सकते हैं। लेकिन सबसे पहले, आपको अपने जीवन अभ्यास को विकसित करके खुद शिक्षाओं को समझना होगा।

यह चैप्टर आपको मंदिर निर्माण परियोजनाओं, कलाकृतियों और अन्य स्थानों में उपयोग किए गए कुछ सबसे सामान्य प्रतीकों की शिक्षाओं को समझने और उनसे जुड़ने में मदद करेगा। इससे आपको शिक्षाओं को याद रखने में मदद मिलेगी और बौद्ध प्रतीकों को देखते समय आपके जीवन अभ्यास को और बेहतर बनाने में मदद मिलेगी।

अब जबकि आपको इस किताब और किताब श्रृंखला में गौतम बुद्ध की शिक्षाओं के एक महत्वपूर्ण भाग को सीखने का मौका मिला है, तो आपको शिक्षाओं की याद दिलाने वाले प्रतीकवाद और चित्रों को सीखना काफी रोचक और दिलचस्प हो सकता है।

जब आप मंदिरों में जाते हैं और बौद्ध कलाकृति देखते हैं, तो आप इन और अन्य चित्रों को देखकर यह जान सकते हैं कि मंदिर निर्माण में शामिल लोगों और कलाकृति को विकसित करने वाले कलाकारों के मन में क्या चल रहा था।

आपको ऐसे चित्र भी मिल सकते हैं जो इस चैप्टर में नहीं बाँटे गए हैं, लेकिन इन शिक्षाओं की अपनी समझ और प्रज्ञा को गहरा करने के लिए आपके निरंतर अभ्यास के आधार पर, आप खुद ही अन्य प्रतीकों और छवियों को "समझने" के काबिल हो सकते हैं।

हमेशा की तरह, अगर आप अनिश्चित हैं या अपनी समझ की पुष्टि करना चाहते हैं, तो आप बौद्ध समुदायों में अपनी यात्रा के दौरान मिलने वाली किसी भी कल्पना को समझने में अपने शिक्षक या अन्य अभ्यासकर्ताओं से सहायता ले सकते हैं। लेकिन इन शिक्षाओं की गहरी समझ के ज़रिए आप पा सकते हैं कि अपनी खुद की जाँच-पड़ताल से अपनी यात्रा में खोजे गए प्रतीकों और कल्पनाओं पर चिंतन करना काफी रोचक, मजेदार और लाभदायक है ताकि यह निर्धारित किया जा सके कि क्या आप खुद उनका मतलब "समझ" सकते हैं।

इससे बुद्ध की शिक्षाओं को मन में पुष्ट करने में मदद मिलेगी और आपको सीखने और विकास का मौका मिलेगा।

प्रतीक	शिक्षाओं से संबंध
  	ये प्रतीक निर्वाण प्राप्ति का प्रतिनिधित्व करते हैं। चित्र नीचे से शुरू होता है, आमतौर पर एक बड़े वृत्त के साथ, एक लंबे घुमावदार रास्ते से होकर ऊपर की ओर इशारा करती हुई एक सीधी रेखा पर समाप्त होती है। यह चित्र के व्रत भाग में दर्शाए गए "पुनर्जन्म के चक्र" से बँधे होने का प्रतीक है। फिर, एक बार जब इंसान गौतम बुद्ध की शिक्षाओं तक पहुँच जाता है और उनकी समझ प्राप्त कर लेता है, तो एक लंबा घुमावदार रास्ता शुरू होता है जो विस्तृत और चौड़ा होता जाता है, और ऊपर की ओर छोटा होता जाता है जब तक कि हमें अपनी उच्च चेतना, निब्बाना और निर्वाण तक पहुँचने के लिए एक सीधी और प्रत्यक्ष रेखा नहीं मिल जाती। ध्यान दें कि कैसे चित्र लूप में घूमता है और कभी-कभी नीचे से ऊपर की ओर बढ़ने में थोड़ा पीछे की ओर जाता है, लेकिन अंत में ऊपर की ओर बढ़ता है और सबसे ऊपर तक पूरी हो जाता है, जहाँ रेखा लुप्त और अस्तित्वहीन हो जाती है। यह निर्वाण प्राप्ति के पथ का प्रतीक है, जिसमें व्यक्ति आगे की ओर चलता है, कभी-कभी थोड़ा पीछे की ओर भी जाता है, लेकिन अंत में आगे और ऊपर की ओर बढ़ता है और निर्वाण प्राप्ति की ओर बढ़ता है। यह चित्र अक्सर बुद्ध की मूर्तियों या कलाकृतियों में दोनों आंखों के बीच, तीसरी आंख पर स्थित पाई जा सकती है। तीसरी आँख या अंदरूनी आँख का खुलना भी निर्वाण प्राप्ति का प्रतीक है। जब आप इस कल्पना को ध्यान से देखें, तो यह आपको याद दिलाएगा कि निर्वाण सभी मनुष्यों के लिए संभव है। और, आपका मार्ग लंबा, चौड़ा, मुड़ता हुआ और घुमावदार हो सकता है जब तक कि आप अंत में शिक्षाओं और अपने अभ्यास पर केंद्रित न हो जाएँ, जब तक कि मन समर्पित शिक्षा और अभ्यास के ज़रिए निर्वाण तक न पहुँच जाए।

प्रतीक	शिक्षाओं से संबंध
	"धर्म चक्र" को ज्यादातर आठ तीलियों में दर्शाया जाता हैं, यह अष्टांग पथ का प्रतिनिधत्व करता है। (धर्म = शिक्षाएँ) अष्टांग पथ वह पथ है जो असंतुष्टि को निष्कासित करता है और पुनर्जन्म के चक्र से मुक्ति के लिए निर्वाण का पथ दिखाता है। चक्र स्वयं हमें याद दिलाता है कि, अनिर्वाणी मन की मानसिक स्थिति में हम "पुनर्जन्म के चक्र" से बँधे हुए हैं और अष्टांग पथ हमें पुनर्जन्म के चक्र से बचने का मार्ग दिखता है। चक्र का व्रत पुनर्जन्म के चक्र का प्रतिनिधत्व कर करता है जबकि अलग-अलग तीलियाँ अष्टांग पथ के अलग-अलग चरणों का, असंतुष्टि से और पुनर्जन्म का चक्र से छुटकारा।
	यह चित्र आमतौर पर मंदिर के चिन्हों पर, कलाकृति में, और ज्यादातर गौतम बुद्ध के चित्रों और मूर्तियों में सर के पीछे दिखाया जाता है। धर्म चक्र को गौतम बुद्ध के सर के पीछे स्थापित करने का कारण है, एक धर्म बुद्ध द्वारा घूमाया जाता है। यह सभ्यता के एक नए युग में आगे बढ़ने का प्रतीक है। एक बुद्ध का दुनिया में जागृत होना मानवता के लिए एक बड़ा कदम है। बुद्ध का धर्म चक्र घूमना इस बात का प्रतीक है कि सभ्यता एक नए युग में आगे कदम रख रही है। बुद्ध के जागृत होने से, जो शिक्षाएँ निर्वाण की ओर ले जाती हैं वह सारी मानवता के साथ इस तरह बाँटी जा सकती है जिससे अनगिनत प्राणी उनके जीवनकाल में और उनकी मृत्यु के बाद निर्वाण की ओर मार्गदर्शन करें। एक बुद्ध को धर्म चक्र की जगह पता होगी, उसे कब घुमाना है, और किस दिशा में घूमना है। धर्म चक्र बुद्ध के सर पर स्थित है जहाँ कपाल का ऊपरी भाग और कपाल का पिछला भाग एक साथ आते हैं। एक बुद्ध अपनी जागृति के वक्त इस धर्म चक्र तो वामावर्त घुमाते हैं। जब आप धर्म चक्र तो कलाकृति में देखते हैं, तो यह आपको याद दिलाएगा कि आप पुनर्जन्म के चक्र में फँसे हुए हैं, और अष्टांग पथ पुनर्जन्म के चक्र से बचने का मार्ग है।

<table>
<tr><th>प्रतीक</th><th>शिक्षाओं से संबंध</th></tr>
<tr><td></td><td>कमल के फूल कल्पना और प्रतीकवाद का एक अन्य रूप हैं जिनका उपयोग हमें शिक्षाओं की याद दिलाने के लिए किया जाता है।

एक बंद कमल हमें हर किसी में निर्वाण प्राप्त करने की क्षमता की याद दिलाता है। हम सभी में निर्वाण प्राप्त करने की क्षमता है, ठीक वैसे ही जैसे हर फूल में खिलने की क्षमता होती है।</td></tr>
<tr><td></td><td>पूरी तरह खुला हुआ कमल का फूल निर्वाण प्राप्ति का एक और प्रतीक है।

कमल का फूल अक्सर पानी के ऊपर तैरता रहता है और एक मजबूत तने द्वारा पानी के ऊपर लटका रहता है, जबकि पौधे की जड़ें पानी के नीचे गंदी और मटमैली धरती में होती हैं।

जड़ें इस भौतिक संसार के प्रति हमारे चिपकाव को दर्शाती हैं, जबकि निर्वाण प्राप्ति, जल के ऊपर पूर्ण रूप से खिला हुआ कमल पुष्प, मन के तृष्णा/लालसा/चिपकाव से ऊपर उठकर निर्वाण प्राप्ति की ओर बढ़ने को दर्शाता है।

कमल के फूल का मजबूत तना, निर्वाण प्राप्ति के लिए गौतम बुद्ध की इन शिक्षाओं को सीखने और उनका अभ्यास करने के प्रति दृढ़ समर्पण और दृढ़ता का प्रतीक है। हमारा जीवन अभ्यास, मन को निर्वाण प्राप्ति की ओर अग्रसर करने के लिए आवश्यक सहारा और स्थिरता है।</td></tr>
<tr><td>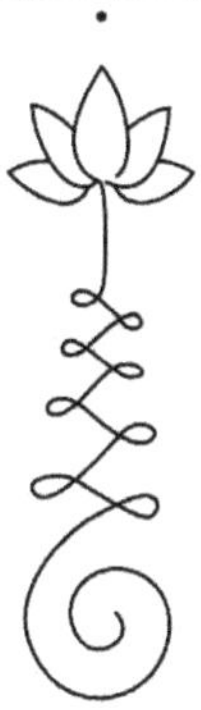</td><td>आपको यहाँ दिखाए गए प्रतीकों के समान कई संयोजन भी दिखाई देंगे। आप ऊपर कमल के फूल के साथ निर्वाण को दर्शाने वाले प्रतीक देख सखते हैं। यह दोनों प्रतीक मिलकर निर्वाण प्राप्ति का प्रतिनिधत्व करते हैं।</td></tr>
</table>

प्रतीक	शिक्षाओं से संबंध
 	नागों का राजा या साँपों का राजा (नाग), हमें गौतम बुद्ध के समय से चली आ रही एक कहानी की याद दिलाता है जो हमें शिक्षाओं की याद दिलाती है। यह बात प्रचलित थी कि गौतम बुद्ध के जीवनकाल में एक साँपों का राजा था, जिसने पशु लोक में पुनर्जन्म लिया था, लेकिन वह मानव अस्तित्व के इतना करीब था कि अधिक विकसित चेतना के साथ वह स्वयं को मानव रूप में परिवर्तित कर सकता था। उन्होंने स्वयं को एक भिक्षु, पुरुष नियुक्त अभ्यासकर्ता में बदल लिया, ताकि वे गौतम बुद्ध की संगति में रह सकें और गौतम बुद्ध की शिक्षाओं को सीख सकें। लेकिन, साँपों का राजा अन्य भिक्षुओं के साथ सो गया और अपनी चेतना पर नीयत्रण खोकर वापस सांप में बदल गया। यह देखकर, भिक्षु अशांत हो गए और डर गए और उन्होंने गौतम बुद्ध को सचेत करने का निर्णय लिया। जिसने निर्वाण प्राप्त कर लिया है, उसने सभी डर को १००% निष्कासित कर दिया है। गौतम बुद्ध शांतिपूर्वक उस क्षेत्र में गए जहाँ भिक्षु डर हुए थे और वहाँ उपस्थित लोगों से चर्चा की। गौतम बुद्ध ने साँपों के राजा को समझाया कि उनके लिए पशु रूप में निर्वाण प्राप्त करना असंभव है, क्योंकि उन्हें सर्प के रूप में अपने कम्मा का सामना करते हुए वर्तमान जीवन जीना होगा। और, यदि उनके कम्मा उन्हें अगले जन्म में इंसान के रूप में पुनर्जन्म दिलाते हैं, तो वे उस नए मानव जन्म में निर्वाण प्राप्त करने के लिए शिक्षाओं को सीख सकते हैं और उनका अभ्यास कर सकते हैं। गौतम बुद्ध द्वारा साँपों के राजा को यह बात समझाने पर, वह भिक्षु समुदाय को छोड़ने के लिए सहमत हो गया, ताकि आगे कोई अड़ंगे उत्पन्न न हो, लेकिन उसने गौतम बुद्ध की शिक्षाओं को नीचा दिखाने वाले सभी दुष्टों से उनकी शिक्षाओं का पालक और रक्षक बनने का निर्णय लिया। आज, आप कई मंदिरों के सामने और कई मंदिरों में जाने वाली सीढ़ियों के सामने इस चित्र को देख सकते हैं, जहाँ साँपों का राजा सभी दुष्टों से शिक्षाओं की रक्षा करते हुए पहरा दे रहा है। प्रवेश करने वाले प्रत्येक व्यक्ति का शिक्षाओं को सीखने और उनका अभ्यास करने की कुशल नीयत होनी चाहिए, शिक्षाओं को कोई नुकसान पहुँचाने में दिलचस्पी नहीं होनी चाहिए, बल्कि उन्हें बँटते दिखने में दिलचस्पी होनी चाहिए।

प्रतीक	शिक्षाओं से संबंध
	यह हमें पशु लोक में बिताए गए हमारे पिछले जन्मों की याद दिलाता है और यह भी बताता है कि केवल मानव या स्वर्ग लोक में ही हम निर्वाण प्राप्त कर सकते हैं। निर्वाण प्राप्त करने के लिए सभी डर का खात्मा जरूरी है। यह हमें बेपरवाह न होने और शिक्षाओं और अभ्यास में अपने विकास और प्रगति में देरी न करने की याद दिलाता है। यह हमें शिक्षाओं को सीखने और उनका अभ्यास करने के प्रति हमारी वचनबद्धता की भी याद दिला सकता है, जैसे साँपों का राजा अपने पशु योनि में भी शिक्षाओं को सीखने और उनकी रक्षा करने के लिए अत्यधिक समर्पित थे। इसके अतिरिक्त, यह हमें याद दिलाता है कि हमें इस जन्म में और निर्वाण प्राप्त करने से पहले अपने पिछले जन्मों में रचे गए सभी अकुशल कम्मा का अनुभव करना चाहिए, इस प्रकार, हमें केवल कुशल कम्मा का उत्पन्न करने के लिए प्रेरित करता है। यह कहानी वास्तव में सत्य है या नहीं, यह अज्ञात है, इसलिए, यह एक अद्भुत कहानी है जो हमें इस एक कलाकृति को देखने के ज़रिए कई शिक्षाओं की याद दिला सकती है, जब हम कई मंदिरों में प्रवेश करते हैं या साँपों के राजा से संबंधित किसी भी कलाकृति को देखते हैं।

<table>
<tr><th>प्रतीक</th><th>शिक्षाओं से संबंध</th></tr>
<tr><td></td><td>
आप अक्सर बोधी पेड़, पीपला पेड़, पीपल पेड़, या अश्वत्थ पेड़ (भारत और नेपाल में) या वैज्ञानिक नाम "फ़िकस रिलीजिओसा" के पत्ते के चित्र या चित्रण देखेंगे।
यह वही पेड़ है जिसके बारे में कहा जाता है कि छह(६) लंबे सालों के अभ्यास के प्रति समर्पण के बाद, इस पेड़ के नीचे ध्यान करते हुए, गौतम बुद्ध ने निर्वाण प्राप्ति में आखिरी प्रयास किया।
गौतम बुद्ध ने इस वृक्ष के नीचे सात (७) हफ्तों तक चिंतन किया कि क्या उन्हें अपनी निर्वाण की स्वतंत्र यात्रा में प्राप्त शिक्षाओं को दूसरों के साथ बाँटना चाहिए या नहीं। उन्हें यकीन नहीं था कि दुनिया उनके द्वारा बाँटी जाने वाली बातों को समझने के लिए तैयार होगी।
अंत में उन्होंने शिक्षाएँ बाँटी और ४५ वर्षों तक निर्वाण के पथ पर शिक्षाएँ बाँटते हुए अपना लंबा शिक्षण करियर बनाया।
</td></tr>
<tr><td></td><td>
जबकि गौतम बुद्ध ने अपनी शिक्षाओं में कहा है कि निर्वाण प्राप्ति की यात्रा धीरे-धीरे प्रशिक्षण और धीरे-धीरे अभ्यास से धीरे-धीरे प्रगति का अनुभव होता है, यह वह वृक्ष है जिसे वह स्थान माना जाता है जहाँ गौतम बुद्ध को निर्वाण प्राप्त हुआ था।
हकीकत में, कोई भी एक बहु-वर्षीय जीवन अभ्यास के दौरान धीरे-धीरे निर्वाण प्राप्त करता है और ऐसा केवल एक समय बिंदु नहीं है जहाँ एक व्यक्ति को निर्वाण प्राप्त माना जा सकता है या नहीं, बल्कि इसके बजाय, एक धीरे-धीरे लक्ष्य की ओर प्रगति के लिए धीरे-धीरे प्रशिक्षण और धीरे-धीरे लक्ष्य को पूरा करने के लिए अभ्यास की आवश्यकता है।
लेकिन, दुनिया में किसी बुद्ध के आगमन के महत्व को देखते हुए, उनके निर्वाण प्राप्ति की एक विशिष्ट तिथि और उनके निर्वाण प्राप्ति के स्थान का निर्धारण किया गया ताकि उनकी मृत्यु के बाद भी वहाँ जाया जा सके और उनका स्मरण किया जा सके। आज, इस स्थान को गौतम बुद्ध के निर्वाण प्राप्ति स्थल के रूप में मनाया जाता है और उनके निर्वाण प्राप्ति की एक विशिष्ट तिथि निर्धारित की गई है।
फिर, वास्तविकता में, उन्होंने कई वर्षों के जीवन अभ्यास के ज़रिए ज्ञान प्राप्त किया और कोई यह भी कह सकता है कि कई जन्मों तक एक बुद्ध निर्वाण प्राप्त करने के लिए धीरे-धीरे प्रशिक्षण और धीरे-धीरे अभ्यास करते रहे हैं।
इस पेड़ का पत्ता निर्वाण का एक और प्रतीक है और निर्वाण प्राप्त करने कि हमारी क्षमता की याद दिलाता है। इसके महत्व के कारण, आपको बौद्ध समुदायों में अनगिनत मंदिर निर्माण परियोजनाओं और कलाकृतियों में इस पत्ते की चित्र दिखाई देगी।
आप देख सकते हैं कि पत्ते का मोटा आधार धीरे-धीरे एक पतले बिंदु तक सिकुड़ता जा रहा है, जो निर्वाण की ओर प्रगति का प्रतीक है।
</td></tr>
</table>

विभिन्न प्रकार की कलाकृतियों और मंदिर निर्माण में आपको कई अन्य प्रतीकवाद देखने को मिलेंगे। ये सबसे आम और व्यापक रूप से उपयोग किए गए प्रतीकों के कुछ उदाहरण हैं।

जितना अधिक आप इस किताब और किताब श्रृंखला में शिक्षाओं को समझेंगे और उनका अभ्यास करेंगे, उतना ही अधिक आप कलाकृति और वास्तुकला को देख पाएँगे, ताकि आप खुद उस प्रतीकवाद का निर्धारण कर सकें जो आपको शिक्षाओं की याद दिलाता है।

शिक्षाओं और प्रतीकों को समझकर, आप आसानी से दुनिया भर के मंदिरों में जा सकते हैं और अपने अभ्यास के लिए शिक्षाओं की याद दिला सकते हैं। इसी तरह, जब आप कलाकृतियाँ देखते हैं, तो आपको एक नजर में ही महत्वपूर्ण शिक्षाओं की याद आ जाती है, जिससे शिक्षाओं का एक अधिक नियमित अभ्यास विकसित करने में मदद मिलती है।

ये प्रत्येक शिक्षाओं, अभ्यास, परिणामों और इस बात की शक्तिशाली याद दिलाते हैं कि हम सभी निर्वाण के पथ पर हैं।

आगे छानबीन के लिए सीखने के संसाधन

ऑडियोबुक

(ऑडियोबुक) - (खंड १ - चैप्टर २३) - शिक्षाओं का प्रतीकवाद: चित्रों के ज़रिए याद दिलाना (पढ़िए और सुनिए)
https://youtu.be/VZ7sTbBb7-Y

एप. ५२३ - (ऑडियोबुक) - (खंड १ - चैप्टर २३) -शिक्षाओं का प्रतीकवाद: चित्रों के ज़रिए याद दिलाना
https://podcasters.spotify.com/pod/show/buddhadailywisdom/episodes/Ep--523---Audiobook---Volume-1---Chapter-23--Symbolism-of-Teachings-Reminders-Through-Imagery-e272uu3

यूट्यूब वीडियो

(सामूहिक शिक्षण प्रोग्राम) - चैप्टर २३ - शिक्षाओं का प्रतीकवाद: चित्रों के ज़रिए याद दिलाना
https://youtube.com/live/WLc2B88_PDg

(सामूहिक शिक्षण प्रोग्राम) - मार्गदर्शित प्रेमभरी-कृपा का ध्यान और शिष्यों के प्रश्न
https://youtube.com/live/TELSY3rNmPc

पॉडकास्ट

एप. ४८९ - (सामूहिक शिक्षण प्रोग्राम) - चैप्टर २३ - शिक्षाओं का प्रतीकवाद: चित्रों के ज़रिए याद दिलाना
https://podcasters.spotify.com/pod/show/buddhadailywisdom/episodes/Ep--489---Group-Learning-Program---Chapter-23---Symbolism-of-Teachings-Reminders-Through-Imagery-e271k5g/a-aa4q8t8

एप. ४९० - (सामूहिक शिक्षण प्रोग्राम) - मार्गदर्शित प्रेमभरी-कृपा का ध्यान और शिष्यों के प्रश्न
https://podcasters.spotify.com/pod/show/buddhadailywisdom/episodes/Ep--490---Group-Learning-Program---Guided-Loving-kindness-Meditation-and-Student-Questions-e275gip

प्रश्नोत्तरी

शिक्षाओं का प्रतीकवाद: चित्रों के ज़रिए याद दिलाना
https://forms.gle/GTAp2PtFU5MGQhid8

(इस ऑनलाइन प्रश्नोत्तरी को पूरा करके इस चैप्टर की अपनी समझ की पुष्टि करें। आप ही एकमात्र व्यक्ति हैं जो प्रश्नोत्तरी के परिणाम देखेंगे।)

चैप्टर २४

गौतम बुद्ध की शिक्षाएँ के बारे में गलतफहमियाँ

गौतम बुद्ध की शिक्षाएँ, संसार की हर चीज़ की तरह, अनित्यता से प्रभावित हैं। बौद्ध धर्म की कई परंपराएँ उनकी मूल शिक्षाओं से उत्पन्न हुई हैं। बौद्ध धर्म की सभी परंपराएँ गौतम बुद्ध की शिक्षाओं का सम्मान करती हैं, लेकिन जीवन में हर चीज़ को प्रभावित करने वाली अनित्यता के कारण, विभिन्न परंपराओं के कई प्रभाव हैं और गौतम बुद्ध की शिक्षाओं में उनकी मृत्यु के बाद से बदलाव हुए हैं।

दुनिया भर के विभिन्न क्षेत्रों में तीन प्रमुख शिक्षण परंपराएँ प्रचलित हैं। थेरवाद परंपरा मुख्य रूप से दक्षिण और दक्षिण-पूर्व एशिया में प्रचलित है। महायान परंपरा मुख्य रूप से पूर्वी एशिया में प्रचलित है। वज्रयान मुख्य रूप से तिब्बत, भूटान, मंगोलिया और रूसी गणराज्य कलमीकिया में प्रचलित है। दुनिया के अन्य हिस्सों में भी अन्य परंपराएँ प्रचलित है और उनका अभ्यास किया जाता है। ये तीनों परंपराएँ अधिक व्यापक रूप से प्रचलित परंपराओं का प्रतिनिधित्व करती हैं, लेकिन इनके अलावा भी अन्य शिक्षण परंपराएँ हैं। हालाँकि ये परंपराएँ मुख्य रूप से इन्हीं विभिन्न क्षेत्रों में प्रचलित हैं, लेकिन आज इनका पालन पूरे विश्व में किया जाता है।

ये शिक्षाएँ वास्तव में लोगों के मन में बसी हुई हैं। दुनिया भर में हर परंपरा में इन शिक्षाओं को संकलित और वितरित करने का अधिकार रखने वाला कोई केंद्रीय संगठन नहीं है। गौतम बुद्ध ने हमें सिखाया कि किसी शिक्षक की शिक्षाओं का आँख मूँदकर पीछा न करें, बल्कि खुद के लिए शिक्षाओं के "सच" और "प्रज्ञा" को निर्धारित करने के लिए उनका अभ्यास करें।

इस प्रकार, हम खुद और एक शिक्षक के मार्गदर्शन में यह निर्धारित कर सकते हैं कि मन को विकसित करने और प्रज्ञा के ज़रिए उसे मुक्त करने के लिए क्या कार्य कर रहा है। हम खुद यह निर्धारित कर सकते हैं कि मन को मुक्त करने वाली शिक्षाओं के अभ्यास के परिणाम से, एकाग्रता, शांति और संतुष्ट मन के बढ़ते स्तर के ज़रिए मन अधिक मुक्त होता है।

लोगों की आने जाने और सभी चीज़ों की अनित्य प्रकृति के कारण, गौतम बुद्ध ने अपने जीवनकाल में जो शिक्षाएँ दी थीं, वे मन की उन्हीं स्थितियों के कारण बदल गई हैं जिन्हें उन्होंने निष्कासित करने की शिक्षा दी थी। जिस प्रकार संसार में सभी चीज़ें पर अनित्यता का प्रभाव होता है, उसी प्रकार जब तक कोई व्यक्ति अरहंत के रूप में निर्वाण प्राप्त नहीं कर लेता, तब तक उसका मन भी तृष्णा, क्रोध,

अज्ञानता (सच्ची वास्तविकता से अनजान होना), अहं और खुद की सुरक्षा से प्रभावित होता है। इस प्रकार, इन शिक्षाओं की अनेक परम्पराएँ उत्पन्न हुई हैं।

गौतम बुद्ध की मृत्यु के समय, दुनिया में हर कोई मन के तीन विषों या दस बेड़ियों को मिटाकर अरहंत के रूप में निर्वाण प्राप्त नहीं हुआ था। निर्वाण प्राप्ति एक *धीरे-धीरे* विकास की प्रक्रिया है, जिसमें व्यक्ति निर्वाण के जितना अधिक निकट पहुँचता है, निर्वाण के गुण जितने अधिक विकसित होते हैं। यह ऐसा नहीं है कि कोई स्विच दबा दिया जाए और या तो आपको निर्वाण प्राप्त हो जाए या नहीं, बल्कि निर्वाण की विभिन्न अवस्थाएँ होती हैं जो विभिन्न चरणों में चमकती हैं, जबकि मन के विकार भी मौजूद रहेंगे। यही एक कारण है कि हमें खुद को कभी भी निर्वाण प्राप्त नहीं मानना चाहिए और अपने अभ्यास के ज़रिए निरंतर गहरी प्रज्ञा की खोज करनी चाहिए।

इसलिए, जैसे-जैसे इन शिक्षाओं के अभ्यासकर्ताओं की संख्या बढ़ती गई और लोगों ने निर्वाण की विभिन्न अवस्थाओं का अनुभव किया, कुछ लोग अभी भी अहं सहित मन के तीन विषों के विभिन्न स्तरों से प्रभावित थे। अनित्यता और अहं के कारण, शिक्षाओं को स्थानीय संस्कृति और विश्वास के अनुरूप बदला, रूपांतरित और सामंजस्य किया गया। बुद्ध की शिक्षाओं में कोई विश्वास की जरूरत नहीं हैं।

मैंने अभ्यास और शिक्षण में जो दृष्टि अपनायी है, वह बुद्ध की शिक्षाओं के प्रति सच्चा रहना है क्योंकि वे ही इस मार्ग के खोजकर्ता, जनक और घोषक थे, इसलिए उनकी शिक्षाओं में संशोधन करने की कोई जरूरत नहीं है।

इन शिक्षाओं की थेरवाद परंपरा का मानना है कि इन शिक्षाओं को गौतम बुद्ध द्वारा अपने जीवनकाल में बाँटी गई शिक्षाओं के सबसे निकट रूप में ही संरक्षित रखना सबसे बेहतर है। पाली कैनन, गौतम बुद्ध की शिक्षाओं का सबसे उपलब्ध और व्यापक ऐतिहासिक स्रोत है जिस पर थेरवाद परंपरा में भरोसा किया जाता है।

आप जान सकते हैं कि कुछ लोग थेरवाद परंपरा को हीनयान या "कमतर वाहन" कहते हैं। महायान परंपरा को "बृहत्तर वाहन" और वज्रयान परंपरा को "बिजली की गति वाला वाहन" कहते हैं। "वाहन" को उस गति या तीव्रता के रूप में बताया गया है जिससे व्यक्ति निर्वाण प्राप्त कर सकता है। इस विवरण और एक की दूसरे से तुलना को, शिक्षाओं को कमतर, बृहत्तर या बिजली की गति वाला वाहन कहने में अहं से भरा माना जा सकता है। हीनयान को अहं से निकला एक अपमानजनक शब्द

माना जाता है। गौतम बुद्ध की शिक्षाओं का एक लक्ष्य अहं को निष्कासित करना है और यदि किसी ने अहं को घुला दिया है तो उसे हीनयान शब्द का इस्तेमाल नहीं करना चाहिए।

चूँकि शिक्षाएँ इंसान के मन में निवास करती हैं और इन शिक्षाओं को जमा करने और फैलाने वाला कोई केंद्रीय संगठन नहीं है, इसलिए कोई आम परिभाषा नहीं जो इन परंपराओं की सिखाती है, निर्वाण का वर्णन करती है, और न यह निर्धारित करती है कि कोई व्यक्ति निर्वाण प्राप्त है या नहीं। एक अभ्यासकर्ता खुद देख सकता है कि वह जो सीख रहा है और अभ्यास कर रहा है, वह मन को मुक्त करने का काम कर रहा है क्योंकि मन की स्थिति *धीरे-धीरे* सुधरती जाती है और वह ज्यादा से ज्यादा आनंद के साथ शांत, निश्चल, निर्मल और संतुष्ट होता जाता है। इस प्रकार, एक सजग अभ्यासकर्ता कभी भी गुमराह नहीं हो सकता।

शिक्षाएँ कोई जबरदस्ती किया गया व्यवहार या जरूरत नहीं है जिसे पूरा करना ही पड़े, बल्कि इसके बजाय, यह मार्गदर्शन है कि कोई व्यक्ति शिक्षाओं को सीखने और अभ्यास के ज़रिए मन की अपवित्रताओं को कैसे निष्कासित कर सकता है।

थेरवाद शब्द का अनुवाद "बुजुर्गों की शिक्षाएँ" है। ऐसा माना जाता है कि थेरवाद परंपरा गौतम बुद्ध के जीवनकाल में प्रचलित शिक्षाओं और प्रथाओं के सबसे निकट है, जबकि महायान और वज्रयान परंपराएँ बहुत बाद में शुरू हुईं। महायान और वज्रयान परंपराएँ अनित्यता से अत्यधिक प्रभावित रही हैं, इसलिए इनकी उत्पत्ति गौतम बुद्ध की मृत्यु के बहुत बाद हुई, और शिक्षाओं में महत्वपूर्ण बदलाव हुए।

इन बदलावों का एक छोटा सा उदाहरण यह है कि गौतम बुद्ध ने अपने जीवनकाल में ही स्पष्ट कर दिया था कि वे एक मानव हैं, बस एक इंसान और एक शिक्षक। उनकी मृत्यु के बहुत बाद परंपराएँ और मान्यताएँ बदल गईं, और कुछ लोग गौतम बुद्ध को ईश्वर, देवता या अवतार के रूप में संदर्भित करते हैं।

हम गौतम बुद्ध को ईश्वर, देवता या अवतार क्यों कहेंगे, जबकि उन्होंने खुद कभी खुद को ऐसा नहीं कहा? महायान और वज्रयान परंपराओं में शिक्षाओं में महत्वपूर्ण बदलाव हैं, जिनका इस किताब के लेखक को परिचय देने या बाँटने की जरूरत नहीं है, क्योंकि इससे इन शिक्षाओं को सीखने वाले अभ्यासकर्ता को भ्रम हो सकता है। इस किताब और किताब श्रृंखला की शिक्षाएँ आपको गौतम बुद्ध द्वारा सिखाई गई निर्वाण की ओर ले जाएँगी।

इस किताब और किताब श्रृंखला में बताई गई शिक्षाएँ और अभ्यास, गौतम बुद्ध की मृत्यु के समय के सबसे निकट विद्यमान थेरवाद परंपरा की शिक्षाओं से लिए गई हैं, जो पाली कैनन से ली गई हैं। पाली कैनन गौतम बुद्ध की शिक्षाओं का सबसे बड़ा, सबसे पूर्ण और सटीक संग्रह है।

यह समझना उतना जरूरी नहीं है कि ये संशोधित प्रभाव कहाँ से उत्पन्न होते हैं, सिवाय तृष्णा/लालच, क्रोध/घृणा, अज्ञानता/भ्रम/सच्ची वास्तविकता से अनजान होना, अहं और खुद की सुरक्षा से प्रभावित मानव मन के। लेकिन यह समझें कि अनित्यता गौतम बुद्ध की शिक्षाओं सहित सभी सशर्त चीज़ों को प्रभावित करती है।

थेरवाद बौद्ध धर्म को गौतम बुद्ध की शिक्षाओं का एक रूप माना जाता है जो उनकी मृत्यु के समय के सबसे करीब है। हालाँकि, इस परंपरा में भी कुछ समायोजन हैं जो गलतफहमियों और अनित्यता के आधार पर अपनाए जाते हैं।

निर्वाण प्राप्त और गौतम बुद्ध की शिक्षाओं का बारीकी से अभ्यास करने वाला एक अरहंत इन गलतफहमियों को स्पष्ट रूप से देख सकता है कि ये उनकी मूल शिक्षाओं का हिस्सा नहीं हैं।

नीचे सांस्कृतिक प्रभावों और गलतफहमियों के उदाहरण दिए गए हैं, ताकि आपको यह समझने में मदद मिल सके कि बुद्ध की शिक्षाएँ क्या हैं और क्या नहीं हैं, ताकि आप निर्वाण के वास्तविक मार्ग को सीख सकें, उस पर चिंतन कर सकें और उसका अभ्यास कर सकें, न कि उन गतिविधियों में भाग ले सकें जो निर्वाण की ओर नहीं ले जाएँगी।

१.) पानी डालने की रस्म (ग्वात नाम): थेरवाद परंपरा का पालन करने वाले कई स्थानों पर पानी डालने की प्रथा है। एक छोटे से कलश से पानी एक छोटे कटोरे में डाला जाता है। ऐसा करते समय, लोग "विश्वास" करते हैं कि वे अपने पुण्य और पुण्य कम्मा को दोस्तों, परिवारजनों या अन्य लोग जिनकी मृत्यु हो चुकी है को समर्पित या सौंप रहे हैं।

गौतम बुद्ध ने हमें सिखाया कि "... प्राणी अपने कम्मा के स्वामी हैं, अपने कम्मा के उत्तराधिकारी हैं, कम्मा ही उनका स्रोत है, कम्मा ही उनका संबंधी है, कम्मा ही उनका सहारा है, वे जो भी कम्मा करते हैं, चाहे वह कुशल हो या अकुशल, वे उसके उत्तराधिकारी हैं। और, गलत दृष्टि वाले व्यक्ति के लिए दो में से एक ठिकाना है: या तो नरक या पशु लोक"।

इस प्रकार, किसी अन्य प्राणी को पुण्य और कुशल कम्मा समर्पित करने या सौंपने के लिए पानी डालने की प्रथा असंभव है। यह "गलत दृष्टि" का एक पहलू है और निर्वाण प्राप्ति के लिए अष्टांग पथ का पहला चरण "सही दृष्टि" है। पुण्य समर्पित करने या सौंपने के लिए पानी डालने कि यह प्रथा गौतम बुद्ध की शिक्षाओं के प्रति एक गलतफहमी है और "गलत दृष्टि" को बढ़ावा देकर लोगों को गौतम बुद्ध की शिक्षाओं को पूरी तरह से समझने से रोकती है।

२.) पाक पानी (नम मोन): एक प्रथा है कि एक भिक्षु एक मोमबत्ती जला कर पानी से भरे कटोरे में मोम टपकाता है और मंत्र पढ़ते हुए "पाक पानी" या "पवित्र पानी" बनाता है। फिर यह पानी भिक्षु के आस-पास के अन्य लोगों के शरीर पर छिड़का जाता है।

यह प्रथा गौतम बुद्ध की शिक्षाओं और निर्देशों के विपरीत है कि "पाक पानी" बनाना एक "नीच कला" मानी जाती है। बुद्ध ने खुद सहित सभी भिक्षुओं को इस तरह की प्रथा में भाग लेने से मना किया था।

उन्होंने कहा कि तपस्वी गौतम ऐसी नीच कलाओं से दूर रहते हैं और एक भिक्षु भी ऐसी नीच कलाओं से दूर रहता है। दुनिया भर में भिक्षुओं द्वारा वर्तमान में कई नीच कलाएँ अपनाई जाती हैं जो गौतम बुद्ध की मूल शिक्षाओं के अनुरूप नहीं हैं।

इसके अलावा, गौतम बुद्ध ने यह भी सिखाया कि "जो बातें तथागत ने नहीं कहीं, बोली और निर्धारित की हैं, उन्हें उनके द्वारा कहीं, बोली और निर्धारित की गई बातों के रूप में समझाने से हानि होती है।

ये बहुत से लोगों के दुख और विनाश का कारण बनते हैं, ये बहुत से अपुण्य उत्पन्न करते हैं और अच्छी शिक्षाओं को लुप्त कर देते हैं।"

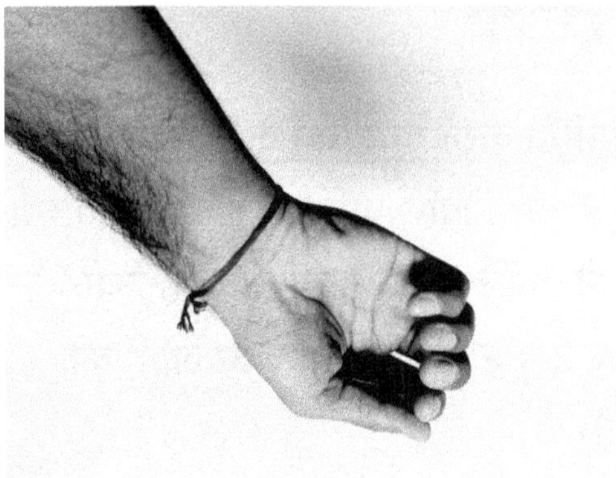

३.) पवित्र धागा (साई सेन): किसी नियुक्त अभ्यासकर्ता से शरीर के किसी अंग, अक्सर कलाई, को लपेटने वाला पवित्र धागा प्राप्त करने की प्रथा गौतम बुद्ध की शिक्षाओं से उत्पन्न नहीं हुई है। गौतम बुद्ध की शिक्षाएँ प्रज्ञा के ज़रिए मन को मुक्त करने के लिए दी गई थीं। उन्होंने ऐसी शिक्षाएँ प्रदान कीं जिनका अभ्यास करके मन को प्रभावित किया जा सकता था।

जनेऊ, मूर्तियों को प्रणाम, शरीर के कुछ हाव-भाव या मुद्राएँ, घंटियाँ बजाना, घंटा बजाना आदि जैसी बाहरी गतिविधियाँ अकेले में एक स्वस्थ मानसिक स्थिति उत्पन्न नहीं करतीं। अगर मन लालची, घृणा, मोह, गलत नीयत, गलत वाणी या गलत कार्य आदि से ग्रस्त है, तो ये अभ्यास अकेले उसकी स्थिति नहीं बदल सकते।

चाहे हम कितने भी धागों या अन्य बाहरी चीज़ों की ओर देखें, वे नित्य आंतरिक परिवर्तन या निर्वाण द्वारा प्राप्त मानसिक शांति उत्पन्न करने के काबिल नहीं हैं। ऐसी कोई बाहरी चीज़ नहीं है जो नित्य आंतरिक परिवर्तन या आंतरिक संतुष्टि उत्पन्न कर सके।

४.) नियुक्त अभ्यासकर्ता (भिक्षु और भिक्षुणी): नियुक्त अभ्यासकर्ताओं के अभ्यासों की बारीकी से समीक्षा करना जरूरी है। ऐसे पूर्व शिक्षक भी हैं जिन्होंने गौतम बुद्ध की मूल शिक्षाओं में संशोधन और परिवर्तन किया है, जिससे ऐसी अकुशल प्रथाएँ उत्पन्न हो सकती हैं जो व्यक्तियों को निर्वाण प्राप्ति के लंबे रास्ते पर ले जा सकती हैं या शायद निर्वाण प्राप्ति को पूरी तरह से बाधित कर सकती हैं।

गौतम बुद्ध के बाद के शिक्षकों ने उनकी शिक्षाओं को प्रभावित किया है या उनमें संशोधन भी किया है, इसलिए यदि वे गौतम बुद्ध के अलावा अन्य शिक्षकों की शिक्षाओं का आँख बंद करके पीछा करते हैं, तो वे अनजाने में किसी के मार्ग को प्रभावित कर सकते हैं।

उदाहरण के लिए, कई नियुक्त अभ्यासकर्ता घरेलू अभ्यासकर्ताओं के प्रति "वाई" (सम्मान प्रदर्शित करना) नहीं करने की प्रथा का पालन करते हैं, और घरेलू अभ्यासकर्ता अक्सर अपने घुटनों पर बैठकर नियुक्त अभ्यासकर्ताओं के सामने झुकते हैं।

गृहस्थ अभ्यासकर्ताओं के प्रति सम्मान न दिखाने की इस प्रथा का गौतम बुद्ध की शिक्षाओं में कहीं भी वर्णन नहीं है और यदि वे "अहं" या अन्य अकुशल मानसिक अवस्थाओं को विकसित होने या अस्तित्व में रहने देते हैं, तो यह उनके मानसिक विकास के लिए हानिकारक हो सकता है। गृहस्थ अभ्यासकर्ताओं के आगे झुकने से ऐसा मन उत्पन्न हो सकता है जो निर्णय द्वारा किसी व्यक्ति को दूसरे से ऊपर या नीचे रखता है। यदि मन का विकास इस प्रकार होता है, तो यह व्यक्ति को निर्वाण प्राप्ति से रोकेगा।

अन्य सभी लोगों की तरह, नियुक्त अभ्यासकर्ता भी मानव हैं, जिनके सामने निर्वाण प्राप्त करने की अपनी चुनौतियाँ और संघर्ष हैं। उन्होंने अनित्य रूप से या शायद मृत्यु तक, एक ऐसी जीवनशैली चुनी है जो निर्वाण के लिए अनुकूल परिस्थितियाँ बनाने में मदद करती है, लेकिन निर्वाण की गारंटी नहीं देती। इसलिए, नियुक्त अभ्यासकर्ताओं को भी गृहस्थ अभ्यासकर्ताओं की तरह ही "तीन सार्वभौमिक सच", "चार आर्य सत्य", और "अष्टांग पथ" सहित अन्य शिक्षाओं और शिक्षाओं के साथ अपने निर्वाण की प्राप्ति करनी होगी।

कोई व्यक्ति किन सिद्धांतों का पालन करना चाहता है, यह व्यक्ति और उसकी जीवनशैली पर निर्भर करता है, इसलिए, "पाँच सिद्धांत" एक बेसलाइन न्यूनतम है जो सभी व्यक्तियों के लिए निर्वाण प्राप्ति के लिए जरूरी है।

एक नियुक्त अभ्यासकर्ता जो किसी अन्य प्राणी के प्रति सम्मान नहीं दिखाता क्योंकि उसे लगता है कि वह अधिक संख्या में सिद्धांतों का पालन कर रहा है, उसके मन में अहं और अत्यधिक अहंकार, घमंड या दंभ विकसित हो सकता है। एक नियुक्त अभ्यासकर्ता जो निर्वाण की प्राप्ति की खोज में है, उसे सभी प्राणियों के लिए उदारता, प्रेम और करुणा का भाव रखना चाहिए, अहं रहित होना चाहिए। उसे यह अपेक्षा नहीं करनी चाहिए कि लोग उसे केवल इसलिए सम्मान देंगे क्योंकि उसने एक नियुक्त अभ्यासकर्ता के रूप में जीवन जीने का चुनाव किया है।

सभी प्राणियों को सभी प्राणियों के लिए सम्मान दिखाना चाहिए।

गौतम बुद्ध ने विनम्र जीवनशैली की शिक्षा देने के लिए नियुक्त मार्ग की रचना की थी। उन्होंने नियुक्त मार्ग को निम्नतम और अत्यंत विनम्र रोजगार के रूप में बनाया था, जिसमें संपत्ति, रिश्ते, नौकरी, आय का त्याग करना और नियुक्त अभ्यासकर्ताओं के लिए घर का त्याग करना शामिल था।

यह जीवनशैली गौतम बुद्ध द्वारा सिखाए गए पूर्व-निर्धारित अनुशासन के ज़रिए तृष्णा/लालसा/चिपकाव को महत्वपूर्ण रूप से कम करती है और अहं को निष्कासित करने में भी सहायक होती है। यह निर्धारित मार्ग निर्वाण के लिए अधिक अनुकूल परिस्थितियाँ बनाता है, लेकिन निर्वाण की गारंटी नहीं देता।

सभी व्यक्तियों को अपने अभ्यास को विकसित करके बराबर और निरंतर निर्वाण प्राप्त करने का प्रयत्न करना चाहिए। एक नियुक्त अभ्यासकर्ता को केवल इसलिए अपने आप पर "अहंकार या अभिमान" नहीं होना चाहिए कि वह नियुक्त है और इसलिए समाज में अन्य सभी प्राणियों से "उच्च" है। इससे अहं उत्पन्न होगा। यह गौतम बुद्ध द्वारा नियुक्त अभ्यासकर्ताओं के समुदाय की रचना करने के उद्देश्य के बिल्कुल विपरीत है और "दंभ" को निष्कासित न करने की वजह से यह व्यक्ति को निर्वाण प्राप्त करने से रोकेगा।

कुछ ऐसे भी हैं जिनका इन शिक्षाओं का अभ्यास गृहस्थ अभ्यासकर्ताओं जितना विकसित नहीं है। किसी के लिए भी, केवल इसलिए कि वे नियुक्त हैं, अपने अभ्यास के विकास के लिए अत्यधिक अहंकार या अभिमान रखना, इन शिक्षाओं के उद्देश्यों को नकारना है। हमें हमेशा और सदैव अपने अभ्यास को "अहं को निष्कासित" करने के लिए विकसित करना चाहिए और कभी भी यह "मानना" नहीं चाहिए कि यह बुझ गया है।

पहले बताई गई "नीच कलाओं" के अलावा, गौतम बुद्ध ने यह निर्देश दिया था कि नियुक्त अभ्यासकर्ताओं को टैटू बनवाना, हस्तरेखा विज्ञान, मंत्र-जाप, भविष्य कथन, गृह-आशीर्वाद और अन्य "नीच कलाओं" को अपने रोजगार का हिस्सा नहीं बनाना चाहिए। नियुक्त अभ्यासकर्ताओं को ये सेवाएँ और शिक्षाओं में बताई गईं अन्य सेवाएँ प्रदान नहीं करनी चाहिए, बल्कि अपना समय इन शिक्षाओं को सीखने, उनका अभ्यास करने और उन्हें बाँटने पर केंद्रित करना चाहिए।

नियुक्त अभ्यासकर्ताओं को शिक्षाओं में दूसरों का मार्गदर्शन करने के लिए लीडर के रूप में सबसे गहरा अभ्यासकर्ता होना चाहिए, लेकिन वे हमेशा गौतम बुद्ध द्वारा सिखाई गई शिक्षाओं का अभ्यास नहीं करते हैं।

हमें गौतम बुद्ध की चित्र या टैटू नहीं बनवाना चाहिए। ऐसा करने से चिपकाव पैदा हो सकता है और इससे निर्वाण प्राप्ति में और भी बाधा आएगी।

सभी व्यक्तियों के लिए यह सबसे बढ़िया है कि वे सभी लोगों के प्रति सम्मान दिखाएँ, खुद को किसी अन्य इंसान से ऊपर या नीचे न समझें।

लाभ, सम्मान और प्रशंसा, अरहंत के लिए भी बाधा हैं

मैं कहता हूँ कि भिक्षुओं, लाभ, सम्मान और प्रशंसा, उस भिक्षु के लिए भी बाधा हैं जो अरहंत है, जिसके सारे कलंक हो चुके हैं।

जब यह कहा गया, तब पूज्य आनंद ने प्रमुख शिक्षक गौतम से पूछा: 'पूज्य महोदय, लाभ, सम्मान और प्रशंसा, एक भिक्षु के लिए भी बाधा क्यों बन जाते हैं जिसके कलंक नष्ट हो चुके हैं?'

आनंद, मैं यह नहीं कहता कि लाभ, सम्मान और प्रशंसा उसके मन की अविचल मुक्ति में बाधक हैं। बल्कि मैं कहता कि ये इसी जीवन में उस शांतिपूर्ण निवास (की प्राप्ति) में बाधक हैं जो मेहनती, समर्पित और दृढ़ व्यक्ति को प्राप्त ह है। आनंद, लाभ, सम्मान और प्रशंसा कितने भयंकर, कड़वे, नीच और बंधन से नायाब सुरक्षा (निर्वाण) प्राप्त करने म बाधक हैं।

इसलिए, आनंद, तुम्हें खुद को इस प्रकार प्रशिक्षित करना चाहिए: 'हम प्राप्त लाभ, सम्मान, प्रशंसा को त्याग देंगे, औ हम प्राप्त लाभ, सम्मान और प्रशंसा को डटे रहने नहीं देंगे जिससे मन में जुनून हो।' तुम्हें खुद को इस प्रकार प्रशिक्षि करना चाहिए।

(गौतम बुद्ध)

(संदर्भ: संयुत्त निकाय १७.३०)

यह आध्यात्मिक जीवन लोगों को धोखा देने के लिए नहीं जिया जाता

भिक्षुओं, यह आध्यात्मिक जीवन लोगों को धोखा देने और उन्हें मनाने के लिए नहीं है; न ही लाभ, सम्मान और प्रशंस के लिए; न ही वाद-विवाद में जीतने के लिए; न ही इस विचार के साथ कि, 'लोग मुझे इस प्रकार जानें।'

बल्कि, यह आध्यात्मिक जीवन जिया जाता है संयम, त्याग, तीव्र भावनाओं से मुक्ति और निष्कासन के लिए।

(गौतम बुद्ध)

(संदर्भ: अंगुत्तर निकाय ४.२५)

गौतम बुद्ध ने नियुक्त अभ्यासकर्ताओं के लिए अभ्यासों से संबंधित जो शिक्षा दी, उसके बारे में अधिक जानने के लिए इसी किताब श्रृंखला की "नीच कलाएँ" (खंड १२) नामक किताब देखें।

५.) मंत्र जाप: दुनिया भर में ऐसे अभ्यासकर्ता हैं जो शिक्षाओं का "जप" करते हैं। यह जरूरी है कि अभ्यासकर्ता यह समझें कि जप से माइंडफुलनेस (यानी मन की जागरूकता), एकाग्रता और स्मृति विकसित करने में मदद मिल सकती है, लेकिन शब्दों और व्यक्ति के मुँह से निकलने वाली ध्वनियों में निर्वाण प्राप्त करने या उत्पन्न करने की कोई रहस्यमय, जादुई या विशेष शक्ति नहीं होती।

ऐसी कोई रहस्यमय, जादुई या विशेष शक्तियाँ नहीं हैं जिनका उपयोग किसी मंत्र में किया जा सके, जिससे अकुशल कम्मा का नाश, निर्वाण प्राप्ति, पुण्य/कम्मा का सौंपना, लंबी उम्र प्राप्त करना, मरे हुए प्राणियों की सहायता करना, मरने के बाद अपने लक्ष्य में सुधार करना या कोई और लाभदायक परिणाम प्राप्त करने जैसे कार्य करने में लाभ हो।

कभी-कभी मंत्रों को सिखाया जाता है और यह "विश्वास" किया जाता है कि उनमें रहस्यमय, जादुई या विशेष शक्तियाँ होती हैं। यह सत्य नहीं है और इससे एकाग्रता, याददाश्त या मन की जागरूकता के प्रशिक्षण के अलावा कोई लाभदायक परिणाम नहीं मिलेंगे।

गौतम बुद्ध की सभी शिक्षाएँ अभ्यासकर्ता द्वारा मन को प्रशिक्षित करने वाली शिक्षाओं को सीखने और उनका अभ्यास करने पर केंद्रित हैं, न कि किसी भी प्रकार के लाभ के लिए रहस्यमय, जादुई या विशेष शक्तियों का आह्वान करने पर। गौतम बुद्ध ने खुद इस प्रकार की साधनाएँ नहीं सिखाईं और उन्हें "नीच कला" बताया।

जप मन को शांत करने के लिए एक आरामदायक और शक्तिशाली अभ्यास हो सकता है, और मन के प्रशिक्षण के ज़रिए मन और साँस की माइंडफुलनेस का ध्यान विकसित किया जा सकता है, लेकिन रहस्यमय या जादुई शक्तियों के ज़रिए नहीं।

निर्वाण प्राप्त करने के लिए, एक अभ्यासकर्ता को संपूर्ण अष्टांग पथ का अभ्यास करना जरूरी है। शिक्षाओं को सीखने और उन्हें अपने रोज के जीवन में लागू करने के अभ्यास से ही हम निर्वाण प्राप्त करने के लिए मन को मुक्त कर सकते हैं।

जप सुनने या जप करने से मन को शांत करने, माइंडफुलनेस विकसित करने और साँस के प्रति जागरूकता विकसित करने में मदद मिल सकती है। जप के अभ्यास से एकाग्रता, याददाश्त और मन की जागरूकता में सुधार के साथ-साथ अपने मन को प्रशिक्षित करने के अन्य लाभदायक परिणाम भी प्राप्त किए जा सकते हैं।

जप से मन को शांत करने में मदद मिल सकती है, हालांकि, अभ्यासकर्ता को मन की शांति और जागरूकता को लंबे समय तक बनाए रखने के लिए प्रयत्न करने की जरूरत होगी।

जप केवल एक अभ्यास है जो जागरूकता संवारने में मदद करता है और निर्वाण से युक्त संतुष्ट मन को विकसित करने के लिए मन को एक "जीवन अभ्यास" की जरूरत होगी। एक अभ्यासकर्ता को निर्वाण प्राप्त करने के लिए पूरे अष्टांग पथ को अपने "जीवन अभ्यास" के रूप में सीखना और उसका अभ्यास करना होगा।

गौतम बुद्ध ने निर्वाण के पथ के अंतर्गत केवल किसी लाभदायक परिणाम के लिए मंत्र जप या पाठ करना नहीं सिखाया। ये शिक्षाएँ १००% उन शिक्षाओं को सीखने और उनका अभ्यास करने पर केंद्रित हैं जो मन की मुक्ति और असंतुष्टि को निष्कासित करने में मदद करती हैं।

अकेले जप या मंत्र से यह लक्ष्य पूरा नहीं होगा और निर्वाण प्राप्ति के लिए इसकी जरूरत भी नहीं है।

६.) गौतम बुद्ध की मूर्तियाँ: गौतम बुद्ध की हर मूर्ति अलग-अलग दिखती है, यह इस बात पर निर्भर करता है कि उसे किस संस्कृति ने बनाया है। चीन, तिब्बत, थाईलैंड, श्रीलंका और अन्य संस्कृतियों में बुद्ध की मूर्तियाँ हैं, लेकिन वे सभी अलग-अलग दिखती हैं।

आप देखेंगे कि हर संस्कृति गौतम बुद्ध की मूर्तियाँ स्थानीय परंपराओं और उस संस्कृति के स्थानीय स्वरूप के आधार पर गढ़ती है जो मूर्तियाँ गढ़ती है। थाईलैंड की मूर्तियाँ बिलकुल थाई दिखती हैं,

जबकि चीनी मूर्तियाँ बिलकुल चीनी दिखती हैं, इत्यादि। इनमें से कोई भी मूर्ति गौतम बुद्ध के उपदेशों में दिए गए वर्णन से मेल नहीं खाती। (इस चैप्टर के अंत में "गौतम बुद्ध का चित्र" देखें।)

लोग अपनी संस्कृति के स्वरूप के आधार पर मूर्तियाँ बनाते हैं, क्योंकि लोगों में गौतम बुद्ध के प्रति स्नेह है, हर संस्कृति चाहती है कि गौतम बुद्ध जितना हो सके उनके करीब दिखें।

यह गौतम बुद्ध के प्रति तृष्णा या मानसिक चिपकाव का एक रूप है और गौतम बुद्ध के प्रति तृष्णा या लालसा है कि वे उस संस्कृति से हों जिसने मूर्ति बनाई है।

ध्यान रखें, हमें मन को गौतम बुद्ध की किसी भी चित्र या प्रतिमा के प्रति चिपकाव या पूजा करने की अनुमति नहीं देनी चाहिए। गौतम बुद्ध ने हमें उनकी शिक्षाओं को सीखने और उनका पालन करने की शिक्षा दी ताकि हम निर्वाण प्राप्त कर सकें। उन्हें हमें अपनी चित्र से चिपकाव या उनकी पूजा करने की शिक्षा देने में कोई दिलचस्पी नहीं थी क्योंकि वे जानते थे कि इससे मन में असंतुष्टि पैदा होगी, निर्वाण नहीं। किसी भी प्रकार का चिपकाव मन में असंतुष्टि पैदा करेगा।

कुछ लोगों का मानना है कि गौतम बुद्ध की आत्मा इन मूर्तियों में निवास करती है और वे मूर्ति (यानी गौतम बुद्ध की आत्मा) से प्रार्थना करते हुए लाभ की कामना करते हुए पाए जा सकते हैं। गौतम बुद्ध ने कभी भी अपनी मूर्तियाँ बनाने या किसी मूर्ति में अपनी आत्मा के निवास की शिक्षा नहीं दी। वास्तव में, उन्होंने कभी यह नहीं सिखाया कि आत्मा का अस्तित्व है या नहीं। उन्होंने इसे एक अघोषित शिक्षा के रूप में छोड़ दिया।

एक शिक्षक के प्रति आप जो सर्वोच्च सम्मान दे सकते हैं, वह है उनकी शिक्षाओं का अभ्यास करना।

गौतम बुद्ध की केवल मूर्ति की पूजा करने से निर्वाण प्राप्त नहीं होगा, इसलिए उन्होंने हमें यह अभ्यास नहीं सिखाया। उन्होंने हमें केवल निर्वाण की ओर ले जाने वाली शिक्षाएँ ही सिखाईं, और मूर्ति की पूजा करने से निर्वाण प्राप्त नहीं होता।

७.) गौतम बुद्ध एक ईश्वर, अवतार या भगवान के रूप में: कुछ परम्पराएँ गौतम बुद्ध को भगवान या अवतार मानती हैं।

"भगवान" या "अवतार" शब्दों की सामान्य परिभाषाएँ हैं:

ईश्वर: ब्रह्मांड का निर्माता और सभी नैतिक अधिकार का स्रोत; सर्वोच्च प्राणी।

अवतार: पृथ्वी पर शारीरिक रूप में किसी देवता या मुक्त आत्मा का प्रकट होना; एक अवतरित दिव्य शिक्षक।

गौतम बुद्ध ने अपने जीवनकाल में कभी भी खुद को भगवान या अवतार नहीं कहा। वे खुद को एक मानव और एक शिक्षक मानते थे जिन्होंने बेहतर जीवन के "पथ" की खोज की। गौतम बुद्ध निर्वाण के "पथ" के खोजकर्ता, जनक और घोषक हैं। फिर उन्होंने एक मानव और शिक्षक के रूप में विनम्रतापूर्वक दूसरों को इस मार्ग की शिक्षा दी।

इसके अलावा, कुछ लोग गौतम बुद्ध को "भगवान" या "भगवान बुद्ध" भी कहते हैं। दुनिया भर के समुदायों में "भगवान" शब्द का मतलब बहुत अच्छी तरह से परिभाषित और विशिष्ट है।

"भगवान" शब्द का प्रयोग, जिसका इस्तेमाल गौतम बुद्ध ने खुद नहीं किया था, इन शिक्षाओं के अभ्यासकर्ता के लिए भ्रमित करने वाला हो सकता है, जो अन्य समुदायों और परंपराओं में "भगवान" शब्द के संपर्क में है।

आमतौर पर, "भगवान" शब्द का इस्तेमाल ईसा मसीह को "भगवान" कहने के लिए किया जाता है। क्योंकि दुनिया का एक बड़ा हिस्सा ईसा मसीह को संबोधित करने के लिए इसी शब्द का इस्तेमाल करता है, इसलिए इस पृष्ठभूमि वाले किसी भी व्यक्ति के लिए गौतम बुद्ध को उसी संदर्भ में समझना बहुत उलझन वाला होगा, जहाँ ईसा मसीह ने खुद को "एकमात्र भगवान" कहा था।

"भगवान" शब्द की एक सामान्य परिभाषा है:

भगवान: कोई व्यक्ति या चीज़ जिसके पास शक्ति, अधिकार या प्रभाव हो; स्वामी या शासक। (संज्ञा)

भगवान: (किसी के प्रति) श्रेष्ठ और दबंग तरीके से कार्य करना। (क्रिया)

समानार्थी शब्द: चारों ओर आदेश देना, चारों ओर हुक्म चलाना, किसी को आदेश देना, दबंग से रहना, तानाशाही दिखाना, हुक्म चलाना, पद का रौब दिखाना, अत्याचार करना, धमकाना, अपने अंगूठे के नीचे रखना, आदि।

"भगवान" शब्द के पास से समीक्षा करने पर आप देख सकते हैं कि इस शब्द की सामान्य परिभाषा प्रधान शिक्षक गौतम बुद्ध द्वारा सिखाई गई परिभाषा के विपरीत है।

गौतम बुद्ध ने हमें विनम्र, शांत, निश्चल, विनम्र, कृपालु, दोस्ताना और सम्मानजनक होना सिखाया। उन्होंने हमें "शक्ति" धारण करने या "किसी पर दबंग जमाने" की शिक्षा नहीं दी। उनकी शिक्षाएँ और मार्गदर्शन इन गुणों के बिल्कुल विपरीत थे। यदि हम गौतम बुद्ध के लिए "भगवान" शब्द का इस्तेमाल करते हैं, तो हम गौतम बुद्ध को वे गुण भी प्रदान कर रहे हैं जो उनकी शिक्षाओं के बिल्कुल विपरीत हैं।

हमें इस बात का ध्यान रखना चाहिए कि हम गौतम बुद्ध को एक मानव और एक शिक्षक या प्रधान शिक्षक के अलावा किसी और रूप में न देखें या न समझें।

उन्होंने खुद को हमेशा एक इंसान ही कहा, तो फिर हम उन्हें इंसान के अलावा किसी और नाम से क्यों पुकारें? वे एक शिक्षक थे, एक पूर्णतः संपूर्ण निर्वाण प्राप्त बुद्ध, और उन्होंने "तथागत" शब्द का भी इस्तेमाल किया।

गौतम बुद्ध से प्रार्थना करके अनुग्रह या इच्छाएँ माँगना संभव नहीं है। उनकी मृत्यु हो चुकी है और वे अब कभी पुनर्जन्म नहीं लेंगे।

केवल उनकी शिक्षाओं के अभ्यास के ज़रिए ही आप कुशल नीयत, वाणी और कार्यों के ज़रिए एक मुक्त मन का अनुभव करेंगे, साथ ही उनकी अन्य व्यापक रूप से स्पष्ट और संक्षिप्त शिक्षाएँ भी आपको बेहतर जीवन की ओर ले जाएँगी।

८.) आशीर्वाद: वर्तमान भाषा में "आशीर्वाद" से संबंधित कई वाक्यांश अच्छी नीयत से उपयोग किए जाते हैं, लेकिन गौतम बुद्ध की शिक्षाओं की गलतफहमी के साथ।

आप जो वाक्यांश सुन सकते हैं उनमें "बुद्ध आपका भला करें", "त्रिरत्न आपका भला करें" या इन वाक्यांशों के अन्य रूप शामिल हो सकते हैं। आप गौतम बुद्ध को "धन्य" के रूप में संदर्भित देख सकते हैं।

"आशीर्वाद" शब्द की एक सामान्य परिभाषा है:

आशीर्वाद: ईश्वर की कृपा और सुरक्षा; ईश्वर की कृपा और सुरक्षा के लिए प्रार्थना।

गौतम बुद्ध एक मानव और प्रधान शिक्षक थे। उन्होंने "रीति, रिवाजों, रस्मों और पूजा-पाठ" को त्यागने और हतोत्साहित करने की शिक्षा दी, क्योंकि उनका मानना था कि ये निर्वाण की ओर नहीं ले जा सकते। रीति, रिवाज, रस्म और पूजा-पाठ मन की स्थिति को नहीं बदलते।

गौतम बुद्ध की शिक्षाओं में कभी भी ऐसा नहीं था जहाँ उन्होंने इस बात की चर्चा की हो कि वे "आशीर्वाद" देते हैं या उनकी कोई भी शिक्षा किसी "आशीर्वाद" से जुड़ी है। उन्होंने लोगों को प्रार्थना करना या उनसे प्रार्थना करना भी अपनी शिक्षाओं का हिस्सा नहीं बताया। ये वाक्यांश गौतम बुद्ध की शिक्षाओं की गलतफहमियाँ हैं। (इसी किताब श्रृंखला में "उदारता" (खंड १३) नामक पुस्तक, चैप्टर ८२, जिसका शीर्षक "प्रार्थना के ज़रिए आकांक्षाएँ प्राप्त नहीं होतीं" है, प्रार्थना के उपयोग को हतोत्साहित करने संबंधी बुद्ध की शिक्षाओं से संबंधित शिक्षाओं के लिए देखें।)

गौतम बुद्ध ने अभ्यासकर्ताओं को उनके द्वारा बाँटी गईं शिक्षाओं को सीखने और उनका अभ्यास करने के लिए प्रोत्साहित किया ताकि आप शिक्षाओं में सत्य को देख सकें और मन की स्थिति में सुधार कर सकें। इस प्रकार, व्यक्ति प्रज्ञा प्राप्त करता है और निर्वाण प्राप्त करने के लिए मन को मुक्त करता है।

गौतम बुद्ध हमें आशीर्वाद नहीं दे सकते और उन्होंने जो कुछ भी सिखाया, उसमें आशीर्वाद शामिल नहीं था, बल्कि निर्वाण प्राप्ति की ओर ले जाने वाली शिक्षाओं को सीखने और उनका अभ्यास करने के लिए समर्पण और वचनबद्धता शामिल थी।

जिन स्थानों पर आप "धन्य व्यक्ति" शीर्षक देखते हैं, मैं आपको "धन्य व्यक्ति" के स्थान पर "संपूर्णतः निर्वाण प्राप्त व्यक्ति" लिखने के लिए प्रोत्साहित करता हूँ, क्योंकि यह गौतम बुद्ध की शिक्षाओं को अधिक सटीकता से प्रतिबिंबित करता है।

९.) बुद्ध, बुद्धत्व, या बुद्ध प्रकृति: इन शिक्षाओं की कुछ परंपराएँ सभी लोगों को बुद्ध मानती हैं और जब आपको निर्वाण प्राप्त होता है, तो आप बुद्ध बन जाते हैं। गौतम बुद्ध ने ऐसा नहीं सिखाया।

गौतम बुद्ध को उनके जीवनकाल में अक्सर "तपस्वी गौतम" कहा जाता था। अपनी राजसी विरासत त्यागने से पहले, उन्हें सिद्धार्थ गौतम के नाम से जाना जाता था। जीवन की बेहतर समझ के लिए निर्वाण प्राप्ति के लिए राजमहल छोड़ने के बाद, उन्हें "तपस्वी गौतम" या दूसरे शब्दों में "भिक्षु गौतम" कहा जाने लगा। कुछ लोग उन्हें शिक्षक या प्रधान शिक्षक गौतम भी कहते थे।

वह ज्यादातर अपने आप को "तथागत" कहकर संबोधित करते थे।

तथागत शब्द का मतलब अक्सर "वह जिसने सत्य की खोज की है", "वह जो सत्य को बाँटता है", "वह जो इस प्रकार गया है", या "वह जो इस प्रकार आया है" माना जाता है। इसका मतलब यह समझा जाता है कि तथागत सभी आने-जाने से परे हैं - अस्तित्व के प्राकृतिक नियमों के सत्य को बाँटते हैं जो निर्वाण की ओर ले जाते हैं। हालाँकि, इसके और मतलब भी हैं, और इस शब्द का सटीक मूल मतलब निश्चित नहीं है।

गौतम बुद्ध को पाली कैनन (जो उनकी शिक्षाओं का स्रोत है) में कई बार हवाला दिया गया है कि उन्होंने खुद को "तथागत" कहा है, न कि "मैं", या "खुद" जैसे सर्वनामों का इस्तेमाल किया है। इसका आशय यह हो सकता है कि यह शिक्षा किसी ऐसे व्यक्ति द्वारा कही गई है जो मानवीय स्थिति से ऊपर उठ चुका है, जो जन्म-मृत्यु के अंतहीन चक्र (यानी मन की असंतुष्टि की भावना से परे) से परे है।

तथागत शब्द के कई संभावित मतलब हैं।

गौतम बुद्ध समझते थे कि "मैं", या "खुद" जैसे सर्वनामों का इस्तेमाल मानवीय स्थिति को दर्शाने के लिए अनुपयुक्त है क्योंकि "आत्म नहीं है", जैसा कि "चार आर्य सत्य: सही दृष्टि की स्थापना" और "अहं को घुलाना: अहं कोई उद्देश्य पूरा नहीं करता" शीर्षक वाले पिछले चैप्टर में बताया गया है।

तथागत शब्द, मैं, या खुद जैसे सर्वनामों का इस्तेमाल किए बिना खुद को संदर्भित करने का एक तरीका है।

तथागत शब्द के अन्य मतलब इस प्रकार हैं:

- वह जो इस प्रकार से पहुँचा है, (यानी जिसने संसार की भलाई के लिए निपुणता की ओर अपना मार्ग प्रशस्त किया है)।
- वह जो ज्ञान के पथ से चीज़ों की वास्तविक समझ तक पहुँच गया है।
- जिसने सत्य को जीत लिया है।
- जिसने सत्य की सूझ-भूझ प्राप्त की है।
- वह जो सत्य की घोषणा करता है।

तथागत शब्द का मतलब चाहे जो भी हो या आप गौतम बुद्ध को शिक्षक या प्रधान शिक्षक कहें, उन्होंने शायद ही कभी खुद को बुद्ध कहा हो और उन्होंने कभी भी निर्वाण प्राप्त करने वाले लोगों को बुद्ध नहीं कहा है।

इसलिए, जिस व्यक्ति कि हम सराहना करते हैं, सम्मान करते हैं, और जिसके प्रति हमारे मन में प्रशंसा है, क्योंकि उसने निर्वाण की मानसिक अवस्था प्राप्त करने के लिए मन को पूरी तरह से मुक्त करने के लिए अपनी शिक्षाओं को दुनिया के साथ बाँटा है, वह शायद ही कभी, यदि कभी, खुद को बुद्ध के रूप में संदर्भित करते हैं और कभी भी किसी अन्य व्यक्ति को बुद्ध के रूप में संदर्भित नहीं करते हैं, जिसने अपने जीवनकाल के दौरान निर्वाण प्राप्त किया था।

तपस्वी गौतम या भिक्षु गौतम को संदर्भित करने के लिए बुद्ध शब्द का इस्तेमाल मुख्य रूप से ४८३ ईसा पूर्व में उनकी मृत्यु के बाद किया गया। उनकी मृत्यु के बाद ही लोग उन्हें व्यापक रूप से बुद्ध के रूप में संदर्भित करने लगे।

प्रधान शिक्षक गौतम बुद्ध ने कभी भी निर्वाण प्राप्त करने वाले लोगों को बुद्ध नहीं कहा। उन्होंने निर्वाण को बुद्धत्व नहीं कहा। उन्होंने यह नहीं सिखाया कि लोगों में बुद्धत्व होता है। उन्होंने लोगों से यह नहीं कहा कि वे संभावित रूप से बुद्ध हैं। उन्होंने शायद ही कभी, यदि कभी, खुद को बुद्ध कहा हो, और निर्वाण प्राप्त करने वाले व्यक्ति के लिए बुद्ध उपाधि का ये सभी इस्तेमाल गौतम बुद्ध की शिक्षा नहीं है।

आपको ये शिक्षाएँ और किसी निर्वाण प्राप्त व्यक्ति के लिए बुद्ध शब्द का इस्तेमाल पाली कैनन में उनकी शिक्षाओं के स्रोत में नहीं मिलेगा क्योंकि गौतम बुद्ध ने यह नहीं सिखाया कि हर कोई बुद्ध है, कि कोई व्यक्ति बुद्धत्व प्राप्त कर लेगा, या उन्होंने निर्वाण के लिए बुद्ध प्रकृति शब्द का इस्तेमाल नहीं किया। जिस व्यक्ति ने शिक्षकों के मार्गदर्शन में सर्वोच्च स्तर पर निर्वाण प्राप्त किया है, उसे अरहंत या शायद एक निर्वाण प्राप्त व्यक्ति या एक निर्वाण प्राप्त प्राणी कहा जाएगा।

क्योंकि गौतम बुद्ध ने इस प्रकार से बुद्ध उपाधि का इस्तेमाल करने की शिक्षा नहीं दी थी, इसलिए बुद्ध उपाधि का इस्तेमाल किसी ऐसे व्यक्ति के लिए नहीं किया जाना चाहिए जिसने निर्वाण प्राप्त कर लिया हो (यानी जो निर्वाण प्राप्त हो) बल्कि उसे अरहंत माना जा सकता है।

गौतम बुद्ध ने अपना राजपाट त्याग दिया, छह साल की कड़ी मेहनत और लगन के बाद, जो उन्हें मृत्यु के करीब ले गया, निर्वाण प्राप्त किया, अपने जीवनकाल में अनगिनत लोगों को निर्वाण प्राप्त करने की शिक्षा दी, ऐसी शिक्षाएँ छोड़ीं जो उनकी मृत्यु के बाद अनगिनत लोगों को निर्वाण प्राप्त करने में मदद करेंगी, साधुओं के रूप में निर्वाण प्राप्त करने के लिए नियुक्त मार्ग की स्थापना की जो आज भी जीवित है, और सबसे महत्वपूर्ण बात यह है कि वे अपनी शिक्षाओं के सबसे गहरे अभ्यासकर्ता थे। वे निर्वाण के पथ के खोजकर्ता, जनक और घोषक थे।

गौतम बुद्ध के बाद कोई भी ऐसा व्यक्ति नहीं आया है या गौतम बुद्ध के बाद कोई भी ऐसा व्यक्ति नहीं आएगा जिसने निर्वाण की ओर ले जाने वाली शिक्षाओं को बाँटने के प्रति गौतम बुद्ध जैसा समर्पण और वचनबद्धता दिखाई हो - एक सच्चा बुद्ध। ऐसा कोई भी व्यक्ति नहीं है जिसने गौतम बुद्ध, एक सच्चे बुद्ध, और अगले बुद्ध मैत्रेय के अपेक्षित आगमन के साथ भी, समस्त मानवता को लाभान्वित करने वाला उतना प्रभाव डाला हो या डालेगा।

किसी ऐसे इंसान को, जिसने केवल निर्वाण प्राप्त किया है, बुद्ध कहना, बुद्धत्व प्राप्त करना, या बुद्ध प्रकृति वाला कहना, हमारे प्रधान शिक्षक गौतम बुद्ध द्वारा ४५ वर्षों के शिक्षण के दौरान किए गए कठिन परिश्रम और प्रयत्न का अनादर करना और उसे कमतर आंकना है, जिनकी शिक्षाओं ने पिछले २५०० वर्षों में असंख्य मनुष्यों के अस्तित्व में महत्वपूर्ण सुधार किया है, और मानवता के भविष्य में भी उनका प्रभाव बना रहेगा।

अगर कोई खुद को बुद्ध कहता है, बुद्धत्व प्राप्त कर चुका है, या बुद्ध प्रकृति का स्वामी है, तो इसका मतलब है कि वह खुद को उस व्यक्ति के समान स्तर पर रखता है, जिसकी दुनिया भर में दूसरों के

प्रति समर्पण और सेवा के लिए प्रशंसा और सम्मान है, जिसकी शिक्षाएँ आज भी, २५०० साल बाद भी, समय की कसौटी पर खरी उतरी हैं। गौतम बुद्ध एक सच्चे और वास्तविक बुद्ध थे।

आप बुद्ध नहीं हैं और न ही कभी बुद्ध बनेंगे। आपको बुद्धत्व प्राप्त नहीं होगा। आपमें बुद्धत्व नहीं है। आप एक निर्वाण प्राप्त व्यक्ति के रूप में, जिसे अरहंत माना जाता है, निर्वाण प्राप्त कर सकते हैं, लेकिन आपके कार्य और प्रयत्न का प्रभाव दुनिया में कभी भी उतना नहीं होगा जितना एक सच्चे बुद्ध का होता है, जो अपनी स्वतंत्र यात्रा के ज़रिए निर्वाण प्राप्त करते हैं और फिर अनगिनत अन्य प्राणियों को निर्वाण प्राप्त करने के लिए मार्गदर्शन करते हैं।

खुद को बुद्ध कहना, बुद्धत्व प्राप्त करना या बुद्ध प्रकृति होना अहं से प्रेरित है, और इसलिए यह सब जानते हैं कि जो व्यक्ति ऐसा करता है, वह निर्वाण प्राप्त भी नहीं है।

यदि कोई व्यक्ति खुद को गौतम बुद्ध, एक सच्चे बुद्ध, के समान स्तर पर रखकर अहं रखता है, तो भी उसमें अहं है और वह निर्वाण प्राप्त भी नहीं कर सकता।

निर्वाण प्राप्त करने के लिए, व्यक्ति को अहं को घुलाना जरूरी है। यदि कोई खुद को बुद्ध, बुद्धत्व प्राप्त या बुद्ध प्रकृति वाला कहता है, तो अहं अभी भी विद्यमान है और अभी तक घुला नहीं है। इसलिए, आप यह मान सकते हैं कि जो व्यक्ति खुद को बुद्ध, बुद्धत्व प्राप्त या बुद्ध प्रकृति वाला कहता है, वह अभी तक निर्वाण प्राप्त नहीं कर पाया है, और उसमें वह सराहना, सम्मान और प्रशंसा नहीं है जो उस व्यक्ति के लिए थी जिसे कभी सिद्धार्थ गौतम, तपस्वी गौतम, भिक्षु गौतम, शिक्षक गौतम, प्रधान शिक्षक गौतम या तथागत कहा जाता था।

गौतम बुद्ध ने शायद ही कभी खुद को बुद्ध कहा हो, तो कोई और खुद को बुद्ध क्यों कहेगा जब तक कि उसमें तृष्णा/लालसा और अहं न हो और वह खुद को गौतम बुद्ध के समान स्तर पर रखकर प्रशंसा पाने की कोशिश न करे। अगर तृष्णा/लालसा या अहं है, तो कोई निर्वाण प्राप्त नहीं कर सकता, तो वह बुद्ध कैसे हो सकता है?

इस किताब में पहले बाँटे गए "निर्वाण: निर्वाण क्या है?" शीर्षक चैप्टर में एक सच्चे और वास्तविक बुद्ध की कई विशेषताएँ हैं। बुद्ध माने जाने के लिए, व्यक्ति को इन मानदंडों पर खरा उतरना होगा।

पाँच खजानों की दुर्लभ उपस्थिति

लिच्छवियों, पाँच खजानों की उपस्थिति संसार में दुर्लभ है।

कौन से पाँच?

(१) तथागत, अरहंत, संपूर्णतः निर्वाण प्राप्त पुरुष की उपस्थिति संसार में दुर्लभ है।

(२) तथागत द्वारा घोषित शिक्षा और अनुशासन को सिखाने वाला व्यक्ति संसार में दुर्लभ है।

(३) जब तथागत द्वारा घोषित शिक्षा और अनुशासन सिखाया जाता है, तो उसे समझने वाला व्यक्ति संसार में दुर्लभ

(४) जब तथागत द्वारा घोषित शिक्षा और अनुशासन सिखाया जाता है, तो ऐसा व्यक्ति जो उसे समझ सकता है और शिक्षा के अनुसार अभ्यास कर सकता है, संसार में दुर्लभ है।

(५) कृतज्ञ एवं धन्यवादी व्यक्ति संसार में दुर्लभ है।

लिच्छवियों, इन पाँच निधियों का दर्शन संसार में दुर्लभ है।

(गौतम बुद्ध)

(संदर्भ: अंगुत्तर निकाय ५.१९५)

गौतम बुद्ध का चित्र

प्रधान शिक्षक गौतम बुद्ध
(तथागत)

गौतम बुद्ध का यह कलात्मक चित्र, उनकी शिक्षाओं के सबसे संपूर्ण संग्रह, पाली कैनन में दिए गए उनके वर्णन के आधार पर बनाया गया है। थाईलैंड के क्रुंग थेप स्थित वाट ना पाह पोंग ने पाली कैनन में दिए गए वर्णन के आधार पर गौतम बुद्ध की इस कलाकृति का निर्माण करवाया था।

गौतम बुद्ध का जन्म वर्तमान नेपाल में हुआ था। यह कलाकृति एक ऐसे व्यक्ति के रूप-रंग से मिलती-जुलती है जो दुनिया के उस क्षेत्र से आया माना जाता है और जिस संस्कृति में यह कलाकृति बनाई गई थी, उससे संबंधित नहीं थी।

मैं जानता हूँ कि यह चित्र गौतम बुद्ध उनके जीवनकाल के दौरान उनकी शक्ल का सही प्रतिनिधित्व करता है।

विष से सने तीर से घायल हुए व्यक्ति की उपमा

मान लीजिए, मालुंक्यपुत्त, एक व्यक्ति विष से सने तीर से घायल हो गया, और उसके मित्र और साथी, उसके संबंधी और रिश्तेदार उसका इलाज करने के लिए एक सर्जन को लाए। वह आदमी कहता: 'मैं सर्जन को यह तीर तब तक नहीं निकालने दूंगा जब तक मैं यह न जान लूँ कि मुझे घायल करने वाला व्यक्ति राज वंश का था, ब्राह्मण था, व्यापारी था या मजदूर था।' और वह कहता: 'मैं सर्जन को यह तीर तब तक नहीं निकालने दूंगा जब तक मैं उस व्यक्ति का नाम और कुल न जान लूँ जिसने मुझे घायल किया था;...जब तक मैं यह न जान लूँ कि मुझे घायल करने वाला व्यक्ति लंबा था या छोटा या मध्यम कद का;...जब तक मैं यह न जान लूँ कि मुझे घायल करने वाला व्यक्ति काला था या भूरा या सुनहरी चमड़ी वाला;...जब तक मैं यह न जान लूँ कि जिस धनुष की डोरी ने मुझे घायल किया वह रेशे की थी या सरकंडे की या नस की या भांग की या छाल की;...जब तक मैं यह न जान लूँ कि जिस बाण ने मुझे घायल किया वह जंगली था या खेती की हुई;...जब तक मैं यह न जान लूँ कि जिस बाण ने मुझे घायल किया वह किस प्रकार के पंखों से बंधा था - क्या वे गिद्ध के थे या बगुले के या बाज के या मोर के या सारस के;...जब तक मैं यह न जान लूँ कि जिस बाण ने मुझे घायल किया वह किस प्रकार की नस से बंधा था - क्या वह बैल का था या भैंसे का या हिरण का या बंदर का;... जब तक मैं न जान लूँ कि वह किस प्रकार का तीर था जिसने मुझे घायल किया - चाहे वह नुकीला हो या धारदार या घुमावदार या कांटेदार या बछड़े के दांत वाला या चाकू के आकार का।'

यह सब उस व्यक्ति को अभी भी ज्ञात नहीं होगा और इस बीच उसकी मृत्यु हो जाएगी। इसी प्रकार, मालुनक्यपुत्त, यदि कोई ऐसा कहे: 'मैं उस [निर्वाण प्राप्त] व्यक्ति के अधीन पवित्र जीवन तब तक नहीं जीऊँगा जब तक कि वह [निर्वाण प्राप्त] व्यक्ति मुझे यह घोषित न कर दे: 'संसार अनंत है' और 'संसार अनंत नहीं है'; 'संसार सीमित है'; और 'संसार असीमित है'; 'आत्मा शरीर के समान है' और 'आत्मा एक चीज़ है और शरीर दूसरी'; और 'मृत्यु के बाद एक तथागत विद्यमान है' और 'मृत्यु के बाद एक तथागत विद्यमान नहीं है' और 'मृत्यु के बाद एक तथागत विद्यमान है भी और नहीं भी है' और 'मृत्यु के बाद तथागत का न ही विद्यमान है और न ही विद्यमान नहीं है', तो यह बात तथागत द्वारा अघोषित ही रहेगी और इस बीच वह व्यक्ति मर जाएगा।

और मैंने क्या घोषित किया है? 'यह है असंतुष्टि', 'यह कारण है असंतुष्टि का', 'यह निष्कासन है असंतुष्टि का', 'यह मार्ग है जो ले जाता है असंतुष्टि के निष्कासन की ओर' - मैंने यह घोषित किया है।

मैंने यह क्यों घोषित किया है? क्योंकि यह लाभदायक है, यह पवित्र जीवन के मूल सिद्धांतों में से एक है, यह मुक्ति, तीव्र भावनाओं से मुक्ति, उनका निष्कासन, शांति, प्रत्यक्ष ज्ञान (अनुभव), निर्वाण, निब्बाना की ओर ले जाता है। इसीलिए मैंने यह घोषित किया है।

(गौतम बुद्ध)

(संदर्भ: मज्झिम निकाय ६३)

विष से सने तीर से घायल हुए व्यक्ति की उपमा (जारी)

लेखक के विचार: यह उपमा "विषैले बाण" का इस्तेमाल उन "तीन विषों" को दर्शाने के लिए करती है जिनसे हम सभी "तृष्णा (लालच/लालसा), क्रोध (घृणा/दुर्भावना), और अज्ञानता (भ्रम/उलझ)" से प्रभावित होते हैं। गौतम बुद्ध की शिक्षाएँ सर्जन द्वारा दर्शाई गई हैं। उनकी शिक्षाएँ "तीन विषों" को दूर करने की दवा है। लेकिन, अगर हम इन शिक्षाओं का अभ्यास करने से पहले, जो इन विषों को दूर करेंगी, "तीन विषों" को हटाने के लिए हम चाहते हैं कि सभी उत्तरों को जानें, तो जरूर हम विषों के हटाने से पहले ही मर जाएँगे।

इन शिक्षाओं को सीखने और उनका अभ्यास करने से पहले सभी उत्तरों को जानना आपके लिए संभव नहीं है क्योंकि प्रज्ञा प्राप्त करने के लिए कई उत्तरों को स्पष्ट रूप से देखने के लिए आपको एक "जीवन अभ्यास" बनाने की जरूरत है। हर दिन आप अपने जीवन अभ्यास में *धीरे-धीरे* निर्वाण प्राप्त करने के लिए अधिक से अधिक प्रज्ञा बनाते हैं। यदि आप इन शिक्षाओं का अभ्यास करने से पहले सभी उत्तरों को जानने की अपेक्षा करते हैं, तो जरूर से आप विषों के दूर होने से पहले ही मर जाएँगे और इस प्रकार, निरंतर असंतुष्टि के साथ पुनर्जन्म लेंगे और एक नए लोक में जीवन का अनुभव करेंगे - शायद मानव लोक में नहीं।

गौतम बुद्ध ने कुछ सवालों को अघोषित छोड़ दिया क्योंकि वे मन की मुक्ति की ओर नहीं ले जाते। लेकिन उन्होंने जिन शिक्षाओं की घोषणा की, वे मन की पूर्ण मुक्ति की ओर ले जाती हैं, मतलब इस उपमा में बताए गए "चार आर्य सत्यों" से शुरू होती हैं।

अंधकार से उजाले की ओर

जब हम मन के गहरे अंधकार में डूब जाते हैं, तो हमें कोई रास्ता नजर नहीं आता। हमें लगता है कि बाकी सब ही "समस्या" हैं। हमें एहसास ही नहीं होता कि हम समस्या में हैं। हम यह नहीं देख पाते कि तीन विष हमारे मन, हमारी नीयत, हमारी वाणी और हमारे कार्यों को प्रभावित कर रहे हैं।

हम अपनी नीयत, वाणी और कार्यों की वजह से अपने साथ घटने वाली बुरी घटनाओं को नहीं देख पाते। कम्मा का प्राकृतिक नियम हमें निरंतर यह दिखाता रहता है कि हम अभी भी अंधकार में हैं, लेकिन इस प्राकृतिक नियम की प्रज्ञा के बिना हम सोचते हैं कि हम किसी तरह नियंत्रण पा सकते हैं।

हमें नहीं पता कि कोई समस्या है और इसलिए, हमें नहीं पता कि अंधेरे से बाहर निकलने का कोई रास्ता है। हमें लगता है कि हम बहुत होशियार हैं और बहुत साफ देख सकते हैं।

मन विष से भरा हुआ है, तृष्णा, क्रोध और अज्ञानता (सच्ची वास्तविकता से अनजान होना) के तीन विष, लेकिन हम इसे देख नहीं पाते। हमारी अत्यधिक तृष्णा और लालसा हमें और भी ज्यादा जकड़े रखती हैं, और जोड़े रखती हैं।

हम दस बेड़ियों के माध्यम से पुनर्जन्म के चक्र में बँधे हुए हैं।

हमारा अस्तित्व अनंत तृष्णा और लालसाओं के इस पहाड़ को संतुष्ट करने में लग जाता है। हमें लगता है कि हम बस जिंदगी जी रहे हैं और सब कुछ सामान्य है।

हम क्रोधित होते हैं, हम खुश होते हैं, फिर हम दुखी होते हैं, फिर ऊब जाते हैं, अकेले होते हैं, उत्साहित होते हैं, प्रफुल्लित होते हैं, गहराई से आहत होते हैं, भावनाओं के इस रोलर कोस्टर में आगे क्या होगा, इसकी तलाश करते रहते हैं। हम उत्तर खोज रहे हैं, लेकिन शायद यह नहीं जानते कि कहाँ देखें क्योंकि "जीवन जीने का तरीका" जो सब कुछ समझाता है, वह भी अनित्यता से प्रभावित हो चुका है, इसलिए, हर कोई इसे "धर्म" कहता है, जबकि मूल शिक्षक ने इसे "जीवन जीने का एक बेहतर तरीका" बताया था।

धर्म शब्द से अधिकांश लोगों में दुखद भावनाएँ उत्पन्न होती हैं, और इसीलिए वे इससे दूर हो जाते हैं।

यदि हम भाग्यशाली हैं, तो हम...

सुनते हैं कि संसार असंतुष्टि से भरा है, सब कुछ अनित्य है और निरंतर परिवर्तनशील है, सिवाय निर्वाण और अस्तित्व के प्राकृतिक नियमों के। मन की दिलचस्पी जागृत होती है और जब इस शिक्षा का अभ्यास किया जाता है, तो मन सत्य को देखता है और उससे सहमत होता है।

अंधकार से प्रकाश की ओर (जारी)

यह सुनकर कि हम अपनी मानसिक चिपकाव को निष्कासित कर और मन को न चिपकने का प्रशिक्षण देकर अपनी असंतुष्टि की भावना को निष्कासित कर सकते हैं, मन कुछ साँसें तो ले लेता है, लेकिन अंधकार बना रहता है। विष अच्छी तरह जड़ें जमा चुका होता है।

यह सुनकर कि हमारी असंतुष्टि को निष्कासित करने का "पथ" अष्टांग पथ का अभ्यास करना है, जो वह मार्ग है जो ले जाता है असंतुष्टि के निष्कासन की ओर, मन शांति, संतुष्टि, आंतरिक पूर्णता के लिए प्रकाश देख सकता है।

लेकिन, हमें शिक्षाओं और शिक्षकों तक पहुँच होनी चाहिए। हमें अध्ययन करना चाहिए, चिंतन करना चाहिए, अभ्यास करना चाहिए ताकि हम "परिणाम" प्राप्त कर सकें।

अहं के निष्कासन और अन-आत्म की प्राप्ति के साथ, तृष्णा, क्रोध और अज्ञानता (सच्ची वास्तविकता से अनजान होना) से मुक्त मन। अंधकार के सागर में एक नियमित, शांत और निश्चल मन जो सभी मनुष्यों के लिए उपलब्ध है।

निर्वाण प्राप्त मन, एक ऐसी मानसिक अवस्था जिसे सभी प्राप्त कर सकते हैं, जिससे मानव जाति के लिए अब तक ज्ञात सबसे शांतिपूर्ण पृथ्वी का निर्माण हो सकेगा।

१.) सभी प्राणियों के लिए सार्वभौमिक प्रेम
२.) कोई हानि न पहुँचाएँ
३.) एक अच्छे नैतिक व्यक्ति बनें

हमें यह समझने में २५०० वर्ष लग गए कि हमारे पास उत्तर तो थे, लेकिन अन्य सभी चीज़ों की तरह अनित्यता ने उन्हें भी प्रभावित किया है।

अब, हम फिर से ध्यान केंद्रित करते हैं। हम आकाश से शिक्षाएँ ग्रहण करते हैं, उन पर से धूल झाड़ते हैं, और उन्हें दुनिया के सामने प्रस्तुत करते हैं।

हम घर से ही शुरुआत करते हैं और फिर आगे बढ़ते हैं। इसमें बहुत समय लगेगा।

तीन विषों से मुक्त एक शांतिपूर्ण दुनिया संभव है। लेकिन पहले, आपको यह एहसास होना चाहिए कि आपको विष से भरा एक तीर मारा गया है।

क्या आप इसे बाहर निकालने के लिए तैयार हैं?

आज ही गौतम बुद्ध की शिक्षाओं को सीखना और उनका अभ्यास करना शुरू करें!

(इस किताब के लेखक द्वारा लिखित)

"बुद्ध के शब्द - निर्वाण का पथ - उजागर करता है वह जो छुपा हुआ है" किताब श्रृंखला को पढ़ते और समझते रहें, जो हम सभी के लिए एक बेहतर जीवन शैली प्राप्त करने के लिए तैयार की गई है।

आप फेसबुक ग्रुप के माध्यम से चर्चा करने, बाँटने और सीखने के लिए एक सहायक वातावरण में लोगों के समूह से जुड़ सकते हैं।

दैनिक प्रज्ञा - चलना पथ पर बुद्ध के साथ

https://www.facebook.com/groups/DailyWisdom999/

सभी सदस्यों को बिना किसी आकलन के स्वीकार किया जाता है। यह बातचीत, चर्चा, सीखने और विकास के लिए एक स्वस्थ स्थान है। निर्वाण के इस पथ पर आगे बढ़ने में आपकी सहायता के लिए संसाधन उपलब्ध हैं, जो एक सामूहिक शिक्षण कार्यक्रम के माध्यम से ऑनलाइन उपलब्ध हैं।

सामूहिक शिक्षण कार्यक्रम: आपके लिए लाइव इंटरैक्टिव ऑनलाइन कक्षाएं, किताबें, ऑडियोबुक, वीडियो, पॉडकास्ट और व्यक्तिगत मार्गदर्शन उपलब्ध हैं।

आगे छानबीन के लिए सीखने के संसाधन

ऑडियोबुक

(ऑडियोबुक) - (खंड १ - चैप्टर २४) - गौतम बुद्ध की शिक्षाएँ के बारे में गलतफहमी (पढ़िए और सुनिए)
https://youtu.be/CjnGRfVw5ec

एप. ५२४ - (ऑडियोबुक) - (खंड १ - चैप्टर २४) - गौतम बुद्ध की शिक्षाएँ के बारे में गलतफहमी
https://podcasters.spotify.com/pod/show/buddhadailywisdom/episodes/Ep--524---Audiobook---Volume-1---Chapter-24---Misunderstandings-of-Gotama-Buddhas-Teachings-e272v27

यूट्यूब वीडियो

(सामूहिक शिक्षण प्रोग्राम) - चैप्टर २४ - गौतम बुद्ध की शिक्षाएँ के बारे में गलतफहमी
https://youtube.com/live/fX6byF6Hnnk

निर्देशित साँस की माइंडफुलनेस का ध्यान और ध्यान के बारे में गलतफहमी
https://youtu.be/GQYYHJ5Xfd0

पॉडकास्ट

एप. ४९२ - (सामूहिक शिक्षण प्रोग्राम) - चैप्टर २४ - गौतम बुद्ध की शिक्षाएँ के बारे में गलतफहमी
https://podcasters.spotify.com/pod/show/buddhadailywisdom/episodes/Ep--492---Group-Learning-Program---Chapter-24---Misunderstandings-of-Gotama-Buddhas-Teachings-e27a9n5/a-aa5l0bn

एप. १९६ - निर्देशित साँस की माइंडफुलनेस का ध्यान और ध्यान के बारे में गलतफहमी
https://podcasters.spotify.com/pod/show/buddhadailywisdom/episodes/Ep--196---Guided-Breathing-Mindfulness-Meditation-and-Misunderstandings-About-Meditation-e165edi/a-a6cmk13

प्रश्नोत्तरी

गौतम बुद्ध की शिक्षाएँ के बारे में गलतफहमी
https://forms.gle/PXhQGSQyFAebGSFx9

(इस ऑनलाइन प्रश्नोत्तरी को पूरा करके इस चैप्टर की अपनी समझ की पुष्टि करें। आप ही एकमात्र व्यक्ति हैं जो प्रश्नोत्तरी के परिणाम देखेंगे।)

अक्सर पूछे जाने वाले प्रश्न

१.) मैं बौद्ध कैसे बन सकता हूँ?

कई बार लोग पूछते हैं, "मैं बौद्ध कैसे बन सकता हूँ?"

यह सवाल ज्यादातर उस मन से आता है जो यह चाहता है कि कोई व्यक्ति "क्या बनना" चाहता है, इसके लिए कोई लेबल या श्रेणी खोजे।

वास्तव में, मेरी राय में, गौतम बुद्ध खुद बौद्ध नहीं थे। "बौद्ध" शब्द गौतम बुद्ध की मृत्यु के बाद ही प्रचलित हुआ, इसलिए हम जानते हैं कि वे बौद्ध नहीं थे। उन्होंने ऐसी शिक्षाओं की खोज की और उन्हें दूसरों तक पहुँचाया जो एक बेहतर जीवन शैली, जागृत और निर्वाण प्राप्त मन की ओर ले जाती हैं।

मुझे नहीं लगता कि लोगों पर कोई लेबल लगाना या उन्हें किसी भी तरह से वर्गीकृत करना फायदेमंद है। हम सब इंसान हैं।

मैं "मैं बौद्ध कैसे बनूं?" के सवाल को "मैं अपने मन को निर्वाण के लिए कैसे जागृत करूं?" के रूप में देखता हूं।

मैं इस सवाल का उत्तर देना चाहता हूँ कि "मैं मन को निर्वाण के लिए कैसे जागृत करूँ?" जो कि इस सवाल के शीर्षक में उल्लिखित पिछले सवाल से अधिक लाभदायक है।

निर्वाण के लिए मन को जागृत करने के लिए एक व्यक्ति को एक शिक्षक के मार्गदर्शन के साथ निर्वाण के पथ पर प्रगति करने के लिए गौतम बुद्ध की शिक्षाओं को सीखने और उनका अभ्यास करने का चुनाव करना होगा।

शिक्षाओं को सीखने और उनका अभ्यास करने के लिए किसी को कुछ भी औपचारिक करने की जरूरत नहीं है, सिवाय इसके कि मन को निर्वाण प्राप्त मन के लिए जागृत करने, शिक्षाओं तक पहुँच बनाने और एक शिक्षक तक पहुँच बनाने के लिए शिक्षाओं को सीखने और उनका अभ्यास करने के लिए समर्पण और वचनबद्धता होनी चाहिए।

मन को जागृत करने के लिए, हर अभ्यासकर्ता को एक शिक्षक की जरूरत होगी। शिक्षक के मार्गदर्शन के बिना मन को निर्वाण के लिए जागृत करना असंभव है। एक शिक्षक आपको निर्वाण के पथ पर शिक्षाएँ और व्यक्तिगत मार्गदर्शन प्रदान करने के काबिल होगा।

बिना शिक्षक के केवल एक ही व्यक्ति मन को निर्वाण प्राप्त मन की ओर जागृत कर सकता है, वह है एक बुद्ध। दुनिया को ज्ञात आखिरी बुद्ध २५०० वर्ष से भी पहले हुए थे। इसलिए, आपको और सभी को एक शिक्षक के मार्गदर्शन की जरूरत होगी।

एक बार जब आपको कोई शिक्षक मिल जाए, तो उनके पास आपको शिक्षाओं को सीखने और उनका अभ्यास करने में सहायता करने के लिए संसाधन होने चाहिए ताकि आप स्वतंत्र रूप से मार्ग पर चलते हुए निर्वाण प्राप्त कर सकें। जब आप शिक्षाओं को सीखते और उनका अभ्यास करते हैं, तो गौतम बुद्ध की शिक्षाओं का कोई भी पहलू विश्वास पर आधारित नहीं होता। विश्वास मन को मुक्त करके निर्वाण की ओर जागृत नहीं कर सकता।

एक शिष्य को शिक्षाओं में सत्य को स्वतंत्र रूप से देखने के लिए *धीरे-धीरे* शिक्षाओं को सीखने और उनका अभ्यास करने की जरूरत होगी। यह नई प्राप्त प्रज्ञा ही है जो एक व्यक्ति के मन को निर्वाण प्राप्त प्रज्ञा के ज़रिए काम करने के काबिल बनाएगी। इस प्रकार, मन *धीरे-धीरे* एक नित्य मानसिक अवस्था प्राप्त करने की दिशा में प्रगति करेगा जो आनंद के साथ शांत, निश्चल, निर्मल और संतुष्ट हो - एक निर्वाण प्राप्त मन।

गौतम बुद्ध ने ऐसी कोई शिक्षा नहीं दी जिसमें रीति, रिवाज, रस्म या पूजा-पाठ शामिल हो। उन्होंने सिखाया कि ये चीजें निर्वाण की ओर नहीं ले जातीं, इसलिए निर्वाण के पथ पर चलने के लिए किसी रीति, रिवाज, रस्म या पूजा-पाठ की जरूरत नहीं है।

निर्वाण प्राप्त मन किसी भी प्रकार की असंतुष्टि की भावना का अनुभव नहीं करेगा। सभी असंतुष्टि की भावनाएँ १००% निष्कासित हो जाएँगी, जिनमें उदासी, क्रोध, निराशा, चिड़चिड़ापन, झुंझलाहट, अपराधबोध, लज्जा, डर, ऊब, अकेलापन, शर्म, ईर्ष्या, रोष, तनाव, चिंता आदि शामिल हैं।

मन नित्य रूप से आनंद के साथ शांत, निश्चल, निर्मल और संतुष्ट रहेगा।

क्या आप निर्वाण के पथ पर हैं? क्या आप शिक्षाएँ सीख रहे हैं और उस मार्ग पर आगे बढ़ रहे हैं?

अगर नहीं, तो आप ऐसा कर सकते हैं, और जीवन उतना ही बेहतर है जितना कि मन *धीरे-धीरे* "सच्ची वास्तविकता" की ओर जागृत होता है - निर्वाण की ओर।

२.) क्या मुझे निर्वाण प्राप्त करने के लिए अपनी सारी संपत्ति, व्यवसाय और रिश्ते त्यागने की जरूरत है?

बिल्कुल नहीं।

जबकि सादा जीवन जीने से बहुत शांति मिल सकती है, लेकिन आप अपने लिए और अपने अस्तित्व के लिए किस प्रकार का जीवन चुनते हैं, यह आपकी व्यक्तिगत पसंद है।

ये शिक्षाएँ संपत्ति, व्यवसाय और रिश्तों को निष्कासित करने के बारे में नहीं हैं, बल्कि मन के प्रशिक्षण और शुद्धिकरण के बारे में हैं। आपको गैर-चिपकाव का अभ्यास करते हुए संपत्ति, व्यवसाय और रिश्तों आदि से मन के जुड़ाव को निष्कासित करना होगा। मन को संपत्ति, व्यवसाय और रिश्तों को नहीं, बल्कि मन की दस बेड़ियों, कलंकों या प्रदूषण को निष्कासित करना होगा, साथ ही मन के अन्य लाभदायक गुणों को विकसित करना होगा।

निर्वाण प्राप्त करने के लिए गैर-चिपकाव का अभ्यास करते हुए आप संपत्ति, व्यवसाय और संबंध बना सकते हैं।

३.) अवतार और पुनर्जन्म क्या है? क्या ये एक ही बात हैं?

अवतार और पुनर्जन्म अलग-अलग बातें हैं। वे एक नहीं हैं।

अवतार: एक आत्मा का नये शरीर में फिर प्रकट होना।

अवतार आमतौर पर किसी पूर्व-अस्तित्व वाले प्राणी की आत्मा, प्रेतात्मा या हस्ती से एक नए अस्तित्व से संबंधित होता है। इस नए अस्तित्व को पिछले अस्तित्व के समान ही माना जाता है, बस एक नए शरीर में। अवतार के लिए एक नित्य आत्मा या हस्ती की जरूरत होती है जो बार-बार नए अस्तित्वों में प्रकट होती है। गौतम बुद्ध ने इसे अपनी शिक्षाओं का हिस्सा नहीं बताया।

अवतार की अवधारणा गौतम बुद्ध की "अनित्यता के सार्वभौमिक सच" और "अन-आत्म के सार्वभौमिक सच" की शिक्षाओं के साथ विरोधाभासी है, इसलिए गौतम बुद्ध ने इसकी शिक्षा नहीं दी थी। गौतम बुद्ध के ४५ वर्षों के शिक्षण में, उनकी शिक्षाओं में कभी कोई विरोधाभास नहीं रहा।

अवतार एक नित्य आत्मा या अनेक अस्तित्वों से परे आत्मा पर निर्भर है। गौतम बुद्ध ने आत्मा संबंधी शिक्षा को "अघोषित" बताया, जबकि उन्होंने कभी भी एक नित्य आत्मा या अनेक अस्तित्वों से परे एक नित्य आत्मा की अवधारणा नहीं सिखाई।

अवतार की अवधारणा गौतम बुद्ध की शिक्षाओं के तीन विशिष्ट पहलुओं के साथ संघर्ष करती है। अवतार इनसे संघर्ष करता है: १.) अनित्यता का सार्वभौमिक सच, २.) अन-आत्म का सार्वभौमिक सच, और ३.) गौतम बुद्ध ने आत्मा पर शिक्षाओं को एक "अघोषित" शिक्षा के रूप में छोड़ दिया, इस प्रकार, गौतम बुद्ध ने कभी अवतार की शिक्षा नहीं दी।

पुनर्जन्म: एक नया प्राणी जो पिछले प्राणी की तृष्णा और कम्मा के आधार पर पुनर्जन्म के चक्र के ज़रिए अस्तित्व में आया है।

गौतम बुद्ध ने पुनर्जन्म के चक्र के ज़रिए पुनर्जन्म की शिक्षा दी।

पुनर्जन्म एक नए प्राणी का नया अस्तित्व है जो किसी पूर्व प्राणी की तृष्णा के आधार पर पुनर्जन्म लेता है। तृष्णा ही वह ईंधन है जो पुनर्जन्म का कारण बनती है। अगर मृत्यु के समय तृष्णा है, तो एक नए अस्तित्व में पुनर्जन्म होगा। अगर निर्वाण प्राप्त हो गया है (यानी सभी तृष्णा, क्रोध और अज्ञानता पूरी तरह से बुझ गई है), तो पुनर्जन्म नहीं होगा।

नए प्राणी की नई चेतना में पिछले जन्मों की याददाश्त शेष हो भी सकती हैं और नहीं भी, जिन्हें नए प्राणी के जीवन के दौरान समय के साथ याद किया जा सकता है। पुनर्जन्म किसी भी प्रकार की नित्य आत्मा या प्रेतात्मा पर आधारित नहीं होता, बल्कि यह पिछले प्राणी की तृष्णा के कारण होता है जो एक नए जन्म और एक नए अस्तित्व को जन्म देती है।

हर नया जन्म एक नया अस्तित्व या नया जीवन है। असलियत में, इसे नए अस्तित्व के चक्र के रूप में बाँटना और चर्चा किया जाना चाहिए, क्योंकि ऐसा कुछ भी नहीं है जिसका वास्तव में पुनर्जन्म हो रहा हो।

पिछले जीव का कम्मा नए जीव की मंजिल और जीवन स्थिति निर्धारित करेगा। पिछले जीव का कम्मा यह निर्धारित करता है कि नए जीव का पुनर्जन्म किस लोक में होगा - नर्क, पशु, पीड़ित प्रेतात्मा, मानव या स्वर्ग लोक। पिछले जीव का कम्मा नए जीव के जीवन की गुणवत्ता भी निर्धारित करता है। उदाहरण के लिए, जिस परिवार और जीवन स्थिति (गरीबी बनाम धन) में जन्म लिया गया है, नए जीव का रूप-रंग, और नए जीव के शरीर और मन की स्थिति, ये सभी पिछले जीव के कम्मा के आधार पर निर्धारित होते हैं।

अगर पिछले प्राणी ने मानव लोक में पुनर्जन्म लेने के लिए पर्याप्त मात्रा में कुशल कम्मा उत्पन्न किया है, तो नए प्राणी का पुनर्जन्म एक धनी परिवार में, सुंदर रूप में, और/या स्वस्थ शरीर और मन के साथ अनुकूल स्थान पर होता है।

अगर पिछले प्राणी ने महत्वपूर्ण मात्रा में अकुशल कम्मा उत्पन्न किया है, तो नए प्राणी का पुनर्जन्म निम्न लोकों (नरक, पशु, या पीड़ित प्रेतात्माओं के लोक) वाले प्रतिकूल ठिकानों में होता है या अगर मानव लोक में पुनर्जन्म होता है, तो प्राणी को पिछले प्राणी के कम्मा के आधार पर नए अस्तित्व में कठिन परिस्थितियों में पुनर्जन्म लेना होगा।

पिछले जीव के कम्मा के परिणामस्वरूप उत्पन्न कठिन परिस्थितियों में यह शामिल होगा कि नया जीव किस लोक में पुनर्जन्म लेगा, संसार के किस भाग में, परिवार का प्रकार, धन की मात्रा, जीवन निर्वाह के लिए जरूरी चीज़ें प्राप्त करने की क्षमता, रूप-रंग, और शरीर और मन का स्वास्थ्य।

तृष्णा यह निर्धारित करती है कि पुनर्जन्म होगा या नहीं, जबकि कम्मा यह निर्धारित करता है कि पुनर्जन्म के समय नया प्राणी किस लोक, किस स्थिति और किस अवस्था में होगा।

४.) क्या मैं पुनर्जन्म में विश्वास किये बिना बौद्ध हो सकता हूँ?

हाँ, गौतम बुद्ध की शिक्षाओं को सीखने और उनका अभ्यास करने के लिए पुनर्जन्म के संबंध में सत्य को समझने, उस पर विश्वास करने या जानने की जरूरत नहीं है।

आइए इस विषय पर आगे चर्चा करें ताकि आपको गहरी समझ के लिए अतिरिक्त जानकारी मिल सके।

किसी व्यक्ति को बौद्ध मानना या न मानना केवल एक लेबल है। बौद्ध होने या न होने का लेबल यह निर्धारित नहीं करेगा कि आप इन शिक्षाओं को बारीकी से सीख रहे हैं या नहीं और उनका पालन कर रहे हैं या नहीं। यह निर्धारित करने के लिए कुछ भी नहीं है कि आप बौद्ध हैं या नहीं।

वास्तव में, गौतम बुद्ध खुद बौद्ध नहीं थे। उनके जीवनकाल में यह लेबल था ही नहीं। गौतम बुद्ध द्वारा बाँटी गई शिक्षाएँ और अभ्यास मानवता को एक "जीवन अभ्यास" के रूप में प्रदान किए गए थे जो मन को सच्ची वास्तविकता, निर्वाण की ओर जागृत करके उसकी स्थिति में सुधार ला सकते थे।

ऐसे कई लोग हैं जो अपने अभ्यास में इस हद तक आगे बढ़ चुके हैं कि वे पूर्वजन्मों को देखने लगे हैं। इन्हीं अवलोकनों के ज़रिए गौतम बुद्ध सहित कई लोगों को यह ज्ञात हुआ है कि पुनर्जन्म ही सत्य है। हो सकता है कि आप निर्वाण प्राप्ति के अपने प्रयत्न में पूर्वजन्मों देखें भी या नहीं।

अच्छी खबर यह है कि निर्वाण प्राप्त करने के लिए आपको पिछले जन्मों को देखने की जरूरत नहीं है। अतीत में जो कुछ हुआ, वह अतीत है और इसका इस बात पर कोई प्रभाव नहीं पड़ता कि आप इसी जन्म में निर्वाण प्राप्त करते हैं या नहीं। इस अच्छी खबर का एक हिस्सा यह भी है कि आपके पिछले जन्मों का कम्मा इतना अच्छा था कि आप इस पुनर्जन्म के लिए मानव स्थिति प्राप्त कर पाए और अब आपके पास इसी जन्म में निर्वाण प्राप्त करने का मौका है।

इस जीवन में निर्वाण प्राप्त करने के लिए अतीत में क्या हुआ या भविष्य में क्या हो सकता है, यह जरूरी नहीं है। मन को वर्तमान क्षण में रहकर उन शिक्षाओं को सीखना और उनका अभ्यास करना चाहिए जो निर्वाण प्राप्त करने के लिए अच्छे कुशल निर्णय लेने में मदद करें।

इसके अलावा, इस अभ्यास में ऐसी कोई शिक्षा नहीं है जिस पर केवल "विश्वास" किया जाए। विश्वास आपको वह प्रज्ञा प्राप्त नहीं कराता जो अंत में मन को मुक्त कर दे। जब आप शिक्षाओं को

सीखते हैं और उन्हें व्यवहार में लाते हैं, तभी आप उन शिक्षाओं के सत्य को स्वतंत्र रूप से स्थापित कर पाएँगे जो अंत में मन को मुक्त करके निर्वाण प्राप्त कराएँगी।

आपको इन शिक्षाओं पर कभी भी विश्वास नहीं करना चाहिए, बल्कि इन्हें सीखने और इनका अभ्यास करने का प्रयत्न करना चाहिए ताकि आप खुद सत्य की स्वतंत्र रूप से जाँच कर सकें। इससे यह पक्का होगा कि आप मन को मुक्त करने वाली प्रज्ञा प्राप्त कर रहे हैं।

किसी व्यक्ति के लिए मानव अवस्था प्राप्त करना कितना दुर्लभ है, इस बारे में अधिक जानकारी के लिए, गौतम बुद्ध की उपमा "दुर्लभ है कि कोई मानव अवस्था प्राप्त करे" देखें, जो इस किताब में "गौतम बुद्ध की शिक्षाओं को क्यों पढ़ें?" (चैप्टर २) शीर्षक वाले चैप्टर में उपलब्ध है।

५.) बुद्ध, धम्म और संघ में शरण लेने का क्या मतलब है और क्या ऐसा करने के लिए कोई रस्म है?

शरण: खतरे या संकट से बचाव या सुरक्षा। ऐसा स्थान जो आवास या सुरक्षा प्रदान करता हो। कोई ऐसी चीज़ जिससे कठिनाई में मदद मिल सके।

बुद्ध: एक ऐसा व्यक्ति जिसने शिक्षकों की सहायता के बिना खुद ही निर्वाण प्राप्त कर लिया है और स्वतंत्र रूप से उन शिक्षाओं की खोज की है जो उसे निर्वाण की ओर ले जाती हैं, और अपनी स्वतंत्र रूप से खोजी गई शिक्षाओं को दूसरों के साथ बाँटने की क्षमता रखता है जो उसके जीवनकाल में और मृत्यु के बाद अनगिनत लोगों को निर्वाण की ओर ले जाती हैं। दुनिया में अभी की जानकारी में अंतिम बुद्ध २५०० वर्ष पूर्व हुए थे, जिन्हें मैं प्रधान शिक्षक गौतम बुद्ध या गौतम बुद्ध कहता हूँ। (आप आगे देखेंगे कि लोग उन्हें अन्य तरीकों से कैसे संबोधित करते हैं।)

धम्म: गौतम बुद्ध की शिक्षाएँ जो अस्तित्व के प्राकृतिक नियमों पर आधारित हैं जो मन की जागृति, निर्वाण की ओर ले जाती हैं।

संघ: संपूर्ण अभ्यासकर्ता समुदाय में नियुक्त अभ्यासकर्ता, और वे सभी लोग जिन्होंने निर्वाण प्राप्ति के चार चरणों में से एक (१) प्राप्त कर लिया है, इसमें गृहस्थ अभ्यासकर्ता भी शामिल हैं। ये वे शिक्षक हैं जो गौतम बुद्ध की शिक्षाओं के ज़रिए दूसरों को प्रज्ञा प्राप्ति के लिए मार्गदर्शन कर सकते हैं।

जब हम कहते हैं कि बुद्ध, धम्म और संघ की शरण में जाओ तो हम कह रहे हैं कि बुद्ध में भरोसा रखने, धर्म सीखने और संघ से मार्गदर्शन प्राप्त करने के ज़रिए व्यक्ति के मन की रक्षा की जा सकती है।

किसी एक की नहीं, बल्कि तीनों की शरण लेनी होगी। इसे त्रिरत्न या त्रिमणि भी कहा जाता है।

जब कोई शिक्षकों के मार्गदर्शन में इन शिक्षाओं को सीखता और उनका अभ्यास करता है, तो उसका मन नित्य रूप से आनंद के साथ शांत, निश्चल, निर्मल और संतुष्ट रह सकता है। मन अविचल है क्योंकि इस पथ पर आपको "सच" की प्रज्ञा होगी और गहरी प्रज्ञा प्राप्त होगी। मन अविचल रहेगा, यानी कोई भी व्यक्ति मन को क्रोधित, निराश, चिड़चिड़ा, झुंझलाहट में या जरा भी तनाव या असंतुष्टि का कारण नहीं बना सकता।

मन इन और अन्य सभी असंतोषजनक भावनाओं, जैसे ऊब, अकेलापन, अपराधबोध, लज्जा, डर, शर्म, ईर्ष्या, रोष, चिंता, आदि से सुरक्षित रहेगा। एक बार निर्वाण प्राप्त हो जाने पर मन पर कभी भी कोई नकारात्मक प्रभाव नहीं पड़ेगा। निर्वाण प्राप्त मन पूरी तरह से सुरक्षित रहता है।

अगर कोई बुद्ध, उनकी शिक्षाओं और समुदाय की शरण लेता है, तो समुदाय के शिक्षकों द्वारा निर्देशित प्रज्ञा प्राप्ति के लिए आपके खुद के शिक्षण और अभ्यास के ज़रिए मन नित्य रूप से सुरक्षित रहेगा।

मन अविचल रहेगा।

समय-समय पर लोगों ने ऐसे रीति, रिवाज, रस्म, या पूजा-पाठ की है जिनके बारे में उनका कहना है कि ये बुद्ध, उनकी शिक्षाओं और समुदाय में शरण लेने की स्वीकृति हैं। हालाँकि, ये गौतम बुद्ध द्वारा नहीं सिखाए गए थे और ये केवल कुछ ऐसी चीजें हैं जिन्हें लोगों ने अपने मार्ग में विकसित किया है। किसी रस्म का कोई लाभ नहीं है। किसी रस्म में मन के बारे में कुछ भी बदलने की शक्ति नहीं होती। केवल शिक्षाओं को सीखने और उनका अभ्यास करने से ही मन विकसित हो सकता है और निर्वाण का अनुभव करने के लिए अपनी स्थिति में सुधार कर सकता है।

गौतम बुद्ध ने निर्वाण प्राप्त करने के लिए मन के जिस पहलू को निष्कासित करने की शिक्षा दी थी, वह है:

गलत व्यवहार और पालन (मन के इस विश्वास का निष्कासन कि रीति, रिवाज, रस्म और पूजा-पाठ एक अभ्यासकर्ता को निर्वाण प्राप्त करने में मदद करेंगे। का अच्छी तरह से विकसित अष्टांग पथ का अभ्यास।)

निर्वाण के प्रथम चरण को प्राप्त करने के लिए भी, व्यक्ति को अपने मन से इस बेड़ी या प्रदूषण को हटाना होगा। यह दस बेड़ियों में से एक है। निर्वाण प्राप्त करने के लिए सभी दस बेड़ियों को हटाना जरूरी है। अगर मन यह सोचता है कि रीति, रिवाज, रस्म,पूजा-पाठ मन की स्थिति में सुधार लाएँगे और अभ्यासकर्ता को निर्वाण की ओर बढ़ायेंगे, तो मन में अभी भी "गलत व्यवहार और पालन" का प्रदूषण है। इसलिए, अभ्यासकर्ता का मन निर्वाण प्राप्त नहीं है और जब तक यह प्रदूषण, या "गलत दृष्टि", मन से दूर नहीं हो जाता, तब तक वह निर्वाण प्राप्त नहीं होगा।

गौतम बुद्ध की शरण में जाना, उनकी शिक्षाओं को सीखना और उनका अभ्यास करना होगा। इस प्रकार, जितना अधिक आप सीखेंगे और अभ्यास करेंगे, आपका मन उतना ही अधिक सुरक्षित होता जाएगा। कोई रस्म आपके लिए ऐसा नहीं कर सकती। केवल सीखने और अभ्यास के लिए आपके समर्पण और वचनबद्धता से ही आप बुद्ध, उनकी शिक्षाओं और समुदाय की शरण में जाकर अपने मन की सुरक्षा प्राप्त कर सकते हैं।

सभी इंसान बुद्ध, शिक्षाओं और समुदाय की शरण ले सकते हैं। सभी मनुष्यों को बुद्ध, शिक्षाओं और समुदाय की शरण लेनी चाहिए।

पूरे विश्व के लिए "विश्वव्यापी शांति" का अनुभव करने का यही एकमात्र तरीका है।

६.) हमारे जीवन का उद्देश्य क्या है? हमारे मानव अस्तित्व का उद्देश्य क्या है?

यह एक आम सवाल है जो कुछ लोग खुद से पूछते हैं और हम कभी-कभी आध्यात्मिक शिक्षकों से भी पूछते हैं। दुनिया भर के विभिन्न आध्यात्मिक शिक्षकों ने इन सवालों के अलग-अलग जवाब दिए हैं।

आइए इस सवाल और मन में उठने वाले इस सवाल की प्रकृति का पता लगाएँ।

मानव मन में मानव अहं समाया हुआ है। इस प्रकार के सवाल मानव अहं से ही पूछे जाते हैं।

यह हमारा अहं ही है जो इस जीवन में महत्व और उद्देश्य पाने की तृष्णा या लालसा रखता है। अहं इस ग्रह पर मानव अस्तित्व के लिए एक विशेष उद्देश्य या उच्चतर आह्वान की तृष्णा रखता है।

मानव अहंकार हमेशा महत्व, उद्देश्य और महत्ता की तलाश में रहता है, इसलिए "जीवन में हमारा उद्देश्य क्या है?" का सवाल मन में अवश्य उठ सकता है।

छोटा उत्तर है: जीवन का कोई उद्देश्य नहीं है। यहाँ कुछ भी नहीं है और जीवन में कोई मतलब या महत्व नहीं है।

इसे निराशावादी दृष्टि मानी जा सकता है लेकिन आइए हम इसे और अधिक बारीकी से देखें।

अगर मनुष्य धरती से पलक झपकते ही पूरी तरह गायब हो जाएँ, तो क्या कोई शोक या उदासी होगी? कौन शोक मनाएगा या उदास होगा?

क्या बंदर, व्हेल या पक्षी इस बात पर दुखी होंगे कि मनुष्य लुप्त हो गए हैं?

क्या दुनिया के समुद्रों को इस बात से निराशा होगी कि मनुष्य लुप्त हो गए हैं?

अगर मनुष्य अचानक गायब हो जाएँ तो क्या सूर्य और चंद्रमा तब भी उदय और अस्त होंगे?

अगर आप इन सवालों के जवाब ईमानदारी से दें, तो आप इस नतीजे पर पहुँचेंगे कि बंदर, व्हेल या पक्षी मानवता के लुप्त होने पर दुखी नहीं होंगे। बल्कि, वे शायद खुश होंगे और मानवता के लुप्त होने को अपना हितकारी मानेंगे।

अगर मनुष्य लुप्त हो जाएँ तो विश्व के समुद्रों को निराशा नहीं होगी, और शायद हमारे लुप्त होने से उन्हें बहुत लाभ होगा।

सूर्य और चंद्रमा अब भी उन्हीं चक्रों के आधार पर उदय और अस्त होंगे जो हमेशा से रहे हैं और मानव के लुप्त होने से इन प्राकृतिक चक्रों पर कोई प्रभाव या परिवर्तन नहीं होगा।

आज से कुछ सौ या हजार साल बाद इस धरती पर आपको और आपके अस्तित्व को कौन याद रखेगा? अगर आप इस सवाल का जवाब ईमानदारी से देंगे, तो कोई भी आपको याद नहीं रखेगा और न ही इस बात की परवाह करेगा कि आपका अस्तित्व था।

तो फिर, पूरी मानवता के लुप्त होने पर कौन सचमुच शोक मनाएगा, दुखी होगा या निराश होगा? सिर्फ इंसान ही, है ना?

हममें अस्तित्व की इतनी तीव्र तृष्णा है कि हम इस ग्रह पर बने रहते हैं और अक्सर जीवन में मतलब या उद्देश्य की तलाश करते रहते हैं। यह बाहरी खोज और महत्व की तलाश, वास्तव में मानव अहं का महत्व की तलाश है।

इस तरह, हम संपत्ति, धन, रिश्ते, नौकरी के पद या आत्म छवि की तृष्णा करते हैं, ये सभी महत्व चाहने वाले मन की उपज हैं।

इसी प्रकार, यह मानव अहं ही है जो इस विचार को धारण करता है, पकड़ता है और उससे चिपका रहता है कि मानवता हमेशा बनी रहनी चाहिए और बनी रहेगी।

प्रागैतिहासिक काल में जिस प्रकार की दुनिया थी, जब विशाल जीव पृथ्वी पर चलते थे, मुझे संदेह है कि मानव अहं व्यावहारिक रूप से अस्तित्वहीन था।

अगर हम उस समय में रहते और अपनी गुफा से बाहर निकलते, तो हम जानते कि दुनिया में ऐसे विशाल प्राणी थे जो हम मनुष्यों से कहीं अधिक शक्तिशाली और महत्वपूर्ण थे।

प्रागैतिहासिक मानव शायद अपनी उपस्थिति और उन प्राणियों की उपस्थिति के लिए बहुत सचेत थे जो मनुष्यों से कहीं अधिक प्रभावशाली और शक्तिशाली थे। ये अधिक प्रभावशाली प्राणी अपनी शक्ति और पराक्रम से किसी भी इंसान के जीवन को लगभग तुरंत ही निष्कासित कर सकते थे।

मुझे संदेह है कि प्रागैतिहासिक मानव मस्तिष्क ने यह समझ लिया था कि इंसान शक्तिशाली नहीं हैं और अन्य प्राणी इस ग्रह पर शासन करते हैं।

यह केवल आधुनिक समाज में ही है कि मनुष्यों ने एक असंतुलित और अनियंत्रित अहं विकसित कर लिया है। हमने परिवहन, ऊर्जा, हथियार और अन्य क्षेत्रों में ऐसी तकनीक और प्रगति विकसित की है जिसने हमें इस ग्रह पर सर्वोच्च प्राणी बना दिया है।

अगर कोई शेर या कोई और जानवर किसी इंसान को मार डाले, तो हम शायद उस जानवर को ढूँढ़कर उसे मार डालेंगे और अपनी उन्नत बुद्धि और हथियारों से उसे ढूँढ़कर मार डालेंगे। आधुनिक मानव अहं को आज मौजूद किसी भी ऐसे जानवर पर अपना प्रभाव स्थापित करना जरूरी लगेगा जो किसी इंसान को मारकर "बच निकला"।

इससे आधुनिक मानव अहं को हमारे आसपास की दुनिया पर प्रभाव और नियंत्रण की झूठी भावना या तृष्णा को बनाए रखने की अनुमति मिलती है।

इसके विपरीत, अगर प्रागैतिहासिक काल में किसी इंसान को किसी अन्य प्राणी द्वारा मार दिया जाता, और उस समय मारने वाले अनेक प्राणी मौजूद होते, तो इंसान उसे स्वीकार कर लेते और यह जानते हुए आगे बढ़ जाते कि इंसान इस ग्रह पर प्रमुख शक्ति नहीं है। प्रागैतिहासिक मानव द्वारा सभी प्राणियों को मारने का प्रयत्न नहीं किया जाता क्योंकि यह उद्देश्य असंभव होता।

पूरे इतिहास में, मनुष्यों ने अपने आसपास की दुनिया पर प्रभाव जमाने या उसे नियंत्रित करने के लिए महत्वपूर्ण प्रज्ञा और क्षमता विकसित की है और अपने नियंत्रण या इच्छाशक्ति को लागू करने की उस क्षमता के ज़रिए, मानव अहं विकसित हुआ है और मानव मन में पक्के से जड़ें जमा चुका है।

लेकिन अगर हम आधुनिक मानव के अहं को हटाकर, महत्व और सार्थकता की तलाश को निष्कासित करके प्रागैतिहासिक मन पर ध्यान केंद्रित करें, तो हम शायद यही पाएँगे कि प्रागैतिहासिक मानवों में इस ग्रह पर अपने "सार्थकता" या "महत्व" को समझने की कोई इच्छा या दिलचस्पी नहीं थी, क्योंकि उन्हें बस "अस्तित्व" की चिंता थी। उन्हें बस "बचने" की चिंता थी। वे जमीन और उससे मिलने वाले संसाधनों पर निर्भर थे।

मेरा मानना है कि प्रागैतिहासिक मानवों की एकमात्र दिलचस्पी इस ग्रह पर रहने वाले सभी प्राणियों के साथ शांतिपूर्ण तरीके से विद्यमान और सह-विद्यमान रहना था। अगर वे ग्रह के सभी प्राणियों के साथ शांतिपूर्ण सह-अस्तित्व की तलाश नहीं करते और पृथ्वी के संसाधनों के साथ सामंजस्य बिठाकर नहीं रहते, तो मानव अस्तित्व ही नहीं होता।

वे खाना जुटाने के लिए शिकार करते और उसका संग्रह करते थे। उन्होंने आवास और कपड़े बनाए। वे एक-दूसरे के साथ बेहतर या ज्यादा आरामदेह जीवन जीने के तरीके खोजते थे। वे अपने अस्तित्व

की अहमियत या महत्त्व के तलाश में नहीं थे, वे बस एक बेहतर अस्तित्व की तलाश में थे - जीने और ज़िंदा रहने के लिए।

यह केवल आधुनिक सभ्यताओं में ही हमने नौकरियाँ, संपत्ति, उपाधियाँ, शौक, खेलकूद गतिविधियाँ और अन्य गतिविधियाँ बनाई हैं, जिन्हें हम इस अस्तित्व में अपने समय को शांत करने या व्यस्त रखने के लिए करते हैं, ताकि किसी प्रकार का महत्व या उद्देश्य पैदा हो सके, जिससे मानव अहं महत्वपूर्ण महसूस कर सके।

वर्षों से विभिन्न शिक्षकों से यही सवाल पूछे जाने के कारण, विभिन्न उत्तर प्राप्त हुए हैं। अभ्यासकर्ताओं और शिक्षकों के मन में उत्तर पाने और उत्तर प्रदान करने की तीव्र इच्छा होती है।

एक शिक्षक के रूप में, "हमारे जीवन का उद्देश्य क्या है?" या "हमारी अस्तित्व का उद्देश्य क्या है?" जैसे सवालों का उत्तर देना मेरे लिए अधिक महत्वपूर्ण, सार्थक या प्रज्ञा भरा अनुभव नहीं है।

क्या एक शिक्षक और इस प्रकार शिष्य केवल इस उत्तर से संतुष्ट हो सकते हैं कि "कोई उद्देश्य नहीं है, हम बस विद्यमान हैं"?

यह मानव मन और मानव अहं ही है जो इस जिंदगी के लिए हमेशा उद्देश्य बनाने की कोशिश करता रहता है ताकि हम जिंदा रह सकें और अपनी जिंदगी में ज्यादा से ज्यादा दायित्व और उपयुक्तता जोड़ते रहें। हम इस ग्रह पर प्रभावशाली और नियंत्रणकारी प्राणी हैं, इसलिए अहं इस उत्तर की अपेक्षा और तृष्णा रखता है कि हमारे अस्तित्व का कोई न कोई महत्व अवश्य होगा।

मैं यह बताकर संतुष्ट हो सकता हूं कि "मानव अस्तित्व का कोई उद्देश्य नहीं है और इस पृथ्वी पर मनुष्यों के लिए कोई उद्देश्य नहीं है", मुझे इस सवाल का निश्चित उत्तर देकर प्रज्ञापूर्ण दिखने के लिए अहं को खुश करने में कोई दिलचस्पी नहीं है।

क्या मन इस उत्तर से संतुष्ट हो सकता है कि "मानव अस्तित्व का कोई उद्देश्य नहीं है और इस पृथ्वी पर मनुष्यों के लिए कोई उद्देश्य नहीं है" या क्या आपके अंदर अभी भी किसी उद्देश्य की तृष्णा या इच्छा है?

क्या आपका अहं अब भी "इस जीवन में आपका उद्देश्य क्या है" के उत्तर की तृष्णा और चाह रखता है? क्या अहं अब भी अहमियत और महत्व की तलाश में है?

अगर हाँ, तो मैं आपको इसका उत्तर दूंगा...

आपका उद्देश्य निर्वाण प्राप्त करना है, जिसमें अहं का घुलना भी शामिल है, ताकि एक बार जब आप अहं को घुला देंगे, तो आप देखेंगे कि मानव अस्तित्व का कोई उद्देश्य नहीं है।

प्रज्ञा प्राप्ति के बाद आप "पुनर्जन्म के चक्र" से बच जाएँगे और इस प्रकार आप किसी ऐसे नए अस्तित्व में पुनर्जन्म नहीं लेंगे जिसका कोई उद्देश्य न हो।

जीवन को बनाए रखने के लिए जरूरी दैनिक गतिविधियों के ज़रिए अपने जीवन को बनाए रखें, और प्रयत्न करें कि अन्य प्राणियों या ग्रह को कोई नुकसान न पहुँचे। इसी जीवन में निर्वाण की खोज करें। अहं को त्यागें और समझें कि इस दुनिया में आपके लिए कुछ भी मौजूद नहीं है और हमें मानव अस्तित्व को जारी रखने की जरूरत नहीं है।

इस जीवन में अहमियत और महत्व की तृष्णा को निष्कासित करना, इस सवाल का उत्तर पाने की तृष्णा रखने वाले अहं को निष्कासित करना और उसे घुलाना है।

आपने खुद को लगातार ऐसे कामों, उद्देश्यों, लक्ष्यों और जिम्मेदारियों में व्यस्त और लीन रखा है जो मन और अहं को भाते हैं। मन और इस तरह अहं खुद को आवश्यक और अर्थपूर्ण महसूस करता है।

हालाँकि, मानवता के अस्तित्व का कोई उद्देश्य नहीं है और जब तक हम यह नहीं समझ लेते कि मन और इस प्रकार अहं हमें आवश्यक और अर्थपूर्ण महसूस करने की अंतहीन खोज में लगाए रखता है, तब तक हममें अस्तित्व की तृष्णा बनी रहेगी। अगर मृत्यु के समय तृष्णा है, तो हम पुनर्जन्म के चक्र से गुजरते हुए अंत में आवश्यकता और अर्थपूर्णता के निरंतर खोज में एक नए मानव जीवन में लौटेंगे। तृष्णा वह ईंधन है जो पुनर्जन्म की ओर ले जाती है। पुनर्जन्म को निष्कासित करने के लिए, तृष्णा को बुझाना जरूरी है।

जब तक हम इस पथ पर अन्य भावनाओं के साथ-साथ अहं को भी पूरी तरह से घुला नहीं देते, तब तक हमें निर्वाण प्राप्त नहीं होता, ताकि हम "कुछ नहीं" के उद्देश्य के साथ एक नए अस्तित्व में वापस न लौटें।

७.) क्या मैं शारीरिक बदन का व्यायाम करते हुए भी निर्वाण प्राप्त कर सकता हूँ?

हाँ आप कर सकते हैं।

निर्वाण के पथ में शरीर का नहीं, बल्कि मन का प्रशिक्षण शामिल है। इस जीवन को बनाए रखने के लिए, आपको शरीर और मन का एक साथ रहना जरूरी है।

शरीर के बिना आपके पास मन को प्रशिक्षित करने की कोई क्षमता नहीं है।

इसलिए, अगर आप चाहें तो अपने शरीर का व्यायाम करें और प्रज्ञापूर्ण तरीकों से उसके स्वास्थ्य को बनाए रखें। जब शरीर स्वस्थ होता है तो शरीर और मन दोनों पर कम मेहनत लगती है। अस्वस्थ शरीर शरीर की प्रणालियों और मन पर भी दबाव डालता है।

उचित स्वच्छता, उचित खाने का सामान, उचित नींद, शारीरिक फिटनेस और चिकित्सा जाँच यह पक्का करने में सहायक हैं कि आप शरीर के शारीरिक स्वास्थ्य को बनाए रख रहे हैं।

मन अत्यधिक स्वच्छता, उचित खाने का सामान, शारीरिक फिटनेस और खराब स्वास्थ्य के बारे में अत्यधिक चिंता से भी जुड़ सकता है, जिससे असंतुष्टि पैदा होती है, इसलिए यह जरूरी है कि आप तृष्णा/लालसा/चिपकाव के बिना अपने स्वास्थ्य को बनाए रखें।

उदाहरण के लिए, अगर आप रोज सुबह ८ बजे व्यायाम करने की योजना बनाते हैं और यही आपका नित्य कार्यक्रम है, तो आपके लिए इस कार्यक्रम को नित्य रूप से बनाए रखना असंभव होगा, क्योंकि "अनित्यता का सार्वभौमिक सच" यह कहता है। एक निश्चित, नियमित या नित्य कार्यक्रम बनाए रखना असंभव होगा।

क्या सिर्फ इसलिए कि आप सुबह ८ बजे व्यायाम करने से चूक गए, फिर भी मन संतुष्ट हो सकता है?

व्यायाम न करने का मतलब यह नहीं कि आप अपने आस-पास के लोगों के सामने चिड़चिड़े, परेशान या नाराज़ हो जाएँ। आपको यह अहंकार भी नहीं दिखाना चाहिए कि आप एक श्रेष्ठ एथलीट हैं और उन सभी को नीचा देखते हैं जो फिटनेस प्लान पर अमल नहीं करते। आपको सिर्फ व्यायाम करने के लिए रोजमर्रा की गतिविधियों में जल्दबाजी नहीं करनी चाहिए। निश्चल और नियमित गति से काम करें और अगर आप चाहें तो समय और क्षमता होने पर व्यायाम करें।

आप पाएँगे कि किसी प्रकार की नियमित शारीरिक गतिविधि करने से भौतिक शरीर की स्थिति और मन की स्पष्टता में सुधार होगा।

८.) क्या शरीर के लिए दवा और चिकित्सा प्रक्रियाएँ एक तृष्णा/लालसा/चिपकाव हैं?

किसी चीज़ की तृष्णा/लालसा/चिपकाव है या नहीं, इसका निर्धारण इस बात पर आधारित है कि मन उस व्यक्ति, चीज़ या परिस्थिति से किस प्रकार संबंधित है। अगर तीव्र उत्सुकता के साथ मानसिक तमन्ना है, तो वह तृष्णा/लालसा/चिपकाव है।

कई स्वास्थ्य स्थितियाँ हैं जिन्हें दवाओं से ठीक किया जा सकता है। दर्द निवारक दवाएँ कुछ स्थितियों में मददगार होती हैं। जीवन में, आपको सिरदर्द और शरीर में अन्य दर्द का अनुभव हो सकता है। यह सामान्य है और दर्द निवारक दवाएँ शरीर के अलग-अलग दर्दों से अनित्य रूप से राहत दिलाने में मददगार हो सकती हैं।

एक बार जब आप निर्वाण प्राप्त कर लेंगे, तो शरीर और मन शांतचित्त, हल्का और शांत हो जाएगा।

अगर आप शरीर में दर्द महसूस कर रहे हैं, तो मन को प्रशिक्षित करना चुनौतीपूर्ण होता है। दवाओं के ज़रिए शरीर को अनित्य रूप से दर्द से राहत दिलाना मददगार हो सकता है, लेकिन आपको यह पक्का करना होगा कि आप मन को प्रभावित करने वाली दवाओं पर निर्भर या आदी न हो जाएँ।

अगर कोई अभ्यासकर्ता स्वास्थ्य समस्या के मूल कारण को समझे बिना दवाएँ ले रहा है, तो शायद उसे अपनी समस्याओं का समाधान कभी नहीं मिल पाएगा। उदाहरण के लिए, अगर किसी अभ्यासकर्ता को लगातार सिरदर्द हो रहा है और वह मूल कारण की जाँच किए बिना ही दवा लेता रहता है, तो वह सिरदर्द के कारण को दूर नहीं कर पाएगा और रासायनिक दवाओं के निरंतर उपयोग के कारण होने वाले खर्च और हानिकारक दुष्प्रभावों के बोझ तले दब जाएगा। सिरदर्द जैसी समस्या के पीछे शायद कोई गैर-जैविक कारण होता है, जैसे खराब आहार, नींद की कमी, पानी की कमी, तनावपूर्ण परिस्थितियों से निपटने में कठिनाई, और अन्य बाहरी कारण।

एक बुद्धिमान अभ्यासकर्ता हमेशा दवाओं पर निर्भर रहने के बजाय, सिरदर्द के मूल कारण का समाधान ढूंढने की कोशिश करेगा। दवाइयाँ अनित्य समाधान तो दे सकती हैं, लेकिन एक प्रज्ञापूर्ण अभ्यासकर्ता मूल कारण का पता लगाएगा और समझदारी भरे निर्णय लेकर उसका समाधान करेगा, जिसमें चिकित्सा हस्तक्षेप शामिल हो भी सकता है और नहीं भी।

सिरदर्द और अन्य चिकित्सीय समस्याएँ मन को यह बताने का एक तरीका है कि अप्रज्ञापूर्ण निर्णय लिए जा रहे हैं और उन्हें पहचान कर और प्रज्ञापूर्ण निर्णय लेने के ज़रिए, एक अभ्यासकर्ता अपने चिकित्सीय मुद्दों को पूरी तरह से हल कर सकता है, जो सिरदर्द, तनाव, चिंता, अवसाद, द्विध्रुवी विकार, स्किज़ोफ्रेनिया और अन्य लक्षणों की एक पूरी श्रृंखला को जन्म देते हैं, जिनका इन शिक्षाओं के आधार पर एक अच्छी तरह से प्रशिक्षित मन के ज़रिए उपचार किया जाता है, लेकिन इसे जैविक चिकित्सा समस्या के रूप में गलत तरीके से समझा जा सकता है।

अपने डॉक्टरों के साथ दवाओं और उनके उपयोग के बारे में चर्चा करें और पक्का करें कि आपने ऐसे डॉक्टरों और चिकित्सा पेशेवरों का चयन किया है, जिन्होंने धन की तृष्णा को निष्कासित कर दिया है और बिना किसी अन्य प्रेरणा के सम्मानजनक लाभदायक रोगी देखभाल प्रदान करने के लिए समर्पित हैं।

मानसिक स्वास्थ्य के लिए निर्धारित दवाएँ, जैसा कि पिछले चैप्टर में बताया गया है, तृष्णा/लालसा/चिपकाव हो सकती हैं। ऐसी कोई दवा नहीं है जो उन जज़्बातों, भावनाओं, अतीत के सदमे या अपेक्षाओं को नित्य रूप से निष्कासित कर दे जो आपके मन में असंतुष्टि पैदा करती हैं।

मानसिक स्वास्थ्य की दवाएँ अनचाहे जज़्बातों और भावनाओं को दबा देंगी, लेकिन उन्हें निष्कासित नहीं करेंगी। दवाएँ और चिकित्सीय हस्तक्षेप केवल अनित्य समाधान हैं या शायद केवल मामूली सुधार प्रदान करते हैं, जबकि व्यक्ति इन शिक्षाओं में अपने जीवन अभ्यास को विकसित करने के लिए काम करता है ताकि अनचाहे जज़्बातों और भावनाओं को पूरी तरह से निष्कासित किया जा सके।

आनंद के साथ शांति, निश्चलता, निर्मलता और संतुष्ट मन प्राप्त करने का एकमात्र नित्य समाधान निर्वाण है।

९.) मैं सपनों को क्या महत्व दे सकता हूँ?

मन सपनों सहित कई तरह के विचार और अनुभव उत्पन्न कर सकता है। सपनों को कैसे समझा जाए, इस बारे में हमेशा सवाल उठते रहते हैं। जो व्यक्ति सपने देखता है, वह अक्सर जीवन में मार्गदर्शन के लिए सपनों के मतलब और उद्देश्य के लिए दूसरों की ओर देखता है। यह तरीका अक्सर बहकाने वाला भी हो सकता है।

सपनों के संभावित विषय और उनको समझने के तरीके अनगिनत हैं। हर सपने के लिए, दूसरों से कई तरह की व्याख्या मिल सकती हैं। कौन कह सकता है कि ऐसी जानकारी प्राप्त करने के लिए इस्तेमाल की जाने वाली अलग-अलग समझ और तरीकों में क्या सही है और क्या गलत?

जब आप कोई सपना देखते हैं, तो बेहतर होगा कि आप उसके मतलब या व्याख्या की चिंता न करें। नींद के दौरान जो कुछ भी घटता है और उसका मतलब क्या होता है, उससे सपना हकीकत नहीं बन जाता।

जीवन के अनुभवों में वास्तविकता और सत्य पर केंद्रित रहना, इन शिक्षाओं को सीखना और उनका अभ्यास करना सबसे अच्छा है। जैसे-जैसे आप निर्वाण के करीब पहुँचते हैं और प्रज्ञा प्राप्त करते हैं, आप देखेंगे कि सपने कम आने लगते हैं या वास्तव में १००% निष्कासित हो जाते हैं। हालाँकि कुछ लोग सपनों और सपनों को समझने में बहुत अधिक विश्वास और अंधविश्वास रखते हैं, लेकिन बेहतर यही है कि जैसे-जैसे आपको सपने याद आते हैं, आप उनसे आगे बढ़ जाएँ और सपने के मतलब को समझने की इच्छा से न चिपकें। अतीत के किसी सपने पर विचार करें और इस बात पर ध्यान केंद्रित करें कि इस पथ पर अपनी प्रगति जारी रखने के लिए आपको वर्तमान क्षण में क्या करने की जरूरत है।

अतीत या अतीत के अनुभवों से जुड़े रहने से मन पर केवल बोझ ही पड़ता है और अतीत के अनुभवों के उत्तर पाने की तृष्णा बनी रहती है, जबकि इन शिक्षाओं का एक लक्ष्य मन को अतीत में क्या हुआ था या भविष्य में क्या हो सकता है, इसकी चिंता किए बिना वर्तमान क्षण में लाना है।

१०.) निर्वाण नित्य क्यों है?

गौतम बुद्ध ने सिखाया कि उत्पन्न होने वाली "सारी सशर्त विचार और भावनाएँ" अनित्य हैं। उन्होंने यह नहीं सिखाया कि "सब कुछ अनित्य है"।

सशर्त विचार या भावना क्या है?

एक सशर्त विचार या भावना एक ऐसा विचार या भावना है जो किसी अनित्य स्रोत या चीज़ पर निर्भर होता है। यह एक ऐसा विचार या भावना है जिसे उत्पन्न होते, बदलते और फिर विद्यमान न रहते हुए देखा जा सकता है। एक सशर्त विचार या भावना अनित्य या दूसरे शब्दों में, क्षणिक होती है।

उदाहरण के लिए, "मैं खुश हूं क्योंकि मुझे नई कार मिली है"।

"नई कार" ही वह स्थिति है जो खुशी का कारण बन रही है। नई कार की स्थिति के कारण मन में खुशी उत्पन्न हुई है।

खुशी की भावना एक अनित्य स्थिति के आधार पर उत्पन्न होती है, समय के साथ यह भावना बदलती रहती है, और अंत में खुशी विद्यमान नहीं रहती। सुख की सशर्त भावना अनित्य या क्षणिक होती है।

चूँकि खुशी नई कार की अनित्य स्थिति पर आधारित थी, इसलिए अनुभव की गई खुशी भी अनित्य है। खुशी का वह विचार या एहसास जो उत्पन्न हुआ, बदला और विद्यमान नहीं रहा, क्योंकि सभी सशर्त भावनाएँ अनित्य होती हैं।

एक अन्य उदाहरण, "मैं दुखी हूँ क्योंकि मेरा पालतू जानवर मर गया"।

"पालतू जानवर" वह स्थिति है जो दुख का कारण बन रही है। पालतू जानवर की अनित्य स्थिति के कारण मन में दुख उत्पन्न हुआ है। जानवर नित्य नहीं है और मन उसकी नित्यता की तृष्णा के कारण खुद दुखी या असंतुष्ट हो रहा है।

उदासी की भावना पालतू जानवर की किसी अनित्य स्थिति के कारण उत्पन्न होती है। यह भावना समय के साथ बदलती रहती है और अंत में उदासी विद्यमान नहीं रहती। सशर्त उदासी की भावना अनित्य या क्षणिक होती है।

चूँकि यह उदासी पालतू जानवर की एक अनित्य स्थिति पर आधारित थी, इसलिए अनुभव की गई उदासी भी अनित्य है। उदासी का विचार या भावना उत्पन्न हुई, बदली और विद्यमान नहीं रही, क्योंकि सभी सशर्त भावनाएँ अनित्य होती हैं।

अनिर्वाणी मन में यही अनुभव होता है। अनिर्वाणी मन अपनी आंतरिक भावनाओं को अनित्य परिस्थितियों पर आधारित करता है।

अनिर्वाणी मन अनित्य स्थितियों की तृष्णा/लालसा/चिपकाव रखता है, किसी चीज़ को कसकर पकड़े रखने की तीव्र उत्सुकता के साथ मानसिक तमन्ना रखता है। जब अनित्यता के कारण परिस्थितियाँ बदलती हैं, तो मन सुख या दुख जैसे विचार या भावनाएँ उत्पन्न करता है।

फिर, जब अनित्यता का अनुभव होता है, तो अनिर्वाणी मन सुविधाजनक नहीं होता क्योंकि उसे अनित्यता को समझने का प्रशिक्षण नहीं मिला होता। अनिर्वाणी मन असंतुष्टि (सुखद भावनाएँ, दुखद भावनाएँ, और ऐसी भावनाएँ जो हैं न-दुखद-सुखद) और इन भावनाओं के कारण होने वाले दुख का अनुभव करता है जो नित्यता की तृष्णा/लालसा/चिपकाव के कारण उत्पन्न होता है, जबकि सभी सशर्त चीज़ें अनित्य हैं।

एक निर्वाण प्राप्त मन इस तरह से काम नहीं करता।

एक निर्वाण प्राप्त मन, अंदरूनी भावनाओं को जन्म देने वाली अनित्य परिस्थितियाँ के लिए निरंतर तृष्णा/लालसा/चिपकाव से मुक्त हो जाता है। निर्वाण प्राप्त मन ने तृष्णा/लालसा/चिपकाव को निष्कासित कर दिया है, नित्यता की तीव्र उत्सुकता के साथ मानसिक तमन्ना निष्कासित हो गई है, इसलिए, वह अब अपनी आंतरिक भावनाओं को अनित्य स्थितियों पर आधारित नहीं करता।

एक निर्वाण प्राप्त मन को गौतम बुद्ध द्वारा खोजी गई मूल समस्या, जो कि अनित्य परिस्थितियों के लिए तृष्णा/लालसा/चिपकाव है, को बुझाने के लिए प्रशिक्षित किया जा चुका होगा। निर्वाण प्राप्त मन अब नित्यता की तृष्णा नहीं रखता।

नित्यता की तीव्र उत्सुकता के साथ मानसिक तमन्ना (यानी तृष्णा/लालसा/चिपकाव) से युक्त मन की मानसिक लालसा को निष्कासित कर देने के बाद, मन अब अनित्य परिस्थितियों की चाहत, तमन्ना, या तृप्ति (सुखद भावनाओं) की खोज नहीं करता। एक निर्वाण प्राप्त मन जानता है कि सशर्त विचार

और भावनाएँ अनित्य (यानी क्षणिक) हैं, और इसलिए उसे अनित्य परिस्थितियों के आधार पर तृप्ति (सुखद भावनाओं) की खोज न करने का प्रशिक्षण दिया गया है।

एक निर्वाण प्राप्त मन ने सभी तृष्णा/लालसा/चिपकाव को हटा, निष्कासित, मिटा, और बुझा दिया है, और इसलिए, अब तीव्र उत्सुकता के साथ मानसिक तमन्ना नहीं रहती है, अंदरूनी रूप से शांत और संतुष्ट होने के कारण अब उसकी अंदरूनी भावनाएँ अनित्य स्थितियों पर आधारित नहीं रहती हैं।

मन मुक्त हो चुका है, उसने निर्वाण हासिल कर लिया होता है, और वह निर्वाण प्राप्त हो चुका है। निर्वाण की मानसिक अवस्था अविचल और नित्य होती है।

एक बार जब मन को तृष्णा/लालसा/चिपकाव को निष्कासित करने के लिए प्रशिक्षित कर लिया जाता है, तो वह कभी भी अनित्य परिस्थितियों से तृप्ति (सुखद भावनाएँ) की तलाश में नहीं लौटेगा। मन ने यह प्रज्ञा प्राप्त कर ली है कि अनित्य परिस्थितियों से तृप्ति (सुखद भावनाएँ) की तलाश केवल उदासी, क्रोध या उससे भी बदतर स्थिति को ही आमंत्रित करती है और लाती है, और इस प्रकार, अनित्य परिस्थितियों से तृप्ति (सुखद भावनाएँ) प्राप्त करने में उसकी दिलचस्पी या इच्छा नहीं रहती। एक बार जब व्यक्ति इस प्रज्ञा को प्राप्त कर लेता है और प्रशिक्षित हो जाता है, तो मन इस प्रज्ञा को नहीं भूलेगा और इस प्रकार, वह इस प्रज्ञा के आधार पर नित्य रूप से आनंद के साथ शांत, निश्चल, निर्मल और संतुष्ट रहने के लिए प्रशिक्षित हो जाता है।

निर्वाण प्राप्त मन नित्य रूप से आनंद के साथ शांत, निश्चल, निर्मल और संतुष्ट रहता है, जो किसी भी अनित्य परिस्थितियों पर आधारित नहीं होता। सभी परिस्थितियाँ दूर हो जाती हैं और इस प्रकार, मन स्वाभाविक निर्वाण प्राप्त मानसिक अवस्था में रहता है, जिसे नित्य रूप से असशर्त मन कहा जाता है।

निर्वाण प्राप्त करने वाले व्यक्ति को आनंद की एक नित्य मानसिक अवस्था प्राप्त होगी। निर्वाण प्राप्त करने के बाद, अनुभव किया जाने वाला आनंद बिना किसी शर्त के, या असशर्त होता है, और किसी अनित्य स्थिति, चीज़ या अनुभव पर आधारित नहीं होता, इसलिए नित्य होता है।

अनिर्वाणी मन अनित्य परिस्थितियों की अनित्य प्रकृति से प्रभावित होता है, जबकि निर्वाण प्राप्त मन को प्रज्ञा के ज़रिए प्रशिक्षित और मुक्त किया गया है, ताकि वह अनित्यता से प्रभावित न हो।

गौतम बुद्ध की शिक्षाएँ मन को प्रशिक्षित करने के लिए मार्गदर्शन प्रदान करती हैं ताकि वह सशर्त विचारों और भावनाओं की अनित्य प्रकृति से अप्रभावित होकर रहने के लिए एक नित्य जगह प्राप्त कर सके।

यह निर्वाण प्राप्त मन है, पूरी तरह शुद्ध और बिना किसी सशर्त विचार या भावना के।

एक निर्वाण प्राप्त मन नित्य रूप से शांत, स्थिर, निर्मल और आनंद से रहता है जो किसी भी शर्त पर आधारित नहीं होता। सभी शर्तें निष्कासित हो जाती हैं और मन असशर्त के होता है। मन शुद्ध हो जाता है और मन के सभी बंधन, कलंक या प्रदूषण निष्कासित हो जाते हैं।

एक निर्वाण प्राप्त मन अनित्य परिस्थितियों पर आधारित संतुष्टि की बाहरी खोज और तलाश से मुक्त हो जाता है और आंतरिक रूप से आनंद के साथ शांत, निश्चल, निर्मल और संतुष्ट हो जाता है - नित्य रूप से।

११.) गौतम बुद्ध की शिक्षाओं के शिक्षकों के लिए सहायता दान इतना महत्वपूर्ण क्यों है?

गौतम बुद्ध की शिक्षाओं से संबंधित होने के कारण सहायता दान महत्वपूर्ण है, इसके दो मुख्य कारण हैं।

आइए उन कारणों की छानबीन करें...

गौतम बुद्ध की शिक्षाओं का क्रम जारी रहे

गौतम बुद्ध की शिक्षाएँ इस धरती पर २५०० वर्षों से भी अधिक समय से केवल इसलिए विद्यमान हैं क्योंकि लोगों ने उनके निरंतर विकास और विस्तार में सहयोग दिया है। गौतम बुद्ध की शिक्षाओं को एकत्रित और बाँटने के लिए कोई केंद्रीकृत संगठन जिम्मेदार नहीं है, इसलिए, दुनिया भर में इन शिक्षाओं के समर्थन और विकास को जारी रखना आप और मेरे जैसे व्यक्तियों की जिम्मेदारी है।

२५०० से भी ज्यादा वर्षों से, लोग गौतम बुद्ध की शिक्षाओं को बाँटने वालों की सहायता के लिए खाना, पानी, कपड़ा, आवास, चिकित्सा सामान और आर्थिक दान प्रदान करते रहे हैं। इस प्रकार, शिक्षक अपना समय शिक्षाओं का अभ्यास करके अनुभव प्राप्त करने और दूसरों के लाभ के लिए गौतम बुद्ध की शिक्षाओं को बाँटने पर केंद्रित कर पाते हैं।

शिक्षकों को शिक्षाओं को बाँटने से कोई बुनियादी लाभ नहीं मिलता है, लेकिन आप पाएँगे कि शिक्षाओं का गहराई से अभ्यास करने वाले लोग अक्सर आपके लाभ के लिए औपचारिक शिक्षा के ज़रिए अपने अनुभवों को बाँटने का निर्णय लेते हैं।

उचित शिक्षक बिना किसी शर्त के सभी प्राणियों के साथ खुले तौर पर और स्वतंत्र रूप से अपनी शिक्षाएँ बाँटेंगे। वे उन सभी शिष्यों को स्वीकार करेंगे जो सम्मानपूर्वक इन शिक्षाओं को सीखने और उनके अभ्यास में प्रगति करने का चुनाव करते हैं।

हालाँकि वे शिष्यों को सीखने और प्रगति करने के लिए शिक्षाएँ मुफ्त में दे सकते हैं, लेकिन शिक्षकों के लिए शिक्षाएँ देना मुफ्त नहीं है। एक शिक्षक को इस जीवन में मौजूद रहने और शिक्षाओं को खुले तौर पर और स्वतंत्र रूप से बाँटने की क्षमता का समर्थन करने के लिए कई संसाधनों की जरूरत होती है।

शिक्षक अपना जीवन इस तरह से व्यवस्थित करेंगे कि उन्हें केवल खाना, पानी, कपड़ा, आवास, चिकित्सा समान और आर्थिक सहायता जैसे बुनियादी समर्थन की जरूरत होगी। एक समर्पित शिक्षक अपने जीवन को चलाने के लिए बुनियादी सहायता और सामग्री के अलावा किसी और चीज़ में दिलचस्पी नहीं रखेगा।

शिक्षकों को निरंतर सहायता प्रदान किए बिना, शिक्षक संसार में अभ्यासकर्ताओं को निर्वाण के पथ पर सीखने और प्रगति करने के लिए शिक्षाएँ प्रदान करने में असमर्थ होते। अगर आपसे पहले अनगिनत लोगों ने सहायता के रूप में दान न दिया होता ताकि शिक्षक सीखते रहें, अभ्यास करते रहें और सभी प्राणियों को खुले तौर पर और स्वतंत्र रूप से शिक्षाएँ प्रदान करते रहें, तो इस जीवन में शिक्षाएँ आप तक नहीं पहुँच पातीं।

आपसे पहले के लोग ही हैं जिन्होंने नियमित रूप से दान देकर सहायता प्रदान की है ताकि शिक्षाएँ जारी रहें और अंत में आपके लाभ के लिए आप तक पहुँच सकें।

यह आपका सहयोगपूर्ण दान ही है जो आपको और आपके बाद आने वाले लोगों को इन शिक्षाओं को सीखने और उनका अभ्यास करने में मदद करेगा।

उदारता प्रज्ञा की ओर ले जाती है

गौतम बुद्ध ने मन में जो प्राथमिक समस्या खोजी वह है "तृष्णा/लालसा/चिपकाव"।

अनिर्वाणी मन असंतुष्टि की भावनाओं का अनुभव करता है क्योंकि वह मानसिक लालसा और तीव्र उत्सुकता के साथ "पकड़" लेता है। इसे "तृष्णा/लालसा/चिपकाव" कहा जाता है।

मन खुद को असंतुष्ट बनाता है क्योंकि तृष्णा/लालसा/चिपकाव के साथ वह "पकड़े" रखता है और इसलिए, मन उदासी, क्रोध, निराशा, चिड़चिड़ापन, झुंझलाहट, अपराधबोध, लज्जा, डर, ऊब, अकेलापन, शर्म, ईर्ष्या, रोष, तनाव, चिंता आदि का अनुभव करता है।

इन शिक्षाओं के अभ्यास में सीखने और प्रगति करने के लिए, एक शिष्य मन में असंतुष्टि को पूरी तरह से निष्कासित कर सकता है और निर्वाण प्राप्त मन को प्राप्त करने के लिए सभी असंतुष्ट भावनाओं को मिटा सकता है।

तृष्णा/लालसा/चिपकाव असंतुष्ट मन का कारण है और इस अकुशल गुण को निष्कासित करने से मन से असंतुष्टि की भावना निष्कासित हो जाएगी।

गौतम बुद्ध ने तृष्णा/लालसा/चिपकाव को निष्कासित करने के लिए मन को प्रशिक्षित करने के दो उपाय बताए थे।

साँस की माइंडफुलनेस का ध्यान और उदारता ये दो अभ्यास हैं जिन्हें गौतम बुद्ध ने तृष्णा/लालसा/चिपकाव के अकुशल गुण को निष्कासित करने के लिए बाँटा था।

शिक्षकों के मार्गदर्शन में साँस की माइंडफुलनेस के ध्यान का अभ्यास और उदारता का अभ्यास करने से, मन को "छोड़ देना" सिखाया जाता है। साँस की माइंडफुलनेस का ध्यान और उदारता, और अन्य शिक्षाओं का अभ्यास किए बिना, एक अभ्यासकर्ता निर्वाण प्राप्त नहीं कर पाएगा।

उदारता (यानी देना और बाँटना) का अभ्यास करने से मन को *धीरे-धीरे* "छोड़ देने" और निस्वार्थता का अभ्यास करने के लिए प्रशिक्षित किया जाता है। मन में स्वार्थी इच्छाओं के साथ "चीज़ों" को "पकड़ने" और इकट्ठा करने की प्रवृत्ति होती है, लेकिन उदारता के ज़रिए, मन को बिना किसी वापस देने की अपेक्षा के देने और बाँटने के ज़रिए सभी प्राणियों के अंतर्संबंध को पहचानने के लिए प्रशिक्षित किया जा सकता है।

जो शिक्षक इन शिक्षाओं को खुले तौर पर और स्वतंत्र रूप से बाँट रहे हैं, वे सभी प्राणियों के लिए प्रेम और करुणा के साथ अपने समय, प्रयत्न, ऊर्जा और संसाधनों की उदारता का अभ्यास कर रहे हैं। गौतम बुद्ध की शिक्षाएँ एक अभ्यासकर्ता को मन के इन गुणों को विकसित करने में मार्गदर्शन देने के लिए बनाई गई हैं, इसलिए कोई भी उचित शिक्षक बिना किसी मुआवजे की अपेक्षा या अपनी शिक्षाओं को बाँटने के लिए कोई मूल्य निर्धारित किए, सभी प्राणियों के साथ खुले तौर पर और स्वतंत्र रूप से शिक्षाएँ बाँटेंगा। लेकिन दुनिया में रहने और शिक्षाओं को प्रदान करने के लिए उन्हें सहायता के दान की जरूरत होगी और वे इसे स्वीकार भी करते हैं।

इसके साथ ही, यह शिष्यों पर निर्भर है कि वे नियमित रूप से अपने शिक्षकों का सहयोग करें।

जबकि एक शिक्षक अपने शिष्यों के साथ शिक्षाओं को खुले तौर पर और स्वतंत्र रूप से बाँटने के लिए उदारता का अभ्यास कर रहा है, अगर शिष्य भी उदारता का अभ्यास नहीं कर रहे हैं, तो शिष्यों को प्रज्ञा प्राप्त करने में मदद करने के लिए शिक्षक को अपना काम जारी रखने के लिए समर्थन नहीं मिलता है।

वास्तव में, अगर कोई शिक्षक आपके साथ खुले तौर पर और स्वतंत्र रूप से संसाधन बाँट रहा है, तो शिक्षण कि यह परंपरा केवल तभी "काम" करती है जब शिष्य भी नियमित रूप से अपने शिक्षक के साथ खुले तौर पर और स्वतंत्र रूप से संसाधन बाँटते हैं।

यह आम बात है कि शिष्य अपने शिक्षक को गौतम बुद्ध की शिक्षाओं को खुले तौर पर और स्वतंत्र रूप से बाँटने में मदद करने के लिए समय, प्रयत्न और ऊर्जा के साथ-साथ भोजन, पानी, कपड़े, आवास, चिकित्सा आपूर्ति और आर्थिक सहायता बाँटते हैं।

इस उदारता के बिना, एक शिष्य अपने मन को गैर-तृष्णा, गैर-लालसा, या गैर-चिपकाव का अभ्यास करने के लिए प्रशिक्षित करने के काबिल नहीं होगा, इसलिए, एक शिष्य निर्वाण प्राप्त करने में असमर्थ होगा।

उदारता के बिना, यह परंपरा जो मन को जागृत करती है, मुक्ति देती है, निर्वाण की ओर ले जाती है, सभी प्राणियों के लाभ के लिए जारी नहीं रहेगी, जिससे वे आनंद के साथ शांत, निश्चल, निर्मल और संतुष्ट मन प्राप्त कर सकें।

जबकि एक उचित शिक्षक अपने शिष्यों से खुलेआम दान मांगने में दिलचस्पी नहीं रखता है, लेकिन जो शिष्य इन शिक्षाओं को गहराई से समझते हैं और जो मन में असंतुष्टि को निष्कासित करने के लिए इन शिक्षाओं का अभ्यास कर रहे हैं, वे अपने शिक्षक की सहायता के लिए स्वतंत्र रूप से दान और सामग्री की पेशकश कर सकते हैं, इसके लिए शिक्षक से सहायता मांगने की जरूरत नहीं होगी।

शिष्यों को शिक्षाओं की निरंतरता का समर्थन करने, अपने मन को "छोड़ देने" के लिए प्रशिक्षित करने, और निर्वाण के पथ पर प्रगति करने के लिए अपने शिक्षकों को खुले तौर पर, स्वतंत्र रूप से और निरंतर भेंट देने की जरूरत होगी।

संपूर्ण बौद्ध परंपरा और बुद्ध की शिक्षाएँ, जो विश्व के साथ बाँटी जाती हैं, सभी प्राणियों के लिए प्रेम, करुणा और उदारता पर आधारित हैं। इस परंपरा की नींव और निरंतरता शिक्षकों द्वारा प्रेम, करुणा और उदारता के साथ खुले तौर पर और स्वतंत्र रूप से शिक्षाओं को बाँटने पर आधारित है। और, इस परंपरा की नींव और निरंतरता शिष्यों द्वारा प्रेम, करुणा और उदारता के साथ अर्पित किए जाने पर आधारित है।

संपूर्ण मानवता में प्रेमभरी-कृपा, करुणा और उदारता का विकास करना सभी प्राणियों के लिए अत्यधिक लाभदायक है, जिससे एक अधिक कृपालु, शांतिपूर्ण और प्रेम भरे समाज का निर्माण हो सके।

अगर हम शिक्षकों से यह अपेक्षा करते हैं कि वे गौतम बुद्ध की शिक्षाओं को प्रदान करने और बाँटने के लिए कोई मूल्य निर्धारित न करें, तो शिष्यों को भी सभी प्राणियों के लाभ के लिए शिक्षकों और उनके द्वारा बाँटी शिक्षाओं का समर्थन करने के लिए खुले तौर पर और स्वतंत्र रूप से दान देने की पहल करने की जरूरत है।

उदारता का अभ्यास विकसित करने के बारे में अधिक जानने के लिए, इसी किताब श्रृंखला की किताब "उदारता" (खंड १३) देखें।

आप इस लिंक का उपयोग करके गौतम बुद्ध की शिक्षाओं को अपने साथ और विश्व भर के सभी लोगों तक पहुँचाने के हमारे प्रयत्नों में सहयोग कर सकते हैं।

https://www.buddhadailywisdom.com/supportbuddha

यदि प्राणियों को देने और बाँटने के परिणाम पता होते

भिक्षुओं, यदि प्राणियों को, जैसा कि मैं जानता हूँ, देने और बाँटने के परिणाम पता होते, तो वे बिना दिए खाना नहीं खाते, और न ही स्वार्थ का दाग उन पर हावी होता और उनके मन में जड़ें जमाता। चाहे वह उनका आखिरी निवाला ही क्यों न हो, उनका आखिरी निवाला ही क्यों न हो, वे उसे बाँटे बिना नहीं खाते, अगर कोई उसे बाँटने वाला हो।

लेकिन क्योंकि प्राणियों को, जैसा कि मैं जानता हूँ, देने और बाँटने के परिणाम नहीं पता होते, इसलिए वे बिना दिए खाना खाते हैं, और स्वार्थ का दाग उन पर हावी हो जाता है और उनके मन में जड़ें जमा लेता है।

(गौतम बुद्ध)

(संदर्भ: आईटीआई २६)

आगे छानबीन के लिए सीखने के संसाधन

ऑडियोबुक

(ऑडियोबुक) - (खंड १ - चैप्टर अक्सर पूछे जाने वाले प्रश्न) - अक्सर पूछे जाने वाले प्रश्न (पढ़िए और सुनिए)
https://youtu.be/_RNHzgnzwYs

(ऑडियोबुक) - (खंड १ - बारे में) - लेखक के बारे में, शब्दकोश और समापन श्रेय (पढ़िए और सुनिए)
https://youtu.be/O8ODUvITOwA

एप. ५२५ - (ऑडियोबुक) - (खंड १ - चैप्टर अक्सर पूछे जाने वाले प्रश्न) - अक्सर पूछे जाने वाले प्रश्न
https://podcasters.spotify.com/pod/show/buddhadailywisdom/episodes/Ep--525---Audiobook---Volume-1---Chapter-FAQ---Frequently-Asked-Questions-e272v3c

एप. ५२६ - (ऑडियोबुक) - (खंड १ - बारे में) - लेखक के बारे में, शब्दकोश और समापन श्रेय
https://podcasters.spotify.com/pod/show/buddhadailywisdom/episodes/Ep--526---Audiobook---Volume-1---About---About-Author--Glossary--Closing-Credits-e272v4e

यूट्यूब वीडियो

अक्सर पूछे जाने वाले सवाल और कैसे पता लगायें कि आपने निर्वाण प्राप्त कर लिया है - (सामूहिक शिक्षण प्रोग्राम)
https://youtu.be/51UmDIKc5Es

पॉडकास्ट

एप. १९७ - अक्सर पूछे जाने वाले सवाल और कैसे पता लगायें कि आपने निर्वाण प्राप्त कर लिया है - (सामूहिक शिक्षण प्रोग्राम)
https://podcasters.spotify.com/pod/show/buddhadailywisdom/episodes/Ep--197---Frequently-Asked-Questions-and-How-to-Determine-If-You-Are-Enlightened---Group-Learning-Program-e16bosh/a-a6dckae

प्रश्नोत्तरी

अक्सर पूछे जाने वाले सवाल
https://forms.gle/6UumH32YvCbsksZ48

(इस ऑनलाइन प्रश्नोत्तरी को पूरा करके इस चैप्टर की अपनी समझ की पुष्टि करें। आप ही एकमात्र व्यक्ति हैं जो प्रश्नोत्तरी के परिणाम देखेंगे।)

कैसे पता करें कि आपको निर्वाण प्राप्त हो गया है?

१.) शिक्षाओं का अभ्यास करना कभी बंद न करें।

निर्वाण, या निर्वाण का पीछा करना, वास्तव में यही है, पीछा करना। जब आपको लगे कि निर्वाण प्राप्त हो गया है, तब भी आपको यह नहीं सोचना चाहिए कि आपका काम पूरा हो गया है और शिक्षाओं का अभ्यास करना बंद कर देना चाहिए। मेरी राय में, सबसे अधिक निर्वाण प्राप्त व्यक्ति भी खुद को कभी निर्वाण प्राप्त नहीं मानेंगे और हमेशा शिक्षाओं को सीखते, चिंतन करते और उनका अभ्यास करते रहेंगे, जिससे रोज गहरी प्रज्ञा विकसित होगी।

निर्वाण प्राप्त करने के लिए, आपको इन शिक्षाओं की अच्छी तरह से समझ और अभ्यास की जरूरत होगी। यदि आपने इन शिक्षाओं का गहरा अभ्यास कर लिया है और इसके लाभ देख चुके हैं, तो आप अभ्यास करना बंद नहीं करेंगे या खुद को निर्वाण प्राप्त भी नहीं मानेंगे।

जब आप किसी ऐसी चीज़ का अनुभव करते हैं जिसे आप निर्वाण मानते हैं, तब भी आपको यह नहीं सोचना चाहिए कि आपने निर्वाण प्राप्त कर लिया है। इन शिक्षाओं का अभ्यास करते रहें और इन शिक्षाओं के सुविकसित प्रज्ञा और अभ्यास के माध्यम से निरंतर गहरी से गहरी प्रज्ञा प्राप्त करते रहें।

२.) आप अष्टांग पथ का पूर्ण अभ्यास करेंगे जिसमें तीन सार्वभौमिक सच, चार आर्य सत्य और पाँच सिद्धांत शामिल हैं।

(इन शिक्षाओं और अभ्यासों के विवरण के लिए पिछले चैप्टर देखें।)

३.) जब आप एक अरहंत के रूप में पूरी तरह निर्वाण प्राप्त कर लेंगे, तो आप सभी दस बेड़ियों को निष्कासित कर देंगे।

(इन शिक्षाओं और अभ्यासों के विवरण के लिए पिछले चैप्टर देखें।)

४.) आपने एक ऐसा मन विकसित किया है जो पूरी तरह ब्रह्म-विहार का अभ्यास कर रहा है।

(इन शिक्षाओं और अभ्यासों के विवरण के लिए पिछले चैप्टर देखें।)

५.) आप निर्वाण के सात तत्वों का पूर्ण अभ्यास करेंगे।

(इन शिक्षाओं और अभ्यासों के विवरण के लिए पिछले चैप्टर देखें।)

६.) आप खुद जान जाएंगे कि आपने निर्वाण प्राप्त कर लिया है क्योंकि आपने मन से १००% असंतुष्टि को निष्कासित कर दिया होगा।

इसका मतलब यह है कि अब आपको इनमें से किसी भी भावना का अनुभव नहीं होगा।

- एक सुखद भावना (खुशी, उत्तेजना, उल्लास, रोमांच, प्रफुल्लता, आनंदातिरेक, इत्यादि)
- एक दुखद भावना (उदासी, क्रोध, निराशा, चिड़चिड़ापन, झुंझलाहट, अपराधबोध, लज्जा, डर, तनाव, चिंता, इत्यादि)
- एक भावना जो है न दुखद-न-सुखद (ऊब, अकेलापन, शर्म, अप्रसन्न, असुविधाजनक, असंतोषजनक, इत्यादि)

अनिर्वाणी अवस्था में, आपको सुखद भावनाएँ, दुखद भावनाएँ और ऐसी भावनाएँ होंगी जो हैं न दुखद-न-सुखद। गौतम बुद्ध की शिक्षाएँ आपको मन से इन भावनाओं को निष्कासित करने का मार्गदर्शन देती हैं। ये सभी अनित्य भावनाएँ हैं और निर्वाण प्राप्त व्यक्ति के लिए पूरी तरह से निष्कासित हो जाती हैं।

निर्वाण एक नित्य मानसिक अवस्था है जो इन अनित्य भावनाओं से अप्रभावित रहती है और मन के निवास के लिए एक नित्य स्थान है।

मन आनंद के साथ सुरक्षित, अविचल, शांत, निश्चल, निर्मल और संतुष्ट रहेगा। शरीर और मन हल्का और पूर्ण शांति का अनुभव करेंगे।

"निर्वाण क्या है?" के बारे में अधिक समझने के लिए, "निर्वाण: निर्वाण क्या है?" शीर्षक वाला चैप्टर देखें (चैप्टर ३)।

अतिरिक्त टिप्पणी

यह जरूरी है कि निर्वाण की प्राप्ति के लिए तृष्णा या लालसा के बिना प्रयत्न किया जाए, बल्कि इसे एक लक्ष्य, दिलचस्पी या उद्देश्य के रूप में उपयोग किया जाए।

यदि तृष्णा है, यहाँ तक कि निर्वाण की भी तृष्णा है, तो आप एक अरहंत के रूप में पूर्ण निर्वाण प्राप्त नहीं कर पाएँगे। और यदि मृत्यु के समय तृष्णा है, तो पुनर्जन्म होगा।

निर्वाण प्राप्ति की कोई अंतिम रेखा नहीं होती। एक बार जब मन निर्वाण के चौथे चरण तक पहुँच जाता है, तो वह निर्वाण प्राप्त मन के उच्चतर स्तरों की ओर बढ़ना जारी रख सकता है। एक अभ्यासकर्ता को अपने सामने उस एक (१) कदम पर ध्यान केंद्रित करना चाहिए जो निर्वाण के पथ पर आगे की प्रगति की ओर ले जाता है। यदि मन काल्पनिक, अस्तित्वहीन अंतिम रेखा पर केंद्रित है, तो निर्वाण की तृष्णा/लालसा/चिपकाव मन को निर्वाण के अनुभव से रोकेगी और बाधा पहुँचाएगी।

इसके बजाय, एक अभ्यासकर्ता यह समझने में दिलचस्पी ले सकता है कि निर्वाण मानव मन का वास्तविक स्वरूप है, और वे केवल मन के उस सभी प्रदूषण को निष्कासित करने का प्रयत्न कर रहे हैं जो उन्हें निर्वाण के वास्तविक स्वरूप का अनुभव करने से रोक रहा है। इस प्रकार, मन कुछ भी प्राप्त करने का प्रयत्न नहीं कर रहा है, बल्कि मन पहले से ही निर्वाण प्राप्त कर चुका है और एक अभ्यासकर्ता का जीवन अभ्यास मन को शुद्ध करना है और उस प्रदूषण को निष्कासित करना है जो निर्वाण के तेज और प्रकाश का अनुभव करने में बाधक है।

आपको किसी अन्य व्यक्ति से तुलना या दावा नहीं करना चाहिए कि आपको लगता है कि आपने निर्वाण की कौन सी अवस्था प्राप्त कर ली है। स्व-घोषित उपलब्धि का कोई लाभदायक उद्देश्य नहीं होता और अक्सर यह अहंकार और अभिमान, अहं से उत्पन्न होती है, जो त्रुटियों से भरी और भ्रामक होती है। आपको कभी भी यह नहीं मानना चाहिए कि आपने निर्वाण प्राप्त कर लिया है, और जीवन भर इसी मार्ग पर चलते रहना चाहिए।

यदि आप कभी यह सोचें कि आपको निर्वाण प्राप्त हो गया है और आपका "काम पूरा" हो गया है, तो आपका मन "सुस्त" हो जाएगा और इस मार्ग पर आपकी प्रगति रुक जाएगी। यदि मन सुस्त है, तो आप निर्वाण के सात (७) तत्वों का अभ्यास नहीं कर रहे हैं और इस प्रकार, आपको निर्वाण प्राप्त नहीं हुआ है।

यदि आप दूसरों के सामने अपने निर्वाण की अवस्था का बखान करते हैं, तो आप ऐसा अहं के साथ करते हैं और इसलिए यह सर्वविदित है कि आपने निर्वाण प्राप्त नहीं किया है।

निर्वाण के चार (४) चरण एक व्यक्तिगत मार्गदर्शक के रूप में प्रदान किए गए हैं जो आपको ऊँची से ऊँची उपलब्धि के मार्ग पर सहायता प्रदान करते हैं, लेकिन कभी भी दूसरों से तुलना नहीं करने या यह महसूस करने के लिए नहीं कि आप किसी अन्य व्यक्ति से अधिक महत्वपूर्ण हैं।

यदि आप ऐसा महसूस करते हैं, तो आपने निर्वाण प्राप्त नहीं किया है।

अब जबकि आपने इस किताब श्रृंखला का (खंड १) पढ़ना पूरा कर लिया है और इस किताब को कई बार पढ़ने का निर्णय ले सकते हैं, तो मैं एक क्षण निकालकर आपके दृढ़ संकल्प, समर्पण और निर्वाण के पथ पर बुद्ध की शिक्षाओं को सीखने, चिंतन करने और उनका अभ्यास करने की मेहनत के लिए व्यक्तिगत रूप से "धन्यवाद" देना चाहूँगा।

इस पथ पर आप जो समय, प्रयत्न, ऊर्जा और संसाधन लगाते हैं, वे आपकी और अनगिनत अन्य प्राणियों की मदद करते हैं। जैसे-जैसे आप इन शिक्षाओं को सीखने और उनका पालन करने का निर्णय लेते हैं, आप सत्य की अपनी असली वास्तविकता से अनजान होने के कारण दुनिया को होने वाले किसी भी नुकसान को काफी हद तक कम कर देंगे और फिर उसे पूरी तरह से निष्कासित कर देंगे। अनिर्वाणी मन वह नहीं समझता जो वह नहीं समझता।

अब आप प्रज्ञा पाने के लिए शिक्षाओं की जाँच करके मन की स्थिति, अपने जीवन की स्थिति और इस प्रकार, विश्व की स्थिति को सुधारने के लिए समय, प्रयत्न, ऊर्जा और संसाधन लगा रहे हैं। दुनिया तब बेहतर बनती है जब हम सभी व्यक्तिगत रूप से अपने जीवन व्यवहार को बेहतर बनाने का चुनाव करते हैं, अपनी नीयत, वाणी, कार्य और रोजगार की जिम्मेदारी लेते हुए, अपनी प्रज्ञा और मानसिक अनुशासन में सुधार करते हैं।

मैं उन लोगों की प्रशंसा करता हूँ जो हानिहीनता की ओर बढ़ना चुनते हैं। मैं उन लोगों की प्रशंसा करता हूँ जो यह समझते हैं कि जीवन जीने का एक बेहतर तरीका है और मार्गदर्शन प्राप्त करके अपने लिए उस बेहतर जीवन शैली का निर्माण करते हैं। और, मैं उन लोगों की भी प्रशंसा करता हूँ जो मन को निर्वाण की ओर ले जाने के संघर्ष से पीछे नहीं हटते, जबकि स्वाभाविक प्रवृत्ति बेपरवाह रहने की हो सकती है।

मैंने इन शिक्षाओं को आपके साथ बाँटने का निर्णय क्यों लिया है?

"यह जनसमूह (बहुत से लोगों) के लाभ और शांति के लिए हो, विश्व के प्रति करुणा से प्रेरित हो, स्वर्ग लोक के प्राणियों और मनुष्यों के लाभ और शांति के लिए हो।" (गौतम बुद्ध)

"क्योंकि यदि वे एक भी वाक्य समझ लें, तो इससे उनका कल्याण होगा और लंबे समय तक शांति बनी रहेगी।" (गौतम बुद्ध)

आप उस मन से जुड़ी स्वतंत्रता की खोज करें जो आनंद के साथ शांत, निश्चल, निर्मल नित्य रूप से संतुष्ट है - निर्वाण प्राप्त मन।

चूँकि आपको इन शिक्षाओं को सीखने, उन पर चिंतन करने और उनका अभ्यास करने के लिए सहायता की जरूरत है, इसलिए आप मार्गदर्शन प्राप्त करने के लिए स्वागत योग्य हैं जो "सभी प्राणियों" के लिए खुले तौर पर और स्वतंत्र रूप से उपलब्ध है।

लेखक

डेविड रॉयलेंस गौतम बुद्ध की शिक्षाओं के एक समर्पित अभ्यासी और शिक्षक हैं, जो २००१ से थाई समुदाय का हिस्सा रहे हैं। उन्होंने २००२ में पहली बार थाईलैंड का दौरा किया और पारंपरिक थाई चिकित्सा कला को पश्चिमी दुनिया के लोगों के साथ बाँटने के लिए संयुक्त राज्य अमेरिका में वापस लाए।

वाशिंगटन डीसी क्षेत्र में स्थित उनके पारंपरिक थाई इलाज कला केंद्रों ने ग्राहकों को पारंपरिक थाई इलाज कलाएँ और शिष्यों को थाई इलाज कला, थाई संस्कृति और गौतम बुद्ध की शिक्षाओं की खोज के लिए शैक्षिक मौके प्रदान किए। डेविड एक प्रकाशित लेखक हैं, जिनकी पारंपरिक थाई इलाज कलाओं और निर्वाण की ओर ले जाने वाले मार्ग जैसे विषयों पर किताबें प्रकाशित हो चुकी हैं।

डेविड २००५ से संयुक्त राज्य अमेरिका में गौतम बुद्ध की शिक्षाएँ सिखा रहे हैं। २०१५ में, उन्होंने अपना व्यवसाय बंद कर दिया और थाई संस्कृति और बौद्ध अभ्यासकर्ताओं के थाई समुदाय के करीब रहने के लिए थाईलैंड के चियांग माई में स्थानांतरित हो गए।

डेविड, चियांग माई, थाईलैंड और दुनिया भर में घरेलू अभ्यासकर्ताओं और नियुक्त अभ्यासकर्ताओं के साथ पाठ्यक्रमों, रिट्रीट और विशेष आयोजनों के माध्यम से गौतम बुद्ध की शिक्षाओं को बाँटते हैं, और लोगों को निर्वाण प्राप्ति में सहायता करने के लिए मार्गदर्शन प्रदान करते हैं - आनंद के साथ एक शांत, निश्चल, निर्मल और संतुष्ट मन।

पाठ्यक्रमों, रिट्रीट, विशेष आयोजनों में भाग लेने या इन शिक्षाओं को अपने शिक्षण स्थल पर आमंत्रित करने के बारे में अधिक जानकारी के लिए, नीचे दी गई संपर्क जानकारी का उपयोग करें:

शिक्षक - डेविड रॉयलेंस
hello@buddhadailywisdom.com
www.BuddhaDailyWisdom.com

बुद्ध की शिक्षाओं की पुनर्स्थापना
निर्वाण का पथ

बुद्ध ने २५०० साल से भी पहले शिक्षा दी थी। उन्होंने अनगिनत प्राणियों को निर्वाण का पथ दिखाया और उन्हें एक ऐसी मानसिक स्थिति की ओर मार्गदर्शन किया जो नित्य रूप से आनंद के साथ शांत, निश्चल, निर्मल और संतुष्ट हो, जहाँ मन ने उदासी, क्रोध, निराशा, चिड़चिड़ापन, झुंझलाहट, अपराधबोध, लज्जा, भय, ऊब, अकेलापन, शर्म, ईर्ष्या, रोष, तनाव, चिंता आदि जैसी सभी असंतोषजनक भावनाओं को १००% निष्कासित कर दिया हो।

बुद्ध (यानी गौतम बुद्ध) की मृत्यु के तुरंत बाद, उनकी शिक्षाएँ संसार में चमक उठीं और अनगिनत लोगों को निर्वाण की ओर ले जाती रहीं। लेकिन, जैसा कि गौतम बुद्ध ने भविष्यवाणी की थी, कई पीढ़ियों के दौरान, उनके बाद के लोगों द्वारा किए गए संशोधनों और सामंजस्य के कारण, उनकी शिक्षाओं के बारे में लोगों की समझ *धीरे-धीरे* कम होती गई। जबानी संचार के ज़रिए उनकी शिक्षाओं में किए गए संशोधनों ने मनुष्यों के लिए निर्वाण प्राप्त करना और भी कठिन बना दिया है।

डेविड की शिक्षाओं का लक्ष्य गौतम बुद्ध के जीवनकाल के दौरान विद्यमान शिक्षाओं के आधार पर "बुद्ध के शब्द" में उनके द्वारा बाँटी गई शिक्षा और अभ्यास को जड़ प्रदान करना है, ताकि अनगिनत प्राणी अब गौतम बुद्ध द्वारा खोजे गए और घोषित मूल निर्वाण पथ के आधार पर निर्वाण प्राप्त कर सकें।

डेविड अपनी शिक्षाओं को गौतम बुद्ध की शिक्षाओं के सबसे बड़े और संपूर्ण स्रोत - पाली कैनन - से जोड़ कर ऐसा करते हैं। पाली कैनन, गौतम बुद्ध की शिक्षाओं का मूल स्रोत है, जो उन्होंने अपने जीवनकाल में बाँटी थीं।

डेविड ने गौतम बुद्ध की शिक्षाओं के पाली कैनन से अनुवाद के एक महत्वपूर्ण हिस्से को सुधार कर बुद्ध के शब्दों को पुनर्स्थापित करने में अनगिनत घंटे बिताए हैं। अब वह शिष्यों को एक निर्वाण प्राप्त मन के परिणामों का अनुभव करने के लिए निर्वाण के पथ को सीखने, चिंतन करने और अभ्यास करने के लिए कई संसाधन प्रदान करते हैं।

डेविड बिना किसी आर्थिक सहायता के किताबें, ऑडियोबुक, वीडियो, पॉडकास्ट, ऑनलाइन शिक्षण कार्यक्रम, व्यक्तिगत मार्गदर्शन और रिट्रीट प्रदान करते हैं। उनके द्वारा किया जा रहा सारा कार्य सभी

प्राणियों के लिए खुले तौर पर और निशुल्क रूप से उपलब्ध है, बिना किसी आर्थिक सहायता की जरूरत के। डेविड दान स्वीकार करते हैं, लेकिन शिष्यों को निर्वाण के पथ पर उनके द्वारा किए जा रहे किसी भी कार्य के लिए दान देने की जरूरत नहीं है। डेविड दान का अनुरोध नहीं करते, बल्कि जो भी उन्हें दिया जाता है, उसे स्वीकार कर लेते हैं।

इन शिक्षाओं को बाँटने के प्रति उनका समर्पण आर्थिक रूप से प्रेरित नहीं है। वे उन सभी के साथ खुले तौर पर और स्वतंत्र रूप से बाँटते हैं जिनकी निर्वाण के पथ को सीखने और उसका अभ्यास करने में सच्ची दिलचस्पी है।

अंत में, डेविड की योजना बुद्ध की शिक्षाओं को ऐसे तरीके से संरक्षित करने की है जो विश्व में किसी के लिए भी सरलता से, आसानी से और खुले तौर पर उपलब्ध हो, साथ ही निर्वाण प्राप्त मन के परिणामों का अनुभव करने के लिए सीखने, चिंतन करने और अभ्यास करने के लिए समर्थन भी प्रदान करे।

उनकी योजना अपने जीवनकाल में अनगिनत लोगों को निर्वाण की ओर ले जाने और एक ऐसा निर्वाण प्राप्त समुदाय छोड़ने की है जो उनकी मृत्यु के बाद भी शिक्षाओं का प्रसार जारी रख सके। निर्वाण प्राप्त लोगों का एक समुदाय विकसित करके और दुनिया में किसी के लिए भी आसानी से, सहज और खुले तौर पर संसाधनों में निर्वाण के पथ को संरक्षित करके, डेविड गौतम बुद्ध की छुपी हुई शिक्षाओं को उजागर कर रहे हैं और इन शिक्षाओं को सीखने, चिंतन करने और उनका अभ्यास करने में आने वाली सभी बाधाओं को निष्कासित करने की पूरी कोशिश कर रहे हैं, जिससे अनगिनत लोग एक निर्वाण प्राप्त मन के परिणामों का अनुभव कर सकें।

अपनी मृत्यु के बाद, डेविड ने भविष्यवाणी की कि उनके सबसे करीबी शिष्य, उनके पुत्र और शिक्षकों की एक निरंतर वंशावली, भविष्य में लंबे समय तक - अगले १००० वर्षों तक - निर्वाण प्राप्त प्राणियों के समुदाय को समर्थन और विकास देने के लिए इन्हीं शिक्षाओं को बाँटते रहेंगे।

इन प्रयत्नों का परिणाम यह होगा कि हम विश्व में निर्वाण के पथ को फिर से स्थापित करेंगे, ताकि सारी मानवता निर्वाण का अनुभव कर सके, और मानव प्रजाति को एक ऐसे रूप में विकसित कर सके, जहाँ हर प्राणी को निर्वाण प्राप्त करने का मौका मिले, जिससे "पृथ्वी पर स्वर्ग" का निर्माण हो सके।

लक्ष्य
निर्वाण प्राप्त प्राणियों की एक पूरी प्रजाति

निर्वाण प्राप्ति के बाद, और निर्वाण प्राप्ति के साथ आने वाली आनंद के साथ शांति, निश्चलता, निर्मलता और संतुष्टि को जानने के बाद, एक बुद्ध का लक्ष्य अपनी शिक्षाओं को दुनिया भर में बाँटना है, ताकि "सभी प्राणी" निर्वाण प्राप्ति का अनुभव कर सकें।

निर्वाण प्राप्त मन अब किसी भी असंतुष्टि की भावना का अनुभव नहीं करता है जैसे कि उदासी, क्रोध, निराशा, चिड़चिड़ापन, झुंझलाहट, अपराधबोध, लज्जा, डर, ऊब, अकेलापन, शर्म, ईर्ष्या, रोष, चिंता, तनाव, आदि।

निर्वाण प्राप्त मन से सभी असंतुष्टि की भावनाएँ १००% निष्कासित हो गई हैं (यानी सभी दुख निष्कासित हो गए हैं)।

एक निर्वाण प्राप्त मन में प्रेमभरी कृपा, करुणा, सहानुभूतिपूर्ण आनंद, समभाव और उदारता के साथ-साथ कई अन्य कुशल गुण भी होंगे।

क्या आप एक ऐसे संपूर्ण विश्व की कल्पना कर सकते हैं, जहाँ सभी मनुष्यों ने अपने मन को स्वतंत्र कर लिया हो, ताकि उन्हें असंतुष्टि की भावना का अनुभव न हो और वे हर समय मन के कुशल गुणों का अभ्यास करते रहें?

"बुद्ध" (गौतम बुद्ध) ने संपूर्णतः निर्वाण प्राप्त बुद्ध के रूप में निर्वाण की इस नित्य मानसिक स्थिति को खुद ही प्राप्त कर लिया था, इसलिए उन्हें यह मालूम था कि निर्वाण के लिए अपने समर्पित और निरंतर प्रयत्न के ज़रिए, उन्होंने "सभी प्राणियों" को इसी मानसिक स्थिति तक मार्गदर्शन करने के लिए जरूरी प्रज्ञा प्राप्त कर ली थी।

हालाँकि, उनका ४५ साल का शिक्षण करियर उनकी शिक्षाओं को दुनिया भर में फैलाने के लिए पर्याप्त नहीं था। वे जानते थे कि उनकी शिक्षाओं को दुनिया के सभी हिस्सों तक पहुँचने में कई सदियाँ लगेंगी। उनके जीवनकाल में, लोगों की यात्रा और सूचनाएँ कई बाधाओं के कारण सीमित थीं।

आज हम इतिहास के एक अनोखे दौर में हैं जहाँ ये सारी बाधाएँ निष्कासित हो चुकी हैं। एक ऐसा दौर जब लोग और सूचनाएँ पल भर में दुनिया भर में यात्रा कर सकते हैं।

न केवल सूचना तेजी से फैल सकती है, बल्कि पूरी मानवता *धीरे-धीरे* उस जगह पर पहुँच रही है जहाँ दुनिया भर में एक आम भाषा बोली जाती है - अंग्रेजी भाषा।

आज ऐसे मानदंड मौजूद हैं जो गौतम बुद्ध के जीवनकाल में मौजूद नहीं थे, जो अब समस्त मानवता के लिए *धीरे-धीरे* निर्वाण प्राप्ति और बेहतर अस्तित्व का एहसास करने का सही समय बनाते हैं।

- लोग विश्व भर में यात्रा कर सकते हैं।
- सूचना को तुरंत ही विश्व भर में बाँटा जा सकता है।
- विश्व भर की आबादी के एक बड़े प्रतिशत के बीच यह आम तौर पर बोली जाने वाली भाषा है और यह संख्या लगातार बढ़ रही है।

गौतम बुद्ध के जीवनकाल में ये मानदंड मौजूद नहीं थे और अब विश्व ऐसे युग में आ गया है, जहाँ उनका मूल लक्ष्य वास्तविक रूप से संभव है।

लेकिन, ऐसा लगता है कि गौतम बुद्ध के जीवनकाल में उनके पास कुछ ऐसा था जो शायद हमारे पास नहीं है...

गौतम बुद्ध के जीवनकाल के दौरान लोगों में निर्वाण प्राप्त मन के अनुभव के परिणामों को महसूस करने के लिए शिक्षाओं को सीखने, चिंतन करने और अभ्यास करने के प्रति दृढ़ता और समर्पण था। वे कड़ी मेहनत से नहीं डरते थे।

हमारे आधुनिक समय की सुविधाओं के साथ, मुझे यकीन नहीं है कि कितने लोग निर्वाण प्राप्त मन का अनुभव करने के लक्ष्य के साथ निर्वाण के पथ पर चलने के लिए समय, प्रयत्न, ऊर्जा और संसाधनों के साथ अपने दृढ़ संकल्प, समर्पण और मेहनत को लागू करने के लिए तैयार हैं।

जब कोई व्यक्ति यह निर्णय ले लेता है कि अब उसकी उदासी, क्रोध, निराशा, चिड़चिड़ापन, झुंझलाहट, अपराधबोध, लज्जा, भय, ऊब, अकेलापन, शर्म, ईर्ष्या, रोष आदि निष्कासित हो चुकी हैं, तो यही वह समय है जब वह शिक्षाओं और निर्वाण के अनुभव के लक्ष्य की ओर मुड़ सकता है।

हर व्यक्ति द्वारा गौतम बुद्ध की शिक्षाओं को सीखने और उनका पालन करने का निर्णय लेने से, एक सामूहिक विश्व के रूप में, हमारी प्रजाति *धीरे-धीरे* विकसित होगी। हम एक उच्चतर चेतना की ओर

विकसित होते हैं जहाँ हम अपने मन को प्रशिक्षित करते हैं कि हम अपनी नीयत, वाणी और कार्यों से दूसरों को नुकसान न पहुँचाएँ।

हर व्यक्ति द्वारा गौतम बुद्ध की शिक्षाओं को सीखने, उन पर चिंतन करने और उनका अभ्यास करने का निर्णय लेने से हर व्यक्ति को लाभ होगा और हम सभी को लाभ होगा, क्योंकि दुनिया में नुकसान कम से कम होगा।

यदि व्यक्ति किसी शिक्षक के मार्गदर्शन में गौतम बुद्ध की शिक्षाओं को सीखने और उनका अभ्यास करने के लिए एक व्यापक तरीका विकसित करने पर ध्यान केंद्रित करने का निर्णय लेता है, तो उसके जीवन में अत्यधिक रूप से सुधार होता है और संपूर्ण विश्व में सुधार होता है, जिससे अनिवार्य रूप से "पृथ्वी पर स्वर्ग" का निर्माण होता है।

हमें दुनिया को "ठीक" करने की जरूरत नहीं है। समस्या यह नहीं है। समस्या यह है कि अनिर्वाणी मन अस्तित्व के प्राकृतिक नियमों को नहीं समझता और ऐसी दुनिया में जीना बहुत संघर्षपूर्ण है जिसे कोई नहीं समझता।

गौतम बुद्ध की शिक्षाओं को सीखने और उनका अभ्यास करने के ज़रिए, एक अभ्यासकर्ता अस्तित्व के प्राकृतिक नियमों को गहराई से समझ सकता है, जिससे उसे प्रज्ञा प्राप्त होगी, जो नियमित आधार पर उसके सामने आने वाले संघर्षों और दुखों को समाप्त कर देगी।

क्या आप निर्वाण का अनुभव करने के लक्ष्य के साथ निर्वाण के पथ पर चलने के लिए समय, प्रयत्न, ऊर्जा और संसाधनों के साथ दृढ़ संकल्प, समर्पण और परिश्रम लगाने के लिए तैयार हैं?

यदि कोई व्यक्ति क्रोध, उदासी, ऊब, अकेलापन, रोष आदि का आनंद लेता है, तो उसके पास करने के लिए कुछ नहीं है।

लेकिन, यदि आप मन से इन अनचाही भावनाओं को निष्कासित करने में दिलचस्पी रखते हैं, तो मेरा सुझाव है कि आप निर्वाण के पथ की ओर मुड़ें और गौतम बुद्ध की शिक्षाओं को सीखने, चिंतन करने और उनका अभ्यास करने में अपना समर्पण और परिश्रम लगाएं।

और फिर, जब समस्त मानवता *धीरे-धीरे* निर्वाण का अनुभव करेगी, तब हम "लक्ष्य" को प्राप्त कर लेंगे।

"निर्वाण प्राप्त प्राणियों की एक पूरी प्रजाति"।

मैंने गौतम बुद्ध द्वारा बताए गए निर्वाण के पथ को सिखाने का निर्णय क्यों लिया है?

मैंने विश्व के प्रति करुणा के कारण इन शिक्षाओं को बाँटने का निर्णय लिया है।

करुणा(पाली: करुणा) दूसरों के दुर्भाग्य के प्रति सहानुभूति होना।

और इस करुणा के कारण, ऐसी शिक्षाओं को बाँटना महत्वपूर्ण है जो विश्वास पर नहीं, बल्कि प्रज्ञा पर आधारित हों।

दुनिया भर में अनगिनत परंपराएँ और उन्हें बाँटने के तरीके हैं। ये सभी, किसी न किसी रूप में, मूल रूप से इन सिद्धांतों को संवारने और व्यवहार में लाने के लिए बाँटने का ही परिणाम हैं: १.) सभी प्राणियों के प्रति सार्वभौमिक प्रेम २.) किसी को हानि न पहुँचाएँ, और ३.) एक अच्छा नैतिक व्यक्ति बनें।

हालाँकि, हर परंपरा को बाँटने का तरीका और उन शिक्षाओं की स्पष्टता हर परंपरा के लिए अलग है।

२५०० वर्ष पूर्व गौतम बुद्ध ("बुद्ध") द्वारा सिखाया गया निर्वाण प्राप्ति का पथ, जैसा कि पाली कैनन में बताया है, मेरे द्वारा अब तक पढ़ी गई सबसे स्पष्ट, संक्षिप्त और सटीक शिक्षा है, जो ठीक वहीं ले जाती है जहाँ उन्होंने कहा था, यानी निर्वाण प्राप्ति की ओर।

निर्वाण प्राप्त मन हमेशा के लिए आनंद के साथ शांत, निश्चल, निर्मल और संतुष्ट रहता है। निर्वाण प्राप्त मन अब उदासी, क्रोध, निराशा, चिड़चिड़ापन, झुंझलाहट, अपराधबोध, लज्जा, डर, ऊब, अकेलापन, शर्म, ईर्ष्या, रोष, तनाव, चिंता आदि जैसी किसी भी असंतोषजनक भावना का अनुभव नहीं करेगा।

यह बुद्ध की शिक्षाओं पर विश्वास न करके, बल्कि सत्य की खोज के लिए सीखने, चिंतन करने और अभ्यास करने से प्राप्त होता है। मन को उन सभी परिस्थितियों को निष्कासित करने के लिए प्रशिक्षित किया जा सकता है जो उसे अनिर्वाणी स्थिति में फँसाए हुए हैं। मन को प्रशिक्षित करके मन के प्रदूषण को निष्कासित करके, व्यक्ति मन की मुक्ति, तीव्र भावनाओं से मुक्ति, शांति और निर्वाण का अनुभव कर सकता है।

बुद्ध की शिक्षाएँ ही एकमात्र ऐसी शिक्षाएँ हैं जो मेरे सामने आई हैं और जो विश्वास पर आधारित नहीं हैं। विश्वास के साथ, व्यक्ति यह नहीं जान पाता कि क्या सत्य है और क्या असत्य, क्योंकि वह केवल विश्वास कर रहा होता है। इसके बजाय, गौतम बुद्ध की शिक्षाएँ इस तरीके से बाँटी जाती हैं कि एक अभ्यासकर्ता उनकी जाँच और परीक्षण करके उस सत्य का पता लगा सकता है जो प्रज्ञा और इस प्रकार, निर्वाण की ओर ले जाता है। यदि कोई केवल बुद्ध की शिक्षाओं पर विश्वास करता, तो उसे न तो प्रज्ञा प्राप्त होती और न ही निर्वाण।

ये शिक्षाएँ आज के समाज के लिए बिल्कुल उपयुक्त हैं जहाँ गलत सूचनाओं और असत्य का बोलबाला है। ये शिक्षाएँ, एक शिक्षक के मार्गदर्शन में, एक अभ्यासकर्ता को अस्तित्व के प्राकृतिक नियमों (यानी बुद्ध की शिक्षाओं) की गहरी जाँच करके स्वतंत्र रूप से सत्य की खोज करने में मार्गदर्शन करती हैं। निर्वाण के पथ पर इस अंदरूनी काम के ज़रिए, व्यक्ति यह जान सकता है कि ये शिक्षाएँ संसार में हमारे सामने आने वाली चुनौतियों का समाधान हैं और हमें जो कष्ट पहुँचाता है, उससे कैसे उबरें ताकि हमें फिर कभी कष्ट न उठाना पड़े। निर्वाण प्राप्त होने पर मन सभी असंतुष्टि की भावनाओं को १००% निष्कासित कर सकता है।

यह विश्वास के ज़रिए पूरा नहीं किया जा सकता।

इसके बजाय, एक अभ्यासकर्ता को मन को विकसित करने और प्रज्ञा प्राप्त करके निर्वाण प्राप्त मानसिक स्थिति की ओर प्रगति करने के लिए अंदरूनी कार्य करने के लिए दृढ़, समर्पित और मेहनती होने की जरूरत है।

जहाँ तक मैंने पाया है, इस धरती पर ऐसी कोई और शिक्षा नहीं है जो किसी व्यक्ति को प्रज्ञा प्राप्त करने के लिए स्वतंत्र रूप से स्थापित करके असंतुष्टि की भावनाओं को पूरी तरह से निष्कासित करने में मार्गदर्शन कर सके। बुद्ध ने अपने जीवनकाल में कुछ ऐसा अनोखा कार्य किया जो किसी अन्य व्यक्ति या शिक्षक ने नहीं किया।

उन्होंने स्वतंत्र रूप से निर्वाण प्राप्त किया, अपना शेष जीवन अपनी स्वतंत्र रूप से खोजी गई शिक्षाओं को बाँटने में समर्पित कर दिया और अनगिनत लोगों को निर्वाण की ओर मार्गदर्शन किया। उन्होंने अपनी शिक्षाओं को ऐसी स्थिति में छोड़ा कि उनकी मृत्यु के बाद अनगिनत लोगों को निर्वाण प्राप्त हुआ। वे एक सच्चे बुद्ध के सभी मानदंडों पर खरे उतरते हैं। गौतम बुद्ध एक सच्चे बुद्ध थे।

इस जीवन में मेरा कार्य इन शिक्षाओं को इस तरीके से फिर खोजना रहा है, कि अब इन्हें अंतर्राष्ट्रीय भाषा अंग्रेजी में विश्व भर में बाँटा जा सके, ताकि विश्व भर में असंख्य लोग इस जीवनकाल में और मेरी मृत्यु के बाद निर्वाण प्राप्त कर सकें।

इस लक्ष्य को प्राप्त करने का एकमात्र तरीका ऐसी शिक्षाओं को बाँटना है जो विश्वास पर आधारित न हों, बल्कि स्वतंत्र रूप से स्थापित सत्य पर आधारित हों, ताकि एक अभ्यासकर्ता निर्वाण प्राप्त कर सके।

ये शिक्षाएँ स्पष्ट, संक्षिप्त और सटीक हैं। ये जाँच और परीक्षण को आमंत्रित करती हैं। इस कार्य के ज़रिए, व्यक्ति *धीरे-धीरे* अपने मन को इन शिक्षाओं का अभ्यास करने और *धीरे-धीरे* निर्वाण की ओर बढ़ने के लिए प्रशिक्षित कर सकता है। जैसे-जैसे असंतुष्टि *धीरे-धीरे* कम होती जाती है और फिर मन से निष्कासित होती जाती है, व्यक्ति खुद इस सत्य को देख सकता है कि ये शिक्षाएँ उसे निर्वाण की ओर ले जाने का काम करती हैं।

ये शिक्षाएँ ठीक उसी स्थान पर ले जाती हैं जहाँ गौतम बुद्ध ने कहा था, यानि निर्वाण की ओर, और हर व्यक्ति द्वारा निर्वाण प्राप्त करने के चुनाव के ज़रिए, मानवता मानव प्रजाति का विकास करेगी और साथ ही "पृथ्वी पर स्वर्ग" का निर्माण करेगी।

मैंने बुद्ध की शिक्षाओं को मानवता में फिर से स्थापित करने और "पृथ्वी पर स्वर्ग" बनाने के लिए थाईलैंड में निवास करने और शिक्षा देने का निर्णय क्यों लिया है?

१.) विश्व में कहीं भी थेरवाद बौद्ध अनुयायियों की सबसे बड़ी जनसंख्या: थाईलैंड दुनिया भर में थेरवाद बौद्ध अभ्यासकर्ताओं और शिक्षकों की सबसे बड़ी आबादी वाला देश है। थेरवाद बौद्ध धर्म, बुद्ध के वचनों में बताई गई पाली कैनन को बुद्ध की शिक्षाओं का मूल स्रोत मानता है। थेरवाद बौद्ध धर्म, बुद्ध की शिक्षाओं में कोई परिवर्तन न करने और बुद्ध द्वारा बताए गए निर्वाण के पथ का बिना किसी संशोधन के अभ्यास करने का महत्व सिखाता है।

पाली कैनन एक महत्वपूर्ण ग्रंथ है, जिसे बुद्ध की सच्ची शिक्षाएँ नहीं मानी जाना चाहिए, बल्कि इसकी जगह, शिक्षाओं में सत्य को देखते हुए निर्वाण प्राप्त करने के लिए शिक्षाओं को स्वतंत्र रूप से स्थापित करने के लिए सीखा, चिंतन किया और अभ्यास किया जा सकता है, क्योंकि मन जागृत होता है और असंतुष्टि की भावनाएँ *धीरे-धीरे* कम हो जाती हैं और अंत में निष्कासित हो जाती हैं।

एक बार जब मैं अपने जीवन का शेष समय इन शिक्षाओं को दुनिया में फिर से स्थापित करने के लिए समर्पित कर दूँगा, तो थाई लोग और मेरे साथ सीखने का चुनाव करने वाले अन्य सभी मेहनती शिष्य इन शिक्षाओं को समय के साथ बदलने, संशोधित करने, उनका मूल्य घटने, या लुप्त होने नहीं देंगे। थाई लोग और मेहनती शिष्य अच्छी तरह जानते हैं कि गौतम बुद्ध के जीवनकाल से ही यही होता आया है और इस जीवन के शेष समय में इन शिक्षाओं को पुनर्स्थापित करके, थाई लोग और मेहनती शिष्य ऐसा दोबारा नहीं होने देंगे।

थाई लोग इन शिक्षाओं का समर्थन करेंगे और यह पक्का करेंगे कि ये शिक्षाएँ "सभी प्राणियों" के लाभ के लिए विश्व में निरंतर उपलब्ध होती रहें, थाईलैंड में इनका आयोजन किया जाएगा और कई अंतर्राष्ट्रीय स्थानों से समर्पित शिष्यों द्वारा इनका समर्थन किया जाएगा।

ये शिक्षाएँ थाईलैंड में ८००-१२०० वर्षों से विद्यमान हैं और इन्हें कई पीढ़ियों से अनगिनत लोगों का महत्वपूर्ण समर्थन प्राप्त है। थाई लोग समझते हैं कि बुद्ध की शिक्षाएँ उनके समाज और समस्त मानवता के लिए कितनी प्रभावशाली हैं। थाई लोग इन शिक्षाओं को बाँटने के प्रति मेरे समर्पण और

वचनबद्धता को देख सकते हैं, और जहाँ तक संभव होगा, वे इन शिक्षाओं को पूरे थाईलैंड और दुनिया भर में बाँटने में मेरा सहयोग करेंगे।

थाईलैंड में लगभग ८००-१२०० वर्षों से विद्यमान इन शिक्षाओं के कारण, ३००००-४०००० से अधिक मंदिरों के ज़रिए पहले से ही एक महत्वपूर्ण बुनियादी ढाँचा निर्मित हो चुका है जहाँ स्थानीय थाई लोग और थाईलैंड आने वाले पर्यटक सक्रिय रूप से इन शिक्षाओं को सीख सकते हैं, उन पर चिंतन कर सकते हैं और उनका अभ्यास करके प्रज्ञा प्राप्त कर सकते हैं और फिर उन्हें अपने जीवन में ढाल सकते हैं। मंदिर और नियुक्त अभ्यासकर्ता का बुनियादी ढाँचा केवल थाईलैंड तक ही सीमित नहीं है, बल्कि पूरे विश्व में फैला हुआ है और "सभी प्राणियों" के लाभ के लिए आसानी से उपलब्ध है। थाई लोगों ने इन शिक्षाओं को अब मंदिर और नियुक्त अभ्यासकर्ता की नींव और कई पीढ़ियों द्वारा निर्मित बुनियादी ढाँचे के ज़रिए दुनिया भर में बाँटने के लिए आधार तैयार किया है।

थाईलैंड अंतरराष्ट्रीय यात्रियों के लिए एक पसंदीदा स्थान है, जहाँ कई लोग इन शिक्षाओं का अनुभव और समझ प्राप्त करने के लिए थाईलैंड आते हैं ताकि इन्हें सीखा जा सके और फिर "दुनिया भर में" इनका अभ्यास किया जा सके। एक अंतरराष्ट्रीय दर्शक वर्ग नियमित रूप से थाईलैंड आता है जो इन शिक्षाओं को सीखकर अपने देश वापस लौट सकता है जहाँ ये शिक्षाएँ सभी अंतरराष्ट्रीय समाजों में जड़ें जमा सकेंगी। जैसे-जैसे ये शिक्षाएँ दुनिया भर में फल-फूल रही हैं, थाईलैंड के पास समस्त मानवता का समर्थन करने के लिए ज्ञान और संसाधन हैं ताकि एक मंदिर और नियुक्त अभ्यासकर्ता का बुनियादी ढाँचा विकसित किया जा सके जिसे हर देश के हित के आधार पर हर देश में बनाया जा सके ताकि इन शिक्षाओं को उनके स्थानीय समुदायों में और अधिक गहराई से समाहित किया जा सके।

२.) शिष्यों के पास लाखों अभ्यासकर्ताओं के बीच सीखने और अभ्यास करने की क्षमता है: बुद्ध की शिक्षाओं को सीखने और उनका अभ्यास करने का एक पहलू जो निर्वाण प्राप्ति की दिशा में व्यक्ति के विकास और प्रगति में सहायक होगा, वह है अभ्यासकर्ताओं और शिक्षकों के एक समुदाय का हिस्सा बनना जो निर्वाण के पथ पर *धीरे-धीरे* प्रगति का अनुभव करने के लिए *धीरे-धीरे* प्रशिक्षण और *धीरे-धीरे* अभ्यास के लिए मार्गदर्शन प्रदान कर सके।

मेरे थाईलैंड में रहने और पढ़ाने के ज़रिए, शिष्यों को अभ्यासकर्ताओं और शिक्षकों के एक समुदाय में रहने का मौका मिलता है, जो इन शिक्षाओं के प्रति गहराई से वचनबद्ध हैं और शिष्यों के लिए एक आदर्श के रूप में काम कर सकते हैं ताकि वे इन शिक्षाओं को रोजमर्रा के जीवन में कैसे अभ्यास

करें, इसकी गहरी समझ हासिल कर सकें - भले ही सीखने के लिए छोटी यात्राओं के दौरान अर्ध-क्षणिक आधार पर ही क्यों न हो।

लाखों अभ्यासकर्ताओं से घिरे हुए थाईलैंड की यात्रा करके शिष्य, यह देखकर वे ज्यादा आसानी से ग्रहण कर सकते हैं कि कोई इन शिक्षाओं को अपने दैनिक जीवन में जोड़ सकता है, यह देखकर की थाईलैंड के लोग पूरे थाईलैंड साम्राज्य में अनगिनत राष्ट्रीयताओं के साथ शांति और सद्भाव में कैसे रहते हैं। शिष्य न केवल एक मंदिर में कक्षा में इन शिक्षाओं को सीख पाएँगे, बल्कि वे उन लोगों के साथ दैनिक बातचीत का भी अनुभव करेंगे जो इन शिक्षाओं का गहरा अभ्यास करने का विकल्प चुन रहे हैं और "बिना दीवारों वाली कक्षा" में "वास्तविक जीवन के पाठ" रच रहे हैं।

पूरा थाईलैंड साम्राज्य एक वास्तविक जीवन की कक्षा के वातावरण के रूप में कार्य कर सकता है जहाँ इन शिक्षाओं का अभ्यास आसानी से किया जा सकता है और जो लोग इस साम्राज्य में आना चाहते हैं, वे इन्हें देख सकते हैं। मैं अक्सर थाईलैंड को "पृथ्वी पर स्वर्ग" कहता हूँ।

३.) न्यूनतम खर्च के साथ रह सकता हूँ: इन शिक्षाओं को "बिना किसी शुल्क" के प्रदान करने के लिए, मुझे एक ऐसी जगह ढूँढ़नी पड़ी जहाँ मैं न्यूनतम खर्चे पर रह सकूँ। इससे मुझे दान पर निर्भर रहने का मौका मिलता है, बजाय इसके कि मैं शिष्यों से इन शिक्षाओं को दुनिया भर में बाँटने के लिए खर्च किए गए समय, प्रयत्न, ऊर्जा और संसाधनों के लिए कोई कीमत वसूलूँ। इससे मुझे अपनी सेवाओं और बाँटने वाली शिक्षाओं के लिए भुगतान किए बिना, सबसे ज्यादा दर्शकों की सेवा करने का मौका मिलता है।

थाईलैंड में जीवन जीने के लिए जरूरी चीज़ें आसानी से और कम से कम कीमत पर उपलब्ध हैं। इससे मुझे शिष्यों द्वारा दिए गए दान से एक बुनियादी जीवन जीने का मौका मिलता है। मैं अपेक्षाकृत कम खर्च में भोजन, पानी, कपड़े, आवास और चिकित्सा सेवाएँ खरीद पाता हूँ। और, शिक्षण संसाधनों के विकास के लिए मुझे जिन सेवाओं की जरूरत हो सकती है, वे भी कम से कम कीमत पर आसानी से उपलब्ध हैं।

चाहे वह ऑडियोबुक रिकॉर्ड करने के लिए एक ऑडियो स्टूडियो हो, प्रिंटिंग सेवाएँ, टेक्नोलॉजी, कक्षाओं का सामान, या इन शिक्षाओं के निरंतर बाँटने का समर्थन करने के लिए अन्य जरूरतों की पूरी श्रृंखला हो, थाईलैंड में इन्हें मामूली कीमत पर दिया जाता है ताकि मिले हुए किसी भी और सभी दान का सबसे अच्छा उपयोग हो सके।

इसकी वजह से, मैं अपनी जीवनशैली के ज़रिए सभी प्राणियों की सहायता करने के काबिल हूँ, चाहे उनकी आर्थिक स्थिति कुछ भी हो, जहाँ मुझे जीवित रहने के लिए केवल बुनियादी चीज़ों की जरूरत होती है और वे काफी कम लागत पर मिलती हैं, जबकि दान से सहायता मिलती है, जिसका पूरा उपयोग उचित मूल्य पर उपलब्ध चीज़ों और सेवाओं को खरीद कर किया जाता है।

४.) जीवन जीने और काम करने के लिए स्वस्थ वातावरण: रहने और पढ़ाने के लिए एक प्रज्ञा भरा विकल्प स्वस्थ खाना, मौसम, पर्यावरण और जीवनशैली को ध्यान में रखना होगा। ये सभी सुविधाएँ थाईलैंड में आसानी से उपलब्ध हैं, जिससे मुझे जितनी हो सके स्वस्थ जीवनशैली जीने में मदद मिलती है।

थाईलैंड का भोजन स्वास्थ्यवर्धक और आसानी से उपलब्ध है। कई ताजे फल, सब्जियां, जड़ी-बूटियाँ, मेवे, बीज और अन्य खाने के पदार्थ थाई खाने का नियमित हिस्सा हैं और अनगिनत ताजा खाना बाजारों में आसानी से उपलब्ध हैं। इससे मुझे गुणवत्तापूर्ण खाना मिलता है जो लंबे और स्वस्थ जीवन के लिए सहायक है, और इस प्रकार, जीवन की लंबी अवधि के कारण, मैं जितना हो सके लंबे समय तक कई शिष्यों की शिक्षा में सहयोग कर पाता हूँ।

थाईलैंड का मौसम और पर्यावरण, शारीरिक शरीर पर कम से कम प्रभाव डालता है, क्योंकि यहाँ मौसम में कोई महत्वपूर्ण परिवर्तन या मौसम संबंधी घटनाएँ नहीं होतीं, जो शारीरिक स्वास्थ्य के लिए हानिकारक हो सकती हैं।

थाई अर्थव्यवस्था एक संतुलित जीवनशैली जीने के लिए अनुकूल है जो परिवार और दोस्तों के साथ पर्याप्त समय बिताने में सहायक है। थाईलैंड में रहते हुए कार्य-जीवन संतुलन को अच्छी तरह से समझा, सराहा, समर्थित और आसानी से बनाया जा सकता है। मैं अपने कार्य जीवन में समर्पित और दृढ़ रहने के साथ-साथ अपने परिवार के साथ भी गुणवत्तापूर्ण समय बिता पाता हूँ। इससे एक पूरे जीवन का आनंद लेते हुए निरंतर स्वास्थ्य और लंबी उमर पक्का करने के लिए सबसे अच्छा वातावरण बनता है।

५.) पूरे दिन थाईलैंड में शिक्षाएँ बाँट सकता हूँ और सुबह और शाम को दुनिया के बाकी हिस्सों के साथ शिक्षाएँ बाँट सकता हूँ: थाईलैंड की इन शिक्षाओं को जीने और बाँटने के ज़रिए, और कम से कम नींद लेकर, मैं थाई समय क्षेत्र के अनुसार दिन भर अनगिनत लोगों की मदद कर पाता हूँ, साथ ही सुबह और शाम के समय दूसरे समय क्षेत्रों में रहने वाले अनगिनत लोगों की भी मदद कर पाता हूँ। इससे मैं इन शिक्षाओं को बिना किसी रुकावट के समय क्षेत्र की सीमाओं के, चौबीसों घंटे और पूरी दुनिया में प्रभावी ढंग से बाँट पाता हूँ।

थाईलैंड का समय क्षेत्र अनुकूल है जिससे मैं दिन के समय के आधार पर बिना किसी सीमा के दुनिया भर में इन शिक्षाओं को बाँट सकता हूँ। मैं सुबह, दोपहर और शाम को उन शिष्यों के लिए मददगार साबित हो सकता हूँ जो सीखने में दिलचस्पी रखते हैं - चाहे व्यक्तिगत रूप से या ऑनलाइन।

६.) शिष्यों को कक्षाओं, पाठ्यक्रमों और रिट्रीट तक पहुँच प्राप्त करने के लिए वीज़ा तक आसान पहुँच है: इन शिक्षाओं को दुनिया भर में सफलतापूर्वक बाँटने के लिए, प्रत्यक्ष रूप से सीखना आदर्श है। हालाँकि ऑनलाइन बहुत कुछ सीखा जा सकता है और यह इन शिक्षाओं को बाँटने का एक तरीका है, लेकिन अपने जीवन व्यवहार को विकसित करने का इससे बेहतर तरीका और कोई नहीं है कि आप किसी शिक्षक से आमने सामने मिलकर सीखें।

थाईलैंड में निवास और पढ़ाने के ज़रिए, दुनिया भर के शिष्यों को थाईलैंड में कक्षाओं, पाठ्यक्रमों और रिट्रीट तक आसान पहुँच मिलती है, क्योंकि उन्हें वीज़ा आसानी से मिल जाता है और परिणामस्वरूप, मैं उनका शिक्षक हूँ। थाईलैंड में कोई प्रतिबंधक वीज़ा जरूरतें नहीं हैं जो कुछ देशों के लोगों को रोकती हैं और "सभी प्राणियों" को इन शिक्षाओं तक पहुँचने से रोकती हैं।

इसके बजाय, थाईलैंड दुनिया के अधिकांश लोगों के लिए खुला और उपलब्ध है और जहाँ जरूरत होती है, मैं वहां यात्रा करने के काबिल हूं।

मैं थाईलैंड के चियांग माई शहर में रहता हूँ, जो दुनिया भर के अनगिनत लोगों के लिए एक अंतरराष्ट्रीय ठिकाना है। मैं दुनिया की पचास प्रतिशत (५०%) आबादी से ४००० किलोमीटर की दूरी पर रहता हूँ। इसका मतलब है कि दुनिया की आधी आबादी बस कुछ ही दूरी पर ड्राइव या हवाई जहाज से पहुँच सकती है। इससे मानवता के एक बड़े हिस्से के लिए इन शिक्षाओं तक पहुँच पाना आसान हो जाता है। और, जरूरत पड़ने पर, मैं दुनिया के अन्य हिस्सों में आसानी से यात्रा करके ऑनलाइन शिक्षा दे सकता हूँ।

लोग अक्सर थाईलैंड की यात्रा केवल निर्वाण के पथ पर बुद्ध की शिक्षाओं को सीखने के उद्देश्य से करते हैं। इसलिए, थाईलैंड के भीतर से इन शिक्षाओं को बाँट कर, अनगिनत लोग विशेष रूप से उसी स्थान पर सीखने और अभ्यास करने आ रहे हैं जहाँ मैं रहता हूँ और शिक्षा देता हूँ।

अंत में, थाईलैंड में "गृह-आधार" के रूप में निवास करने और अध्यापन करने के ज़रिए, मैं इन शिक्षाओं को विश्व भर में आसानी से बाँटने के काबिल हूँ और बुद्ध की शिक्षाओं को मानवता में फिर से स्थापित करने की दिशा में काम कर रहा हूँ, ताकि असंख्य लोग इस जीवनकाल में और मेरी मृत्यु के बाद भी निर्वाण प्राप्त कर सकें।

थाईलैंड इन शिक्षाओं को बाँटने और अंतर्राष्ट्रीय समुदाय के लिए "घर-आधार" या "मुख्यालय" के रूप में कार्य करने के लिए एक आदर्श स्थान है, जहाँ उन्हें "खुले हाथों" से आमंत्रित और स्वागत किया जा सकता है। पृथ्वी पर इन महत्वपूर्ण शिक्षाओं को बाँटने और फिर भविष्य की पीढ़ियों के लिए संरक्षित करने के लिए इससे बेहतर कोई स्थान नहीं है।

किंगडम यहाँ थाईलैंड में है और निर्वाण प्राप्ति की दिशा में आपके जीवन अभ्यास के विकास में आपका समर्थन करने के लिए तैयार है ताकि हम सभी "पृथ्वी पर स्वर्ग" बना सकें।

शिक्षाएँ पूर्व में स्थित हैं और पश्चिम में दिखाई देती हैं।

ये आपके लिए सहजता से उपलब्ध हैं और १००० वर्षों की अवधि में ये उन सभी के लिए "दुनिया में चमकेंगी" जो निर्वाण प्राप्त मन की शांति और आनंद का अनुभव करने के लिए सीखना, चिंतन करना और अभ्यास करना चुनते हैं। फिर, जब हम सभी इन शिक्षाओं के अपने व्यक्तिगत अभ्यास को विकसित करने की दिशा में कार्य करेंगे, तो ये कभी भी क्षीण, उनका मूल्य कम या लुप्त नहीं होंगी। एक बार पुनर्स्थापित होने के बाद, ये शिक्षाएँ शेष समय तक मानवता का समर्थन करती रहेंगी।

आप इस जीवनकाल में निर्वाण प्राप्त मन की शांति और आनंद की खोज करें।

आप शांत रहें, सुरक्षित रहें, अच्छे रहें, और सभी असंतुष्टि और उससे होने वाले दुख से मुक्त रहें।

हे भिक्षुओं, जन-जन के कल्याण के लिए, जन-जन की शांति के लिए, जगत के प्रति करुणा से, दिव्य प्राणियों और मनुष्यों के भले, कल्याण और शांति के लिए आगे घूमो।

हे भिक्षुओं, ऐसी शिक्षाएँ सिखाओ जो शुरू में अच्छी हों, मध्य में अच्छी हों, अंत में अच्छी हों, सही मतलब और वाक्यांश के साथ।

पूर्णतः पूर्ण और शुद्ध पवित्र जीवन को उजागर करो। कुछ प्राणी ऐसे भी हैं जिनकी आँखों में धूल है और जो शिक्षाओं को न सुनने के कारण भटक रहे हैं। ऐसे भी लोग होंगे जो शिक्षाओं को समझेंगे।

(गौतम बुद्ध)

(संदर्भ: संयुत्त निकाय ४.५)

केवल वही "लड़ाई" लड़ने लायक है जो लड़ाई इस मन के भीतर है।

उस "लड़ाई" को जीतें और आपने "सब जीत लिया"।

- शिक्षक

शब्दकोष

आर्यन: एक शब्द है जिसका इस्तेमाल भारतीय-ईरानी लोगों द्वारा एक पदनाम के रूप में किया जाता था। इस शब्द का इस्तेमाल भारत में वैदिक काल के भारतीय लोगों द्वारा अपने लिए एक जातीय लेबल के रूप में और आर्य वर्ग के साथ-साथ उस भौगोलिक क्षेत्र को संदर्भित करने के लिए किया जाता था जिसे आर्यन के नाम से जाना जाता था। आर्यावर्त, जहाँ इंडो-आर्यन संस्कृति का आधार है। आज हम इस शब्द का अनुवाद "नेक" करते हैं।

ध्यान: किसी एक चीज़ या विचार पर मन की एकाग्रता। किसी चीज़ पर बारीकी से ध्यान देने की क्रिया (यानी ध्यान, सतर्कता, एकाग्रता)।

जागरूकता: किसी स्थिति, तथ्य या विचार का ज्ञान या धारणा।

तृष्णा/लालसा/चिपकाव/इच्छा/अपेक्षाएँ/जकड़ना/पकड़ना/चिपटना: किसी चीज़ के लिए तीव्र उत्सुकता के साथ मानसिक तमन्ना। मन अपनी प्रिय चीज़ें की ओर एक दिशा में खिंचता है।

भिक्षुणी: गौतम बुद्ध की एक नियुक्त महिला शिष्या।

भिक्षु: गौतम बुद्ध का एक नियुक्त पुरुष शिष्य।

बुद्धवाचना: बुद्ध के शब्द।

बेपरवाही: सुस्त मन, आलस्य, निद्रालु, प्रेरणा या ऊर्जा की कमी। आने वाले संकट के प्रति जागरूकता की कमी या वास्तविक खतरों या कमियों से अनजान होने के साथ आत्म संतुष्टि की भावना।

चेतना: आपके अनूठे विचारों, याददाश्त, भावनाओं, संवेदनाओं और पर्यावरण के प्रति आपकी व्यक्तिगत जागरूकता को संदर्भित करता है; मन।

अपवित्रता: तीन विष, तीन अकुशल जड़ें, तीन अग्नि; तृष्णा, क्रोध और अज्ञानता (यानी सच्ची वास्तविकता से अनजान होना), या लालच, घृणा और भ्रम।

धर्म: गौतम बुद्ध की शिक्षाएँ; अस्तित्व के प्राकृतिक नियम।

सूझ-भूज: प्रज्ञा पर आधारित प्रज्ञापूर्ण निर्णय लेना है। प्रज्ञा मन के लिए सहायक होती है और निर्वाण प्राप्त करने के लिए इसे विकसित करने की जरूरत होती है।

कल्प: एक नव युग समय की एक अगणनीय अवधि है। एक युग इतना बड़ा और लंबा होता है कि उसे नापा नहीं जा सकता।

बेड़ी: एक कलंक, मन का एक अकुशल गुण, मन का प्रदूषण, एक जंजीर या हथकड़ी जो किसी कैदी को बांधने के लिए इस्तेमाल की जाती है, आमतौर पर उसके टखनों के चारों ओर बांधी जाती है।

तुच्छ भाषण (बेकार बकबक): इसे "लाभहीन" और "उद्देश्यहीन" रूप से बोलना कहा जाता है। यह आमतौर पर मन की तृष्णा/लालसा/चिपकाव के कारण होता है, जहाँ व्यक्ति बिना किसी वास्तविक उद्देश्य या बोलने की जरूरत के, बल्कि केवल इसलिए व्यर्थ में बड़बड़ा रहा होता है क्योंकि बोलने की तृष्णा/लालसा होती है। इस भाषण का कोई उद्देश्य या मूल्य नहीं होता। कुछ मामलों में, व्यक्ति आपसी बातचीत की क्षमता के बिना, तेज़ी से और लगातार बोल सकता है।

लक्ष्य/उद्देश्य/दिलचस्पी: किसी व्यक्ति की महत्वाकांक्षा या प्रयत्न का उद्देश्य; किसी परिणाम के लिए एक निशाना। किसी चीज़ को प्राप्त करने का इरादा रखना।

हानि: एक प्राणी द्वारा दूसरे प्राणी या प्राणियों के समूह को पहुँचाई गई क्षति (शारीरिक क्षति, भौतिक संपत्ति, प्रतिष्ठा, आदि) है। एक व्यक्ति दूसरे प्राणी को हानि पहुँचा सकता है, लेकिन वह किसी अन्य प्राणी को असंतुष्ट नहीं कर सकता। यदि आप दूसरों को हानि पहुँचाते हैं, तो हानि आपको ही वापस मिलेगी। यह अकुशल कम्मा या आपके निर्णयों का अकुशल परिणाम है।

गृहस्थ अभ्यासकर्ता/गृहस्थ: वह व्यक्ति जो घरेलू वातावरण में एक विशिष्ट जीवन व्यतीत कर रहा है और जो गौतम बुद्ध की शिक्षाओं को सीख रहा है और उनका अभ्यास कर रहा है।

आकलन: अहंकार या घमंड (यानी अहं) के साथ खुद को दूसरों से ऊपर रखते हुए, दूसरे व्यक्ति के लिए क्या सही है या क्या गलत, यह तय करने का प्रयत्न करना। किसी दूसरे व्यक्ति की तुलना उससे श्रेष्ठ या हीनता से करना। यह घोषित करने का प्रयत्न करना कि कौन कुशल है या आकुशल, अच्छा है या बुरा। आकलन "दंभ" पर आधारित होता है। आकलन मन के लिए हानिकारक है और निर्वाण प्राप्त करने के लिए इसे निष्कासित करना जरूरी है।

सामान्य अनुयायी/सामान्य व्यक्ति: वह व्यक्ति जो घरेलू वातावरण में एक विशिष्ट जीवन व्यतीत करता है और गौतम बुद्ध की शिक्षाओं को सीखता और उनका अभ्यास करता है। एक गृहस्थ अभ्यासकर्ता।

मन: वह हमारी चेतना है जहाँ हमारी सोच, विचार, भावनाएँ और जज़्बात हमारी वाणी और कार्य की नीयत के साथ उत्पन्न होते हैं, अनुभव करे जाते हैं और फिर विद्यमान नहीं रहते हैं।

गैर-आकलन: सभी प्राणियों के साथ शांतिपूर्वक सह-अस्तित्व में रहना, और सभी प्राणियों को "जैसे वे हैं" वैसे ही स्वीकार करना, प्रेमभरी-कृपा और करुणा के साथ "सच्चे प्रेम" का अभ्यास करना।

पाली: गौतम बुद्ध की शिक्षाओं के स्रोत के रूप में प्रयुक्त भाषा।

पाली कैनन या पाली पाठ: गौतम बुद्ध की शिक्षाओं का संपूर्ण संग्रह पाली भाषा में है, जो आज बोलचाल की भाषा नहीं रही। सभी शिक्षाएँ अंग्रेजी में सीखी जा सकती हैं। निर्वाण प्राप्ति के लिए पाली भाषा समझना जरूरी नहीं है।

धैर्य: प्रतीक्षा करने की क्षमता है, या कठिनाइयों के बावजूद, बिना शिकायत या झुंझलाहट के, किसी काम को जारी रखने की क्षमता है।

पीछा करना: किसी पथ या मार्ग पर चलते रहना या आगे बढ़ना।

संसार: पुनर्जन्म का चक्र; नये अस्तित्व का चक्र।

संघ: भिक्षुणी, भिक्षु, नौसिखिये और गृहस्थ अभ्याकर्ताओं का समुदाय।

संघ के विशिष्ट पहलुओं के लिए अधिक विस्तृत परिभाषाएँ भी हैं।

- आर्यन "नेक" संघ: गृहस्थ अभ्यासकर्ता सहित किसी भी ऐसे व्यक्तियों का समुदाय जिसने निर्वाण के चार (४) चरणों में से कोई भी स्थिति प्राप्त कर ले हो।
- भिक्षुणी संघ: महिला भिक्षुणियों का समुदाय।
- भिक्षु संघ: पुरुष भिक्षुओं का समुदाय।

बदनामी (गपशप): भाषण या संचार जो किसी व्यक्ति/कंपनी/संगठन/देश/लोगों के समूह आदि की प्रतिष्ठा को नुकसान पहुँचाता है, चाहे वह सत्य हो या झूठ।

सोतापन्ना: धारा में प्रवेश करने वाला, धारा विजेता, निर्वाण का पहला चरण।

तथागत: एक संपूर्णतः निर्वाण प्राप्त बुद्ध, एक पूर्णतः संपूर्ण निर्वाण प्राप्त व्यक्ति, एक बुद्ध।

विचार: सोचने का कार्य या प्रक्रिया।

प्रज्ञा: अनुभव, ज्ञान और अच्छी अंतर्दृष्टि रखने का गुण; प्रज्ञापूर्ण होने का गुण।

ईश्वर की प्रार्थना
(व्याख्या)

हे हमारे पिता, तू जो स्वर्ग में है, तेरा नाम पवित्र माना जाए।

हे हमारे ईश्वर (पिता) जिसने स्वर्ग की रचना की, तेरा नाम विशेष है, अद्वितीय है, और तू बहुत आदरणीय है।

तेरा राज्य आए, तेरी इच्छा जैसे स्वर्ग में पूरी होती है, वैसे पृथ्वी पर भी हो।

मैं इस जीवन में अपने जीवन अभ्यास को बेहतर बनाने के लिए कार्य करूंगा, इस प्रकार, मैं एक स्वर्गीय प्राणी के रूप में कार्य करने का लक्ष्य रखूंगा, इन शिक्षाओं का अभ्यास एक ऐसे तरीके से करूंगा जो प्रज्ञापूर्ण और कुशल हो, और अपने अभ्यास के माध्यम से स्वर्ग के गुणों को पृथ्वी पर लाने में मदद कर सकूं।

हमें इस दिन हमारी रोज की रोटी दें।

मैं इस दिन का उपयोग अपने जीवन में चीज़ों को बेहतर और उन्नत बनाने के लिए करूँगा। जैसे रोटी शरीर को पोषण देती है, वैसे ही मैं इस दिन का उपयोग मन और अपने जीवन को बेहतर बनाने के लिए करूँगा।

हमारे अपराधों को क्षमा कर, जैसे हम भी अपने अपराधियों को क्षमा करें।

मेरे द्वारा किए गए गलत कार्यों/नुकसानों के लिए मुझे क्षमा करें और उन कार्यों के लिए भी जिन्हें पूरा करना मेरे लिए चुनौतीपूर्ण है, ठीक उसी तरह जैसे मैं उन लोगों को क्षमा करने का लक्ष्य रखूंगा जो मेरे खिलाफ गलत कार्य/हानि करते हैं।

(ईश्वर ने हमें पहले ही क्षमा कर दिया है और वह जानता है कि हम निपुण नहीं हैं। यह खुद को और ईश्वर को यह स्वीकार करने का एक तरीका है कि हम निपुण नहीं हैं और उसकी क्षमा के लिए उसे धन्यवाद देते हैं। यह खुद को और ईश्वर को यह स्वीकार करना है कि हमारे अपने जीवन और जीवन अभ्यास में अभी भी काम किया जाना बाकी है। यह वाक्यांश दूसरों के प्रति गैर-आकलन का मन संवारने में मदद करता है, यह समझते हुए कि हम नुकसान पहुँचाते हैं और दूसरे भी ऐसा करते हैं। हमें रंजिश या रोष रखने की जरूरत नहीं है, जैसे कि ईश्वर हमारे प्रति रंजिश या रोष नहीं रखता है। यह मन में विनम्रता संवारने में मदद करता है।)

हमें प्रलोभन में न ले जा, और बुराई से बचा।

मैं कुशलता की ओर आपके मार्गदर्शन के लिए तैयार हूँ, जो मुझे अकुशलता से दूर ले जाएगा, लेकिन मुझे एहसास है कि मुझे ही काम करने की जरूरत है।

क्योंकि राज्य, पराक्रम और महिमा हमेशा तेरे ही हैं। आमीन।

आपकी बुद्धि निवास के लिए सर्वोत्तम स्थान है। आप सर्वशक्तिमान हैं और मैं सदा-सदा के लिए आपकी महिमा करता हूँ... आमीन।

(यह कोई रीति, रिवाज, रस्म या पूजा-पाठ नहीं है, बल्कि यह आपके जीवन अभ्यास को विकसित करने में दृढ़, समर्पित और मेहनती बने रहने के लिए अभिपुष्टि है।)

सीखने का निमंत्रण

मैं आपको इन शिक्षाओं से सीखने और बढ़ने के लिए अभ्यासकर्ताओं के एक कृपालु, करुणामय अ
प्रेम भरे समुदाय में आमंत्रित करना चाहता हूँ।

मैं आपको इस ऑनलाइन समूह में शामिल होने के लिए आमंत्रित करना चाहता हूं।

आप पाएँगे कि यह इन शिक्षाओं के लिए एक ऑनलाइन शिक्षण केंद्र है और वहां एक शिक्षक मौजू
जो आपके सवालों के उत्तर देने में सहायता करेगा।

दैनिक प्रज्ञा - पथ पर चलना बुद्ध के साथ

https://www.facebook.com/groups/DailyWisdom999/

अतिरिक्त शिक्षा

जाएँ BuddhaDailyWisdom.com पर जहाँ आपको पाठ्यक्रम, रिट्रीट और ऑनलाइन शिक्ष
संसाधनों की पूरी श्रृंखला मिलेगी जो आपकी निर्वाण के पथ पर सहायता करेगी।

सीखने के लिए दान

गौतम बुद्ध की शिक्षाओं को सीखें जो एक स्थिर, निश्चल, और शांत मन की ओर ले जाती हैं। एक ज्यादा शांत और प्रेमभरी दुनिया जहाँ सब प्राणियों को एक-दूसरे के लिए परवाह और करुणा है।

इस सीखने के मौके को समर्थन देकर, आप सीखेंगे की निर्वाण के पथ पर आगे कैसे प्रगति की जाती है और दूसरों को इन शिक्षाओं को ऑनलाइन और व्यक्तिगत शिक्षा के रूप से पेश करने में मदद करेंगे। इन शिक्षाओं के द्वारा, दुनिया कृपालु, ज्यादा शांत, और प्रेमभरा समाज बन जाएगी।

₹१००, ₹२००, ₹३०० या कोई भी रकम दान करने का विचार करें जो आप चाहते हैं हमें आपको और दुनिया में और लोगों को इन शिक्षाओं को पेश करने में मदद करे।

आप अपनी और दूसरों की मदद के लिए इन शिक्षाओं के विकास और निर्माण के लिए इस लिंक पर दान दे सकते हैं।

https://www.buddhadailywisdom.com/supportbuddha

बुद्ध के शब्द

निर्वाण का पथ

उजागर करता है वह जो छुपा हुआ है

मुफ्त डाउनलोड, छपी किताब, किंडल

https://www.buddhadailywisdom.com/freebuddhabooks